Springer-Lehrbuch

Dennis Bock

Wiederholungs- und Vertiefungskurs Strafrecht

Allgemeiner Teil

3. Auflage

Dennis Bock
Institut für Kriminalwissenschaften
Christian-Albrechts-Universität zu Kiel
Kiel, Deutschland

ISSN 0937-7433　　　　　　ISSN 2512-5214 (electronic)
Springer-Lehrbuch
ISBN 978-3-662-67453-6　　ISBN 978-3-662-67454-3 (eBook)
https://doi.org/10.1007/978-3-662-67454-3

Die Deutsche Nationalbibliothek verzeichnet diese Publikation in der Deutschen Nationalbibliografie; detaillierte bibliografische Daten sind im Internet über https://portal.dnb.de abrufbar.

© Springer-Verlag GmbH Deutschland, ein Teil von Springer Nature 2013, 2016, 2023
Das Werk einschließlich aller seiner Teile ist urheberrechtlich geschützt. Jede Verwertung, die nicht ausdrücklich vom Urheberrechtsgesetz zugelassen ist, bedarf der vorherigen Zustimmung des Verlags. Das gilt insbesondere für Vervielfältigungen, Bearbeitungen, Übersetzungen, Mikroverfilmungen und die Einspeicherung und Verarbeitung in elektronischen Systemen.
Die Wiedergabe von allgemein beschreibenden Bezeichnungen, Marken, Unternehmensnamen etc. in diesem Werk bedeutet nicht, dass diese frei durch jedermann benutzt werden dürfen. Die Berechtigung zur Benutzung unterliegt, auch ohne gesonderten Hinweis hierzu, den Regeln des Markenrechts. Die Rechte des jeweiligen Zeicheninhabers sind zu beachten.
Der Verlag, die Autoren und die Herausgeber gehen davon aus, dass die Angaben und Informationen in diesem Werk zum Zeitpunkt der Veröffentlichung vollständig und korrekt sind. Weder der Verlag noch die Autoren oder die Herausgeber übernehmen, ausdrücklich oder implizit, Gewähr für den Inhalt des Werkes, etwaige Fehler oder Äußerungen. Der Verlag bleibt im Hinblick auf geografische Zuordnungen und Gebietsbezeichnungen in veröffentlichten Karten und Institutionsadressen neutral.

Springer ist ein Imprint der eingetragenen Gesellschaft Springer-Verlag GmbH, DE und ist ein Teil von Springer Nature.
Die Anschrift der Gesellschaft ist: Heidelberger Platz 3, 14197 Berlin, Germany

Das Papier dieses Produkts ist recyclebar.

Vorwort

Der Wiederholungs- und Vertiefungskurs Strafrecht besteht aus drei Bänden: Allgemeiner Teil, Besonderer Teil – Nichtvermögensdelikte und Besonderer Teil – Vermögensdelikte. Die drei Bände enthalten insgesamt 33 „große Fälle", die nach aktuellen und klassischen Entscheidungen der höchstrichterlichen Rechtsprechung gebildet sind und nach den Anforderungen im Ersten Juristischen Staatsexamen gelöst werden. Ziel ist es, sowohl examensrelevantes Wissen im strafrechtlichen Pflichtfachbereich als auch die Falllösungstechnik zur Bewältigung strafrechtlicher Klausuren zu vermitteln. Das Durcharbeiten der Fälle ermöglicht eine prüfungsnahe Wiederholung und Vertiefung des materiellen Strafrechts, wobei klausurtypische Querverbindungen von Allgemeinem Teil und Besonderem Teil aufgezeigt werden. Die vollständig ausformulierten Lösungsvorschläge werden abgerundet durch klausurtaktische Bemerkungen und didaktisch konzipierte Vertiefungshinweise, insbesondere zur klassischen und aktuellen Rechtsprechung (inkl. wichtiger Entscheidungsbesprechungen). Die Gesamtreihe soll (in Kombination mit klassischen Lehrbüchern) zu einer vollständigen und eigenverantwortlichen Examensvorbereitung im materiellen Strafrecht befähigen.

Die Fälle sind aus dem Wiederholungs- und Vertiefungskurs (WuV-Kurs) Strafrecht hervorgegangen; so ist das universitäre Repetitorium an der Christian-Albrechts-Universität zu Kiel benannt. Fallsammlung(en) und WuV-Kurs basieren auf dem gleichen Konzept: Die Studierenden sollen durch Erarbeitung der Fälle inhaltlich und methodisch auf die staatliche Pflichtfachprüfung vorbereitet werden, insbesondere auf die fünfstündigen schriftlichen Aufsichtsarbeiten. Die fallorientierte Konzeption des Repetitoriums – zu Lasten ausführlicherer abstrakter Stoffvermittlung – ist der Erkenntnis geschuldet, dass die meisten Studierenden wenig Schwierigkeiten mit der Aneignung abstrakten Wissens haben, demgegenüber aber erhebliche Schwächen darin aufweisen, ihr Wissen im Rahmen einer Falllösung anzuwenden.

Die Fälle sind nach folgenden Maßgaben konzipiert:

1. Umfang und Schwierigkeitsgrad sollten mindestens der strafrechtlichen Aufsichtsarbeit(en) im Staatsexamen entsprechen. Ein Konzept abstrakter Stoffvermittlung mit Hilfe kleiner Beispielsfälle hätte zwar den Vorteil systematischer und umfassender(er) Wissensvermittlung, zumal auch längere (Examens) Fälle – jedenfalls im Strafrecht – sich letztlich aus vielen kleinen Bausteinen zusammensetzen (z. B. in Gestalt von Tatkomplexen). Die Erstvermittlung des

grundlegenden Strukturwissens ist aber Aufgabe von Vorlesungen und Selbststudium. Der WuV-Kurs hingegen muss Examensklausurniveau aufweisen, um die Studierenden an die Aufsichtsarbeiten im Staatsexamen methodisch und inhaltlich heranzuführen. Das Augenmerk liegt daher auf ausführlichen und komplexen Fällen, die nach Examensmaßstäben gelöst werden. Je kürzer ein Fall ist, umso einfacher erkennen die Studierenden das Problem, sodass der Schwierigkeitsgrad dann trügerisch niedrig geraten kann. Einige der WuV-Fälle gehen allerdings aus Gründen der didaktischen Stoffeinteilung über das binnen fünf Stunden zu Bewältigende hinaus. Eine vollständige Darstellung des Stoffes ist naturgemäß nicht möglich; Ziel war es allerdings, einen größtmöglichen Teil des notwendigen Examenswissens abzudecken, soweit er binnen eines Jahres (bei gleichzeitiger Examensvorbereitung im Zivil- und Öffentlichen Recht, zumal angesichts der in etlichen Bundesländern geringeren Examensbedeutung des Strafrechts) realistischerweise zu erarbeiten ist.

2. Die inhaltliche Gestaltung der WuV-Fälle folgt – auch in Abgrenzung zu anderen Fallsammlungen – in ihren Schwerpunkten der üblichen didaktischen Wissensvermittlung. Diese geordnete Darstellung soll den Studierenden ermöglichen, die Bearbeitung der Fälle in ihr eigenes Lernprogramm zu integrieren. Hinter diesen didaktischen Aspekten musste die Examensnähe (dort sind monothematische Klausuren selten) zurückstehen. Da die Sachverhalte aber möglichst vollständig gelöst werden, enthalten viele der WuV-Falllösungen ohnehin eine Reihe von Nebenfragen aus dem gesamten Bereich des materiellen Strafrechts.

3. Wie viele Original-Examensklausuren auch rezipieren die weitaus meisten Fälle klassische und aktuelle pflichtfach- und damit examensrelevante Rechtsprechung. Hierbei wurden die vom jeweiligen Gericht mitgeteilten Sachverhaltsfeststellungen möglichst originalgetreu übernommen. Gleiches gilt auch für die entscheidenden Passagen der Urteilsbegründung. Die Studierenden sollen hierdurch wichtige Gerichtsentscheidungen kennenlernen (sowohl die Sachverhalte als auch die Begründungsmuster), und zwar in examensnaher Klausurbearbeitung. Eigenen wissenschaftlichen Ehrgeiz habe ich insofern weitgehend – in stilistischer und inhaltlicher Hinsicht – zu Gunsten des didaktischen (und praxisorientierten, da rechtsprechungszentrierten) Nutzens hintangestellt. Die Verwendung echter Sachverhalte soll auch das Bewusstsein der Studierenden dafür offenhalten, dass die Strafrechtspflege ernste soziale Konflikte mit schwersten Folgen für Beschuldigte und Geschädigte in verantwortungsvoller Weise zu bewältigen hat. Die Konzentration auf die Rechtsprechung soll nicht dazu anregen, Fälle auswendig zu lernen, sondern ist neben der Praxisrelevanz der Rechtsprechung auch der Tatsache geschuldet, dass „echte" Fälle erfahrungsgemäß häufig schriftlich und mündlich abgeprüft werden. Ziel war es, aus (von der Problematik und dem Sachverhalt her) klausurgeeignet erscheinenden Entscheidungen einen plausiblen Gesamtsachverhalt zu bilden; dafür, dass die Ergebnisse nicht immer erzählerischen Ansprüchen genügen, bitte ich um Verzeihung.

4. Die Falllösungen sind vollständig ausformuliert. Studierende sollen so einen examensnahen Klausurlösungsstil kennenlernen und sich ggf. aneignen. Von besonderer Bedeutung ist dabei eine problemorientierte Mischung aus ausführlichem Gutachtenstil und stark verkürzendem Feststellungsstil. Ohne den Mut, Unproblematisches abzukürzen, wird in einer echten Examensklausur die Zeit fehlen, die Klausur auch nur fertigzustellen, von einer überzeugenden Begründungstiefe ganz zu schweigen. Die Ausführlichkeit, mit der einzelne Streitfragen abgehandelt werden, ist Ergebnis eines Kompromisses zwischen wissenschaftlicher Tiefe und der zeitlichen Begrenzung einer Klausurlösung. Soweit Ausführungen der Rechtsprechung übernommen wurden, gehen diese nicht selten über das auch von einer sehr guten Klausurleistung zu Erwartende hinaus. Bei alledem ist zu berücksichtigen, dass sowohl in stilistischer als auch in aufbautechnischer und vielfach in inhaltlicher Hinsicht Falllösungen „Geschmackssache" sind. Gerade Studierende, die bereits eine souveräne Falllösungstechnik beherrschen, werden vielfach eigene – gleich gute – Wege gefunden haben, Stil-, Aufbau- und Inhaltsfragen zu bewältigen. Den noch nicht ganz sicheren Studierenden sollen die Falllösungen Orientierungsmuster liefern: Aus diesem Grunde habe ich insbesondere auf eine etwas trocken-technische Konsequenz geachtet, weniger auf sprachliche Vielfalt und Ästhetik (z. B. bei der Bildung von Ober- und Ergebnissätzen oder bei der Bearbeitung von Auslegungskontroversen) – in der Hoffnung, transparente und übersichtliche Herangehensweisen zu vermitteln.
5. Der wissenschaftliche Apparat greift möglichst auf Studienliteratur und online verfügbare Quellen zurück, um eine leichte Zugänglichkeit für die Studierenden zu gewährleisten. Im Übrigen wird der Rechtsprechung (inkl. didaktischen und wissenschaftlichen Besprechungsaufsätzen) nach Möglichkeit Platz eingeräumt. Gleiches gilt für die v. a. didaktische Aufsatzliteratur. Die Konzentration auf bestimmte, immer wieder als Nachweis zitierte Werke basiert auf rein subjektiver Auswahl und sagt nichts darüber aus, dass andere Lehrbücher etc. nicht in gleichem Maße für das Selbststudium geeignet wären.
6. Jede Falllösung soll aus sich heraus verständlich sein, sodass sie losgelöst von anderen Fällen der Gesamtreihe erarbeitet werden kann. Auf Kürzungen durch Querverweise wurde konsequent verzichtet. Hieraus folgt, dass eine Reihe von Definitionen, Streitständen und Nachweisen vielfach vorkommt. Die Studierenden können hieraus den Schluss besonderer Klausurrelevanz ziehen.

Den größten Nutzen wird ein Leser dann ziehen, wenn er vor der Lektüre meines Lösungsvorschlags eigene Gedanken zu Papier bringt (z. B. auch im Rahmen privater Arbeitsgemeinschaften) und später festgestellte Lücken und Abweichungen als Ausgangspunkte des weiteren Selbststudiums nutzt. Da Zeit in der Examensvorbereitung eine sorgfältig zu verwendende Ressource darstellt, wird häufig nur Zeit für konsumierende Lektüre sein; ich hoffe, dass auch dann meine Fallsammlung zur erfolgreichen Examensvorbereitung beiträgt.

Für die dritte Auflage wird das bewährte Konzept beibehalten. Die Übungsfälle inklusive wissenschaftlichem Apparat wurden überarbeitet und auf aktuellen Stand gebracht. Im Vergleich zur Vorauflage fand eine gewisse Straffung statt; ich hoffe somit, den studentischen Bedürfnissen noch besser zu entsprechen. Ich danke meinem Lehrstuhlteam für wertvolle Unterstützung.

Für Verbesserungsvorschläge und Feedback aller Art bin ich dankbar, bitte per E-Mail an: dbock@law.uni-kiel.de.

Kiel, Deutschland Dennis Bock
Juni 2023

Inhaltsverzeichnis

1. Übungsfall „Die Chefärztin und ihre Pflegekinder" 1
2. Übungsfall „Die Autorennen-Clique". 27
3. Übungsfall „Der übergangene planende Kopf" 57
4. Übungsfall „Hells Angels und Outlaws" 105
5. Übungsfall „Der Ehebruch mit dem besten Freund". 129
6. Übungsfall „Die Ehe des Rockers". 151
7. Übungsfall „Gastroskopie und Fesselspiele". 175
8. Übungsfall „Der dänische LKW-Fahrer und der Schweizer Rechtsanwalt" 197
9. Übungsfall „Unverrichtete Dinge". 221
10. Übungsfall „Die Schulsanierung". 255
11. Übungsfall „Gaststättenbeichten" 283
12. Übungsfall „Gemeinsame Lebensperspektiven". 321
13. Übungsfall „Der Stalker und Autoschieber" 355

1. Übungsfall „Die Chefärztin und ihre Pflegekinder"

Georg Treidel (T) wurde nach langjähriger Strafhaft aufgrund gerichtlichen Beschlusses in der von Dr. Magdalena Lange (L) als Chefärztin geleiteten Klinik für Psychiatrie des Landeskrankenhauses Brandenburg aufgenommen und einer geschlossenen Station zugewiesen. T war wegen schwerwiegender Körperverletzungen und Diebstählen viermal zu insgesamt 17 Jahren Freiheitsstrafe verurteilt und 1996 in eine psychiatrische Einrichtung eingewiesen worden. Während des Vollzugs der Einweisung im Klinikum Berlin-Buch war T schon nach kurzem Aufenthalt Ausgang gewährt worden, den er unter anderem zur Vornahme mehrerer versuchter Vergewaltigungen missbrauchte. Daraufhin wurde eine erneute Einweisung angeordnet. Das AG hatte aufgrund einer neu eingeholten Begutachtung des T als psychische Erkrankung eine schwere Persönlichkeitsstörung narzisstischer Prägung mit histrionisch-dissozialen Zügen angenommen; das Gericht sah eine von T ausgehende Fremdgefährdung für Leib und Leben anderer, insbesondere möglicher Partnerinnen. L teilte diese Beurteilung. Sie war durch psychiatrische Sachverständigengutachten über die früheren Straftaten des T unterrichtet und veranlasste eine Psychotherapie, die allerdings erfolglos blieb. Im Jahre 2019 drückte T marode Gitterstäbe vor den Fenstern des unter Denkmalschutz stehenden Stationsgebäudes auseinander und seilte sich mit zusammengeknoteter Bettwäsche ins Freie ab. Die eingeleiteten Fahndungsmaßnahmen führten zur Festnahme und Rückführung des T. Von einem ihm im Februar 2020 gewährten Ausgang kehrte T nicht mehr zurück, sondern beging zwei Wohnungseinbruchdiebstähle. T wurde gefasst und erneut in die Obhut der L in die psychiatrische Klinik überstellt. L attestierte T eine hohe Bereitschaft zu kriminellem Verhalten und stufte ihn als nicht therapiefähig ein. Obwohl die Stationsärztin Dr. Birgül Öner (Ö) zu besonderer Vorsicht mahnte und bei T Fluchtgefahr erkannte, erlaubte L Ausgänge des T. Am 04.10.2020 kehrte T von einem Spaziergang nicht mehr in die Klinik zurück. Er lebte verborgen in Berlin und beging zwei Morde zum Nachteil hochbetagter Frauen sowie acht mit gefährlichen Körperverletzungen einhergehende Raubüberfälle, bevor er bei seiner letzten Tat von einem Polizeibeamten erschossen wurde.

L engagierte sich auch als „Pflegemutter". Die 17-jährige Rebekka Schmitz (S) und ihr 20-jähriger Freund Sascha Weber (W) lebten zusammen in einem kleinen Haus, das L ihnen als Pflegemutter der S zur Verfügung gestellt hatte. L selbst bewohnte mit weiteren Pflegekindern, darunter die 16-jährige Johanna Krause (K), ein größeres Haus in der Nähe. Zwischen S und K traten im Laufe der Zeit Spannungen auf. S nahm es der K insbesondere übel, dass diese der L die Schwangerschaft der S offenbart hatte; sie sann daher auf eine Gelegenheit, der K eine „gründliche Abreibung" zu verpassen. Diese Gelegenheit bot sich, als L ein Fest besuchte und K in deren Haus allein war. S ging am Abend zu K und begann einen Streit. S schlug dabei K zu Boden und brachte ihr mit einem Klappmesser 16 Stichverletzungen bei. Anfangs stach sie ihr in den Bauch und in den Rücken. Mit weiteren Stichen fügte S ihr Verletzungen an den Armen, der linken Hand und am Hals zu. Schließlich versetzte sie ihr in Tötungsabsicht mehrere wuchtige Messerstiche ins Gesicht, von denen einer das Nasenbein zertrümmerte, ein anderer den Oberkiefer durchtrennte und drei Zähne herausbrach. Beim letzten Stich blieb das Messer so fest im Gesicht stecken, dass S es nicht mehr herausziehen konnte. K lebte zwar noch, war aber so zugerichtet, dass S sie für tot hielt. Anschließend lief S nach Hause und berichtete dem W, sie habe K erstochen. Beide kehrten daraufhin zum Tatort zurück, um die Spuren der Tat zu beseitigen. Während S draußen blieb, betrat W das Haus und fand dort K, die mit blutüberströmtem Kopf regungslos auf dem Rücken lag. Da K röchelnde Geräusche von sich gab, nahm W zutreffend an, dass sie noch lebe. Er zog ihr das Messer aus dem Gesicht, wusch sich die Hände und suchte nach einem Gegenstand, um die – wie er annahm – bereits Sterbende zu töten. Mit einer Wasserflasche schlug er auf ihren Kopf ein, sodass ihr Stirnbein zersplitterte. Das röchelähnliche Geräusch hielt jedoch an; K war noch nicht tot. W legte daraufhin eine Jeansjacke über ihr Gesicht, warf sich mit seinem ganzen Gewicht auf sie und würgte sie dann. K starb entweder in Folge der – möglicherweise den Sterbevorgang verkürzenden – Schläge mit der Wasserflasche oder aber nach diesen Schlägen aufgrund der Messerstiche durch Verbluten.

Um sich nach diesen Geschehnissen zu beruhigen, kamen S und W überein, gemeinsam Kokain zu konsumieren. W holte welches aus seinem Vorrat und portionierte dieses in zwei zusammengerollten Zehn-Euro-Scheinen, die er S zum Konsum übergab. Hierbei wusste er jedoch nicht, dass es sich bei dem von ihm mitgeführten Rauschgift um reines Heroin handelte. Tatsächlich hielt er das mitgebrachte Rauschgift für eine Mischung aus Kokain, Amphetamin und gekochtem Marihuana. Entweder hatte er das Heroin von seinem Lieferanten als das entsprechende Kokaingemisch erhalten oder er hatte sowohl reines Heroin als auch die entsprechende Mischung vorrätig und die Stoffe bei Herausnahme aus seinem Vorrat verwechselt. S konsumierte das Heroin, erlitt einen Atemstillstand und wurde ins Krankenhaus gebracht, wo sie sich wieder vollständig erholte.

Im Laufe der folgenden Wochen kam es zwischen S und W nach einem verbalen Streit zu einer tätlichen Auseinandersetzung. In deren Verlauf setzte sich der 128 kg schwere W mit Schwung auf den Brustkorb der mit dem Rücken am Boden liegenden S. Dadurch brachen deren Rippen insgesamt 18 Mal. Vom 25. bis 28.04.2022 wurde S im Krankenhaus behandelt. Bei zwei Röntgenuntersuchungen diagnostizierten die Ärzte lediglich Frakturen von drei Rippen. Am 02.05.2022 konsultierte S wegen ihrer Verletzungen einen Hausarzt, der ihr Schmerztabletten verschrieb und häusliche Ruhe verordnete. In der Folgezeit verschlechterte sich ihr Gesundheitszustand immer mehr. Sie erlitt eine schwere Sepsis aufgrund von insgesamt 18 Rippenserienfrakturen, oft mit Durchspießungen nach außen und innen, mit Vereiterung der rechten Brusthöhle als Folge der Rippenverletzungen. S ist seitdem auf unabsehbare Zeit bettlägerig, arbeitsunfähig und pflegebedürftig.

Strafbarkeit der Beteiligten nach dem StGB?

Lösungshinweise

1. Teil: Der Ausgang des T[1]

1. Abschnitt: Strafbarkeit des T
T ist tot und daher nicht zu prüfen.[2]

2. Abschnitt: Strafbarkeit der L

A. §(§) 212 I(, 211) StGB sowie §§ 212 I(, 211), 27 StGB[3]
Aus dem Sachverhalt geht nicht hervor, dass L wenigstens für (konkret) möglich hielt, dass T den Ausgang zur Vornahme von Morden missbrauchen würde, sodass es für eine Strafbarkeit wegen Totschlags (oder gar wegen Mordes) schon an den kognitiven Mindestanforderungen an den (Tötungs-)Vorsatz nach der sog. Möglichkeitslehre[4] fehlt.

Aus demselben Grund scheidet auch eine Beihilfe zu den Morden des T aus.

B. § 222 StGB zu Lasten der zwei hochbetagten Frauen
L könnte sich wegen fahrlässiger Tötung strafbar gemacht haben, indem sie dem T Ausgang erlaubte und dieser während des Ausgangs zwei Frauen tötete.

---

[1] Nach BGH U. v. 13.11.2003 – 5 StR 327/03 (Klinikausbruch) – BGHSt 49, 1 = NJW 2004, 237 = NStZ 2004, 151 = StV 2004, 484 (Anm. Puppe, AT, 5. Aufl. 2022, § 2 Rn. 1ff.; Otto JK 2004 StGB vor § 13/16 und § 25 I/8; Ogorek JA 2004, 356; LL 2004, 188; RÜ 2004, 34; RA 2004, 118; famos 1/2004; Puppe NStZ 2004, 554; Roxin StV 2004, 485; Pollähne JR 2004, 429; Saliger JZ 2004, 977; Neubacher Jura 2005, 857).

[2] Bei materiellrechtlicher Sichtweise, die das Erste Staatsexamen dominiert, ist dies an sich nicht zwingend. Dass aber die Strafbarkeit von Toten in einer Klausur nicht geprüft wird, ist ganz überwiegende Gepflogenheit, vgl. nur Wessels/Beulke/Satzger, AT, 52. Aufl. 2022, Rn. 1370.

[3] Ebenso vertretbar ist es, dies nicht anzusprechen, zumal das Beginnen eines Gutachtens mit Ausführungen im Feststellungsstil (statt strengem Gutachtenstil, um dessen Beherrschen zu zeigen) manchen Korrektor verärgern kann.

[4] Etwa Kindhäuser/Hilgendorf, LPK, 9. Aufl. 2022, § 15 Rn. 13, 15.

I. Tatbestand

1. Erfolg, Handlung, Kausalität

Der Tod zweier Menschen ist eingetreten.

Hierfür müsste eine Handlung der L kausal geworden sein („verursacht" i. S. d. § 222 StGB). Anknüpfungspunkt ist die Gewährung von Ausgang.[5]

Nach Maßgabe der heute ganz herrschenden[6] Äquivalenztheorie (Bedingungstheorie) sind alle Bedingungen, die zur Herbeiführung eines Erfolgs beigetragen haben, gleichwertig. Eine Gewichtung findet nicht statt.

Die demgegenüber nur noch vereinzelt vertretene Adäquanztheorie,[7] nach der eine Handlung nur dann ursächlich ist, wenn sie allgemein und erfahrungsgemäß dazu geeignet ist, den Erfolg herbeizuführen, muss sich die Vermengung empirischer und normativer Kriterien entgegenhalten lassen; auch ist der Begriff der Adäquanz unklar.

Beide Einwände gelten auch für die ebenso vereinzelt vertretene Relevanztheorie,[8] welche auf die strafrechtliche Relevanz des Kausalgeschehens abstellt und mithin Elemente der objektiven Zurechnung inkorporiert.

Zu folgen ist mithin dem Äquivalenzansatz, sodass es für die Kausalität keine Rolle spielt, dass der Beitrag der L in Bezug auf den Erfolg eher als entfernt anzusehen ist im Vergleich zum Beitrag des T.

Auf Grundlage der Äquivalenztheorie wird von der h. M.[9] die Ursächlichkeit nach der sog. *condicio-sine-qua-non*-Formel festgestellt. Hiernach ist jede Bedingung ursächlich, ohne die der Erfolg in seiner konkreten Gestalt nicht eingetreten wäre.[10]

Ohne Ausgangsgenehmigung hätte T keine Gelegenheit zu seinen Morden gehabt, sodass die Handlung der L mithin kausal geworden ist.

In der Literatur wird ferner die Lehre von der gesetzmäßigen Bedingung[11] vertreten. Ein Verhalten ist hiernach Ursache eines Erfolgs, wenn dieser Erfolg mit dem Verhalten durch eine Reihe zeitlich aufeinander folgender Veränderungen (natur) gesetzmäßig verbunden ist. Hiervon dürfte angesichts der rein räumlichen und ohne Ausgangsanordnung fehlenden Möglichkeit zur Tatbegehung auszugehen sein, sodass eine nähere Auseinandersetzung mit den Kausalitätsansätzen entbehrlich ist.

---

[5] Im Folgenden aus didaktischen Gründen sehr ausführliche Darstellung der Kausalität, die in einer Klausurbearbeitung nicht erwartet wird.
[6] S. nur Jäger, in: SK-StGB, 9. Aufl. 2017, vor § 1 Rn. 61f.; aus der Rspr. vgl. zuletzt OLG Düsseldorf B. v. 18.04.2017 – III-2 Ws 528–577/16 (Love Parade) (Anm. Grosse-Wilde ZIS 2017, 638).
[7] Stratenwerth/Kuhlen, AT, 6. Aufl. 2011, § 8 Rn. 21ff; vgl. auch Jäger, in: SK-StGB, 9. Aufl. 2017, vor § 1 Rn. 93f.
[8] Hierzu zsf. Jäger, in: SK-StGB, 9. Aufl. 2017, vor § 1 Rn. 95.
[9] S. nur; Kindhäuser/Hilgendorf, LPK, 9. Aufl. 2022, vor § 13 Rn. 67; aus der Rspr. vgl. zuletzt OLG Düsseldorf B. v. 18.04.2017 – III-2 Ws 528–577/16 (Love Parade) (Anm. Grosse-Wilde ZIS 2017, 638).
[10] Fischer, StGB, 70. Aufl. 2023, vor § 13 Rn. 21; Jäger, in: SK-StGB, 9. Aufl. 2017, vor § 1 Rn. 61.
[11] Etwa Puppe ZJS 2008, 488 (490); Puppe GA 2010, 551 jeweils m. w. N.; vgl. auch Hoyer, AT I, 1996, S. 34ff.; Jäger, in: SK-StGB, 9. Aufl. 2017, vor § 1 Rn. 63.

Fraglich ist, ob die Kausalität für den Tod der Frauen zu verneinen ist, weil nicht ausgeschlossen werden kann, dass T die ungenügend gesicherte Station jederzeit gewaltsam hätte verlassen und die Straftaten auch ohne das Verhalten der L hätte begehen können.[12] Allerdings dürfen Reserveursachen grundsätzlich nicht hinzugedacht werden; geprüft werden nämlich nur die tatsächlich gegebenen Umstände, und zwar auch dann, wenn Ort und Zeit des Erfolgseintritts identisch gewesen wären.[13]

Zwar erörtert die Rspr. unter dem Begriff der Kausalität auch normative Fragen der (objektiven) Zurechnung[14]; richtigerweise hat dies aber nichts mit der Verursachung i. S. d. § 222 StGB zu tun, sondern bildet eine eigene Ebene, nämlich die der objektiven Zurechnung (hierzu sogleich).

L hat den Tod der Frauen verursacht.

2. „Durch Fahrlässigkeit"; objektive Zurechnung

Dies müsste i. S. d. § 222 StGB „durch Fahrlässigkeit" geschehen sein.

Fahrlässigkeit ist im StGB nicht definiert. Heranzuziehen ist aber § 276 II BGB, sodass es auf die Außerachtlassung der im Verkehr erforderlichen Sorgfalt ankommt.[15] Erforderlich ist eine Verletzung der dem Täter obliegenden Sorgfaltspflicht.[16]

Bei unterschiedlicher Terminologie und vielerlei Detailkontroversen[17] handelt fahrlässig, wer eine objektive Pflichtwidrigkeit begeht, sofern er diese nach seinen subjektiven Kenntnissen und Fähigkeiten hätte vermeiden können und wenn gerade die Pflichtwidrigkeit objektiv und subjektiv vorhersehbar den Erfolg gezeitigt hat.[18] Dies ließe sich auch derart umschreiben, dass der Täter ein unerlaubtes Risiko geschaffen haben muss (in Gestalt von objektiver Vorhersehbarkeit und Sorgfaltswidrigkeit), welches sich im Erfolg realisiert hat. Dies entspricht beim Vorsatzdelikt den Anforderungen der objektiven Zurechnung, welche zwar nicht in der Rspr., aber in der ganz h. L. als Einschränkung der weiten Äquivalenzkausalität anerkannt ist. Ob auch beim Fahrlässigkeitsdelikt eine eigene Ebene der objektiven Zurechnung geboten ist oder diese identisch mit der Sorgfaltspflichtverletzung ist, kann dahinstehen.

---

[12] So offenbar das LG Berlin als Vorinstanz zu BGH U. v. 13.11.2003 – 5 StR 327/03 – BGHSt 49, 1.

[13] S. nur Joecks/Jäger, StGB, 13. Aufl. 2021, vor § 13 Rn. 34; aus der Rspr. vgl. zuletzt OLG Hamm B. v. 22.10.2020 – 5 RVs 83/20, 5 Ws 279/20 (Anm. Heghmanns ZJS 2021, 230).

[14] Zsf. m. w. N. Fischer, StGB, 70. Aufl. 2023, vor § 13 Rn. 31; aus der Rspr. vgl. nur BGH B. v. 25.09.1957 – 4 StR 354/57 (Radfahrer) – BGHSt 11, 1 = NJW 1958, 149 (Anm. Roxin, Höchstrichterliche Rspr. AT, 1998, Nr. 6; Puppe, AT, 5. Aufl. 2022, § 3 Rn. 18ff.; Kaspar/Reinbacher, Casebook AT, 2020, Fall 4; Hemmer-BGH-Classics Strafrecht, 2003, Nr. 2; Fahl, Strafrechts-Klassiker, 2020, vor § 1 Rn. 2ff.; Mezger JZ 1958, 281; Fuchs DAR 1960, 5; Spendel JuS 1964, 14); BGH U. v. 13.11.2003 – 5 StR 327/03 – BGHSt 49, 1 (4f.).

[15] Vgl. B. Heinrich, AT, 7. Aufl. 2022, Rn. 987.

[16] Vgl. nur Kindhäuser/Hilgendorf, LPK, 9. Aufl. 2022, § 15 Rn. 47ff.

[17] S. nur Fischer, StGB, 70. Aufl. 2023, § 15 Rn. 19ff.; B. Heinrich, AT, 7. Aufl. 2022, Rn. 1027ff.

[18] So die Formulierung in BGH U. v. 13.11.2003 – 5 StR 327/03 – BGHSt 49, 1 (5).

a) Objektive Sorgfaltspflichtverletzung (bzw.: Schaffung einer unerlaubten Gefahr)

Fraglich ist zunächst, ob L ein unerlaubtes Risiko setzte bzw. eine Sorgfaltspflicht verletzte.

Die Pflichten der L ergaben sich aus den landesrechtlichen Vorschriften zur Unterbringung psychisch Kranker (PsychKG). Zwar sind Unterbringungen nach Möglichkeit gelockert durchzuführen, sobald der Zweck der Unterbringung dies zulässt. Allerdings lassen sich dem Sachverhalt Hinweise entnehmen, dass ein Ausgang nicht hätte erlaubt werden dürfen: Aus der Historie ergab sich eine erhebliche Gefährlichkeit, auf welche auch die Stationsärztin Ö hingewiesen hatte. Die Genehmigung des Ausgangs hat nicht den Regeln der psychiatrischen Kunst entsprochen. Zwar mag es einen prognostischen Beurteilungsspielraum geben, dieser wurde jedoch im Lichte der Sachverhaltsangaben verlassen. L verletzte somit eine Sorgfaltspflicht bzw. setzte ein unerlaubtes Risiko.

b) Objektive Voraussehbarkeit des Erfolgs; objektive Zurechnung im Übrigen

Dieses von L gesetzte unerlaubte Risiko müsste sich in den Erfolgen realisiert haben, anders ausgedrückt: der Erfolg müsste objektiv voraussehbar gewesen sein.

aa) Kein Ausschluss über die Rechtsfigur des sog. rechtmäßigen Alternativverhaltens (auch Rechtswidrigkeits-/Pflichtwidrigkeitszusammenhang) Hieran ließe sich zweifeln, weil T u. U. seine Taten auch bei versagtem Ausgang hätte begehen können, indem er nämlich aus seiner Unterbringung in einer offenbar maroden Sicherheitseinrichtung hätte ausbrechen können. In Betracht kommt insofern die Figur des sog. rechtmäßigen Alternativverhaltens (auch Rechtswidrigkeits-/Pflichtwidrigkeitszusammen-hang).[19] Hiernach scheidet eine objektive Zurechnung jedenfalls dann aus, wenn sicher feststeht, dass der Erfolg auch im hypothetischen Fall einer erlaubt riskanten Handlung eingetreten wäre.[20] Umstritten ist die Rechtsfolge, wenn dies nicht sicher feststeht.[21]

Im vorliegenden Fall liegt es ohnehin so, dass auf dem Weg zum gedachten Erfolg ein völlig eigenständiger Entschluss des T zum gewaltsamen Ausbruch in Betracht gezogen werden müsste. Für eine solche Neigung gibt es, abgesehen von der Historie, keine konkreten Anhaltspunkte. Hinzu kommt, dass evtl. die L auch die Verantwortlichkeit für den maroden baulichen Zustand getroffen hätte, sodass diese Versäumnisse die zurechenbare Risikosetzung bilden könnten. Selbst nach – im Gegensatz zur Risikoerhöhungslehre[22] – eher restriktiv zurechnender h. M. liegt insofern kein Fall fehlenden Pflichtwidrigkeitszusammenhangs vor.

---

[19] Hierzu B. Heinrich, AT, 7. Aufl. 2022, Rn. 251, 1042ff.

[20] S. nur Fischer, StGB, 70. Aufl. 2023, vor § 13 Rn. 29; Hoyer, in: SK-StGB, 9. Aufl. 2017, Anh. zu § 16 Rn. 67ff.

[21] S. obige Nachweise.

[22] Hierzu zsf. Fischer, StGB, 70. Aufl. 2023, vor § 13 Rn. 26; Hoyer, AT I, 1996, S. 43; Hoyer, in: SK-StGB, 9. Aufl. 2017, Anh. zu § 16 Rn. 73.

bb) Keine Zurechnungsunterbrechung aufgrund Drittverhaltens An der objektiven Zurechnung könnte aber auch deshalb gezweifelt werden, weil das vorsätzliche Verhalten des T den Zurechnungszusammenhang in Bezug auf die Fahrlässigkeitsstrafbarkeit der L unterbrochen haben könnte (sog. Problematik des Regressverbots).[23]

Zwar wird vereinzelt noch eine umfassende Unterbrechung des Zurechnungszusammenhangs vertreten.[24] Auch ist das Anliegen – die Abschichtung von Verantwortungsbereichen – richtig.

Nach heute ganz h. M.[25] existiert ein solches Regressverbot aber jedenfalls dann nicht, wenn der Ersthandelnde (hier L) Garant ist bzw. die verletzte Sorgfaltspflicht gerade solche Risiken verringern sollte, welche in den Erfolg mündeten. Darüber hinaus besteht kein Erfordernis näherer Beherrschbarkeit (Steuerungsmöglichkeit): Dieses lässt sich weder dem § 222 StGB entnehmen noch daraus folgern, dass gem. §§ 26, 27 StGB nur die vorsätzliche Teilnahme strafbar ist. Im Fahrlässigkeitsbereich gilt schließlich anerkanntermaßen der Einheitstäterbegriff.[26] Jedenfalls bei schuldunfähigen Vorsatztätern, was hier nicht fern liegt, resultiert auch keine doppelte Erfolgshaftung, da nicht zwei Täter kumulativ bestraft werden (was aber im Übrigen nichts Besonderes wäre, wie schon § 25 II StGB zeigt). Dieser Standpunkt entspricht auch dem vom Gesetzgeber intendierten Anreiz zur Einhaltung der Sorgfaltspflichten, zumal erst eine Pönalisierung die Bedeutsamkeit der Gefahrenverhütung betont.

L war aufgrund des Unterbringungsrechts gerade auch für eine Sicherung der Bevölkerung vor gefährlichen Erkrankten verantwortlich. Indem sie Ausgang gewährte, verletzte sie mithin Vorschriften, die dem Schutz von Leib und Leben der Mitmenschen dienen. Auch musste L den T angesichts seiner Biografie als tatgeneigt erkennen. Mithin läge nach ganz h. M. eine objektive Zurechenbarkeit vor. Da die Unterbringungspflicht eine umfassende ist, kommt es auch nicht darauf an, ob die Morde tatsächlich im Zusammenhang mit der psychischen Erkrankung des T gestanden haben.

Für ein fahrlässiges „Dazwischentreten"[27] (etwa eines Bauträgers), dessen Rechtsfolgen ohnehin wiederum strittig sind, ist im Sachverhalt nichts ersichtlich.

---

[23] Hierzu vgl. nur B. Heinrich, AT, 7. Aufl. 2022, Rn. 1050ff.; Fischer, StGB, 70. Aufl. 2023, vor § 13 Rn. 38f.; Hoyer, in: SK-StGB, 9. Aufl. 2017, Anh. zu § 16 Rn. 52ff.; aus der Rspr. vgl. BGH U. v. 12.08.2021 – 3 StR 450/20 – NStZ 2022, 163 = StV 2022, 171 (Anm. Nestler Jura 2022, 522; Jäger JA 2022, 512; Eisele JuS 2022, 176; RÜ 2022, 231).

[24] Vgl. Otto, AT, 7. Aufl. 2004, § 6 Rn., 53ff. m. w. N.

[25] S. nur B. Heinrich, AT, 7. Aufl. 2022, Rn. 1053 m. w. N.

[26] Hierzu Hoyer, in: SK-StGB, 9. Aufl. 2017, Anh. zu § 16 Rn. 51.

[27] Hierzu vgl. nur B. Heinrich, AT, 7. Aufl. 2022, Rn. 1054; aus der Rspr. vgl. zuletzt BGH B. v. 05.05.2021 – 4 StR 19/20 (BASF-Explosion) – BGHSt 66, 119 = NJW 2021, 3340 = NStZ 2022, 102 = StV 2022, 98 (Anm. Eisele JuS 2021, 1194; RÜ 2021, 779; famos 11/2021; Mitsch NJW 2021, 3342; Bosch Jura 2022, 257; Jäger JA 2022, 168; Czimek/Schefer NStZ 2022, 104; Walter JR 2022, 224).

Auch an einer Vorhersehbarkeit des Erfolges im Übrigen bestehen im Lichte der Historie des T keine Zweifel: Zwar hatte T vorher noch nie getötet, allerdings hatte er bereits versuchte Vergewaltigungen begangen, sodass eine Eskalation seines Verhaltens nicht so fern lag, dass dies unvorhersehbar war, zumal angesichts seines durch Gutachten belegten allgemeinen Geisteszustands.

cc) Zwischenergebnis L handelte mithin objektiv „durch Fahrlässigkeit", auch im Sinne objektiver Zurechenbarkeit.[28]

II. Rechtswidrigkeit
L handelte rechtswidrig.

III. Schuld
Entschuldigungsgründe sind nicht ersichtlich.

L müsste ferner subjektiv fahrlässig gehandelt haben.[29] Dies erfordert individuelle Vorwerfbarkeit nach Maßgabe der persönlichen Fähigkeiten,[30] was bei L keine Zweifel aufwirft.

IV. Ergebnis
L hat sich wegen fahrlässiger Tötung strafbar gemacht, indem sie dem T Ausgang erlaubte und dieser während des Ausgangs zwei Frauen tötete.

C. § 222 StGB zu Lasten des T

Angesichts dessen, dass T von Polizeibeamten erschossen wurde, liegt ein von L verursachter Todeserfolg vor.

Fraglich ist die objektive Zurechenbarkeit im Hinblick auf den Schutzzweck der von L missachteten Normen des Vollzugsrechts. Im Erfolg muss sich diejenige missbilligte Gefahr niedergeschlagen haben, deren Eintritt nach dem Schutzzweck der einschlägigen Norm vermieden werden sollte.[31] Die Setzung eines unerlaubten Risikos realisiert sich dann nicht im Erfolg, wenn dieser aus Gründen eintritt, die mit dem Sinn der Verbotsvorschrift nichts mehr zu tun haben. Zwar wird man sagen können, dass die Unterbringung psychisch Kranker auch deren eigenem Schutz dient, was Selbstverletzungen angeht. Es stellt aber eine Überdehnung des Schutzzwecks dar, tödliche Polizeimaßnahmen gegen den Erkrankten dem Ausgang gewährenden Arzt zuzurechnen.[32] Auf Fragen des „Dazwischentretens" durch die Polizisten kommt es dann nicht mehr an. Angesichts der Seltenheit tödlicher Polizeimaßnahmen ist auch die Vorhersehbarkeit eines solchen Erfolgs zu verneinen.

---

[28] A. A. vertretbar.
[29] Zur Eingliederung der subjektiven Fahrlässigkeit in die Schuld (h. M.) s. nur Wessels/Beulke/Satzger, AT, 52. Aufl. 2022, Rn. 1143; a. A. Hoyer, in: SK-StGB, 9. Aufl. 2017, Anh. zu § 16 Rn. 100.
[30] Fischer, StGB, 70. Aufl. 2023, § 15 Rn. 31.
[31] B. Heinrich, AT, 7. Aufl. 2022, Rn. 250.
[32] A. A. vertretbar.

D. § 229 StGB[33] im Hinblick auf die mit Körperverletzungen einhergehende Raubüberfälle des T

L hat sich wegen fahrlässiger Körperverletzung strafbar gemacht, indem sie dem T Ausgang erlaubte und dieser während dessen acht mit gefährlichen Körperverletzungen einhergehende Raubüberfälle beging.

Zum Strafantragserfordernis s. § 230 StGB.

E. §§ 229 i. V. m. 340 I, III StGB im Hinblick auf die Raubüberfälle des T

Die fahrlässige Körperverletzung der L könnte als fahrlässige Körperverletzung im Amt qualifiziert sein.

Als Beschäftigte des Landeskrankenhauses war L Amtsträgerin[34] nach § 11 I Nr. 2 lit. c StGB.[35]

Während der Ausübung seines Dienstes handelt der Täter, wenn die Tat in sachlichem Zusammenhang mit der Diensthandlung steht; ein zufälliger zeitlicher Zusammenhang reicht nicht aus.[36] In Beziehung auf seinen Dienst handelt der Täter, wenn die Tat zwar nicht im Rahmen der Dienstausübung stattfand, aber in innerem sachlichem Zusammenhang mit ihr steht.[37]

Angesichts der Tatsache, dass es gerade der Amtsgewalt der L entsprach, den Vollzug sorgfältig nach den Regeln des Unterbringungsrechts zu gestalten, liegt ein hinreichender Sachzusammenhang vor.[38]

L hat sich wegen fahrlässiger Körperverletzung im Amt strafbar gemacht, indem sie dem T Ausgang erlaubte und dieser während dessen acht mit gefährlichen Körperverletzungen einhergehende Raubüberfälle beging.

F. § 120 I, IV StGB

Eine Gefangenenbefreiung scheitert am fehlenden Vorsatz, jedenfalls an einer von L angenommenen Rechtfertigung (Erlaubnistatumstandsirrtum).

G. § 258 II StGB

Gleiches gilt für eine Strafvereitelung.

---

[33] Hinweis: auch wenn hier Bezugstaten des T gefährliche Körperverletzungen waren, existiert eine „gefährliche fahrlässige Körperverletzung" nicht: § 224 I StGB bezieht sich nur auf vorsätzliche Körperverletzungen.
[34] Zur Amtsträgereigenschaft Bock, BT 1, 2018, S. 664ff.
[35] Zu Ärzten in öffentlichen Krankenhäusern vgl. aus der Rspr. OLG Karlsruhe B. v. 26.10.1982 – 3 Ws 149/82 – NJW 1983, 352.
[36] Bock, BT 1, 2018, S. 702; Eisele, BT I, 6. Aufl. 2022, Rn. 396; aus der Rspr. vgl. zuletzt KG B. v. 30.04.2008 – 1 Ss 223, 73/05 – NJW 2008, 2132 = NStZ 2008, 460 (Anm. famos 10/2008); BGH B. v. 14.07.2009 – 3 StR 276/09 – NStZ 2010, 151 (Anm. von Heintschel-Heinegg JA 2010, 308; Hecker JuS 2010, 648; Zöller ZJS 2010, 671; RA 2010, 34; Heinke HRRS 2010, 428).
[37] Bock, BT 1, 2018, S. 702; Eisele, BT I, 6. Aufl. 2022, Rn. 397.
[38] A. A. vertretbar.

3. Abschnitt: Strafbarkeit des Polizeibeamten
Mangels näherer Angaben im Sachverhalt ist eine Strafbarkeit des Polizeibeamten wegen Tötung des T nicht zu prüfen.

2. Teil: Tod der K[39]

1. Abschnitt: Strafbarkeit der S

A. § 212 I StGB
S könnte sich wegen Totschlags strafbar gemacht haben, indem sie K mit einem Klappmesser 16 Stichverletzungen beibrachte.

I. Tatbestand

1. Objektiver Tatbestand

a) Kausale Erfolgsherbeiführung
K ist tot.
   Hierfür müsste eine Handlung der S kausal geworden sein.
   Problematisch ist, dass K nach den Stichen zunächst weiterlebte, dann W auf K einschlug und sie würgte, und dass nicht feststeht, ob K (erst) in Folge der Schläge des W starb oder (bereits tödlich verwundet) in Folge der Messerstiche durch Verbluten.
   In Betracht kommt – *in dubio pro reo* zugunsten der S – eine sog. überholende Kausalität[40] durch das Handeln des W, sodass ein Abbruch des Ursachenzusammenhangs zwischen dem Handeln der S und dem Tod der K vorliegen könnte. In einem solchen Fall ist bei mehreren Handlungsketten entscheidend, welche den Erfolg verursacht; d. h. nur die überholende wirkt tatbestandsmäßig (Neueröffnungseffekt der hinzutretenden Ursache).[41]
   Von einem wirklichen Überholen bzw. Abbruch kann aber nur dann gesprochen werden, wenn die überholte Handlung überhaupt nicht für die Erklärung des Erfolgseintritts herangezogen werden muss, also keinerlei Bedeutung hatte. Dieser Fall liegt allerdings gerade nicht vor: Das Verhalten des W baute erst auf der Situation auf, die S geschaffen hatte. Es ist vielmehr eine sog. mehrstufige Kausalität gegeben; hierbei wirkt der Kausalbeitrag bis zum Erfolg fort.[42] Dabei ist gleichgültig, ob neben der Tathandlung noch andere Umstände, Ereignisse oder Geschehensabläufe

---

[39] Nach BGH U. v. 30.08.2000 – 2 StR 204/00 (Pflegekinder) – NStZ 2001, 29 (Anm. Puppe, AT, 5. Aufl. 2022, § 10 Rn. 28ff.; RÜ 2000, 507; Otto JK 2001 StGB vor § 13/13; Trüg JA 2001, 365; RA 2001, 39).
[40] Hierzu vgl. B. Heinrich, AT, 7. Aufl. 2022, Rn. 235.
[41] Joecks/Jäger, StGB, 13. Aufl. 2021, vor § 13 Rn. 30; Jäger, in: SK-StGB, 9. Aufl. 2017, vor § 1 Rn. 77.
[42] B. Heinrich, AT, 7. Aufl. 2022, Rn. 236; aus der Rspr. vgl. zuletzt BayObLG U. v. 04.11.2020 – 206 St RR 1459/19–1461/19 – NJW 2021, 405 (Anm. Kudlich NJW 2021, 359).

zur Herbeiführung des Erfolgs beigetragen haben. Es schließt die Ursächlichkeit des Täterhandelns nicht aus, dass ein weiteres Verhalten, sei es des Täters, sei es des Opfers, sei es auch Dritter, an der Herbeiführung des Erfolgs mitgewirkt hat. Ursächlich bleibt das Täterhandeln selbst dann, wenn ein später handelnder Dritter durch ein auf denselben Erfolg gerichtetes Tun vorsätzlich zu dessen Herbeiführung beiträgt, sofern er nur dabei an das Handeln des Täters anknüpft, dieses also die Bedingung seines eigenen Eingreifens ist.[43] Ein sog. kausales Regressverbot wird heute nicht mehr vertreten.[44]

An einer Kausalität der Handlung ändert es auch nichts, dass der später zum Tatort gekommene W der K durch Schläge mit der Wasserflasche weitere Verletzungen zugefügt hat, die gleichfalls geeignet waren, den Tod herbeizuführen. Es kommt nicht darauf an, ob die Messerstiche oder die Schläge mit der Wasserflasche jeweils für sich genommen den Tod der K bewirkt hätten oder diese erst in Folge des Zusammenwirkens der ihr von beiden Beteiligten beigebrachten Verletzungen gestorben ist. S hat mit den von ihr geführten Messerstichen jedenfalls eine Bedingung für den Tod der K gesetzt; denn ohne diese, ihr von der S beigebrachten, Verletzungen wäre es nicht dazu gekommen, dass W eingriff und – an das Handeln seiner Freundin anknüpfend – K mit der Wasserflasche auf den Kopf schlug, um das von der S begonnene Tötungswerk zu vollenden. Die Handlung der S ist mithin kausal geworden.

b) Objektive Zurechnung
Der S müsste der Tod der K auch objektiv zurechenbar sein. Fraglich ist, ob sich ihre unerlaubte Risikosetzung auch im Tod der K realisiert hat.

Zu denken ist an einen sog. atypischen Kausalverlauf, der die Zurechnung ausschließen könnte.[45] Allerdings ist ein solcher nur dann anzunehmen, wenn das Geschehen objektiv völlig außerhalb der allgemeinen Lebenserfahrung liegt.[46] Von einem solchen Extremfall blinden Zufalls[47] wird man vorliegend nicht ausgehen können. Auch ein Ausschluss der Zurechnung durch vorsätzliches Dazwischentreten Dritter kommt mit bereits oben angeführten Erwägungen nicht in Betracht: Hier führt W als Zweittäter gerade das Ersthandeln der S bewusst fort.[48]

S ist der Erfolg objektiv zurechenbar.

2. Subjektiver Tatbestand
S müsste vorsätzlich gehandelt haben, § 15 StGB.

Laut ausdrücklichen Sachverhaltsangaben handelte sie in Tötungsabsicht.

Problematisch ist allenfalls, dass S glaubte, K bereits sofort aufgrund der Stiche getötet zu haben, obwohl dies – jedenfalls nicht ausschließbar – erst der W endgültig

---

[43] So BGH U. v. 30.08.2000 – 2 StR 204/00 – NStZ 2001, 29 (30).
[44] Hierzu. Kindhäuser/Hilgendorf, LPK, 9. Aufl. 2022, vor § 13 Rn. 85f.
[45] Zum atypischen Kausalverlauf B. Heinrich, AT, 7. Aufl. 2022, Rn. 249.
[46] Wessels/Beulke/Satzger, AT, 52. Aufl. 2022, Rn. 296.
[47] Faustformel bei B. Heinrich, AT, 7. Aufl. 2022, Rn. 249.
[48] B. Heinrich, AT, 7. Aufl. 2022, Rn. 253, Bsp. 3.

bewirkte. Es könnte insofern ein nach § 16 I StGB beachtlicher Irrtum über den Kausalverlauf[49] vorliegen. Die Beachtlichkeit würde aber voraussetzen, dass sich das Geschehen außerhalb der Grenzen des nach allgemeiner Lebenserfahrung Voraussehbarem abspielte oder eine andere rechtliche Bewertung der Tat erforderlich macht.

Der Tod des Opfers ist nicht etwa Folge einer außerhalb jeder Wahrscheinlichkeit liegenden Verkettung unglücklicher Umstände, bei der eine Haftung der S für den Erfolg ausscheiden würde. Die Abweichung vom vorgestellten Kausalverlauf ist vielmehr unwesentlich und rechtfertigt auch keine andere Bewertung der Tat.[50] Eine derart restriktive Handhabung der Kausalverlaufsirrtümer legitimiert sich daraus, dass Kausalverläufe niemals gänzlich feststehen und es dem Täter i. d. R. auch lediglich auf die Herbeiführung des Erfolges ankommt, einerlei wie der genaue Weg aussieht. S handelte mithin vorsätzlich.[51]

II. Rechtswidrigkeit, Schuld
S handelte rechtswidrig und schuldhaft.

Von einer hinreichenden Reife i. S. d. § 3 JGG[52] ist auszugehen.

III. Ergebnis
S hat sich wegen Totschlags strafbar gemacht, indem sie K mit einem Klappmesser 16 Stichverletzungen beibrachte.

B. (§)§ (212 I,) 211 StGB
Die Tat der S könnte sich nicht nur als Totschlag, sondern sogar als Mord darstellen.[53]

Eine Heimtücke – bewusstes Ausnutzen der auf Arglosigkeit beruhenden Wehrlosigkeit[54] – liegt angesichts der eskalierenden Sachverhaltsgestaltung fern.

S könnte grausam gehandelt haben.

Dies erfordert ein Zufügen besonders starker Schmerzen oder Qualen körperlicher oder seelischer Art, die über das für die Tötung erforderliche Maß hinausgehen, und zwar aus gefühlloser, unbarmherziger Gesinnung.[55] Zwar war das Vorgehen der S brutal, auch musste K eine beträchtliche Zeit bis zu ihrem Tod leiden.

---

[49] Speziell hierzu B. Heinrich, AT, 7. Aufl. 2022, Rn. 1088ff.
[50] So BGH U. v. 30.08.2000 – 2 StR 204/00 – NStZ 2001, 29 (30).
[51] A. A. vertretbar.
[52] Hierzu vgl. nur Laubenthal/Baier/Nestler, Jugendstrafrecht, 3. Aufl. 2015, Rn. 64ff.
[53] Überschrift und Formulierung des Obersatzes beruhen darauf, dass das Verhältnis von Mord und Totschlag umstritten ist, hierzu Bock, BT 1, 2018, S. 16ff.;.Eisele, BT I, 6. Aufl. 2022, Rn. 61f., 135ff.
[54] S. nur Fischer, StGB, 70. Aufl. 2023, § 211 Rn. 34; aus der Rspr. vgl. zuletzt BGH U. v. 11.05.2022 – 5 StR 361/21 – NStZ-RR 2022, 277; BGH B. v. 29.06.2022 – 1 StR 127/22 – NStZ-RR 2022, 307.
[55] Bock, BT 1, 2018, S. 43; Fischer, StGB, 70. Aufl. 2023, § 211 Rn. 56; aus der Rspr. vgl. zuletzt BGH U. v. 15.08.2019 – 5 StR 236/19 – NStZ-RR 2019, 343.

Allerdings ist nicht ersichtlich, dass die Leidensverlängerung aus einer besonders gefühllosen Gesinnung heraus geschah; vielmehr handelte es sich um eine Situation des Affekts und stümperhafter Tatausführung.

S könnte die K aber sonst aus niedrigen Beweggründen i. S. d. § 211 II StGB getötet haben.

Dies wäre der Fall, wenn die Beweggründe der S nach allgemeiner sittlicher Wertung auf tiefster Stufe standen und deshalb besonders verwerflich, ja verächtlich waren und keinerlei menschliches Verständnis mehr verdienen.[56]

Vorliegend wollte S der K eine „gründliche Abreibung" verpassen, weil diese der L die Schwangerschaft der S offenbart hatte. Zwar steht eine Tötung natürlich in keinem vernünftigen Verhältnis zu diesem Anlass; es ist aber auch nicht völlig unverständlich, dass sich S bei K rächen wollte. Ohnehin gilt es, das besondere Mordunrecht, welches mit absolut angedrohter lebenslanger Freiheitsstrafe bestraft wird, restriktiv zu fassen, sodass die Unverhältnismäßigkeit der Rache nicht ausreichen kann.

S handelte nicht aus niedrigen Beweggründen.[57]

S handelte auch nicht, um eine andere Straftat zu verdecken (sog. Verdeckungsabsicht), etwa im Hinblick auf vorherige Körperverletzungen (ggf. § 223 I StGB): Jedenfalls ist *in dubio pro reo* in dem Geschehen eine einheitliche Tötungshandlung zu sehen, sodass es an einer „anderen" Straftat mangelt.[58]

S hat sich mithin nicht wegen Mordes strafbar gemacht, als sie auf K tödlich einstach.

C. §§ 223 I, 224 I Nr. 2, 5 StGB

Die gefährliche Körperverletzung tritt als Durchgangsdelikt hinter § 212 I StGB kraft Gesetzeskonkurrenz (materielle Subsidiarität) zurück.[59]

D. § 258 I StGB

Eine selbstbegünstigende Strafvereitelung ist nicht tatbestandsmäßig („ein anderer").

E. § 123 I StGB

Für ein Eindringen der S in das Haus der K ist nichts ersichtlich. Insbesondere ändert eine Täuschung – etwa über die guten Absichten eines Besuchs – nichts an einem wirksamen Einverständnis zum Betreten des Hauses.[60] Anders als bei der

---

[56] Bock, BT 1, 2018, S. 76; Fischer, StGB, 70. Aufl. 2023, § 211 Rn. 14a; Eisele, BT I, 6. Aufl. 2022, Rn. 89; aus der Rspr. vgl. zuletzt BGH U. v. 15.06.2022 – 6 StR 23/22 – NStZ-RR 2022, 245.
[57] A. A. vertretbar.
[58] Zu dieser Problematik Bock, BT 1, 2018, S. 68ff.; Eisele, BT I, 6. Aufl. 2022, Rn. 129ff.; aus der Rspr. vgl. zuletzt BGH U. v. 09.12.2021 – 4 StR 167/21 – NJW 2022, 409 = NStZ 2022, 298 = StV 2022, 444 (Anm. Bosch Jura 2022, 648; Hecker JuS 2022, 462; RÜ 2022, 171; Krumm NJW 2022, 412; Kudlich NStZ 2022, 300; Fahl JR 2022, 346; Hecker HRRS 2022, 147).
[59] Joecks/Jäger, StGB, 13. Aufl. 2021, vor § 211 Rn. 55; Fischer, StGB, 70. Aufl. 2023, § 212 Rn. 23.
[60] Bock, BT 1, 2018, S. 321; Joecks/Jäger, StGB, 13. Aufl. 2021, § 123 Rn. 30f.

Einwilligung genügt der natürliche und aktuelle Willen, egal worauf dieser beruht. Dies folgt daraus, dass bereits der Wortlaut des Eindringens einen fehlenden oder entgegenstehenden Willen voraussetzt; am Vorliegen eines gestattenden Willens ändert die Motivation des Gestattenden nichts.

2. Abschnitt: Strafbarkeit des W

A. § 212 I StGB
W könnte sich wegen Totschlags strafbar gemacht haben, indem er die noch lebende K mit einer Wasserflasche schlug, sich mit seinem ganzen Gewicht auf sie warf und dann würgte.

I. Tatbestand

1. Objektiver Tatbestand
Fraglich ist, ob das Verhalten des W für den Tod der K kausal wurde.

K starb entweder in Folge der – möglicherweise den Sterbevorgang verkürzenden – Schläge mit der Wasserflasche oder aber nach diesen Schlägen in Folge der Messerstiche durch Verbluten. Mithin steht eine todesbeschleunigende Wirkung gerade nicht fest, sodass *in dubio pro reo* davon auszugehen ist, dass K auch ohne Eingreifen des W zur selben Zeit gestorben wäre (durch Verbluten). Die Handlung des W ist mithin nicht (hinreichend festgestellt) kausal für den Tod der K geworden.

2. Zwischenergebnis
W erfüllte den objektiven Tatbestand des § 212 I StGB nicht.

II. Ergebnis
W hat sich nicht wegen Totschlags strafbar gemacht, indem er die noch lebende K mit einer Wasserflasche schlug, sich mit seinem ganzen Gewicht auf sie warf und dann würgte.

B. §§ 212 I, 22, 23 StGB
W könnte sich wegen versuchten Totschlags strafbar gemacht haben, indem er K schlug, sich mit seinem ganzen Gewicht auf sie warf und dann würgte.

I. Sog. „Vorprüfung": Nichtvollendung, Strafbarkeit des Versuchs
W ist nicht wegen Vollendung strafbar, s. o.

Der Versuch des Totschlags ist nach den §§ 12, 23 I StGB strafbar.

II. Tatbestand

1. Vorstellung von der Verwirklichung des Tatbestands (sog. Tatentschluss, subjektiver Tatbestand)
W müsste sog. Tatentschluss hinsichtlich der Tötung der K gehabt haben, mithin entsprechenden Vorsatz.

Vorsatz ist Wissen und Wollen der den objektiven Tatbestand verwirklichenden Umstände,[61] wobei zum einen die Abgrenzung von Eventualvorsatz und Fahrlässigkeit problematisch ist,[62] zum anderen gerade an den Tötungsvorsatz[63] strenge Anforderungen gestellt werden.

Vorliegend ist im Sachverhalt klargestellt, dass W mit Tötungsabsicht handelte, sodass er den erforderlichen Tatentschluss aufwies.

2. Unmittelbares Ansetzen
W müsste i. S. d. § 22 StGB unmittelbar angesetzt haben.

Dies ist – bei im Einzelnen problematischer Bestimmung dieses Begriffs – dann gegeben, wenn der Täter subjektiv die Schwelle zum „Jetzt geht's los" überschreitet und objektiv Handlungen vornimmt, die in ungestörtem Fortgang ohne wesentliche Zwischenakte – d. h. ohne weiteren Willensimpuls – zur Tatbestandserfüllung führen sollen, sodass sein Tun in die Erfüllung des Tatbestands übergeht, oder die in engem räumlichen und zeitlichen Zusammenhang mit ihr stehen, das geschützte Rechtsgut somit gefährden.[64]

Vorliegend lässt sich bei W ohnehin eine umfängliche Verwirklichung seiner geplanten und für ausreichend erfolgstauglich erachteten Tathandlung feststellen,[65] sodass er auch unmittelbar i. S. d. § 22 StGB ansetzte.

III. Rechtswidrigkeit, Schuld
W handelte rechtswidrig und schuldhaft.

§ 3 JGG gilt für ihn als Heranwachsenden (s. § 1 II JGG) nicht, vgl. § 105 I JGG *e contrario*.[66]

IV. Ergebnis
W hat sich wegen versuchten Totschlags strafbar gemacht, indem er K schlug, sich mit seinem ganzen Gewicht auf sie warf und dann würgte.

C. §§ (212 I,)211, 22, 23 StGB
W könnte in der Absicht gehandelt haben, eine andere Straftat zu verdecken.

In Betracht kommt die Tat der S (zum Zeitpunkt der Handlung des W ein versuchter Totschlag).

---

[61] Fischer, StGB, 70. Aufl. 2023, § 15 Rn. 3.
[62] Hierzu B. Heinrich, AT, 7. Aufl. 2022, Rn. 295ff.
[63] Hierzu Bock, BT 1, 2018, S. 8ff.; aus der Rspr. vgl. zuletzt BGH U. v. 23.03.2022 – 6 StR 343/21 – NJW 2022, 3025 = NStZ 2022, 549; BGH U. v. 15.07.2021 – 3 StR 481/20 – NStZ 2022, 753.
[64] Fischer, StGB, 70. Aufl. 2023, § 22 Rn. 10; aus der Rspr. vgl. zuletzt BGH B. v. 04.05.2022 – 1 StR 3/21 – NJW 2022, 3165; BGH B. v. 04.05.2022 – 1 StR 138/21 (AGG-Hopper) (Anm. von Heintschel-Heinegg JA 2022, 1047).
[65] Vgl. die Faustformel bei Joecks/Jäger, StGB, 13. Aufl. 2021, § 22 Rn. 17f.
[66] Vgl. auch Eisenberg/Kölbel, JGG, 23. Aufl. 2022, § 3 Rn. 2.

Als Bezugstat der Verdeckungsabsicht kommen nicht nur eigene, sondern auch fremde Straftaten in Frage.[67] Angesichts dessen, dass S ihrem Freund W von ihrer Tat berichtet hatte und dieser dann, als er bemerkte, dass K noch lebte, diese töten wollte, liegt es nahe, dass W eine (geschädigte bzw. Opfer-)Zeugin ausschalten wollte, damit S der Strafverfolgung entgeht. Bei der zu verdeckenden Tat handelte es sich um eine „andere" i. S. d. § 211 II StGB, was bereits aus der Personenverschiedenheit und der zeitlichen Zäsur folgt. Etwaige andere Beweggründe schließen eine Verdeckungsabsicht nicht aus.[68]

W handelte mithin mit Verdeckungsabsicht und hat sich daher wegen versuchten Mordes strafbar gemacht.

D. §§ 223 I, 224 I Nr. 2, 5 StGB

Indem W mit der Wasserflasche – einem gefährlichen Werkzeug i. S. d. § 224 I Nr. 2 StGB (jeder Gegenstand, der nach der Art seiner Verwendung im konkreten Fall geeignet ist, erhebliche Verletzungen zu verursachen[69]) – auf den Kopf der K einschlug (eine das Leben gefährdende Behandlung i. S. d. § 224 I Nr. 5 StGB), hat er sich wegen gefährlicher Körperverletzung strafbar gemacht.

Um klarzustellen, dass es zu einem Körperverletzungserfolg kam, tritt § 224 StGB nicht in Gesetzeskonkurrenz hinter dem versuchten Mord zurück, sondern bleibt nach heute einhelliger Auffassung in Tateinheit (§ 52 StGB) bestehen.[70] Die frühere Gegenauffassung[71] überzeugt nicht, da ohne diese Klarstellung offenbliebe, ob es sich um einen objektiv folgenlosen Versuch handelte.

E. § 258 I StGB

W könnte sich wegen Strafvereitelung strafbar gemacht haben, indem er die noch lebende K mit einer Wasserflasche schlug, sich mit seinem ganzen Gewicht auf sie warf und dann würgte.

Zur Tat der S s. o.

Vereiteln ist jede Besserstellung des Täters hinsichtlich der Strafverfolgung (§ 258 I StGB) oder Strafvollstreckung (§ 258 II StGB).[72] Dies könnte hier in der Beseitigung einer Zeugin liegen, die in einem Strafverfahren gegen S hätte aussagen können. Allerdings mangelt es an einer Vollendungskausalität bzgl. der Tötung der K (s. o.) und somit an einer objektiven Besserstellung, sodass ein Vereiteln nicht anzunehmen ist.

---

[67] Bock, BT 1, 2018, S. 63; Kindhäuser/Hilgendorf, LPK, 9. Aufl. 2022, § 211 Rn. 32.
[68] Bock, BT 1, 2018, S. 67; Fischer, StGB, 70. Aufl. 2023, § 211 Rn. 68c; aus der Rspr. vgl. zuletzt BGH U. v. 30.09.2021 – 4 StR 170/21 – NStZ-RR 2021, 384 = StV 2022, 89 (Anm. Kudlich JA 2022, 77; Schladitz ZJS 2022, 269; RÜ 2022, 106; RÜ2 2022, 37).
[69] Bock, BT 1, 2018, S. 128; Wolters, in: SK-StGB, 9. Aufl. 2017, § 224 Rn. 15; aus der Rspr. vgl. zuletzt KG B. v. 05.11.2021 – (2) 121 Ss 100/21 (24/21) – NStZ 2022, 512.
[70] Fischer, StGB, 70. Aufl. 2023, § 211 Rn. 107.
[71] Etwa BGH B. v. 03.07.1981 – 3 StR 210/81 – BGHSt 30, 166 = NJW 1981, 2367 = NStZ 1981, 479 = StV 1981, 546 und 623 (Anm. Bruns JR 1982, 166).
[72] Bock, BT 1, 2018, S. 417; Joecks/Jäger, StGB, 13. Aufl. 2021, § 258a Rn. 11; aus der Rspr. vgl. zuletzt OLG Karlsruhe U. v. 10.07.2017 – 2 Rv 10 Ss 581/16 – NStZ-RR 2017, 355 (Anm. Hecker JuS 2017, 1125; RÜ 2017, 718; Schulz-Merkel NZV 2018, 43).

F. §§ 258 I, IV, 22, 23 StGB

W, der handelte, um die Spuren der Tat der S zu beseitigen – also absichtlich i. S. d. § 258 I StGB –, verwirklichte aber eine versuchte Strafvereitelung.

Ein Fall des § 258 VI StGB liegt nicht vor; bei S handelt es sich zwar um die Freundin des W, allerdings fällt die nicht eheliche Lebensgemeinschaft nicht unter den – hier allein in Betracht kommenden – Begriff der Lebenspartnerschaft i. S. d. § 11 I Nr. 1 lit. a StGB (dieser erfasst nur Lebenspartnerschaften i. S. d. LPartG[73]), sodass auch § 258 VI StGB mangels Angehörigeneigenschaft der S keine Anwendung findet.

G. § 123 I StGB

Ausweislich des Sachverhalts betrat W das Haus der K, was angesichts des Zustands der K, die zu einer Erteilung eines Einverständnisses nicht mehr in der Lage war, als Eindringen i. S. d. § 123 I StGB zu verstehen ist.

Zum Strafantragserfordernis s. § 123 II StGB.

3. Teil: Kokainkonsum[74]

1. Abschnitt: Strafbarkeit der S

Eine Strafbarkeit der S nach dem StGB ist nicht ersichtlich.[75]

2. Abschnitt: Strafbarkeit des W

A. § 223 I StGB

W könnte sich wegen Körperverletzung strafbar gemacht haben, indem er der S Heroin als vermeintliches Kokain zum Konsum übergab, woraufhin S einen Atemstillstand erlitt, von dem sie sich aber erholte.

I. Tatbestand

1. Objektiver Tatbestand

a) Kausale Erfolgsherbeiführung

In den mit einem Atemstillstand einhergehenden Schmerzen und Verkrampfungen liegt sowohl der Erfolg einer körperlichen Misshandlung (jede üble und unangemessene Behandlung, durch die das körperliche Wohlbefinden oder die

---

[73] Ziegler, in: BeckOK-StGB, Stand 01.08.2022, § 11 Rn. 5.
[74] Nach BGH U. v. 29.04.2009 – 1 StR 518/08 (Betäubungsmittel: Verwechslung des Stoffes) – BGHSt 53, 288 = NJW 2009, 2611 = NStZ 2009, 504 = StV 2011, 538 (Anm. LL 2009, 534; RA 2009, 404; Walther HRRS 2009, 560; Lange/Wagner NStZ 2011, 67; Stam StV 2011, 536).
[75] Die – auch nicht examensrelevanten – Straftaten nach dem BtMG sind laut Bearbeitervermerk nicht zu prüfen; zu ihnen vgl. z. B. Malek, Betäubungsmittelstrafrecht, 4. Aufl. 2014.

körperliche Unversehrtheit mehr als nur unerheblich beeinträchtigt wird[76]) als auch eine Schädigung an der Gesundheit (Hervorrufen oder Steigern eines nicht nur unerheblich krankhaften (pathologischen), d. h. vom Normalzustand nachteilig abweichenden Zustandes körperlicher Art[77]).

Durch das Zurverfügungstellen des Rauschgifts ist W hierfür auch kausal geworden.

b) Objektive Zurechnung

Es stellt sich aber die Frage, ob der eingetretene Erfolg auch dem W objektiv zuzurechnen ist, da S das Heroin nach Zurverfügungstellung des W selbst konsumierte.

In Betracht kommt namentlich eine Mitwirkung an einer freiverantwortlichen Selbstgefährdung der Geschädigten[78] und insofern eine fehlende Schaffung eines rechtlich missbilligten Risikos (trotz des prinzipiellen Indizes einer missbilligten Risikosetzung aufgrund § 29 I BtMG).

Es gilt nämlich das Prinzip der Eigenverantwortlichkeit: Ein Täter haftet nicht, wenn das Opfer selbst verantwortlich ist, insbesondere bei Veranlassung, Förderung oder Mitwirkung an freiverantwortlichen Selbsttötungen und -verletzungen. Dies folgt aus einem Erst-recht-Schluss aus der Straflosigkeit von Selbstverletzungen, welcher wiederum erst recht bei Fahrlässigkeitsdelikten gelten muss. Die Norm (hier § 229 StGB) soll das Opfer nicht vor Selbstverletzungen schützen, sondern vor Eingriffen Dritter bewahren. Insofern beseitigt die Erlaubnis des Opfers die rechtliche Missbilligung des Risikos.[79]

Eine derartige tatbestandsausschließende Selbstgefährdung setzt aber zunächst eine Eigenverantwortlichkeit des Opfers bei vollem Risikobewusstsein voraus.[80] Zwar sind grundsätzliche Defekte[81] der S dem Sachverhalt nicht zu entnehmen (für eine etwa suchtbedingte Schuldunfähigkeit[82] ist nichts ersichtlich, ferner ist auch § 3 JGG erfüllt, s. o.). Auch stellt sich angesichts des eigenhändig vorgenommenen Konsums der S nicht die Problematik der Abgrenzung von eigenverantwortlicher

---

[76] Joecks/Jäger, StGB, 13. Aufl. 2021, § 223 Rn. 4; aus der Rspr. vgl. zuletzt OLG Hamm B. v. 21.04.2022 – 5 RVs 42/22 (Anm. Borutta jurisPR-StrafR 12/2022 Anm. 3).

[77] Vgl. Bock, BT I, 2018, S. 118; Joecks/Jäger, StGB, 13. Aufl. 2021, § 223 Rn. 9; aus der Rspr. vgl. zuletzt OLG Hamm B. v. 21.04.2022 – 5 RVs 42/22 (Anm. Borutta jurisPR-StrafR 12/2022 Anm. 3).

[78] Zu dieser Fallgruppe der objektiven Zurechnung Wessels/Beulke/Satzger, AT, 52. Aufl. 2022, Rn. 266ff.

[79] Zsf. Kindhäuser/Hilgendorf, LPK, 9. Aufl. 2022, vor § 13 Rn. 159ff.

[80] S. etwa Fischer, StGB, 70. Aufl. 2023, vor § 13 Rn. 36a.

[81] Zu den verschiedenen Ansätzen bzgl. der Ermittlung der Eigenverantwortlichkeit B. Heinrich, AT, 7. Aufl. 2022, Rn. 1048.

[82] Hierzu Fischer, StGB, 70. Aufl. 2023, § 20 Rn. 41; aus der Rspr. vgl. zuletzt BGH U. v. 26.05.2021 – 2 StR 439/20 – StV 2022, 291; BGH U. v. 13.04.2022 – 2 StR 310/21 – NStZ-RR 2022, 288.

Lösungshinweise

Selbstgefährdung (Tatbestandsausschluss) und einverständlicher Fremdgefährdung (allenfalls rechtfertigende Einwilligung).[83] Ferner wollte S gerade das Rauschgift des W konsumieren.

Problematisch ist allerdings, dass die S hinsichtlich der Beschaffenheit des konsumierten Rauschgifts irrte und von Kokain ausging, während es sich in Wahrheit um viel gefährlicheres reines Heroin handelte. Zwar ist den sich am illegalen Umgang mit Betäubungsmitteln beteiligenden Personen die Wirkstoffkonzentration und der Gehalt eventuell beigemengter Stoffe regelmäßig nicht bekannt und Konsumenten riskieren daher, nicht nur eine zu hohe Dosierung des von ihnen gewünschten Rauschgifts, sondern zusätzlich unbekannte, möglicherweise ebenfalls gesundheitsgefährdende Stoffe zu sich zu nehmen. Das vorliegende Geschehen lag aber außerhalb eines solchen üblichen Gefahrenbereichs, sodass S das von ihr eingegangene Risiko grundlegend verkannte. Denn sie erhielt von W nicht – wie gewünscht – Kokain, das lediglich einen höheren Wirkstoffgehalt hatte, als von ihm angenommen, und dem weitere Substanzen beigegeben waren, sondern Heroin. Dieses ist nicht nur generell gefährlicher als Kokain, wie die deutlich divergierenden Grenzwerte für die jeweils nicht geringe Menge erkennen lassen, sondern war vorliegend auch „rein" und damit von weit überdurchschnittlicher Gefährlichkeit.[84]

Freilich lässt sich ein Ausschluss einer eigenverantwortlichen Selbstgefährdung mangels Risikokenntnis auch dadurch begründen, dass es sich bei dem Konsum von Heroin statt Kokain nicht nur um ein gesteigertes Risiko handelt, sondern ein gänzlich anderes: hängt der Zurechnungsausschluss davon ab, dass das Opfer vollinformiert über die Aufgabe eines Rechtsguts entscheidet, so muss das nicht nur das Risiko der Höhe nach, sondern v. a. auch der Art nach betreffen.

Fraglich ist jedoch, ob einer objektiven Zurechnung entgegensteht, dass nicht nur die S, sondern auch der W über die Beschaffenheit des konsumierten Rauschgifts irrte, er insofern also nicht wissensüberlegen war bzw. die S täuschte, was ohne Weiteres zur Zurechnung[85] führen würde. Es ist umstritten, ob eine Fahrlässigkeit des Täters hinsichtlich der Gefahrenreichweite ebenfalls als Zurechnungsgrund ausreicht.[86]

Z. T.[87] wird dies abgelehnt, während die wohl h. M.[88] dies bejaht.

Überzeugender ist die Annahme einer Zurechnung jedenfalls, wenn das typische Konsumrisiko verlassen wird und die Risikosteigerung nicht allein in der Person des Geschädigten begründet liegt. Vorliegend[89] stellte W das Rauschgift zum Konsum zur Verfügung, verhielt sich aber insofern risikosteigernd, als er dabei konkludent zum Ausdruck brachte, es handele sich um Kokain, denn eine solche Erklärung hätte W nur abgeben dürfen, wenn er sich zuvor vergewissert hätte, dass er

---

[83] Hierzu B. Heinrich, AT, 7. Aufl. 2022, Rn. 1049.
[84] S. BGH U. v. 29.04.2009 – 1 StR 518/08 – BGHSt 53, 288 (291).
[85] Kindhäuser/Hilgendorf, LPK, 9. Aufl. 2022, vor § 13 Rn. 125f.
[86] Zsf. Wessels/Beulke/Satzger, AT, 52. Aufl. 2022, Rn. 277.
[87] Wessels/Beulke/Satzger, AT, 52. Aufl. 2022, Rn. 278 m. w. N.
[88] Kindhäuser/Hilgendorf, LPK, 9. Aufl. 2022, vor § 13 Rn. 126; BGH U. v. 29.04.2009 – 1 StR 518/08 – BGHSt 53, 288 (290ff.).
[89] Zum Folgenden BGH U. v. 29.04.2009 – 1 StR 518/08 – BGHSt 53, 288 (291).

tatsächlich dieses Rauschmittel aushändigt. In diesem Fall hätte er das tatsächliche Risiko und die daraus erwachsenden Folgen ebenso erkennen können wie den Umstand, dass S ihr sich selbst gefährdendes Verhalten falsch einschätzen würde. Einer solchen Prüfungspflicht steht nicht entgegen, dass der unerlaubte Umgang mit Betäubungsmitteln unter Strafe gestellt ist (§ 29 BtMG). Anderenfalls würde derjenige, der sich ohnehin in strafbarer Weise verhält, gegenüber demjenigen besser gestellt, der grundsätzlich erlaubt potenziell risikobehaftete Stoffe an andere weitergibt. Beispielsweise haben Ärzte und Apotheker zuvor zu prüfen, ob sie dem Kunden das richtige Medikament aushändigen. Eine solche Auslegung würde darüber hinaus dem vom Gesetzgeber verfolgten Ziel zuwiderlaufen, gerade die durch unerlaubte Betäubungsmittel verursachten Gefahren einzudämmen.

In dem eingetretenen Erfolg realisierte sich gerade auch das von W gesetzte unerlaubte Risiko. Der Erfolg ist dem W daher objektiv zuzurechnen.[90]

2. Subjektiver Tatbestand

W müsste allerdings auch vorsätzlich i. S. d. § 15 StGB gehandelt haben.

Nach der weitestmöglichen Auffassung zum sog. Eventualvorsatz (sog. Möglichkeitslehre[91]) ist es erforderlich, dass dem Täter die Tatbestandsverwirklichung aufgrund bestimmter Anhaltspunkte als konkret möglich erscheint und er trotzdem handelt.

Zwar wusste er um die Folgen auch des Konsums der Mischung aus Kokain, Amphetamin und gekochtem Marihuana, sodass er jedenfalls (Eventual-)Vorsatz hinsichtlich des Eintritts eines Körperverletzungserfolgs infolge des Drogenkonsums durch S hatte. Freilich muss der Täter, wenn er die Tatbestandsverwirklichung als konkret möglich erkennen soll, auch i. S. d. § 16 I 1 StGB jeden Umstand kennen, der zum gesetzlichen Tatbestand gehört. Gemeint ist also Kenntnis bzgl. aller Umstände zur Verwirklichung sämtlicher objektiver Tatbestandsmerkmale (sog. Kongruenz zwischen objektivem und subjektivem Tatbestand). Inhalt des Vorsatzes sind die Umstände, die die Tatbestandsmerkmale erfüllen, Gegenstand des Vorsatzes sind die objektiven Tatbestandsmerkmale,[92] und zwar sowohl die geschriebenen (inkl. ausgelagerten, vor die Klammer gezogen, z. B. die Täterschaft gem. § 25 StGB) als auch die ungeschriebenen (z. B. Kausalität und objektive Zurechnung).

Hinsichtlich des Merkmals „objektive Zurechnung" fehlte es W an der Kenntnis, dass es sich gar nicht um eine Mischung aus Kokain, Amphetamin und gekochtem Marihuana handelte, hinsichtlich deren Risikos sich S im Wege einer eigenverantwortlichen Selbstgefährdung einverstanden erklärt hatte, sondern vielmehr um reines Heroin, mithin eine völlig andere Gefahrenquelle, der S sich nicht aussetzen wollte.

---

[90] A. A. vertretbar.
[91] Etwa Kindhäuser/Hilgendorf, LPK, 9. Aufl. 2022, § 15 Rn. 13, 15.
[92] Hoyer, in: SK-StGB, 9. Aufl. 2017, § 16 Rn. 8.

Insbesondere ist auch nicht festgestellt, dass W eine derartige Abweichung bei der zum Konsum übergebenen Mischung mindestens für möglich hielt, diesbezüglich also selbst nach der weitesten Auffassung sog. Eventualvorsatz hatte.

Dadurch, dass W derartige Kenntnis nicht hatte, befand er sich vielmehr in einem Irrtum über Tatumstände, § 16 I 1 StGB. Insoweit handelte W nicht vorsätzlich i. S. d. § 15 StGB.

II. Ergebnis
W hat sich nicht wegen Körperverletzung strafbar gemacht, indem er der S Heroin als vermeintliches Kokain zum Konsum übergab, woraufhin S einen Atemstillstand erlitt, von dem sie sich aber erholte.

B. §§ 223 I, 224 I Nr. 1, 5 StGB
Auf die qualifizierenden Merkmale der gefährlichen Körperverletzung kommt es mangels Grunddelikts nicht mehr an.

C. § 229 StGB
W könnte sich aber durch dieselbe Handlung wegen fahrlässiger Körperverletzung strafbar gemacht haben.

Zur kausalen Herbeiführung eines Körperverletzungserfolgs s. bereits oben, ebenfalls zur objektiven Zurechnung, die inhaltlich deckungsgleich mit den Anforderungen der Verletzung einer Sorgfaltspflicht sowie der Voraussehbarkeit des Erfolgseintritts ist.

W handelte rechtswidrig; eine wirksame Einwilligung liegt nicht vor, was sich aus den gleichen Gründen, die zur Bejahung der objektiven Zurechnung geführt haben, ergibt.

Er handelte auch schuldhaft inkl. subjektiver Fahrlässigkeit.

W hat sich wegen fahrlässiger Körperverletzung strafbar gemacht, indem er der S Heroin als vermeintliches Kokain zum Konsum übergab, woraufhin S einen Atemstillstand erlitt, von dem sie sich aber erholte.

Zum Strafantragserfordernis s. § 230 StGB.

4. Teil: Streit zwischen S und W[93]

1. Abschnitt: Strafbarkeit der S
Mangels näherer Angaben im Sachverhalt (nur: „tätliche Auseinandersetzung") ist eine Strafbarkeit der S nicht ersichtlich.

---

[93] Nach BGH B. v. 08.07.2008 – 3 StR 190/08 – NStZ 2009, 92 = StV 2009, 187 (Anm. RÜ 2008, 782; Geppert JK 2009 StGB § 227/5).

2. Abschnitt: Strafbarkeit des W

A. §§ 212 I, 22, 23 StGB
W könnte sich wegen versuchten Totschlags strafbar gemacht haben, indem er sich mit Schwung auf den Brustkorb der mit dem Rücken am Boden liegenden S setzte.

S überlebte, sodass keine Vollendung eingetreten ist. Die Versuchsstrafbarkeit ergibt sich aus den §§ 23 I, 12 I StGB.

Fraglich ist, ob W sog. Tatentschluss bzgl. einer Tötung der S, mithin Tötungsvorsatz hatte.

Indiz für ein billigendes Inkaufnehmen des Erfolgseintritts[94] ist insbesondere die (erkannte bzw. vorgestellte) objektive Gefährlichkeit der Tathandlung. Vorliegend dürfte W jedoch trotz seines beträchtlichen Gewichts kaum geglaubt haben, dass sein Einwirken auf den Brustkorb zum Tod der S hätte führen können[95] – was ja auch nicht geschah –, zumal es sich doch um eine eher robuste Körperregion handelt, anders als etwa Kopf oder Unterleib.

Mangels Tatentschlusses hat sich W nicht wegen versuchten Totschlags strafbar gemacht.

B. §§ 223 I, 224 I Nr. 5 StGB (Rippenbrüche)
W könnte sich wegen gefährlicher Körperverletzung strafbar gemacht haben, indem er sich mit Schwung auf den Brustkorb der mit dem Rücken am Boden liegenden S setzte.

Die schmerzhaften Rippenbrüche sind sowohl eine körperliche Misshandlung als auch eine Gesundheitsschädigung.

Fraglich ist, ob W eine das Leben gefährdende Behandlung i. S. d. § 224 I Nr. 5 StGB vornahm. Die objektive Eignung hierzu zeigt sich bereits an der Schwere der Verletzungen.

Problematisch ist der diesbezügliche Vorsatz des W. Einen Tötungsvorsatz wies er zwar nicht auf, s. o., erforderlich ist für § 224 I Nr. 5 StGB aber nur Gefährdungsvorsatz. Ein solcher ist angesichts der Wucht der Einwirkung anzunehmen.[96]

W handelte rechtswidrig und schuldhaft.

W hat sich wegen gefährlicher Körperverletzung strafbar gemacht, indem er sich mit Schwung auf den Brustkorb der mit dem Rücken am Boden liegenden S setzte.

C. §§ 223 I, 226 I StGB (Rippenbrüche und Sepsis)
W könnte sich wegen schwerer Körperverletzung strafbar gemacht haben, indem er sich mit Schwung auf den Brustkorb der mit dem Rücken am Boden liegenden S setzte.

---

[94] Zur Kurzformel der h. M. s. nur Joecks/Jäger, StGB, 13. Aufl. 2022, § 15 Rn. 16f.
[95] A. A. vertretbar.
[96] A. A. vertretbar.

Lösungshinweise

I. Tatbestand

1. Objektiver Tatbestand
Zum Grunddelikt s. o.

W könnte ein i. S. d. § 226 I StGB erfolgsqualifizierendes[97] Merkmal verwirklicht haben.

In Betracht kommt ein Verfallen der S in Siechtum.

Hierunter wird ein chronischer Krankheitszustand verstanden, der den Gesamtorganismus in Mitleidenschaft zieht und allgemeine Hinfälligkeit zur Folge hat.[98] Eine Arbeitsunfähigkeit auf nicht absehbare Dauer genügt.[99] Dies trifft auf die auf unabsehbare Zeit bettlägerige, arbeitsunfähige und pflegebedürftige S zu.

Dieser Erfolg müsste als „Folge" der Körperverletzung i. S. d. § 226 I StGB eingetreten sein.

Die Kausalität liegt vor: Ohne die von W bewirkten Rippenbrüche wäre es nicht zur Sepsis gekommen.

Die schwere Folge müsste dem W darüber hinaus objektiv zuzurechnen sein.

Problematisch sind hierbei zweierlei Umstände: Zum einen diagnostizierten die Ärzte lediglich Frakturen von drei Rippen, sodass einer Erfolgszurechnung ein sog. fahrlässiges Dazwischentreten[100] der Ärzte (Behandlungsfehler[101]) entgegenstehen könnte. Vorliegend handelt es sich allerdings nicht um einen Fall aktiver Risikosetzung durch die Ärzte (Eröffnung einer neuen Gefahrenquelle, etwa durch Medikamentenverabreichung oder einen Unfall/Kunstfehler[102]), sondern um eine evtl. pflichtwidrige Nichtabwendung des von W gesetzten Risikos.[103]

Z. T. wird in diesen Fällen stets von Zurechenbarkeit ausgegangen.[104]

Ein vollständiges Regressverbot wird hier heute nicht mehr vertreten, vgl. oben.

Die h. M.[105] differenziert danach, ob sich der Tod oder die erschwerte Verletzung des Unfallopfers als eine Verwirklichung der von dem Täter pflichtwidrig geschaffenen Gefahr darstellt. In Bezug auf Behandlungsfehler wird darauf abgestellt, wie groß das Maß der Pflichtwidrigkeit der Ärzte war[106]: Nur bei gravierenden Fehlern wird der Zurechnungszusammenhang unterbrochen. Vorliegend wurden zu wenige Rippenbrüche diagnostiziert, nähere Angaben (etwa zur Frage der Sichtbarkeit

---

[97] Dazu, dass § 226 I StGB eine Erfolgsqualifikation bildet, Bock, BT 1, 2018, S. 145; Fischer, StGB, 70. Aufl. 2023, § 226 Rn. 2.
[98] Bock, BT 1, 2018, S. 144ff.; Kindhäuser/Hilgendorf, LPK, 9. Aufl. 2022, § 226 Rn. 9; aus der Rspr. vgl. zuletzt BGH U. v. 29.04.2021 – 5 StR 498/20 – NStZ-RR 2021, 209.
[99] Fischer, StGB, 70. Aufl. 2023, § 226 Rn. 11.
[100] Zu dieser Fallgruppe s. bereits o.
[101] Hierzu zsf. Sternberg-Lieben/Schuster, in: Schönke/Schröder, 30. Aufl. 2019, § 15 Rn. 169.
[102] Vgl. OLG Celle U. v. 03.07.1957 – 1 Ss 177/57 – NJW 1958, 271.
[103] Zu dieser Unterscheidung Kindhäuser/Hilgendorf, LPK, 9. Aufl. 2022, vor § 13 Rn. 145ff.
[104] Kindhäuser/Hilgendorf, LPK, 9. Aufl. 2022, vor § 13 Rn. 145.
[105] Sternberg-Lieben/Schuster, in: Schönke/Schröder, 30. Aufl. 2019, § 15 Rn. 169 m. w. N.
[106] Vgl. auch OLG Celle U. v. 03.07.1957 – 1 Ss 177/57 – NJW 1958, 271; BGH B. v. 08.07.2008 – 3 StR 190/08 – NStZ 2009, 92 (93).

derartiger Verletzungen auf Röntgenbildern, die medizinische lex artis, der Qualifikation des Arztes o. ä.) enthält der Sachverhalt nicht; es dürfte mithin von einer durchschnittlich schweren Pflichtwidrigkeit auszugehen sein, welche eine Zurechnung nicht unterbricht.[107] Ohnehin dürfte es überzeugen, im Bereich der medizinischen Behandlung der vom Täter zugefügten Verletzungen strenge Anforderungen bis hin zu einer kategorischen Ablehnung einer Unterbrechung (s. o.) zu vertreten, muss der Täter doch jedenfalls bei vorsätzlichen Körperverletzungen stets Unwägbarkeiten des darauf basierenden Geschehensablaufs in Rechnung stellen. Anders mag es bei ganz anderen Pflichtwidrigkeiten Unbeteiligter sein.

In Betracht kommt aber auch ein fahrlässiges Dazwischentreten der S selbst. Diese nahm laut Sachverhalt nach dem 02.05.2022 wegen der Rippenfrakturen keine ärztliche Hilfe mehr in Anspruch, obwohl sich der Gesundheitszustand ständig verschlechterte. Dabei entspricht es doch lebensnaher Auslegung des Sachverhalts, dass erhebliche Schmerzen und körperliche Symptome auftraten, welche die verletzte S zur Inanspruchnahme weiterer ärztlicher Hilfe drängen mussten. Hierin könnte eine zurechnungsausschließende, völlig unvernünftige Nichtinanspruchnahme ärztlicher Behandlung liegen. Zwar war die Nichtinanspruchnahme gewiss auch Folge der eher milden ärztlichen Diagnose. Spätestens nach einer gewissen Zeit musste der S jedoch klar sein, dass ein Irrtum der Ärzte vorliegen könnte. Mithin ist der Eintritt der schweren Folge dem W nicht zuzurechnen,[108] wobei es letztlich sogar dahinstehen kann, ob man einen gravierenden Behandlungsfehler der Ärzte oder eine zurechnungsausschließende Opfermitverantwortung annimmt.

Auf § 18 StGB kommt es nicht mehr an.

2. Zwischenergebnis
W hat den objektiven Tatbestand des § 226 I StGB nicht erfüllt.

II. Ergebnis
W hat sich nicht wegen schwerer Körperverletzung strafbar gemacht, indem er sich mit Schwung auf den Brustkorb der mit dem Rücken am Boden liegenden S setzte.

D. § 229 StGB (Sepsis)
Auch eine Zurechnung der Sepsis(-Folgen) i. R. d. § 229 StGB scheidet aufgrund des fahrlässigen Dazwischentretens der S aus.

E. § 218 I StGB; § 218 I, IV 1, 22, 23 StGB
Unklar ist bereits, ob S zum Zeitpunkt des Streits noch schwanger war.

Für eine auch nur versuchte Tat mangelt es am dem Sachverhalt zu entnehmenden Vorsatz des W bzgl. eines Abbruchs einer etwaigen (bekannten bzw. angenommenen) Schwangerschaft.

---

[107] A. A. vertretbar.
[108] A. A. vertretbar.

Konkurrenzen und Endergebnis

Im 1. Teil hat sich L wegen fahrlässiger Tötung gem. § 222 StGB strafbar gemacht. Auch wenn T die Tötungen vermutlich tatmehrheitlich (§ 53 StGB) begangen hat, liegt bzgl. L Tateinheit nach § 52 StGB vor: Ihre Strafbarkeit beruht auf einer einzigen Handlung in Gestalt der Gewährung von Ausgang.

Ferner hat sich L wegen fahrlässiger Körperverletzung im Amt gem. §§ 229, 340 I, III StGB strafbar gemacht, welche aus gleichen Erwägungen ebenfalls in Tateinheit nach § 52 StGB steht.

Im 2. Teil hat sich S wegen Totschlags gem. § 212 I StGB strafbar gemacht, W wegen versuchten Mordes gem. §§ (212 I,) 211, 22, 23 StGB und (in Tateinheit, § 52 StGB, s. o.) gefährlicher Körperverletzung gem. §§ 223 I, 224 I Nr. 2, 5 StGB sowie versuchter Strafvereitelung gem. §§ 258 I, IV, 22, 23 StGB und Hausfriedensbruch gem. § 123 StGB.

Im 3. Teil hat sich W wegen fahrlässiger Körperverletzung gem. § 229 StGB strafbar gemacht.

Im 4. Teil hat sich W wegen gefährlicher Körperverletzung gem. §§ 223 I, 224 I Nr. 5 StGB strafbar gemacht.

Zwischen den – situativ völlig selbstständigen – Teilen besteht (soweit überhaupt der gleiche Täter betroffen ist) Tatmehrheit gem. § 53 StGB.

2. Übungsfall „Die Autorennen-Clique"

Nico Kurtz (K) lenkte am 16.04.2021 einen 18 m langen Lastzug auf einer Bundesstraße. Die Straße war gerade und übersichtlich, ihre geteerte und leicht gewölbte Fahrbahn etwa sechs Meter breit. Auf dem Seitenstreifen rechts daneben fuhr in der gleichen Richtung Henry Vieweger (V) auf seinem Fahrrad, den K mit einer Geschwindigkeit von 66 km/h überholte. Der Seitenabstand vom Kastenaufbau des Anhängers zum linken Ellbogen des Radfahrers betrug dabei 75 cm. Während des Überholvorgangs geriet V mit dem Kopf unter die rechten Hinterreifen des Anhängers, wurde überfahren und war auf der Stelle tot. Eine später der Leiche entnommene Blutprobe ergab einen Blutalkoholgehalt von 1,96 ‰. Der tödliche Unfall hätte sich mit hoher Wahrscheinlichkeit auch bei größerem Abstand beim Überholen ereignet, weil V infolge des hohen Blutalkoholgehalts in seiner Wahrnehmungs- und Reaktionsfähigkeit vermindert war und wahrscheinlich das Fahrgeräusch des Lastzuges zunächst nicht wahrnahm, dann plötzlich, als er diesen bemerkte, heftig erschrak, besonders stark reagierte und dabei völlig ungeordnet und unvernünftig sein Fahrrad nach links zog – eine Verhaltensweise, die für stark angetrunkene Radfahrer typisch ist.

K gehörte einer Clique an, die auf Autobahnen mit hochfrisierten Autos Autorennen durchführte, an denen zumeist fünf bis sieben Fahrzeuge beteiligt waren. Er war Besitzer eines Pkw VW Golf II, den er für Rennzwecke umgebaut hatte, sodass das Fahrzeug eine Höchstgeschwindigkeit von etwa 240 km/h erreichen konnte. Auch der mit ihm befreundete Jean-Pierre Simons (S) gehörte der Clique an; er hatte ebenfalls an mehreren Rennen teilgenommen, wobei wechselweise er oder K Fahrer bzw. Beifahrer des jeweiligen Fahrzeugs war. Der mit S befreundete Heiko Cohnen (C) konnte am 30.01.2022 den seinem Vater gehörenden Pkw Porsche Carrera 4 S nutzen, der eine Höchstgeschwindigkeit von etwa 300 km/h erreichen konnte. Am Nachmittag dieses Tages verabredeten K, S und C, mit dem VW Golf und dem Porsche zunächst auf einer vierspurig ausgebauten Bundesstraße „Beschleunigungstests" durchzuführen. Die mit der Durchführung der Autorennen verbundenen Eigen- und Fremdgefahren waren ihnen bewusst. Anschließend fuhren K mit S als Beifahrer in dem VW Golf und C in dem Porsche auf die Bundesstraße.

Dort führten sie einen ersten Beschleunigungstest durch. Hierzu fuhren die Fahrzeuge nebeneinander, sodann wurde – durch Handzeichen – von 3 auf 0 heruntergezählt und die Fahrer beschleunigten die Pkw. Der Beschleunigungstest wurde von S gefilmt. Die Pkw erreichten eine Geschwindigkeit von mehr als 200 km/h. Beide setzten das Rennen fort, auch als vor ihnen auf dem rechten Fahrstreifen der von Mona Gatzke (G) gesteuerte, mit vier Personen besetzte und knapp 120 km/h schnelle (was der geltenden zulässigen Höchstgeschwindigkeit entsprach) Pkw Opel Astra sichtbar wurde. Als G die von hinten auf sie zuschießenden Fahrzeuge bemerkte, steuerte sie ihr Fahrzeug ganz nach rechts, während K den VW auf dem linken Fahrstreifen zur Mittelleitplanke hin lenkte. Zugleich steuerte C den Porsche über die mittlere Fahrbahnmarkierung hinaus auf den linken Fahrstreifen, um das Fahrzeug der G ebenfalls überholen zu können. Während des Überholvorgangs befanden sich die drei Fahrzeuge zeitgleich nebeneinander, wobei der Abstand zwischen dem VW und dem Porsche etwa 30 cm betrug. Hierbei geriet das von K gesteuerte Fahrzeug mit den linken Reifen auf den Grünstreifen an der Mittelleitplanke. Bei dem Versuch, wieder auf die Fahrbahn zu gelangen, machte K eine zu starke Lenkbewegung, das von ihm gesteuerte Fahrzeug schleuderte gegen die Mittelleitplanke, kam schließlich zum Stehen und geriet in Brand. Zu dem brennenden Pkw wurde die Feuerwehr herbeigerufen, welche versuchte, die Insassen zu retten und den Brand zu löschen. Hierbei näherte sich unter anderem der als Atemschutzträger eingesetzte Feuerwehrmann Paul Ahlert (A) dem Fahrzeug. Aufgrund eines überraschenden Durchzündens des Feuers kam es zu einer massiven Rauchentwicklung. Wenig später platzte der in diesem Bereich eingesetzte Löschschlauch, der A durch umherspritzenden Löschschaum behinderte. Im weiteren Verlauf kam A infolge einer Kohlenmonoxidvergiftung ums Leben. Die Atemschutzüberwachung des A war entgegen der den Atemschutzeinsatz regelnden Dienstvorschrift ohne jegliche Zeiterfassung erfolgt. An den bei dem Unfall erlittenen Verletzungen verstarb S noch am selben Tag. K wurde schwer verletzt.

Wieder genesen wollte sich K an C, dem er die Schuld am Tod des S gab, rächen. Da C ihn kannte und K bei einem Fehlschlag mit einer Entdeckung rechnen musste, entschloss er sich, die Tat durch einen Dritten ausführen zu lassen. Er übergab dem Sören Naumann (N) eine Plastikflasche, die angeblich ein Schlafmittel, in Wirklichkeit aber „Merck-Flusssäure" enthielt, eine hochgiftige Flüssigkeit, die bei oraler Aufnahme von fünf ml spätestens nach vier Stunden zum Tod führt, schon bei bloßer Hautberührung tödlich wirken kann, zumindest aber erhebliche Entstellungen und bei Augenkontakt Erblindung zur Folge hat. N sollte C überfallen, ihm – notfalls mit Gewalt – das angebliche Schlafmittel verabreichen und ihn dann berauben. Unterwegs öffnete der zur Begehung der angesonnenen Tat entschlossene N aus Neugierde den Schraubverschluss der Flasche. Der ätzende Geruch, der ihm beinahe den Atem nahm, machte ihm klar, dass es sich nicht um ein Schlafmittel, sondern um eine gefährliche Säure handelte. Er nahm daraufhin von der Tat Abstand.

K schritt jetzt doch selbst zur Tat. Er brach bei C ein, öffnete im Esszimmer eine Doppelsteckdose, klemmte dort den Schutzleiter und den stromführenden Leiter ab und schloss den stromführenden Leiter an den Schutzleiterkontakt an. Dadurch bewirkte er, dass beim späteren Anschließen eines mit einem Schutzleiter ausgestatteten

Elektrogeräts an eine dieser Steckdosen sofort eine Spannung von 230 V auf das Gehäuse des angeschlossen Gerätes übertragen werden konnte. Er wollte erreichen, dass C einen tödlichen Stromschlag erhält, weshalb er auch den Sicherungslastschalter überbrückte. Zufälligerweise wurde die Manipulation aber rechtzeitig entdeckt.

Mit den Nerven am Ende suchte K den C auf und versetzte ihm mit beiden Händen einen Stoß gegen die Brust, sodass dieser einige Schritte rückwärts taumelte und zu Boden fiel. Nun trat er ihn mit der Spitze des beschuhten Fußes kräftig gegen den Oberkörper. Der Fußtritt traf C unmittelbar unterhalb des Rippenwinkels und löste über das sog. Sonnengeflecht eine Reaktion des *Nervus vagus* aus, die zum Herzstillstand führte. C starb. Der Reflextod in Folge der Reizung des Solarplexus wurde möglicherweise durch eine mit der starken Alkoholisierung des Tatopfers verbundene Beeinträchtigung des Atemzentrums und durch organische Veränderungen am Herzmuskel des Tatopfers nach einer Herzmuskelentzündung begünstigt.

Strafbarkeit der Beteiligten nach dem StGB?

Lösungshinweise

1. Teil: Tod des Radfahrers V[1]

- Strafbarkeit des K -

A. § 212 I StGB
K könnte sich wegen Totschlags strafbar gemacht haben, indem er den V mit einer Geschwindigkeit von 66 km/h bei einem Seitenabstand von 75 cm überholte.

I. Tatbestand

1. Objektiver Tatbestand

a) Kausale Erfolgsherbeiführung
Der Tod des V ist eingetreten. Hierfür müsste eine Handlung des K kausal geworden sein.

Kausal ist jede Bedingung, ohne die der Erfolg in seiner konkreten Gestalt nicht eingetreten wäre.[2] Ohne das Überfahren wäre V noch am Leben, sodass das Überholen durch K für den Tod des V kausal geworden ist.

---
[1] Nach BGH B. v. 25.09.1957 – 4 StR 354/57 (Radfahrer) – BGHSt 11, 1 = NJW 1958, 149 (Anm. Roxin, Höchstrichterliche Rspr. AT, 1998, Nr. 6; Puppe, AT, 5. Aufl. 2022, § 3 Rn. 18ff.; Kaspar/Reinbacher, Casebook AT, 2020, Fall 4; Hemmer-BGH-Classics Strafrecht, 2003, Nr. 2; Fahl, Strafrechts-Klassiker, 2020, vor § 1 Rn. 2ff.; Mezger JZ 1958, 281; Fuchs DAR 1960, 5; Spendel JuS 1964, 14).
[2] Fischer, StGB, 70. Aufl. 2023, vor § 13 Rn. 21; Jäger, in: SK-StGB, 9. Aufl. 2017, vor § 1 Rn. 61.

b) Objektive Zurechnung

Des Weiteren müsste der Tod des V dem K auch objektiv zuzurechnen sein. Ein durch das Verhalten des Täters verursachter Unrechtserfolg ist ihm nur dann als sein Werk objektiv zuzurechnen, wenn dieses Verhalten eine unerlaubte Gefahr des Erfolgseintritts geschaffen hat und diese Gefahr sich auch tatsächlich in dem Erfolg realisiert hat.[3]

aa) Schaffung einer unerlaubten Gefahr Fraglich ist zunächst, ob K eine unerlaubte Gefahr setzte. Die Unerlaubtheit kann dabei insbesondere aus der Verletzung von (gesetzlich normierten) Sorgfaltspflichten folgen.

Als einzuhaltende Sorgfaltspflicht kommt § 5 IV 2 StVO in Betracht, wonach beim Überholen ein ausreichender Seitenabstand zu anderen Verkehrsteilnehmern, insbesondere zu Fußgängern und Radfahrern, eingehalten werden muss. § 5 IV 3 StVO konkretisiert dies dahingehend, dass Kraftfahrzeugführer beim Überholen zu Radfahrern einen Mindestabstand von 2 Metern einzuhalten haben. Hiergegen hat K verstoßen, mithin seine Sorgfaltspflicht verletzt und eine unerlaubte Gefahr geschaffen.

bb) Realisierung der unerlaubten Gefahr im konkreten (Todes-)Erfolg Diese von K geschaffene unerlaubte Gefahr müsste sich im Todeserfolg realisiert haben.

Problematisch ist, dass sich der tödliche Unfall mit hoher Wahrscheinlichkeit auch bei größerem Abstand beim Überholen ereignet hätte, weil V infolge des hohen Blutalkoholgehaltes in seiner Wahrnehmungs- und Reaktionsfähigkeit vermindert war und wahrscheinlich das Fahrgeräusch des Lastzuges zunächst nicht wahrnahm, dann plötzlich, als er diesen bemerkte, heftig erschrak, besonders stark reagierte und dabei völlig ungeordnet und unvernünftig sein Fahrrad nach links zog (eine Verhaltensweise, die für stark angetrunkene Radfahrer typisch ist) – und zwar so weit nach links, dass selbst ein straßenverkehrsrechtlich hinreichender Seitenabstand zu einem Überfahren geführt hätte.

In Betracht kommt insofern die Figur des sog. rechtmäßigen Alternativverhaltens (auch Rechtswidrigkeits-/Pflichtwidrigkeitszusammenhang).[4] Hiernach scheidet eine objektive Zurechnung jedenfalls aus, wenn sicher feststeht, dass der Erfolg auch im hypothetischen Fall einer erlaubt riskanten Handlung eingetreten wäre.[5] Eine solche Sicherheit besteht allerdings im vorliegenden Fall nicht. Es ist strittig, wie der Fall zu behandeln ist, dass nur eine (hohe) Wahrscheinlichkeit dafür besteht, dass der Erfolg auch bei pflichtgemäßem Verhalten eingetreten wäre.

---

[3] S. nur Jäger, in: SK-StGB, 9. Aufl. 2017, vor § 1 Rn. 96.
[4] Hierzu B. Heinrich, AT, 7. Aufl. 2022, Rn. 251, 1042ff.; aus der Rspr. vgl. zuletzt OLG Düsseldorf B. v. 18.04.2017 – III-2 Ws 528–577/16 (Love Parade) (Anm. Grosse-Wilde ZIS 2017, 638).
[5] S. nur Fischer, StGB, 70. Aufl. 2023, vor § 13 Rn. 29; Hoyer, in: SK-StGB, 9. Aufl. 2017, Anh. zu § 16 Rn. 67ff.

Nach Rspr.[6] und wohl h. L.[7] scheidet schon dann eine Zurechnung aus, wenn der Erfolg bei pflichtgemäßem Verhalten wegen eines Fehlverhaltens des Opfers aufgrund konkreter Anhaltspunkte möglicherweise eingetreten wäre (sog. Vermeidbarkeitstheorie[8]). Hiernach wäre dem K der Todeserfolg des V nicht zuzurechnen.

Die Gegenauffassung[9] – die sog. Risikoerhöhungslehre – verneint eine Zurechnung nur dann, wenn der Erfolg mit Sicherheit ebenso eingetreten wäre; steht demgegenüber die Setzung eines unerlaubten Risikos fest, so soll die bloße – wenn auch hohe – Wahrscheinlichkeit des alternativen Erfolgseintritts bei pflichtgemäßem Verhalten die Zurechnung nicht ausschließen. Hiernach wäre dem K der Erfolg zuzurechnen.

Zum gleichen Ergebnis kommt eine ältere Auffassung (sog. reine Kausalitätstheorie), nach der gänzlich irrelevant ist, ob bei pflichtgemäßem Verhalten der Erfolg gleichsam eingetreten wäre.[10]

Gleiches gilt schließlich dann, wenn man mit Teilen der Lehre[11] auf eine Doppelkausalität von Sorgfaltspflichtverletzungen abstellt.

Überzeugender ist es, den Erfolg zuzurechnen: Hat eine feststehende Risikosetzung im tatsächlichen Geschehensablauf jedenfalls *ex post* insofern einen Anteil, als die Unfallwahrscheinlichkeit ohne den Täterbeitrag nicht 100 % betrug, so lässt sich dies durchaus als eine Herbeiführung des Todes „durch" Fahrlässigkeit ansehen. Ebenso wie bei der Kausalität gilt es, hypothetische Erwägungen, soweit wie möglich, auszublenden. Zwar wird der Risikoerhöhungslehre vorgeworfen, Verletzungsdelikte in Gefährdungsdelikte zu verwandeln; allerdings geht dies insofern fehl, als sich durchaus das gesetzte Risiko im Erfolg verwirklicht, solange nicht *ex post* feststeht, dass die Einhaltung der Sorgfaltspflicht gänzlich und feststehend sinnlos gewesen wäre. Entsprechend liegt auch kein Verstoß gegen *in dubio pro reo* vor: Zum einen muss dem Täter überhaupt die Risikosetzung nachgewiesen werden, zum anderen verweigert man auch sonst dem Täter eine Entlastung durch Hinweis auf Fehlverhalten anderer. Deutlich wird beides, wenn man von der Kausalität der Sorgfaltspflichtverletzung spricht: An einer solchen Kausalität ändert sich durch weitere Beiträge – des Geschädigten – nichts, solange diese den vom Täter gesetzten Beitrag nicht gänzlich überholen.[12] Ohnehin gilt *in dubio pro reo* nur für Tatsachen-, nicht für Rechtsfragen. Ferner zeitigt die h. M. unbefriedigende Ergebnisse aufgrund mangelnder Erfolgszurechnung, da sich recht häufig nicht ausschließen lassen wird, dass der Erfolg auch bei pflichtgemäßem Verhalten eingetreten wäre

---

[6] Z. B. BGH B. v. 25.09.1957 – 4 StR 354/57 (Radfahrer) – BGHSt 11, 1 (3ff.).
[7] Etwa B. Heinrich, AT, 7. Aufl. 2022, Rn. 1045; Joecks/Jäger, StGB, 13. Aufl. 2021, § 222 Rn. 22.
[8] S. z. B. B. Heinrich, AT, 7. Aufl. 2022, Rn. 1045.
[9] Etwa Lackner/Kühl, StGB, 29. Aufl. 2018, § 15 Rn. 44; zsf. etwa B. Heinrich, AT, 7. Aufl. 2022, Rn. 1044.
[10] Spendel JuS 1964, 14; zsf. B. Heinrich, AT, 7. Aufl. 2022, Rn. 1043.
[11] Hoyer, in: SK-StGB, 9. Aufl. 2017, Anh. zu § 16 Rn. 66ff.
[12] Vgl. Puppe, AT, 5. Aufl. 2022, § 3 Rn. 1ff.

(was den BGH z. T. auch zu Ausweichkonstruktionen greifen lässt[13]). Ob man mit diesen Erwägungen zur Mehrfachkausalität sogar zu einer Zurechnung kommt, wenn feststeht, dass sich der tödliche Unfall auch bei pflichtgemäßem Verhalten des K ereignet hätte, kann dahinstehen.

Das bloße Mitverschulden des Radfahrers ist nicht mit einer zurechnungsausschließenden bewussten Selbstgefährdung gleichzusetzen und erreicht überdies auch nicht ein Maß, dass von einem fahrlässigen „Dazwischentreten"[14] auszugehen wäre, sodass auch insofern kein Tatbestandsausschluss ersichtlich ist.

Der Erfolgseintritt ist dem K daher objektiv zuzurechnen.[15]

2. Subjektiver Tatbestand

Fraglich ist allerdings, ob K auch vorsätzlich i. S. d. § 15 StGB handelte. Vorsatz ist Wissen und Wollen hinsichtlich der den objektiven Tatbestand verwirklichenden Umstände,[16] wobei dessen Mindestanforderungen (mit Blick auf den sog. *dolus eventualis*) problematisch sind.[17]

Einige Auffassungen begnügen sich dabei mit einer rein intellektuellen Abgrenzung, wobei kein Willenselement erforderlich sein soll: Nach der sog. Möglichkeitstheorie[18] genügt es, wenn dem Täter die Tatbestandsverwirklichung aufgrund bestimmter Anhaltspunkte als konkret möglich erscheint und er trotzdem handelt. Der Täter muss es also – sein Vorsatz bezieht sich nämlich auch auf die Umstände, die die objektive Zurechenbarkeit des Erfolgseintritts begründen[19] – für möglich halten, durch sein Tun eine unerlaubte Gefahr zu schaffen, die sich gerade auch im konkreten Erfolgseintritt realisiert.[20]

Folgte man der Möglichkeitstheorie, so wäre vorliegend *dolus eventualis* zu bejahen: K wusste darum, dass er V mit geringem Seitenabstand überholte, hatte

---

[13] Z. B. BGH B. v. 26.11.1970 – 4 StR 26/70 – BGHSt 24, 31 = NJW 1971, 388 (Anm. Puppe, AT, 5. Aufl. 2022, § 3 Rn. 23ff.; Hassemer JuS 1971, 266; Knauber NJW 1971, 627; von Lehmann NJW 1971, 1142; Möhl JR 1971, 249).

[14] Hierzu B. Heinrich, AT, 7. Aufl. 2022, Rn. 1054; aus der Rspr. vgl. zuletzt BGH B. v. 05.05.2021 – 4 StR 19/20 (BASF-Explosion) – BGHSt 66, 119 = NJW 2021, 3340 = NStZ 2022, 102 = StV 2022, 98 (Anm. Eisele JuS 2021, 1194; RÜ 2021, 779; famos 11/2021; Mitsch NJW 2021, 3342; Bosch Jura 2022, 257; Jäger JA 2022, 168; Czimek/Schefer NStZ 2022, 104; Walter JR 2022, 224).

[15] A. A. vertretbar.

[16] Vgl. nur Fischer, StGB, 70. Aufl. 2023, § 15 Rn. 3.

[17] B. Heinrich, AT, 7. Aufl. 2022, Rn. 285, 295ff.; Hillenkamp/Cornelius, 32 Probleme aus dem Strafrecht AT, 16. Aufl. 2022, 1. Problem; aus der Rspr. vgl. zuletzt BGH U. v. 15.07.2021 – 3 StR 481/20 – NStZ 2022, 753.

[18] Etwa Kindhäuser/Hilgendorf, LPK, 9. Aufl. 2022, § 15 Rn. 13, 15.

[19] Aus der Rspr. vgl. BGH U. v. 19.08.2020 – 1 StR 474/19 – NJW 2021, 326 = NStZ 2022, 545 = StV 2021, 367 (Anm. Bosch Jura 2021, 456; RÜ 2021, 95; Mitsch NJW 2021, 330; Kinskofer HRRS 2021, 262; Heß HRRS 2021, 266; Magnus NStZ 2022, 548); BGH U. v. 04.08.2021 – 2 StR 178/20 – StV 2022, 162 (Anm. Bock ZfIStW 2022, 563); BGH U. v. 29.09.2021 – 2 StR 491/20 – NStZ 2022, 601 (Anm. RÜ 2022, 97; Kudlich NStZ 2022, 604).

[20] Dies stellt auch den Gegensatz zur sog. bewussten Fahrlässigkeit dar: dort hält der Täter es nämlich nicht für möglich, dass sich das durch sein Verhalten geschaffene Risiko auch im Erfolg realisiert.

mithin Kenntnis von den die kausale und objektiv zurechenbare Erfolgsherbeiführung tragenden Umständen. Dass er insoweit dies auch konkret für möglich hielt, ergibt sich jedenfalls aus der deutlichen Unterschreitung des Sicherheitsabstands (0,75 m anstatt 2 m).[21]

Nach der sog. Wahrscheinlichkeitstheorie kommt es, wiederum als rein kognitives Element, auf die erkannte Wahrscheinlichkeit des Erfolgseintritts an; ein bloßes Für-Möglich-Halten reicht nicht aus: (bewusste) Fahrlässigkeit und Vorsatz sind daher nach der Höhe der erkannten Gefahr zu unterscheiden. Ob K das Überfahren des V auch für wahrscheinlich hielt, ergibt sich aus dem Sachverhalt freilich nicht.

Rspr.[22] und h. L.[23] vertreten eine (auch) voluntative Abgrenzung, und zwar nach der sog. Billigungs- oder Inkaufnahmetheorie: Der Täter muss erkennen, dass der Erfolg möglich und nicht ganz fernliegend ist, und muss dies billigend in Kauf nehmen, d. h. sich mit dem Erfolg abfinden.

Zur Möglichkeitsvorstellung des K s. o.

Zu fragen ist daher, ob K den Tod des V auch billigend in Kauf genommen, d. h. sich mit dem Erfolg abgefunden hat.

Zwar verlangt Billigung nur eine sog. Billigung im Rechtssinne, welche vorliegt, wenn der Täter um des erstrebten Zieles willen, notfalls, d. h. sofern er anders sein Ziel nicht erreichen kann, sich auch damit abfindet, dass seine Handlung den an sich unerwünschten Erfolg herbeiführt und ihn damit für den Fall seines Eintritts (insofern) will.

Allerdings ist hierfür überhaupt nichts ersichtlich, erst recht nicht, dass dem K derlei gleichgültig war bzw. er sich mit dem Erfolgseintritt abgefunden hat.

Der h. M. ist zuzustimmen. Allein von der objektiven und erkannten Gefährlichkeit auf einen Vorsatz i. S. d. § 15 StGB zu schließen, wie es Anhänger der sog. Möglichkeitstheorie nahelegen, überzeugt nicht, da eine sachgerechte Abschichtung von Vorsatz und Fahrlässigkeit nicht ohne beträchtliche voluntative Grundkomponente möglich ist, zumal eine annähernde Gleichwertigkeit mit den anderen Vorsatzformen anzustreben ist. Gegen die Wahrscheinlichkeitstheorie spricht die Unklarheit, welcher Grad der Wahrscheinlichkeit zu verlangen und wie dieser zu ermitteln ist.

Nach alledem handelte K also nicht vorsätzlich i. S. d. § 15 StGB.

II. Ergebnis
K hat sich nicht wegen Totschlags strafbar gemacht, indem er den V mit einer Geschwindigkeit von 66 km/h bei einem Seitenabstand von 75 cm überholte.

B. § 222 StGB
K könnte sich aber durch dieselbe Handlung wegen fahrlässiger Tötung strafbar gemacht haben.

---

[21] A. A. vertretbar.
[22] Zsf. Fischer, StGB, 70. Aufl. 2023, § 15 Rn. 12ff.
[23] B. Heinrich, AT, 7. Aufl. 2022, Rn. 300.

K wurde kausal für den Tod des V. Ferner müsste er dies auch „durch Fahrlässigkeit" getan haben, wobei das Merkmal „Fahrlässigkeit" inhaltlich der objektiven Zurechnung beim Vorsatzdelikt entspricht. Zur objektiven Zurechnung s. bereits o.

K handelte auch rechtswidrig und schuldhaft (inkl. subjektiver Fahrlässigkeit).

K hat sich wegen fahrlässiger Tötung strafbar gemacht, indem er V mit dem LKW überholte und dabei überfuhr.

C. § 315c I Nr. 2 lit. b, III StGB

Eine auch nur fahrlässige Gefährdung des Straßenverkehrs scheitert daran, dass K rücksichtslos gehandelt haben müsste.

Rücksichtslos handelt, wer sich aus eigensüchtigen Gründen über seine Pflichten gegenüber anderen Verkehrsteilnehmern hinwegsetzt oder aus Gleichgültigkeit von vornherein Bedenken gegen sein Verhalten nicht aufkommen lässt.[24]

Für eine derartige Einstellung des K ist nichts ersichtlich.

2. Teil: „Beschleunigungstest"

1. Abschnitt: Tod des S und Verletzung des K, Gefährdung der G[25]

1. Unterabschnitt: Strafbarkeit des K

A. § 212 I StGB

K könnte sich wegen Totschlags strafbar gemacht haben, indem er als Fahrer seines Pkw am „Beschleunigungstest" teilnahm, bei dem S infolge eines Unfalls starb.

K verursachte durch seine Mitwirkung am „Beschleunigungstest" und seinen Fahrfehler den Tod des S, sodass der objektive Tatbestand erfüllt ist.

Fraglich ist, ob K Tötungsvorsatz hatte.

Vorsatz i. S. d. § 15 StGB ist Wissen und Wollen der den objektiven Tatbestand verwirklichenden Umstände,[26] wobei zum einen die Abgrenzung von Eventualvorsatz und Fahrlässigkeit problematisch ist,[27] zum anderen gerade an den Tötungsvorsatz[28] strenge Anforderungen gestellt werden. Insbesondere kann nicht von erkannter

---

[24] Bock, BT 1, 2018, S. 581; aus der Rspr. vgl. zuletzt OLG Zweibrücken B. v. 14.06.2021 – 1 OLG 2 Ss 9/21 (Anm. Koehl SVR 2022, 235).

[25] Nach BGH U. v. 20.11.2008 – 4 StR 328/08 (Beschleunigungsrennen) – BGHSt 53, 55 = NJW 2009, 1155 = NStZ 2009, 148 (Anm. Puppe, AT, 5. Aufl. 2022, § 6 Rn. 5ff.; Satzger JK 2009 StGB § 222/8; Kudlich JA 2009, 389; Jahn JuS 2009, 370; Brüning ZJS 2009, 194; LL 2009, 179; RÜ 2009, 164; RA 2009, 68; Kühl NJW 2009, 1158; Duttge NStZ 2009, 690; Roxin JZ 2009, 399; Puppe GA 2009, 486; Renzikowski HRRS 2009, 347).

[26] Fischer, StGB, 70. Aufl. 2023, § 15 Rn. 3.

[27] Hierzu B. Heinrich, AT, 7. Aufl. 2022, Rn. 295ff.; aus der Rspr. vgl. zuletzt BGH U. v. 15.07.2021 – 3 StR 481/20 – NStZ 2022, 753.

[28] Hierzu Bock, BT 1, 2018, S. 8ff.; Eisele, BT I, 6. Aufl. 2021, Rn. 50ff.; aus der Rspr. vgl. zuletzt BGH U. v. 23.03.2022 – 6 StR 343/21 – NJW 2022, 3025 = NStZ 2022, 549; BGH U. v. 15.07.2021 – 3 StR 481/20 – NStZ 2022, 753.

Lebensgefährlichkeit des Handelns stets auf das Vorliegen von Tötungsvorsatz geschlossen werden.

In den „Beschleunigungstests" auf öffentlichen Straßen unter deutlicher Überschreitung der zulässigen Höchstgeschwindigkeit liegt gewiss ein sehr riskantes, lebensgefährliches Handeln des K. Allerdings ist davon auszugehen, dass K – wenn auch eher naiv – davon ausging, dass alles zumindest in dem Sinne gut ausgehen werde, dass niemand getötet wird. Immerhin handelte es sich bei K und S um Freunde, außerdem lag es auch in ihrem materiellen Interesse (Schäden an den Autos), dass es nicht zu einem Unfall, geschweige einem schweren, kommt.

K hatte keinen Tötungsvorsatz.[29]

K hat sich nicht wegen Totschlags strafbar gemacht, indem er als Fahrer seines Pkw am „Beschleunigungstest" teilnahm, bei dem S infolge eines Unfalls starb.

Auf etwaige Mordmerkmale i. S. d. § 211 StGB kommt es nicht mehr an.

B. § 315d I StGB

K könnte sich wegen verbotenen Kraftfahrzeugrennens strafbar gemacht haben, indem er zusammen mit S und C „Beschleunigungstests" auf der vierspurig ausgebauten Bundesstraße durchführte.

Bei den „Beschleunigungstests" (als Veranstaltung zur Erzielung von Höchstgeschwindigkeiten mit mindestens zwei teilnehmenden Kraftfahrzeugen) handelt es sich um ein nicht erlaubtes Kraftfahrzeugrennen. Durch seine Mitwirkung am „Beschleunigungstest" erfüllte K sowohl § 315d I Nr. 1 StGB (Durchführen) als auch § 315d I Nr. 2 StGB (Teilnehmen). K handelte auch vorsätzlich i. S. d. § 15 StGB.

K hat sich daher wegen verbotenen Kraftfahrzeugrennens gem. § 315d I StGB strafbar gemacht.

C. § 315d I, II StGB

K könnte auch den Qualifikationstatbestand gem. § 315d II StGB verwirklicht haben, indem er im Zuge des „Beschleunigungstests" die G überholte und es zum Unfall kam.

I. Tatbestand

1. Objektiver Tatbestand
Der Grundtatbestand des § 315d I Nr. 2 StGB liegt vor.

Es müsste ein sog. Gefahrerfolg in Gestalt der Gefährdung von Leib oder Leben eines anderen Menschen oder fremder Sachen von bedeutendem Wert vorliegen.

Erforderlich ist ein sog. Beinahe-Unfall, bei dem eine kritische Situation eintritt, in der die Sicherheit einer bestimmten Person oder Sache so stark beeinträchtigt ist, dass es nur noch vom Zufall abhängt, ob das Rechtsgut verletzt wird oder nicht.[30]

---

[29] A. A. vertretbar.
[30] Hierzu bei § 315c StGB Bock, BT 1, 2018, S. 576; aus der Rspr. vgl. zuletzt BGH U. v. 18.08.2022 – 4 StR 377/21 (Anm. Jäger JA 2022, 1044; Preuß NZV 2022, 571).

Dies ist zum einen aufgrund des Todes des S der Fall (insofern ist sogar tatsächlich ein Verletzungserfolg eingetreten). Ferner ist aber auch davon auszugehen, dass C und G in ihrer körperlichen Unversehrtheit konkret gefährdet wurden, ebenso ihre Fahrzeuge. Jedenfalls die G war auch in keiner Weise Tatbeteiligte, sodass es diesbzgl. offenbleiben kann, ob Tatbeteiligte im Schutzbereich des § 315d I StGB enthalten sind.[31]

2. Subjektiver Tatbestand

Vorsatz bzgl. der Begehung des Grundtatbestands liegt vor, s. o. Fraglich ist jedoch, ob auch Vorsatz hinsichtlich der Verursachung eines Gefahrerfolgs gegeben ist. Jedenfalls hinsichtlich der Tötung des S liegt kein Vorsatz vor, s. o. bei § 212 I StGB. Auf Grundlage derselben Erwägungen ist aber auch ein Vorsatz hinsichtlich der Verursachung eines Gefahrerfolgs abzulehnen: Wer darauf vertraut, dass ein Verletzungserfolg ausbleibt, vertraut zugleich darauf, dass bereits kein Verletzungsrisiko besteht, also irgendein Umstand den Eintritt eines Verletzungserfolgs verhindern wird;[32] mithin ist hier (nur konsequent) der Vorsatz bzgl. der Verursachung eines Gefahrerfolgs abzulehnen.[33]

II. Ergebnis

Der Tatbestand ist nicht erfüllt.

D. § 315d II, IV StGB

Hinsichtlich der Verursachung des Gefahrerfolgs liegt aber jedenfalls Fahrlässigkeit vor; K hat sich daher wegen verbotenen Kraftfahrzeugrennens gem. § 315d II, IV StGB strafbar gemacht.

E. § 315d V StGB

Die Erfolgsqualifikation des § 315d V StGB bezieht sich nur auf die Vorsatztat gem. § 315d II StGB. Der Tatbestand ist hier daher nicht erfüllt.

F. § 222 StGB

K könnte sich wegen fahrlässiger Tötung strafbar gemacht haben, indem er als Fahrer seines Pkw am „Beschleunigungstest" teilnahm, bei dem S infolge eines Unfalls starb.

I. Tatbestand

1. Erfolg, Handlung, Kausalität

S. o. bei § 212 I StGB.

---

[31] Zu diesem Streit Bock, BT 1, 2018, S. 577f.; Kindhäuser/Hilgendorf, LPK, 9. Aufl. 2022, § 315c Rn. 10; aus der Rspr. vgl. zuletzt BGH B. v. 04.12.2012 – 4 StR 435/12 – NStZ 2013, 167 (Anm. Kudlich JA 2013, 235; Ernst DAR 2013, 710).
[32] S. Hoyer, in: SK-StGB, 9. Aufl. 2017, § 16 Rn. 35.
[33] A. A. vertretbar.

2. „Durch Fahrlässigkeit"; objektive Zurechnung

Die Sorgfaltspflichtverletzungen des K bzw. das Setzen unerlaubter Risiken liegen in der Teilnahme an einem privaten Autorennen (s. § 29 StVO; zu § 315d StGB s. o.), im gefährlichen Wechseln des Fahrstreifens (s. § 7 V StVO) sowie in der Überschreitung der zulässigen Höchstgeschwindigkeit (s. § 3 StVO).

Problematisch ist aber, ob sich auch in Bezug auf den getöteten S von einem unerlaubten Risikosetzen sprechen lässt. In Betracht kommt namentlich eine Mitwirkung an einer freiverantwortlichen Selbstgefährdung des Geschädigten[34] und insoweit eine fehlende Schaffung eines rechtlich missbilligten Risikos. Es gilt nämlich das Prinzip der Eigenverantwortlichkeit: Ein Täter haftet nicht, wenn das Opfer selbst verantwortlich ist, insbesondere bei Veranlassung, Förderung oder Mitwirkung an freiverantwortlichen Selbsttötungen und -verletzungen. Dies folgt aus einem Erst-recht-Schluss aus der Straflosigkeit von Selbstverletzungen, welcher wiederum erst recht bei Fahrlässigkeitsdelikten gelten muss. Die Norm (hier § 222 StGB) soll das Opfer nicht gegen Selbstverletzungen schützen, sondern vor Eingriffen Dritter bewahren. Insofern beseitigt die Erlaubnis des Opfers die rechtliche Missbilligung des Risikos.[35]

Der S war sich der mit der Durchführung der Autorennen verbundenen Eigen- und Fremdgefahren bewusst. An der Eigenverantwortlichkeit des S besteht bzgl. seines Risikobewusstseins und seiner Fähigkeit, sich gewollt diesem Risiko auszusetzen, kein Zweifel. Ein auch nur potenziell überlegenes Risikowissen des K ist nicht ersichtlich.

S war lediglich Beifahrer; selbst wenn er den Countdown herunterzählte und dem Fahrer K das Startsignal gab: Es stellt sich die Frage der Abgrenzung von eigenverantwortlicher Selbstgefährdung und einverständlicher Fremdgefährdung.[36] Diese Abgrenzung wäre entbehrlich, wenn in beiden Fällen der Tatbestand mangels objektiver Zurechnung zu verneinen wäre;[37] nach der Rspr.[38] und der h. L.[39] entfällt bei einverständlicher Fremdgefährdung aber nicht der Tatbestand, sondern es kommt allenfalls eine Rechtfertigung aufgrund einer Einwilligung in Betracht (während diejenigen, die jede Einwilligung für tatbestandsausschließend halten,[40] ohnehin beide Fallgruppen gleich behandeln). Zutreffend ist es, die Mitwirkung an einer Selbstgefährdung und das Bewirken einer Fremdgefährdung, in die eingewilligt wurde, mit der h. M. zu unterscheiden.[41] Hierfür spricht, dass es Aufgabe des Tatbestands ist, ein prinzipielles Verbot anzuzeigen, wie es für die Fremdtötung existiert, für die Mitwirkung an einer (tatbestandslosen) Selbsttötung aber nicht.

---

[34] S. obige Nachweise.
[35] Zsf. Kindhäuser/Hilgendorf, LPK, 9. Aufl. 2022, vor § 13 Rn. 118ff.
[36] Hierzu B. Heinrich, AT, 7. Aufl. 2022, Rn. 1049.
[37] So Schünemann, JA 1975, 715 (722 f.); Roxin NStZ 1984, 411 (412); Puppe ZJS 2008, 600 (606).
[38] S. nur BGH U. v. 20.11.2008 – 4 StR 328/08 (Beschleunigungsrennen) – BGHSt 53, 55 und die übrigen obigen Nachweise.
[39] S. nur Wessels/Beulke/Satzger, AT, 52. Aufl. 2022, Rn. 280 m. w. N.
[40] Rönnau Jura 2002, 665.
[41] A. A. vertretbar.

Die Unterscheidung nach derartigen Handlungssphären oder Organisationskreisen (zugegebenermaßen hängt die Rechtsfolge dann durchaus von Zufälligkeiten ab) ist somit gesetzlich vorgegeben und lässt sich auch etwa bei der Abgrenzung von Suizid und Tötung in mittelbarer Täterschaft gegen den Geschädigten selbst sowie § 216 StGB und Fragen der Sterbehilfe nicht umgehen.[42] Das Autonomieprinzip wird bei alledem hinreichend durch die Berücksichtigung einer ggf. rechtfertigenden Einwilligung gewahrt.

Zwar liegt Fahrlässigkeitsdelikten ein Einheitstäterbegriff zugrunde; dennoch sind auch hier mit der h. M.[43] zur Abgrenzung zwischen Selbst- und Fremdgefährdung die Regeln über die Tatherrschaft heranzuziehen, welche bei Vorsatzdelikten zur Unterscheidung von Täterschaft und Teilnahme entwickelt wurden. Daher kommt es darauf an, wer die Gefährdungsherrschaft innehat; dem unmittelbar zum Erfolgseintritt führenden Geschehen kommt eine besondere Bedeutung zu.

Ausgehend hiervon ist vorliegend ein Fall der Fremd- und nicht der Selbstgefährdung gegeben: Die Herrschaft über das Geschehen unmittelbar vor sowie ab dem Beginn des Überholvorgangs lag allein bei den Fahrzeugführern. Sie haben die Entscheidung getroffen und umgesetzt, nebeneinander das von G gesteuerte Fahrzeug zu überholen, obwohl nur zwei Fahrstreifen vorhanden waren. Allein sie haben die Geschwindigkeit der Fahrzeuge und die Lenkbewegungen bestimmt. Der Beifahrer S war in diesem Zeitraum dagegen – ohne die Möglichkeit, seine Gefährdung durch eigene Handlungen abzuwenden – lediglich den Wirkungen des Fahrverhaltens des K ausgesetzt. Für das zum Tod des S führende Geschehen war dessen Verhalten, etwa ein Geben der Startzeichen und das Filmen der Rennen, gegenüber dem des K von untergeordneter Bedeutung. Auch eine der Selbstgefährdung gleichzustellende Fremdgefährdung bzw. -schädigung, falls man dieser Auffassung[44] folgen würde, liegt nicht vor. Diese kann nicht allein damit begründet werden, dass es weitgehend vom Zufall abhing, wer im konkreten Fall Fahrer und wer Beifahrer war. Entscheidend ist vielmehr die tatsächliche Situation beim Schadenseintritt. Ob dies in gleicher Weise gilt, wenn die an einem riskanten Unternehmen Beteiligten ein in etwa gleiches Maß an Tatherrschaft besäßen – hier die beiden Fahrer der am Rennen beteiligten Fahrzeuge im Verhältnis untereinander –, kann dahinstehen.

Es ist von einer Fremdgefährdung auszugehen; dem K ist der Tod des S mithin objektiv zurechenbar.[45] Dies kann allerdings letztlich dahinstehen, wenn jedenfalls eine rechtfertigende Einwilligung durchgreift (s. u.).

Der Tod des S ist dem K objektiv zurechenbar, er verursachte diesen mithin i. S. d. § 222 StGB „durch Fahrlässigkeit".

---

[42] Kindhäuser/Hilgendorf, LPK, 9. Aufl. 2022, vor § 13 Rn. 122.
[43] Zur Rspr. s. o.; zsf. B. Heinrich, AT, 7. Aufl. 2022, Rn. 1049; krit. z. B. Puppe, AT, 5. Aufl. 2022, § 6 Rn. 6 (u. a. mit dem Hinweis auf den Einheitstäterbegriff bei Fahrlässigkeitsdelikten und darauf, dass die Rspr. gerade bei der Abgrenzung von Täterschaft und Teilnahme das objektive Kriterium der Tatherrschaft nicht als Ausgangspunkt verwendet); krit. auch Roxin GA 2012, 655.
[44] S. Roxin NStZ 1984, 411 (412).
[45] A. A. vertretbar; vgl. auch die Falllösung bei Timpe ZJS 2009, 170.

II. Rechtswidrigkeit

K könnte durch Einwilligung des S gerechtfertigt[46] sein, welcher sich freiwillig in das Auto des K setzte.

Problematisch ist aber i. R. d. § 222 StGB bereits die sog. Disponibilität des Rechtsguts Leben. Das Rechtsgut Leben ist jedenfalls in Bezug auf vorsätzliche Angriffe nicht disponibel, wie sich aus der Existenz des § 216 StGB ergibt. Hinsichtlich vorsätzlicher Körperverletzungen gilt die Schranke des § 228 StGB.

Strittig ist, ob die Indisponibilität des Lebens auch für die Einwilligung in sorgfaltswidrige Lebensrisiken gilt, wenn diese sich tödlich realisiert haben.[47]

Die Rspr.[48] und die wohl h. L.[49] verneinen eine rechtfertigende Einwilligung jedenfalls dann, wenn die Wahrscheinlichkeit einer tödlichen Realisierung des Risikos ein bestimmtes Maß überschreitet, sodass von konkreter Todesgefahr bzw. massiver Lebensgefahr zu sprechen ist. Hiernach scheidet eine Einwilligung aus: Bereits der „Beschleunigungstest" auf einer öffentlichen Straße mit entsprechender Geschwindigkeitsbegrenzung barg eine drohende Rechtsgutsgefährdung für die Insassen der an dem Rennen beteiligten Fahrzeuge, die so groß war, dass eine konkrete Lebensgefahr vorlag. Zumindest lag eine solche Gefahr in der Fortsetzung des Rennens noch zu einem Zeitpunkt, als ein gleichzeitiges Überholen eines unbeteiligten dritten Fahrzeugs mit nicht mehr kontrollierbaren höchsten Risiken für sämtliche betroffene Verkehrsteilnehmer verbunden war. In eine derart massive Lebensgefahr konnte S bezogen auf seine Person nicht mit rechtfertigender Wirkung einwilligen und zwar weder allgemein zu Beginn der Fahrt in dem Sinne, dass er mit einer Durchführung des Rennens „um jeden Preis" einverstanden war, noch in der konkreten Situation bei Beginn des Überholmanövers mit den sich deutlich abzeichnenden Gefahren.[50]

Die Gegenauffassung[51] lässt auch eine Einwilligung in fahrlässige lebensgefährliche Handlungen zu, sofern Täter und Geschädigter gleiches Risikobewusstsein hatten. In der Tat passen §§ 216, 228 StGB nicht einmal argumentativ auf die fahrlässige Tötung;[52] auch geht dem Tod als Erfolg des § 222 StGB die konkrete Todesgefahr denknotwendig voraus, sodass das Abstellen hierauf kein Restriktionspotenzial entfaltet. Wenn S der Handlung risikobewusst zustimmt, dies aber keine Bedeutung entfalten soll, so ist dies Paternalismus hinsichtlich des Einsatzes eigener Rechtsgüter; diese Bevormundung gegenüber Selbstgefährdungen mag hinsichtlich Vorsatzdelikten angemessen sein, bzgl. Fahrlässigkeitsdelikten nicht. Es zeigt sich, dass das Anliegen derjenigen, die das Verhalten schon mangels objektiver

---

[46] Nach h. M. ist die Einwilligung ein (ungeschriebener, aber gewohnheitsrechtlich anerkannter) Rechtfertigungsgrund, s. nur Wessels/Beulke/Satzger, AT, 52. Aufl. 2022, Rn. 562ff.

[47] Zsf. Joecks/Jäger, StGB, 13. Aufl. 2021, § 222 Rn. 19ff.

[48] BGH U. v. 20.11.2008 – 4 StR 328/08 (Beschleunigungsrennen) – BGHSt 53, 55 (63).

[49] Eisele, BT I, 6. Aufl. 2022, Rn. 302.

[50] BGH U. v. 20.11.2008 – 4 StR 328/08 (Beschleunigungsrennen) – BGHSt 53, 55 (64).

[51] Kühl, AT, 8. Aufl. 2017, § 17 Rn. 87f.; Sternberg-Lieben, in: Sch/Sch, 30 Aufl. 2019, vor § 32 Rn. 104 m. w. N.

[52] Sternberg-Lieben, in: Schönke/Schröder, 30 Aufl. 2019, vor § 32 Rn. 104f.

Zurechnung straffrei stellen wollen, durchaus überzeugt. Die Grenze zwischen Vorsatz und Fahrlässigkeit ist vage genug, die Einführung einer besonders gefährlichen Fahrlässigkeit würde die Rechtsunsicherheit weiter vergrößern. Das individualschützende Delikt des § 222 StGB ist auch nicht das richtige Instrument, besonderen Leichtsinn im Straßenverkehr insoweit zu unterbinden, als der Überlebende eines einverständlichen Gesamthandelns so behandelt wird, als hätte es dem Getöteten am Risikobewusstsein gefehlt.

Einwilligungsfähigkeit, Freiheit von Willensmängeln und eine (konkludente) Erklärung der Einwilligung liegen vor.

Zwar wollte S den Erfolg nicht; bei Fahrlässigkeitsdelikten ist aber die Einwilligung in die Handlung ausreichend, da das Entfallen des Handlungsunrechts auch das Erfolgsunrecht entfallen lässt, ohne dass dies selbst Gegenstand der Einwilligung gewesen sein muss.

Das Handeln des K war jedenfalls aufgrund der Einwilligung gerechtfertigt.[53]

Letztlich kann es sogar dahinstehen, ob K mangels objektiver Zurechnung des Todeserfolgs bereits den Tatbestand des § 222 StGB nicht verwirklichte, oder ob er erst gerechtfertigt war.

III. Ergebnis
K hat sich nicht wegen fahrlässiger Tötung strafbar gemacht, indem er als Fahrer seines Pkw am „Beschleunigungstest" teilnahm, bei dem S infolge eines Unfalls starb.

G. §§ 223 I, 229 StGB
Aus diesem Grund scheidet auch eine fahrlässige Körperverletzung zu Lasten des S aus. Gleiches gilt bzgl. Einer vorsätzlichen Körperverletzung, bzgl. derer einer Einwilligung auch nicht der (ohnehin restriktiv zu handhabende) § 228 StGB entgegensteht.

H. § 315c I Nr. 2 lit. b StGB zu Lasten der G, des S und des C
K könnte sich wegen Gefährdung des Straßenverkehrs strafbar gemacht haben, indem er die G überholte und es zum Unfall kam.

I. Tatbestand

1. Objektiver Tatbestand
K führte ein Fahrzeug im Straßenverkehr.
  Er hat i. S. d. § 315c I Nr. 2 lit. b StGB falsch überholt, s. § 5 IV 2 StVO.
K müsste auch grob verkehrswidrig gehandelt haben.
  Dies wäre der Fall, wenn ihm ein besonders schwerer Verstoß gegen die Verkehrsvorschriften vorzuwerfen wäre.[54]

---

[53] A. A. vertretbar.
[54] Bock, BT 1, 2018, S. 575; Fischer, StGB, 70. Aufl. 2023, § 315c Rn. 13; aus der Rspr. vgl. zuletzt KG B. v. 20.12.2019 – (3) 161 Ss 134/19 (75/19) (Anm. Winkelmann NZV 2020, 210).

K hielt beim Überholen nicht nur den Seitenabstand nicht ein, er überholte außerdem das Fahrzeug des C, als dieser gerade ein drittes Fahrzeug (das der G) überholte und fuhr schließlich auch noch erheblich zu schnell. Ein besonders schwerer Verstoß und damit ein grob verkehrswidriges Handeln liegen vor.

Ein sog. Gefahrerfolg in Gestalt der Gefährdung von Leib oder Leben eines anderen Menschen oder fremder Sachen von bedeutendem Wert liegt vor, s. o. bei § 315d I, II StGB.

2. Subjektiver Tatbestand
K handelte vorsätzlich i. S. d. § 15 StGB hinsichtlich des falschen Überholens. Vorsatz hinsichtlich der Verursachung des Gefahrerfolgs scheidet jedoch aus, s. o. bei § 315d I, II StGB.

II. Ergebnis
Der Tatbestand ist nicht erfüllt.

I. § 315c I Nr. 2 lit. b, III Nr. 1 StGB
Hinsichtlich der Verursachung des Gefahrerfolgs liegt aber jedenfalls Fahrlässigkeit vor.

K handelte auch rechtswidrig. Eine Einwilligung der G ist nicht ersichtlich; ohnehin fehlt es (nach wohl h. M.[55]) an der Disponibilität des Rechtsguts der Sicherheit des Straßenverkehrs.

K handelte auch schuldhaft.

K hat sich daher wegen Gefährdung des Straßenverkehrs gem. § 315c I Nr. 2 lit. b, III Nr. 1 StGB strafbar gemacht, indem er die G überholte und es zum Unfall kam.

J. § 315b I Nr. 3 StGB
Die Norm erfasst in Abgrenzung zu § 315c StGB grundsätzlich nicht Vorgänge des fließenden und ruhenden Verkehrs; lediglich, wenn ein Verkehrsteilnehmer objektiv grob auf den Verkehr einwirkt und subjektiv mit dem Ziel handelt, das Fahrzeug verkehrsfremd (Pervertierung) für eine Schädigung zu verwenden, kommt eine Anwendung des § 315b StGB in Frage.[56]

Nach der ständigen Rspr. wird mithin ein vorschriftswidriges Verkehrsverhalten im fließenden Verkehr nur dann von § 315b StGB erfasst, wenn ein Fahrzeugführer das von ihm gesteuerte Kraftfahrzeug in verkehrsfeindlicher Einstellung bewusst zweckwidrig einsetzt, er mithin in der Absicht handelt, den Verkehrsvorgang zu einem Eingriff in den Straßenverkehr zu „pervertieren", und es ihm darauf an-

---

[55] S. Fischer, StGB, 70. Aufl. 2023, § 315c Rn. 17; zsf. zur Kontroverse hierzu Bock, BT 1, 2018, S. 582f.
[56] S. nur Bock, BT, 2018, S. 590f.; aus der Rspr. vgl. zuletzt BGH B. v. 19.11.2020 – 4 StR 240/20 – NStZ-RR 2021, 140 = StV 2021, 500.

kommt, durch diesen in die Sicherheit des Straßenverkehrs einzugreifen.[57] Ein bloß vorschriftswidriges Verkehrsverhalten fällt dagegen grundsätzlich nicht unter § 315b StGB, sondern – bei Vorliegen der weiteren Voraussetzungen – nur unter § 315c StGB. Insoweit kommt § 315c StGB eine „Sperrwirkung" zu. Unter welchen Voraussetzungen ausnahmsweise ein Verkehrsvorgang im fließenden Straßenverkehr zu einem „Eingriff" in den Straßenverkehr „pervertiert" wird, hat die Rspr. in der Vergangenheit für verschiedene „Fallgruppen" entschieden. Jedoch wird nach Auffassung der neueren Rspr. und der h. L.[58] vertreten, dass zu dem bewusst zweckwidrigen Einsatz eines Fahrzeugs in verkehrsfeindlicher Einstellung hinzukommen muss, dass das Fahrzeug mit (mindestens bedingtem) Schädigungsvorsatz – etwa als Waffe oder Schadenswerkzeug missbraucht wird. Erst dann liegt eine – über den Tatbestand des § 315c StGB hinausgehende – verkehrs-atypische „Pervertierung" des Verkehrsvorgangs zu einem gefährlichen „Eingriff" in den Straßenverkehr i. S. d. § 315b I StGB vor.

An einem dergestalt erforderlichen Schädigungsvorsatz mangelt es vorliegend; alle Beteiligten vertrauten darauf, dass alles gut ausgehe.

K. § 306d I, II StGB
Eine fahrlässige Brandstiftung am Fahrzeug des K scheidet in diesem Abschnitt mangels tauglichen Tatobjekts i. S. d. §§ 306 I (keine Fremdheit), 306a I StGB bzw. mangelnder konkreter (Brand-)Gefahr (für S oder G) nach § 306a II StGB aus.

2. Unterabschnitt: Strafbarkeit des S und des C
S und C sind tot und daher nicht zu prüfen.[59]

2. Abschnitt: Tod des Feuerwehrmanns A[60]

- Strafbarkeit des K -

A. § 222 StGB
K könnte sich wegen fahrlässiger Tötung des A strafbar gemacht haben, indem er den Unfall verursachte.

---

[57] So (auch zum Folgenden) BGH U. v. 20.02.2003 – 4 StR 228/02 – BGHSt 48, 233 = NJW 2003, 1613 = NStZ 2003, 486 = StV 2003, 338 (Anm. Martin JuS 2003, 926; Dreher JuS 2003, 1159; LL 2003, 563; RÜ 2003, 217; RA 2003, 327; famos 7/2003; Seier/Hillebrand NZV 2003, 490; Müller/Kraus NZV 2003, 559; König NStZ 2004, 175).
[58] S. nur Eisele, BT I, 6. Aufl. 2021, Rn. 1148f.
[59] Bei materiellrechtlicher Sichtweise, die das Erste Staatsexamen dominiert, ist dies an sich nicht zwingend. Dass aber die Strafbarkeit von Toten in einer Klausur nicht geprüft wird, ist ganz überwiegende Gepflogenheit, s. Wessels/Beulke/Satzger, AT, 52. Aufl. 2022, Rn. 1370.
[60] Nach OLG Stuttgart B. v. 20.02.2008 – 4 Ws 37/08 – NJW 2008, 1971 = NStZ 2009, 331 (Anm. Puppe, AT, 5. Aufl. 2022, § 5 Rn. 14ff.; Geppert JK 2008 StGB § 222/7; Kudlich JA 2008, 740; LL 2008, 820; RÜ 2008, 434; RA 2008, 462; Lampe jurisPR-StrafR 12/2008 Anm. 3; famos 7/2009; Puppe NStZ 2009, 333; Radtke/Hoffmann NStZ-RR 2009, 52; Furukawa GA 2010, 169).

I. Tatbestand
A ist tot. Hierfür wurde das Verhalten des K auch kausal.
Zur Sorgfaltswidrigkeit bzw. Setzung des unerlaubten Risikos vgl. o.
Fraglich ist aber, ob von einer zurechnungsausschließenden eigenverantwortlichen Selbstgefährdung des A auszugehen ist. Es ist umstritten, ob ein aufgrund von Rettungsmaßnahmen eingetretener Tod demjenigen zuzurechnen ist, der die Rettungsmaßnahme vorwerfbar erforderlich machte.[61]

Einerseits fasst ein Retter einen eigenen Entschluss, sich zu gefährden, wenn er sich der Gefahrenstelle nähert.[62] Andererseits sind amtliche Retter nicht frei in ihrer Entscheidung, da sie berufsbedingte besondere Gefahrtragungspflichten innehaben und es daher an einer Eigenverantwortlichkeit fehlt; jedenfalls motivatorisch ähnlich liegt es bei privaten Helfern, deren Eingreifen auch jenseits einer Rechtspflicht oft höchst verständlich ist und daher ebenfalls der Risikosphäre des Täters zuzurechnen ist. Allerdings gilt diese Zurechnung nicht grenzenlos, sodass nach einer gewissermaßen vermittelnden h. M.[63] eine Zurechnung dort ihre Grenze findet, wo der Geschädigte grob fahrlässig gegen seine Obliegenheiten verstößt oder von vornherein sinnlos oder offensichtlich unverhältnismäßige Wagnisse, also ein gänzlich unvertretbares Risiko, eingeht.[64]

Problematisch ist vorliegend nicht der Rettungsversuch an sich, sondern dass die Atemschutzüberwachung des A entgegen der den Atemschutzeinsatz regelnden Dienstvorschrift ohne jegliche Zeiterfassung erfolgte. Fraglich ist, ob dieses Versagen des A und ggf. der gesamten Feuerwehreinheit zugunsten des K zu berücksichtigen ist.[65] In der Tat liegt die Risikoabwägung vorliegend nicht allein in der Hand der verunglückten Rettungsperson. Vielmehr muss sich ein Feuerwehrmann in seinem Entschluss, eine riskante Rettungshandlung zu beginnen und durchzuführen, auch auf das pflicht- und fachgerechte Handeln und Entscheiden seiner Kollegen verlassen. So hängen die Einsatzbedingungen und das Risiko eines Atemschutztrupps wesentlich von den Entscheidungen der den Atemschutzeinsatz überwachenden Feuerwehrmänner ab. An letzteren liegt es maßgeblich, die lebenswichtigen Entscheidungen zu Einsatz, Ablösung und Rückzug unter Berücksichtigung der dem jeweiligen Atemschutztrupp u. U. gar nicht zugänglichen Erkenntnisse zum gesamten Brandgeschehen zu treffen. Ohne diese arbeitsteilige Vorgehensweise ist die Handhabung der modernen Brandschutztechnik nicht denkbar. Wenn aber dem Täter das hierdurch ermöglichte höhere Risiko des einzelnen Retters zugerechnet wird, muss ihm andererseits bei der Frage der Begrenzung der objektiven Zurechnung – nämlich bei der Bewertung der Frage, ob offensichtlich unvernünftig gehandelt wurde – auch das durch die arbeitsteilige Vorgehensweise bedingte Fehlerrisiko zugutekommen. Daher müssen sich im Einsatz befindliche Feuerwehrleute, welche individuell in ihre hochgradige Gefährdung gar nicht ein-

---

[61] Zsf. Kindhäuser/Hilgendorf, LPK, 9. Aufl. 2022, vor § 13 Rn. 152ff.
[62] Gegen eine Zurechnung daher z. B. Rengier, JuS 1998, 397 (400).
[63] S. nur Wessels/Beulke/Satzger, AT, 52. Aufl. 2022, Rn. 288.
[64] S. auch OLG Stuttgart B. v. 20.02.2008 – 4 Ws 37/08 – NJW 2008, 1971 (1972).
[65] Zum Folgenden OLG Stuttgart B. v. 20.02.2008 – 4 Ws 37/08 – NJW 2008, 1971 (1972).

gewilligt hätten, offensichtlich unvernünftige Entscheidungen der den Einsatz überwachenden Feuerwehrmänner zurechnen lassen. Somit ist nicht auf die Wahrnehmung, Entscheidung oder Handlung einzelner gefährdeter Feuerwehrangehöriger, sondern auf das gesamte Handeln der am Einsatz beteiligten Feuerwehrangehörigen abzustellen. In Anwendung dieser Grundsätze wurde der Feuerwehreinsatz des A unter Inkaufnahme offensichtlich unvernünftiger Risiken durchgeführt: Die Atemschutzüberwachung des verunfallten A war entgegen der den Atemschutzeinsatz regelnden Dienstvorschrift ohne jegliche Zeiterfassung erfolgt. Dies barg die große Gefahr, dass der Feuerwehrmann im Einsatz das Zeitgefühl verliert, seinen Sauerstoff aufbraucht und dann eine Rauchvergiftung o. ä. erleidet. Die Missachtung dieser wichtigen und rechtsgutsrelevanten Dienstvorschrift machte den Einsatz des A zu einem unvertretbaren Wagnis, auch wenn lediglich ein Fahrzeug brannte (bereits wenige Atemzüge können lebensgefährlich sein).

Der Tod des A ist dem K mithin nicht zuzurechnen.[66]

Darauf, ob aufgrund des überraschenden „Durchzündens" ein atypischer Kausalverlauf[67] vorliegt, kommt es nicht mehr an.

II. Ergebnis
K hat sich nicht wegen fahrlässiger Tötung des A strafbar gemacht, indem er den Unfall verursachte.

B. § 306d II StGB
Mangels objektiver Zurechnung der bei A eingetretenen Vergiftung scheidet auch eine fahrlässige Brandstiftung aus, selbst wenn man für das Tatobjekt nach §§ 306a II i. V. m. 306d II StGB eine eigene Sache ausreichen ließe.[68]

C. § 306f I, II, III StGB
Eine Herbeiführung einer Brandgefahr scheitert am fehlenden Tatobjekt.

D. § 315d I, II, V StGB
Eine Strafbarkeit gem. § 315d I, II, V StGB scheitert bereits an der vorsätzlichen Verwirklichung von § 315d II StGB, jedenfalls aber an der Zurechenbarkeit des Todeseintritts bei A, s. o. bei § 222 StGB.

---

[66] A. A. vertretbar.
[67] Zum atypischen Kausalverlauf B. Heinrich, AT, 7. Aufl. 2022, Rn. 249; aus der Rspr. vgl. zuletzt BGH U. v. 12.08.2021 – 3 StR 450/20 – NStZ 2022, 163 = StV 2022, 171 (Anm. Nestler Jura 2022, 522; Jäger JA 2022, 512; Eisele JuS 2022, 176; RÜ 2022, 231).
[68] Zu dieser Kontroverse Bock, BT 1, 2018, S. 540; aus der Rspr. vgl. BGH U. v. 15.09.1998 – 1 StR 290/98 – NStZ 1999, 32 = StV 1998, 662 (Anm. Geppert JK 1999 StGB § 306a/1; Eisele JA 1999, 542; Martin JuS 1999, 405; Wolters JR 1999, 208); BGH B. v. 10.12.1998 – 3 StR 364/98; BGH B. v. 15.03.2000 – 3 StR 597/99 – NStZ-RR 2000, 209 = StV 2001, 16 (Anm. RA 2000, 412; Geppert JK 2001 StGB § 306b/2; LL 2001, 334).

3. Teil: Flusssäure[69]

1. Abschnitt: Strafbarkeit des N

A. §§ 212 I, 22, 23 StGB
Ein Totschlagsversuch durch N scheitert jedenfalls am fehlenden Tötungsvorsatz: N glaubte, er solle dem C ein Schlafmittel verabreichen. Als er erfuhr, dass es sich um Gift handelte, erlosch sofort seine Bereitschaft, das Mittel zu verabreichen.

Auf das (problematische) unmittelbare Ansetzen kommt es nicht mehr an.

B. §§ 212 I, 30 II StGB
Mangels Tötungsvorsatz (s. o.) kommt ein Versuch der Beteiligung an einem Totschlag nicht in Betracht.

C. §§ 249 I, 22, 23 StGB
N könnte sich wegen versuchten Raubes strafbar gemacht haben, indem er sich auf den Weg zu C machte, um ihn zu überfallen.

Zu einer Vollendung kam es nicht.

Der Versuch ist nach den §§ 12 I, 23 I StGB strafbar.

Von einem entsprechenden Tatentschluss bzgl. der objektiven Merkmale des § 249 I StGB ist auszugehen.

Mangels näherer Angaben im Sachverhalt kann auf die problematische Abgrenzung der §§ 249 und 255 StGB[70] nicht eingegangen werden. Es ist von „berauben" die Rede, sodass § 249 I StGB näher liegt.

Fraglich ist, ob N zur Tat i. S. d. § 22 StGB unmittelbar angesetzt hat.

Dies ist – bei im Einzelnen problematischer Bestimmung dieses Begriffs – dann gegeben, wenn der Täter subjektiv die Schwelle zum „Jetzt geht's los" überschreitet und in objektiver Hinsicht Handlungen vornimmt, die in ungestörtem Fortgang ohne wesentliche Zwischenakte – d. h. ohne weiteren Willensimpuls – zur Tatbestandserfüllung führen sollen, sodass sein Tun in die Erfüllung des Tatbestands

---

[69] Nach BGH U. v. 26.01.1982 – 4 StR 631/81 (Flusssäure) – BGHSt 30, 363 = NJW 1982, 1164 = NStZ 1982, 197 (Anm. Roxin, Höchstrichterliche Rspr. AT, 1998, Nr. 52; Puppe, AT, 5. Aufl. 2022, § 24 Rn. 1ff.; Hemmer-BGH-Classics Strafrecht, 2003, Nr. 20; Fahl, Strafrechts-Klassiker, 2020, § 22 Rn. 16ff.; Geilen JK 1982 StGB § 22/7; Seier JA 1982, 369; Hassemer JuS 1982, 703; Kühl JuS 1983, 180; Sippel NJW 1983, 2226; Küper JZ 1983, 361; Teubner JA 1984, 144; Sippel JA 1984, 480; Freiherr von Spiegel NJW 1984, 110; Sippel NJW 1984, 1866; Freiherr von Spiegel NJW 1984, 1867).

[70] Zum Streit um das Erfordernis einer Vermögensverfügung bei §§ 253, 255 StGB und der daraus resultierenden Abgrenzungsproblematik bzgl. §§ 249, 255 StGB zsf. Bock, BT 2, 2018, S. 575ff.; Eisele, BT II, 6. Aufl. 2021, Rn. 759ff.; aus der Rspr. vgl. zuletzt BGH B. v. 11.08.2021 – 3 StR 63/21 – NStZ-RR 2022, 14 (Anm. Mitsch JuS 2022, 609); BGH U. v. 12.08.2021 – 3 StR 474/20 (Anm. RÜ 2021, 789).

übergeht, oder die in engem räumlichen und zeitlichen Zusammenhang mit ihr stehen, das geschützte Rechtsgut somit gefährden.[71]

Zwar war N bereits unterwegs zu C, allerdings nahm er noch auf dem Weg zu ihm von der Tat Abstand. Als Zwischenschritte hätte er erst noch die verbleibende räumliche und damit auch zeitliche Distanz überwinden müssen, hätte sich Zugang zur Wohnung des C verschaffen müssen, um dann das angebliche Schlafmittel zu verabreichen. Angesichts dieser Zwischenakte ist nicht von einem unmittelbaren Ansetzen auszugehen.

N hat sich nicht wegen versuchten Raubes strafbar gemacht, indem er sich auf den Weg zu C machte, um ihn zu überfallen.

D. §§ 249 I, 30 II StGB

N hat sich zwar i. S. d. § 30 II StGB bereit erklärt, einen Raub – ein Verbrechen gem. § 12 I StGB – zu begehen, wobei er (zunächst) auch entsprechenden ernstlichen Begehungswillen[72] hatte.

Er ist jedoch gem. § 31 I Nr. 2 StGB zurückgetreten, indem er von der Tat Abstand nahm und mithin sein Vorhaben aufgab.

Zwar ist umstritten,[73] ob das Abstandnehmen nach außen erkennbar sein muss, aber selbst dies dürfte der Fall gewesen sein (etwa abruptes Ändern des Weges).

Auf § 250 StGB kommt es insofern nicht mehr an.

Die Strafaufhebung aufgrund Rücktritts gilt auch für weitere Delikte, wobei i. Ü. § 30 StGB ohnehin nur bei Verbrechen greift.

2. Abschnitt: Strafbarkeit des K

A. §§ 212 I, 25 I 2. Var., 22, 23 StGB

K könnte sich wegen versuchten Totschlags in mittelbarer Täterschaft strafbar gemacht haben, indem er dem N Flusssäure als vermeintliches Schlafmittel übergab, damit dieser es dem C verabreiche.

I. Sog. „Vorprüfung": Nichtvollendung, Strafbarkeit des Versuchs
Zur Vollendung kam es nicht.

Die Versuchsstrafbarkeit folgt aus den §§ 23 I, 12 I StGB.

---

[71] Fischer, StGB, 70. Aufl. 2023, § 22 Rn. 10; aus der Rspr. vgl. zuletzt BGH B. v. 04.05.2022 – 1 StR 3/21 – NJW 2022, 3165; BGH B. v. 04.05.2022 – 1 StR 138/21 (AGG-Hopper) (Anm. von Heintschel-Heinegg JA 2022, 1047).

[72] Hierzu Hoyer, in: SK-StGB, 9. Aufl. 2017, § 30 Rn. 38; aus der Rspr. vgl. zuletzt BGH B. v. 23.03.2017 – 3 StR 260/16 – BGHSt 62, 96 = NJW 2017, 2134 = StV 2018, 721 (Anm. Bosch Jura 2017, 1237; Eisele JuS 2017, 891; LL 2017, 842; RÜ 2017, 509; famos 6/2017; Kudlich NJW 2017, 2136; Weißer ZJS 2018, 197).

[73] S. Hoyer, in: SK-StGB, 9. Aufl. 2017, § 31 Rn. 14; aus der Rspr. vgl. OLG Hamm B. v. 05.11.1996 – 3 Ss 1180/96 – NStZ-RR 1997, 133 = StV 1997, 242 (Anm. Otto JK 1997 StGB § 30/4); BGH B. v. 16.03.2011 – 5 StR 581/10 (Zauberwald) – NStZ 2011, 570 = StV 2012, 146 (Anm. Kaspar/Reinbacher, Casebook AT, 2020, Fall 25; RÜ 2011, 369; RA 2011, 366; famos 10/2011; Weigend NStZ 2011, 572; Rotsch ZJS 2012, 680; Reinbacher NStZ-RR 2012, 40; Rackow/Bock/Harrendorf StV 2012, 687).

II. Tatbestand

1. Vorstellung von der Verwirklichung des Tatbestands (sog. Tatentschluss, subjektiver Tatbestand)

K müsste Tatentschluss, d. h. Vorsatz hinsichtlich der Tötung des C gehabt haben.

Problematisch ist bereits, ob K den Tod des C mit hinreichender Wissens- und Wollensintensität herbeiführen wollte. K wollte sich an C eher unspezifisch rächen; allerdings kann die Flusssäure bei oraler Aufnahme von fünf ml spätestens nach vier Stunden zum Tode führen und auch schon bei bloßer Hautberührung tödlich wirken, zumindest aber erhebliche Entstellungen und bei Augenkontakt Erblindung zur Folge haben. Was sich K genau vorstellte, teilt der Sachverhalt nicht mit.

Die Bestimmung des (Eventual-)Vorsatzes ist grundlegend umstritten, hinzu kommen die an einen Tötungsvorsatz gestellten hohen Anforderungen, vgl. o. Angesichts dessen, dass N dem C die Säure aber sogar verabreichen sollte, also es nicht nur zur Hautberührung kommen sollte, liegt eine derart gefährliche Tathandlung vor, dass mindestens von einem billigenden Inkaufnehmen einer Tötung auszugehen ist.[74] Ob sogar ein *dolus directus* anzunehmen ist, kann dahinstehen.

Fraglich ist ferner, ob K Tatentschluss bzgl. der Merkmale eines Totschlags *in mittelbarer Täterschaft* hatte.

K wollte nämlich nicht selbst bzw. unmittelbar (§ 25 I 1. Var. StGB) gegenüber C tätig werden, sondern schickte und täuschte den N, welcher dem C die Flusssäure verabreichen sollte.

K könnte daher Tatentschluss hinsichtlich einer Tatbegehung „durch" N i. S. d. § 25 I 2. Var. StGB (sog. mittelbare Täterschaft) gehabt haben.

Erforderlich ist zunächst ein (vorgestellter, da Versuchsprüfung) erfolgskausaler Tatbeitrag, welcher in der Einwirkung auf den Vordermann liegt,[75] die hier gegeben ist.

Ferner verlangt die mittelbare Täterschaft, insbesondere in Abgrenzung zur Anstiftung nach § 26 StGB (wo ebenfalls ein anderer zur Tatbegehung veranlasst wird), eine Tatherrschaft des sog. Hintermanns über den sog. Vordermann/das Werkzeug.[76] Eine solche Tatherrschaft liegt jedenfalls bei einem vom Hintermann verursachten strafbarkeitsausschließenden Defekt des Werkzeugs vor.[77]

Das ist u. a. der Fall, wenn der Tatmittler infolge eines vom mittelbaren Täter erregten Irrtums nicht vorsätzlich handelt,[78] aber auch wenn der Tatmittler infolge des Irrtums glaubt, eine minder schwere Straftat zu begehen.[79]

---

[74] A. A. vertretbar.
[75] S. Joecks/Jäger, StGB, 13. Aufl. 2021, § 25 Rn. 20.
[76] S. etwa B. Heinrich, AT, 7. Aufl. 2022, Rn. 1243.
[77] Fischer, StGB, 70. Aufl. 2023, § 25 Rn. 5f.
[78] Zum vorsatzlosen Werkzeug vgl. Joecks/Jäger, StGB, 13. Aufl. 2021, § 25 Rn. 25; aus der Rspr. vgl. zuletzt BGH B. v. 05.03.2020 – 1 StR 530/19 – NStZ-RR 2020, 206 (Anm. Abersfelder NZWiSt 2020, 408).
[79] Hoyer, in: SK-StGB, 9. Aufl. 2017, § 25 Rn. 66ff.

So liegt der Fall hier: K täuschte N zwar nicht darüber, dass er eine strafbare Handlung begehen sollte. Er verheimlichte ihm aber Tatumstände, die den Tatbestand einer schwereren Straftat begründen würden, als der Tatmittler sie sich vorstellte. N wollte einen Raub begehen, nicht aber eine Tötung; dies wird schon dadurch ersichtlich, dass er von der Tat Abstand nahm, als er erkannte, dass K ihm kein Schlafmittel, sondern eine gefährliche Säure gegeben hatte, die auf das Tatopfer hätte tödlich wirken können. Dass K selbst davon ausging, N werde zur Mitwirkung bei einer Tötung nicht bereit sein, ist schon daraus erkennbar, dass er ihn über den Inhalt der Flasche täuschte.

K wollte mithin ein im Hinblick auf § 212 I StGB vorsatzloses Werkzeug beherrschen. Auf die Frage eines (mittelbaren) Täters hinter einem (voll verantwortlichen unmittelbaren) Täter kommt es nicht an.[80]

K hatte mithin Tatentschluss zur Begehung eines Totschlags in mittelbarer Täterschaft.

2. Unmittelbares Ansetzen (objektiver Tatbestand)

K müsste i. S. d. § 22 StGB unmittelbar angesetzt haben.

Ein unmittelbares Ansetzen des mittelbaren Täters ist spätestens gegeben, wenn der Tatmittler unmittelbar ansetzt. Hierzu kam es aber nicht, s. o. Ob und wann ansonsten ein unmittelbares Ansetzen des mittelbaren Täters anzunehmen ist, ist strittig.[81]

Die sog. Einzellösung[82] stellt darauf ab, dass der Hintermann auf den Tatmittler einzuwirken beginnt. Hiernach läge ein unmittelbares Ansetzen des K vor. Andere[83] nehmen dies jedenfalls bei gutgläubigen Werkzeugen (wie hier) an.

Demgegenüber verlangt die sog. Gesamtlösung[84] ein Ansetzen des Tatmittlers, woran es hier mangelt.

Die überwiegende Rspr.[85] und die wohl h. L.[86] gehen dann von einem unmittelbaren Ansetzen aus, wenn der mittelbare Täter die nach seiner Vorstellung erforderliche Einwirkung auf den Tatmittler abgeschlossen hat, sodass dieser nach dem Tatplan im unmittelbaren Anschluss die Tat ausführen soll und das geschützte Rechtsgut damit bereits zu diesem Zeitpunkt gefährdet ist, es sei denn, dass ungewiss ist, ob es zur Einwirkung auf den geplanten Geschädigten kommt.

---

[80] Hierzu zsf. B. Heinrich, AT, 7. Aufl. 2022, Rn. 1254ff.

[81] Hierzu Hillenkamp/Cornelius, 32 Probleme aus dem Strafrecht AT, 16. Aufl. 2022, 15. Problem; aus der Rspr. vgl. zuletzt BGH B. v. 11.01.2022 – 3 StR 416/21 – NStZ-RR 2022, 118 = StV 2022, 583.

[82] S. OLG München U. v. 08.08.2006 – 4St RR 135/06 – NJW 2006, 3364 = NStZ 2007, 157 (Anm. RÜ 2006, 589; RA 2006, 749; Schiemann NJW 2006, 3366; Kraatz Jura 2007, 531; Bosch JA 2007, 151; LL 2007, 31; famos 1/2007); zsf. B. Heinrich, AT, 7. Aufl. 2022, Rn. 749.

[83] Zu dieser älteren Auffassung m. N. B. Heinrich, AT, 7. Aufl. 2022, Rn. 750.

[84] Küper JZ 1983, 369; Kühl JuS 1983, 182.

[85] Etwa BGH U. v. 26.01.1982 – 4 StR 631/81 (Flusssäure) – BGHSt 30, 363.

[86] Z. B. Wessels/Beulke/Satzger, AT, 52. Aufl. 2022, Rn. 975.

Zweifel des K an der Erfüllungswilligkeit des N (auf die es ankommt und nicht darauf, dass letztlich immer ungewiss ist, ob ein Tatmittler zur Tat schreiten wird) sind aber nicht ersichtlich. Nach h. M. wäre ein unmittelbares Ansetzen zu bejahen.

Es überzeugt, ein unmittelbares Ansetzen anzunehmen: Die tatbestandsmäßige Handlung des mittelbaren Täters besteht in der Risikoschaffung durch Ingangsetzen des Werkzeugs. Insofern sind gerade keine Zwischenakte erforderlich; der bloße zeitlich-räumliche Abstand schließt die Unmittelbarkeit nicht zwingend aus. Das Handeln „durch" den Vordermann muss daher früher als dessen Handeln selbst liegen. Die dadurch bedingte ggf. erhebliche Vorverlagerung der Versuchsstrafbarkeit und Schlechterstellung gegenüber einem unmittelbaren Täter rechtfertigt sich durch die hohe Gefährlichkeit eines auf den Weg gebrachten, beherrschten Tatmittlers. Der mittelbare Täter setzt eine neue Kausalkette in Gang, die ohne weitere Einflussnahme der Verwirklichung des Taterfolgs zustrebt. Der Zeitpunkt des unmittelbaren Ansetzens des Tatmittlers ist dem mittelbaren Täter oft ohnehin nicht bekannt und für diesen daher höchst zufällig. Auf den Entwicklungsstand der Gesamttat kann es somit nicht ankommen. Anders als bei der Mittäterschaft nach § 25 II StGB geht es nicht um wechselseitige Zurechnung, vielmehr ist die mittelbare Täterschaft durch ein Stufenverhältnis gekennzeichnet.

K hat mithin i. S. d. § 22 StGB unmittelbar angesetzt.[87]

III. Rechtswidrigkeit, Schuld, Rücktritt
K handelte rechtswidrig und schuldhaft.

Ein Rücktritt des K nach § 24 StGB ist nicht ersichtlich.

IV. Ergebnis
K hat sich wegen versuchten Totschlags in mittelbarer Täterschaft strafbar gemacht, indem er dem N Flusssäure als vermeintliches Schlafmittel übergab, damit dieser es dem C verabreiche.

B. §§ (212 I,) 211, 25 I 2. Var., 22, 23 StGB
Die Tat des K könnte sich als versuchter Mord darstellen.[88]

In Betracht kommt zunächst ein Tatentschluss bzgl. Heimtücke.

Heimtücke ist – als Grunddefinition – das Ausnutzen der auf Arglosigkeit beruhenden Wehrlosigkeit des Opfers.[89]

N sollte C überfallen, ihm – notfalls mit Gewalt – das angebliche Schlafmittel verabreichen und ihn dann berauben. Dem K war es gleich, ob N dem C die Säure

---

[87] A. A. vertretbar.
[88] Überschrift und Formulierung des Obersatzes beruhen darauf, dass das Verhältnis von Mord und Totschlag umstritten ist, hierzu Bock, BT 1, 2018, S. 16ff.; Eisele, BT I, 6. Aufl. 2021, Rn. 61f., 135ff.; aus der Rspr. vgl. zuletzt BGH B. v. 19.08.2014 – 3 StR 283/14 – NStZ 2015, 46 = StV 2015, 4 und 287 (Anm. RÜ 2015, 174; Dehne-Niemann StV 2015, 288).
[89] S. nur Fischer, StGB, 70. Aufl. 2023, § 211 Rn. 34; Sinn, in: SK-StGB, 9. Aufl. 2017, § 211 Rn. 40; aus der Rspr. vgl. zuletzt BGH U. v. 11.05.2022 – 5 StR 361/21 – NStZ-RR 2022, 277; BGH B. v. 29.06.2022 – 1 StR 127/22 – NStZ-RR 2022, 307.

mit Gewalt verabreicht oder listig unter einem Vorwand. Insofern handelte K jedenfalls mit Eventualvorsatz hinsichtlich einer Arglosigkeit des C, aus welcher auch seine entsprechende Wehrlosigkeit resultiert wäre. Er hatte mithin Tatentschluss hinsichtlich Heimtücke.[90]

Anders wäre dies zu beurteilen, wenn man mit Teilen der Lehre[91] einen verwerflichen Vertrauensbruch verlangte. Hiergegen spricht zwar, dass dann gerade der klassische Hinterhalt ggf. nicht erfasst würde. Die Rspr. akzeptiert jedoch – abgesehen vom Erfordernis der feindlichen Willensrichtung[92] und dem Ausnutzungsbewusstsein[93] (beides hier gegeben[94]) – ohnehin lediglich eine Rechtsfolgeneinschränkung.[95]

Ein Tatentschluss hinsichtlich Grausamkeit (Zufügen besonders starker Schmerzen oder Qualen körperlicher oder seelischer Art, die über das für die Tötung erforderliche Maß hinausgehen, aus gefühlloser, unbarmherziger Gesinnung[96]) ist nicht ersichtlich: Weder finden sich Angaben zur genauen Wirkung der Säure noch zur Gesinnung des K.

In Betracht kommen schließlich sonst niedrige Beweggründe.

Erforderlich ist, dass die Motive nach allgemeiner sittlicher Wertung auf tiefster Stufe stehen und deshalb besonders verwerflich, ja verächtlich sind.[97] Einerseits ist es evtl. menschlich nicht völlig unverständlich, aus Frustration über den Tod des S bzw. aus Rache gewalttätig zu reagieren. Andererseits muss K natürlich wissen, dass er selbst eine mindestens genauso große Verantwortung trägt (ganz abgesehen vom Verbot der Selbstjustiz etc.). Mithin ist trotz einer gebotenen restriktiven Auslegung des Mordtatbestands von niedrigen Beweggründen auszugehen.[98]

K hat sich wegen versuchten Mordes in mittelbarer Täterschaft strafbar gemacht, indem er dem N Flusssäure als vermeintliches Schlafmittel übergab, damit dieser es dem C verabreiche.

Der versuchte Totschlag (s. o.) wird aufgrund Spezialität verdrängt.[99]

---

[90] A. A. vertretbar.
[91] Etwa Eser/Sternberg-Lieben, in: Schönke/Schröder, 30. Aufl. 2019, § 211 Rn. 26.
[92] Vgl. zuletzt BGH U. v. 19.06.2019 – 5 StR 128/19 – BGHSt 64, 111 = NJW 2019, 2413 = NStZ 2019, 719 = StV 2020, 101 (Anm. Bosch Jura 2019, 1218; Jäger JA 2019, 791; Eisele JuS 2019, 1124; Theile JuS 2019, 525; RÜ 2019, 641; Mitsch NJW 2019, 2416; Wachter NStZ 2019, 722; famos 2/2020; Momsen/Schwarze JR 2020, 232; Schauf NStZ 2021, 647).
[93] Vgl. zuletzt BGH U. v. 11.05.2022 – 5 StR 361/21 – NStZ-RR 2022, 277.
[94] A. A. vertretbar.
[95] Vgl. zuletzt BGH U. v. 19.08.2020 – 5 StR 219/20 – NStZ 2021, 105 (Anm. RÜ 2021, 231; Hecker NStZ 2021, 464).
[96] Fischer, StGB, 70. Aufl. 2023, § 211 Rn. 56; Sinn, in: SK-StGB, 9. Aufl. 2017, § 211 Rn. 52ff.; aus der Rspr. vgl. zuletzt BGH U. v. 15.08.2019 – 5 StR 236/19 – NStZ-RR 2019, 343.
[97] Bock, BT 1, 2018, S. 76; Fischer, StGB, 70. Aufl. 2023, § 211 Rn. 14a; Eisele, BT I, 6. Aufl. 2021, Rn. 89; aus der Rspr. vgl. zuletzt BGH U. v. 15.06.2022 – 6 StR 23/22 – NStZ-RR 2022, 245.
[98] A. A. vertretbar.
[99] Und zwar auch nach der Konzeption der Rspr., die im Mord einen eigenständigen Tatbestand sieht, Eschelbach, in: BeckOK-StGB, Stand 01.08.2022, § 211 Rn. 107.

C. §§ 223 I, 226 I, II/224 I, II, 25 I 2. Var., 22, 23 StGB[100]

Angesichts der erstrebten Verabreichung (s. o.) ist von reinem Tötungsvorsatz, nicht von Verletzungsvorsatz bzgl. § 226 I, II StGB auszugehen,[101] sodass weder ein Fall kumulativen Vorsatzes noch ein Fall alternativen Vorsatzes[102] anzunehmen ist.

Eine versuchte gefährliche Körperverletzung gemäß §§ 224 I, II, 22, 23 StGB tritt hinter dem versuchten Mord zurück, und zwar Nr. 5 wegen Spezialität und Nr. 1 bis 4 wegen materieller Subsidiarität.[103]

D. §§ 249, 250 II Nr. 1, 3, 25 I 2. Var., 22, 23 StGB

Zwar wird bisweilen für ausreichend erachtet, wenn der Vordermann über ein Unrechtsquantum, etwa über ein Qualifikationsmerkmal, irrt,[104] um dem Hintermann die Gesamtqualifikation zuzurechnen; dies ist aber abzulehnen: Der Irrtum des N über den Inhalt der Flasche ändert nichts daran, dass bzgl. des Grunddelikts des Raubes keine Tatherrschaft des K vorliegt, sodass auch keine mittelbare Täterschaft eines versuchten qualifizierten Raubes gegeben ist.

Ferner wird auch eine Beherrschung eines sog. qualifikationslos-dolosen Werkzeugs diskutiert;[105] dies meint aber Fälle, in denen der Hintermann, anders als der Vordermann, eine notwendige Täterqualifikation aufweist, z. B. eine Amtsträgereigenschaft.

E. §§ 249, 250 II Nr. 1, 3, 30 I StGB

K könnte sich wegen versuchter Anstiftung zum besonders schweren Raub strafbar gemacht haben, indem er N die Säure übergab, damit dieser den C überfalle.

Eine vollendete Anstiftung nach § 26 StGB liegt mangels versuchter oder vollendeter rechtswidriger Tat des N nicht vor.

Der besonders schwere Raub als Haupttat ist i. S. d. § 12 I StGB ein Verbrechen, sodass der Anwendungsbereich des § 30 I StGB eröffnet ist.

---

[100] An sich gemeinsame Prüfung mehrerer Delikte nicht angängig, hier nur zum Zwecke kurzer Verneinung.

[101] A. A. vertretbar.

[102] Hierzu (und den kontrovers diskutierten Rechtsfolgen) Kindhäuser/Hilgendorf, LPK, 9. Aufl. 2022, § 15 Rn. 28ff.; B. Heinrich, AT, 7. Aufl. 2022, Rn. 292ff.; aus der Rspr. vgl. zuletzt BGH U. v. 14.01.2021 – 4 StR 95/20 – BGHSt 65, 231 = NJW 2021, 795 = NStZ 2021, 419 = StV 2022, 148 (Anm. Bosch Jura 2021, 588; Kudlich JA 2021, 339; Eisele JuS 2021, 366; Theile ZJS 2021, 538; LL 2021, 329; RÜ 2021, 165; RÜ2 2021, 63; famos 10/2021; Mitsch NJW 2021, 798; Schuster NStZ 2021, 422; Roxin JR 2021, 334; Grünewald JZ 2021, 635; Schefer/Kemper HRRS 2021, 173; Schultheis jurisPR-StrafR 6/2021 Anm. 2).

[103] Hardtung, in: MK-StGB, 4. Aufl. 2021, § 224 Rn. 59 (bzgl. zweier Vollendungen; muss für zwei Versuche entsprechend gelten).

[104] Etwa Heine/Weißer, in: Schönke/Schröder, 30. Aufl. 2019, § 25 Rn. 25.

[105] Kindhäuser/Hilgendorf, LPK, 9. Aufl. 2022, § 25 Rn. 17ff.; aus der Rspr. vgl. zuletzt OLG Stuttgart B. v. 07.04.2017 – 1 Ws 42/17 – NJW 2017, 1971 (Anm. Kudlich JA 2017, 632; Hecker JuS 2017, 795; LL 2017, 836; Hecker NJW 2017, 1973; Lampe jurisPR-StrafR 12/2017 Anm. 2; Böse ZJS 2018, 189).

K wies auch den vollen subjektiven Tatbestand der Anstiftung auf, nämlich den Vorsatz, den Entschluss zur Begehung eines Verbrechens (bei N) hervorzurufen, nämlich in Gestalt eines besonders schweren Raubes. Die erstrebte Verwirklichung des § 250 II Nr. 1, 3 StGB liegt in dem geplanten Einsatz der lebensgefährlichen Flusssäure.

Auch das unmittelbare Ansetzen zum Bestimmen liegt vor.

K handelte rechtswidrig und schuldhaft.

Ein Rücktritt nach § 31 I Nr. 1, II StGB ist nicht ersichtlich.

K hat sich wegen versuchter Anstiftung zum besonders schweren Raub strafbar gemacht, indem er N die Säure übergab, damit dieser den C überfalle.

F. §§ 249, 251, 30 I StGB

Angesichts des Tötungsvorsatzes des K (s. o.) liegt auch eine versuchte Anstiftung zum Raub mit Todesfolge vor.

§ 251 StGB verdrängt richtigerweise den § 250 II Nr. 1, 3 StGB (hier als in Bezug genommene Haupttat) umfänglich im Wege der Gesetzeskonkurrenz.[106] Die Strafbarkeit nach § 251 StGB sagt zwar nichts über verwendete gefährliche Werkzeuge aus, allerdings beruhen diese Varianten des § 250 II StGB auf einer – jedenfalls abstrakt – gesteigerten Gefährlichkeit für das Leben des Geschädigten, sodass das gesteigerte Unrecht in § 251 StGB aufgeht. Eine Klarstellung via Tateinheit ist mithin nicht geboten.[107]

4. Teil: Stromfalle[108]

- Strafbarkeit des K -

A. §§ 212 I, (25 I 2. Var.), 22, 23 StGB

K könnte sich wegen versuchten Totschlags strafbar gemacht haben, indem er die Elektroinstallation des C manipulierte.

Der Tötungsvorsatz des K ergibt sich daraus, dass er laut Sachverhalt dem C einen „tödlichen" Stromschlag zufügen wollte.

Zwar wirkte er nicht direkt auf C ein, sondern wollte, dass dieser selbst die Steckdose benutzt und so einen Stromschlag herbeiführt. Dies wird jedoch zumindest über eine Anwendung des § 25 I 2. Var. StGB erfasst (Einsatz des Opfers als Werkzeug gegen sich selbst).

Problematisch ist, ob K i. S. d. § 22 StGB unmittelbar angesetzt hat.

---

[106] Vgl. aus der Rspr. BGH U. v. 11.01.1967 – 2 StR 348/66 – BGHSt 21, 183 = NJW 1967, 835 (Anm. Willms JuS 1967, 380); BGH U. v. 23.08.2017 – 2 StR 150/16 – NStZ-RR 2017, 16; a. A. aber etwa Kindhäuser/Hilgendorf, LPK, 9. Aufl. 2022, § 251 Rn. 15.

[107] A. A. vertretbar.

[108] Nach BGH B. v. 08.05.2001 – 1 StR 137/01 (Stromfalle) – NStZ 2001, 475 (Anm. RA 2001, 539; famos 8/2001; Otto JK 2002 StGB § 22/20; Trüg JA 2002, 102; Engländer JuS 2003, 330).

Beim Einsatz eines Werkzeugs gegen sich selbst wird die gleiche Kontroverse geführt wie beim unmittelbaren Ansetzen eines Tatmittlers nach § 25 I 2. Var. StGB, s. o.

Auch im Hinblick auf seine „Stromfalle" hat K wiederum aus seiner Sicht alles für das Gelingen seines Tatplans Erforderliche getan. Für die Herbeiführung eines deliktischen Erfolgs war zwar noch die unbewusste Mitwirkung des Opfers erforderlich, das eine der manipulierten Steckdosen hätte nutzen müssen. Das ändert aber nichts daran, dass bei ungestörtem Fortgang der Dinge alsbald und innerhalb eines überschaubaren Zeitraums die Nutzung einer der manipulierten Steckdosen durch einen nachfolgenden Mieter oder Handwerker wahrscheinlich war und nahelag. Hier, bei der Veränderung einer elektrischen Steckdose in den Räumen eines Wohnhauses, blieb nicht etwa ungewiss, ob und wann die Manipulationen einmal Wirkung entfalten würden. Es lag vielmehr auf der Hand, dass die Steckdose in Kürze genutzt würde.[109]

K setzte unmittelbar an.[110]

Er handelte rechtswidrig und schuldhaft und trat auch nicht nach § 24 StGB von der Tat zurück.

K hat sich wegen versuchten Totschlags strafbar gemacht, indem er die Elektroinstallation des C manipulierte.

B. §§ (212 I,) 211, (25 I 2. Var.), 22, 23 StGB

K wies wiederum Tatentschluss bzgl. Heimtücke auf, vgl. oben.[111]

Auch handelte er aus den gleichen niedrigen Beweggründen wie beim Einwirken auf N, s. o.

Er hat sich mithin wegen versuchten Mordes strafbar gemacht.

C. § 123 I StGB

Laut Sachverhalt brach K bei C ein, sodass K einen Hausfriedensbruch verwirklichte.

Zum Strafantragserfordernis s. § 123 II StGB.

D. § 303 I StGB

Das Ausmaß der Manipulationen an der Elektroinstallation und die damit einhergehenden Funktionsbeeinträchtigungen erfüllen den Tatbestand der Sachbeschädigung.[112]

Zum Strafantragserfordernis s. § 303c StGB.

---

[109] So BGH B. v. 08.05.2001 – 1 StR 137/01 – NStZ 2001, 475 (476).
[110] A. A. vertretbar.
[111] A. A. vertretbar.
[112] A. A. vertretbar; zur Kontroverse um reversible Funktionsbeeinträchtigungen Bock, BT 2, 2018, S. 218ff.

5. Teil: Tod des C[113]

- Strafbarkeit des K -

A. § 212 I StGB

Der Fußtritt des K ist für den Tod des C kausal geworden. Atypizität eines Kausalzusammenhangs und unwahrscheinliche Zufälligkeiten sind für die Feststellung der Kausalität nach Maßgabe von Äquivalenztheorie und *condicio*-Formel irrelevant.

Fraglich ist, ob ihm dieser Erfolg auch objektiv zuzurechnen ist. In Betracht kommt ein atypischer Kausalverlauf. Immerhin trat K den C „nur" gegen den Oberkörper; es trat vielmehr ein Reflextod in Folge der Reizung des Solarplexus ein, welcher möglicherweise durch eine mit der starken Alkoholisierung des Tatopfers verbundenen Beeinträchtigung des Atemzentrums und durch organische Veränderungen am Herzmuskel des Tatopfers nach einer Herzmuskelendzündung begünstigt wurde.

Dass ein kräftiger Tritt mit der Schuhspitze gegen den Rumpf eines am Boden Liegenden zum Tod des Verletzten führt, liegt aber nicht außerhalb jeder Lebenswahrscheinlichkeit, denn ein solcher Geschehensablauf ist, auch wenn es sich – wie hier – bei der konkreten Todesursache um eine „medizinische Rarität" handelt, nicht so außergewöhnlich, dass der eingetretene Erfolg deshalb nicht zuzurechnen ist.[114] Dass möglicherweise die Alkoholisierung des Tatopfers und eine Vorschädigung des Herzmuskels für den Todeserfolg mitursächlich waren, steht der Zurechnung unstritig ebenfalls nicht entgegen.

Die objektive Zurechnung ist mithin zu bejahen.

Fraglich ist aber, ob C Tötungsvorsatz hatte.

Zwar liegt dies angesichts der Vorgeschichte nicht fern. Allerdings kommt es auf den Vorsatz im Zeitpunkt des Trittes an (Koinzidenz- oder Simultaneitätsprinzip, vgl. auch § 8 S. 1 StGB). Der Tritt gegen den Oberkörper war aber nicht derart gefährlich, dass er für Tötungsvorsatz spricht.

K handelte ohne Tötungsvorsatz.[115]

B. § 227 I StGB

K könnte sich wegen Körperverletzung mit Todesfolge strafbar gemacht haben, indem er den C trat und dieser starb.

Der Tritt verwirklichte eine Körperverletzung nach § 223 I StGB.

Als schwere Folge ist der Tod i. S. d. § 227 StGB eingetreten, für den die Handlung des K auch kausal wurde (s. o.).

A müsste gem. § 18 StGB mindestens fahrlässig in Bezug auf die Herbeiführung des Todes gehandelt haben.

---

[113] Nach BGH U. v. 15.11.2007 – 4 StR 453/07 – NStZ 2008, 686 = StV 2008, 406 (Anm. Jahn JuS 2008, 273; RA 2008, 103; Hardtung StV 2008, 407; Dehne-Niemann StraFo 2008, 126; Satzger JK 2009 StGB § 227 I/4).
[114] BGH U. v. 15.11.2007 – 4 StR 453/07 – NStZ 2008, 686.
[115] A. A. vertretbar.

Da die unerlaubte Risikosetzung in der Verwirklichung des Grundtatbestandes liegt und die Risikorealisierung nicht aufgrund Atypizität ausscheidet (s. o.), ist lediglich die Vorhersehbarkeit des Todes zweifelhaft. Dass ein kräftiger Tritt mit der Schuhspitze gegen den Rumpf eines am Boden Liegenden zum Tod führen kann, ist im Hinblick darauf, dass bei solchen Tritten stets das Risiko eines Leber- oder Milzrisses oder von Rippenbrüchen und Einspießungsverletzungen besteht, aber regelmäßig vorhersehbar.[116] Der genaue physiologische Verlauf muss nicht vorhersehbar sein.

Zwar erfordert die Erfolgszurechnung nach § 227 StGB auch einen sog. spezifischen Gefahrverwirklichungszusammenhang;[117] dieser ist jedoch, jedenfalls hinsichtlich ungewöhnlicher medizinischer Geschehnisse, nicht restriktiver als die allgemeine objektive Zurechnung.[118]

K handelte rechtswidrig und schuldhaft. Dass er mit den Nerven am Ende war, berührt die §§ 20, 21 StGB nicht.

Auch an der subjektiven Fahrlässigkeit bestehen keine Zweifel.

K hat sich wegen Körperverletzung mit Todesfolge strafbar gemacht, indem er den C trat und dieser starb.

C. § 224 I Nr. 2, 5 StGB

Strittig ist, ob § 224 I StGB in Gesetzeskonkurrenz hinter § 227 StGB zurücktritt.[119]

Zwar wird dies ohne Weiteres für Nr. 5 zutreffen, da der Tod eine das Leben gefährdende Behandlung impliziert; aber auch für die anderen Begehungsweisen ist dies richtig, denn auch diese Varianten des § 224 StGB beruhen auf einer (jedenfalls abstrakt) gesteigerten Gefährlichkeit für Leib und Leben des Geschädigten. Eine Klarstellung via Tateinheit ist mithin nicht geboten, § 227 StGB erfasst das Unrecht hinreichend, auch wenn der Todeserfolg lediglich fahrlässig herbeigeführt wurde.[120]

Konkurrenzen und Endergebnis

Im 1. Teil hat sich K wegen fahrlässiger Tötung gem. § 222 StGB strafbar gemacht.

Im 2. Teil hat sich K wegen Gefährdung des Straßenverkehrs gem. § 315c I Nr. 2 lit. b, III Nr. 1 StGB sowie wegen (qualifizierten) verbotenen Kraftfahrzeugrennens § 315d I Nr. 1, 2, II, IV StGB strafbar gemacht. Zwischen den beiden Nummern des

---

[116] BGH U. v. 15.11.2007 – 4 StR 453/07 – NStZ 2008, 686 (687).
[117] Hierzu etwa Fischer, StGB, 70. Aufl. 2023, § 227 Rn. 3ff.; Bock, BT 1, 2018, S. 142f.; aus der Rspr. vgl. zuletzt BGH B. v. 07.07.2021 – 4 StR 141/21 – NStZ 2021, 735 = StV 2022, 100 (Anm. Kudlich JA 2021, 871; RÜ 2021, 639; Schrott NStZ 2021, 736).
[118] BGH U. v. 15.11.2007 – 4 StR 453/07 – NStZ 2008, 686; kritisch Jahn JuS 2008, 273 (274).
[119] Vgl. nur Paeffgen/Böse, in: NK, 5. Aufl. 2017, § 224 Rn. 42.
[120] A. A. vertretbar.

§ 315d I StGB besteht zur Klarstellung Tateinheit,[121] ebenso im Verhältnis zu § 315c StGB.[122]

Im 3. Teil hat sich K wegen versuchten Mordes in mittelbarer Täterschaft gem. §§ 211, 25 I 2. Var., 22, 23 StGB und versuchter Anstiftung zum Raub mit Todesfolge gem. §§ 249 I, 251, 30 I StGB strafbar gemacht. Beides steht aufgrund des engen situativen Zusammenhangs (Einwirken auf N) in Tateinheit gem. § 52 StGB.

N hat sich nicht strafbar gemacht.

Im 4. Teil hat sich K wegen versuchten Mordes gem. §§ (212 I,) 211, 22, 23 StGB sowie wegen Hausfriedensbruchs gem. § 123 I StGB und Sachbeschädigung nach § 303 I StGB strafbar gemacht. Es besteht Tateinheit i. S. d. § 52 StGB: Zwar verklammert der Hausfriedensbruch nicht die Delikte: Das verklammernde Delikt darf nicht leichter sein als die zu verklammernden. Die Deliktsbegehungen fanden aber in engem räumlich-zeitlichem Zusammenhang statt und waren von einem einheitlichen Tatplan getragen.

Im 5. Teil hat sich K wegen Körperverletzung mit Todesfolge gem. § 227 I StGB strafbar gemacht.

Zwischen den einzelnen – völlig selbstständigen Teilen – besteht Tatmehrheit nach § 53 StGB.

---

[121] H. M., s. Kulhanek, in: BeckOK-StGB, Stand 01.08.2022, § 315d Rn. 79.
[122] Kulhanek, in: BeckOK-StGB, Stand 01.08.2022, § 315d Rn. 84.

3. Übungsfall „Der übergangene planende Kopf"

Gegen Ende 2019 war Gesprächsthema zwischen Kevin Illig (I) sowie Patrick Koppe (K) und Marco Zwosta (Z), Raubüberfälle in Kiel zu begehen. Es entwickelte sich die Idee, den Marktleiter eines dortigen Supermarkts zu überfallen, um die Einnahmen vorausgegangener Tage zu entwenden. Die Tat sollte an einem der Warenanlieferungstage in den frühen Morgenstunden vor Öffnung des Markts begangen werden, weil der Marktleiter zu diesen Zeiten allein im Markt war. I, K und Z brachten in Erfahrung, dass die Tageseinnahmen nicht an jedem Tag von einem Geldtransportunternehmen abgeholt wurden. Nachdem sie noch Sascha Waschke (W) gewonnen hatten, kamen sie überein, dass der Überfall auf den Marktleiter am 29.01.2020 – unter Beteiligung und „Regie" des I – stattfinden solle. Die vier Männer trafen sich am 29.01.2020 zur Tatausführung, verschätzten sich jedoch in der Zeit und fuhren unverrichteter Dinge wieder nach Hause. I war an den darauffolgenden Tagen verhindert, weil er an seiner Arbeitsstelle Frühschicht hatte. Die Übrigen beschlossen, den Plan in Unkenntnis des I zu nutzen und nur die Rollen neu zu verteilen. K übernahm dessen Tatbeitrag (Steuerung des Fluchtfahrzeugs), und als vierten (Ersatz-)Mann gewannen sie den Dominik Heinze (H). I war „planender Kopf" der Gruppe gewesen; auch diese Rolle wurde nunmehr von K übernommen. Noch bestand zwischen K, Z, W und H Einigkeit, dass I an der Tatbeute beteiligt werden solle. Am frühen Morgen des 31.01.2020 besprachen K, Z, W und H im Fluchtfahrzeug, wie der Überfall konkret ablaufen solle. Anschließend führten sie die Tat aus, indem sie den Marktleiter im Marktinneren überwältigten und mit einer ungeladenen Schreckschusspistole zur Öffnung des Tresors und zur Übergabe des vorrätigen Wechselgeldes (insgesamt 1529,50 €) zwangen. Auf Betreiben des H nahmen sie anschließend davon Abstand, den I an der Tatbeute zu beteiligen. Dieser erfuhr jedoch aus der Zeitung von dem Überfall.

I und seine Schwester Bente Ahrends (A) überfielen daraufhin den Z in den Räumlichkeiten der von diesem betriebenen Lkw-Vermietung, um den „Anteil" des I zu erlangen. Sie forderten von Z die Herausgabe von Bargeld; I bedrohte Z mit einem Messer, woraufhin dieser ihm Geldscheine, etwa 200 bis 400 €, aushändigte. I nahm Z sodann in den „Schwitzkasten", zog seinen um den Hals gelegten Arm fest an und stach und schnitt mehrfach in den Mundbodenbereich und Hals des Z. Dieser kam gleichwohl der Aufforderung, den Tresor zu öffnen, nicht nach. Die den Einsatz des Messers billigende A folgte den beiden in das Büro, um dort nach Bargeld zu suchen. Als sie jedoch nichts fand, entschieden sich beide zur Flucht. I entschloss sich nun, Z zu töten. Er versetzte ihm mit dem Messer einen gezielten Stich in die linke Brustseite, der bis in das Herz drang. Z verstarb. I und A verließen das Büro und das Betriebsgelände, ohne weiter nach Bargeld zu suchen.

I, immer noch in finanziellen Engpässen, lernte wenig später in einer Gaststätte den Timm Claassen (C) kennen. Beide sprachen darüber, „wie man an Geld kommen könne". C erzählte dem I, ihm sei ein Münzhändler bekannt, der seine Versicherung betrügen wolle. Er machte dem I den Vorschlag, diesen in seinem Haus „zu überfallen und zu berauben"; „der Münzhändler sei mit allem einverstanden". Nachdem C dem I für seine „Mitwirkung" 50.000 € versprochen hatte – von denen 15.000 € im Vorhinein gezahlt werden sollten, die restlichen 35.000 € sollte sich I aus dem Tresor des Münzhändlers nehmen dürfen –, erklärte sich der I bereit, den Überfall durchzuführen. Die zum Schein zu raubenden Münzen sollten C übergeben werden. C wies den I an, gegenüber dem Münzhändler nicht zu erkennen zu geben, dass er wisse, dass dieser dem Überfall zugestimmt habe. Einige Tage vor Ausführung der Tat zahlte C dem I 15.000 € und teilte ihm Namen und Adresse des zu überfallenden Münzhändlers mit. Dieser war allerdings nicht, wie C den I glauben machte, mit dem Überfall einverstanden. Der geplante „Raub" wurde von I durchgeführt. Die Gesamtbeute hatte einen Wert von 350.000 bis 400.000 €. Dem bei der Tat gefesselten und in den Waschkeller seines Hauses verbrachten Münzhändler gelang es, sich zu befreien und die Polizei zu alarmieren. Noch am Tattag meldete er seiner Versicherung den Schadensfall.

Ferner drang I ein paar Tage darauf mit einem Brecheisen in eine Verkaufsbude ein, entwendete eine größere Menge Lebensmittel und brachte diese in die Wohnung der A. Er weckte sie, teilte ihr das Geschehene mit und bemerkte, dass in der Verkaufsbude noch weitere Ware lagere. Daraufhin begab sich I in Begleitung der A nochmals zu der Verkaufsbude, wo beide gemeinsam wiederum größere Mengen Lebensmittel entwendeten. Zu Hause wurde die Gesamtbeute, also auch der von I allein herbeigeschaffte Teil, zwischen beiden aufgeteilt.

K, W und H hatten unterdes den Plan entwickelt, in ein Lebensmittelgeschäft einzudringen, um dort zu stehlen. Jeder von ihnen war dabei mit einer geladenen Pistole bewaffnet. Als K die Fensterscheibe des Schlafzimmers des Fabian Doehler (D), das er für einen Büroraum des Geschäfts gehalten hatte, eingedrückt und W die Fensterflügel ins Zimmer hinein aufgestoßen hatte, war D ans Fenster gegangen, hatte die Fensterflügel wieder zugestoßen und sich „gestikulierend und wie ein Bär brüllend" vor das Fenster gestellt. Daraufhin gaben W und H je einen Schuss auf das Fenster ab, wobei die sich gerade aus ihrem Bett erhebende Frau des D schwer verletzt wurde. Danach liefen W und H hintereinander auf die Straße zu. An der vorderen Hausecke bemerkte W rückwärts schauend, dass ihm in einer Entfernung von nicht mehr als 2 bis 3 m eine Person folgte. Diese war K. W hielt ihn aber für einen Verfolger und fürchtete, von ihm ergriffen zu werden. Um der vermeintlich drohenden Festnahme und der Aufdeckung seiner Täterschaft zu entgehen, schoss er auf die hinter ihm hergehende Person; dabei rechnete er mit einer tödlichen Wirkung seines Schusses und billigte diese Möglichkeit. Das Geschoss traf K am rechten Oberarm, durchschlug aber nur den gefütterten Ärmel und verfing sich dort. Über die Verwendung der Schusswaffen hatten K, W und H besprochen, dass auch auf Menschen gefeuert werden solle, wenn die Gefahr der Festnahme eines der Beteiligten drohe.

Strafbarkeit der Beteiligten nach dem StGB?

Lösungshinweise

1. Teil: Supermarkt[1]

1. Abschnitt: Strafbarkeit des Z
Z ist tot und daher nicht zu prüfen.[2]

2. Abschnitt: Strafbarkeit von K, W und H

1. Unterabschnitt: Geschehen am 31.01.2020[3]

A. §§ 249 I, 25 II StGB

I. Tatbestand

1. Objektiver Tatbestand
K, W und H könnten sich wegen Raubes in Mittäterschaft strafbar gemacht haben, indem sie den Supermarkt überfielen.

a) **Fremde bewegliche Sache** Bei dem Geld handelt es sich um fremde bewegliche Sachen.

b) **Wegnahme** Diese müssten K, W und H auch weggenommen haben.
Wegnahme ist der Bruch fremden und Begründung neuen Gewahrsams.[4] Gewahrsam ist die tatsächliche Herrschaft über eine Sache, die von einem

---

[1] Nach BGH B. v. 02.07.2008 – 1 StR 174/08 – NStZ 2009, 25 = StV 2009, 410 (Anm. RÜ 2008, 639; Geppert JK 2009 StGB § 25 II/16; LL 2009, 29; Roxin NStZ 2009, 7).
[2] Bei materiellrechtlicher Sichtweise, die das Erste Staatsexamen dominiert, ist dies an sich nicht zwingend. Dass aber die Strafbarkeit von Toten in einer Klausur nicht geprüft wird, ist ganz überwiegende Gepflogenheit, s. Wessels/Beulke/Satzger, AT, 52. Aufl. 2022, Rn. 1370.
[3] Durchbrechung der Chronologie aufgrund Tatschwere.
[4] Bock, BT 2, 2018, S. 31; Fischer, StGB, 70. Aufl. 2023, § 242 Rn. 10; aus der Rspr. vgl. zuletzt BGH B. v. 03.03.2021 – 4 StR 338/20 – BGHSt 66, 55 = NJW 2021, 1545 = NStZ 2021, 425 = StV 2022, 15 (Anm. Kudlich JA 2021, 519; LL 2021, 682; RÜ 2021, 378; Lenk NJW 2021, 1547; El-Ghazi NStZ 2021, 427; Pschorr jurisPR-StrafR 10/2021 Anm. 5; Ruppert StV 2022, 17; Bechtel JR 2022, 39).

natürlichen Herrschaftswillen getragen und deren Reichweite von der Verkehrsauffassung bestimmt wird.[5]

Ursprünglich hatte der Marktleiter Gewahrsam an dem Geld.

Nach der Übergabe war K, W, oder H (oder mehrere von ihnen) Gewahrsamsinhaber, ohne dass der Sachverhalt Näheres ausführt. Auf Fragen der Zurechnung durch gemeinschaftliches Handeln gem. § 25 II StGB kommt es freilich nur an, wenn nicht ohnehin ein Bruch fehlt.

In dem Übergeben des Geldes durch den Marktleiter könnte nämlich ein Einverständnis liegen, dass – sofern beachtlich – einer Wegnahme entgegenstünde.

Eröffnet ist damit die Kontroverse zur Abgrenzung von Raub und räuberischer Erpressung.[6] Da es angesichts der beim Raub vorliegenden Nötigungssituation *prima facie* etwas schief ist, von einem freiwilligen Einverständnis in den Gewahrsamsübergang zu sprechen, ist umstritten, ob in einer mit Rest-Freiwilligkeit erfolgten nötigungsbedingten Übergabe der Sache ein die Wegnahme und damit den Raub ausschließendes Einverständnis zu sehen ist.

Nach Auffassung der Rspr.[7] und Teilen der Lehre[8] reicht die Rest-Freiwilligkeit für echte Freiwilligkeit nicht aus. Das führt zum einen dazu, dass es ein Einverständnis in den Gewahrsamswechsel in einer Nötigungssituation nicht geben kann. Wenn das Opfer den Gewahrsamswechsel aber nicht wollen kann, verliert das Merkmal „Bruch" bei einem Verständnis wie in § 242 StGB jegliche Bedeutung. Zum anderen können §§ 253, 255 StGB nach dieser Auffassung keine Vermögensverfügung voraussetzen, weil diese Freiwilligkeit erfordern würde. Vielmehr genügt jedes durch die Gewaltanwendung (*vis compulsiva* oder *vis absoluta*) kausal hervorgerufene Opferverhalten als Nötigungserfolg. Deswegen ist der Raub auch nur Spezialfall der räuberischen Erpressung. Wenn nun aber die beiden genannten Elemente fehlen, durch die bei §§ 242, 263 StGB die Abgrenzung geleistet wird, muss sie bei §§ 249, 253, 255 StGB anders erfolgen. Deswegen wird auf das äußere Erscheinungsbild abgestellt: Wird das Tatobjekt übergeben, liegt hiernach eine räuberische Erpressung vor, nimmt der Täter es an sich, handelt es sich um einen Raub.

Aufgrund der Übergabe würde es hiernach an einer Wegnahme und damit einem Raub mangeln.

---

[5] S. nur Bock, BT 2, 2018, S. 32; Fischer, StGB, 70. Aufl. 2023, § 242 Rn. 11; aus der Rspr. vgl. zuletzt BGH B. v. 03.03.2021 – 4 StR 338/20 – BGHSt 66, 55 = NJW 2021, 1545 = NStZ 2021, 425 = StV 2022, 15 (Anm. Kudlich JA 2021, 519; LL 2021, 682; RÜ 2021, 378; Lenk NJW 2021, 1547; El-Ghazi NStZ 2021, 427; Pschorr jurisPR-StrafR 10/2021 Anm. 5; Ruppert StV 2022, 17; Bechtel JR 2022, 39).

[6] Zum Streit um das Erfordernis einer Vermögensverfügung bei §§ 253, 255 StGB und der daraus resultierenden Abgrenzungsproblematik bzgl. §§ 249, 255 StGB zsf. Bock, BT 2, 2018, S. 575ff.; Eisele, BT II, 6. Aufl. 2021, Rn. 759ff.; aus der Rspr. vgl. zuletzt BGH B. v. 11.08.2021 – 3 StR 63/21 – NStZ-RR 2022, 14 (Anm. Mitsch JuS 2022, 609); BGH U. v. 12.08.2021 – 3 StR 474/20 (Anm. RÜ 2021, 789).

[7] S. o.

[8] Kindhäuser/Hilgendorf, LPK, 9. Aufl. 2022, § 249 Rn. 7ff.

Demgegenüber kann nach der h. L.[9] die Rest-Freiwilligkeit hingegen für ein Einverständnis ausreichen. Wann hinreichende Freiwilligkeit vorliegt, wird nach der Opfervorstellung bestimmt. Wenn es sich vorstellt, der Täter gelange auch ohne sein Zutun an die Beute, ist die Übergabe unfreiwillig. Wenn es sich hingegen vorstellt, den Gewahrsamswechsel in der Hand zu haben (subjektive Notwendigkeit der Opfermitwirkung), ist ein Einverständnis gegeben (Schlüsselgewalt/Wahlmöglichkeit). Einerseits behält das Merkmal „Bruch" seine Bedeutung und die Wegnahme ist wie bei § 242 StGB auszulegen; andererseits kann es nach dieser Auffassung zudem eine Vermögensverfügung bei §§ 253, 255 StGB geben. In Kombination mit der Ähnlichkeit des Wortlauts von §§ 249, 253, 255 StGB einerseits und §§ 242, 263 StGB andererseits liegt es deshalb nahe, die Abgrenzung in beiden Fällen auf dieselbe Weise vorzunehmen. Darum nimmt diese Auffassung ein Exklusivitätsverhältnis an und fordert bei §§ 253, 255 StGB eine Vermögensverfügung.

Nach verständiger Sachverhaltsauslegung liegt es näher, dass der Marktleiter allein es ermöglichen konnte, auf das Geld im Tresor zuzugreifen.

Der Streit muss folglich nicht entschieden werden; eine Wegnahme ist nicht gegeben.

2. Zwischenergebnis
Der objektive Tatbestand des Raubs liegt nicht vor.

II. Ergebnis
K, W und H haben sich nicht wegen Raubes in Mittäterschaft strafbar gemacht, indem sie den Supermarkt überfielen.

B. §§ 253, 255, 25 II StGB[10]
K, W und H könnten sich wegen räuberischer Erpressung in Mittäterschaft strafbar gemacht haben, indem sie den Supermarkt überfielen.

I. Tatbestand

1. Objektiver Tatbestand

a) Nötigungsmittel K, W und H müssten Gewalt gegen eine Person verübt oder Drohungen mit gegenwärtiger Gefahr für Leib oder Leben geäußert haben.

Gewalt gegen eine Person in diesem Sinne ist der durch Anwendung von (auch nur geringer) körperlicher Kraft verursachte körperlich wirkende Zwang gegen eine Person, der geeignet ist, die Freiheit der Willensentschließung

---

[9] Lackner/Kühl, 29. Aufl. 2018, § 253 Rn. 3.
[10] Keine absichtende Vorab-Prüfung des § 253 StGB; anderer Aufbau vertretbar. Getrennte Prüfung des § 250 StGB, auch insofern anderer Aufbau vertretbar.

oder Willensbetätigung gegen deren Willen auszuschalten (*vis absoluta*) oder zu beeinträchtigen (*vis compulsiva*).[11]

Zwar teilt der Sachverhalt mit, dass der Marktleiter überwältigt wurde; allerdings reicht diese Angabe nicht für die Annahme einer willensbeeinträchtigenden körperlichen Zwangswirkung aus.[12] Das Vorhalten einer Schreckschusswaffe übt keine physische Wirkung auf den Betroffenen aus.

Es könnte eine Drohung mit gegenwärtiger Gefahr für Leib oder Leben vorliegen. Dies ist das Inaussichtstellen nicht unerheblicher Beeinträchtigungen der körperlichen Integrität, auf deren Verwirklichung der Täter Einfluss zu haben vorgibt, sodass der Eintritt des Schadens sicher oder doch höchstwahrscheinlich erscheint, wenn nicht alsbald Abwehrmaßnahmen ergriffen werden.[13]

Das Vorhalten der Schreckschusswaffe sollte konkludent zum Ausdruck bringen, dass auf den Marktleiter geschossen werde, wenn dieser sich nicht füge. Eine Drohung mit gegenwärtiger Gefahr für Leib oder Leben liegt mithin vor. Auf die tatsächliche Realisierbarkeit einer Drohung kommt es nicht an,[14] sodass es keine Rolle spielt, dass es sich lediglich um eine ungeladene Schreckschusswaffe handelte.

Fraglich ist, ob sowohl K als auch W und H die Nötigungshandlung täterschaftlich ausgeführt haben. Laut Sachverhalt führten sie die Tat aus, indem sie den Marktleiter überwältigten. Es ist mithin davon auszugehen, dass alle drei nötigend tätig wurden, sodass es auf eine Zurechnung von Tatbeiträgen nach § 25 II StGB nicht ankommt.[15]

b) Nötigungserfolg Des Weiteren setzt der objektive Tatbestand ein Handeln, Dulden oder Unterlassen des Opfers voraus. Fraglich ist darüber hinaus, ob ein Opferverhalten i. S. e. Vermögensverfügung erforderlich ist.

Nach Ansicht der Rspr. ist eine Vermögensverfügung nicht erforderlich, s. o.

Im vorliegenden Fall wurde durch die Drohung erzwungen, dass der Marktleiter Geld aus dem Tresor nahm und übergab. Ein Nötigungserfolg läge also vor.

Demgegenüber hält die h.L die Vermögensverfügung für das erforderliche Abgrenzungskriterium zwischen den (dann also im Exklusivitätsverhältnis stehenden) §§ 253, 255, 249 StGB, s. o.

Im vorliegenden Fall war die Mitwirkung des Marktleiters erforderlich, da davon auszugehen ist, dass K, W und H ansonsten nicht an den Inhalt herangekommen

---

[11] Bock, BT 2, 2018, S. 584; Sinn, in: SK-StGB, 9. Aufl., 2019, § 249 Rn. 6ff.; aus der Rspr. vgl. BGH U. v. 05.12.1961 – 5 StR 516/61 – BGHSt 16, 341 = NJW 1962, 356; BGH U. v. 19.04.1963 – 4 StR 92/63 – BGHSt 18, 329 = NJW 1963, 1210 (Anm. Preuße JuS 1963, 368; Knodel JZ 1963, 701); OLG Saarbrücken U. v. 04.07.1968 – Ss 8/68 – NJW 1969, 621.
[12] A. A. vertretbar.
[13] Bock, BT 2, 2018, S. 587; aus der Rspr. vgl. zuletzt BGH U. v. 09.10.2014 – 4 StR 208/14 – NStZ 2015, 36 (Anm. Hecker JuS 2015, 467).
[14] Fischer, StGB, 70. Aufl. 2023, § 240 Rn. 31.
[15] Auch möglich, hier bereits Mittäterschaft von K, W und H zu prüfen und zu bejahen.

wären. Auch hiernach läge ein Nötigungserfolg vor (und keine Wegnahme). Es kann daher wiederum dahinstehen, welcher Konzeption zu folgen ist.

c) Vermögensnachteil Im Verlust des Besitzes (§ 854 BGB) am Geld liegt auch eine nicht kompensierte Vermögensminderung und mithin ein Vermögensnachteil.[16]

2. Subjektiver Tatbestand
K, W und H handelten vorsätzlich i. S. d. § 15 StGB (auch bzgl. der qualifizierenden Merkmale) und in der Absicht, sich zu Unrecht zu bereichern.

II. Rechtswidrigkeit, Schuld
Sie handelten rechtswidrig und schuldhaft.

III. Ergebnis
K, W und H haben sich wegen räuberischer Erpressung in Mittäterschaft strafbar gemacht, indem sie den Supermarkt überfielen.

C. §§ 253, 255, 250 II Nr. 1 2. Var., 25 II StGB
Die räuberische Erpressung könnte als besonders schwere räuberische Erpressung qualifiziert sein.

K, W und H könnten gem. § 250 II Nr. 1 StGB bei der Tat eine Waffe oder ein anderes gefährliches Werkzeug verwendet haben.

Waffen sind Gegenstände, die ihrer Natur nach dazu bestimmt sind, auf mechanischem oder chemischem Wege Verletzungen beizubringen.[17]

Prinzipiell sind auch Schreckschusspistolen in Gestalt von Gaspistolen, wenn der Explosionsdruck nach vorn durch den Lauf austritt, Waffen i. S. d. § 250 II Nr. 1 StGB,[18] was mit der großen Gefährlichkeit dieses Explosionsdrucks zumindest auf kürzere Distanz begründet wird, zumal auch das WaffG (§ 1 II Nr. 1 WaffG i. V. m. Anlage 1 Abschnitte 1 UA 1 Nr. 1.1.) diese Gaspistolen erfasst.

Allerdings muss es sich bei der Waffe um einen Gegenstand handeln, der nach seiner objektiven Beschaffenheit und nach der Art seiner Benutzung im Einzelfall geeignet ist, erhebliche Körperverletzungen zuzufügen. Dies trifft auf eine ungeladene Gaspistole, die also nicht abgefeuert werden kann, gerade nicht zu.[19]

Die ungeladene Schreckschusspistole könnte aber ein gefährliches Werkzeug sein, welches i. S. d. § 250 II Nr. 1 StGB verwendet wurde.

Anders als bei § 244 I Nr. 1 lit. a StGB und bei § 250 I Nr. 1 lit. a StGB muss ein solches verwendet werden. Die Kontroverse um die Auslegung des Begriffs des ge-

---

[16] Kindhäuser/Hilgendorf, LPK, 9. Aufl. 2022, § 253 Rn. 32.
[17] Bock, BT 2, 2018, S. 145.
[18] Hierzu s. Bock, BT 2, 2018, S. 145; Sinn, in: SK-StGB, 9. Aufl, 2019, § 250 Rn. 10; aus der Rspr. vgl. zuletzt BGH B. v. 28.08.2018 – 5 StR 50/17 – BGHSt 63, 187 = NJW 2018, 3192 = NStZ 2019, 169 = StV 2020, 451 (Anm. Müller/Eisenberg JR 2019, 46).
[19] Bock, BT 2, 2018, S. 146.

fährlichen Werkzeugs bzgl. dieser Normen[20] lässt sich demnach nicht auf § 250 II Nr. 1 übertragen, da sich die konkrete Verwendung in § 250 II Nr. 1 StGB (wie bei § 224 I Nr. 2 StGB, wovon der Gesetzgeber – bzgl. § 244 und 250 I StGB irrig – ausging) zur Definition und Subsumtion heranziehen lässt.[21] Ein gefährliches Werkzeug ist dann jeder Gegenstand, der (als Angriffs- oder Verteidigungsmittel) nach der Art seiner Verwendung im konkreten Fall geeignet ist, erhebliche Verletzungen zu verursachen.[22] Das bloße Drohen mit einer ungeladenen Waffe legt eine solche Eignung nicht an den Tag. Jedenfalls handelt es sich mangels gefährlichen Einsatzes um kein Verwenden i. S. d. § 250 II Nr. 1 StGB.[23]

Die räuberische Erpressung ist mithin nicht zu einer besonders schweren räuberischen Erpressung qualifiziert.

D. §§ 253, 255, 250 I Nr. 1 lit. a 2. Var., 25 II StGB
Es könnte sich aber um eine schwere räuberische Erpressung handeln.

K, W und H könnten in Gestalt der ungeladenen Schreckschusspistole ein gefährliches Werkzeug i. S. d § 250 I Nr. 1 lit. a 2. Var. StGB bei sich geführt haben. Anders als i. F. d. § 250 II Nr. 1 StGB lässt sich das gefährliche Werkzeug nicht unter Zuhilfenahme der konkreten Verwendung bestimmen, da lediglich das Beisichführen erforderlich ist, vgl. o. In diesen Fällen – s. auch § 244 I Nr. 1 lit. a StGB – ist die Auslegung umstritten.[24] Eine Orientierung an der Auslegung des Begriffs i. S. d. § 224 I Nr. 2 StGB (wie vom Gesetzgeber gedacht) muss ausscheiden: Bei § 224 I Nr. 2 StGB wird die Gefährlichkeit von der objektiven Beschaffenheit und der Art der Benutzung im konkreten Einzelfall abhängig gemacht, wohingegen bei § 250 I Nr. 1 lit. a 2. Var. StGB das Beisichführen ausreichend ist.[25]

Zur Vermeidung einer Ausuferung der Strafbarkeit haben sich in Rspr. und Literatur einige Restriktionsansätze herausgebildet.

Eine subjektivierende Auffassung[26] fordert einen Verwendungswillen wie bei § 244 I Nr. 1 lit. b StGB oder zumindest einen Verwendungsvorbehalt des Täters, da eine objektive Bestimmung der Gefährlichkeit des Werkzeugs nicht möglich sei.

Die Beschuldigten trugen die Gaspistole sehr wohl mit dem Willen bei sich, sie bei der Tat (zur Drohung) zu verwenden. Nach dieser Ansicht handelt es sich um ein gefährliches Werkzeug i. S. d. § 250 I Nr. 1. lit. a 2. Var. StGB.

---

[20] Hierzu zsf. Bock, BT 2, 2018, S. 150ff.; Hoyer, in: SK-StGB, 9. Aufl., 2019, § 244 Rn. 4ff.; aus der Rspr. vgl. zuletzt OLG Nürnberg U. v. 15.10.2018 – 1 OLG 8 Ss 183/18 (Seitenschneider) – StV 2020, 250; BGH B. v. 12.01.2021 – 1 StR 347/20 (Zimmermannshammer) – NStZ-RR 2021, 107.

[21] S. z. B. BGH B. v. 03.04.2002 – 1 ARs 5/02 – NStZ-RR 2002, 265 (265f.); Sander, in: MK-StGB, 4. Aufl. 2021, § 250 Rn. 57, 60ff.; vgl. auch zsf. (aber krit. und mit eigenem Ansatz) Fischer, StGB, 70. Aufl. 2023, § 250 Rn. 13ff.

[22] Bock, BT 1, 2018, S. 128.

[23] A. A. vertretbar.

[24] S. o.

[25] Fischer, StGB, 70. Aufl. 2023, § 244 Rn. 14f.

[26] Kasiske HRRS 2008, 378.

Die wohl herrschende Lehre zieht objektive Abgrenzungskriterien zur Unterscheidung des gefährlichen Werkzeugs i. S. d. § 250 I Nr. 1 lit. a 2. Var. StGB von der Waffe und dem sonstigen Werkzeug heran.[27] Danach muss das Werkzeug typischerweise und erfahrungsgemäß geeignet sein, erhebliche Verletzungen herbeizuführen.[28]

Dabei herrscht wiederum Uneinigkeit, wo die objektive Grenze zu ziehen ist.

Nach einer sehr restriktiven Ansicht ist eine Sache ein gefährliches Werkzeug, wenn sie nicht frei verfügbar ist, sie also einem gesetzlichen Verbot unterliegt.[29] Ebenfalls sehr restriktiv geht die Ansicht vor, nach der der Gegenstand in dem Sinne waffenähnlich sein muss, dass er in der konkreten Situation praktisch nur als Angriffs- oder Verteidigungsmittel eingesetzt werden kann.[30] Dies dürfte sich bzgl. der Gaspistole sagen lassen.

Von anderer Seite wird auf die Waffenersatzfunktion des Gegenstands abgestellt.[31] Dabei entfalle die waffenähnliche Gefährlichkeit bei neutraler Gebrauchsfunktion, also insbesondere bei Alltagsgegenständen, die sozialtypisch mitgeführt werden.[32]

Eine sehr weit verbreitete Auffassung verlangt eine waffenähnliche Beschaffenheit des Werkzeuges, es müsste ein objektiver Dritter in der konkreten Situation zu dem Schluss kommen, dass der Gegenstand nur als Angriffs- oder Verteidigungsmittel mitgeführt wird.[33]

Insgesamt lässt sich ungeachtet der terminologischen Unterschiede die Waffenersatzfunktion bejahen.

In der Rspr. werden sowohl subjektive als auch objektive Ansätze vertreten.[34]

Der BGH hat sich zuletzt der objektiven Begriffsbestimmung zugewandt[35] und dabei anerkannt, dass aufgrund der missglückten Fassung des Tatbestands eine Restriktion stets nur durch Einzelfallentscheidungen möglich ist.[36] Allerdings haben die Täter hier nach objektiven und subjektiven Ansätzen ein gefährliches Werkzeug bei sich geführt, sodass auch die Rspr. zu keinem anderen Ergebnis käme. Somit han-

---

[27] Fischer, StGB, 70. Aufl. 2023, § 244 Rn. 20.
[28] Schmitz, in: MK-StGB, 4. Aufl. 2021, § 244 Rn. 14.
[29] Lesch JA 1999, 365 (375).
[30] Eisele, BT II, 6. Aufl. 2021, Rn. 198; Bosch, in: Schönke/Schröder, 30. Aufl. 2019, § 244 Rn. 5a.
[31] Wittig, in: BeckOK-StGB, Stand 01.11.2022, § 244 Rn. 8.
[32] Schmitz, in: MK-StGB, 4. Aufl. 2021, § 244 Rn. 14, 19.; Fischer, StGB, 70. Aufl. 2023, § 244 Rn 23.
[33] Schmitz, in: MK-StGB, 4. Aufl. 2021, § 244 Rn. 17ff.; Bosch, in Schönke/Schröder, 30. Aufl. 2019, § 244 Rn. 5a.
[34] Nachweise bei Fischer, StGB, 70. Aufl. 2023, § 244 Rn. 19ff.; Kasiske HRRS 2008, 378 (378f.).
[35] BGH B. v. 03.06.2008 – 3 StR 246/07 – BGHSt 52, 257 = NJW 2008, 2861 = NStZ 2008, 512 = StV 2008, 411 (Anm. Jahn JuS 2008, 835; Deiters ZJS 2008, 424; LL 2008, 739; RÜ 2008, 577; RA 2008, 508; Mitsch NJW 2008, 2865; Kasiske HRRS 2008, 378; Geppert JK 2009 StGB § 244 I Nr. 1 a/4; Foth NStZ 2009, 93; Peglau JR 2009, 162); vgl. auch die Darstellung zur Entwicklung der Ansichten zwischen den Senaten bei Kasiske HRRS 2008, 378 (379).
[36] BGH B. v. 03.06.2008 – 3 StR 246/07 – BGHSt 52, 257 (269).

delt es sich bei der Schreckschusspistole um ein gefährliches Werkzeug i. S. d. § 250 I Nr. 1 lit. a 2. Var. StGB.[37]

Die ungeladene Gaspistole könnte ferner sonst ein Werkzeug oder Mittel i. S. d. § 250 I Nr. 1 lit. b StGB[38] sein, welche K, W und H bei sich geführt haben. Sie taten dies, um den Widerstand einer anderen Person (hier der Marktleiter) durch Drohung mit Gewalt (s. o.) zu verhindern oder zu überwinden. Allerdings schließen sich Nr. 1 lit. a und Nr. 1 lit. b aus („sonst") und lit. a hat Vorrang.[39]

Fraglich ist wiederum, ob alle drei Täter das gefährliche Werkzeug bei sich geführt haben. Lebensnah dürfte es sein, dass nur einer von ihnen die Schreckschusspistole trug und damit drohte. Den jeweils anderen beiden könnte dies aber gem. § 25 II StGB zuzurechnen sein.

Mittäterschaft setzt eine Verabredung zur arbeitsteilig auf vergleichbarer Augenhöhe begangenen Tat mit wesentlichen Tatbeiträgen voraus.[40]

Vom Einigsein über eine gleichberechtigte Partnerschaft, Rollenverteilung und gegenseitige Abhängigkeit ist angesichts der Formulierungen im Sachverhalt auszugehen. Alle drei waren an der Tatbeute beteiligt und im Supermarkt anwesend, sodass es weder auf die allgemeine Kontroverse bzgl. der objektiven oder subjektiven Abgrenzung von Täterschaft und Teilnahme[41] ankommt noch auf die spezifische Abgrenzung von Mittäterschaft und Beihilfe.[42]

An der die Verabredung erfüllenden Erbringung eines wesentlichen Tatbeitrags besteht angesichts der realisierten Mitwirkung von K, W und H kein Zweifel.

Aufgrund der wechselseitigen Zurechnung gem. § 25 II StGB spielt es mithin keine Rolle, wer genau die Schreckschusswaffe in der Hand hielt.

Für die Annahme einer Bande i. S. d. § 250 I Nr. 2 StGB durch Zusammenschluss von K, W und H ist im Sachverhalt nichts ersichtlich: Zwar waren zwischen I, K und Z Gespräche zum Begehen von (wohl mehreren) Raubüberfällen geführt worden, jedenfalls im Hinblick auf K, W und H liegt aber nur ein Zusammenschluss bzgl. der konkreten Tat am 31.01.2020 vor.

K, W und H haben sich wegen schwerer räuberischer Erpressung strafbar gemacht, indem sie den Supermarkt überfielen.

E. § 239a I StGB

K, W und H könnten sich wegen erpresserischen Menschenraubes gem. § 239a I StGB strafbar gemacht haben, indem sie den Marktleiter überfielen.

---

[37] A. A. vertretbar.
[38] Hierzu etwa Eisele, BT II, 6. Aufl. 2021, Rn. 349ff.
[39] Fischer, StGB, 70. Aufl. 2023, § 250 Rn. 30.
[40] Zsf. Hoyer, in: SK-StGB, 9. Aufl., 2017, § 25 Rn. 107ff.
[41] Allgemein zur Abgrenzung von Täterschaft und Hillenkamp/Cornelius, 32 Probleme aus dem Strafrecht, 16. Aufl. 2023, AT 19. Problem; aus der Rspr. vgl. zuletzt BGH U. v. 01.06.2022 – 1 StR 421/21 – NStZ-RR 2022, 339 = StV 2022, 723; BGH B. v. 08.06.2022 – 5 StR 168/22 – NStZ-RR 2022, 248; BGH B. v. 28.06.2022 – 3 StR 403/20 – NStZ-RR 2022, 343.
[42] Hierzu B. Heinrich, AT, 7. Aufl. 2022, Rn. 1226ff.

Dazu müssten sie zunächst einen anderen Menschen entführt oder sich dessen bemächtigt haben.

Entführen ist jedes Herbeiführen einer Ortsveränderung gegen oder ohne den Willen des Opfers, die zu einer hilflosen Lage führt, sodass das Opfer sich in der konkreten Situation dem ungehemmten Einfluss des Täters ausgeliefert sieht.[43] An einer solchen Ortsveränderung fehlt es.

Sie könnten sich des Marktleiters bemächtigt haben. Ein Sichbemächtigen liegt in jeder Erlangung physischer Gewalt über und gegen den Willen des Tatopfers.[44] Dabei ist umstritten, ob und wie in einem Zwei-Personen-Verhältnis der Tatbestand des § 239a I StGB eingeschränkt werden kann.[45]

Nach heutiger Rspr. und h. L. ist der Tatbestand insofern teleologisch zu reduzieren, als dass die Bemächtigung gegenüber der Erpressung eine eigenständige Bedeutung haben muss. Dafür ist erforderlich, dass Bemächtigungs- und Erpressungsakt nicht zusammenfallen, der Täter also eine selbstständige, dauerhaft stabile Zwischenlage als Ausgangspunkt für einen oder mehrere weitere, darauf aufbauende Erpressungsakte geschaffen hat. Mithin muss ein funktionaler Zusammenhang bestehen, d. h. der Täter muss beabsichtigen, die durch das Sichbemächtigen für das Opfer geschaffene Lage zu weiteren qualifizierten Drohungen auszunutzen (unvollkommen zweiaktiges Delikt).[46]

Ohne eine solche Restriktion würde dies zur sachwidrigen Erfassung von „Normalfällen" der Erpressung und Vergewaltigung und zu einer Erhöhung der Mindeststrafe für Fälle, die nur im Vorfeld der §§ 253, 255 StGB liegen, führen. Außerdem träten andernfalls Delikte der Kerntatbestände der §§ 255, 177 StGB in zweiter Reihe hinter § 239a StGB zurück. Aufgrund des frühen Vollendungszeitpunkts des § 239a StGB würde man dem Täter zudem die Möglichkeit des Rücktritts abschneiden, sodass nur noch ein geringer Anreiz für eine freiwillige Abstandnahme verbliebe.

Von einer stabilen Zwischenlage kann vorliegend keine Rede sein. Bereits der objektive Tatbestand ist mithin nicht erfüllt.

K, W und H haben sich nicht wegen erpresserischen Menschenraubes gem. § 239a I StGB strafbar gemacht, indem sie den Marktleiter überfielen.

F. § 239b I StGB

Auch § 239b I StGB scheitert an der Tatbestandsreduktion in Zwei-Personen-Verhältnissen.

---

[43] Bock, BT 2, 2018, S. 667; aus der Rspr. vgl. zuletzt BGH U. v. 05.03.2003 – 2 StR 494/02 – NStZ 2003, 604 (Anm. RA 2003, 777).
[44] Bock, BT 2, 2018, S. 668; Wolters, in: SK-StGB, 9. Aufl., 2017, § 239a Rn. 4; aus der Rspr. vgl. zuletzt BGH U. v. 28.04.2021 – 2 StR 223/20 (Anm. Jäger JA 2022, 342; RÜ 2022, 102).
[45] Hierzu Bock, BT 2, 2018, S. 671ff.; Wolters, in: SK-StGB, 9. Aufl., 2017, § 239a Rn. 7; aus der Rspr. vgl. zuletzt BGH U. v. 28.04.2021 – 2 StR 223/20 (Anm. Jäger JA 2022, 342; RÜ 2022, 102).
[46] Eisele, BT II, 6. Aufl. 2021, Rn. 825ff.; Eisele, in: Schönke/Schröder, 30. Aufl. 2019, § 239a Rn. 13b.

G. § 234 StGB
Auch eine Strafbarkeit wegen Menschenraubs scheidet mangels Sichbemächtigens aus.

H. § 123 I StGB
K, W und H könnten sich wegen Hausfriedensbruchs strafbar gemacht haben, indem sie den Supermarkt zum Zweck der räuberischen Erpressung betraten.

I. Tatbestand

1. Objektiver Tatbestand
Als Schutzobjekt kommt hier ein Geschäftsraum in Betracht. Geschäftsräume sind abgeschlossene Betriebs- oder Verkaufsstätten, die hauptsächlich für eine gewisse Zeit oder dauernd gewerblichen, geschäftlichen, beruflichen, künstlerischen oder wissenschaftlichen Zwecken dienen.[47] Der Supermarkt ist also ein taugliches Schutzobjekt i. S. e. Geschäftsraums.

Sie müssten den Supermarkt ohne oder gegen den Willen des Berechtigten betreten haben, also eingedrungen sein.

Bei einem Supermarkt handelt es sich um einen Geschäftsraum mit genereller Zutrittserlaubnis. Es ist umstritten, wie der Missbrauch einer generellen Zutrittserlaubnis zu behandeln ist.[48] Allerdings herrscht Einigkeit darüber, dass jedenfalls ein Betreten außerhalb der Öffnungszeiten nicht von einer Zutrittserlaubnis gedeckt ist, sodass ein Eindringen zu bejahen ist.

2. Subjektiver Tatbestand
K, W und H handelten vorsätzlich.

II. Rechtswidrigkeit, Schuld
K, W und H handelten rechtswidrig und schuldhaft.

III. Ergebnis
K, W und H haben sich wegen Hausfriedensbruchs strafbar gemacht, indem sie den Supermarkt zum Zweck der räuberischen Erpressung betraten.

Zum Strafantragserfordernis s. § 123 II StGB.

J. §§ 240 I, II sowie 241 II StGB
Eine Nötigung tritt hinter den schweren Raub in Spezialität, eine Bedrohung in materieller Subsidiarität zurück.

---

[47] Bock, BT I, 2018, S. 314; aus der Rspr. vgl. RG U. v. 16.11.1899 – 3175/99 – RGSt 32, 371; BayObLG U. v. 22.01.1965 – RReg. 3 b St 134 ab/64; OLG Köln U. v. 14.07.1982 – 3 Ss 378/82 – NJW 1982, 2740 = StV 1982, 471 (Anm. Bernsmann StV 1982, 578).).

[48] Hierzu zsf. Bock, BT I, 2018, S. 322f.; Hillenkamp/Cornelius, 40 Probleme aus dem Strafrecht BT, 13. Aufl. 2020, 9. Problem; aus der Rspr. vgl. zuletzt OLG Jena U. v. 13.01.2006 – 1 Ss 296/05 – NJW 2006, 1892.

2. Unterabschnitt: Geschehen am 29.01.2020

Eine Strafbarkeit an diesem Tage scheitert daran, dass K und W das (straflose) Vorbereitungsstadium nicht verlassen haben, als sie sich in der Zeit verschätzten und unverrichteter Dinge wieder nach Hause fuhren. Den Angaben im Sachverhalt sind keine Umstände zu entnehmen, die für ein unmittelbares Ansetzen i. S. d. § 22 StGB ausreichen.

Eine Strafbarkeit nach den §§ 253, 255, 250, 30 StGB träte jedenfalls in Gesetzeskonkurrenz (Subsidiarität)[49] hinter die täterschaftliche Tatbestandsverwirklichung zurück.[50]

Auf die Frage eines Rücktritts nach § 31 I Nr. 3 StGB – gemeinsames Aufgeben aller tätigen Verabredeten als Tatverhinderung – (mit der Schwierigkeit, einen endgültigen Rücktritt von der Tat von einem bloßen zeitlichen Aufschub abzugrenzen und dem Problem der Freiwilligkeit) kommt es nicht mehr an.

H wurde am 29.01.2020 überhaupt nicht aktiv.

3. Abschnitt: Strafbarkeit des I[51]

A. §§ 253, 255, 25 II StGB

I könnte sich wegen der am 31.01.2020 begangenen räuberischen Erpressung in Mittäterschaft strafbar gemacht haben, indem er den Überfall auf den Supermarkt mit plante.

I. Tatbestand

1. Objektiver Tatbestand

I wurde nicht selbst im Supermarkt tätig.

Ihm könnte aber das Handeln von K, W und H gem. § 25 II StGB zuzurechnen sein.

Fraglich ist, ob er einen für eine „gemeinschaftliche" Begehung hinreichenden Tatbeitrag erbracht hat.[52] Die Anforderungen hieran sind schon grundsätzlich umstritten.[53] Problematisch ist ferner, dass I am Tattag verhindert war und von der konkreten Tatbegehung und der Mitwirkung des K und des H nichts wusste.

Nach z. T. vertretener Auffassung[54] wird eine wesentliche Mitwirkung im Ausführungsstadium vorausgesetzt, an der es vorliegend mangelt.

Die wohl h. L.[55] verlangt auch einen objektiv wesentlichen Tatbeitrag, lässt aber auch Mitwirkungen im Vorbereitungsstadium genügen, wenn diese das Be-

---

[49] Fischer, StGB, 70. Aufl. 2023, § 30 Rn. 27.
[50] Daher auch die Durchbrechung der Chronologie im Prüfungsaufbau.
[51] Bzgl. I keine Trennung nach Tagen, da er am 31.01.2020 nicht handelte.
[52] Vorziehen der Tatbeitragsfrage, da vergleichsweise unproblematisch. Andere Handhabung vertretbar.
[53] S. schon o., ferner etwa Fischer, StGB, 70. Aufl. 2023, § 25 Rn. 31ff.
[54] Etwa Puppe, AT, 5. Aufl. 2022, § 23 Rn. 7ff.; Roxin JA 1979, 519 (522f.).
[55] S. nur B. Heinrich, AT, 7. Aufl. 2022, Rn. 1228.

teiligungsminus aufgrund ihrer Bedeutsamkeit ausgleichen. I führte „Regie" und fungierte (bis zum Eintritt des K) als „planender Kopf", sodass er grundsätzlich angesichts dieser Funktion als Mittäter in Betracht kommt.

Auch nach der Rspr.[56] wäre dies der Fall; nach ihr genügt jeder vom gemeinsamen Tatentschluss (Täterwillen) getragener Tatbeitrag, auch geringfügigste Mitwirkungen im Vorbereitungsstadium, sowie rein geistige.[57] Insoweit gilt: Ob ein Tatbeteiligter eine Tat als Täter begeht, ist in wertender Betrachtung nach den gesamten Umständen, die von seiner Vorstellung umfasst sind, zu beurteilen. Wesentliche Anhaltspunkte können der Grad des eigenen Interesses am Erfolg der Tat, der Umfang der Tatbeteiligung, die Tatherrschaft oder wenigstens der Wille zur Tatherrschaft sein, sodass Durchführung und Ausgang der Tat maßgeblich auch vom Willen des Betreffenden abhängen; die Annahme von Mittäterschaft erfordert nicht zwingend auch eine Mitwirkung am Kerngeschehen. Für eine Tatbeteiligung als Mittäter reicht ein auf der Grundlage gemeinsamen Wollens die Tatbestandsverwirklichung fördernder Beitrag aus, der sich auf eine Vorbereitungs- oder Unterstützungshandlung beschränken kann.[58]

Erforderlich ist aber auch eine Verabredung zur arbeitsteiligen Tat, sog. gemeinschaftlicher Tatentschluss (bzw. Entschluss zur gemeinschaftlichen Tat).[59]

Dies meint ein Einigsein über eine gleichberechtigte Partnerschaft, Rollenverteilung und gegenseitige Abhängigkeit. Im Übrigen muss die Ausführung in hinreichendem Maße kongruent mit dem Verabredeten sein.

Problematisch erscheint, dass K, W und H beschlossen, den Plan des I in dessen Unkenntnis zu nutzen und auch die Rollen neu zu verteilen. Von der sodann begangenen Tat wusste I nichts, er wollte sie auch nicht, erst recht nicht mit Austausch seiner Rolle: Die ausgeführte Tat wich mithin wesentlich ebenso von der Vorstellung des I wie vom gemeinsamen Tatplan ab: Die Tat wurde absprachewidrig zu einem anderen Zeitpunkt in anderer Besetzung mit anderer Rollenverteilung der Ausführenden begangen. Darüber hinaus hatte I weder Kenntnis von der Tatbegehung noch rechnete er auch nur damit; er ging vielmehr davon aus, dass sein Tatbeitrag noch nicht ausreiche und der Tatplan nicht ohne weitere Mitwirkungshandlungen seinerseits verwirklicht werde. Er hatte die Tatausführung noch nicht aus den Händen gegeben. Die konkrete Tat entsprach auch nicht dem Willen des I. Vielmehr wollte er auch im Ausführungsstadium mitwirken.[60] Dementsprechend stellte er, als er aus der Zeitung erfahren hatte, dass „sein" Überfall ohne seine Beteiligung ausgeführt worden war, seine Bekannten zur Rede und rächte sich an ihnen.

Hierbei kann es letztlich dahinstehen, ob bereits der objektive Tatbeitrag des I sein hinreichendes Gewicht bei der Realisierung der Tat verloren hat oder ob es sich um einen Exzess der K, W und H handelte und es insofern an der Voraussetzung der Kongruenz fehlte.

---

[56] S. nur BGH B. v. 02.07.2008 – 1 StR 174/08 – NStZ 2009, 25 (26).
[57] Zsf. zur Rspr. Fischer, StGB, 70. Aufl. 2023, § 25 Rn. 32f.
[58] So BGH B. v. 02.07.2008 – 1 StR 174/08 – NStZ 2009, 25 (26).
[59] S. nur Wessels/Beulke/Satzger, AT, 52. Aufl. 2022, Rn. 815ff.
[60] S. BGH B. v. 02.07.2008 – 1 StR 174/08 – NStZ 2009, 25 (26).

2. Zwischenergebnis
Eine Zurechnung der Tatbestandsverwirklichung von K, W und H zu I scheidet aus.

II. Ergebnis
I hat sich nicht wegen räuberischer Erpressung in Mittäterschaft strafbar gemacht, indem er den Überfall auf den Supermarkt mit plante.

B. §§ 253, 255, 26 sowie §§ 253, 255, 27 StGB
Aus den bereits o. g. Erwägungen (insb. wesentliches Abweichen der Tatausführung von den vorherigen Planungen) scheiden jedenfalls mangels Vorsatzes sowohl Anstiftung als auch Beihilfe des I zu der am 31.01.2020 verwirklichten Tat aus, indem er den Überfall auf den Supermarkt mit plante.

C. §§ 253, 255, 30 II StGB
I könnte sich wegen versuchter Beteiligung an einer räuberischen Erpressung strafbar gemacht haben, indem er den Überfall auf den Supermarkt am 29.01.2020 mit plante.

Die räuberische Erpressung ist ein Verbrechen, s. § 12 I StGB.

Zu diesem könnte sich I i. S. d. § 30 II 3. Var. StGB mit einem anderen verabredet haben.

Dies verlangt eine ernstliche und konkretisierte Vereinbarung von mindestens zwei Beteiligten zur gemeinschaftlichen Begehung eines Verbrechens.[61] Nach dem ursprünglichen Tatplan müssten I, K, W und Z folglich Mittäter gewesen sein.

Zweifelhaft ist lediglich, ob I einen Tatbeitrag im konkreten Ausführungsstadium erbracht hätte, wenn man einen solchen verlangt (s. o.). Zum einen sollte er aber laut Sachverhalt das Fluchtfahrzeug steuern und „Regie" führen; zum anderen ist die Auffassung, die einen Tatbeitrag im Ausführungsstadium fordert, ohnehin mit der h. M. abzulehnen: Gegen sie spricht insbesondere, dass der Bandenchef bzw. der Planungsleiter, der sich lediglich nicht die „Finger schmutzig macht" einen mindestens ebenso wichtigen Beitrag erbringt wie die unmittelbar Tätigen.

Ein Verabreden liegt mithin vor.

I handelte vorsätzlich, rechtswidrig und schuldhaft.

Fraglich ist, ob ein Rücktritt nach § 31 StGB vorliegt: Das gemeinsame Aufgeben am 29.01.2020 ist unter § 31 I Nr. 3 StGB zu fassen (s. o.). Für ein hinreichend konkretes Fortbestehen der Pläne an einem anderen Tag mangelt es an Angaben im Sachverhalt, sodass auch nicht von einem bloßen Aufschub der Tat bzw. einer erneuten Verabredung zu einer späteren Tat auszugehen ist.[62]

I hat sich nicht wegen versuchter Beteiligung an einer schweren räuberischen Erpressung strafbar gemacht, indem er den Überfall auf den Supermarkt mit plante.

---

[61] Fischer, StGB, 70. Aufl. 2023, § 30 Rn. 18; aus der Rspr. vgl. RG U. v. 24.09.1920 – IV 717/20 – RGSt 55, 87.
[62] A. A. (mit BGH B. v. 02.07.2008 – 1 StR 174/08 – NStZ 2009, 25) vertretbar.

2. Teil: Überfall auf Z[63]

1. Abschnitt: Strafbarkeit des I

A. §§ 249 I[64] (, 25 II[65]) StGB bzgl. ausgehändigtem Bargeld[66]

I könnte sich wegen Raubes strafbar gemacht haben, indem er Z überfiel und sich Geld aushändigen ließ.

Das Bargeld bestand aus fremden beweglichen Sachen.

Fraglich ist die Wegnahme angesichts eines möglichen Einverständnisses des Z in den Gewahrsamsübergang im Lichte des Aushändigens.

Nach der Konzeption der Rspr. – kein Voraussetzen einer Vermögensverfügung bei der räuberischen Erpressung, Abstellen auf das äußere Erscheinungsbild zur Abgrenzung von Raub und räuberischer Erpressung (s. o.) – läge angesichts des Aushändigens des Geldes durch Z kein Gewahrsamsbruch vor.

Die h. L. hingegen (s. o.) dürfte demgegenüber zu einer Wegnahme und damit ggf. zu einem Raub gelangen: Das Bargeld befand sich im Portemonnaie und wäre letztlich auch dann zugänglich gewesen, wenn sich Z geweigert hätte. Fraglich ist mithin, welcher Konzeption zu folgen ist.

Für die h. L. spricht zwar, dass man §§ 253, 255 StGB wie auch den Betrug als Selbstschädigungsdelikte ansehen kann, welche einen Handlungs- und Entscheidungsspielraum erfordern. Zudem wird auch im Rahmen des § 263 StGB die Vermögensverfügung als Tatbestandsmerkmal verlangt, obwohl sie in dessen Wortlaut ebenfalls nicht ausdrücklich normiert ist. Auch würde andernfalls die Straflosigkeit des *furtum usus* unterlaufen.

Für die Ansicht der Rspr. spricht zunächst der Gesetzeswortlaut, welcher keine Vermögensverfügung verlangt (anders auch als § 263 StGB, bei dem die Vermögensverfügung notwendiges Bindeglied zwischen Irrtum und Schaden ist). Eine Parallele zum Betrug ist zudem zweifelhaft, weil sich das Opfer gerade nicht freiwillig selbst schädigt, sondern – im Gegensatz zum Betrug – stets unter Zwang handelt. Der Ansicht der Rspr. kann freilich entgegengehalten werden, dass im Falle eines Spezialitätsverhältnisses § 249 StGB nahezu überflüssig wäre. Des Weiteren widerspricht diese Ansicht der Gesetzessystematik, nach der der Grundtatbestand stets vor der Qualifikation steht. Außerdem hängt es oft vom Zufall ab, ob das Opfer dem Täter die Sache selbst überreicht. Demgegenüber kann man der h. L. aber einen Mangel an Praktikabilität vorwerfen, da für den Beweis der Vermögensverfügung

---

[63] Nach BGH B. v. 16.09.2009 – 2 StR 259/09 – NStZ 2010, 33 und 81 = StV 2010, 307 (Anm. RÜ 2009, 779; RA 2009, 809; Satzger JK 2010 StGB § 251/9; Bosch JA 2010, 229).

[64] Eskalierender Aufbau (erst Prüfung des § 250 StGB und danach Prüfung des § 251 StGB), da Konkurrenzverhältnis zwischen §§ 250 und 251 StGB im Einzelnen strittig (s. Fischer, StGB, 70. Aufl. 2023, § 251 Rn. 12) und § 251 StGB ohnehin verneint wird, s. u.

[65] Zurechnungsfunktion des § 25 II StGB wird für I nicht benötigt, daher Nennung (erst recht Prüfung) entbehrlich.

[66] Kein Beginn der Prüfung mit dem Mord, da als Mordmerkmal Verdeckungsabsicht zu prüfen ist (Vermeidung einer Inzidentprüfung der Verdeckungstat); anderer Aufbau möglich.

stets die innere Willensrichtung des Opfers ermittelt werde müsste. Die Wesensverwandtschaft von Erpressung und Nötigung ist mindestens so groß wie die zwischen Erpressung und Betrug, da sich §§ 253, 240 StGB in Bezug auf Tathandlung und Abs. 2 ähneln. Würde man eine Vermögensverfügung fordern, käme als Gewaltmittel der Erpressung nur *vis compulsiva* in Betracht, da nur dann eine Willensbildung noch gegeben wäre. Dies hätte zur Folge, dass der Gewaltbegriff der Erpressung ein anderer wäre, als der des Raubes, was jedoch dem Willen des Gesetzgebers widerspricht. Außerdem entstünde eine Strafbarkeitslücke, wenn der Täter nur ein einfaches Nötigungsmittel und nicht ein solches des § 249 StGB anwendet, da § 253 StGB insofern geringere Voraussetzungen verlangt (vgl. aber immerhin die meist einschlägigen §§ 240, 223ff., 248b, 316a StGB). Gleiches gilt bei fehlender Zueignungsabsicht. Auch wird so eine Erfassung i. R. d. §§ 239a, 316a StGB möglich.

Eine Wegnahme ist abzulehnen.[67]

I hat sich nicht wegen Raubes strafbar gemacht, indem er Z überfiel und sich Geld aushändigen ließ.

B. §§ 253, 255 (, 25 II) StGB bzgl. ausgehändigtem Bargeld

I könnte sich wegen räuberischer Erpressung strafbar gemacht haben, indem er Z überfiel und sich Geld aushändigen ließ.

I. Tatbestand

1. Objektiver Tatbestand

a) Nötigungsmittel

Das Bedrohen des Z mit dem Messer ist eine Anwendung von Drohungen mit gegenwärtiger Gefahr für Leib oder Leben i. S. d. § 255 StGB, s. o.

Das Nehmen in den Schwitzkasten und die Messerstiche waren ferner zwar Gewalt gegen eine Person i. S. d. § 255 StGB; diesbezüglich fehlt es aber an der erforderlichen Kausalität für den Nötigungserfolg „Bargeld": Die Besitzübertragung am Bargeld war bereits abgeschlossen.[68]

b) Nötigungserfolg

Nach der vorzugswürdigen Konzeption der Rspr., s. o., liegt ein hinreichender Nötigungserfolg vor, eine Vermögensverfügung ist nicht erforderlich.

c) Vermögensnachteil

Im Verlust des Besitzes am Geld liegt auch eine nicht kompensierte Vermögensminderung und mithin ein Vermögensnachteil.

Forderungen, deren Erlöschen den Besitzverlust am Geld kompensieren könnten, bestanden objektiv nicht.

---

[67] A. A. vertretbar.
[68] Zum Kausalitätserfordernis etwa Bock, BT 2, 2018, S. 649; aus der Rspr. vgl. zuletzt BGH U. v. 08.05.2012 – 5 StR 528/11 – NStZ 2012, 688

2. Subjektiver Tatbestand
I müsste zunächst vorsätzlich gehandelt haben.

Problematisch ist jedoch der Vorsatz bzgl. eines Vermögensnachteils: Ausweislich des Sachverhalts überfiel I den Z, um seinen „Anteil" an dem Überfall auf den Supermarkt zu erlangen. In Frage käme dann eine (hier subjektiv wirkende) Kompensation,[69] wenn I bei der Tatausführung daran geglaubt hat, einen (rechtlich durchsetzbaren) Anspruch auf Herausgabe des Bargelds zu haben. Daraus, dass I handelte, *um seinen Anteil zu erlangen,* kann jedoch nicht ohne weiteres gefolgert werden, dass er ebenfalls der (auch bei laiengünstiger Betrachtung eher lebensfernen) Vorstellung unterlag, einen rechtlich durchsetzbaren Anspruch auf einen Anteil an einem Raubüberfall zu haben bzw. auf die Übergabe bestimmter Geldscheine aus dem Portemonnaie des Z.

Diese Erwägungen gelten auch bzgl. der Absicht, sich oder einen Dritten zu *Unrecht* zu bereichern.

II. Rechtswidrigkeit, Schuld
I handelte rechtswidrig und schuldhaft.

Insbesondere wird I sich nicht vorgestellt haben, sein Handeln sei durch Selbsthilfe (§ 229 BGB) gerechtfertigt, sodass weder ein sog. Erlaubnistatumstandsirrtum noch ein Verbotsirrtum gem. § 17 StGB in Betracht kommen.

III. Ergebnis
I hat sich wegen räuberischer Erpressung strafbar gemacht, indem er Z überfiel und sich Geld aushändigen ließ.

C. §§ 253, 255, 250 II Nr. 1 2. Var.[70] (, 25 II) StGB bzgl. ausgehändigtem Bargeld
Die räuberische Erpressung könnte zu einer besonders schweren gem. § 250 II StGB qualifiziert sein.

I könnte gem. § 250 II Nr. 1 2. Var. StGB ein gefährliches Werkzeug verwendet haben.

In der Tat bedrohte und erstach er den Z mit einem Messer. Ob das spätere Erstechen – bzgl. der Erlangung des Bargelds nach Vollendung, mithin im Beendigungsstadium – als Verwenden „bei der Tat" anzusehen ist (strittige sog. suk-

---

[69] Zur Frage einer Kompensation durch Erlöschen von Forderungen Bock, BT 2, 2018, S. 385; Hefendehl, in: MK-StGB, 4. Aufl. 2022, § 263 Rn. 731ff.; aus der Rspr. vgl. zuletzt BGH U. v. 11.11.2020 – 1 StR 328/19 – StV 2021, 697; BGH B. v. 08.06.2021 – 5 StR 481/20 – NStZ-RR 2021, 246 = StV 2021, 726.

[70] Eskalierender Aufbau (erst Prüfung des § 250 StGB und danach Prüfung des § 251 StGB), da Konkurrenzverhältnis zwischen §§ 250 und 251 StGB im Einzelnen strittig (s. Fischer, StGB, 70. Aufl. 2023, § 251 Rn. 12); außerdem wird § 251 StGB ohnehin verneint, s. u.

zessive Qualifikation[71]) kann dahinstehen, wenn bereits das Bedrohen mit dem Messer als Verwendung ausreicht. Dies aber ist anerkannt.[72]

I könnte auch § 250 II Nr. 3 lit. a StGB verwirklicht haben, und zwar durch die späteren Messerstiche. Eine körperlich schwere Misshandlung setzt eine schwere Beeinträchtigung der körperlichen Integrität mit erheblichen Folgen für die Gesundheit oder erheblichen Schmerzen voraus, wohingegen ein Eintritt der in § 226 I StGB genannten Folgen nicht erforderlich ist.[73] Dies kommt angesichts der Stiche und Schnitte in den Mundbodenbereich und Hals des Z durchaus in Betracht. Allerdings wäre Voraussetzung, dass auch eine sukzessive Qualifikation existiert (s. o.), sodass die oben offengelassene Frage hier zu entscheiden ist.

Fraglich ist also, ob auch Misshandlungen, die – wie hier, s. o. – nach Vollendung des Nötigungserfolgs (aber vor Beendigung) stattfinden, die räuberische Erpressung (das Problem gilt aber auch für den Raub) nach § 250 II Nr. 3 lit. a StGB qualifizieren können.

Die neuere Rspr.[74] nimmt dies (nur noch) dann an, wenn die Misshandlungen weiterhin von Zueignungs- oder Bereicherungsabsicht getragen sind, insbesondere der Beutesicherung oder der Erlangung weiterer Beute dienen. Hiervon ist bei I vorliegend auszugehen.[75]

Die Gegenauffassung (wohl h. L.) lehnt sukzessive Qualifikationen generell ab und verlangt folglich bzgl. § 250 II Nr. 3 lit. a StGB eine Misshandlung zwischen Versuchsbeginn und Eintritt der Vollendung.[76]

Die Rspr. geht mit ihrer subjektiven Restriktion einen Schritt in die richtige Richtung, greift aber zu kurz.[77] Immerhin verengt die Rspr. den Anwendungsbereich des § 250 II Nr. 3 StGB dahingehend, dass sie anerkennt, dass ein schlichter räumlich-zeitlicher Zusammenhang zwischen einer – vollendeten – räuberischen Erpressung und einer unmittelbar nachfolgenden schweren Misshandlung für die Annahme des Tatbestandsmerkmals „bei der Tat" i. S. des § 250 II Nr. 3 lit. a StGB nicht genügt.

Dies begründet die Rspr. (zu Recht) durch die Gesetzessystematik: Da Raub und räuberische Erpressung durch die finale Verknüpfung von Nötigungshandlung und Wegnahme bzw. Nötigungserfolg geprägt sind, bezieht sich das Merkmal „bei der Tat" auf eben diese Verknüpfung.

---

[71] Zum Problem der sog. sukzessiven Qualifikation bzgl. § 250 StGB Bock, BT 2, 2018, S. 609ff.; aus der Rspr. vgl. zuletzt BGH B. v. 29.08.2019 – 2 StR 85/19 – NStZ 2020, 355 (Anm. RÜ 2020, 26).
[72] S. nur Fischer, StGB, 70. Aufl. 2023, § 250 Rn. 18.
[73] Bock, BT 2, 2018, S. 613; aus der Rspr. vgl. zuletzt BGH U. v. 07.11.2018 – 5 StR 241/18 – NStZ-RR 2019, 77 (Anm. RÜ 2019, 176).
[74] S. zu § 250 II Nr. 3 lit. a StGB zuletzt BGH U. v. 03.03.2021 – 2 StR 170/20 – NStZ-RR 2021, 245 = StV 2022, 18 (Anm. LL 2021, 742; famos 2/2022).
[75] A. A. aufgrund des neuen Motivs (Tresor) vertretbar.
[76] Habetha NJW 2010, 3133.
[77] S. auch Lackner/Kühl, 29. Aufl. 2019, § 250 Rn. 4.

Hierfür spricht auch die Regelung des räuberischen Diebstahls gem. § 252 StGB, wonach der auf frischer Tat betroffene Dieb nur dann gleich einem Räuber – mit den entsprechenden Qualifikationen – bestraft werden kann, wenn er die Gewalt einsetzt, um sich im Besitz der Beute zu erhalten. Zwar findet § 252 StGB bereits ausweislich seines Wortlauts „bei einem Diebstahl" keine Anwendung auf eine (räuberische) Erpressung;[78] jedoch ist § 250 II Nr. 3 StGB schon ausweislich des Wortlauts des § 255 StGB (gleich einem Räuber) auch im Fall der §§ 253, 255 StGB so auszulegen wie im Fall einer Anwendung über § 249 StGB.

Trotz dieser Erwägungen soll dennoch nach der Rspr. eine Anwendung von § 250 II Nr. 3 StGB als sukzessive Qualifikation möglich sein, sofern die Misshandlungen weiterhin von Zueignungs- oder Bereicherungsabsicht getragen sind. Diese Rspr. kann nicht überzeugen.

Zuzustimmen ist daher der h. L., und zwar in ihrer bereits generellen Ablehnung sukzessiver Qualifikationen.[79] Zu dem Obenstehenden treten insbesondere folgende Erwägungen hinzu:

Auch in den anderen Qualifikationstatbeständen spricht der Wortlaut, etwa „durch die Tat" (§ 250 I Nr. 1 lit. c, II Nr. 3 lit. b StGB) bzw. „durch den Raub" (§ 251 StGB) gegen eine zeitliche Extension in die Beendigungsphase. „Durch die Tat/den Raub" bedeutet gerade nicht (nur) „gelegentlich" der Tat.

Qualifizierte Gewalt oder Drohung müssen gerade Mittel zur Wegnahme oder Herbeiführung des Nötigungserfolgs sein, d. h. nicht nur gelegentlich der Tat verübt werden.

Daher ist es erforderlich, dass die Nötigung der Wegnahme bzw. dem abgenötigten Verhalten zeitlich vorausgeht und somit gerade der tatbestandsmäßigen Nötigungshandlung (durch Drohung oder Gewaltanwendung) dient. Anderenfalls kann sonst zwischen den Schlägen und der bereits zuvor vollendeten Wegnahme auch keine Finalität vorliegen. Die Rspr. vernachlässigt mithin den Finalzusammenhang.

Und auch nur dann wird durch den Täter eine den Grunddelikten immanente tatbestandsspezifische Gefahr begründet, die den Unrechtsgehalt des Grunddelikts in einer Weise erhöht, sodass die erhebliche Strafschärfung als angemessen erscheint. Denn die Strafschärfung der §§ 250, 251 StGB ist durchaus beträchtlich und spricht schon für sich genommen für eine besonders restriktive Auslegung: Der hier in Rede stehende § 250 II Nr. 3 lit. a StGB weist gegenüber den als Vergleichsmaßstab heranzuziehenden Strafbestimmungen der §§ 224 und 226 StGB eine deutlich angehobene Strafrahmenuntergrenze auf. Das bloße Übergehen zur schweren körperlichen Misshandlung nur bei Gelegenheit eines bereits vollendeten Raubes vermag diese signifikante Anhebung der Mindeststrafe nicht zu rechtfertigen.

Im Übrigen gilt: mit dem zusätzlichen Erfordernis, die den Qualifikationstatbestand verwirklichende Handlung in der Beendigungsphase müsse (noch) von Zueignungsabsicht (§ 249 I StGB) bzw. von Bereicherungsabsicht (§ 255 StGB) ge-

---

[78] Ganz h. M., hierzu Eisele, BT II, 6. Aufl. 2021, Rn. 401; aus der Rspr. vgl. BGH B. v. 24.02.2005 – 1 StR 23/05 – NStZ 2005, 387.
[79] Zum Folgenden Habetha NJW 2010, 3133 (3135f.).

tragen sein, ergänzt der BGH die Beendigungsdoktrin um das zentrale subjektive Tatbestandsmerkmal des räuberischen Diebstahls („um sich im Besitz des gestohlenen Gutes zu halten").

Der Beendigungsbegriff ist zudem inhaltlich unscharf und deshalb in der Praxis zu einer hinreichend sicheren Abgrenzung wenig geeignet. Maßgeblicher Anknüpfungspunkt der Qualifikation ist darüber hinaus das tatbestandlich vertypte Unrecht; eben dieses ist jedoch im Zeitpunkt der Vollendung des Grunddelikts bereits vollständig abgeschlossen. Der Einsatz eines Nötigungsmittels zur Flucht oder nur in zeitlichem Zusammenhang mit dem Grunddelikt erscheint auch wenig tatbestandsspezifisch. Die Beendigungsphase liegt letztlich wie die Vorbereitungsphase gleichermaßen außerhalb des Grundtatbestands.

I hat § 250 II Nr. 3 lit. a StGB nicht erfüllt.[80] Aus gleichen Gründen scheitert auch § 250 II Nr. 3 lit. b StGB.[81]

Auf § 250 I StGB kommt es angesichts der Verwirklichung des § 250 II Nr. 1 StGB nicht mehr an: § 250 I StGB tritt im Wege der Gesetzeskonkurrenz (materielle Subsidiarität) hinter § 250 II StGB zurück.[82]

I hat sich wegen besonders schwerer räuberischer Erpressung strafbar gemacht, indem er Z überfiel, ihn mit einem Messer bedrohte und sich Geld aushändigen ließ.

D. §§ 253, 255, 251 StGB bzgl. ausgehändigtem Bargeld

Die räuberische Erpressung des I könnte auch zu einer solchen mit Todesfolge erfolgsqualifiziert sein.

Z ist tot, sodass die sog. schwere Folge eingetreten ist, wofür I auch kausal war.

Der Tod müsste gem. § 251 StGB „durch den Raub" verursacht worden sein (bzw. bei § 255 StGB durch die räuberische Erpressung). Dies verlangt neben Kausalität auch den sog. Zurechnungszusammenhang (Unmittelbarkeits-, Risiko-, Gefahrverwirklichungszusammenhang).[83]

Wiederum stellt sich allerdings das Problem der sukzessiven Qualifikation (s. o.), die mit oben gegebener Begründung entgegen der Rspr.[84] auch in Bezug auf § 251 StGB abzulehnen ist.[85]

---

[80] A. A. vertretbar.
[81] A. A. vertretbar.
[82] Fischer, StGB, 70. Aufl. 2023, § 250 Rn. 30.
[83] Hierzu allgemein B. Heinrich, AT, 7. Aufl. 2022, Rn. 181; speziell zu § 251 SGB Fischer, StGB, 70. Aufl. 2023, § 251 Rn. 6.
[84] Zur sukzessiven Verwirklichung des § 251 StGB zuletzt BGH B. v. 12.08.2021 – 3 StR 441/20 (Zschäpe/NSU) – NJW 2021, 2896 = NStZ 2021, 663 = StV 2022, 108 (Anm. famos 12/2021; Valerius NJW 2021, 2851; Fahl NStZ 2021, 667; Roxin JR 2021, 650; Kusche JuS 2022, 1013; Schlösser NStZ 2022, 335; Arnold StV 2022, 108).
[85] A. A. vertretbar.

E. §§ 253, 255, 250, 22, 23 StGB bzgl. Tresorinhalt[86]

I könnte sich wegen versuchter schwerer räuberischer Erpressung strafbar gemacht haben, indem er Z in den „Schwitzkasten" nahm, seinen um den Hals gelegten Arm fest anzog und mehrfach in den Mundbodenbereich und Hals des Z stach und schnitt, damit dieser den Tresor öffne.

I. Sog. „Vorprüfung": Nichtvollendung, Strafbarkeit des Versuchs

I ist hinsichtlich des Tresorinhalts nicht wegen Vollendung strafbar, der Nötigungserfolg ist insofern ausgeblieben.

Der Versuch ist gem. §§ 12, 23 I StGB strafbar.

II. Tatbestand

1. Vorstellung von der Verwirklichung des Tatbestands (sog. Tatentschluss, subjektiver Tatbestand)

I hatte sog. Tatentschluss bzgl. Gewalt und Drohung nach § 255 StGB. Auch erstrebte er eine Herausgabe des Tresorinhalts, mithin einen tauglichen Nötigungserfolg (vgl. o.) sowie einen Vermögensnachteil.

Er hatte auch Vorsatz hinsichtlich des qualifizierenden Merkmals nach § 250 II Nr. 1 und Nr. 3 lit. a StGB (vgl. o.).

Die spätere Tötungshandlung scheidet als bloß sukzessive Qualifikation wiederum aus (s. o.), sodass ein Tatentschluss bzgl. § 250 II Nr. 3 lit. b StGB nicht gegeben ist.

I handelte auch in der Absicht, sich zu Unrecht zu bereichern.

2. Unmittelbares Ansetzen

I müsste zur Tat i. S. d. § 22 StGB unmittelbar angesetzt haben.

Dies liegt hier darin, dass I im Zusammenwirken mit A den Z bereits bedrohte, also bereits ein Tatbestandsmerkmal objektiv verwirklicht hat.[87]

III. Rechtswidrigkeit, Schuld, Rücktritt

I handelte rechtswidrig und schuldhaft.

Ein Rücktritt nach § 24 StGB liegt nicht vor; I erkannte vielmehr die Unmöglichkeit der Erfolgsherbeiführung, sodass ein Fehlschlag eingetreten war, wobei dahinstehen kann, ob es an der Freiwilligkeit fehlt oder ob ein eigenständiges Institut des (nicht rücktrittsfähigen) fehlgeschlagenen Versuchs existiert.

IV. Ergebnis

I hat sich wegen versuchter schwerer räuberischer Erpressung strafbar gemacht, indem er Z in den „Schwitzkasten" nahm, seinen um den Hals gelegten Arm fest

---

[86] Prüfung, obwohl vorher Bejahung einer vollendeten schweren räuberischen Erpressung (am Bargeld), da neues (erstrebtes) Tatobjekt, außerdem Bejahung des § 250 II Nr. 3 lit. a StGB, s. u.

[87] Zur Indizfunktion eines bereits objektiv verwirklichten Tatbestandsmerkmals Joecks/Jäger, StGB, 13. Aufl. 2021, § 22 Rn. 20.

anzog und mehrfach in den Mundbodenbereich und Hals des Z stach und schnitt, damit dieser den Tresor öffne.

Dieser Versuch tritt auch nicht kraft Gesetzeskonkurrenz hinter die vollendete räuberische Erpressung bzgl. des Bargelds zurück: Zum einen handelt es sich um ein anderes (erstrebtes) Tatobjekt, zum anderen verwirklicht I erstmals den § 250 II Nr. 3 lit. a StGB, sodass schon aus Klarstellungsgründen Tateinheit geboten ist.[88]

F. §§ 253, 255, 22, 23, 251 StGB bzgl. Tresorinhalt

I könnte sich wegen versuchter räuberischer Erpressung mit Todesfolge strafbar gemacht haben, indem er Z in den „Schwitzkasten" nahm, seinen um den Hals gelegten Arm fest anzog und mehrfach in den Mundbodenbereich und Hals des Z stach und schnitt, damit dieser den Tresor öffne, und den Z später tötete.

Fraglich ist bereits, ob überhaupt die Ausgangslage für eine sukzessive (Erfolgs-)Qualifikation gegeben ist. Es ist jedenfalls nicht ohne Zweifel, dass das Verhalten des I (mit der Rspr.) weiterhin von Bereicherungsabsicht getragen war.

Selbst wenn dies der Fall wäre, sind jedoch mit obiger Argumentation sukzessive Qualifikationen nach Eintritt der Vollendung des Grunddelikts abzulehnen. Für Qualifikationen nach Fehlschlag des Versuchs muss jedenfalls bzgl. § 251 StGB das Gleiche gelten. Mithin ist der Zurechnungszusammenhang zu verneinen.[89] Auf die Frage, ob ein versuchtes Delikt erfolgsqualifiziert werden kann, kommt es nicht mehr an.

G. § 212 StGB

Indem er den Z erstach, hat I kausal und objektiv zurechenbar dessen Tod verursacht; er handelte auch vorsätzlich i. S. d. § 15 StGB; I handelte auch rechtswidrig und schuldhaft. Mithin hat er sich wegen Totschlags strafbar gemacht, indem er den Z erstach.

H. §(§ 212,) 211 StGB

Die Tat des I könnte sich als Mord darstellen.[90]

Er könnte das objektive Mordmerkmal der Heimtücke erfüllt haben. Dies erfordert ein Ausnutzen der auf Arglosigkeit beruhenden Wehrlosigkeit;[91] angesichts der eskalierenden Sachverhaltsgestaltung liegt dies aber nicht vor: Das vorangegangene Geschehen beseitigte die Arglosigkeit des Z im Tatzeitpunkt.

I könnte ein subjektives Mordmerkmal verwirklicht haben.

---

[88] BGH B. v. 23.02.1999 – 4 StR 25/99 – NStZ 1999, 406 (Anm. LL 1999, 729; Baier JA 2000, 12). – im Hinblick auf § 250 II Nr. 1 StGB; Fischer, StGB, 70. Aufl. 2023, § 255 Rn. 8.

[89] A. A. vertretbar.

[90] Überschrift und Formulierung des Obersatzes beruhen darauf, dass das Verhältnis von Mord und Totschlag umstritten ist, hierzu Bock, BT 1, 2018, S. 16ff.; Eisele, BT I, 6. Aufl. 2021, Rn. 61f., 135ff.; aus der Rspr. vgl. zuletzt BGH B. v. 19.08.2014 – 3 StR 283/14 – NStZ 2015, 46 = StV 2015, 4 und 287 (Anm. RÜ 2015, 174; Dehne-Niemann StV 2015, 288).

[91] S. nur Fischer, StGB, 70. Aufl. 2023, § 211 Rn. 34; Sinn, in: SK-StGB, 9. Aufl. 2017, § 211 Rn. 40; aus der Rspr. vgl. zuletzt BGH U. v. 11.05.2022 – 5 StR 361/21 – NStZ-RR 2022, 277; BGH B. v. 29.06.2022 – 1 StR 127/22 – NStZ-RR 2022, 307.

Zwar scheidet Habgier aus: Die Tötung des Z diente dem I nicht mehr zur Erlangung materieller Vorteile. Es kommt aber sog. Verdeckungsabsicht in Betracht. Der Sachverhalt enthält keine näheren Angaben zum Grund für den Entschluss des I, den Z zu töten. Es entspricht freilich einer lebensnahen Auslegung bzw. Ergänzung, dass es dem I zumindest auch (Mitmotivation reicht aus[92]) darauf ankam, einen Zeugen für die zuvor begangenen Taten (s. o.) zu beseitigen.[93] I handelte mithin in der Absicht, eine andere Straftat zu verdecken.

Auch könnten sonst niedrige Beweggründe vorliegen, sofern I den Z z. B. (auch) aus Rache töten wollte, was gleichsam lebensnah ist. Allerdings müsste der niedrige Beweggrund prägendes Hauptmotiv sein,[94] wovon nicht auszugehen ist (vgl. o.).

I hat sich wegen Mordes strafbar gemacht, indem er den Z erstach.

J. §§ 239a, 239b StGB
Hierzu vgl. o. Auch beim Überfall auf Z ist nicht von einer hinreichend stabilen Bemächtigungslage auszugehen.[95]

K. §§ 223 I, 224 I Nr. 2 StGB
Die gefährliche Körperverletzung tritt qua materieller Subsidiarität hinter den Mord zurück.[96]

L. § 231 I StGB
I könnte sich auch an einem von mehreren – nämlich ihm und ggf. A, s. sogleich – verübten Angriff beteiligt haben, infolgedessen Z starb, und sich damit wegen Beteiligung an einer Schlägerei strafbar gemacht haben.

Problematisch ist aber, ob § 231 StGB von den §§ 212, 211 StGB in Gesetzeskonkurrenz verdrängt wird.[97]

Die Rspr.[98] und die wohl h. L.[99] verneinen dies unter Hinweis darauf, dass § 231 StGB einen anderen bzw. erweiterten Rechtsgüterschutz bezwecke, nämlich bzgl. aller durch eine Schlägerei gefährdeten Rechtsgüter.[100] Dies kann aber jedenfalls für die Modalität eines Angriffs mehrerer auf ein einziges Opfer, welches vorsätzlich

---

[92] Bock, BT 1, 2018, S. 67; aus der Rspr. vgl. zuletzt BGH U. v. 30.09.2021 – 4 StR 170/21 – NStZ-RR 2021, 384 = StV 2022, 89 (Anm. Kudlich JA 2022, 77; Schladitz ZJS 2022, 269; RÜ 2022, 106; RÜ2 2022, 37).

[93] A. A. vertretbar.

[94] Bock, BT 1, 2018, S. 82; aus der Rspr. vgl. zuletzt BGH U. v. 12.09.2018 – 2 StR 113/18 (Anm. Jäger JA 2019, 70; Hecker JuS 2019, 266).

[95] A. A. vertretbar, da wohl längerer Zeitraum.

[96] Fischer, StGB, 70. Aufl. 2023, § 211 Rn. 107.

[97] Hierzu Bock, BT 1, 2018, S. 181; aus der Rspr. vgl. zuletzt BGH B. v. 21.08.2019 – 1 StR 191/19 – NStZ-RR 2019, 378 (Anm. Jäger JA 2020, 153).

[98] Z. B. BGH U. v. 20.12.1984 – 4 StR 679/84 – BGHSt 33, 100 = NJW 1985, 871 = NStZ 1985, 455 = StV 1986, 249 (Anm. Henke Jura 1985, 585; Günther JZ 1985, 585; Schulz StV 1986, 250; Montenbruck JR 1986, 138).

[99] Lackner/Kühl, StGB, 29. Aufl. 2019, § 231 Rn. 6; Fischer, StGB, 70. Aufl. 2023, § 231 Rn. 11.

[100] So BGH U. v. 20.12.1984 – 4 StR 679/84 – BGHSt 33, 100 (104).

getötet wird, nicht gelten. Insofern verdrängen die vollendeten, schwereren §§ 212, 211 StGB den § 231 StGB.[101]

Ob überhaupt die tatbestandlichen Voraussetzungen des § 231 StGB vorliegen, kann mithin dahinstehen.

2. Abschnitt: Strafbarkeit der A

A. §§ 253, 255, 250, 25 II StGB[102] bzgl. ausgehändigtem Bargeld

A könnte sich wegen schwerer räuberischer Erpressung in Mittäterschaft mit I strafbar gemacht haben, indem sie den Z überfiel.

Fraglich ist, ob ihr die Tatbestandsverwirklichung durch I (s. o.) gem. § 25 II StGB zuzurechnen ist.

Hierfür müsste zunächst eine Tat- und Arbeitsteilungsverabredung vorliegen.

Es ist davon auszugehen, dass I und A ihren Überfall auf Z absprachen. Dies gilt auch für den Messereinsatz; laut Sachverhalt billigte A diesen. Erst recht dürfte das sonstige Nötigungsgeschehen bis zum Entschluss zur Flucht so abgesprochen gewesen sein.

Der laut Arbeitsteilungsverabredung zugesagte (und erbrachte: Erfüllung der Tat- und Arbeitsteilungsverabredung) Tatbeitrag der A müsste – insbesondere in Abgrenzung zur Beihilfe – hinreichendes Gewicht haben. Während die h. L. sich im Ausgangspunkt rein objektiv der Abgrenzung widmet, hält die Rspr. noch am subjektiven Ausgangspunkt fest. Auch die Rspr. aber zieht für die Ermittlung des subjektiven Täterwillens objektive Kriterien heran, sodass sich beide Positionen stark angenähert haben. Zu ermitteln sind mithin insbesondere das Gewicht und die Bedeutung der absprachegemäßen Verhaltensweisen der A: Einerseits war I deutlich aktiver, es ging auch um seinen „Anteil" an der Beute, I trug das Messer und ließ sich das Geld geben. I war auch im späteren Verlauf die treibende Kraft. Andererseits begleitete die A den I zum Z in dessen Räumlichkeiten, verstärkte so die Bedrohungswirkung (Z sah sich einer Übermacht entgegen) und erleichterte so die Tatbegehung. A hätte jederzeit eingreifen können (was sowohl I als auch Z wussten). Obwohl der Sachverhalt nichts mitteilt, liegt es auch nahe, dass sie an der Tatbeute beteiligt werden sollte oder sich doch das Anliegen ihres Bruders zu eigen machte. Dies zeigt auch ihr späteres Mitwirken an der Durchsuchung. Ein für eine gemeinschaftliche Tatbegehung hinreichender Tatbeitrag der A liegt mithin vor.[103]

Probleme der hinreichenden Kongruenz des Tatbeitrags des Zuzurechnenden mit der Tat- und Arbeitsteilungsverabredung stellen sich bzgl. der Erpressung nicht.

Das Handeln des I zur Erlangung des Bargelds ist der A mithin gem. § 25 II StGB zuzurechnen.[104]

---

[101] Für Gesetzeskonkurrenz in diesem Fall auch z. B. Paeffgen, in: NK-StGB, 5. Aufl. 2017, § 231 Rn. 22.
[102] Zurechnungsfunktion des § 25 II StGB wird für A benötigt, daher Nennung und Prüfung.
[103] A. A. vertretbar.
[104] A. A. vertretbar.

A handelte auch vorsätzlich und in der Absicht, sich oder einen Dritten (den I) zu Unrecht zu bereichern sowie rechtswidrig und schuldhaft.

A hat sich wegen schwerer räuberischer Erpressung in Mittäterschaft mit I strafbar gemacht, indem sie den Z überfiel.

B. §§ 253, 255, 250, 22, 23, 25 II StGB bzgl. Tresorinhalt

Auch hinsichtlich der versuchten schweren räuberischen Erpressung bzgl. des Tresorinhalts greift § 25 II StGB.

Fraglich ist lediglich, ob auch die Verletzungen an Hals und Mundbodenbereich noch vom gemeinsamen Tatplan gedeckt waren und damit auch § 250 II Nr. 3 lit. a StGB zuzurechnen ist oder ob ein sog. Exzess des I bereits insofern vorlag (Frage der hinreichenden Kongruenz des Tatbeitrags des Zuzurechnenden mit der Tat- und Arbeitsteilungsverabredung). Laut Sachverhalt billigte A aber den Einsatz des Messers, worunter gerade auch Schnitt- und Stichverletzungen fallen können. Insofern war der gemeinsame Tatplan mithin bewusst offen gestaltet.

C. §§ (212,) 211, 25 II StGB

Auch der Mord des I an Z könnte der A gem. § 25 II StGB zuzurechnen sein.

Problematisch ist aber, ob auch dieser Entschluss des I noch von der Tat- und Arbeitsteilungsverabredung gedeckt war.

Ein Beteiligter haftet als Mittäter nur für die Folgen derjenigen Handlungen des den Tod des Opfers unmittelbar herbeiführenden Täters, die er in seine Vorstellungen von dem Tatgeschehen einbezogen hatte.[105] Die dem Opfer mit Tötungsvorsatz zugefügten Körperverletzungen dürfen also nicht von wesentlich anderer Art und Beschaffenheit sein, als der Mittäter es wollte und sich vorstellte. Jedoch begründet nicht jede Abweichung des tatsächlichen Geschehens von dem vereinbarten Tatplan bzw. den Vorstellungen des Mittäters die Annahme eines Exzesses. Differenzen, mit denen nach den Umständen des Falles gerechnet werden muss, und solche, bei denen die verabredete Tatausführung durch eine in ihrer Schwere und Gefährlichkeit gleichwertige ersetzt wird, werden in der Regel vom Willen des Beteiligten umfasst, auch wenn er sie sich nicht so vorgestellt hat. Ebenso ist der Beteiligte für jede Ausführungsart einer von ihm gebilligten Straftat verantwortlich, wenn ihm die Handlungsweise seiner Tatgenossen gleichgültig ist und deswegen auf deren Billigung geschlossen werden kann. Der Todeserfolg war aber nicht Folge der von A gebilligten oberflächlichen Schnitte und Stiche in den Mundboden und Hals des Opfers. Vielmehr trat eine Zäsur im Geschehen ein, als sich I und A, nachdem sie kein Bargeld gefunden hatten, zur Flucht entschlossen hatten. Erst daraufhin entschloss sich I, den Z zu töten. I brachte dem Opfer somit den tödlichen Messerstich ins Herz nicht mehr im Rahmen verabredeter Gewaltausübung bei. I nutzte die Tötung des Opfers auch nicht dazu aus, sich in den Besitz von Vermögenswerten zu bringen oder jedenfalls danach weiter zu suchen.

---

[105] S. (auch das Folgende) BGH B. v. 16.09.2009 – 2 StR 259/09 – NStZ 2010, 33 (33f.).

Die Tötung des Z durch I ist der A als sog. Exzess mithin nicht nach § 25 II StGB zuzurechnen.[106]
Auf die Frage des Tötungsvorsatzes kommt es insofern hier nicht mehr an.

D. §§ (212,) 211, 13 StGB
Es ist dem Sachverhalt nicht einmal zu entnehmen, dass A den Stich durch I auch nur wahrnahm, erst recht gilt dies für die Frage des Tötungsvorsatzes; offen ist auch, ob Z hätte gerettet werden können (Quasi-Kausalität einer Rettungsmaßnahme).

E. §§ (212,) 211, 27 StGB
Auch eine (psychische) Beihilfe scheidet aus.

F. § 323c I StGB
Aus dem gleichen Grund kommt auch eine Strafbarkeit nach § 323c I StGB nicht in Betracht.

G. § 221 I StGB
Ebenfalls scheitert eine Aussetzung.

H. § 222 StGB
Zwar billigte A prinzipiell den Messereinsatz, auch stellt der Überfall insgesamt eine Sorgfaltswidrigkeit dar.

Dass sie aber mit einer Exzesshandlung des I im Hinblick auf eine absichtliche Tötung rechnen musste, ist nicht anzunehmen, zumal frühere (lebensbedrohende) Gewalttätigkeiten des I nicht mitgeteilt sind. Die bloße Möglichkeit einer Eskalation besteht hingegen immer und genügt nicht für die Annahme einer Vorhersehbarkeit für A.[107] Auf die Frage eines Regressverbots aufgrund eigenständiger vorsätzlicher Tatbegehung durch I, kommt es nicht mehr an.

J. §§ 223 I, 224 I Nr. 2, 25 II StGB
Die bei I qua Gesetzeskonkurrenz verdrängte gefährliche Körperverletzung lebt aber bzgl. A wieder auf und ist ihr auch nach § 25 II StGB zuzurechnen (Billigung des Messereinsatzes bis zum Fluchtentschluss, vgl. o.).

Um den Einsatz eines gefährlichen Werkzeugs und den Körperverletzungserfolg klarzustellen, bleibt § 224 I Nr. 2 StGB auch neben § 250 II Nr. 3 lit. a StGB bestehen (erst recht beim bloßen Versuch).

K. §§ 223 I, 227 I StGB
Mangels Fahrlässigkeit der A in Bezug auf den Todeserfolg (s. o.), § 18 StGB, scheidet § 227 I StGB aus.

---

[106] A. A. vertretbar.
[107] A. A. vertretbar.

L. § 231 StGB
Zwar ist der Tod des Z bzgl. § 231 StGB lediglich objektive Bedingung der Strafbarkeit, sodass A weder Vorsatz noch Fahrlässigkeit aufweisen muss. Angesichts des Exzesscharakters und des völlig neuen Tatentschlusses des I lässt sich die Tötung aber nicht mehr als Angriff mehrerer unter Beteiligung der A auffassen.[108]

3. Teil: Münzhändler[109]

1. Abschnitt: Strafbarkeit des I

A. § 249 I StGB
I könnte sich wegen Raubes strafbar gemacht haben, indem er den Münzhändler überfiel.

I. Tatbestand
Bei den Münzen handelte es sich um fremde bewegliche Sachen i. S. d. § 249 I StGB.
  Diese müsste I weggenommen haben.
  Unklar ist angesichts des offenen Sachverhalts, ob der Münzhändler die Münzen übergab oder ob sich I diese nahm; daher lassen sich die Abgrenzungskonzeptionen bzgl. §§ 249 und 255 StGB nicht subsumieren. Allerdings kann die objektive Tatbestandsverwirklichung dahinstehen, wenn sich I in einem seinen Vorsatz ausschließenden Irrtum (§ 16 I 1 StGB) befand.
  I nahm irrigerweise an, dass der Münzhändler mit dem Überfall einverstanden war und glaubte mithin an ein den Tatbestand des § 249 (keine Wegnahme) bzw. § 255 StGB (kein kausaler Nötigungserfolg) ausschließendes Einverständnis.
  Es liegt mithin ein Tatumstandsirrtum nach § 16 I 1 StGB vor; I mangelte es folglich am nach § 15 StGB erforderlichen Vorsatz.[110] Ein Fall des umstrittenen sog. Erlaubnistatumstandsirrtums liegt hingegen nicht vor: Dieser bezieht sich auf Umstände, die einen Rechtfertigungsgrund erfüllen.

II. Ergebnis
I hat sich nicht wegen Raubes strafbar gemacht, indem er den Münzhändler überfiel.

---

[108] A. A. vertretbar.
[109] Nach BGH U. v. 25.10.1994 – 4 StR 173/94 (Münzhändler) – BGHSt 40, 299 = NJW 1995, 142 = NStZ 1995, 120 = StV 1995, 128 (Anm. Roxin, Höchstrichterliche Rspr. AT, 1998, Nr. 54; Hemmer-BGH-Classics Strafrecht, 2003, Nr. 19; Fahl, Strafrechts-Klassiker, 2020, § 25 Rn. 9ff.; Geppert JK 1995 StGB § 25 II/9; Sonnen JA 1995, 361; Jung JuS 1995, 360; Küpper/Mosbacher JuS 1995, 488; Kühne NJW 1995, 934; Erb NStZ 1995, 424; Graul JR 1995, 427; Ingelfinger JZ 1995, 704; Joerden JZ 1995, 735; Joecks wistra 1995, 58; Zopfs Jura 1996, 19; Roßmüller/Rohrer MDR 1996, 986; Weber FS Lenckner 1998, 435; Mitsch ZIS 2013, 369).
[110] S. auch BGH U. v. 25.10.1994 – 4 StR 173/94 (Münzhändler) – BGHSt 40, 299 (300).

Auch die §§ 123, 253, 255, 239, 239a, 239b, 240 StGB scheiden mangels Vorsatzes aus.[111]

B. §§ 263 I, 25 II/25 I 2. Var. StGB

I könnte sich wegen Betrugs strafbar gemacht haben, indem er den vermeintlichen Scheinüberfall ausführte, damit der Münzhändler den Schadensfall der Versicherung melden konnte.

Eine Vollendungsstrafbarkeit des I scheitert daran, dass der Münzhändler ahnungsloser Geschädigter eines Überfalls war und mithin seine Versicherung nicht vorsätzlich täuschte, als er den Schaden meldete, sodass auch eine mittäterschaftliche Zurechnung ins Leere ginge (die ohnehin mangels tatsächlicher Einweihung fehlt).

Für eine Zurechnung qua mittelbarer Täterschaft nach § 25 I 2. Var. StGB fehlte es I am Vorsatz hinsichtlich einer bloßen Werkzeugeigenschaft des Münzhändlers.

C. §§ 263 I, 26 StGB

Auch eine Anstiftung kommt nicht in Betracht: I glaubte, dass der Münzhändler seinen Entschluss bereits gefasst hatte, sodass ein Bestimmen dieses *omnimodo facturus* nicht mehr möglich erschien und I insofern nicht vorsätzlich handelte.

D. §§ 263 I, 27 StGB

Eine Beihilfe scheitert jedenfalls am Fehlen einer Haupttat.

E. §§ 263 I, II, 22, 23, 25 II StGB

I könnte sich wegen versuchten mittäterschaftlichen Betrugs strafbar gemacht haben, indem er den vermeintlichen Scheinüberfall ausführte, damit der Münzhändler den Schadensfall der Versicherung melden konnte.

I. Sog. „Vorprüfung": Nichtvollendung, Strafbarkeit des Versuchs

Zur fehlenden Vollendungsstrafbarkeit s. o.

Der Versuch des Betrugs ist gem. § 263 II StGB strafbar.

II. Tatbestand

1. Vorstellung von der Verwirklichung des Tatbestands (sog. Tatentschluss, subjektiver Tatbestand)

I müsste Vorsatz hinsichtlich der objektiven Tatbestandsmerkmale gehabt haben.

In der Tat wollte er, dass der Münzhändler der Versicherung den Schadensfall meldet, obwohl nach § 81 I VVG ein Anspruchsausschluss aufgrund (Mit-)Herbeiführung des Schadensfalls bestanden hätte. Die Versicherung sollte sich insofern irren; die Vermögensverfügung hätte in der Auszahlung der Schadenssumme ge-

---

[111] Bloß ein einziger lapidarer Satz für mehrere Delikte en bloc ohne eigene Überschriften, da evident. Andere Handhabung vertretbar.

legen. Der Vermögensschaden hätte darauf beruht, dass es einen durch Erfüllung erlöschenden Anspruch des Münzhändlers, was die Vermögensminderung kompensiert hätte, nicht gab.

Fraglich ist aber, ob I, der selbst nicht gegenüber der vermeintlich geschädigten Versicherung tätig werden sollte, auch Tatentschluss in Bezug auf eine (zurechnungsbegründende) Mittäterschaft nach § 25 II StGB hatte. I müsste sich – in Bezug auf den geprüften Betrug – eine Tat- und Arbeitsteilungsverabredung mit hinreichend gewichtigem eigenen Tatbeitrag und deren kongruente Erfüllung vorgestellt haben. I sollte – und tat dies auch – gegen Belohnung den Überfall durchführen. Hierbei handelte es sich um eine Tätigkeit im Vorfeld des Betrugs, was aber nach zutreffender Ansicht, vgl. o., eine Mittäterschaft nicht ausschließt. Zwar sollte I nicht planender Kopf sein; seine Rolle erreichte aber ein beträchtliches Gewicht: Ohne die vermeintliche Simulation eines Überfallgeschehens wäre es dem Münzhändler schwergefallen, gegenüber der Versicherung den Eintritt eines Versicherungsfalls plausibel zu machen. Die durchaus komplexe Mitwirkung des I an dem sorgfältig abgestimmten Gesamtkonzept ist angemessen als Mittäterschaft und nicht als bloße Beihilfe (deren Versuch straflos wäre) zu erfassen. Dementsprechend hatte I Tatentschluss hinsichtlich einer mittäterschaftlichen Begehung inkl. gemeinsamen Tatplans.[112]

Die Tatsache, dass der Münzhändler ahnungslos und daher nie Mittäter war, ist hier ohne Relevanz. Gem. § 22 StGB kommt es auf die Vorstellung des I an. Zwar fehlt es seinem solchen Versuch an objektiver Tauglichkeit zur Vollendung, aber auch untaugliche Versuche sind strafbar – wie sich aus § 23 III StGB schließen lässt.

2. Unmittelbares Ansetzen
I müsste zum Betrug i. S. d. § § 22 StGB unmittelbar angesetzt haben.

Dies ist – bei im Einzelnen problematischer Bestimmung dieses Begriffs – dann gegeben, wenn der Täter subjektiv die Schwelle zum „Jetzt geht's los" überschreitet und objektiv Handlungen vornimmt, die in ungestörtem Fortgang ohne wesentliche Zwischenakte – d. h. ohne weiteren Willensimpuls – zur Tatbestandserfüllung führen sollen, sodass sein Tun in die Erfüllung des Tatbestands übergeht, oder die in engem räumlichen und zeitlichen Zusammenhang mit ihr stehen, das geschützte Rechtsgut somit gefährden.[113]

Besonderheiten bestehen bei der Mittäterschaft.[114]

---

[112] A. A. vertretbar.
[113] Fischer, StGB, 70. Aufl. 2023, § 22 Rn. 10; aus der Rspr. vgl. zuletzt BGH B. v. 04.05.2022 – 1 StR 3/21 – NJW 2022, 3165; BGH B. v. 04.05.2022 – 1 StR 138/21 (AGG-Hopper) (Anm. von Heintschel-Heinegg JA 2022, 1047).
[114] Hierzu zsf. Fischer, StGB, 70. Aufl. 2023, § 22 Rn. 21ff.; aus der Rspr. vgl. zuletzt BGH U. v. 17.03.2022 – 4 StR 223/21 (Anm. Hecker JuS 2022, 980; RÜ 2022, 504).

Hier ist strittig, ob es ausreicht, wenn nur einer der Mittäter unmittelbar ansetzt (sog. Gesamtlösung),[115] oder ob separat auf den einzelnen Mittäter abzustellen ist (sog Einzellösung).[116]

Zu beachten ist allerdings, dass im vorliegenden Fall sogar nur eine vermeintliche Mittäterschaft zwischen I und dem Münzhändler vorliegt.

In dieser Konstellation ist wiederum strittig, wie das unmittelbare Ansetzen zu bestimmen ist.[117]

Teile der Lehre[118] und die Rspr.[119] folgen der Gesamtlösung und halten es für unschädlich, wenn eine bloß vermeintliche Mittäterschaft vorliegt.

Die Einzellösung betrachtet ohnehin nur den I; zu seinem eigenen (für eine Mittäterschaft ausreichenden, s. o.) Tatbeitrag hat er ohne Weiteres unmittelbar angesetzt, da er ihn sogar vollständig geleistet hat.

Nach z. T. vertretener Auffassung innerhalb der Gesamtlösung[120] wird die Zurechnung qua vermeintlicher Mittäterschaft abgelehnt. § 25 II StGB sei nicht durch bloße Vorstellung überwindbar, sogar § 30 II StGB erfordere ein objektives Vorliegen des Verabredens, nicht bloß eine Vorstellung. Auch normiere § 22 StGB gerade das objektive Erfordernis des unmittelbaren Ansetzens. Gegen die verengende Auffassung spricht freilich der weite, von einer subjektiven Betrachtung ausgehende Wortlaut des § 22 StGB. In der Tat setzt der Münzhändler nach der Vorstellung des I gewiss unmittelbar durch seine Schadensmeldung an. Wieso es aber dem I im Rahmen einer Versuchsprüfung zugutekommen soll, dass objektiv keine Mittäterschaft des Münzhändlers vorliegt, erschließt sich nicht. Es handelt sich schlicht um einen eben objektiv untauglichen Versuch. Gerade die lediglich innere Distanzierung eines Mittäters darf den anderen nicht besserstellen. Ob einer entsprechend weiten Gesamtlösung oder einer Einzellösung zu folgen ist, kann hierbei dahinstehen. Ebenso kann offenbleiben, ob sogar ein vermeintliches Ansetzen eines vermeintlichen Mittäters ausgereicht hätte.

I hat i. S. d. § 22 StGB unmittelbar angesetzt.[121]

III. Rechtswidrigkeit, Schuld, Rücktritt
I handelte rechtswidrig und schuldhaft.
   Ein Rücktritt nach § 24 StGB ist nicht ersichtlich.

IV. Strafzumessung, § 263 III 1 StGB
I könnte ein Regelbeispiel gem. § 263 III 2 StGB verwirklicht haben.
   Die Norm ist auch auf den versuchten Betrug anwendbar.

---

[115] So die h. M., s. nur B. Heinrich, AT, 7. Aufl. 2022, Rn. 740; Kindhäuser/Hilgendorf, LPK, 8. Aufl. 2019, § 22 Rn. 38.
[116] Roxin, AT II, 2003, § 29 Rn. 297ff.
[117] Zsf. B. Heinrich, AT, 7. Aufl. 2022, Rn. 743ff.
[118] B. Heinrich, AT, 7. Aufl. 2022, Rn. 744.
[119] BGH U. v. 25.10.1994 – 4 StR 173/94 (Münzhändler) – BGHSt 40, 299 (302f.).
[120] Etwa Kindhäuser, Kindhäuser/Hilgendorf, LPK, 9. Aufl. 2022, § 22 Rn. 41.
[121] A. A. vertretbar.

Für § 263 III 2 Nr. 1 StGB müsste I gewerbsmäßig oder als Mitglied einer Bande gehandelt haben, welche sich zur fortgesetzten Begehung von Urkundenfälschung oder Betrug verbunden hat. Gewerbsmäßig handelt, wer sich aus der wiederholten Tatbegehung eine laufende Einnahmequelle von einigem Umfang und einer gewissen Dauer verschaffen will.[122] Hiervon ist nicht auszugehen.

Auch für eine Bande fehlt es im Sachverhalt an Angaben zu künftigen Plänen.

Für einen Vermögensverlust großen Ausmaßes i. S. d. Nr. 2 wird eine Grenze von 50.000 € angenommen.[123] Erforderlich ist, dass der Verlust tatsächlich eingetreten ist.[124] Im Hinblick auf die Versicherung ist aber unklar, ob es überhaupt zu einer Auszahlung kam.

Es liegt auch kein Fall der Nr. 5 vor.

V. Ergebnis

I hat sich wegen versuchten mittäterschaftlichen Betrugs strafbar gemacht, indem er den vermeintlichen Scheinüberfall ausführte, damit der Münzhändler den Schadensfall der Versicherung melden konnte.

F. § 265 I StGB

Der Versicherungsmissbrauch ist gem. § 265 I StGB gegenüber dem – auch versuchten[125] – Betrug ausdrücklich subsidiär.

G. §§ 261 I Nr. 3, III, 22, 23 StGB

Eine Strafbarkeit des I wegen versuchter Geldwäsche durch das Sichverschaffen der Beute scheitert jedenfalls an dem persönlichen Strafausschließungsgrund des § 261 VII StGB.

2. Abschnitt: Strafbarkeit des C

A. §§ 253, 255, 25 I 2. Var. StGB

C täuschte den I, setzte ihn so als vorsatzlos handelndes (s. o.) Werkzeug ein und beherrschte ihn mithin als mittelbarer Täter.

Unklar ist angesichts des offenen Sachverhalts, ob der Münzhändler die Münzen übergab oder ob sich I diese nahm, s. o. Sofern man dem Konzept der Rspr. folgt, fungiert die räuberische Erpressung als Auffangtatbestand gegenüber einem Raub,

---

[122] Bock, BT 2, 2018, S. 129; aus der Rspr. vgl. zuletzt BGH U. v. 10.08.2022 – 6 StR 519/21 – NStZ-RR 2022, 388; BGH B. v. 14.09.2022 – 4 StR 55/22 – NStZ-RR 2022, 342.

[123] Bock, BT 2, 2018, S. 430; aus der Rspr. vgl. zuletzt BGH B. v. 14.05.2020 – 1 StR 6/20 – NStZ 2021, 298 (Anm. Pflaum wistra 2021, 28).

[124] Fischer, StGB, 70. Aufl. 2023, § 263 Rn. 215; aus der Rspr. vgl. zuletzt LG Stuttgart U. v. 22.12.2020 – 5 KLs 120 Js 6253/15 (Anm. Albrecht jurisPR-StrafR 7/2021 Anm. 5).

[125] Fischer, StGB, 70. Aufl. 2023, § 265 Rn. 17.

sodass bei mangelnder Sachverhaltsfeststellung dieser anzuwenden ist[126] und nicht etwa eine (echte) Wahlfeststellung vorliegt.

C hat sich wegen räuberischer Erpressung in mittelbarer Täterschaft strafbar gemacht, indem er den I zum Überfall auf den Münzhändler brachte.

Ein Fall des § 250 StGB ist nicht ersichtlich.

§§ 239 und 240 StGB treten in Gesetzeskonkurrenz zurück.

B. §§ 123, 25 I 2. Var. StGB

C hat auch einen Hausfriedensbruch in mittelbarer Täterschaft begangen, als er den I dazu brachte, den Münzhändler zu überfallen.

§ 123 StGB ist kein eigenhändiges Delikt,[127] sodass eine mittelbare Täterschaft auch möglich ist.

Zum Strafantragserfordernis s. § 123 II StGB.

C. § 263 I StGB zu Lasten des I

Ein Betrug zu Lasten des I scheitert jedenfalls an der fehlenden Kausalität des Irrtums (über die Mitwirkung des Münzhändlers) für die Vermögensverfügung (Überlassung der Münzen an C durch I): I hätte die Münzen auch ohne die Täuschung des C nicht behalten (bzw. nie erhalten, da er ohne die Angaben des C den Münzhändler nicht überfallen hätte), sodass die Vermögensverfügung und der Vermögensschaden nicht auf der Täuschung durch C und dem Irrtum des I beruhten.[128]

Auf die strittige Frage, ob Diebesgut überhaupt taugliches Vermögen i. S. d. § 263 I StGB sein kann,[129] kommt es nicht an.

D. §§ 263 I, 22, 23, 25 II bzw. 25 I 2. Var. StGB zu Lasten der Versicherung

C wusste, dass der Münzhändler ahnungslos war, sodass eine auch nur vermeintliche mittäterschaftliche Begehung eines Betrugsversuchs ausscheidet.

Ein versuchter Betrug in mittelbarer Täterschaft über ein tatbestandslos handelndes Werkzeug scheitert daran, dass der Münzhändler mangels Erfüllung des § 81 VVG und mangels Repräsentantenhaftung[130] tatsächlich einen Anspruch gegen die Versicherung hatte, sodass es jedenfalls an der Absicht rechtswidriger Vermögensverschaffung fehlte. Vorliegend ist der Münzhändler schlicht zivil- bzw. versicherungsrechtlich im Recht; eine Rechtsstellung, an der C nichts ändern konnte.

---

[126] Vgl. aus der Rspr. zuletzt BGH B. v. 20.02.2018 – 3 StR 612/17 – NStZ-RR 2018, 140 = StV 2019, 273.

[127] Bock, BT 1, 2018, S. 317.

[128] A. A. vertretbar.

[129] Zum Streit um den Vermögensbegriff Bock, BT 2, 2018, aus der Rspr. vgl. zuletzt BGH U. v. 15.04.2021 – 5 StR 371/20 – NJW 2021, 1966 = NStZ 2022, 106 = StV 2022, 20 (Anm. Bosch Jura 2021, 1130; Disselkamp ZJS 2021, 679; RÜ 2021, 434; Brand NJW 2021, 1968; Fahl NStZ 2022, 108).

[130] Hierzu Lackner/Kühl, StGB, 29. Aufl. 2019, § 263 Rn. 9.

Der erstrebte Vermögensvorteil muss aber materiell (zivil-)rechtswidrig sein,[131] was hier gerade nicht der Fall ist.

E. § 265 I StGB
Mangels Absicht,[132] dem Münzhändler Leistungen aus der Versicherung zu verschaffen, hat sich C nicht wegen Versicherungsmissbrauchs strafbar gemacht.

3. Abschnitt: Strafbarkeit des Münzhändlers
Eine Strafbarkeit des zu jeder Zeit ahnungslosen Münzhändlers ist nicht ersichtlich.

4. Teil: Verkaufsbude[133]

1. Abschnitt: Strafbarkeit des I

A. §§ 242 I, 243 I 2 Nr. 1 StGB[134]
I könnte sich wegen Diebstahls (in einem besonders schweren Fall) strafbar gemacht haben, indem er in eine Verkaufsbude eindrang und aus dieser Lebensmittel entwendete.

I nahm fremde bewegliche Sachen i. S. d. § 242 I StGB weg, und zwar vorsätzlich, mit Zueignungsabsicht, rechtswidrig und schuldhaft.

Eine Verkaufsbude ist ein Geschäftsraum i. S. d. § 243 I 2 Nr. 1 StGB.

I brach in diese auch ein (Aufhebung der Umschließung durch nicht unerhebliche Gewaltanwendung, die dem Eindringen in den Raum dient[135]), wie sich aus der Verwendung des Brecheisens laut Sachverhalt ergibt.

Vom Überschreiten der Grenze des § 243 II StGB ist auszugehen.

I hat sich wegen Diebstahls (in einem besonders schweren Fall) strafbar gemacht, indem er in eine Verkaufsbude eindrang und aus dieser Lebensmittel entwendete.

Ein Fall des § 244 StGB liegt nicht, insbesondere war das Brecheisen mangels hinreichender Waffenähnlichkeit kein gefährliches Werkzeug i. S. d. § 244 I Nr. 1 lit. a StGB.

---

[131] Fischer, StGB, 70. Aufl. 2023, § 263 Rn. 191f.
[132] Zur Absicht i. R. d. § 265 StGB Fischer, StGB, 70. Aufl. 2023, § 265 Rn. 9.
[133] Nach BGH U. v. 24.04.1952 – 3 StR 48/52 – BGHSt 2, 344 = NJW 1952, 1146 (Anm. Hemmer-BGH-Classics Strafrecht, 2003, Nr. 33; Niese NJW 1952, 1148; Martin NJW 1953, 268).
[134] Aufnahme des § 243 StGB in Überschrift und Obersatz möglich, obwohl lediglich Strafzumessungsnorm und nicht Teil des Tenors. Andere Handhabung möglich.
[135] Bock, BT 2, 2018, S. 109; aus der Rspr. vgl. zuletzt BGH B. v. 27.11.2018 – 2 StR 481/17 – BGHSt 63, 253 = NJW 2019, 1086 = NStZ 2019, 202 (Anm. Jäger JA 2019, 386; RÜ 2019, 174; famos 3/2019; Mitsch NJW 2019, 1091; Grosse-Wilde HRRS 2019, 160; Pschorr jurisPR-StrafR 9/2019 Anm. 3).

B. § 303 I StGB

Durch das Aufbrechen der Verkaufsbude hat I eine fremde Sache beschädigt.

Fraglich ist, ob § 243 I 2 Nr. 1 StGB den § 303 I StGB kraft Gesetzeskonkurrenz verdrängt.[136] Eine Auffassung[137] bejaht dies und geht von Konsumtion aus, es sei denn der Unrechtsgehalt der Sachbeschädigung gehe über das typische Diebstahlsunrecht hinaus.

Die mittlerweile herrschende Gegenauffassung[138] verneint eine Gesetzeskonkurrenz und gelangt zur Tateinheit i. S. d. § 52 StGB.

Eine Erörterung der Frage, ob das Verhältnis von Beute zum Sachschaden über das typische Diebstahlsunrecht hinausgeht, ist folglich nur dann geboten, wenn eine Konsumtion nicht ohnehin generell abzulehnen ist. Ein Fall der Konsumtion kommt prinzipiell immer dann in Betracht, wenn anlässlich der Erfüllung eines Straftatbestandes ein anderes Strafgesetz üblicherweise mitverwirklicht wird (als mitbestrafte Vor-, Nach- oder Begleittat). Ob dies bzgl. § 243 I 2 Nr. 1 StGB und dem § 303 I StGB der Fall ist, ist sehr zweifelhaft: Bereits *prima facie* sind viele Fallgestaltungen denkbar, in denen die Wegnahme einer in einer Lokalität nach § 243 I 2 Nr. 1 StGB befindlichen Sache ohne Sachbeschädigung vonstattengehen kann. Ferner handelt es sich bei den Merkmalen des § 243 I 2 StGB nur um Regelbeispiele, also Strafzumessungsmerkmale, und gerade nicht um Tatbestandsmerkmale. Eine Gesetzeskonkurrenz von Tatbestand und Regelbeispiel ist nicht möglich. Ohnehin ist der Gewahrsamsinhaber nicht immer identisch mit dem Eigentümer, daher ist eine Klarstellung im Urteilstenor geboten. Eine Gesetzeskonkurrenz ist daher abzulehnen.[139]

C. § 123 I StGB

Hinsichtlich § 123 StGB allerdings führt ein Einbruch, falls nicht notwendigerweise, so doch ganz typischerweise zu einem Hausfriedensbruch, sodass – anders als bzgl. der Sachbeschädigung[140] – ein Fall der Konsumtion[141] vorliegt.[142]

2. Abschnitt: Strafbarkeit der A

1. Unterabschnitt: Die mit dem I gemeinsam entwendeten Lebensmittel

A. §§ 242 I, 243 I 2 Nr. 1, 25 II StGB

Durch die Entwendung der Lebensmittel mit I gemeinsam hat A den Tatbestand des § 242 I StGB verwirklicht.

Fraglich ist, ob § 243 I 1, 2 Nr. 1 StGB anzuwenden ist.

---

[136] Hierzu Bock, BT 2, 2018, S. 116ff.; aus der Rspr. vgl. zuletzt BGH B. v. 29.04.2020 – 3 StR 532/19 – NStZ-RR 2020, 243 = StV 2021, 571.

[137] Z. B. Bosch, Schönke/Schröder, 30. Aufl. 2019, § 243 Rn. 59.

[138] So z. B. Weidemann, in: BeckOK-StGB, Stand 01.11.2022, § 303 Rn. 34; zur Rspr. s. o.

[139] A. A. vertretbar.

[140] A. A. Wittig, in: BeckOK-StGB, Stand 01.11.2022, § 243 Rn. 33f.: Es müsse das Gleiche gelten.

[141] So auch Schmitz, MK-StGB, 4. Aufl. 2021, § 243 Rn. 93.

[142] A. A. vertretbar.

Ein eigenes Einbrechen der A liegt nicht vor, war wegen des vorherigen Einbrechens durch I auch nicht mehr erforderlich. Das von ihr vorsätzlich ausgenutzte vorherige Einbrechen des I könnte der A aber nach § 25 II StGB zuzurechnen sein. Aufgeworfen wird damit das Problem der sukzessiven Mittäterschaft,[143] welches sich in Bezug auf die mit I zusammen entwendeten Lebensmittel lediglich im Rahmen der Strafzumessung qua Regelbeispiel stellt (also nicht bzgl. des § 242 I StGB und auch nicht bzgl. einer echten Qualifikation[144]). Die (umstrittenen) Regeln zur sukzessiven Mittäterschaft gelten vorbehaltlich einer bei Strafzumessungsfragen immer erforderlichen Gesamtwürdigung auch bzgl. Regelbeispielen.[145]

Nach Ansicht der Rspr.[146] ist eine Mittäterschaft bis zur Beendigung möglich. Demnach haftet der Mittäter auch für die bereits realisierten Handlungen des Täters. Hiernach wäre A nach Maßgabe des § 243 StGB zu bestrafen.

Dagegen hält die h. L.[147] eine Mittäterschaft nur bis zum Zeitpunkt der Vollendung für möglich. Hiernach wäre der A der Einbruch nicht strafschärfend zuzurechnen.

Die Rspr. verweist als Begründung auf den materiellen Unrechtskern und das Einverständnis des Hinzutretenden mit dem Gesamtplan. Immerhin erlangt der so Beteiligte auch Vorteile aus dem vorangegangenen Geschehen. Zuzugeben ist auch, dass eine Ablehnung des Instituts der sukzessiven Mittäterschaft Strafbarkeitslücken zeitigen kann, was evtl. dann nicht sachgerecht erscheint, wenn der Hinzutretende die vorangegangene Tat befürwortet, weil er an der Beute beteiligt werden soll.[148] Die besseren Argumente sprechen aber für die h. L.: Der Hinzutretende besitzt keine Tatherrschaft und die bloße Billigung des Geschehens kann die Kausalität für vorangegangene Teilakte nicht ersetzen. Mithin ist der materielle Unrechtskern irrelevant, da eine frühe Vollendung ggf. dem Willen des Gesetzgebers entspricht. Des Weiteren ist eine sukzessive Mittäterschaft nicht vom Tatbegriff des § 11 I Nr. 5 StGB erfasst (vgl. auch Art. 103 II GG). Die §§ 257ff. StGB sind für die strafrechtliche Sanktionierung von Taten im Zeitraum zwischen Vollendung und Beendigung ausreichend. Würde man eine sukzessive Mittäterschaft bejahen, so würde dies zur Bestrafung eines *dolus subsequens* führen. Ferner würde bei zweiaktigen Delikten ggf. der eigentliche Strafgrund (z. B. Gewalt) verfehlt und das Schuldprinzip verletzt.

---

[143] Hierzu Mitsch JA 2017, 407; aus der Rspr. vgl. zuletzt BGH U. v. 27.01.2022 – 3 StR 245/21 – NJW 2022, 953 = NStZ 2022, 743 (Anm. Bosch Jura 2022, 780; Eisenberg NStZ 2022, 746; Kudlich NStZ 2022, 748; Pschorr jurisPR-StrafR 7/2022 Anm. 3).

[144] So aber § 243 StGB a. F., auf den sich auch BGH U. v. 24.04.1952 – 3 StR 48/52 – BGHSt 2, 344 bezieht.

[145] Fischer, StGB, 70. Aufl. 2023, § 46 Rn. 105; aus der Rspr. vgl. zuletzt BGH U. v. 27.01.2015 – 1 StR 142/14 – NStZ 2015, 466 = StV 2016, 16.

[146] S. o.

[147] Z. B. Lackner/Kühl, 29. Aufl. 2019, § 25 Rn. 12.

[148] Vgl. BGH U. v. 24.04.1952 – 3 StR 48/52 – BGHSt 2, 344 (346f.); BGH U. v. 08.07.1954 – 4 StR 350/54 (Kartenspieler) – BGHSt 6, 248 = NJW 1954, 1495 (Anm. Roxin, Höchstrichterliche Rspr. AT, 1998, Nr. 77).

A hat sich (nur) nach § 242 I StGB strafbar gemacht, indem sie gemeinsam mit I Lebensmittel entwendete.[149]

B. §§ 303 I, 25 II StGB
Aufgrund der Ablehnung der sukzessiven Mittäterschaft scheitert eine Strafbarkeit der A wegen Sachbeschädigung.[150]

C. § 123 I StGB
Durch das Betreten der Verkaufsbude hat A allerdings einen Hausfriedensbruch begangen.
Zum Strafantragserfordernis s. § 123 II StGB.

2. Unterabschnitt: Die nur von I entwendeten Lebensmittel

A. §§ 242 I, 243 I 2 Nr. 1 StGB
Aufgrund der Ablehnung der sukzessiven Mittäterschaft scheitert eine Strafbarkeit der A wegen Diebstahls der nur von I entwendeten Lebensmittel.[151]

B. §§ 242 I, 243 I 2 Nr. 1, 27 StGB
Es stellt sich hier das mit der sukzessiven Mittäterschaft verwandte Problem der sukzessiven Beihilfe[152]: Fraglich ist, ob in dem Stadium zwischen Vollendung und Beendigung noch eine Beihilfe möglich ist, was auch die Frage nach der Abgrenzung zur Begünstigung gem. § 257 I StGB aufwirft.
Die Rspr. und Teile der Lehre bejahen dies wiederum,[153] die wohl h. L. steht dem ablehnend gegenüber.[154] Die bejahende Auffassung verweist darauf, dass eine Unterstützung des Täters nach Erfolgseintritt oft ebenso förderlich beim Angriff auf das Rechtsgut ist, sodass es keinen Unterschied bezüglich der Interessenlage des Opfers darstellt, ob die Hilfe vor Vollendung oder nach Vollendung, aber vor Beendigung geleistet wird. Ferner liegt anders als bei Mittäterschaft das Unrecht lediglich in der Beihilfehandlung, insofern droht keine unzulässige täterschaftliche Zurechnung bereits abgeschlossener Vorgänge.
Überzeugender ist die Gegenauffassung, die zu Recht auf Bedenken bzgl. Art. 103 II GG, § 1 StGB hinweist, wenn die Strafbarkeit wegen Teilnahme von dem unpräzisen Begriff der Beendigung abhängig gemacht würde. Förderungen nach Vollendung sind aus tatbestandlicher Sicht nur Veränderungen unbeachtlicher Begleitumstände; es mag sich die Strafverfolgung verzögern, für die Erfassung von Anschlusshandlungen allerdings hat der Gesetzgeber die §§ 257ff. StGB geschaffen.

---

[149] A. A. vertretbar.
[150] A. A. vertretbar.
[151] A. A. vertretbar.
[152] Hierzu Mitsch JA 2017, 407; aus der Rspr. vgl. zuletzt BGH B. v. 25.11.2021 – 4 StR 103/21 – NStZ 2022, 219 und 250 = NStZ-RR 2022, 51 (Anm. Hecker JuS 2022, 780).
[153] Vgl. schon o. zur sukzessiven Mittäterschaft.
[154] Zsf. Kindhäuser/Hilgendorf, LPK, 9. Aufl. 2022, § 27 Rn 19ff.; § 257 Rn. 2ff.

In der Tat muss sich die eine sukzessive Beihilfe bejahende Auffassung bei alledem der Problematik der Abgrenzung zwischen Begünstigung und Beihilfe stellen: Teilweise pocht man unter Hinweis auf § 257 III 1 StGB auf einen generellen Vorrang der Beihilfe,[155] was zu einer weitgehenden Beschneidung des Anwendungsbereichs des § 257 I StGB (nämlich bzgl. des gesamten Beendigungsstadiums) führt; die herrschende Meinung innerhalb der eine sukzessive Beihilfe bejahenden Auffassung stellt auf den Willen des Helfenden ab[156]: Wolle der Täter dazu beitragen, die Tat erfolgreich zu beenden so liege Beihilfe vor, wolle er aber das vom Vortäter erlangte (lediglich) gegen Entziehung sichern, so liege eine Begünstigung vor. Merkwürdig ist allerdings, dass dann derjenige, der die Beendigung einer Tat fördert, der möglicherweise schwereren Bestrafung wegen Beihilfe zur Tat deshalb entgehen könnte, weil er zugleich auch eine Vorteilssicherung anstrebt. Zudem ist die innere Willensrichtung kein taugliches Abgrenzungskriterium, da sie erheblichen Feststellungsschwierigkeiten ausgesetzt ist.

C. § 257 I StGB
In Bezug auf die bereits entwendeten Lebensmittel ist kein Hilfeleisten ersichtlich, sodass eine Begünstigung ausscheidet.[157]

D. § 259 I StGB
A hat aber aufgrund des Aufteilens der Beute eine Hehlerei durch Sichverschaffen von Beutestücken, die allein von I entwendet wurden, begangen.[158]

E. § 261 I Nr. 3 StGB
Bei den von I entwendeten Lebensmitteln aus der Verkaufsbude handelte es sich um Gegenstände, die i. S. d. § 261 I StGB aus einer rechtswidrigen Tat herrührten; diese verschaffte A sich auch,[159] indem sie diese in der Wohnung aufteilte. Sie handelte auch vorsätzlich i. S. d. §15 StGB; A handelte auch rechtswidrig und schuldhaft.

Sie hat sich daher wegen Geldwäsche gem. § 261 I Nr. 3 StGB strafbar gemacht.

Fraglich ist jedoch das Konkurrenzverhältnis zwischen Hehlerei und Geldwäsche, da nach Aufgabe des Vortatenkatalogs jeder Fall der Hehlerei in Form des Sichverschaffens zugleich auch ein Fall der Geldwäsche (in Form des Sichverschaffens) ist. Der gesetzgeberischen Intention zur Ausdehnung der Geldwäschestrafbarkeit würde aber nicht genügt, wenn die voraussetzungsärmere Geldwäsche (diese verlangt in der Form des Sichverschaffens anders als § 259 StGB keine Bereicherungsabsicht, ferner ist der Begriff des „Gegenstands" i. S. d. § 261 I StGB weiter als der der „Sache" i. S. d. § 259 I StGB) stets hinter die Hehlerei zurück-

---

[155] Hecker, in: Schönke/Schröder, 30. Aufl. 2019, § 257 Rn. 7.
[156] S. schon BGH U. v. 23.04.1953 – 4 StR 743/52 – BGHSt 4, 132 = NJW 1953, 992.
[157] A. A. vertretbar.
[158] Aufgrund Evidenz sehr knapp gehalten, anderes Vorgehen möglich.
[159] Das Merkmal Sichverschaffen bei § 261 I Nr. 3 StGB wird wie bei § 259 StGB ausgelegt, s. Ruhmannseder, in: BeckOK-StGB, Stand 01.11.2022, § 261 Rn. 26.

treten würde. Die Geldwäsche gem. § 261 I Nr. 3 StGB steht daher mit der Hehlerei in Tateinheit, § 52 I StGB.[160]

5. Teil: Verfolger[161]

1. Abschnitt: Geschehen am Fenster des D

1. Unterabschnitt: Strafbarkeit des W

A. §§ 242 I, 244 I Nr. 1, (25 II,) 22, 23 StGB
W könnte sich wegen versuchten (mittäterschaftlichen) qualifizierten Diebstahls strafbar gemacht haben, indem er die Fensterflügel zum Zimmer des D aufstieß.

I. Sog. „Vorprüfung": Nichtvollendung, Strafbarkeit des Versuchs
Zu einer vollendeten Wegnahme kam es nicht.
Die Versuchsstrafbarkeit ergibt sich aus § 244 II StGB.

II. Tatbestand

1. Vorstellung von der Verwirklichung des Tatbestands (sog. Tatentschluss, subjektiver Tatbestand)
W wollte aus einem Lebensmittelgeschäft Gegenstände entwenden und wies so Tatentschluss hinsichtlich der Wegnahme fremder beweglicher Sachen auf.

Er hatte auch Vorsatz hinsichtlich des Beisichführens einer Waffe nach § 244 I Nr. 1 lit. a StGB (hier: geladene Pistole).

Vom Vorsatz hinsichtlich einer Bande i. S. d. I Nr. 2 ist mangels Angaben im Sachverhalt zur Absicht fortgesetzter Begehungen nicht auszugehen.

Auch mangelt es am Vorsatz hinsichtlich einer Wohnung nach I Nr. 3 oder IV: W glaubte an einen Büroraum.

2. Unmittelbares Ansetzen
Durch das Aufstoßen der Fensterflügel müsste W i. S. d. § 22 StGB unmittelbar angesetzt haben.

Auf Grundlage des Tatplans wären W und seine Begleiter sofort nach dem Aufstoßen eingestiegen und hätten Gegenstände entwendet. Angesichts dessen, dass die

---

[160] A. A. vertretbar.
[161] Nach BGH U. v. 23.01.1958 – 4 StR 613/57 (Verfolger) – BGHSt 11, 268 = NJW 1958, 836 (Anm. Roxin, Höchstrichterliche Rspr. AT, 1998, Nr. 11; Kaspar/Reinbacher, Casebook AT, 2020, Fall 28; Hemmer-BGH-Classics Strafrecht, 2003, Nr. 32; Fahl, Strafrechts-Klassiker, 2020, § 25 Rn. 39ff.; Schröder JR 1958, 427; Spendel JuS 1969, 314; Scheffler JuS 1992, 920; Dehne-Niemann ZJS 2008, 351).

größte Barriere auf dem Weg zum Taterfolg das Überwinden der physischen Hindernisse ist, setzte W unmittelbar an.[162]

Auf eine Zurechnung nach § 25 II StGB kommt es nicht mehr an.

III. Rechtswidrigkeit, Schuld
W handelte rechtswidrig und schuldhaft.

IV. Rücktritt
Ein Rücktritt nach § 24 StGB scheitert am Fehlschlag aufgrund des Widerstandes des D, jedenfalls am Erfordernis der Freiwilligkeit.

V. Ergebnis
W hat sich wegen versuchten (mittäterschaftlichen) qualifizierten Diebstahls gem. §§ 242 I, 244 I Nr. 1, (25 II,) 22, 23 StGB strafbar gemacht, indem er die Fensterflügel zum Zimmer des D aufstieß.

Auf § 243 StGB kommt es nicht an, dieser wird von § 244 StGB in Gesetzeskonkurrenz verdrängt (Spezialität des § 244 gegenüber § 242 I StGB, die sich auch auf die Strafzumessung bezieht).[163]

B. §§ (212 I,) 211, 22, 23 StGB zu Lasten des D
W könnte sich wegen versuchten Mordes an D strafbar gemacht haben, indem er den Schuss auf das Fenster abgab.

I. Sog. „Vorprüfung": Nichtvollendung, Strafbarkeit des Versuchs
Zu einer vollendeten Tötung kam es nicht.

Die Versuchsstrafbarkeit ergibt sich aus den §§ 23 I, 12 I StGB.

II. Tatbestand

1. Vorstellung von der Verwirklichung des Tatbestands (sog. Tatentschluss, subjektiver Tatbestand)
W müsste Tötungsvorsatz gehabt haben.

Vorsatz ist Wissen und Wollen der den objektiven Tatbestand verwirklichenden Umstände,[164] wobei zum einen die Abgrenzung von Eventualvorsatz und Fahrlässigkeit problematisch ist,[165] zum anderen gerade an den Tötungsvorsatz[166] strenge Anforderungen gestellt werden.

---

[162] A. A. vertretbar.
[163] Bock, BT 2, 2018, S. 144; Fischer, StGB, 70. Aufl. 2023, § 244 Rn. 64.
[164] Fischer, StGB, 70. Aufl. 2023, § 15 Rn. 3.
[165] B. Heinrich, AT, 7. Aufl. 2022, Rn. 285, 295ff.; Hillenkamp/Cornelius, 32 Probleme aus dem Strafrecht AT, 16. Aufl. 2022, 1. Problem; aus der Rspr. vgl. zuletzt BGH U. v. 15.07.2021 – 3 StR 481/20 – NStZ 2022, 753.
[166] Hierzu Bock, BT 1, 2018, S. 8ff.; aus der Rspr. vgl. zuletzt BGH U. v. 23.03.2022 – 6 StR 343/21 – NJW 2022, 3025 = NStZ 2022, 549; BGH U. v. 15.07.2021 – 3 StR 481/20 – NStZ 2022, 753.

Lösungshinweise

Im vorliegenden Fall dürfte aus der Gefährlichkeit des Schusses für den am Fenster stehenden D zu schließen sein, dass W mindestens billigend in Kauf nahm, diesen tödlich zu treffen. Immerhin hatten W, H und K den Schusswaffeneinsatz auch vorher verabredet, sodass W seine Waffe berechnend einsetzte. Von einem beabsichtigten Vorbeischießen ist schon aufgrund der Schwierigkeit, mit einer Handfeuerwaffe derart exakt zu treffen, nicht auszugehen.

W handelte vorsätzlich.[167]

W handelte ferner i. S. d. § 211 II StGB in der Absicht, eine andere Straftat – den versuchten qualifizierten Diebstahl, s. o. – zu verdecken. D würde W, selbst wenn er ihn gesehen hätte, nicht erkannt haben, sodass es dem W auch nicht nur darum ging, bei bereits offen gelegter Täterschaft nur eine Flucht zu ermöglichen.[168]

2. Unmittelbares Ansetzen

Durch den Schuss, also den vollständigen Abschluss der geplanten und für ausreichend erachteten Tathandlung,[169] hat W auch unmittelbar i. S. d. § 22 StGB angesetzt.

III. Rechtswidrigkeit, Schuld, Rücktritt

W handelte rechtswidrig und schuldhaft.

Ein Rücktritt ist nicht ersichtlich.

IV. Ergebnis

W hat sich wegen versuchten Mordes an D strafbar gemacht, indem er den Schuss auf das Fenster abgab.

C. §§ (212 I,) 211, 22, 23 zu Lasten der Frau des D

D wurde nicht getötet, sodass es auf die Frage eines *error in persona* des W nicht ankommt, da sich die Gesamttat als Versuch darstellt.

Der Tötungsvorsatz des W bei Abgabe des Schusses wird bereits durch den versuchten Mord an D erfasst, sodass eine weitere Bestrafung eine unzulässige Vorsatzverdoppelung darstellen würde[170] und daher ein versuchter Mord zu Lasten der Frau des D ausscheidet.

D. §§ 223 I, 224 I Nr. 2, 4, 5 StGB zu Lasten der Frau des D

Die Frau des D wurde laut Sachverhalt durch einen Pistolenschuss schwer verletzt, sodass die §§ 223 I, 224 I Nr. 2 und 5 StGB objektiv erfüllt sind.

---

[167] A. A. vertretbar.
[168] Hierzu Bock, BT 1, 2018, S. 63; Fischer, StGB, 70. Aufl. 2023, § 211 Rn. 68ff.; aus der Rspr. vgl. zuletzt BGH U. v. 30.09.2021 – 4 StR 170/21 – NStZ-RR 2021, 384 = StV 2022, 89 (Anm. Kudlich JA 2022, 77; Schladitz ZJS 2022, 269; RÜ 2022, 106; RÜ2 2022, 37).
[169] S. die Faustformel bei Joecks/Jäger, StGB, 13. Aufl. 2021, § 22 Rn. 17ff.
[170] S. B. Heinrich, AT, 7. Aufl. 2022, Rn. 1104.

Für eine gemeinschaftliche Begehung nach Nr. 4 wird, ungeachtet der sonstigen Kontroversen,[171] freilich eine Mitwirkung eines anderen vorausgesetzt, welche eine erhöhte Gefährlichkeit der konkreten Tatsituation begründet.[172] Hieran fehlt es bei der schlichten Abgabe eines Schusses.[173]

Problematisch ist, ob W Vorsatz hinsichtlich der Verletzung der Frau des D hatte. Es ist wohl (und sei es *in dubio pro reo*) anzunehmen, dass W an eine weitere Person als D nicht einmal gedacht hatte, sondern nur denjenigen treffen wollte, der ans Fenster trat. Es handelt sich um eine sog. *aberratio ictus*.[174] Bei dieser verfehlt ein Täter das anvisierte Ziel und trifft ein anderes.[175]

Die Rechtsfolgen sind dann umstritten, wenn verfehltes und getroffenes Ziel gleichwertig sind (wie hier: D und seine Frau sind beides Menschen).[176]

Teile der Lehre[177] verneinen die Anwendung des § 16 I StGB in diesen Fällen und gelangen zu einer Vollendungsstrafbarkeit. Hierfür spricht, dass die Strafnorm (z. B. § 212 I StGB) das Tatobjekt nur der Gattung nach bestimmt, sodass sich grundsätzlich nur hierauf der Vorsatz beziehen muss. Wie bei einem *error in persona* wird z. B. ein Mensch getötet und der Täter wollte auch einen Menschen töten.

Die Rspr.[178] und die h. L.[179] halten § 16 I 1 StGB für einschlägig, sodass es lediglich zu einer Strafbarkeit z. B. wegen fahrlässiger Tötung – am getroffenen Opfer – in Tateinheit mit einem versuchten Totschlag – am verfehlten Opfer – kommt.

Vermittelnde Auffassungen[180] stellen darauf ab, ob die Abirrung vorhersehbar war; dann bleibt sie unerheblich.

Zwar ist richtig, dass i. F. d. *aberratio ictus* der Täter sein Handeln auf ein bestimmtes, körperlich identifiziertes Individuum konkretisiert hat, sodass es sich bei dem Abirren der Gewehrkugel um einen anderen Geschehensablauf handelt, als der Täter sich vorgestellt hat (anders als beim *error in persona*, bei dem der Täter das Individuum trifft, welches er treffen wollte, und lediglich die Identität verkennt). Dies vermag aber nichts daran zu ändern, dass es sich um ein bloßes Tatmotiv handelt, welches keine Entsprechung im objektiven Tatbestand des Delikts hat. Ließe man derartige motivatorische Vorsatzkonkretisierungen zu, ergäben sich unlösbare Probleme bei der Festlegung der erforderlichen Kaprizierung auf ein bestimmtes

---

[171] Hierzu Bock, BT 1, 2018, S. 137ff.; Hillenkamp/Cornelius, 40 Probleme aus dem Strafrecht AT, 13. Aufl. 2020, 6. Problem; aus der Rspr. vgl. zuletzt OLG Frankfurt B. v. 01.04.2021 – 3 Ss 18/21 – NStZ-RR 2021, 369.

[172] Fischer, StGB, 70. Aufl. 2023, § 224 Rn. 25.

[173] A. A. vertretbar.

[174] Zur *aberratio ictus* Hillenkamp/Cornelius, 32 Probleme aus dem Strafrecht AT, 16. Aufl. 2023, 9. Problem.

[175] Joecks/Jäger, StGB, 13. Aufl. 2021, § 15 Rn. 44ff.

[176] S. bereits o.; aus der Rspr. vgl. zuletzt BGH B. v. 23.10.2019 – 4 StR 375/19 (Anm. Lorenz/Bade jurisPR-StrafR 5/2020 Anm. 4).

[177] Z. B. Stein, in: SK-StGB, 9. Aufl. 2017, § 16 Rn. 39; Heuchemer JA 2005, 275.

[178] S. o.

[179] S. B. Heinrich, AT, 7. Aufl. 2022, Rn. 1108.

[180] Z. B. Puppe, in: NK-StGB, 5. Aufl. 2017, § 16 Rn. 104ff.

Opfer (oder eine bestimmte Gruppe?). Unerwünschte Strafbarkeiten etwa in Notwehrkonstellationen lassen sich durch rechtfertigungsbezogene Irrtumserwägungen handhaben. Jedenfalls ist die *ad-hoc*-Konstruktion einer eigenständigen tatbestandsexternen Irrtumskategorie abzulehnen.

Ist die sog. *aberratio ictus* bereits im Grundfall unbeachtlich, kommt es auch nicht mehr darauf an, ob für den Fall mangelnder visueller Wahrnehmung (wie auch hier) besondere Voraussetzungen zu gelten haben.

W handelte daher mit Vorsatz i. S. v. § 15 StGB.

W hat sich daher wegen §§ 223 I, 224 I Nr. 2, 5 StGB zu Lasten der Frau des D strafbar gemacht, indem er den Schuss auf das Fenster abgab.[181]

E. §§ 303 I, 25 II StGB

Im Eindrücken der Scheibe durch K liegt eine – nicht konsumierte, vgl. o. – Sachbeschädigung, die dem W gem. § 25 II StGB aufgrund der vorherigen hinreichenden Abrede und deren insofern vorliegenden und kongruenten Erfüllung zugerechnet wird.

Zum Strafantragserfordernis s. § 303c StGB.

F. § 123 I StGB

Von einem vollendeten Eindringen ist nicht auszugehen, der Versuch des Hausfriedensbruchs ist nicht strafbar.

2. Unterabschnitt: Strafbarkeit des H

A. §§ 242 I, 244 I Nr. 1, 3, 25 II, 22, 23 StGB

H könnte sich wegen versuchten mittäterschaftlichen qualifizierten Diebstahls strafbar gemacht haben, indem er an dem Geschehen bei D mitwirkte.

Entsprechenden Tatentschluss wies er auf.

Fraglich ist lediglich, ob ihm die Handlungen des W via § 25 II StGB zuzurechnen sind. Die gewichtige Rolle des H ergibt sich zwar nicht aus einer verabredeten Mitwirkung beim Öffnen der Fensterscheibe, allerdings aus seiner verabredeten bewaffneten Absicherung sowie (offenbar) aus seiner Mitwirkung bei der Planung.

Auch das unmittelbare Ansetzen wird ihm zugerechnet.

H hat sich wegen versuchten mittäterschaftlichen qualifizierten Diebstahls strafbar gemacht, indem er an dem Geschehen bei D mitwirkte.

B. §§ (212 I,) 211, 22, 23 StGB zu Lasten des D

H könnte sich wegen versuchten Mordes an D strafbar gemacht haben, indem er den Schuss auf das Fenster abgab.

Hier gilt das gleiche wie bei W, vgl. o. H gab selbst einen Schuss ab, sodass es einer Zurechnung nach § 25 II StGB nicht bedarf.

---

[181] A. A. vertretbar.

C. §§ 223 I, 224 I Nr. 2, 4, 5 StGB zu Lasten der Frau des D
Vgl. o.

D. § 229 StGB
Vgl. o.
Der Sachverhalt ist so auszulegen, dass beide Schüsse trafen.

E. §§ 303 I, 25 II StGB
Hierzu vgl. o.

3. Unterabschnitt: Strafbarkeit des K

A. §§ 242 I, 244 I Nr. 1, 3, 25 II, 22, 23 StGB
Vgl. bereits o. bei W und H.
Insbesondere beruht die Mittäterschaft des K darauf, dass er an der Planung mitwirkte und wie verabredet die Fensterscheibe eindrückte sowie auf der verabredeten bewaffneten Absicherung.

B. §§ (212 I,) 211, 25 II, 22, 23 StGB zu Lasten des D
Zwar gab der K keinen eigenen Schuss ab, die Schüsse von W und H werden ihm aber gem. § 25 II StGB zugerechnet. Angesichts der Bewaffnung aller und der vorherigen Abrede zur Verwendung der Schusswaffen liegt auch kein Exzess vor.

C. §§ 224 I Nr. 2, 4, 5, 25 II StGB und § 229 StGB zu Lasten der Frau des D
Vgl. o.

D. § 303 I StGB
Im Eindrücken der Scheibe durch K liegt eine Sachbeschädigung, s. o.
Zum Strafantragserfordernis s. § 303c StGB.

2. Abschnitt: Geschehen auf der Straße

1. Unterabschnitt: Strafbarkeit des W

A. §§ (212 I,) 211, 22, 23 StGB
W könnte sich wegen versuchten Mordes strafbar gemacht haben, indem er auf K schoss.
Laut Sachverhalt billigte W ausdrücklich die Möglichkeit einer tödlichen Wirkung und hatte folglich Tötungsvorsatz.
Zwar verwechselte er den K mit einem Verfolger, hierin liegt aber ein unbeachtlicher *error in persona*.
W handelte auch in Verdeckungsabsicht nach § 211 II StGB.
Durch den Schuss hat W auch i. S. d. § 22 StGB unmittelbar angesetzt.
Er handelte rechtswidrig und schuldhaft.
W hat sich wegen versuchten Mordes strafbar gemacht, indem er auf K schoss.

B. §§ 223 I, 224 I StGB
Der Sachverhalt ist so zu verstehen, dass nur die Kleidung des Oberarms getroffen wird, nicht der Körper des K.[182]

C. § 303 I StGB
Der Schuss bewirkte aber eine Beschädigung der Kleidung des K.
Von (Eventual-)Vorsatz des K ist auszugehen.
Aufgrund des gesonderten Rechtsguts Eigentum und der Tatsache, dass das Tötungsdelikt auch nur versucht ist, tritt § 303 I StGB nicht (etwa qua Konsumtion) in Gesetzeskonkurrenz zurück.

2. Unterabschnitt: Strafbarkeit des H

A. §§ (212 I,) 211, 22, 23, 25 II StGB
H könnte sich wegen versuchten Mordes strafbar gemacht haben, wenn ihm der Schuss des W auf K nach § 25 II StGB zuzurechnen ist und H entsprechenden Vorsatz aufwies.
Hiervon ist angesichts des bisher Ausgeführten jeweils auszugehen. Die genaue Absprache zum Einsatz der Schusswaffe und mithin die sorgfältige Planung kompensieren das Beteiligungsminus des H in Bezug auf den Schuss (schließlich stand H insofern nur dabei).[183] Auch hätte H sich jederzeit durch Rufe o. ä. an W wenden können.[184]
Das unmittelbare Ansetzen des W müsste nach § 25 II StGB zurechenbar sein.
Fraglich ist, ob sich der für W unbeachtliche *error in persona* (K statt Verfolger) auch für den Mittäter H als unbeachtlich erweist.
Die Rspr.[185] und die wohl h. L.[186] nehmen die Unbeachtlichkeit eines *error in persona* des einen Mittäters für den anderen Mittäter an, teilweise mit der Einschränkung, dass die Fehlleistung im Tatplan gleichsam vorprogrammiert gewesen sein muss[187] (wovon angesichts der typischerweise unübersichtlichen Fluchtsituation im vorliegenden Fall gesprochen werden kann).
Eine Gegenauffassung[188] nimmt bei entsprechend substantiierter Abrede (hier: Verfolger) einen zurechnungsausschließenden Exzess an. Jedenfalls im Rahmen einer zu prüfenden Versuchsstrafbarkeit aber muss es auf die Vorstellung des Schützen ankommen: Glaubte dieser an einen Verfolger und damit an ein Vorliegen der abredemäßigen Voraussetzungen für einen Schuss, so gelten die allgemeinen Irrtumsregeln und damit die Unbeachtlichkeit eines *error in persona* auch bzgl. § 25 II StGB. Eine etwaige Fahrlässigkeit des Schützen bei der Feststellung der Situation

---

[182] A. A. vertretbar.
[183] A. A. vertretbar.
[184] Vgl. BGH U. v. 23.01.1958 – 4 StR 613/57 (Verfolger) – BGHSt 11, 268 (272).
[185] BGH U. v. 23.01.1958 – 4 StR 613/57 (Verfolger) – BGHSt 11, 268 (271).
[186] S. nur Kühl, AT, 8. Aufl., 2017, § 20 Rn. 121.
[187] Heine/Weißer, in: Schönke/Schröder, 30. Aufl. 2019, § 25 Rn. 101.
[188] Etwa Jäger, AT, 10. Aufl. 2021, Rn. 311.

ändert hieran nichts, zumal keinerlei Regeln darüber zu ermitteln sind, welches Sorgfaltsmaß anzulegen wäre.

Der *error in persona* ist mithin auch für H unbeachtlich.[189]

B. §§ 303 I, 25 II StGB
Auch die Sachbeschädigung wird dem H zugerechnet.

3. Unterabschnitt: Strafbarkeit des K

A. §§ (212 I,) 211, 22, 23, 25 II StGB
K könnte sich wegen versuchten Mordes strafbar gemacht haben, wenn ihm der Schuss des W selbst nach § 25 II StGB zuzurechnen ist und K entsprechenden Vorsatz aufwies.

Eine grundsätzliche Mittäterschaft von W, K und H liegt vor, und zwar auch und gerade im Hinblick auf Schüsse zu Lasten von Verfolgern, s. o. Das Beteiligungsminus des K im eigentlichen Stadium der Ausführung wird wiederum durch die Handlungen im Vorfeld sowie durch die Möglichkeit einzugreifen kompensiert.[190]

Von einem Tötungsvorsatz im Rahmen des Tatentschlusses ist ebenfalls auszugehen.

Zur Verdeckungsabsicht s. o.

Das unmittelbare Ansetzen des W müsste nach § 25 II StGB zurechenbar sein.

Zur Unbeachtlichkeit eines *error in persona* (auch) bei Mittäterschaft s. o.

Für K besteht allerdings die Besonderheit, dass er als Mittäter selbst Tatopfer wurde.

Es ist strittig, ob wenigstens in diesen Fällen die Zurechnung nach § 25 II StGB unterbleibt. Die Rspr.[191] und die wohl h. L.[192] nehmen die Zurechnung vor.

Eine Gegenauffassung[193] lehnt dies ab. Für letztere spricht der Gedanke, dass Selbstschädigungen und sogar Selbsttötungen nach deutschem Recht straflos sind. Dem lässt sich aber mit der Rspr.[194] die Existenz des untauglichen Versuchs entgegenhalten. In der Tat ist die Strafbarkeit lediglich die konsequente Anwendung der subjektiven Ausrichtung des § 22 StGB in Verbindung mit einer Zurechnung nach § § 25 II StGB. Zwar sollte nach dem gemeinsamen Tatplan gewiss nicht aufeinander geschossen werden, aber das wollte H auch nicht; sein Irrtum jedoch ist rechtlich als bloßer *error in persona* unbeachtlich. Auch K erfüllt das Merkmal des „Menschen" i. S. d. § 212 I StGB. Bloße Fahrlässigkeit bei der Feststellung der Identität begründet auch keinen Exzess, vgl. o.

Eine Zurechnung nach § 25 II StGB findet mithin statt.[195]

---

[189] A. A. vertretbar; dann wäre §§ (212 I,) 211, 30 StGB zu prüfen.
[190] A. A. vertretbar.
[191] BGH U. v. 23.01.1958 – 4 StR 613/57 (Verfolger) – BGHSt 11, 268 (271).
[192] S. nur B. Heinrich, AT, 7. Aufl. 2022, Rn. 1240.
[193] Etwa Jäger, AT, 10. Aufl. 2021, Rn. 311; Dehne-Niemann ZJS 2008, 351 (356ff.).
[194] BGH U. v. 23.01.1958 – 4 StR 613/57 (Verfolger) – BGHSt 11, 268 (271).
[195] A. A. vertretbar; dann wären die §§ (212 I,) 211, 30 StGB zu prüfen.

K hat sich wegen mittäterschaftlich begangenen versuchten Mordes strafbar gemacht, dadurch dass W zurechenbar auf K schoss.

B. §§ 303 I, 25 II StGB
Ebenso wird die Sachbeschädigung zugerechnet.

Konkurrenzen und Endergebnis

Im 1. Teil haben sich K, W und H wegen schwerer räuberischer Erpressung in Mittäterschaft gem. §§ 253, 255, 250 I Nr. 1 lit. a, 25 II StGB sowie wegen Hausfriedensbruch gem. § 123 I StGB strafbar gemacht. Der Hausfriedensbruch diente der Begehung der Erpressung, sodass Tateinheit i. S. d. § 52 StGB vorliegt.
I hat sich nicht strafbar gemacht.
Im 2. Teil hat sich I wegen schwerer räuberischer Erpressung gem. §§ 253, 255, 250 II Nr. 1 StGB, wegen versuchter schwerer räuberischer Erpressung gem. §§ 253, 255, 250 II Nr. 1 und 3 lit. A, 22, 23 StGB und wegen Mordes strafbar gemacht. Aufgrund des räumlich-zeitlichen Zusammenhangs stehen diese Delikte in Tateinheit.[196]
A hat sich wegen schwerer räuberischer Erpressung in Mittäterschaft gem. §§ 253, 255, 250 II Nr. 1, 25 II StGB, wegen versuchter schwerer räuberischer Erpressung in Mittäterschaft gem. §§ 253, 255, 250 II Nr. 1 und 3 lit. a, 22, 23, 25 II StGB sowie wegen gefährlicher Körperverletzung in Mittäterschaft gem. §§ 224 I Nr. 2, 25 II StGB strafbar gemacht.
Im 3. Teil hat sich I wegen mittäterschaftlich begangenen versuchten Betrugs gem. §§ 263 I, II, 22, 23, 25 II StGB strafbar gemacht.
C hat sich wegen räuberischer Erpressung in mittelbarer Täterschaft gem. §§ 253, 255, 25 I 2. Var. StGB sowie wegen Hausfriedensbruchs in mittelbarer Täterschaft gem. §§ 123, 25 I 2. Var. StGB strafbar gemacht. Beide Delikte stehen in Tateinheit, was sich für C bereits aus der Identität seiner Tathandlung gegenüber dem Werkzeug[197] I ergibt.
Im 4. Teil hat sich I wegen Diebstahls in einem besonders schweren Fall gem. §§ 242 I, 243 I 2 Nr. 1 StGB und wegen Sachbeschädigung gem. § 303 I StGB strafbar gemacht, und zwar in Tateinheit gem. § 52 StGB: Die Sachbeschädigung diente gerade der Begehung des Diebstahls.[198]
A hat sich wegen Diebstahls gem. § 242 I StGB sowie wegen Hehlerei gem. § 259 I StGB, Geldwäsche, § 261 I Nr. 3 StGB und Hausfriedensbruchs gem. § 123 I StGB strafbar gemacht. Angesichts der zusammenhängenden Tatentschlüsse und der kurzen zeitlichen Distanz liegt Tateinheit nach § 52 StGB vor.

---

[196] A. A. aufgrund des neuen Tötungsentschlusses vertretbar.
[197] Fischer, StGB, 70. Aufl. 2023, vor § 52 Rn. 34.
[198] Fischer, StGB, 70. Aufl. 2023, § 303 Rn. 23; anders Kindhäuser/Hilgendorf, LPK, 9. Aufl. 2022, § 303 Rn. 31.

Im 5. Teil, 1. Abschnitt, haben sich W, H und K wegen mittäterschaftlichen versuchten qualifizierten Diebstahls gem. §§ § 242 I, 244 I Nr. 1 lit. a, 22, 23, 25 II StGB, wegen mittäterschaftlicher Sachbeschädigung gem. §§ 303 I, 25 II StGB, wegen mittäterschaftlichen versuchten Mordes gem. §§ (212 I,) 211, 22, 23, 25 II StGB und wegen Körperverletzung gem. §§ 223 I, 224 I Nr. 2, 5 StGB strafbar gemacht.

Die ersten beiden und die letzten beiden Delikte stehen aufgrund Identität der natürlichen Handlungen in Tateinheit, § 52 StGB. Untereinander liegt aufgrund des eigenständigen Entschlusses Tatmehrheit nach § 53 StGB vor.

Im 5. Teil, 2. Abschnitt haben sich W, H und K wegen mittäterschaftlichen versuchten Mordes gem. §§ (212 I,) 211, 22, 23, 25 II StGB sowie wegen mittäterschaftlicher Sachbeschädigung gem. §§ 303 I, 25 II StGB strafbar gemacht, und zwar in Tateinheit (Identität des Schusses), § 52 StGB.

4. Übungsfall „Hells Angels und Outlaws"

Dieter Althoff (A) und Mark Steffens (S) waren Mitglieder der „Hells Angels". Dirk Ohde (O) war Mitglied der „Outlaws" und Präsident des „Chapters" Donnersbergkreis. Am 24.06.2021 hatte S in Bad Kreuznach eine körperliche Auseinandersetzung mit Tobias Ludwig (L), einem Mitglied des dortigen neu gegründeten „Outlaws"-Chapters, an deren Ende er von L darauf hingewiesen wurde, dass Bad Kreuznach „Outlaw-Gebiet" sei. Am Nachmittag des 26.06.2021 trafen sich A und S in Landstuhl u. a. mit Björn Schreier (Sch), der ebenfalls den „Hells Angels" angehörte. Sie beschlossen, nach Bad Kreuznach zu fahren, um dort „Präsenz zu zeigen"; gegebenenfalls wollten sie auch einem Mitglied der „Outlaws" eine „Abreibung verpassen". Gegen 20.00 Uhr brachen A, S und Sch in einem Pkw nach Bad Kreuznach auf. Sie beschlossen dann, nach Mannheim zur Gaststätte „Inside" zu fahren, dem Treffpunkt der „Outlaws" in deren Chapter im Donnersbergkreis, um diese auszukundschaften und – so das Vorhaben von A und Sch – eine nicht näher bestimmte „Aktion" gegen dieses Chapter durchzuführen. Etwa um 23.00 Uhr verließen mehrere Mitglieder der „Outlaws", unter anderem O, das „Inside" und fuhren nach Kirchheimbolanden. A, S und Sch folgten ihnen. Während sich die Mitglieder der „Outlaws" in einer Gaststätte aufhielten, fassten A und Sch den Entschluss, dem – von ihnen als solchem erkannten – Mitglied der „Outlaws" bei sich bietender Gelegenheit die „Kutte", also die mit Aufnähern versehene Lederweste, abzunehmen, um hierdurch „ein Zeichen gegen die „Outlaws" zu setzen" und den „Outlaws" deutlich zu machen, dass deren Gebietsanspruch nicht akzeptiert werde. A, S und Sch war dabei klar, dass es zu einer harten körperlichen Auseinandersetzung auch mit Waffen und Werkzeugen kommen könnte. Ihnen war bewusst, dass ihr Handeln auch den Tod des anzugreifenden Rockers nach sich ziehen könnte, sie vertrauten aber darauf, dass insbesondere wegen ihrer körperlichen und zahlenmäßigen Überlegenheit ein lebensgefährliches Ausmaß der Gewaltanwendung nicht notwendig sein werde. Ein solcher tödlicher Ausgang war ihnen unerwünscht. A fürchtete bei einem „tödlichen Zwischenfall" clubinterne Sanktionen, S, der als einziges Mitglied der „Hells Angels" im Donnersbergkreis wohnte, befürchtete eine „Retourkutsche" der „Outlaws". Nachdem die „Outlaws" die Gaststätte verlassen hatten, folgten A und S – S als Fahrer – und Sch mit ihrem Pkw zwei Motorrädern der „Outlaws". Nachdem der zweite Motorradfahrer abgebogen war, fuhren O und hinter ihm A, S und Sch gegen 23.50 Uhr auf der Landstraße in Richtung Stetten. A und Sch beschlossen nunmehr, O zu überholen und zum Anhalten zu bringen, um ihm die Kutte abnehmen zu können. Auf Weisung des A überholte S das Motorrad und bremste den Pkw anschließend bis zum Stillstand stark ab, wobei er darauf achtete und darauf vertraute, dass es nicht zu einer Kollision kam und O nicht stürzte. O gelang es wenige Meter hinter dem Pkw anzuhalten. Während S – auch in der Folgezeit – in dem Pkw verblieb, sprangen A und Sch aus dem Fahrzeug, liefen auf O zu und zogen diesen von seinem Motorrad herunter. Sodann schnitten sie mit einem Messer die rechte Hosentasche des O auf, in der er – erkennbar – ein Messer mitführte, und warfen dieses Messer weg. Nachdem ein entgegenkommender Pkw vorbeigefahren war und O das umgefallene Motorrad aufgerichtet hatte, um mit diesem zu fliehen, versetzte Sch dem O sechs Stiche kurz unterhalb des Arms in die rechte Seite. Er handelte dabei aus Verärgerung darüber, dass „das gesamte Vorhaben" durch das zufällige Erscheinen des Pkws zu scheitern gedroht hatte und wollte der „Aktion" endgültig und sicher zum Erfolg verhelfen. Dass der O dabei sterben könnte, war ihm klar, jedoch auch egal. A sah diese nicht abgesprochene Messerattacke, konnte allerdings nicht mehr eingreifen; er ging – wie auch S – davon aus, dass das Opfer bereits tödlich verletzt sei und jede Hilfe zu spät kommen werde. Er und Sch zogen O die Kutte aus, um diese mitzunehmen und zu vernichten, damit sie nicht in die Hände der „Outlaws" gelangt. Infolge der Stiche in die Seite verstarb O. S kam später bei einer anderen Auseinandersetzung mit einem „Outlaws"-Mitglied ums Leben.

A fuhr rasch nach Hause, denn dort hatte er sein sechs Monate altes Kind Dustin (D), für dessen Versorgung er allein verantwortlich war, zurückgelassen. D war ein sehr unruhiges Kind, das viel schrie. Mit seiner Versorgungsaufgabe war A überfordert. Er behandelte das Kind zunehmend gereizt und aggressiv. Als er – aufgewühlt vom vorher Geschehenen – nach Hause kam und das schreiende Kind vorfand, packte er es am Brustkorb und schüttelte es, um es zum Schweigen zu bringen, so heftig, dass der Kopf nach vorne und hinten schlug und wegen der noch schwachen Nackenmuskulatur erst in der Extremposition, also Brust und Nacken, abgebremst wurde. Es kam zum Abriss so genannter Brückenvenen zwischen Schädelkalotte und Gehirn. Dies führte zu subduralen Blutungen und Netzhauteinblutungen. Die später hinzukommende Mutter des Kindes ging wegen dieser Verletzungsspuren zur Polizei, die eine Untersuchung in der Rechtsmedizin veranlasste. Dort fiel der ungewöhnliche Umfang des Kopfes des Kindes auf und es wurde sofort in die Kinderklinik verbracht, wo sein Leben nur durch intensivmedizinische Maßnahmen gerettet werden konnte. Ob dauerhaft geistige oder motorische Retardierungen zurückbleiben würden, ist noch nicht absehbar.

A entschloss sich nun, in der von ihm und seinem Sohn bewohnten Mietwohnung Feuer zu legen und diese dadurch zu zerstören, um „alles hinter sich zu lassen". Die Wohnung befand sich in einem Reihenhaus mit zweieinhalb Etagen, in dem noch weitere vier Mietparteien wohnten. Zur Ausführung seines Vorhabens verteilte A in den späten Abendstunden größere Mengen Benzin in drei verschiedenen Räumen seiner Wohnung. Als er gegen 22.45 Uhr das von ihm verteilte Benzin entzündete, kam es, für A überraschend, zu einer heftigen Verpuffung des mittlerweile entstandenen Benzin-Luft-Gemisches, die u. a. dazu führte, dass ein Teil der Hausfassade herausgesprengt wurde. Sodann entwickelte sich ein offener Wohnungsbrand, der von der Wohnung des A in der ersten Etage auch auf die Dachgeschosswohnung der Eheleute Topaloglu übergriff. In dieser Wohnung hielt sich zur Tatzeit Kardelen Topaloglu (T) auf, die sich nicht mehr in Sicherheit bringen konnte und an den Folgen einer Brandgasvergiftung verstarb. Der Brand erfasste auch den Dachstuhl. Die Mieter der beiden Erdgeschosswohnungen wurden rechtzeitig auf den Brand aufmerksam und konnten das Gebäude unverletzt verlassen.
Strafbarkeit der Beteiligten nach dem StGB?

Lösungshinweise

1. Teil: „Hells Angels" und „Outlaws"[1]

1. Abschnitt: Geschehen am 24.06.2021[2]

- Strafbarkeit des S und des L -
Zwar ist im Sachverhalt von einer körperlichen Auseinandersetzung zwischen S und L die Rede, sodass deren Strafbarkeit wegen Körperverletzung gem. § 223 I StGB in Betracht kommt. Allerdings genügen die Angaben im Sachverhalt nicht für eine Prüfung, insbesondere ist unklar, ob es zu einem Erfolg i. S. d. § 223 I StGB kam und ferner, ob eine Rechtfertigung aufgrund Notwehr gem. § 32 StGB für einen der beiden vorliegt.
S ist überdies ohnehin tot und daher nicht zu prüfen.[3]

2. Abschnitt: Geschehen am 26./27.06.2021

1. Unterabschnitt: Strafbarkeit des Sch

---

[1] Nach BGH U. v. 27.01.2011 – 4 StR 502/10 – NStZ 2011, 699 = StV 2011, 412 (Anm. Jahn JuS 2011, 846; LL 2011, 493; RA 2011, 308).

[2] Kann auch weggelassen werden, zumal ohnehin nicht gutachterlich prüfbar und daher unschöner Klausureinstieg im Feststellungsstil.

[3] Bei materiellrechtlicher Sichtweise, die das Erste Staatsexamen dominiert, ist dies an sich nicht zwingend. Dass aber die Strafbarkeit von Toten in einer Klausur nicht geprüft wird, ist ganz überwiegende Gepflogenheit, s. Wessels/Beulke/Satzger, AT, 49. Aufl. 2019, Rn. 1370.

A. § 249 I StGB[4] bzgl. Kutte[5]

Sch könnte sich wegen Raubes strafbar gemacht haben, indem er den O vom Motorrad zog, niederstach und ihm die Kutte auszog, um diese mitzunehmen und zu vernichten bzw. verschwinden zu lassen, damit sie nicht in die Hände der „Outlaws" gelangt.

I. Tatbestand

1. Objektiver Tatbestand

Bei der Kutte handelte es sich um eine fremde bewegliche Sache i. S. d. § 249 I StGB. Diese müsste Sch dem O weggenommen haben.

Wegnahme ist der Bruch fremden und die Begründung neuen Gewahrsams.[6] O war noch am Leben (nur tödlich getroffen) und hatte durch das Tragen der Jacke den Gewahrsam an dieser inne. Spätestens durch das Entfernen der Jacke begründete Sch auch eigenen Gewahrsam und zwar ohne Einverständnis des O, also durch Bruch: Zwar stellt sich i.R.d. § 249 I StGB bzgl. der Frage der Anforderungen an ein hinreichend freiwilliges Einverständnis in den Gewahrsamsübergang stets die Problematik der Abgrenzung zu § 255 StGB (i. V. m. der kontroversen Frage, ob §§ 253, 255 StGB eine Vermögensverfügung voraussetzen).[7] Allerdings handelte es sich zum einen nach dem äußeren Erscheinungsbild nicht um ein Geben, sondern um ein Nehmen der Jacke, sodass nach dem Abgrenzungskonzept der Rspr.[8] eine Wegnahme vorläge. Zum anderen war auch kein Mitwirkungsakt des O nötig, damit Sch die Jacke erlangen konnte, was auch beide wussten, sodass auch nach h. L.[9] eine Wegnahme vorliegt. Die Frage kann also dahinstehen.

Sch müsste ein sog. qualifiziertes Nötigungsmittel eingesetzt haben: Gewalt gegen eine Person oder Drohungen mit gegenwärtiger Gefahr für Leib oder Leben. Das Vorliegen von Drohungen lässt sich dem Sachverhalt nicht entnehmen. Sch könnte jedoch dadurch, dass er zusammen mit A den O von dem Motorrad herunterzog, Gewalt gegen O angewendet haben.

---

[4] Erst Prüfung der Entwendung der Kutte, da diese als zu ermöglichende andere Straftat i.R.d. § 211 StGB in Betracht kommt, s. u. Insofern auch zulässig, vom grundsätzlichen Gebot der vorrangigen Prüfung des schwersten Delikts abzuweichen sowie die Chronologie aufzulockern. Anderer Aufbau möglich.

[5] Bildung weiterer Unterabschnitte im Hinblick auf die unterschiedlichen Phasen des Geschehens oder auf die unterschiedlichen Tatobjekte möglich.

[6] Bock, BT 2, 2018, S. 31; Fischer, StGB, 70. Aufl. 2023, § 242 Rn. 10; aus der Rspr. vgl. zuletzt BGH B. v. 03.03.2021 – 4 StR 338/20 – BGHSt 66, 55 = NJW 2021, 1545 = NStZ 2021, 425 = StV 2022, 15 (Anm. Kudlich JA 2021, 519; LL 2021, 682; RÜ 2021, 378; Lenk NJW 2021, 1547; El-Ghazi NStZ 2021, 427; Pschorr jurisPR-StrafR 10/2021 Anm. 5; Ruppert StV 2022, 17; Bechtel JR 2022, 39).

[7] Hierzu Bock, BT 2, 2018, S. 575ff.; Eisele, BT II, 6. Aufl. 2021, Rn. 759ff.; aus der Rspr. vgl. zuletzt BGH B. v. 11.08.2021 – 3 StR 63/21 – NStZ-RR 2022, 14 (Anm. Mitsch JuS 2022, 609); BGH U. v. 12.08.2021 – 3 StR 474/20 (Anm. RÜ 2021, 789).

[8] Hierzu obige Nachweise, zsf. etwa Fischer, StGB, 70. Aufl. 2023, § 255 Rn. 6.

[9] Zsf. etwa Joecks/Jäger, StGB, 13. Aufl. 2021, § 249 Rn. 9.

Gewalt gegen eine Person ist jede durch (auch nur geringfügige) körperliche Kraftentfaltung beim Opfer hervorgerufene physische Zwangswirkung, die geeignet ist, die Freiheit der Willensentschließung oder Willensbetätigung gegen dessen Willen auszuschalten (*vis absoluta*) oder zu beeinträchtigen (*vis compulsiva*).[10] Dadurch, dass Sch den O von dessen Motorrad zog, hat er einen unmittelbar auf dessen Körper bezogenen, körperlich wirkenden Zwang angewandt, um den erwarteten Widerstand des O gegen den Überfall zu überwinden. Sch hat also Gewalt gegen eine Person und somit eines der in § 249 I StGB genannten qualifizierten Nötigungsmittel angewandt.

Gleiches trifft auf die Stiche zu.

2. Subjektiver Tatbestand

Sch handelte vorsätzlich i. S. d. § 15 StGB.

Auch der erforderliche Finalzusammenhang zwischen Gewalt und Wegnahme[11] ist gegeben, dies gilt auch für die Stiche: Zwar war Sch bei den Stichen auch verärgert, es ging ihm aber immer noch darum, die „Aktion" durchzuführen.

Er müsste ferner in der Absicht rechtswidriger Zueignung gehandelt haben.

Dies erfordert zum einen Vorsatz bzgl. dauernder und endgültiger Entziehung der Sache, d. h. einer Verdrängung des Eigentümers aus seiner bisherigen Herrschaftsposition; zum anderen die Absicht bzgl. mindestens vorübergehender Einverleibung der Sache in den eigenen Güterbestand oder in den Güterbestand eines Dritten, d. h. die Anmaßung einer eigentumsähnlichen Herrschaft (*se ut dominum gerere*; vgl. § 903 BGB).[12]

Hierfür genügt, dass der Täter sich unter Ausschließung des Eigentümers oder bisherigen Gewahrsamsinhabers die Substanz oder den Sachwert der fremden Sache seinem Vermögen oder dem eines Dritten einverleiben oder zuführen will. Dagegen ist nicht erforderlich, dass der Täter oder der Dritte die Sache auf Dauer behalten soll oder will.[13] An der Voraussetzung, dass der Wille des Täters auf eine Änderung des Bestandes seines Vermögens oder das des Dritten gerichtet sein muss, fehlt es aber, wenn der Täter die fremde Sache nur wegnimmt, um sie zu zerstören, zu vernichten, preiszugeben, wegzuwerfen, beiseitezuschaffen oder zu beschädigen. Der etwa auf Hass- und Rachegefühlen beruhende Schädigungswille ist zur Begründung der Zueignungsabsicht ebenso wenig geeignet wie der Wille, den Eigentümer durch bloßen Sachentzug zu ärgern. In solchen Fällen genügt es auch nicht, dass der Täter für eine kurze Zeit den Besitz an der Sache erlangt. Hiervon aus-

---

[10] Bock, BT 2, 2018, S. 584; Sinn, in: SK-StGB, 9. Aufl., 2019, § 249 Rn. 6ff.; aus der Rspr. vgl. BGH U. v. 05.12.1961 – 5 StR 516/61 – BGHSt 16, 341 = NJW 1962, 356; BGH U. v. 19.04.1963 – 4 StR 92/63 – BGHSt 18, 329 = NJW 1963, 1210 (Anm. Preuße JuS 1963, 368; Knodel JZ 1963, 701); OLG Saarbrücken U. v. 04.07.1968 – Ss 8/68 – NJW 1969, 621.

[11] Bock, BT 2, 2018, S. 592ff.; aus der Rspr. vgl. zuletzt BGH B. v. 10.03.2022 – 1 StR 497/21 (Anm. RÜ 2022, 581).

[12] Bock, BT 2, 2018, S. 73; Hoyer, in: SK-StGB, 9. Aufl., 2019, § 242 Rn. 67ff.; aus der Rspr. vgl. zuletzt BGH B. v. 12.01.2021 – 4 StR 501/20 – NStZ-RR 2021, 77 (Anm. LL 2021, 462).

[13] So, auch zum Folgenden, BGH U. v. 27.01.2011 – 4 StR 502/10 – NStZ 2011, 699 (701) m. w. N.

gehend handelte Sch bzgl. der Kutte ohne Zueignungsabsicht: Zwar diente die Wegnahme der Kutte nach dem Tatplan dem Ziel, diesem „Outlaw" im Speziellen und den sich neuangesiedelten „Outlaws" im Allgemeinen gegenüber „Präsenz zu zeigen" und ihnen klarzumachen, dass mit den in der Nähe angesiedelten „Hells Angels" stets zu rechnen ist. Eine über die Enteignung hinausgehende Zueignungsabsicht ist aber nicht ersichtlich. Ein weiteres Interesse an der erlangten Kutte, etwa als Tauschobjekt, Arbeitsnachweis oder zum Angeben, ist im Sachverhalt nicht ersichtlich. Vielmehr sah der Tatplan von vornherein vor, die Kutte zu vernichten.

Sch handelte ohne Zueignungsabsicht.[14]

II. Ergebnis
Sch hat sich nicht wegen Raubes strafbar gemacht, indem er den O vom Motorrad zog, niederstach und ihm die Kutte auszog, um diese mitzunehmen und zu vernichten bzw. verschwinden zu lassen, damit sie nicht in die Hände der „Outlaws" gelangt.

Auf §§ 250, 251 StGB kommt es nicht mehr an.

B. § 242 I StGB bzgl. Kutte
Auch § 242 StGB scheitert an mangelnder Zueignungsabsicht.

C. § 246 I StGB bzgl. Kutte
Für eine Unterschlagung mangelt es an einer (objektiven) Zueignung.

D. §§ 253, 255 StGB bzgl. Kutte
Sch könnte sich sich wegen räuberischer Erpressung strafbar gemacht haben, indem er den O vom Motorrad zog, niederstach und ihm die Kutte auszog, um diese mitzunehmen und zu vernichten bzw. verschwinden zu lassen, damit sie nicht in die Hände der „Outlaws" gelangt.

Zur Gewalt gegen eine Person s. o.

Problematisch ist, ob als Nötigungserfolg eine (hier zweifelhafte) Vermögensverfügung vorausgesetzt wird, s. o.

Hierauf kommt es aber dann nicht an, wenn Sch jedenfalls ohne die Absicht, sich zu Unrecht zu bereichern, handelte.

Bereicherungsabsicht setzt voraus, dass der Täter einen Vorteil erstrebt, der zu einer objektiv günstigeren Gestaltung der Vermögenslage für den Täter oder einen Dritten führen soll, also eine Erhöhung des wirtschaftlichen Wertes des Vermögens angestrebt wird.[15] Als ein solcher Vermögenszuwachs kann auch die Erlangung des Besitzes an einer Sache bewertet werden und zwar selbst bei einem nur vorübergehenden Besitzwechsel. Jedoch ist der bloße Besitz nur dann ein Vermögensvorteil, wenn ihm ein eigenständiger wirtschaftlicher Wert zukommt, was regelmäßig lediglich dann zu bejahen ist, wenn mit dem Besitz wirtschaftlich messbare Gebrauchsvorteile verbunden sind, die der Täter oder der Dritte nutzen will. Dagegen

---

[14] A. A. vertretbar.
[15] So, auch zum Folgenden, BGH U. v. 27.01.2011 – 4 StR 502/10 – NStZ 2011, 699 (701) m. w. N.

genügt – wie beim Raub (s. o.) – nicht, wenn der Täter zwar kurzzeitig Besitz begründen will, die Sache aber unmittelbar nach der Erlangung vernichtet werden soll. Ebenso wenig reicht es aus, wenn der Täter den mit seiner Tat verbundenen Vermögensvorteil nur als notwendige oder mögliche Folge seines ausschließlich auf einen anderen Zweck gerichteten Verhaltens hinnimmt und allein einen anderen als einen wirtschaftlichen Vorteil erstrebt. Vorliegend sah der Tatplan vor, die Kutte zu vernichten.

Sch handelte mithin ohne Bereicherungsabsicht.[16]

Sch hat sich nicht wegen räuberischer Erpressung strafbar gemacht, indem er den O vom Motorrad zog, niederstach und ihm die Kutte auszog, um diese mitzunehmen und zu vernichten bzw. verschwinden zu lassen, damit sie nicht in die Hände der „Outlaws" gelangt.

E. § 316a I StGB
Mangels entsprechender Bezugstaten (weder Raub noch räuberische Erpressung beabsichtigt) scheidet auch § 316a I StGB aus.

F. § 239a I StGB
Gleiches gilt für § 239a I StGB.

G. § 239b I StGB
Eine Geiselnahme scheitert an der fehlenden Tathandlung. Insbesondere fehlt es an einer für ein Bemächtigen hinreichend stabilen Lage.[17]

H. § 240 I StGB bzgl. Kutte
Es liegt aber eine Nötigung (zur Duldung der Wegnahme der Kutte) vor.

J. § 249 I StGB bzgl. Messer des O
Ein Raub des Messers scheidet aus: Jedenfalls fehlt es an der Zueignungsabsicht, das Messer wurde lediglich weggeworfen.

K. §§ 253, 255 StGB bzgl. Messer des O
Aus dem gleichen Grunde scheidet eine räuberische Erpressung aus: Es fehlt an der Bereicherungsabsicht.

L. § 240 StGB bzgl. Messer des O
Sch verwirklichte aber auch insofern eine Nötigung.

M. § 303 I StGB
Das Zerschneiden der Tasche, um an das Messer zu gelangen, stellt eine Sachbeschädigung dar.

---

[16] A. A. vertretbar.
[17] Hierzu Bock, BT 2, 2018, S. 671ff.; Wolters, in: SK-StGB, 9. Aufl., 2017, § 239a Rn. 7; aus der Rspr. vgl. zuletzt BGH U. v. 28.04.2021 – 2 StR 223/20 (Anm. Jäger JA 2022, 342; RÜ 2022, 102).

Zum Strafantragserfordernis s. § 303c StGB.

Für eine (auch nur versuchte, § 303 III StGB) Sachbeschädigung an der Kutte,[18] am Messer oder am Motorrad[19] ist im Sachverhalt nichts ersichtlich.

N. §§ 315b I Nr. 2, 3, 25 II StGB

Ein gefährlicher Eingriff in den Straßenverkehr durch das Anhalten des O (in mittäterschaftlicher Zurechnung des Verhaltens des Fahrers S zu Sch) scheitert am Fehlen einer Gefährdung von Leib oder Leben des O bzw. dessen Sachen.

Die Frage einer die Anforderungen des § 315b StGB (im Unterschied zu § 315c StGB) erfüllenden sog. Pervertierung des Verkehrsvorgangs[20] kann daher dahinstehen, ebenso die Frage einer Qualifikation nach §§ 315b III i. V. m. 315 III StGB.

Auch eine Versuchsstrafbarkeit scheidet mangels im Sachverhalt ersichtlichen Gefährdungsvorsatzes aus.

O. §§ 240, 25 II StGB bzgl. Anhalten des Motorrads

In dem Anhalten des O auf seinem Motorrad durch S liegt aber eine dem Sch gem. § 25 II StGB zurechenbare Nötigung.[21]

P. § 212 I StGB

Sch könnte sich wegen Totschlags strafbar gemacht haben, indem er dem O Messerstiche versetzte.

I. Tatbestand

1. Objektiver Tatbestand

O ist tot. Die Stiche des Sch wurden hierfür auch kausal.

Auch ist der Tod des O dem Sch objektiv zuzurechnen.

2. Subjektiver Tatbestand

Sch müsste vorsätzlich gehandelt haben, § 15 StGB.

Vorsatz ist – als Grunddefinition – Wissen und Wollen hinsichtlich aller den objektiven Tatbestand verwirklichenden Umstände.[22]

Ausweislich des Sachverhalts handelte Sch im Zeitpunkt der Stiche aus Verärgerung darüber, dass „das gesamte Vorhaben" durch das zufällige Erscheinen des

---

[18] A. A. angesichts der Messerstiche vertretbar.

[19] A. A. vertretbar, da Motorrad umgefallen und zumindest (vom Vorsatz umfasste) Kratzer nicht fern liegen.

[20] Hierzu Bock, BT, 2018, S. 590f.; aus der Rspr. vgl. zuletzt BGH B. v. 19.11.2020 – 4 StR 240/20 – NStZ-RR 2021, 140 = StV 2021, 500.

[21] Hier nur Feststellungsstil, da (relativ mildes) Randdelikt und evidente Mittäterschaft; anderes Vorgehen in ausführlicherer Problematisierung des hinreichenden Tatbeitrags (in Abgrenzung – ggf. psychischen – Beihilfe) möglich.

[22] Fischer, StGB, 70. Aufl. 2023, § 15 Rn. 3.

Pkws zu scheitern gedroht hatte und um der „Aktion" endgültig und sicher zum Erfolg verhelfen. Dass der O dabei sterben könnte, war ihm klar, jedoch auch egal.

Zwar hatte es im Vorfeld noch anders ausgesehen: (Auch) Er hatte darauf vertraut, dass insbesondere wegen der körperlichen und zahlenmäßigen Überlegenheit ein lebensgefährliches Ausmaß der Gewaltanwendung nicht notwendig sein werde. Ein tödlicher Ausgang war ihm unerwünscht gewesen. Abzustellen ist aber auf den Zeitpunkt der Tathandlung, wie sich aus § 16 I 1 StGB sowie § 8 S. 1 StGB ergibt, sog. Simultaneitäts- bzw. Koinzidenzprinzip.[23]

Beim Zufügen der Stiche handelte Sch weder absichtlich noch mit Wissentlichkeit (sog. *dolus directus* ersten bzw. zweiten Grades). In Betracht kommt jedoch Vorsatz in Form des sog. *dolus eventualis*. Auf dessen – indes strittige[24] – Voraussetzungen kommt es jedenfalls dann nicht an, wenn selbst nach der engsten – ein voluntatives Element voraussetzenden – Auffassung (sog. Billigungs- oder Inkaufnahmetheorie der Rspr.[25] und h. L.[26]) Vorsatz gegeben ist.

Der Täter muss erkennen, dass der Erfolg möglich und nicht ganz fernliegend ist und muss dies billigend in Kauf nehmen, d. h. sich mit dem Erfolg abfinden, was sogar bei einem unerwünschten Erfolg der Fall sein kann. Zu berücksichtigen ist hierbei auch, dass gerade an den Tötungsvorsatz[27] strenge Anforderungen gestellt werden.

Dass es dem Sch egal war, ob O sterben würde (was sich auch in der hohen Gefährlichkeit der Tathandlung widerspiegelt), zeugt von einem sich Abfinden im obigen Sinne. Aus Konkurrenzdenken bzgl. des verfeindeten Motorradclubs ging er geradezu berechnend vor und stellte das Leben des O hintan. Offenbar hatte er auch die natürliche Hemmung überwunden, Mitmenschen zu töten. Defizite auf der kognitiven Seite sind nicht ersichtlich, weder was Intelligenz, Geisteszustand oder affektive Belastungen angeht, noch dass der Sch das Risiko unterschätzte.

Er handelte mithin vorsätzlich i. S. d. § 15 StGB.

II. Rechtswidrigkeit, Schuld, Ergebnis
Sch handelte rechtswidrig und schuldhaft.

Sch hat sich wegen Totschlags strafbar gemacht, indem er dem O Messerstiche versetzte.

---

[23] S. nur Bock, AT, 1. Aufl., 2018, S. 220f.; aus der Rspr. vgl. zuletzt BGH B. v. 29.07.2021 – 4 StR 156/21 – NStZ 2022, 30.
[24] Hierzu B. Heinrich, AT, 7. Aufl. 2022, Rn. 285, 295ff.; Hillenkamp/Cornelius, 32 Probleme aus dem Strafrecht AT, 16. Aufl. 2022, 1. Problem; aus der Rspr. vgl. zuletzt BGH U. v. 15.07.2021 – 3 StR 481/20 – NStZ 2022, 753.
[25] Zsf. Fischer, StGB, 70. Aufl. 2023, § 15 Rn. 12ff.
[26] S. nur B. Heinrich, AT, 7. Aufl. 2022, Rn. 300.
[27] Hierzu Bock, BT 1, 2018, S. 8ff.; aus der Rspr. vgl. zuletzt BGH U. v. 23.03.2022 – 6 StR 343/21 – NJW 2022, 3025 = NStZ 2022, 549; BGH U. v. 15.07.2021 – 3 StR 481/20 – NStZ 2022, 753.

Q. §(§ 212,) 211 StGB
Die Tat des Sch könnte sich nicht nur als Totschlag, sondern sogar als Mord darstellen.[28]

In Betracht kommt zunächst das objektive Mordmerkmal der Heimtücke.

Erforderlich hierfür ist ein Ausnutzen der auf Arglosigkeit beruhenden Wehrlosigkeit des Opfers.[29] Arglos ist, wer sich im Zeitpunkt der Tat keines Angriffs versieht.[30]

Angesichts des vorherigen Geschehens ist aber davon auszugehen, dass O mit erheblichen Angriffen auf seine körperliche Unversehrtheit rechnete, was zum Ausschluss der Arglosigkeit genügt.[31]

Heimtücke scheidet daher aus.

Auch Habgier liegt nicht vor: Sch wollte sich die Kutte weder zueignen noch sich bereichern (s. o. bei §§ 249, 253, 255 StGB), sodass es an einem Streben nach materiellem Vorteil fehlt.

Sch könnte in der Absicht gehandelt haben, eine andere Straftat zu ermöglichen. Die Entwendung der Kutte stellt eine Nötigung nach § 240 I StGB dar, s. o.

Für eine beabsichtige Ermöglichung genügt, dass die andere Straftat schneller oder leichter begangen werden kann; es ist nicht erforderlich, dass die Tötungshandlung ein notwendiges Mittel bildet.[32]

Auch bei Eventualvorsatz ist Ermöglichungsabsicht denkbar, solange der Täter nicht gerade den Todeserfolg für die Ermöglichung voraussetzt.[33] Das Erfordernis des Ermöglichens einer *anderen* Tat ist auch gewahrt, wenn die Tötungshandlung – wie im vorliegenden Fall – zugleich die Gewaltausübung i. S. d. §§ 240, 249, 255 StGB bildet.[34] Sch ging es bei dem Versetzen der Stiche auch darum, der „Aktion" zum Erfolg zu verhelfen, also das Entwenden der Kutte zu erleichtern.

Sch handelte mithin mit Ermöglichungsabsicht.[35]

---

[28] Überschrift und Formulierung des Obersatzes beruhen darauf, dass das Verhältnis von Mord und Totschlag umstritten ist, hierzu Bock, BT 1, 2018, S. 16ff.; Eisele, BT I, 6. Aufl. 2021, Rn. 61f., 135ff.; aus der Rspr. vgl. zuletzt BGH B. v. 19.08.2014 – 3 StR 283/14 – NStZ 2015, 46 = StV 2015, 4 und 287 (Anm. RÜ 2015, 174; Dehne-Niemann StV 2015, 288).

[29] S. nur Fischer, StGB, 70. Aufl. 2023, § 211 Rn. 34; Sinn, in: SK-StGB, 9. Aufl. 2017, § 211 Rn. 40; aus der Rspr. vgl. zuletzt BGH U. v. 11.05.2022 – 5 StR 361/21 – NStZ-RR 2022, 277; BGH B. v. 29.06.2022 – 1 StR 127/22 – NStZ-RR 2022, 307.

[30] Fischer, StGB, 70. Aufl. 2023, § 211 Rn. 35.

[31] Zu den Anforderungen an den Argwohn Bock, BT 1, 2018, S. 20ff.

[32] H. M., s. Fischer, StGB, 70. Aufl. 2023, § 211 Rn. 64; aus der Rspr. vgl. zuletzt BGH B. v. 14.03.2017 – 2 StR 370/16 – NStZ 2017, 583 = NStZ-RR 2017, 209 = StV 2017, 519 (Anm. Hecker JuS 2017, 1225; LL 2017, 695; Borutta jurisPR-StrafR 1/2018 Anm. 2).

[33] Heute anerkannt, s. Sinn, in: SK-StGB, 9. Aufl., 2017, § 211 Rn. 66; aus der Rspr. vgl. zuletzt BGH B. v. 30.03.2022 – 4 StR 356/21 – NStZ 2022, 476 (Anm. Kudlich JA 2022, 607; RÜ 2022, 509; Drees NStZ 2022, 477).

[34] Joecks/Jäger, StGB, 13. Aufl. 2021, § 211 Rn. 55; Sinn, in: SK-StGB, 9. Aufl., 2017, § 211 Rn. 67; krit. Fischer, StGB, 70. Aufl. 2023, § 211 Rn. 66.

[35] A. A. vertretbar.

Auf die Verdeckung einer vorherigen Nötigung kam es Sch hingegen bei den Stichen nicht an.

Die sonst niedrigen Beweggründe sind angesichts der vorrangigen Ermöglichungsabsicht subsidiär.

Sch hat sich wegen Mordes strafbar gemacht, indem er dem O Messerstiche versetzte.

R. §§ 223ff. StGB
Die Körperverletzungsdelikte werden durch den Mord qua Gesetzeskonkurrenz verdrängt.

S. § 231 I StGB
Sch hat sich auch an einem von mehreren (nämlich ihm und A, s. sogleich.) verübten Angriff beteiligt, infolgedessen O starb, und sich damit wegen Beteiligung an einer Schlägerei strafbar gemacht.

Problematisch ist aber, ob § 231 StGB von den §§ 212, 211 StGB in Gesetzeskonkurrenz verdrängt wird.[36]

Die Rspr.[37] und die wohl h. L.[38] verneinen dies unter Hinweis darauf, dass § 231 StGB einen anderen bzw. erweiterten Rechtsgüterschutz bezwecke, nämlich bzgl. aller durch eine Schlägerei gefährdeten Rechtsgüter.[39] Dies kann aber jedenfalls für die Modalität eines Angriffs mehrerer auf ein einziges Opfer, welches vorsätzlich getötet wird, nicht gelten. Insofern verdrängen die vollendeten, schwereren §§ 212, 211 StGB den § 231 StGB.[40]

T. §§ 128, 129 StGB
Für eine Strafbarkeit wegen Bildung bewaffneter Gruppen gem. § 128 StGB oder krimineller Vereinigungen gem. § 129 StGB mangelt es an Sachverhaltsangaben bzgl. der Rockergruppe.

2. Unterabschnitt: Strafbarkeit des A

A. § 240 I StGB bzgl. Kutte, bzgl. Messer und bzgl. Anhaltens des Motorrads
A verwirklichte drei Nötigungen; s. jeweils o.

---

[36] Hierzu Bock, BT 1, 2018, S. 181; aus der Rspr. vgl. zuletzt BGH B. v. 21.08.2019 – 1 StR 191/19 – NStZ-RR 2019, 378 (Anm. Jäger JA 2020, 153).
[37] Z. B. BGH U. v. 20.12.1984 – 4 StR 679/84 – BGHSt 33, 100 = NJW 1985, 871 = NStZ 1985, 455 = StV 1986, 249 (Anm. Henke Jura 1985, 585; Günther JZ 1985, 585; Schulz StV 1986, 250; Montenbruck JR 1986, 138).
[38] Lackner/Kühl, StGB, 29. Aufl. 2019, § 231 Rn. 6; Fischer, StGB, 70. Aufl. 2023, § 231 Rn. 11.
[39] So BGH U. v. 20.12.1984 – 4 StR 679/84 – BGHSt 33, 100 (104).
[40] Für Gesetzeskonkurrenz in diesem Fall auch z. B. Paeffgen/Böse, in: NK-StGB, 5. Aufl. 2017, § 231 Rn. 22.

B. § 303 I StGB
A beging auch eine Sachbeschädigung durch Zerschneiden der Tasche, s. o.

C. §§ 212 I, 25 II StGB[41]
A könnte sich wegen Totschlags in Mittäterschaft dadurch strafbar gemacht haben, dass er mit Sch den O überfiel.

I. Tatbestand
Die Stiche des Sch könnten dem A nach § 25 II StGB zuzurechnen sein.

Mittäterschaft setzt eine Verabredung zur arbeitsteilig auf vergleichbarer Augenhöhe begangenen Tat mit wesentlichen Tatbeiträgen voraus.[42]

Zweifelhaft ist bereits, ob A in Bezug auf die Tötung des O durch Sch einen hinreichenden objektiven Tatbeitrag zugesichert und erbracht hat. Die Anforderungen hieran sind umstritten.[43]

Ein solcher kann sich hier aus der vorherigen Planung der gesamten Aktion sowie den vorherigen Beiträgen beim Anhalten des Motorrads sowie zur Entwendung von Kutte und Messer ergeben.

Nach z. T. vertretener Auffassung[44] wird als Erfüllungsakt eine wesentliche Mitwirkung im Ausführungsstadium vorausgesetzt, an der es vorliegend mangelt.

Die wohl h. L.[45] verlangt auch einen objektiv wesentlichen Tatbeitrag, lässt aber auch Mitwirkungen im Vorbereitungsstadium genügen, wenn diese das Beteiligungsminus aufgrund ihrer Bedeutsamkeit ausgleichen.

Nach der Rspr.[46] genügt jeder vom gemeinsamen Tatentschluss (Täterwillen) getragene Tatbeitrag, auch geringfügigste Mitwirkungen im Vorbereitungsstadium, sogar rein geistige. Insoweit gilt: Ob ein Tatbeteiligter eine Tat als Täter begeht, ist in wertender Betrachtung nach den gesamten Umständen, die von seiner Vorstellung umfasst sind, zu beurteilen. Wesentliche Anhaltspunkte können der Grad des eigenen Interesses am Erfolg der Tat, der Umfang der Tatbeteiligung, die Tatherrschaft oder wenigstens der Wille zur Tatherrschaft sein, sodass Durchführung und Ausgang der Tat maßgeblich auch vom Willen des Betreffenden abhängen; die Annahme von Mittäterschaft erfordert nicht zwingend auch eine Mitwirkung am Kerngeschehen. Für eine Tatbeteiligung als Mittäter reicht ein auf der Grundlage gemeinsamen Wollens die Tatbestandsverwirklichung fördernder Beitrag aus, der sich auf eine Vorbereitungs- oder Unterstützungshandlung beschränken kann.[47]

---

[41] Abschichten des Grunddelikts, da bereits dieses scheitert.
[42] Zsf. Bock, AT, 1. Aufl., 2018, S. 197ff.; Hoyer, in: SK-StGB, 9. Aufl., 2017, § 25 Rn. 107ff.
[43] S. Joecks/Jäger, StGB, 13. Aufl. 2021, § 25 Rn. 83ff.; Fischer, StGB, 70. Aufl. 2023, § 25 Rn. 31ff.; Hoyer, in: SK-StGB, 9. Aufl., 2017, § 25 Rn. 109ff.
[44] Etwa Roxin JA 1979, 519 (522f.).
[45] S. nur B. Heinrich, AT, 7. Aufl. 2022, Rn. 1228.
[46] Z. B. BGH B. v. 02.07.2008 – 1 StR 174/08 – NStZ 2009, 25 (26); zsf. zur Rspr. Fischer, StGB, 70. Aufl. 2023, § 25 Rn. 32.
[47] So BGH B. v. 02.07.2008 – 1 StR 174/08 – NStZ 2009, 25 (26).

Dies kann aber dahinstehen, wenn jedenfalls kein sog. gemeinsamer Tatentschluss vorlag, d. h. keine Tat- und Arbeitsteilungsverabredung, kein Einigsein über eine gleichberechtigte Partnerschaft, Rollenverteilung und gegenseitige Abhängigkeit. Des Weiteren wird der Vorsatz eines Beteiligten dem anderen nicht über § 25 II StGB zugerechnet.[48]

Letztlich kann offenbleiben, ob infolge eines sog. Mittäterexzesses bereits der objektive Tatbestand oder erst der subjektive Tatbestand nicht erfüllt wäre. Fraglich ist nämlich, ob A überhaupt Vorsatz zur Tötung des O aufwies.

Hier wussten die Beteiligten, dass es zur Erlangung der symbolträchtigen Kutte zu einer möglicherweise auch harten körperlichen Auseinandersetzung mit dem gegnerischen Rocker und auch zum Einsatz von Waffen und Werkzeugen kommen könnte. Ihnen war gewiss bewusst, dass derartige Aktionen ein hohes, unter Umständen auch tödliches Gewaltpotenzial in sich tragen und ihr Handeln aufgrund der Art der ggf. einzusetzenden Tatmittel auch den Tod des anzugreifenden Rockers nach sich ziehen könnte. Gleichwohl vertrauten die Beteiligten im Hinblick auf ihre körperliche und auch zahlenmäßige Überlegenheit darauf, dass ein lebensgefährliches Ausmaß der Gewaltanwendung nicht notwendig sein werde; auch war ihnen aus unterschiedlichen Gründen ein tödlicher Ausgang unerwünscht.

A hatte also eine Tötung des O im Zeitpunkt der gemeinsamen Planung des Überfalls nicht in seinen Vorsatz aufgenommen, sodass eine solche auch nicht zu der Tatverabredung von A und Sch gehörte. Hinsichtlich der vorsätzlichen Tötung des O ist eine Mittäterschaft von A und Sch durch das Planen des Überfalls auf O und das Vorgeschehen somit nicht gegeben.[49]

Denkbar wäre jedoch eine – schon grundsätzlich umstrittene – sukzessive Mittäterschaft[50] des A dadurch, dass er nach Ausführung der Messerstiche des Sch noch gemeinsam mit diesem dem O dessen Jacke auszog und so eine gewisse Solidarisierung mit dem vorherigen Verhalten des Sch zum Ausdruck brachte. Zu erwägen ist, ob durch das gemeinsame Ausziehen und Ansichnehmen der Kutte des dann zurückgelassenen tödlich Verletzten O sich der Vorsatz des A sukzessive auf die zum Tod führende Gewalthandlung des Sch erstreckte.

Kann jedoch bei mehreren, nacheinander aktiv werdenden Tätern der Hinzutretende die weitere Tatausführung nicht mehr fördern, weil für die Herbeiführung des tatbestandsmäßigen Erfolges schon alles getan ist und bleibt deshalb sein eigenes Handeln ohne Einfluss auf den späteren Tod des Geschädigten, kommt eine Zurechnung nach den Grundsätzen der (sukzessiven) Mittäterschaft trotz Kenntnis, Billigung und Ausnutzung der durch einen anderen geschaffenen Lage nicht in Betracht. Beim Totschlag handelt es sich um ein Delikt ohne Beendigungsstadium, so-

---

[48] S. nur Heine/Weißer, in: Schönke/Schröder, 30. Aufl. 2019, § 25 Rn. 99; aus der Rspr. vgl. zuletzt BGH B. v. 08.08.2019 – 1 StR 204/19 – NStZ 2020, 290 = StV 2020, 114.
[49] A. A. wohl noch vertretbar, jedenfalls im Lichte der restriktiven Rspr. bzgl. eines sog. Mittäterexzesses, zsf. Fischer, StGB, 70. Aufl. 2023, § 25 Rn. 36ff.
[50] Hierzu Mitsch JA 2017, 407; aus der Rspr. vgl. zuletzt BGH U. v. 27.01.2022 – 3 StR 245/21 – NJW 2022, 953 = NStZ 2022, 743 (Anm. Bosch Jura 2022, 780; Eisenberg NStZ 2022, 746; Kudlich NStZ 2022, 748; Pschorr jurisPR-StrafR 7/2022 Anm. 3).

dass schon aufgrund dessen eine sukzessive Mittäterschaft ausscheiden muss, und zwar auch nach der (grundsätzlich eine sukzessive Mittäterschaft akzeptierenden) Rspr. Allein eine – hier bereits fragliche – nachträgliche Billigung der tödlichen Gewalt kann deshalb jedenfalls im vorliegenden Fall eine strafbare Verantwortlichkeit des A für die bereits abgeschlossene Tötungshandlung nicht begründen.

Auch durch das gemeinsame Ausziehen der Kutte ist A also nicht zu einem Mittäter des von Sch begangenen vorsätzlichen Tötungsdelikts geworden. Die Tötungshandlung des Sch stellt somit einen sog. Exzess dar, der A nicht zugerechnet werden kann.

II. Ergebnis
A hat sich nicht wegen Totschlags in Mittäterschaft dadurch strafbar gemacht, dass er mit Sch den O überfiel.

Auf Mordmerkmale nach § 211 StGB kommt es nicht mehr an.

D. §§ 212 I, 27 StGB
Eine sukzessive Beihilfe[51] scheitert – selbst wenn man diese grundsätzlich mit der Rspr. anerkennt[52] – gleichermaßen an der Nichtexistenz eines Beendigungsstadiums beim Totschlag. Auf ggf. mangelnden Vorsatz des A kommt es damit nicht mehr an.

E. §§ 212 I, 13 StGB
Ein Totschlag durch Unterlassen scheitert daran, dass A den O für unrettbar verloren hielt, sodass es ihm jedenfalls am Vorsatz hinsichtlich einer möglichen Beistandsleistung mangelte.

F. § 323c I StGB
Aus dem gleichen Grund kommt auch eine Strafbarkeit nach § 323c I StGB nicht in Betracht.

G. § 221 I StGB
Ebenso scheitert eine Strafbarkeit wegen Aussetzung.

H. §§ 223 I, 25 II StGB
Durch die gemeinsame Planung und Ausführung des Überfalls auf O könnte A sich wegen mittäterschaftlicher Körperverletzung strafbar gemacht haben.

I. Tatbestand
A müsste zunächst den Tatbestand des Grunddelikts gem. §§ 223 I, 25 II StGB erfüllt haben.

Die Messerstiche durch Sch stellen sowohl eine körperliche Misshandlung des O als auch eine Gesundheitsschädigung dar.

---

[51] Hierzu Mitsch JA 2017, 407; aus der Rspr. vgl. zuletzt BGH B. v. 25.11.2021 – 4 StR 103/21 – NStZ 2022, 219 und 250 = NStZ-RR 2022, 51 (Anm. Hecker JuS 2022, 780).
[52] S. auch BGH U. v. 27.01.2011 – 4 StR 502/10 – NStZ 2011, 699 (702).

Da A nicht selbst auf O eingestochen hat, hat er den Erfolg nicht durch eine eigene Verletzungshandlung hervorgerufen. Allerdings könnte die Verletzungshandlung des Sch dem A gem. § 25 II StGB zuzurechnen sein.
Zum (z. T. vorgelagerten) Tatbeitrag des A s. o.
Fraglich ist wiederum die Tat- und Arbeitsteilungsabrede. A und Sch hatten (zusammen mit S) vor Ausführung des Überfalls auf O diesen gemeinsam geplant. Hierbei war zwar nicht ausdrücklich über den Einsatz von Waffen gesprochen worden, allerdings war den dreien bewusst, dass es zu einer harten körperlichen Auseinandersetzung auch mit Waffen und Werkzeugen kommen könnte, sodass sie auch die Zufügung von Verletzungen unter Verwendung von Waffen und anderen gefährlichen Werkzeugen stillschweigend in ihren gemeinsamen Tatplan aufgenommen hatten. Während die Vornahme vorsätzlicher Tötungshandlungen durch Sch also einen sog. Exzess darstellt (s. o.), ist die vorsätzliche Verletzung des Opfers durch Sch – auch bei Einsatz eines Verletzungswerkzeugs wie etwa eines Messers – noch vom gemeinsamen Tatentschluss erfasst und deshalb kein sog. Exzess.[53] A und Sch führten den Angriff auf O auch arbeitsteilig aus.
Zwar ist streitig, ob für die (Mit)Täterschaft – im Unterschied zu einer bloßen Teilnahme – eine Tatherrschaft nebst einem entsprechenden Bewusstsein erforderlich ist (so die Tatherrschaftslehre) oder ob hierfür grundsätzlich jeder Beitrag ausreicht, sofern er mit Täterwillen geleistet wird, wobei dessen Vorliegen anhand bestimmter Kriterien zu prüfen ist, insbesondere dem Grad des eigenen Interesses am Taterfolg, dem Umfang der Tatbeteiligung, Tatherrschaft und Tatherrschaftswille (so die modifizierte Animus-Theorie), vgl. schon o. Im vorliegenden Fall hatte A allerdings Tatherrschaft: Er war unmittelbar an dem Überfall beteiligt und gestaltete deshalb die „Aktion" wesentlich mit.[54] Auch hatte A ein eigenes Interesse an der Tat, insofern als er O misshandeln und ihm seine Jacke abnehmen wollte, um den „Gebietsanspruch" der „Outlaws" streitig zu machen und die Überlegenheit seiner eigenen Bande zu demonstrieren. Er wies mithin auch Täterwillen auf. Nach beiden Auffassungen ist A also selbst Täter und somit eine Mittäterschaft von A und Sch gegeben. Die Verletzungshandlung des Sch ist A also gem. § 25 II StGB zuzurechnen.[55]
A handelte auch vorsätzlich, sowohl bzgl. der Verletzung des O als auch bzgl. der mittäterschaftlichen Begehung.

II. Rechtswidrigkeit, Schuld, Ergebnis
A handelte rechtswidrig und schuldhaft.
Durch die gemeinsame Planung und Ausführung des Überfalls auf O hat A sich wegen mittäterschaftlicher Körperverletzung strafbar gemacht.[56]

---

[53] A. A. vertretbar.
[54] A. A. vertretbar.
[55] A. A. vertretbar.
[56] Zum Folgenden RA 2011, 308 (318ff.).

J. §§ 223 I, 227, 25 II StGB

Durch die gemeinsame Planung und Ausführung des Überfalls auf O könnte A sich wegen mittäterschaftlicher Körperverletzung mit Todesfolge strafbar gemacht haben.[57]

Zum Grunddelikt s. o.

Mit dem Tod des O (s. o.) ist die schwere Folge des § 227 I StGB, der Tod der verletzten Person, eingetreten.

§ 227 I StGB setzt voraus, dass der Tod „durch die Körperverletzung" verursacht wurde. Das Grunddelikt müsste also für den Eintritt der schweren Folge kausal gewesen sein. Wären O nicht die Verletzungen zugefügt worden, die den Tatbestand des Grunddelikts verwirklichen (s. o.), wäre er auch nicht an diesen Verletzungen gestorben.

Wegen des Strafrahmensprungs des § 227 I StGB im Vergleich zu den Delikten, aus denen es sich zusammensetzt (§ 223 I StGB und § 222 StGB), ist im Wege restriktiver Gesetzesauslegung ferner ein Unmittelbarkeitszusammenhang zwischen dem Grunddelikt und der schweren Folge erforderlich. Ein solcher setzt voraus, dass sich im qualifizierenden Erfolg gerade die dem Grunddelikt innewohnende tatbestandsspezifische Gefahr niedergeschlagen hat.[58] Zwar ist i.R.v. § 227 I StGB strittig, ob der erforderliche Unmittelbarkeitszusammenhang nur dann gegeben ist, wenn die schwere Folge durch den – vorsätzlich herbeigeführten – Körperverletzungserfolg herbeigeführt wurde oder ob es hierfür ausreicht, dass der Tod des Opfers durch die Handlung des Grunddelikts verursacht wurde.[59] Im vorliegenden Fall wurde jedoch der Tod des O durch die – vorsätzlich verursachten (s. o.) – Stichverletzungen herbeigeführt, sodass nach beiden Auffassungen der erforderliche Unmittelbarkeitszusammenhang vorliegt.

A müsste hinsichtlich der schweren Folge wenigstens fahrlässig gehandelt haben, § 18 StGB.

Eine Fahrlässigkeit i. S. d. §§ 15, 18 StGB setzt voraus, dass der Täter sorgfaltspflichtwidrig gehandelt hat und der Eintritt des Erfolges sowie der hierzu führende Kausalverlauf in seinen wesentlichen Zügen auch vorhersehbar waren.[60] Die insofern erforderliche Sorgfaltspflichtverletzung liegt in der gemeinschaftlichen Begehung des Grunddelikts durch A und Sch. Hierdurch wurde der Tod des O in vorhersehbarer Weise herbeigeführt, sodass A die schwere Folge des § 227 I StGB auch fahrlässig verursacht hat: Die Eskalationsgefahr bis hin zum Tod des Angegriffenen musste sich dem A förmlich aufdrängen, zumal nie sicher sein kann, wie sich andere Mittäter verhalten.[61] Einer Voraussehbarkeit aller Einzelheiten des zum Tod führenden Geschehensablaufs bedarf es nicht.

---

[57] Zum Folgenden RA 2011, 308 (318ff.).
[58] S. nur Kindhäuser/Hilgendorf, LPK, 9. Aufl. 2022, § 227 Rn. 4ff.; aus der Rspr. vgl. zuletzt BGH B. v. 07.07.2021 – 4 StR 141/21 – NStZ 2021, 735 = StV 2022, 100 (Anm. Kudlich JA 2021, 871; RÜ 2021, 639; Schrott NStZ 2021, 736).
[59] S.o.
[60] S. nur Fischer, StGB, 70. Aufl. 2023, § 15 Rn. 20.
[61] A. A. vertretbar.

A handelte rechtswidrig und schuldhaft.

Durch die gemeinsame Planung und Ausführung des Überfalls auf O hat A sich wegen mittäterschaftlicher Körperverletzung mit Todesfolge strafbar gemacht.

K. §§ 223 I, 224 I Nr. 2, 4, 5 StGB
Durch die gemeinsame Planung und Ausführung des Überfalls auf O hat A auch eine gefährliche Körperverletzung verwirklicht.

Strittig ist jedoch, ob § 224 I StGB in Gesetzeskonkurrenz hinter § 227 StGB zurücktritt.[62]

Zwar wird dies ohne Weiteres für Nr. 5 zutreffen (der Tod des O impliziert eine das Leben gefährdende Behandlung); aber auch für die anderen Begehungsweisen ist dies richtig, denn auch diese Varianten des § 224 StGB beruhen auf einer (jedenfalls abstrakt) gesteigerten Gefährlichkeit für Leib und Leben des Geschädigten. Eine Klarstellung via Tateinheit ist mithin nicht geboten, § 227 StGB erfasst das Unrecht hinreichend, auch wenn der Todeserfolg lediglich fahrlässig herbeigeführt wurde.[63]

L. § 231 StGB
Hierzu vgl. schon o. Die dortigen Erwägungen gelten auch im Verhältnis zu §§ 223 I, 227 StGB.[64]

2. Teil: Dustin[65]

- Strafbarkeit des A -

A. §§ 212 I, 22, 23 StGB
A könnte sich wegen versuchten Totschlags strafbar gemacht haben, indem er D heftig schüttelte, um ihn zum Schweigen zu bringen.

I. Sog. „Vorprüfung": Nichtvollendung, Strafbarkeit des Versuchs
D überlebte.
Der Versuch des Totschlags ist nach den §§ 12 I, 23 I StGB strafbar.

II. Tatbestand

1. Vorstellung von der Verwirklichung des Tatbestands (sog. Tatentschluss, subjektiver Tatbestand)
A müsste sog. Tatentschluss, d. h. Vorsatz hinsichtlich der Tötung des D gehabt haben.

---

[62] S. Paeffgen/Böse, in: NK-StGB, 5. Aufl. 2017, § 224 Rn. 42; aus der Rspr. vgl. OGH U. v. 21.11.1949 – StS 405/49 – NJW 1950, 115; BGH B. v. 30.08.2006 – 2 StR 198/06 – NStZ-RR 2007, 76 (Anm. Geppert JK 2007 StGB § 227/3).

[63] A. A. vertretbar.

[64] A. A. vertretbar.

[65] Nach BGH U. v. 03.06.2008 – 1 StR 59/08 – NStZ 2009, 264 = StV 2009, 511 (Anm. RA 2008, 588; Satzger JK 2009 StGB § 24/38; Kudlich StV 2009, 513).

Er wollte D eher unspezifisch zum Schweigen bringen. Was sich A vorstellte, teilt der Sachverhalt nicht mit.

Problematisch ist daher, ob die erforderlichen voluntativen und kognitiven Anforderungen an den Vorsatz (in Form des sog. *dolus eventualis*) erfüllt sind.

Dessen Voraussetzungen[66] sind indes strittig:[67]

Einige Auffassungen begnügen sich nun mit einer rein intellektuellen Abgrenzung, wobei kein Willenselement erforderlich sein soll:

Nach der sog. Möglichkeitstheorie[68] genügt es, wenn dem Täter die Tatbestandsverwirklichung aufgrund bestimmter Anhaltspunkte als konkret möglich erscheint und er trotzdem handelt.

Nach der sog. Wahrscheinlichkeitstheorie kommt es auf das wissentlich gesetzte Risiko an. Der Täter muss die Tatbestandsverwirklichung nicht nur für möglich halten, sondern für wahrscheinlich, wenn auch keine überwiegende Wahrscheinlichkeit verlangt wird.

Die Rspr.[69] und die h. L.[70] vertreten eine auch voluntative Vorsatzbestimmung, und zwar nach der sog. Billigungs- oder Inkaufnahmetheorie: Der Täter muss erkennen, dass der Erfolg möglich und nicht ganz fernliegend ist und muss dies billigend in Kauf nehmen, d. h. sich mit dem Erfolg abfinden, was sogar bei einem unerwünschten Erfolg der Fall sein kann.

Zu berücksichtigen ist hierbei auch, dass gerade an den Tötungsvorsatz[71] strenge Anforderungen gestellt werden.

Das Willenselement des bedingten Vorsatzes ist demnach bei Tötungsdelikten nur gegeben, wenn der Täter den von ihm als möglich erkannten Eintritt des Todes billigt oder sich um des erstrebten Zieles willen damit abfindet.[72] Bewusste Fahrlässigkeit liegt hingegen dann vor, wenn er mit der als möglich erkannten Tatbestandsverwirklichung nicht einverstanden ist und ernsthaft – nicht nur vage – darauf vertraut, der Tod werde nicht eintreten. Dabei genügt für eine vorsätzliche Tatbegehung, dass der Täter den konkreten Erfolgseintritt akzeptiert und er sich innerlich mit ihm abgefunden hat, mag er auch seinen Wünschen nicht entsprochen haben. Hatte der Täter hingegen begründeten Anlass, darauf zu vertrauen und vertraute er darauf, es werde nicht zum Erfolgseintritt kommen, kann bedingter Vorsatz nicht angenommen werden. Da beide Schuldformen im Grenzbereich eng beieinander liegen, ist bei der Prüfung, ob der Täter vorsätzlich gehandelt hat, eine

---

[66] Im Folgenden geraffte Darstellung dieses Standardproblems, dessen heute viele Klausurersteller und Korrektoren überdrüssig sind. Augenmerk wird i. d. R. weniger auf Breite und Tiefe der Theorienwiedergabe gelegt als vielmehr auf die sorgfältige Subsumtion der im Sachverhalt enthaltenen Informationen unter die h. M.

[67] S.o.

[68] Etwa Kindhäuser/Hilgendorf, LPK, 9. Aufl. 2022, § 15 Rn. 13, 15.

[69] Zsf. Fischer, StGB, 70. Aufl. 2023, § 15 Rn. 12ff.

[70] S. nur B. Heinrich, AT, 7. Aufl. 2022, Rn. 300.

[71] S.o.

[72] Zum Folgenden BGH U. v. 17.05.2011 – 1 StR 50/11 – NStZ 2011, 699 (701f.) und RA 2011, 308 (311ff.).

Gesamtschau aller objektiven und subjektiven Tatumstände sowohl bzgl. des Wissens- als auch des Willenselements vorzunehmen. Insbesondere bei der Würdigung des voluntativen Vorsatzelements ist es regelmäßig erforderlich, dass man sich – soweit dem Sachverhalt zu entnehmen – mit der Persönlichkeit des Täters auseinandersetzt und seine psychische Verfassung bei der Tatbegehung sowie seine Motivation und die für das Tatgeschehen bedeutsamen Umstände – insbesondere die konkrete Angriffsweise – mit in Betracht zieht. Dabei liegt zwar die Annahme einer Billigung des Todes des Opfers nahe, wenn der Täter sein Vorhaben trotz erkannter Lebensgefährlichkeit durchführt. Allein aus dem Wissen um den möglichen Erfolgseintritt oder die Gefährlichkeit des Verhaltens kann aber nicht ohne Berücksichtigung etwaiger sich aus der Tat und der Persönlichkeit des Täters ergebender Besonderheiten geschlossen werden, dass auch das Willenselement des Vorsatzes gegeben ist.

Zentrales Indiz für ein billigendes Inkaufnehmen des Todeserfolges (i. S. e. sich Abfindens) ist die Gefährlichkeit der Tathandlung. A war laut Sachverhalt mit seiner schwierigen Versorgungsaufgabe grundsätzlich überfordert und behandelte D auch vor der eigentlichen Tat zunehmend gereizt und aggressiv. Er schüttelte D so heftig, dass der Kopf nach vorne und hinten schlug und wegen der noch schwachen Nackenmuskulatur erst in der Extremposition, also Brust und Nacken, abgebremst wurde. Es kam zum Abriss sog. Brückenvenen zwischen Schädelkalotte und Gehirn. Dies führte zu subduralen Blutungen und Netzhauteinblutungen. Es zählt zum Allgemeinwissen, dass das frühkindliche Genick und der Kopf besonders empfindlich sind; zumindest werden Eltern nach der Geburt vom medizinischen Fachpersonal auf diesen Umstand hingewiesen. Zwar war A aufgewühlt und wütend über das Schreien; es ist aber nicht ersichtlich, dass dies dazu führte, dass er das gesetzte Risiko nicht erkannte.

Nach alledem handelte A mit *dolus eventualis* und damit mit hinreichendem Tatentschluss.[73]

2. Unmittelbares Ansetzen
Er setzte auch zur Tat i. S. d. § 22 StGB unmittelbar an. Dies liegt hier darin, dass A die von ihm geplante Handlung sogar vollumfänglich vornahm.[74]

III. Rechtswidrigkeit und Schuld
A handelte rechtswidrig und schuldhaft.

Insbesondere für die Annahme eines Falls der §§ 20, 21 StGB – etwa aufgrund der emotionalen Situation – enthält der Sachverhalt keine ausreichenden Angaben.

IV. Rücktritt
Für einen Rücktritt nach § 24 I StGB ist im Sachverhalt nichts ersichtlich.[75]

---

[73] A. A. vertretbar.
[74] S. nur Joecks/Jäger, StGB, 13. Aufl. 2021, § 22 Rn. 17f.
[75] Zur prozessualen Behandlung in der diesem Klausurteil zugrunde liegenden Entscheidung vgl. BGH U. v. 03.06.2008 – 1 StR 59/08 – NStZ 2009, 264 (264f.). (Auch) In einer Klausur müsste der Sachverhalt Anhaltspunkte für eine Aufgabe des Vollendungswillens enthalten.

V. Ergebnis
A hat sich wegen versuchten Totschlags strafbar gemacht, indem er D heftig schüttelte, um ihn zum Schweigen zu bringen.

B. §§ (212 I,) 211, 22, 23 StGB
Tatentschluss hinsichtlich Heimtücke scheidet mangels Fähigkeit des D zum Argwohn, jedenfalls aber mangels gerade auf einer Arglosigkeit beruhenden Wehrlosigkeit des D und entsprechenden Ausnutzungsbewusstseins aus.

Als Mordmerkmal kommen ferner sonst niedrige Beweggründe in Betracht.

Niedrige Beweggründe sind solche, die nach allgemeiner sittlicher Wertung auf tiefster Stufe stehen und deshalb besonders verwerflich, ja verächtlich sind.[76]

Zwar zählt hierzu grundsätzlich auch das Bedürfnis des Täters, sich Ruhe vor einem schreienden Kind zu verschaffen;[77] allerdings kommt es auf eine Gesamtwürdigung an, bei der auch zu berücksichtigen ist, dass ein Aggressionsdurchbruch aufgrund von Überforderung im Ansatz doch menschlich verständlich sein kann.

So liegt es hier, sodass A nicht aus niedrigen Beweggründen i. S. d. § 211 StGB handelte.[78]

C. §§ 223 I, 226 I StGB
Es ist noch nicht absehbar, ob dauerhaft geistige oder motorische Retardierungen zurückbleiben werden, sodass (*in dubio pro reo*) § 226 I StGB ausscheidet.

D. §§ 223 I, 224 I Nr. 5 StGB
A hat aber eine gefährliche Körperverletzung mittels einer das Leben gefährdenden Behandlung begangen.

E. § 225 I StGB
Für eine Annahme der Tathandlungen des § 225 I StGB reichen die Angaben im Sachverhalt nicht aus:

Quälen verlangt ein Verursachen lang andauernder und sich wiederholender Leiden körperlicher oder seelischer Art durch eine Mehrzahl von Einzelakten;[79] rohes Misshandeln eine erhebliche Beeinträchtigung des körperlichen Wohlbefindens aus

---

[76] Bock, BT 1, 2018, S. 76; Fischer, StGB, 70. Aufl. 2023, § 211 Rn. 14a; Eisele, BT I, 6. Aufl. 2021, Rn. 89; aus der Rspr. vgl. zuletzt BGH U. v. 15.06.2022 – 6 StR 23/22 – NStZ-RR 2022, 245.
[77] Näher Zabel HRRS 2010, 403; aus der Rspr. vgl. zuletzt BGH B. v. 01.08.2018 – 1 StR 196/18 – StV 2021, 77.
[78] A. A. vertretbar.
[79] Bock, BT 1, 2018, S. 157; aus der Rspr. vgl. zuletzt BGH B. v. 28.06.2022 – 3 StR 142/22 – NStZ 2022, 676.

einer gefühllosen, das fremde Leiden missachtenden Gesinnung,[80] an welcher es dem überforderten A fehlt.[81]

Auch eine Böswilligkeit der Verletzung der Fürsorgepflicht ist zu verneinen.[82]

F. § 171 StGB
A hat aber § 171 StGB verwirklicht.

Dieses Delikt wird aus Klarstellungsgründen nicht in Gesetzeskonkurrenz von den §§ 211ff., 223ff. StGB verdrängt.[83]

G. § 221 I StGB durch Zurücklassen des D in der Wohnung
Eine Strafbarkeit wegen Aussetzung (durch Zurücklassen des D in der Wohnung) scheidet mangels Gefährdungserfolgs aus.

Der Versuch der Aussetzung ist nicht strafbar; ohnehin wäre ein Gefährdungsvorsatz zweifelhaft.

3. Teil: Wohnungsbrand[84]

- Strafbarkeit des A -

A. § 212 I StGB
A könnte sich wegen Totschlags strafbar gemacht haben, indem er seine Wohnung anzündete und T verstarb.

Problematisch ist (wiederum, vgl. o.) der (Tötungs)Vorsatz.

Bei Inbrandsetzung eines Gebäudes sind im Rahmen der Gesamtwürdigung insbesondere die Beschaffenheit des Gebäudes (im Hinblick auf Fluchtmöglichkeiten und die Brennbarkeit der beim Bau verwendeten Materialien), die Angriffszeit (wegen der erhöhten Schutzlosigkeit der Bewohner zur Nachtzeit), die konkrete Angriffsweise sowie die psychische Verfassung des Täters und seine Motivation bei der Tatbegehung zu berücksichtigen.[85]

Eine Brandlegung ist aufgrund der häufigen Unkontrollierbarkeit gewiss eine sehr gefährliche Tathandlung, sodass Eventualvorsatz hinsichtlich einer Tötung von Nachbarn nicht fernliegt, zumal in den späten Abendstunden, in denen diese zu Hause sein werden, wenn nicht gar bereits schlafend.

Allerdings kam bereits die Verpuffung für A überraschend mit den ebenso nicht erkannten Folgewirkungen. In Verbindung mit seiner aufgewühlten emotionalen

---

[80] Bock, BT 1, 2018, S. 159; aus der Rspr. vgl. zuletzt BGH B. v. 28.06.2022 – 3 StR 142/22 – NStZ 2022, 676.

[81] A. A. vertretbar.

[82] A. A. vertretbar.

[83] Lackner/Kühl, StGB, 29. Aufl. 2019, § 171 Rn. 7; a. A. vertretbar.

[84] Nach BGH U. v. 04.02.2010 – 4 StR 394/09 – NStZ-RR 2010, 178 (Anm. Bosch JA 2010, 666; RA 2010, 337).

[85] BGH U. v. 04.02.2010 – 4 StR 394/09 – NStZ-RR 2010, 178 (179).

Lage und angesichts der hohen Hemmschwelle für die Tötung von Mitmenschen (zumal hier kein Grund ersichtlich ist, warum A sich überhaupt – tötungsbilligende – Gedanken um seine Nachbarn gemacht haben sollte) ist ein Tötungsvorsatz des A zu verneinen.[86]

B. § 306 I StGB[87]

A könnte sich wegen Brandstiftung gem. § 306 I Nr. 1 StGB strafbar gemacht haben, indem er in seiner Wohnung Benzin anzündete.

I. Tatbestand

1. Objektiver Tatbestand

Die Wohnung müsste ein Gebäude i. S. d. § 306 I Nr. 1 StGB gewesen sein.

Gebäude ist ein durch Wände und Dach begrenztes, mit dem Grund und Boden fest verbundenes Bauwerk, das den Eintritt von Menschen ermöglicht und geeignet und bestimmt ist, dem Schutz von Menschen oder Sachen zu dienen.[88] Auf die Wohnung (bzw. das entsprechende Haus) trifft diese Eigenschaft zu.

A ist nur Mieter, sodass das Haus für ihn fremd ist.

A könnte das Gebäude in Brand gesetzt haben. Dies erfordert, dass zumindest Teile des Objekts so vom Feuer erfasst sind, dass das Feuer aus eigener Kraft nach Entfernen oder Erlöschen des Zündstoffs weiterbrennt.[89] Hiervon ist angesichts der Angaben im Sachverhalt zum offenen Wohnungsbrand auszugehen.

Das ganz oder teilweise Zerstören durch Brandlegung soll demgegenüber Fälle erfassen, in denen zwar kein Inbrandsetzen im obigen Sinne anzunehmen ist, aber durch Explosion des Brandmittels, Ruß-, Gas-, Rauchentwicklung oder Löschmittel eine Zerstörung (wie bei § 303 I StGB Substanzvernichtung bzw. Aufhebung der Funktionsfähigkeit) eingetreten ist.[90] Auch dies trifft hier aufgrund der Verpuffung zu.

---

[86] A. A. vertretbar.

[87] Eskalierender Aufbau und Beginn mit § 306 StGB und nicht mit § 306a, b, c StGB, um Inzidentprüfungen und Sprünge in der Unrechtsschwere der geprüften Delikte zu vermeiden. Anderer Aufbau vertretbar.

[88] Bock, BT 1, 2018, S. 517; aus der Rspr. vgl. RG U. v. 02.12.1920 – III 1238/20 – RGSt 55, 153; BGH B. v. 11.05.1951 – GSSt 1/51 – BGHSt 1, 158 = NJW 1951, 669; BGH U. v. 13.11.1952 – 3 StR 727/51 – BGHSt 3, 300 = NJW 1953, 154; BGH U. v. 30.03.1954 – 1 StR 494/53 – BGHSt 6, 107 = NJW 1954, 1335 (Anm. Lang-Hinrichsen JZ 1955, 288); OLG Karlsruhe B. v. 08.07.1981 – 3 Ss 28/8 – NStZ 1981, 482.

[89] Bock, BT 1, 2018, S. 520; Fischer, StGB, 70. Aufl. 2023, § 306 Rn. 14; aus der Rspr. vgl. zuletzt BGH B. v. 09.01.2020 – 4 StR 324/19 – NStZ 2020, 402 = StV 2020, 598 (Anm. Eidam NStZ 2020, 549; Rinio NZV 2020, 433).

[90] Hierzu Bock, BT 1, 2018, S. 524ff.; Fischer, StGB, 70. Aufl. 2023, § 306 Rn. 15ff.; aus der Rspr. vgl. zuletzt BGH U. v. 25.11.2020 – 5 StR 493/19 – NJW 2021, 2373 = StV 2021, 249 und 499.

2. Subjektiver Tatbestand
A handelte vorsätzlich i. S. d. § 15 StGB.

II. Rechtswidrigkeit, Schuld
A handelte rechtswidrig und schuldhaft.

III. Ergebnis
A hat sich wegen Brandstiftung gem. § 306 I Nr. 1 StGB strafbar gemacht, indem er in seiner Wohnung Benzin anzündete.

C. §§ 306a I Nr. 1 StGB
Auch § 306a I Nr. 1 StGB ist erfüllt: Es handelt sich im Rahmen des § 306a I StGB hierbei um ein Beispiel einer Räumlichkeit, die der Wohnung von Menschen dient, worunter jeder abgeschlossene, unbewegliche oder bewegliche Raum, der zum dauernden Aufenthalt von Menschen tatsächlich dient, verstanden wird.[91]

D. § 306a II StGB
Angesichts des Todes der T ist auch das konkrete Gefährdungsdelikt nach § 306a II StGB erfüllt.

E. § 306b I, II Nr. 1 StGB
Gleiches gilt für §§ 306b I, II Nr. 1 StGB.

F. § 306c StGB
A hat sich auch wegen Brandstiftung mit Todesfolge strafbar gemacht: Sein leichtfertiges Handeln beruht auf der Tatsache, dass jedermann um die Unberechenbarkeit einer Brandlegung weiß, was in Mehrfamilienhäusern ohne Weiteres tödliche Folgen haben kann.

§ 306c StGB verdrängt die §§ 306, 306a und 306b II Nr. 1 StGB.[92]

G. §§ 303 I und 305 StGB
A hat auch eine Sachbeschädigung am Haus und ggf. Mobiliar etc. sowie eine Zerstörung von Bauwerken begangen.

Die Sachbeschädigung tritt bereits hinter § 306a StGB als mitbestrafte Begleittat zurück: Typischerweise sind bei einer Brandstiftung Einrichtungsgegenstände mitbetroffen.[93]

§ 306 StGB verdrängt den § 305 StGB als *lex specialis*.[94]

Im Verhältnis zu § 306c StGB dürfte eine Spezialität gegenüber §§ 303 und 305 StGB vorliegen: § 306c StGB nimmt auf § 306 StGB Bezug, welcher wiederum § 303 I StGB als Spezialtatbestand verdrängt.

---

[91] Bock, BT 1, 2018, S. 531.
[92] S. etwa Fischer, StGB, 70. Aufl. 2023, § 306c Rn. 7.
[93] Joecks/Jäger, StGB, 13. Aufl. 2021, § 306a Rn. 30.
[94] Fischer, StGB, 70. Aufl. 2023, § 306 Rn. 24.

Konkurrenzen und Endergebnis

Im 1. Teil hat sich Sch wegen dreifacher Nötigung in Mittäterschaft gem. §§ 240, 25 II StGB, wegen Sachbeschädigung gem. § 303 I StGB und wegen Mordes gem. § 211 StGB strafbar gemacht. Diese Delikte stehen aufgrund des hinreichend engen räumlich-zeitlichen Zusammenhangs in Tateinheit gem. § 52 StGB.[95] Insbesondere fußt auch der Tötungsentschluss auf dem einheitlichen Willen zur Fortführung der „Aktion".

A hat sich wegen dreifacher Nötigung gem. § 240 StGB in Mittäterschaft, wegen Sachbeschädigung gem. § 303 I StGB, wegen Körperverletzung mit Todesfolge in Mittäterschaft gem. §§ 227, 25 II StGB strafbar gemacht, wiederum in Tateinheit.

Die Nötigungen bilden keine einheitliche Tat i. S. e. tatbestandlichen Bewertungseinheit;[96] geboten ist vielmehr zur Klarstellung verschiedener Nötigungsmittel und -erfolge Tateinheit i. S. d. § 52 StGB.[97]

Im 2. Teil hat sich A wegen versuchten Totschlags gem. §§ 212 I, 22, 23 StGB, wegen gefährlicher Körperverletzung gem. § 224 I Nr. 5 StGB sowie gem. § 171 StGB strafbar gemacht. Anknüpfungspunkt ist dieselbe natürliche Körperbewegung, sodass schon deshalb Tateinheit nach § 52 StGB vorliegt.

Im 3. Teil hat sich A wegen Brandstiftung mit Todesfolge nach § 306c StGB strafbar gemacht.

Zwischen den einzelnen Teilen besteht Tatmehrheit, § 53 StGB.

---

[95] A. A. vertretbar.
[96] Hierzu v. Heintschel-Heinegg, in: MK-StGB, 4. Aufl. 2021, § 52 Rn. 22ff., 36ff.
[97] A. A. vertretbar.

5. Übungsfall „Der Ehebruch mit dem besten Freund"

Am 03.11.2021 verbrachten Uwe Taubert (T), seine Ehefrau Katja Mitschke-Taubert (M) und Peter Fritsch (F) den Abend und die Nacht trinkend im Wohnzimmer. Am 04.11.2021 erwachte T in den Vormittagsstunden aus einem mehrstündigen Schlaf und sah, dass M, nur mit einem vorne geöffneten Morgenmantel bekleidet, auf dem Schlafsofa lag. Auf ihr lag F mit teilweise heruntergelassener Hose. T nahm an, dass M mit F den Geschlechtsverkehr ausübte. Obwohl ihm intime Kontakte seiner Ehefrau mit F bereits bekannt waren, war er durch den unverschämten Vertrauensbruch seines besten Freundes und seiner Ehefrau gekränkt und aufgebracht und beschloss, F zu bestrafen. Er suchte einen Gegenstand, mit dem er F schlagen konnte. Aus dem Einbauschrank in der Diele nahm er ein Beil. Damit ging er ins Wohnzimmer und stellte sich neben die Schlafcouch, was M und F, die dort immer noch aufeinander lagen, nicht bemerkten. T holte aus, um F mit voller Wucht mit dem Beil auf den Kopf zu schlagen. Dabei nahm er auch zumindest billigend in Kauf, die unter F liegende M am Kopf zu treffen. Er war auch auf sie wütend, weil sie vor seinen Augen mit seinem besten Freund Geschlechtsverkehr gehabt hatte. Ihm war bewusst, dass ein wuchtiger Schlag mit einem Beil gegen den Kopf geführt, lebensgefährliche Verletzungen verursachen konnte. T nahm in Kauf, bei dem Angriff auch M tödlich zu verletzen. Der mit großer Wucht geführte Schlag verfehlte den Kopf des F knapp und traf den Kopf der M. Die Beilschneide zertrümmerte die Schädelkalotte und durchtrennte die Hirnhaut. Die Schneide des Beils brach dabei ab und flog in einem hohen Bogen in Richtung des Wohnzimmerschranks. F sprang von der Schlafcouch und floh aus der Wohnung. T, der glaubte, F am Hinterkopf getroffen zu haben, nicht aber M, schlug in seiner Wut mit dem Beilstiel auf M ein. Die Schwere der von dem Beilhieb herrührenden Kopfwunde wurde sowohl von T als auch von M verkannt, obwohl die Wunde heftig zu bluten begann. T glaubte, M nur leicht mit dem Stiel des Beils verletzt zu haben. M erlag der schweren Kopfverletzung.

Der flüchtige T gab dem F die Schuld für das Geschehene und wollte sich an ihm rächen. Er beschaffte sich eine Einwegspritze, mit der er F Luft in eine Armvene injizieren wollte, um ihn dadurch zu töten. T suchte F auf und es entstand ein lauter

Streit. Nun entschloss sich T, sein Vorhaben in die Tat umzusetzen. Er holte die dafür mitgebrachte Einwegspritze hervor. T schlug auf F im Kopf- und Halsbereich ein, um dessen Widerstandsfähigkeit zu brechen. F lag am Boden, blutete aus Mund und Nase und war im Gesicht erheblich verletzt. T hielt dessen linken Arm fest, stach ihm mit der Spritze in die linke Armbeuge und drückte die Luft aus der Spritze. T fühlte bei dem sich nicht mehr rührenden F keinen Puls mehr. Er ging davon aus, dass F so, wie er es wollte, infolge der Luftinjektion gestorben war. Tatsächlich erstickte F. Auf Grund der Schläge war sein Kehlkopffortsatz abgebrochen und er atmete Blut ein. Selbst wenn die Spritzennadel in die Armvene eingedrungen wäre, was nicht der Fall war, hätte noch nicht einmal das doppelte Luftvolumen für die Herbeiführung des Todes ausgereicht. Das hatte T nicht erkannt.

T fand Unterschlupf bei einem Freund, dessen Wohnung er während dessen Urlaubs benutzen durfte. Die Wohnung lag in einem größeren Wohnkomplex, in welchem es regelmäßig zu Ruhestörungen, Körperverletzungen, Drogendelikten und entsprechenden Polizeieinsätzen kam. Auf derselben Etage wohnte auch der als Hausmeister fungierende Heinz Wellmann (W), mit dem er ebenfalls befreundet war und zu dem er ein von gegenseitigem Verständnis geprägtes Verhältnis hatte. Eines Nachts gegen 23.00 Uhr vernahm der nach dem Konsum von acht Flaschen Bier alkoholisierte T erheblichen Lärm aus der Wohnung des W, in der sich mehrere Personen aufhielten, die bei offener Wohnungstür Alkohol und Drogen konsumierten, grölten und laute Musik spielten. Auf die Bitte des T sorgte W für Ruhe, worauf T sich schlafen legte. Gegen 00.45 Uhr erwachte T, weil erneut laute Musik aus der geöffneten Wohnungstür des W drang. Schlaftrunken und erheblich verärgert entschloss sich T, dessen Wohnung aufzusuchen, um für Ruhe zu sorgen und nötigenfalls den Stecker der Musikanlage zu ziehen. Die Einschaltung der Polizei hielt er nicht für angebracht, weil er mit W stets hatte reden können. Aus Angst vor den ihm unbekannten Gästen des W steckte er zu seinem Schutz ein zusammengeklapptes Taschenmesser mit einer sieben cm langen, spitz zulaufenden Klinge in die vordere Tasche seiner Jogginghose. W war indes nach Alkoholkonsum zwischenzeitlich eingeschlafen. In dessen Wohnung fand der T lediglich noch René Brehm (B1) und Björn Bischoff (B2) ansprechbar. Im Wohnungsflur stehend forderte er B1 auf, die Musik leiser zu stellen. Dieser trat auf T zu, verwickelte ihn zunächst in eine verbale Auseinandersetzung und versuchte schließlich, ihn aus der Wohnung zu drängen. Hieraus entwickelte sich ein Handgemenge und ein Schubsen. Nun entschloss sich der im Wohnzimmer befindliche B2, in das Geschehen „einzugreifen". Er stand auf und „schoss regelrecht" an B1 vorbei in Richtung des T, wobei er mit den Armen gestikulierte. Obwohl die beiden zu keinem Zeitpunkt beabsichtigten, den T, der die Wohnung nicht freiwillig verlassen wollte, zu verletzen, fühlte dieser sich nun bedroht. Er fürchtete, gewaltsam aus der Wohnung des W „herauskatapultiert" zu werden und infolgedessen zu stürzen oder gegen die Wand des Etagenflurs zu prallen, was ihm wegen seines Gesundheitszustandes (dem T waren wegen Durchblutungsstörungen ein Bypass gelegt und zwei Zehen amputiert worden) Angst bereitete. Er meinte, einem solchen Angriff durch ungezielte Messerstiche in Richtung von B1 und B2 begegnen zu dürfen. Deshalb zog er das Klappmesser hervor, öffnete es gleichzeitig und stach in unmittelbarer zeitlicher Abfolge zweimal ungezielt, aber

heftig in Richtung von B1 und B2. B2 wurde an der linken Halsseite getroffen und erlitt dort eine etwa 3 cm tiefe Stichwunde. B1 erhielt einen Stich in den rechten Oberbauch, der zwischen den Leberlappen hindurchging.
Strafbarkeit der Beteiligten nach dem StGB?

Lösungshinweise

1. Teil: Tod der M[1]

1. Abschnitt: Bis (einschließlich) zum Beilhieb

1. Unterabschnitt: Strafbarkeit von M und F
M und F sind tot und daher nicht zu prüfen.[2]
Ohnehin kommt zwar prinzipiell eine Beleidigung gem. § 185 StGB in Betracht, indem sie den Geschlechtsverkehr in Anwesenheit des T ausübten. Aus dem Sachverhalt ist aber ersichtlich, dass F und M nicht bemerkten, dass T überhaupt wach war und den Geschlechtsverkehr gesehen hatte. Daher fehlt es jedenfalls an einem Vorsatz hinsichtlich der Kundgabe ehrenrühriger Tatsachen, ohne dass es an dieser Stelle[3] auf die Frage ankäme, ob Ehebruch stets oder unter bestimmten Umständen eine Beleidigung darstellt.[4]

2. Unterabschnitt: Strafbarkeit des T

A. §§ 212 I, 213 1. Var. StGB zu Lasten der M[5]
T könnte sich wegen Totschlags strafbar gemacht haben, indem er der M mit einem Beil gegen den Kopf schlug.

I. Tatbestand

1. Objektiver Tatbestand
M ist tot, der Erfolg des § 212 I StGB ist eingetreten.
Durch den Schlag mit dem Beil ist T hierfür auch kausal geworden.
Der Todeserfolg müsste dem T auch objektiv zuzurechnen sein.

---

[1] Nach BGH U. v. 16.10.2008 – 4 StR 369/08 – NStZ 2009, 210 (Anm. RÜ 2008, 778; RA 2008, 791; von Heintschel-Heinegg JA 2009, 149; Puppe HRRS 2009, 91).
[2] Dennoch hilfsweise angeprüft, da für eine spätere Notwehrprüfung relevant. Weglassen möglich.
[3] S. aber u. bei § 32 StGB.
[4] Zu dieser Frage vgl. Rogall, in: SK-StGB, 9. Aufl. 2017, vor § 185 Rn. 44ff.; näher Pauli JR 1971, 194; aus der Rspr. vgl. RG U. v. 23.10.1930 – II 1408/29 – RGSt 65, 1; RG U. v. 13.02.1936 – 3 D 710/35 – RGSt 70, 94; RG U. v. 06.02.1941 – 2 D 519/40 – RGSt 75, 257; BGH U. v. 05.02.1952 – 1 StR 415/51 – NJW 1952, 476; OLG Zweibrücken U. v. 28.01.1971 – Vs 1/70 – NJW 1971, 1225.
[5] Abschichten des Grunddelikts, da bereits dort Problematik. Anderer Aufbau (Beginn gleich mit Mord) möglich.

Ein durch menschliches Verhalten verursachter Unrechtserfolg ist nur dann dem Täter als sein Werk objektiv zurechenbar, wenn dieses Verhalten eine rechtlich missbilligte Gefahr des Erfolgseintritts geschaffen und diese Gefahr sich auch tatsächlich in dem konkreten erfolgsverursachenden Geschehen realisiert hat.[6]

Die unerlaubte Risikosetzung liegt hier im Schlag mit dem Beil.

Fraglich ist, ob sich dieses Risiko auch im Tod der M realisiert hat. Zu denken ist an einen sog. atypischen Kausalverlauf, der die Zurechnung ausschließen könnte.[7] Vorliegend hat T den Schlag namentlich gegen den Kopf des F geführt, diesen aber verfehlt. Für die Annahme eines sog. atypischen Kausalverlaufs wäre jedoch erforderlich, dass das Geschehen objektiv völlig außerhalb des nach allgemeiner Lebenserfahrung Erwartbarem liegt.[8] Von einem solchen Extremfall blinden Zufalls[9] kann man vorliegend nicht ausgehen. T ist der Erfolg objektiv zurechenbar.

2. Subjektiver Tatbestand

T müsste vorsätzlich gehandelt haben, § 15 StGB.

Vorsatz ist Wissen und Wollen der den objektiven Tatbestand verwirklichenden Umstände,[10] wobei zum einen die Abgrenzung von Eventualvorsatz und Fahrlässigkeit problematisch ist,[11] zum anderen gerade an den Tötungsvorsatz[12] strenge Anforderungen gestellt werden.

Problematisch ist aber zunächst, dass T mit dem Beilhieb ja eigentlich den F und nicht die M treffen wollte.

Hierin könnte nämlich ein vorsatzausschließender Irrtum über Tatumstände nach oder entsprechend § 16 I 1 StGB in Gestalt einer sog. *aberratio ictus* liegen. Bei dieser verfehlt ein Täter das anvisierte Ziel und trifft ein anderes.[13] Die Rechtsfolgen sind dann umstritten, wenn verfehltes und getroffenes Ziel tatbestandlich gleichwertig sind (wie hier: F und M sind beides Menschen).[14] Es ist nämlich fraglich, in-

---

[6] S. nur Jäger, in: SK-StGB, 9. Aufl. 2017, vor § 1 Rn. 96.
[7] Zum atypischen Kausalverlauf als Fallgruppe der objektiven Zurechnung B. Heinrich, AT, 7. Aufl. 2022, Rn. 249; näher Rudolphi JuS 1969, 549; Triffterer FS Bockelmann 1979, 201; Burkhardt FS Nishihara 1998, 15; aus der Rspr. vgl. zuletzt BGH U. v. 12.08.2021 – 3 StR 450/20 – NStZ 2022, 163 = StV 2022, 171 (Anm. Nestler Jura 2022, 522; Jäger JA 2022, 512; Eisele JuS 2022, 176; RÜ 2022, 231).
[8] Wessels/Beulke/Satzger, AT, 52. Aufl. 2022, Rn. 296.
[9] Faustformel bei B. Heinrich, AT, 7. Aufl. 2022, Rn. 249.
[10] Fischer, StGB, 70. Aufl. 2023, § 15 Rn. 3.
[11] Hierzu B. Heinrich, AT, 7. Aufl. 2022, Rn. 295ff.; aus der Rspr. vgl. zuletzt BGH U. v. 15.07.2021 – 3 StR 481/20 – NStZ 2022, 753.
[12] Hierzu Bock, BT 1, 2018, S. 8ff.; Eisele, BT I, 6. Aufl. 2021, Rn. 50ff.; aus der Rspr. vgl. zuletzt BGH U. v. 23.03.2022 – 6 StR 343/21 – NJW 2022, 3025 = NStZ 2022, 549; BGH U. v. 15.07.2021 – 3 StR 481/20 – NStZ 2022, 753.
[13] S. nur Joecks/Jäger, StGB, 13. Aufl. 2021, § 15 Rn. 44ff.
[14] S. nur Hillenkamp/Cornelius, 32 Probleme aus dem Strafrecht AT, 16. Aufl. 2023, 9. Problem; aus der Rspr. vgl. zuletzt BGH B. v. 23.10.2019 – 4 StR 375/19 (Anm. Lorenz/Bade jurisPR-StrafR 5/2020 Anm. 4).

wieweit die Täterpsyche und -motivation jenseits der abstrakten Fassung der objektiven Tatbestandsmerkmale eine Rolle spielen kann.

Auf die Kontroverse um die Beachtlichkeit des Fehlgehens des Angriffs kommt es aber dann nicht an, wenn der Täter ohnehin Vorsatz auch hinsichtlich des wirklich getroffenen Geschädigten aufweist, sei es als kumulativer Vorsatz, sei es als sog. Alternativvorsatz (*dolus alternativus*).[15] T nahm laut Sachverhalt auch zumindest billigend in Kauf, seine unter F liegende Ehefrau am Kopf zu treffen. Er war auch auf sie wütend, weil sie vor seinen Augen mit seinem besten Freund Geschlechtsverkehr gehabt hatte. Ihm war bewusst, dass ein wuchtiger Schlag, mit einem Beil gegen den Kopf geführt, lebensgefährliche Verletzungen verursachen konnte. T nahm in Kauf, bei dem Angriff auch seine Ehefrau tödlich zu verletzen. T wusste, dass der Kopf seiner Ehefrau sich direkt neben dem des F bzw. darunter befand, und hatte zudem (gewiss) bemerkt, dass sich M und F bewegten. Dass ein Angriff mit dem Beil unter diesen Umständen fehlgehen und sich auf die Person auswirken kann, die nicht (primäres) Ziel des Angriffs ist, liegt auf der Hand, zumal ein wuchtiger Schlag mit einem schweren Gegenstand im Einzelnen nicht mehr kontrollierbar ist.[16]

Zu beachten ist die restriktive Handhabung des Tötungsvorsatzes; allerdings war der wuchtige Hieb mit der Schneide des Beils eine äußerst gefährliche Gewalthandlung. Zwar kann es je nach den Umständen des Einzelfalles auch bei äußerst gefährlichen Gewalthandlungen fraglich sein, ob der Täter das erforderliche Wissen um die mögliche Todesgefahr hat. Der Sachverhalt enthält aber keine Angaben zu einem besonders defizitären Zustand des T, der es ausschlösse, dass T die Gefährlichkeit seines Tuns auch in Bezug auf seine Ehefrau erkannt hat.

Auch für das Willenselement stellt die Lebensbedrohlichkeit gefährlicher Gewalthandlungen ein gewichtiges Beweisanzeichen dar, jedoch ist unter Berücksichtigung aller Umstände des Einzelfalles sorgfältig zu prüfen, ob der Täter, der sein gefährliches Handeln durchführt, obwohl er mit der Möglichkeit tödlicher Verletzungen rechnet, den Tod des Opfers billigend in Kauf nimmt. In diese Prüfung sind vor allem die konkrete Angriffsweise, die psychische Verfassung des Täters bei der Tatbegehung sowie seine Motivation mit einzubeziehen. Auch hiernach aber liegt ein billigendes Inkaufnehmen des T vor, der sich auch an M rächen wollte. Anhaltspunkte, dass T trotz der erkannten Lebensgefährlichkeit des Schlages mit dem Beil auch für seine Ehefrau ernsthaft und nicht nur vage darauf vertraut haben könnte, es würde seine Ehefrau nicht zu Tode kommen, fehlen. Auch das Nachtatverhalten (Schläge mit dem Beilstiel) bildet ein entsprechendes Indiz.

T handelte mithin vorsätzlich in Bezug auf die Tötung der M.

---

[15] Wobei mit dieser Bezeichnung v. a. die Konstellationen zweier unterschiedlicher, einander ausschließender Tatbestände bezeichnet werden, s. aber etwa Joecks/Jäger, StGB, 13. Aufl. 2021, § 15 Rn. 42; aus der Rspr. vgl. zuletzt BGH U. v. 14.01.2021 – 4 StR 95/20 – BGHSt 65, 231 = NJW 2021, 795 = NStZ 2021, 419 = StV 2022, 148 (Anm. Bosch Jura 2021, 588; Kudlich JA 2021, 339; Eisele JuS 2021, 366; Theile ZJS 2021, 538; LL 2021, 329; RÜ 2021, 165; RÜ2 2021, 63; famos 10/2021; Mitsch NJW 2021, 798; Schuster NStZ 2021, 422; Roxin JR 2021, 334; Grünewald JZ 2021, 635; Schefer/Kemper HRRS 2021, 173; Schultheis jurisPR-StrafR 6/2021 Anm. 2).

[16] S. BGH U. v. 16.10.2008 – 4 StR 369/08 – NStZ 2009, 210 (211).

II. Rechtswidrigkeit

1. Notwehr, § 32 StGB

In Betracht kommt eine Rechtfertigung durch Notwehr gem. § 32 StGB.

Zweifelhaft ist bereits, ob ein Ehebruch einen notwehrfähigen Angriff darstellt.[17] Es stellt nach ganz h. M. kein Hindernis dar, dass F und M unvorsätzlich handelten (s. o.), da die objektive Tendenz ausreiche.

Hinzu käme die Frage der Rechtswidrigkeit des Angriffs, falls man F und M nicht einmal eine Sorgfaltswidrigkeit vorhalten kann.[18] Ob nun Angriffe auf die eheliche Treue (zumal durch den – hier geschädigten – Ehegatten selbst), als Aspekt des Ehrschutzes, durch Notwehr abgewehrt werden können, ist ebenfalls umstritten und wurde auch innerhalb der Rspr. unterschiedlich gesehen. Ferner ist noch der Aspekt vorhergehender Duldung der außerehelichen Kontakte zu berücksichtigen.

Schließlich würde sich die Frage der Gegenwärtigkeit des Angriffs namentlich mit Blick darauf stellen, ob es ausreicht, dass M mit einem vorne geöffneten Morgenmantel bekleidet auf dem Schlafsofa lag und F mit teilweise heruntergelassener Hose auf ihr lag (oder ob für die Gegenwärtigkeit etwa die aktuelle Vornahme sexueller Handlungen erforderlich ist).

All dies kann aber dahinstehen, wenn T jedenfalls die Grenzen des Erforderlichen überschritten hat. Nach konkreter Situation ist objektiv *ex ante* das Mittel auszuwählen, das bei gleicher Erfolgstauglichkeit (sofortige, sicherere und endgültige Beendigung des Angriffs) den Angreifer möglichst schont.[19] Es ist davon auszugehen, dass auch eine deutlich leichtere körperliche Einwirkung, wenn nicht sogar bloßes Ansprechen, gereicht hätte, den Geschlechtsverkehr von M und F zu unterbrechen und mindestens letzteren auch zum Verlassen der Wohnung zu bewegen.

Mangels Erforderlichkeit kommt es auf die Frage der Gebotenheit – etwa aufgrund krassen Missverhältnisses oder persönlicher Beziehungen zum Angreifer – nicht mehr an.

T war nicht gem. § 32 StGB gerechtfertigt.

2. Rechtfertigender Notstand, § 34 StGB

Selbst wenn man – auch mit Blick auf die vorangegangenen intimen Kontakte des F mit M – in dem Verhalten von M und F eine (Dauer)Gefahr für die Ehre des T sehen würde, scheitert es spätestens an dem mangelnden wesentlichen Überwiegen im Rahmen der beim Notstand erforderlichen Verhältnismäßigkeitsprüfung.

---

[17] Vgl. aus der Rspr. OLG Köln U. v. 17.04.1975 – 14 U 209/74 – NJW 1975, 2344; zum Abspenstigmachen einer Verlobten RG U. v. 20.03.1914 – IV 1282/13 – RGSt 48, 215.

[18] Zum Streit um das Erfordernis einer Sorgfaltswidrigkeit s. nur Joecks/Jäger, StGB, 13. Aufl. 2021, § 32 Rn. 11; aus der Rspr. vgl. RG U. v. 24.11.1890 – 2703/90 – RGSt 21, 168.

[19] S. nur Fischer, StGB, 70. Aufl. 2023, § 32 Rn. 30; aus der Rspr. vgl. zuletzt BayObLG B. v. 03.02.2022 – 202 StRR 9/22 – NStZ 2023, 42 (Anm. Eisele JuS 2022, 460).

3. Zwischenergebnis
T handelte rechtswidrig.

III. Schuld
T handelte schuldhaft.

Insbesondere ist für ein Handeln aufgrund eines sog. asthenischen Affekts nach § 33 StGB nichts ersichtlich.

Gleiches gilt für die Frage eines i. S. d. § 20 StGB hinreichend hochgradigen Affekts.

IV. Strafzumessung: § 213 1. Var. StGB
Angesichts des vorherigen Ehebruchs könnte ein minder schwerer Fall des Totschlags vorliegen in Gestalt des sog. provozierten Totschlags, § 213 1. Var. StGB.

Eine schwere Beleidigung[20] könnte in dem jüngsten Ehebruch liegen, zumal es ausreicht, wenn die Beleidigung den Tropfen darstellt, der das Fass zum Überlaufen bringt.[21] Allerdings ist zu berücksichtigen, dass dem T frühere derartige Verhaltensweisen bereits bekannt waren. Dies muss zumindest den Schweregrad der Beleidigung beeinflussen.

Ein minder schwerer Fall des Totschlags liegt nicht vor.[22]

V. Ergebnis
T hat sich wegen Totschlags strafbar gemacht, indem er die M mit einem Beil gegen den Kopf schlug.

§ 212 I StGB verdrängt die §§ 223, 224, 226, 227 StGB aufgrund materieller Subsidiarität.[23]

B. §(§ 212 I,) 211 StGB zu Lasten der M
Der von T begangene Totschlag könnte sich sogar als Mord darstellen.[24]

Als objektives Mordmerkmal kommt Heimtücke in Betracht.[25]

---

[20] Hierzu Fischer, StGB, 70. Aufl. 2023, § 213 Rn. 5f.; aus der Rspr. vgl. zuletzt BGH B. v. 08.09.2016 – 1 StR 372/16 – NStZ-RR 2017, 11; BGH U. v. 21.03.2017 – 1 StR 663/16 – NStZ 2019, 210 = StV 2017, 543; BGH U. v. 21.02.2018 – 1 StR 351/17 – NStZ-RR 2018, 177.

[21] Fischer, StGB, 70. Aufl. 2023, § 213 Rn. 9; aus der Rspr. vgl. zuletzt BGH B. v. 31.05.2021 – 1 StR 123/21 – NStZ-RR 2021, 280 = StV 2022, 98.

[22] A. A. vertretbar.

[23] S. nur Fischer, StGB, 70. Aufl. 2023, § 211 Rn. 107.

[24] Überschrift und Formulierung des Obersatzes beruhen darauf, dass das Verhältnis von Mord und Totschlag umstritten ist, hierzu Bock, BT 1, 2018, S. 16ff.; Eisele, BT I, 6. Aufl. 2021, Rn. 61f., 135ff.; aus der Rspr. vgl. zuletzt BGH B. v. 19.08.2014 – 3 StR 283/14 – NStZ 2015, 46 = StV 2015, 4 und 287 (Anm. RÜ 2015, 174; Dehne-Niemann StV 2015, 288).

[25] Zur Heimtücke Bock, BT 1, 2018, S. 19ff.

Erforderlich hierfür ist ein Ausnutzen der auf Arglosigkeit beruhenden Wehrlosigkeit des Opfers.[26] Arglos ist, wer sich im Zeitpunkt der Tat keines Angriffs versieht.[27]

Dies war bei M der Fall. Jedenfalls angesichts der vorherigen Duldungen der Beziehung zwischen M und F dürfte auch kein Verlust der Arglosigkeit aufgrund normativer Erwägungen[28] eingetreten sein, dahingehend, dass M mit einem derartigen Angriff durch T hätte rechnen müssen.[29] M und F waren infolge ihrer Arglosigkeit auch wehrlos. Der Täter muss die Arg- und Wehrlosigkeit auch nicht durch eigenes Veranlassen gezielt herbeigeführt haben.[30]

Fraglich ist aber, ob T dies auch bewusst ausgenutzt hat. Dabei verlangt ein Ausnutzungsbewusstsein nicht, dass der Täter die Arg- und Wehrlosigkeit zur ursächlichen Bedingung des eigenen Handelns machen oder diese gezielt instrumentalisieren muss; vielmehr genügt es, wenn der Täter im Augenblick der Tat die Arg- und Wehrlosigkeit des Opfers wahrgenommen und sie hingenommen hat.[31]

Die erforderliche Vorstellung der Bedeutung für die Tatausführung kann aber insbesondere bei affektiven Spontantötungen und Verzweiflungstaten fehlen (auch unterhalb der Schwelle des § 21 StGB).[32] Von einer solchen affektiven Spontantötung ist vorliegend aber gerade auszugehen: T war gekränkt und aufgebracht und handelte, um F zu bestrafen, sodass naheliegt, dass T überhaupt keine Vorstellung bzgl. der Bedeutung der Arg- und Wehrlosigkeit für die Tat hatte. T handelte nicht heimtückisch.[33]

Auf die Frage weiterer (verfassungsrechtlich gebotener) Restriktionen dieses Mordmerkmals[34] auf Tatbestands- oder Rechtsfolgenebene kommt es nicht mehr an.

Ein gemeingefährliches Mittel[35] verwendete T nicht: Die nötige Unkontrollierbarkeit der Ausdehnung fehlt, wenn bloß der Kreis potenzieller Opfer groß ist, aber letztlich nur einer getötet werden kann.[36]

---

[26] S. nur Fischer, StGB, 70. Aufl. 2023, § 211 Rn. 34; Sinn, in: SK-StGB, 9. Aufl. 2017, § 211 Rn. 40; aus der Rspr. vgl. zuletzt BGH U. v. 11.05.2022 – 5 StR 361/21 – NStZ-RR 2022, 277; BGH B. v. 29.06.2022 – 1 StR 127/22 – NStZ-RR 2022, 307.
[27] Fischer, StGB, 70. Aufl. 2023, § 211 Rn. 35.
[28] Hierzu vgl. aus der Rspr. zuletzt BGH B. v. 18.11.2021 – 1 StR 397/21 – NStZ 2022, 288 (Anm. Nestler Jura 2022, 649; Jäger JA 2022, 697; Eisele JuS 2022, 370; Putzke ZJS 2022, 456; RÜ 2022, 301; famos 5/2022; Nettersheim NStZ 2022, 290; Zeller/Thomas jurisPR-StrafR 16/2022 Anm. 5).
[29] A. A. wohl vertretbar.
[30] Lackner/Kühl, StGB, 30. Aufl. 2023, § 211 Rn. 9.
[31] Eschelbach, in: BeckOK-StGB, Stand 01.11.2022, § 211 Rn. 52.
[32] S. Eser/Sternberg-Lieben, in: Schönke/Schröder, 30. Aufl. 2019, § 211 Rn. 25; aus der Rspr. vgl. zuletzt BGH U. v. 11.05.2022 – 2 StR 445/21 – NStZ 2022, 541 (Anm. Schneider NStZ 2022, 543).
[33] A. A. vertretbar.
[34] Hierzu zsf. Fischer, StGB, 70. Aufl. 2023, § 211 Rn. 46ff.
[35] Hierzu Bock, BT 1, 2018, S. 45ff.
[36] Schneider, in MK-StGB, 4. Aufl. 2021, § 211 Rn. 127f.; aus der Rspr. vgl. BGH U. v. 01.09.1992 – 1 StR 487/92 – BGHSt 38, 353 = NJW 1993, 210 = NStZ 1993, 1136 = StV 1992, 573 (Anm. Hemmer-BGH-Classics Strafrecht, 2003, Nr. 52; Geppert JK 1993 StGB § 211/23; von Heintschel-Heinegg JA 1993, 223; Jung JuS 1993, 518; Rengier JZ 1993, 364); BGH U. v. 26.02.1993 – 3 StR 207/92 – NStZ 1993, 341 (Anm. Brocker NStZ 1994, 33).

T könnte aber sonst aus niedrigen Beweggründen[37] gehandelt haben.

Niedrige Beweggründe sind solche, die nach allgemeiner sittlicher Wertung auf tiefster Stufe stehen und deshalb besonders verwerflich, ja verächtlich sind.[38]

Wut, Hass, Ärger, Rache etc. sind nur dann niedrig, wenn sie selbst auf niedrigen Beweggründen beruhen.[39]

Die Wut über einen Ehebruch nach einer gemeinsamen Feier in der eigenen Wohnung mit einem engen Freund liegt nicht außerhalb des menschlich verständlichen Bereichs, selbst wenn intime Kontakte bereits vorher bekannt waren. Hinzu kommt, dass angesichts der Spontaneität unklar ist, ob sich T der Umstände, die den Antrieb zum Handeln als besonders verwerflich erscheinen lassen, bewusst war.[40]

T handelte nicht aus sonst niedrigen Beweggründen.[41]

T hat sich nicht wegen Mordes strafbar gemacht.

C. §§ 212 I, 22, 23 StGB zu Lasten des F

T könnte durch den Hieb mit dem Beil einen versuchten Totschlag an F begangen haben.

I. Sog. „Vorprüfung": Nichtvollendung, Strafbarkeit des Versuchs

F ist nicht aufgrund des Beilhiebes verstorben.

Die Strafbarkeit des versuchten Totschlags folgt aus §§ 12 I, 23 I StGB.

II. Tatbestand

1. Vorstellung von der Verwirklichung des Tatbestands (sog. Tatentschluss, subjektiver Tatbestand)

Problematisch ist, ob der sog. Tatentschluss/Tötungsvorsatz durch den vollendeten Totschlag an M „verbraucht" ist.

Ein Verbrauchen des Vorsatzes wäre jedenfalls dann nicht anzunehmen, wenn T einen kumulativen Vorsatz hinsichtlich der Tötung sowohl von M als auch von F hatte. Zwar wollte T nur den F treffen, nahm aber in Kauf, auch M tödlich zu verletzen. Angesichts des Umstands, dass F auf der M auf dem Sofa lag, liegt es nicht fern, dass T damit rechnete, beide zugleich zu töten. Bei Vorliegen eines kumulativen Vorsatzes wäre Tatentschluss daher gegeben.

Fraglich ist, ob sich eine andere Betrachtung ergibt, wenn T zwar den Tod beider billigend in Kauf nahm, aber nicht damit rechnete, beide zugleich zu töten, d. h.

---

[37] Zu den sonst niedrigen Beweggründen Bock, BT 1, 2018, S. 76ff.
[38] Bock, BT 1, 2018, S. 76; Fischer, StGB, 70. Aufl. 2023, § 211 Rn. 14a; Eisele, BT I, 6. Aufl. 2021, Rn. 89; aus der Rspr. vgl. zuletzt BGH U. v. 15.06.2022 – 6 StR 23/22 – NStZ-RR 2022, 245.
[39] Aus der Rspr. vgl. zuletzt BGH U. v. 15.06.2022 – 6 StR 23/22 – NStZ-RR 2022, 245.
[40] Zum Erfordernis des Bewusstseins bzgl. der Niedrigkeit des Beweggrundes Bock, BT 1, 2018, S. 79ff.; aus der Rspr. vgl. zuletzt BGH U. v. 15.06.2022 – 6 StR 23/22 – NStZ-RR 2022, 245.
[41] A. A. vertretbar.

Alternativvorsatz in Bezug auf den gleichen Tatbestand hatte, vgl. auch schon o. (im Unterschied zu den noch problemischeren Fällen tatbestandlicher Ungleichwertigkeit).

Nach wohl h. M. wird im Falle tatbestandlicher Gleichwertigkeit der Alternativvorsatz im Rahmen der Vollendungsstrafbarkeit verbraucht,[42] sodass bereits der subjektive Tatbestand bzw. Tatentschluss ausscheidet.

Andere gehen von einer Verdrängung des Versuchsdelikts im Wege der Gesetzeskonkurrenz aus.[43]

Zutreffend[44] ist aber die Annahme von Tateinheit der vom alternativen Vorsatz umfassten Delikte,[45] und zwar sowohl im Falle der tatbestandlichen Gleichwertigkeit als auch der Ungleichwertigkeit: Nur dies ermöglicht eine Berücksichtigung, dass T den Tod auch des F billigend in Kauf genommen hat. Die Höchstpersönlichkeit des Rechtsguts Leben spricht sowohl gegen einen Vorsatzverbrauch als auch gegen eine Annahme einer Gesetzeskonkurrenz. Die Strafrahmenregelung des § 52 StGB, die nur eine Strafe aus dem Strafrahmen des schwersten der verwirklichten Delikte vorsieht, ist die adäquate Lösung des Problems der Teilidentität des Unrechts verschiedener Tatbestandsverwirklichungen. Jeder Grad der Teildeckung des tatbestandsmäßigen Unrechts lässt sich dabei angemessen berücksichtigen. Deshalb geschieht auch dem Täter bei *dolus alternativus* kein Unrecht, wenn er aus beiden subjektiv erfüllten Tatbeständen verurteilt wird.

Ob daher *dolus cumulativus oder dolus alternativus* vorlag, kann materiellrechtlich dahinstehen. Ob die vom Täter gesetzte Vorsatzgefahr nur die alternative und nicht kumulative Verwirklichung beider Tatbestände beinhaltet hat, ist eine Frage, die allenfalls bei der Zumessung der Strafe aus dem schwersten Strafrahmen berücksichtigt werden kann.

Zum Tötungsvorsatz und damit Tatentschluss s. o.

2. Unmittelbares Ansetzen
Das unmittelbare Ansetzen i. S. d. § 22 StGB liegt in der Ausführung des Beilhiebs. T nahm damit die von ihm geplante Handlung sogar vollumfänglich vor.[46]

III. Rechtswidrigkeit, Schuld
T handelte auch rechtswidrig und schuldhaft, vgl. oben.

IV. Rücktritt, § 24 I 1 StGB
T könnte gem. § 24 I 1 StGB strafbefreiend zurückgetreten sein, indem er nicht weiter auf F einschlug.

---

[42] S. nur B. Heinrich, AT, 7. Aufl. 2022, Rn. 294; Zazcyk, in: NK-StGB, 5. Aufl. 2017, § 22 Rn. 20; wohl auch BGH U. v. 16.10.2008 – 4 StR 369/08 – NStZ 2009, 210.
[43] Wessels/Beulke/Satzger, AT, 52. Aufl. 2022, Rn. 350f.
[44] A. A. vertretbar.
[45] S. Puppe, in: NK, 5. Aufl. 2017, § 15 Rn. 115f.
[46] Zu dieser Faustformel Joecks/Jäger, StGB, 13. Aufl. 2021, § 22 Rn. 17f.

F konnte aber entkommen, sodass T, selbst wenn er es gewollt hätte, sein Vorhaben, den F zu töten, nicht fortführen konnte. Außerdem war das Beil zerbrochen. Mithin war der Versuch des T nach üblicher Begrifflichkeit fehlgeschlagen, wobei es dahinstehen kann ob bereits ein „Aufgeben" i. S. d. § 24 I 1 StGB ausscheidet oder erst die Freiwilligkeit.

Auf die Frage eines rücktrittsausschließenden Fehlschlags aufgrund eines erfolglosen Einzelakts[47] (hier: Verfehlen mit dem Beil) kommt es nicht mehr an, ebenso wenig auf die Frage des Erreichens eines außertatbestandlichen Handlungsziels[48] (hier denkbar: Beendigung des Ehebruchs).

V. Ergebnis
T hat sich durch den Beilhieb wegen versuchten Totschlags an F strafbar gemacht.[49]

2. Abschnitt: Nach dem Beilhieb

- Strafbarkeit des T -

A. §§ 212 I, 22, 23 StGB
Ein versuchter Totschlag aufgrund der Schläge mit dem Beilstiel scheitert – auch bei erneuter Annahme von Tötungsvorsatz – jedenfalls aufgrund Gesetzeskonkurrenz: Die Vornahme weiterer Tötungshandlungen nach einer, die sich im Erfolg realisiert hat, tritt kraft materieller Subsidiarität oder Konsumtion hinter die Vollendungsstrafbarkeit zurück; es ist derselbe Rechtsgutsträger bzgl. desselben Rechtsguts betroffen.

Auf Fragen des Rücktritts (hier denkbar: irrige Annahme eines unbeendeten Versuchs, den T bewusst nicht zu Ende führt) kommt es mithin nicht an.

B. §§ 223 I, 224 I Nr. 2, 5 StGB
T könnte sich wegen gefährlicher Körperverletzung strafbar gemacht haben, indem er M mit dem Beilstiel schlug.

Bei M müsste ein Körperverletzungserfolg eingetreten sein.

Dieser liegt gem. § 223 I StGB entweder in einer körperlichen Misshandlung, worunter jede üble und unangemessene Behandlung, durch die das körperliche Wohlbefinden oder die körperliche Unversehrtheit mehr als nur unerheblich beeinträchtigt wird, gefasst wird,[50] oder in einer Gesundheitsschädigung, welche als Hervorrufen oder Steigern eines nicht nur unerheblichen krankhaften (patho-

---

[47] S. Hillenkamp/Cornelius, 32 Probleme aus dem Strafrecht AT, 16. Aufl. 2023, 18. Problem; aus der Rspr. zu Rücktrittshorizont und Gesamtbetrachtungslehre vgl. zuletzt BGH B. v. 05.04.2022 – 6 StR 99/22 – NStZ-RR 2022, 171.
[48] Hierzu aus der Rspr. vgl. zuletzt BGH B. v. 03.05.2022 – 3 StR 120/22 (Anm. Nestler Jura 2022, 1238; Jäger JA 2022, 779; JuS 2022, 978).
[49] A. A vertretbar.
[50] Joecks/Jäger, StGB, 13. Aufl. 2021, § 223 Rn. 4; aus der Rspr. vgl. zuletzt OLG Hamm B. v. 21.04.2022 – 5 RVs 42/22 (Anm. Borutta jurisPR-StrafR 12/2022 Anm. 3).

logischen), d. h. vom Normalzustand nachteilig abweichenden Zustandes körperlicher oder psychischer Art,[51] zu verstehen ist.

Zwar war T bereits durch den Beilhieb tödlich getroffen, jedenfalls aufgrund der Schmerzen und Prellungen infolge der Stielschläge liegen aber körperliche Misshandlung und Gesundheitsschädigung vor.

Indem T mit dem Beilstiel auf M einschlug – einem gefährlichen Werkzeug i. S. d. § 224 I Nr. 2 StGB (jeder Gegenstand, der nach der Art seiner Verwendung im konkreten Fall geeignet ist, erhebliche Verletzungen zu verursachen[52]) –, verwirklichte T auch das qualifizierende Merkmal.

Für die Annahme einer das Leben gefährdenden Behandlung i. S. d. § 224 I Nr. 5 StGB genügen die Angaben der Informationen zur Platzierung der Schläge nicht.[53]

T handelte vorsätzlich, rechtswidrig und schuldhaft.

T hat sich wegen gefährlicher Körperverletzung gem. §§ 223 I, 224 I Nr. 2 StGB strafbar gemacht, indem er M mit dem Beilstiel schlug.

Um das zusätzliche Unrecht der Zufügung weiterer Schmerzen zum Ausdruck zu bringen, ist nicht von einem Zurücktreten der gefährlichen Körperverletzung hinter den Totschlag in Gesetzeskonkurrenz auszugehen.[54]

Dies gilt allerdings nur bezüglich des Grunddelikts: Die Verschärfungen des § 224 I StGB beruhen allein auf der besonderen (Lebens-)Gefährlichkeit; ihr Unrechtsgehalt geht mithin in der vorher verwirklichten vorsätzlichen Tötung auf. T ist insofern nur nach § 223 I StGB zu bestrafen.[55]

2. Teil: Tod des F[56]

- Strafbarkeit des T -

A. §§ 212 I StGB zu Lasten des F

T könnte sich wegen Totschlags strafbar gemacht haben, indem er F schlug.

I. Tatbestand

1. Objektiver Tatbestand

F ist tot, sodass der Erfolg eingetreten ist. Hierfür wurde T durch die Schläge auch kausal.

---

[51] Vgl. Bock, BT I, 2018, S. 118; Joecks/Jäger, StGB, 13. Aufl. 2021, § 223 Rn. 9; aus der Rspr. vgl. zuletzt OLG Hamm B. v. 21.04.2022 – 5 RVs 42/22 (Anm. Borutta jurisPR-StrafR 12/2022 Anm. 3).

[52] Bock, BT 1, 2018, S. 128; Wolters, in: SK-StGB, 9. Aufl. 2017, § 224 Rn. 15; aus der Rspr. vgl. zuletzt KG B. v. 05.11.2021 – (2) 121 Ss 100/21 (24/21) – NStZ 2022, 512.

[53] A. A. vertretbar.

[54] A. A. vertretbar.

[55] A. A. vertretbar.

[56] Nach BGH U. v. 10.04.2002 – 5 StR 613/01 – NStZ 2002, 475 (Anm. LL 2002, 750; RA 2002, 546; Otto JK 2003 StGB § 15/7; Roxin GA 2003, 257).

Fraglich ist (wiederum, s. o.) die objektive Zurechenbarkeit des Erfolges, namentlich die Realisierung der unerlaubten Risikosetzung (hier: Schläge) im Todeserfolg.

In Betracht kommt ein atypischer Kausalverlauf: F verstarb nicht an der Injektion von Luft (diese war nicht einmal mitursächlich), sondern erstickte an eingeatmetem Blut. Davon, dass das Geschehen objektiv völlig außerhalb der allgemeinen Lebenserfahrung liegt, kann allerdings bzgl. der Schläge auf Kopf- und Halsbereich nicht gesprochen werden. Der Erfolg ist objektiv zurechenbar.

2. Subjektiver Tatbestand

T entschloss sich laut Sachverhalt, den F zu töten, sodass er prinzipiellen Tötungsvorsatz aufwies.

Fraglich ist, ob er i. S. d. § 15 StGB hinreichenden Vorsatz bzgl. der Kausalität/objektiven Zurechnung (bzw. des sog. Kausalverlaufs) hatte. Insoweit könnte T nämlich i. S. d. § 16 I 1 StGB einen Umstand nicht gekannt haben, der zum gesetzlichen Tatbestand gehört (oder es könnte doch mangels Kongruenz eine Vollendungsvorsatzbestrafung ausgeschlossen sein).

Freilich stellte er sich vor, den Tod des F mit einer Luftinjektion in die Armvene herbeizuführen, während F aber tatsächlich an eingeatmetem Blut erstickte. Die (ggf. entsprechende) Anwendung des § 16 I StGB bei einem sog. Irrtum über den Kausalverlauf ist problematisch, schließlich ist ein Kausalverlauf nie genau vorhersehbar und basiert immer auf einer Prognose. Für den Täter ist auch oft nicht von Bedeutung, wie genau er den Erfolg erzielt. Eine Verengung auf eine bestimmte Erfolgsherbeiführung würde auch den genau planenden Täter privilegieren. Daher genügt es nach h. M., wenn die Vorstellungen des Täters im Wesentlichen dem tatsächlichen Geschehensablauf entsprechen.[57] Eine Abweichung des vorgestellten vom tatsächlichen Kausalverlauf ist daher unbeachtlich, wenn die Abweichung sich innerhalb der Grenzen des nach allgemeiner Lebenserfahrung Voraussehbarem bewegt (sog. Streubreite des gesehenen Risikos). Sonderfälle sind die sog. verspäteten[58] oder verfrühten[59] Erfolge.

Um letzteres handelt es sich hier: Nicht erst die Luftinjektion verursachte den Tod, sondern bereits die vorherigen Schläge.

Nach z. T. vertretener Ansicht[60] ist der Irrtum über den Kausalverlauf dann unbeachtlich, wenn der Täter sich bereits im Stadium des beendeten Versuchs befand, also bereits bei der vorgelagerten Handlung die Erfolgsrealisierung mindestens billigend in Kauf nahm. Hiervon ist bei T nicht auszugehen: Er schlug F nur, um dessen Widerstandsfähigkeit zu brechen, hielt sein Verhalten aber nicht für ausreichend, um F zu töten.

---

[57] S. nur Fischer, StGB, 70. Aufl. 2023, § 16 Rn. 7.
[58] Hierzu vgl. aus der Rspr. zuletzt BGH U. v. 03.12.2015 – 4 StR 223/15 (Scheune) – NStZ 2016, 721 (Anm. Jäger JA 2016, 548; Eisele JuS 2016, 368; LL 2016, 324; RÜ 2016, 163; Hinz JR 2016, 276; Hehr/Scharbius HRRS 2016, 550; Dehne-Niemann/Marinitsch ZStW 2017, 650).
[59] Hierzu vgl. aus der Rspr. zuletzt BGH U. v. 10.04.2002 – 5 StR 613/01 (Luftinjektion) – NStZ 2002, 475 (Anm. LL 2002, 750; RA 2002, 546; Otto JK 2003 StGB § 15/7; Roxin GA 2003, 257).
[60] Jakobs, AT, 2. Aufl. 1991, 8/76; vgl. auch Puppe, in: NK, 5. Aufl. 2017, § 16 Rn. 86ff.

Die Rspr. und die h. L.[61] stellen demgegenüber darauf ab, ob die Handlung bereits die Versuchsphase erreichte bzw. mit der Handlung die Schwelle zum Versuch überschritt. T beging die todesursächlichen Verletzungshandlungen, nachdem er sich zur Tötung des Opfers – durch Luftinjektion – entschlossen hatte. In der tödlichen Gewaltanwendung liegt bereits das unmittelbare Ansetzen zur Tötung i. S. d. § 22 StGB, da die gewaltsame Wehrlosmachung des Opfers und die Beibringung der Injektion in jeder Hinsicht eine Einheit bilden.[62]

Zwar löst bereits der Versuch grundsätzlich die Strafe der Vollendung aus und es ist nur eine fakultative Strafmilderung normiert, § 23 II StGB, was für eine nur unwesentliche Abweichung spricht, die am Vorsatz des Täters nichts ändert. Versuchsdelikt und Vollendungsdelikt unterscheiden sich im subjektiven Tatbestand ja nicht. Allerdings ist mit der Gegenauffassung eine Ausnahme sachgerecht, wenn der Versuch ein sog. unbeendeter ist, weil der Täter denkt, er habe noch nicht alles zur Erfolgsherbeiführung Notwendige getan: Zwar hat der Täter von Versuchsbeginn an Vorsatz, der auf eine Tatbeendigung gerichtet ist, allerdings hält der Täter im Stadium des unbeendeten Versuchs seine Handlung (noch) nicht für erfolgstauglich, insofern mangelt es ihm am Vorsatz bzgl. der Realisierung des durch die konkrete vorbereitende Tathandlung gesetzten Risikos im Erfolg.

Es fehlt am (Vollendungs-)Vorsatz.[63]

II. Ergebnis
T hat sich nicht wegen Totschlags strafbar gemacht, indem er F schlug.

B. §§ 223 I, 227 StGB
T verwirklichte jedoch eine Körperverletzung mit Todesfolge, indem er F schlug. Insbesondere sind der sog. Spezifische Gefahrverwirklichungszusammenhang (vgl. schon o. objektive Zurechnung: kein atypischer Kausalverlauf) und die gem. § 18 StGB erforderliche Fahrlässigkeit gegeben.

C. §§ 212 I, 22, 23 StGB
Im Injizieren der Luft könnte jedoch ein versuchter Totschlag liegen.

Dazu müsste T auch sog. Tatentschluss hinsichtlich des Tötens eines Menschen gehabt haben. Zwar bezog sich der (Tötungs-)Vorsatz des T auf eine Todesherbeiführung durch ein untaugliches Tatmittel (ausweislich des Sachverhalts hätte nicht einmal das doppelte Luftvolumen für die Herbeiführung des Todes ausgereicht); dies steht jedoch einer Annahme von Tatentschluss nicht entgegen, ergibt sich doch aus der (prinzipiellen) Strafbarkeit des sog. grob unverständigen Versuchs gem. § 23 III StGB erst recht die Strafbarkeit des bloßen untauglichen Versuchs.

Durch die Injektion nahm T die von ihm geplante Handlung sogar vollumfänglich vor und hat damit i. S. d. § 22 StGB unmittelbar angesetzt.

T handelte auch rechtswidrig und schuldhaft.

---
[61] S. nur Joecks/Jäger, StGB, 13. Aufl. 2021, § 15 Rn. 32ff. m. w. N.
[62] So BGH U. v. 10.04.2002 – 5 StR 613/01 – NStZ 2002, 475 (476); a. A. vertretbar.
[63] A. A. vertretbar.

Fraglich ist jedoch, ob eine (fakultative) Strafmilderung gem. § 23 III StGB in Betracht kommt. Dazu müsste T die Untauglichkeit des Tatmittels aus grobem Unverstand verkannt haben. Grober Unverstand liegt vor, wenn der Täter dem Versuch auf der Grundlage einer völlig abwegigen Vorstellung von gemeinhin bekannten Tatsachen eine Verwirklichungsaussicht einräumt.[64] So liegt der Fall hier jedoch nicht, ist doch immerhin eine Todesherbeiführung durch Luftinjektionen möglich, sodass die Fehlvorstellung über das hierfür notwenige Luftvolumen jedenfalls nicht grob unverständig ist.

T hat sich daher wegen versuchten Totschlags strafbar gemacht.

D. §§ (212 I,) 211, 22, 23 StGB

Von Heimtücke(vorsatz) ist mangels Arglosigkeit des F angesichts der vorhergehenden Auseinandersetzungen nicht auszugehen.

Bei der Rache für den Ehebruch handelt es sich auch nicht um einen sonst niedrigen Beweggrund, s. o. Soweit der T eine zusätzliche Motivation hatte (Zuschreiben von Verantwortung für die Tötung der M), genügt auch dies nicht[65] – zwar handelt es sich in gewisser Weise um eine schlecht verständliche Leugnung eigener Verantwortung, entscheidend dürfte aber der Gesichtspunkt sein, dass die Wurzel aller Emotionen im Ehebruch lag.

T hat keinen versuchten Mord begangen.

3. Teil: Geschehen bei W[66]

1. Abschnitt: Strafbarkeit des T durch Betreten der Wohnung des W[67]

- § 123 I StGB -

T könnte sich wegen Hausfriedensbruchs strafbar gemacht haben, indem er gegen 0.45 Uhr die Wohnung des W aufsuchte.

Angesichts des Verhältnisses zwischen W und T und dem Verhalten des W bei dem vorherigen Besuch des T ist von einem tatbestandsausschließenden Einverständnis des Hausrechtsinhabers W auszugehen – jedenfalls aber von einem mutmaßlichen Einverständnis[68] –, sodass es an einem Eindringen i. S. d. § 123 I StGB fehlt.

---

[64] Fischer, StGB, 70. Aufl. 2023, § 23 Rn. 7.
[65] A. A. vertretbar.
[66] Nach BGH B. v. 01.03.2011 – 3 StR 450/10 – NStZ 2011, 630 (Anm. RA 2011, 361; Satzger JK 2012 StGB § 16/5; Hecker JuS 2012, 465; Sinn ZJS 2012, 124).
[67] Beginn der Prüfung mit dem Hausfriedensbruch des T (obwohl leichtes Delikt), da so Inzidentprüfung bei B1 und B2 (§ 32 StGB, Erlaubnistatumstandsirrtum, 33 StGB) vermieden wird. Anderer Aufbau möglich.
[68] Hierzu B. Heinrich, AT, 7. Aufl. 2022, Rn. 478a; aus der Rspr. vgl. BGH B. v. 24.06.2014 – 2 StR 73/14 – BGHSt 59, 260 = NJW 2014, 2887 = NStZ 2015, 156 = StV 2015, 114 (Anm. Kudlich JA 2014, 873; RÜ 2014, 786; Jahn JuS 2015, 82; Theile/Stürmer ZJS 2015, 123; famos 7/2015; Floeth NZV 2015, 95; Mitsch NZV 2015, 423).

Aus diesem Grund scheidet auch § 123 I 2. Var. StGB aus: Die Aufforderung durch B1 und B2 als Nicht-Hausrechtsinhabern entfaltet mangels entsprechender Bevollmächtigung[69] keine Wirkung.

T hat sich nicht wegen Hausfriedensbruchs strafbar gemacht, indem er gegen 0.45 Uhr die Wohnung des W aufsuchte.

Auf §§ 20, 21 StGB kommt es nicht mehr an, zumal nicht ersichtlich ist, dass T hinreichend schwer alkoholisiert war (acht Bier).

2. Abschnitt: Strafbarkeit des B1[70]

A. § 223 I StGB

Laut Sachverhalt entwickelte sich ein Handgemenge und ein Schubsen zwischen T und B1. Diese Angaben reichen aber für die Annahme eines Verletzungserfolgs nicht aus. Auch hatte B1 laut Sachverhalt zu keinem Zeitpunkt beabsichtigt, den T zu schlagen oder zu verletzen.

B. §§ 240 I, III, 22, 23 StGB

B1 könnte sich wegen versuchter Nötigung strafbar gemacht haben, als er T aus der Wohnung drängen wollte.

I. Sog. „Vorprüfung": Nichtvollendung, Strafbarkeit des Versuchs

Zum erstrebten Nötigungserfolg[71] kam es nicht: T verblieb in der Wohnung.

Die versuchte Nötigung ist gem. § 240 III StGB strafbar.

II. Tatbestand

1. Vorstellung von der Verwirklichung des Tatbestands (sog. Tatentschluss, subjektiver Tatbestand)

B1 müsste Tatentschluss, d. h. Vorsatz, hinsichtlich der objektiven Tatbestandsmerkmale des § 240 I StGB gehabt haben.

Die erstrebte Handlung des T war das Verlassen der Wohnung, sodass Vorsatz bzgl. eines Nötigungserfolgs vorlag.

Angesichts der Handgreiflichkeiten und Schubsereien war auch der Tatentschluss hinsichtlich Gewalt gegeben.

2. Unmittelbares Ansetzen

Angesichts der Gewalthandlungen liegt ein unmittelbares Ansetzen i. S. d. § 22 StGB vor.

---

[69] S. nur Fischer, StGB, 70. Aufl. 2023, § 123 Rn. 29.

[70] Nun Prüfung von B1 und B2 (obwohl leichtere Delikte), da so Inzidentprüfung bei T (§ 32 StGB, Erlaubnistatumstandsirrtum, 33 StGB) vermieden wird. Anderer Aufbau möglich.

[71] Denkbar ist aber ein Abstellen auf erzielte Zwischenerfolge (z. B. Aufhalten auf dem Weg durch die Wohnung), allerdings reichen die Angaben im Sachverhalt nicht aus, a. A. vertretbar; hierzu Fischer, StGB, 70. Aufl. 2023, § 240 Rn. 55; aus der Rspr. vgl. zuletzt BGH B. v. 19.02.2019 – 3 StR 14/19 – NStZ 2019, 410.

III. Rechtswidrigkeit

1. § 32 StGB
B1 könnte aber aufgrund Notwehr (in Form der sog. Nothilfe) gem. § 32 StGB gerechtfertigt sein.

Ein rechtswidriger Angriff des T auf das Hausrecht des W liegt aber nicht vor, s. o., sodass eine Nothilfe ausscheidet.

B1 handelte rechtswidrig.

2. Erlaubnistatumstandsirrtum[72]
B1 könnte einem Irrtum über die tatsächlichen Voraussetzungen eines Rechtfertigungsgrundes unterlegen sein, indem er von einem rechtswidrigen Angriff des T auf das Hausrecht des W ausging.[73]

Der Sachverhalt dürfte aber eher dahingehend zu verstehen sein, dass es B1 allein darum ging, den ihm aufgrund dessen Begehrens lästigen T loszuwerden, zumal auch nahe liegt, dass B1 den vorherigen Besuch des T und das verständnisvolle Verhältnis von T und W miterlebt hatte.[74]

Auf die umstrittene Frage der Rechtsfolgen kommt es mithin nicht an.

3. § 240 II StGB
Die Anwendung von *vis absoluta* begründet die Verwerflichkeit[75] nach § 240 II StGB.[76]

IV. Schuld
B1 handelte schuldhaft.

Insbesondere ist für einen Fall des § 33 StGB nichts ersichtlich.

V. Ergebnis
B1 hat sich wegen versuchter Nötigung strafbar gemacht, als er T aus der Wohnung drängen wollte.

---

[72] Zum Erlaubnistatumstandsirrtum Krey/Esser, AT, 7. Aufl. 2022, Rn. 731ff.; Hillenkamp/Cornelius, 32 Probleme aus dem Strafrecht AT, 16. Aufl. 2023, 10. Problem; aus der Rspr. vgl. zuletzt BGH B. v. 21.11.2019 – 4 StR 166/19 – NStZ 2020, 725 (Anm. Eisele JuS 2020, 985; Rückert NStZ 2020, 726; Erb JR 2021, 44).

[73] Prüfungsstandort direkt nach Bejahung der Rechtswidrigkeit, da übersichtliche Darstellung aufgrund des engen Sachzusammenhangs, s. auch Joecks/Jäger, StGB, 13. Aufl. 2021, § 16 Rn. 50; anderer Aufbau herrschend (hierbei h.M. wohl innerhalb der Schuld, vgl. nur B. Heinrich, AT, 7. Aufl. 2022, Rn. 1125).

[74] A. A. vertretbar. Unten bei der Notwehr des T wäre dann zusätzlich zu problematisieren, ob ein rechtswidriger Angriff durch den sich im Irrtum befindlichen B1 vorliegt (Fahrlässigkeit bzgl. des Irrtums?).

[75] S. Valerius, in: BeckOK-StGB, Stand 01.11.2022, § 240 Rn. 49.

[76] A. A. vertretbar.

3. Abschnitt: Strafbarkeit des B2

A. § 223 I StGB
Vgl. bereits die Ausführungen zu B1.
B2 berührte T nicht einmal und wollte ihn auch zu keinem Zeitpunkt schlagen oder verletzen.

B. §§ 240 I, III, 22, 23 StGB
Vgl. bereits die Ausführungen zu B1.
Das unmittelbare Ansetzen zur versuchten Nötigung liegt bei B2 im Zustürmen auf T und im Gestikulieren mit den Armen.

4. Abschnitt: Strafbarkeit des T durch die Messerstiche

A. § 223 I StGB
T könnte sich wegen Körperverletzung strafbar gemacht haben, indem er B1 und B2 mit dem Messer stach.

I. Tatbestand

1. Objektiver Tatbestand
Die Messerstiche des T erfüllen den objektiven Tatbestand der Körperverletzung: B2 wurde an der linken Halsseite getroffen und erlitt dort eine etwa 3 cm tiefe Stichwunde. B1 erhielt einen Stich in den rechten Oberbauch, der zwischen den Leberlappen hindurchging.

2. Subjektiver Tatbestand
T handelte auch vorsätzlich.

II. Rechtswidrigkeit

1. § 32 StGB
T könnte durch Notwehr gerechtfertigt sein.
Eine sog. Notwehrlage in Gestalt eines gegenwärtigen rechtswidrigen Angriffs liegt aufgrund der versuchten Nötigungen durch B1 und B2 vor, s. o.
Fraglich ist die Erforderlichkeit der Verteidigung, zweifelhaft ist nämlich, ob T das mildeste Mittel einsetzte. Zwar ist der Einsatz einer lebensgefährlichen Waffe jedenfalls gegenüber einem unbewaffneten Angreifer grundsätzlich zunächst anzudrohen.[77] Indes ist unklar, ob T überhaupt von einer Kampflage ausging, in der es noch möglich und Erfolg versprechend gewesen wäre, zunächst mit dem Messer zu drohen. Angesichts der Sachverhaltsangaben, der B2 sei regelrecht auf T zugeschossen, versteht sich dies nicht von selbst. Andere Ab-

---

[77] S. (auch zum Folgenden) BGH B. v. 01.03.2011 – 3 StR 450/10 – NStZ 2011, 630 (631).

wehrmittel hatte T nicht. Dass er das Messer gerade in Befürchtung eines Angriffs einsteckte, ändert an der Bewertung nichts. Seine Verteidigung war nach alledem erforderlich.[78]

Zweifelhaft ist aber, ob die Verteidigungshandlung auch „geboten" i. S. d. § 32 I StGB war, woran es bei den Fallgruppen der sog. sozialethischen Einschränkungen der Notwehr mangelt. In Betracht kommt hier ein krasses Missverhältnis zwischen verteidigten und verletzten Rechtsgütern.

Zwar findet bei der Notwehr keine Verhältnismäßigkeitsprüfung statt, aber auch ein Recht kann nicht um einen Preis verteidigt werden, der in keinem Verhältnis zur drohenden Rechtsverletzung steht. Die Versagung der Notwehr beschränkt sich dabei auf krasse Missverhältnisse, bei denen die Verteidigungshandlung einen Rechtsmissbrauch darstellt, da insofern die Rechtsordnung nicht bewährt werden muss und ein Verzicht auf den Selbstschutz zumutbar ist.[79]

Legt man die objektive Notwehrlage zugrunde, so hatte T nur zu befürchten, aus der Wohnung gedrängt zu werden. Es handelte sich um eine Freiheitsverletzung, die dem T das Zurückweichen aus der Wohnung aufgezwungen hätte – eine Freiheitsbeeinträchtigung von wenigen Sekunden. Objektiv wurden B1 und B2 (nur) zur Sicherung des Aufenthalts des T in der Wohnung des W erheblich verletzt. Ein krasses Missverhältnis liegt mithin vor; es fehlt an einer gebotenen Verteidigung.[80]

T war nicht durch Notwehr gerechtfertigt.

2. Erlaubnistatumstandsirrtum

T könnte sich aber in einem Erlaubnistatumstandsirrtum befunden haben, als er fürchtete, gewaltsam aus der Wohnung des W „herauskatapultiert" zu werden und infolge dessen zu stürzen oder gegen die Wand des Etagenflurs zu prallen, was ihm wegen seines Gesundheitszustandes (dem T waren wegen Durchblutungsstörungen ein Bypass gelegt und zwei Zehen amputiert worden) Angst bereitete.

T irrte nicht über die tatsächlichen Voraussetzungen einer Notwehrlage (so die klassischen Fälle des Erlaubnistatumstandsirrtums). Vielmehr schloss er aus dem Eingreifen des B2 irrig auf eine unmittelbar bevorstehende Intensivierung des bereits in Gang befindlichen rechtswidrigen Angriffs, der er durch den bislang geleisteten bloßen körperlichen Widerstand nicht mehr begegnen zu können glaubte.

Fraglich ist, ob auf Grundlage dieser Vorstellung von einer (objektiv fehlenden, s. o.) Gebotenheit der Verteidigung auszugehen ist: In der Tat kann bei dem von T befürchteten „Hinauskatapultieren" mit der Gefahr nicht unerheblicher Verletzungen infolge eines Sturzes oder eines Aufpralls auf der Wand keine Rede davon sein, dass das verteidigte Rechtsgut derart geringfügig ist, dass die Verteidigungshandlung in einem krassen Missverhältnis steht. Ein Erlaubnistatumstandsirrtum liegt daher vor.

---

[78] A. A. vertretbar.
[79] S. auch BGH B. v. 01.03.2011 – 3 StR 450/10 – NStZ 2011, 630 (631).
[80] A. A. vertretbar.

Umstritten ist die rechtliche Behandlung des Erlaubnistatumstandsirrtums.[81]

Die ganz h. M.[82] wendet in verschiedenen dogmatischen Konstruktionen § 16 I StGB direkt, analog oder rechtsfolgenverweisend an. Hiernach entfiele bei T der Vorsatz, ohne dass es auf die Entscheidung für eine der sog. eingeschränkten Schuldtheorien oder bzgl. der Lehre von den negativen Tatbestandsmerkmalen ankäme.

Demgegenüber ordnet die sog. strenge Schuldtheorie[83] den Erlaubnistatumstandsirrtum lediglich dem § 17 StGB zu. Gegen die strenge Schuldtheorie spricht allerdings, dass der Täter schon über den Sachverhalt irrt, nicht erst über die Verbotsnorm. Zuzugeben ist, dass § 16 I 1 StGB zu Strafbarkeitslücken führt, wenn eine Fahrlässigkeitsstrafbarkeit nicht normiert ist. Derartige Lücken zu schließen obliegt aber dem Gesetzgeber. Eine Anwendung des § 17 StGB (mit seiner fakultativen Strafmilderung) widerspricht überdies dem Gedanken des § 35 II StGB, der eine obligatorische Strafmilderung vorsieht. Insgesamt steht der Erlaubnistatumstandsirrtum wegen der ihn bildenden fehlerhaften Tatsachenwertung dem Tatumstandsirrtum nach § 16 StGB deutlich näher; der Täter möchte sich immerhin an sich rechtstreu verhalten, nur kennt er den wahren Sachverhalt nicht. Die Lehre von den negativen Tatbestandsmerkmalen weist ferner zu Recht auf die Vergleichbarkeit von Tatbestandsmerkmalen und den objektiven Voraussetzungen eines Rechtfertigungsgrundes hin.[84]

Eine Vorsatzstrafbarkeit des T ist mithin gem. bzw. entsprechend § 16 I 1 StGB ausgeschlossen.[85]

III. Ergebnis

T hat sich nicht wegen Körperverletzung strafbar gemacht haben, indem er B1 und B2 mit dem Messer stach.

Auf § 224 StGB kommt es nicht mehr an.

B. § 229 StGB

Es kommt aber eine fahrlässige Körperverletzung in Betracht, sofern der Irrtum des T auf Fahrlässigkeit zurückführbar ist, vgl. auch § 16 I 2 StGB.

Fraglich ist also, ob T sein Irrtum als vermeidbar vorzuwerfen ist.

Zu berücksichtigen ist aber die unübersichtliche Situation, zumal sich T in einer nicht ihm gehörenden Wohnung befand, schlaftrunken war und sich dann einer Mehrzahl von Personen gegenübersah. Auch schoss B2 auf ihn zu, sodass es verständlich war, wenn T mit einem Angriff auf seine körperliche Integrität rechnete.

---

[81] S. obige Nachweise; im Folgenden eher knappe Darstellung dieses Standardstreitstands, andere Handhabung (ausführlichere Darstellung) gut vertretbar.
[82] S. nur Fischer, StGB, 70. Aufl. 2023, § 16 Rn. 22b.
[83] Etwa Paeffgen/Zabel, in: NK-StGB, 5. Aufl. 2017, vor § 32 Rn. 108ff.
[84] S. nur Joecks/Kulhanek, in: MK-StGB 4. Aufl. 2020, § 16 Rn. 128.
[85] A. A. vertretbar.

Auch durfte T damit rechnen, dass die Gäste des W den ersten Besuch des T mitbekommen hatten, sodass T auch nicht annehmen musste, dass B1 und B2 ihn für einen rechtswidrig Eindringenden hielten (vgl. o.).

Ohnehin kommt eine Entschuldigung nach § 33 StGB in Betracht. § 33 StGB greift auch bei einer Überschreitung der Gebotenheitsgrenze.[86]

T müsste aus Verwirrung, Furcht oder Schrecken gehandelt haben. Hiervon ist angesichts der im Sachverhalt geschilderten Furcht, erheblich verletzt zu werden, auszugehen.[87] Eine Todesangst ist nicht erforderlich.[88]

Für eine bewusste (vorsätzliche) Überschreitung, deren Rechtsfolgen in Bezug auf § 33 StGB strittig sind,[89] ist nichts ersichtlich. T ist mithin jedenfalls entschuldigt.

Eine Strafbarkeit nach § 229 StGB scheidet aus.

Konkurrenzen und Endergebnis

Im 1. Teil hat sich T wegen Totschlags gem. § 212 I StGB und versuchten Totschlags gem. §§ 212 I, 22, 23 StGB strafbar gemacht. Zur Annahme von Tateinheit[90] s. o. Hinzu kommt eine Strafbarkeit nach § 223 I StGB. Auch insofern besteht angesichts des durchgängigen Motivationszusammenhangs und des zeitlichen und räumlichen Zusammenhangs Tateinheit i. S. d. § 52 StGB.[91]

Im 2. Teil hat sich T wegen versuchten Totschlags gem. §§ 212 I, 22, 23 StGB in Tateinheit mit Körperverletzung mit Todesfolge gem. §§ 223 I, 227 StGB strafbar gemacht.

Im 3. Teil haben sich B1 und B2 wegen versuchter Nötigung gem. §§ 240 I, III, 22, 23 StGB strafbar gemacht.

Soweit überhaupt dieselbe Person betroffen ist (hier T), besteht zwischen den Teilen (1 und 2) Tatmehrheit nach § 53 StGB aufgrund der räumlich-zeitlichen Zäsur.

---

[86] S. Fischer, StGB, 70. Aufl. 2023, § 33 Rn. 2; aus der Rspr. vgl. zuletzt BGH B. v. 17.06.2020 – 4 StR 658/19 – NStZ 2021, 93 = StV 2021, 98 (Anm. RÜ 2020, 779; Mitsch NStZ 2021, 95).

[87] A. A. vertretbar.

[88] Heuchemer, in: BeckOK-StGB, Stand 01.11.2022, § 33 Rn. 22; aus der Rspr. vgl. zuletzt BGH B. v. 21.06.2006 – 2 StR 109/06 – StV 2006, 688 (Anm. Geppert JK 2007 StGB § 33/4).

[89] Hierzu aus der Rspr. vgl. BGH U. v. 16.08.1994 – 1 StR 244/94 – NStZ 1995, 76 (Anm. Otto JK 1995 StGB § 33/2).

[90] A. A. vertretbar.

[91] A. A. vertretbar.

6. Übungsfall „Die Ehe des Rockers"

Thorge Gauss (G1) erlitt bei einer Schlägerei, bei der auch Mustafa Senel (S) zugegen war, erhebliche Verletzungen am linken Bein, die zwei langwierige stationäre Behandlungen nach sich zogen und an deren Folgen G1 litt. Für diese Verletzungen hielt er Hassan Mediaf (M) verantwortlich, an dem er sich dadurch rächen wollte, dass dieser ebenfalls verletzt werden sollte mit Folgen, wie er sie selbst erlitten hatte. Dabei verfolgte er den Plan, M die beabsichtigten Verletzungen an den Beinen durch einen Schrotschuss beibringen zu lassen. Er besprach dies mit S, der schließlich Steven Christ (C) zur Durchführung des Anschlags gewinnen konnte. Als der S dem C den M zeigte, erkannte C, dass M bei dem geplanten Angriff ein standfester und gefährlicher Gegner sein würde. G1 hatte zur Durchführung der Tat eine Schrot-Doppelflinte mit abgesägten Läufen erworben. G1 und S holten den C von dessen Wohnung ab. Dieser steckte die Waffe, die er zuvor mit zwei Schrotpatronen geladen hatte, mit den Läufen nach unten zusammen mit zwei zusätzlichen Schrotpatronen in seine Jacke. Entsprechend dem Tatplan lockte der C gegen 22.15 Uhr den M unter dem Vorwand eines illegalen Zigarettengeschäfts zu einem Treffpunkt in der Nähe eines Waldrands. Beide begaben sich ohne Begleiter zu der vereinbarten Stelle, C mit der geladenen Schrotflinte unter der Jacke verborgen, M führte einen Teleskoptotschläger mit sich. Auf die Frage des M, wo die Ware sei, führte ihn C in Richtung Waldrand. M befand sich zu diesem Zeitpunkt knapp rechts hinter C. Dieser entschloss sich nun, zum Zwecke der Durchführung des Tatplans dem M zunächst einen unerwarteten schweren Faustschlag zu versetzen und ihn zu Fall zu bringen. Danach wollte er ihm mit der Schrotflinte in das Knie schießen. Er setzte deshalb mit geballter rechter Faust zu einer blitzschnellen schlagartigen Drehung an. Um den gegen ihn gerichteten Angriff zu stoppen, versetzte M dem C mit dem Totschläger einen wuchtigen schweren Schlag auf den Kopf, der diesen etwa in Schädelmitte traf und eine sofort stark blutende Wunde verursachte. C wurde durch den Schlag völlig überrascht, kam zu Fall und blieb auf dem Rücken liegen. Unmittelbar danach sah er M, den Totschläger in der Hand und erneut zum Schlag ausholend, auf sich zustürzen mit den Worten: „Du Schwein, Dich bring ich um". C verspürte Todesangst und zog die Schrotflinte aus seiner Jacke. M versuchte vergeblich, die Waffe wegzutreten. C nahm sie in beide Hände, drückte ab und traf M aus einer Entfernung von ca. 30 cm in die Brust. M brach zusammen und verblutete kurz darauf noch am Tatort.

G1 und S fuhren in die Stadt zurück und suchten ein Klubhaus auf, welches sie am frühen Morgen verließen. An einer Straßenecke warfen sie Geld in einen Zigarettenautomaten, der jedoch keine Zigaretten ausgab. Verärgert schlugen beide jeweils mit einer lose herumliegenden Gehwegplatte auf den Automaten ein. Wegen des dadurch entstandenen Lärms riefen Zeugen um 04.27 Uhr bei der Polizei an und meldeten dies. Polizeiobermeister Hartmut Abke (A) und Polizeiobermeisterin Freya Lennartz (L) wurden daraufhin mit ihrem Streifenwagen zum Tatort geschickt. G1 und S versuchten, sich hinter einem Bierwagen zu verstecken. A und L näherten sich dem Bierwagen von der anderen Seite, wobei L laut rief: „Halt, stehen bleiben, Polizei!". Während G1 hinter dem Bierwagen von L festgenommen wurde, entwand sich S dem Griff des A und schlug in Kopfhöhe auf ihn ein. A wich wegen der Schläge etwas zurück und forderte S auf, sich hinzulegen. S lief indes über eine Terrasse zwischen Tischen und Stühlen davon, wobei er an einem der angeketteten Stühle zerrte. A glaubte, S wolle mit dem Stuhl gegen ihn vorgehen und zog sein Pfefferspray aus dem Koppel. Wegen des Abstandes und der Bewegung, in der sich beide befanden, hatte das eingesetzte Pfefferspray keine nennenswerte Wirkung. Am Ende der Terrasse lag ein ungeordneter Haufen Pflastersteine mit einem Gewicht von jeweils etwa drei Kilogramm. S nahm einen dieser Steine auf und warf ihn in Richtung des Kopfes des A, der ihm in einer Entfernung von drei bis vier Metern gegenüberstand. Auf Grund dieses Wurfs zog A seine Dienstwaffe und führte sie nach oben, um einen Warnschuss abzugeben. S warf in diesem Augenblick mit großer Wucht einen zweiten Stein nach A, der dessen Kopf nur knapp verfehlte, und drehte sich erneut nach hinten, um einen dritten Stein aufzuheben. A erkannte, dass ihm durch die Würfe eine erhebliche Gefahr drohte, zog die Waffe nach unten, um S in die Beine zu schießen und betätigte den Abzug der nicht vorgespannten Waffe. Der Schuss traf den sich gerade bückenden S 81 cm über dem Boden in den Rücken und eröffnete die Aorta vollständig, sodass S innerhalb kurzer Zeit starb.

G1 durfte nach Feststellung der Personalien gehen und legte sich zu Hause schlafen. Dort erschoss ihn seine Ehefrau Vera Gauss (G2) gegen Mittag mit seinem Revolver. G1 hatte sie über viele Jahre hinweg durch zunehmend aggressivere Gewalttätigkeiten und Beleidigungen immer wieder erheblich verletzt und gedemütigt. Als sie die Tat beging, sah sie keinen anderen Ausweg mehr, um sich und auch die beiden gemeinsamen Töchter vor weiteren Tätlichkeiten zu schützen. G2 lernte G1 im Jahre 1983 kennen und freundete sich mit ihm an. Dieser war bereits damals Mitglied einer Rockergruppe. Er wurde alsbald gegenüber G2 tätlich, indem er sie ohrfeigte. Gleichwohl heiratete G2 ihn 1986. Später, nach der Geburt der ersten Tochter Jana (J), versetzte er ihr auch Faustschläge ins Gesicht oder in die Magengegend und trat sie, wenn irgendetwas im täglichen Ablauf nicht seinen Vorstellungen entsprach oder G2 seinen „Befehlen" nicht mit der erwarteten Schnelligkeit nachkam. Als G2 schließlich mit der zweiten Tochter Tine (T) schwanger war, nahm er hierauf keine Rücksicht und versetzte ihr auch jetzt Fußtritte und Faustschläge in den Bauchbereich. Die Gewalttätigkeiten nahmen schließlich solche Ausmaße an, dass

G2 im Mai 1988 den Entschluss fasste, sich von ihrem Mann zu trennen. Sie begab sich in ein Frauenhaus. Ihre Eltern waren nicht bereit, sie aufzunehmen, weil sie Furcht vor den Nachstellungen durch G1 hatten. Nachdem dieser jedoch Besserung gelobt hatte, kehrte G2 nach vier Wochen zu ihm zurück. Im Jahr 1993 kam es zu einem weiteren Übergriff, bei dem er sie so lange schlug, bis sie auf dem Boden liegen blieb. Danach trat er auf die am Boden liegende G2 mit seinen Springerstiefeln mehrfach ein; dabei erlitt sie eine Nierenquetschung. In der Klinik täuschte G2 zur Verschleierung indessen einen Sturz vor. Seit Mitte der 90er-Jahre schlug er sie, wann immer er meinte, sie habe etwas falsch gemacht. Nach und nach wurden seine Gewalttätigkeiten noch intensiver und häufiger. Es kam vor, dass er seine Frau mit einem Baseballschläger oder sonstigen Gegenständen schlug, die gerade für ihn greifbar waren. Er misshandelte und demütigte sie auch vor seinen Freunden in seinem Motorradclub. Nachdem G1 sich im April 2001 als Gastwirt selbstständig gemacht hatte, steigerten sich seine Gewalttätigkeiten weiter. Er schlug nicht nur G2. Auch J und T bekamen jetzt Schläge „ins Genick", wenn sie sich seiner Auffassung nach aufsässig oder unbotmäßig verhielten. G2, die G1 in jeder freien Minute für Handreichungen bei allen alltäglichen Verrichtungen zur Verfügung zu stehen hatte und ihn bedienen musste, fand seit der Eröffnung der Gaststätte kaum mehr Schlaf. Durch die fortgesetzten Beleidigungen und Tätlichkeiten geriet sie an die Grenzen ihrer psychischen und physischen Belastbarkeit. Als G1 am Tattag gegen 05.30 Uhr aus dem Klubhaus nach Hause kam, stritt er erneut mit G2. Eine halbe Stunde lang beschimpfte er sie, bespuckte sie und schlug ihr ins Gesicht, sodass sie aus dem Mund blutete. Schließlich ging er zu Bett, während G2 wach blieb, weil sie die Kinder um 06.00 Uhr für die Schule fertig machen musste. Später, gegen 09.00 Uhr, stieß sie beim Aufräumen in der Wohnung auf den von G1 illegal erworbenen achtschüssigen Revolver nebst Munition. Diesen verwahrte ihr Mann normalerweise in der Gaststätte, um sich gegen Racheakte verfeindeter Rockergruppen und Überfälle zu schützen. G2 hielt ihre Situation für vollkommen ausweglos, seit sie einige Wochen zuvor wahrgenommen hatte, dass sich ihr Allgemeinzustand erheblich verschlechtert hatte. Sie glaubte daher, den sich steigernden Gewalttätigkeiten bald „nicht mehr standhalten zu können" und befürchtete, dass die Tätlichkeiten auch gegen die Töchter schlimmere Ausmaße annehmen könnten und sie selbst dann auf Grund ihres schlechten Allgemeinbefindens dagegen immer weniger würde unternehmen können. Nach drei gescheiterten Selbstmordversuchen mittels Tabletten in zurückliegender Zeit war in ihr die Einsicht gereift, dass ein Selbstmord keine Lösung sei, weil dann ihre Töchter den Gewalttätigkeiten des Mannes schutzlos ausgesetzt wären. Sie sah in ihrer Situation keinen anderen Ausweg, den Gewalttätigkeiten durch G1 zu entkommen und ihre eigene sowie die Unversehrtheit ihrer Töchter für die Zukunft zu garantieren, als ihn zu töten. Eine Trennung von G1 meinte sie auch mit Hilfe staatlicher oder karitativer Einrichtungen nicht bewerkstelligen zu können. Für diesen Fall hatte er ihr wiederholt angedroht, dass er den Töchtern etwas antun würde. Auch sie selbst könne er jederzeit ausfindig machen. Selbst wenn er ins Gefängnis käme, sei sie nicht vor ihm sicher. Er werde schließlich irgendwann „wieder herauskommen". Überdies könne er auch aus dem Gefängnis heraus seine Freunde aus den Rockergruppen beauftragen, ihr etwas anzutun. G2 nahm diese Drohungen ernst. Nachdem G2 nach dem Auffinden des Revolvers längere Zeit mit sich gerungen hatte, ob dies die Gelegenheit sei, die von ihr bereits seit einiger Zeit in Aussicht genommene Tat zu begehen, entschloss sie sich, den Schritt zu wagen und ihren Ehemann zu töten. Sie sah darin die „einzige Lösungsmöglichkeit", um die für sie ruinöse Beziehung zu ihrem Mann zu beenden. Sie betrat das Schlafzimmer und feuerte aus einer Entfernung von rund 60 cm den Inhalt der gesamten Trommel des achtschüssigen Revolvers in Sekundenschnelle auf ihren schlafenden Ehemann ab. Zwei der Geschosse trafen und führten umgehend zu seinem Tod.

Strafbarkeit der Beteiligten nach dem StGB?

Lösungshinweise

1. Teil: Tod des M[1]

1. Abschnitt: Strafbarkeit von M, G1 und S
Diese Personen sind tot und daher nicht zu prüfen.[2]

2. Abschnitt: Strafbarkeit des C

A. § 212 I StGB durch den Schuss
C könnte sich wegen Totschlags strafbar gemacht haben, indem er M erschoss.

I. Tatbestand

1. Objektiver Tatbestand
M ist tot, sodass der Erfolg eingetreten ist. Hierfür ist der Schuss des C auch kausal geworden. Der Tod des M ist dem C auch objektiv zuzurechnen.

2. Subjektiver Tatbestand
C müsste vorsätzlich i. S. d. § 15 StGB hinsichtlich der Tötung des M gehandelt haben.

Vorsatz ist Wissen und Wollen hinsichtlich der den objektiven Tatbestand verwirklichenden Umstände.[3]

---

[1] Nach BGH U. v. 22.11.2000 – 3 StR 331/00 – NJW 2001, 1075 = NStZ 2001, 143 = StV 2001, 568 (Anm. Puppe, AT, 5. Aufl. 2022, § 15 Rn. 19ff.; Engländer Jura 2001, 534; Utsumi Jura 2001, 538; Heuchemer JA-R 2001, 81; Martin JuS 2001, 512; Mitsch JuS 2001, 751; LL 2001, 409; RÜ 2001, 78; RA 2001, 170; famos 3/2001; Eisele NStZ 2001, 416; Jäger JR 2001, 512; Roxin JZ 2001, 667).

[2] Bei materiellrechtlicher Sichtweise, die das Erste Staatsexamen dominiert, ist dies an sich nicht zwingend. Dass aber die Strafbarkeit von Toten in einer Klausur nicht geprüft wird, ist ganz überwiegende Gepflogenheit, s. Wessels/Beulke/Satzger, AT, 52. Aufl. 2022, Rn. 1370.

[3] S. nur Fischer, StGB, 70. Aufl. 2023, § 15 Rn. 3.

Ursprünglich wollte C den M nur verletzen. Abzustellen ist aber auf den Zeitpunkt der Tathandlung, wie sich aus § 16 I 1 StGB sowie § 8 S. 1 StGB ergibt, sog. Simultaneitäts- bzw. Koinzidenzprinzip.[4]

Fraglich ist nun, ob die Einstellung des C bei der Abgabe des Schusses als Vorsatz i. S. d. § 15 StGB ausreicht. Die Minimalvoraussetzungen des (Eventual-)Vorsatzes[5] sind strittig.[6]

Einige Auffassungen begnügen sich mit einer rein intellektuellen Abgrenzung, wobei kein Willenselement erforderlich sein soll:

Nach der sog. Möglichkeitstheorie[7] genügt es, wenn dem Täter die Tatbestandsverwirklichung aufgrund bestimmter Anhaltspunkte als konkret möglich erscheint und er trotzdem handelt. Hiernach läge Vorsatz des C vor.

Nach der sog. Wahrscheinlichkeitstheorie kommt es auf das wissentlich gesetzte Risiko an. Auch hiernach dürfte angesichts der großen Gefährlichkeit von Schüssen aus kurzer Entfernung auf den Oberkörper in den Rumpf von Vorsatz auszugehen sein.

Die Rspr.[8] und die h. L.[9] vertreten eine (auch) voluntative Abgrenzung, und zwar nach der sog. Billigungs- oder Inkaufnahmetheorie: Der Täter muss erkennen, dass der Erfolg möglich und nicht ganz fernliegend ist und muss dies billigend in Kauf nehmen, d. h. sich mit dem Erfolg abfinden. Zu berücksichtigen ist hierbei auch, dass gerade an den Tötungsvorsatz[10] strenge Anforderungen gestellt werden.

Fraglich ist, ob C den Tod in diesem Sinne billigend in Kauf nahm. Es ist aber davon auszugehen, dass er das enorme Risiko eines tödlichen Schusses aus äußerst geringer Distanz erkannte und sich mit diesem abfand, weil es ihm in diesem Moment nur um sein eigenes Leben ging, zumal kein Grund ersichtlich ist, warum dem C der Todeserfolg besonders unerwünscht sein sollte. C handelte mithin vorsätzlich.[11]

Ist nach der sog. Billigungs- oder Inkaufnahmetheorie Vorsatz gegeben, so kommt es zur Bestimmung des (Eventual-)Vorsatzes[12] auf weniger enge Auffassungen nicht mehr an, da hiernach erst recht der Vorsatz zu bejahen wäre.

---

[4] Aus der Rspr. vgl. zuletzt BGH B. v. 17.03.2022 – 2 StR 157/21 – StV 2023, 4 (Anm. RÜ 2022, 709).

[5] Im Folgenden geraffte Darstellung dieses Standardproblems, dessen heute viele Klausurersteller und Korrektoren überdrüssig sind. Augenmerk wird i. d. R. weniger auf Breite und Tiefe der Theorienwiedergabe gelegt als vielmehr auf die sorgfältige Subsumtion der im Sachverhalt enthaltenen Informationen unter die h. M.

[6] Hierzu B. Heinrich, AT, 7. Aufl. 2022, Rn. 285, 295ff.; Hillenkamp/Cornelius, 32 Probleme aus dem Strafrecht AT, 16. Aufl. 2022, 1. Problem; aus der Rspr. vgl. zuletzt BGH U. v. 15.07.2021 – 3 StR 481/20 – NStZ 2022, 753.

[7] Etwa Kindhäuser/Hilgendorf, LPK, 9. Aufl. 2022, § 15 Rn. 13, 15.

[8] Zsf. Fischer, StGB, 70. Aufl. 2023, § 15 Rn. 12ff.

[9] S. nur B. Heinrich, AT, 7. Aufl. 2022, Rn. 300.

[10] Hierzu Bock, BT 1, 2018, S. 8ff.; aus der Rspr. vgl. zuletzt BGH U. v. 23.03.2022 – 6 StR 343/21 – NJW 2022, 3025 = NStZ 2022, 549; BGH U. v. 15.07.2021 – 3 StR 481/20 – NStZ 2022, 753.

[11] A. A. wohl noch vertretbar. Dann Prüfung der §§ 223 I, 227 StGB.

[12] Hierzu zsf. etwa B. Heinrich, AT, 7. Aufl. 2022, Rn. 300.

II. Rechtswidrigkeit

1. Notwehr, § 32 StGB
C könnte den Schuss auf M in Notwehr (§ 32 StGB) und daher gerechtfertigt abgegeben haben.

a) Gegenwärtiger rechtswidriger Angriff (sog. Notwehrlage)
Im Verhalten des M, der den Totschläger in der Hand hielt, erneut zum Schlag ausholte und auf C zustürzte mit den Worten: „Du Schwein, Dich bring ich um", liegt ein gegenwärtiger Angriff, also eine durch menschliches Verhalten drohende Rechtsgutsverletzung, welche unmittelbar bevorsteht oder bereits begonnen hat und noch andauert.[13]

Fraglich ist, ob der Angriff des M rechtswidrig war.

M könnte seinerseits durch Notwehr gem. § 32 StGB gerechtfertigt gewesen sein.

Immerhin wollte C den M zuvor verletzen und hatte auch zum Faustschlag ausgeholt. Anknüpfungspunkt für die Notwehrlage des C ist aber nicht der Zeitpunkt, in dem er durch das Ansetzen zum Faustschlag mit der Verwirklichung des gemeinsamen Tatplans begonnen hatte, und in dem M ein Notwehrrecht gegen diesen rechtswidrigen Angriff zustand.[14] Anknüpfungspunkt ist vielmehr der Augenblick, in dem M mit erhobenem Totschläger und den Worten „Du Schwein, Dich bring ich um" auf den unmittelbar vor ihm am Boden auf dem Rücken liegenden C zustürzte. Denn dieser Angriff erfolgte erst, nachdem M seine rechtmäßige Notwehrhandlung abgeschlossen hatte und nun seinerseits auf Grund eines neuen Tatentschlusses nicht mehr in Verteidigungs-, sondern ausschließlich in Angriffsabsicht gegen C vorging.[15]

Ob es sich überhaupt noch um einen gegenwärtigen Angriff des C auf M handelte – immerhin hatte C seine Waffe noch, lag aber auf dem Boden – kann dahinstehen.

b) Erforderliche und gebotene Verteidigung (sog. Notwehrhandlung)
Die Verteidigungshandlung müsste erforderlich gewesen sein.

Der Verteidiger muss nach konkreter Kampflage (Intensität des Angriffs, Gefährlichkeit des Angreifers, Verteidigungsmöglichkeiten) objektiv *ex ante* das Mittel auswählen, das bei gleicher Erfolgstauglichkeit (sofortige, sichere und endgültige Beendigung des Angriffs) den Angreifer möglichst schont.[16]

Zwar ist der Einsatz einer lebensgefährlichen Waffe grundsätzlich zunächst anzudrohen.[17] Indes ist unklar, ob eine Kampflage bestand, in der es noch möglich und

---

[13] Zum Angriff und zur Gegenwärtigkeit s. nur Fischer, StGB, 70. Aufl. 2023, § 32 Rn. 5ff. und 16ff.
[14] S. (auch zum Folgenden) BGH U. v. 22.11.2000 – 3 StR 331/00 – NJW 2001, 1075.
[15] A. A. vertretbar.
[16] S. nur Fischer, StGB, 70. Aufl. 2023, § 32 Rn. 30; aus der Rspr. vgl. zuletzt BayObLG B. v. 03.02.2022 – 202 StRR 9/22 – NStZ 2023, 42 (Anm. Eisele JuS 2022, 460).
[17] Aus der Rspr. vgl. zuletzt BGH U. v. 02.07.2015 – 4 StR 509/14 – NJW 2016, 423 = NStZ-RR 2015, 303; BGH U. v. 30.07.2015 – 4 StR 561/14 – StV 2015, 758.

Erfolg versprechend gewesen wäre, zunächst mit dem Gebrauch der Waffe zu drohen. Soweit es dem Verteidiger ohne Inkaufnahme von Risiken möglich ist, hat er den bevorstehenden Einsatz einer Schusswaffe zunächst anzudrohen und ggf. erst einen Warnschuss abzugeben. Vorliegend bestand für C jedoch nicht mehr die Möglichkeit einer solchen Warnung. Er war durch den Schlag des M selbst schwer getroffen, lag am Boden und der tödliche Schlag mit dem Totschläger war nur noch durch einen sofortigen Schuss abwendbar. Insbesondere standen C, nachdem er zu Boden gegangen war, keine Möglichkeiten der bloßen Schutzwehr mehr zur Verfügung. Die Abgabe des Schusses stellte sich somit als einzige noch verbleibende Rettungschance dar. Der Schuss des C war damit erforderlich, um den ihm drohenden Angriff abzuwehren.

Zweifelhaft ist aber, ob die Verteidigungshandlung auch „geboten" i. S. d. § 32 I StGB war, woran es bei den Fallgruppen der sog. sozialethischen Einschränkungen der Notwehr mangelt.

In Betracht kommt hier ein Ausschluss oder eine Einschränkung des Notwehrrechts aufgrund einer Provokation[18] des späteren Verteidigers C gegenüber dem späteren Angreifer M. Hierbei ist von einer Absichtsprovokation des C nicht auszugehen: Es war nie sein Ziel, den M zu einem Angriff auf ihn zu veranlassen; wie derartige Absichtsprovokationen zu behandeln sind, kann daher offenbleiben.[19]

C hatte aber mit geballter rechter Faust zu einer blitzschnellen schlagartigen Drehung gegen M angesetzt, um ihn mit einem Faustschlag zu treffen. Hierin lag ein sozialinadäquates[20] und sogar rechtswidriges Verhalten. C muss sich daher entgegenhalten lassen, dass er mit einem Racheangriff des M hätte rechnen müssen, den er fahrlässig provoziert, also selbst verschuldet hat.

Nach z. T. vertretener Auffassung bleibt eine solche Provokation ohne Folgen für das Notwehrrecht.[21]

Wieder andere folgen der sog. Lehre von der *actio illicita in causa* und lassen ebenfalls die Notwehr unangetastet, werfen dem Täter aber die Provokation als eigenes, zu prüfendes tatbestandsmäßiges Verhalten vor.[22] Hiernach wäre der Schuss des C jeweils ohne Weiteres gerechtfertigt.

Die Rspr.[23] und die ganz h. L.[24] wenden eine sog. Drei-Stufen-Theorie an und versagen das Notwehrrecht zwar nicht, lassen Trutzwehr aber erst dann zu, wenn der Täter weder ausweichen noch sich auf Schutzwehr beschränken konnte. Dabei muss er notfalls auch mit höheren Risiken verbundene Verteidigungsmittel wählen, wenn sie für den Angreifer weniger einschneidend sind. Diese Einschränkung findet

---

[18] Zur Notwehrprovokation vgl. aus der Rspr. zuletzt BayObLG B. v. 03.02.2022 – 202 StRR 9/22 – NStZ 2023, 42 (Anm. Eisele JuS 2022, 460).
[19] Hierzu etwa Joecks/Jäger, StGB, 13. Aufl. 2021, § 32 Rn. 34.
[20] Ob das überhaupt als Provokation ausreicht, ist umstritten.
[21] Mitsch JuS 2001, 751 (753f.).
[22] S. etwa Lindemann/Reichling JuS 2009, 496ff.; der Sache nach auch BGH U. v. 22.11.2000 – 3 StR 331/00 – NJW 2001, 1075.
[23] S. nur BGH U. v. 22.11.2000 – 3 StR 331/00 – NJW 2001, 1075 (1076); zsf. Fischer, StGB, 70. Aufl. 2023, § 32 Rn. 44.
[24] S. z. B. Kindhäuser/Hilgendorf, LPK, 9. Aufl. 2022, § 32 Rn. 54, 60.

jedoch ihre Grenze in Situationen, in denen dem Verteidiger kein anderes Mittel als das angewandte zur Verfügung steht, um eine akute Lebensgefahr für sich abzuwenden. So liegt es hier: Nachdem C bereits am Kopf verletzt und blutend auf dem Boden lag, M sich mit einer Todesdrohung und zum Schlag erhobenem Totschläger auf ihn stürzte und sich nur noch in geringem Abstand zu C befand, war ein Weglaufen nicht mehr möglich. Auch wäre eine Drohung mit Worten oder das Vorhalten der Schrotflinte mit Sicherheit ebenso wirkungslos gewesen wie denkbares seitliches Abrollen. Dadurch hätte er den gegenwärtigen Angriff des M nicht nur nicht abgewendet, sondern sich selbst den in Sekunden zu erwartenden möglicherweise tödlichen Schlägen des M ausgesetzt. Als einzige Abwehrmaßnahme blieb ihm nur die schnelle Abgabe eines notwendigerweise unkontrollierten Schusses, weil der Oberkörper des Angreifers zu diesem Zeitpunkt nur noch 30 cm von der Schusswaffe entfernt war.[25]

C durfte daher trotz der vorangegangenen Provokation den tödlichen Schuss abgeben.

c) Subjektives Rechtfertigungselement
C handelte auch in Verteidigungsabsicht. Dass er zuvor den M angegriffen hatte, ist unbeachtlich; sein Angriff war abgewehrt und er sah sich nun seinerseits einem nicht gerechtfertigten Angriff auf sein Leben gegenüber.

d) Ergebnis
Die Abgabe des Schusses gegen M war somit nach § 32 StGB gerechtfertigt.

2. Ergebnis
T handelte nicht rechtswidrig.

III. Ergebnis
C hat sich nicht wegen Totschlags strafbar gemacht, indem er M erschoss.
  Auf Mordmerkmale nach § 211 StGB kommt es nicht mehr an.

B. §§ 223 I, 224 I, 227 StGB durch den Schuss
Aus dem gleichen Grund scheitert auch eine Körperverletzung durch den Schuss und damit auch eine gefährliche oder eine Körperverletzung mit Todesfolge.

C. §§ 212 I, 22, 23 StGB durch den Ansatz zum Faustschlag
Ein Tötungsvorsatz des C lag zu diesem Zeitpunkt nicht vor; C wollte den M zunächst nur zu Fall bringen. Ein versuchter Totschlag scheidet daher aus.

---

[25] So BGH U. v. 22.11.2000 – 3 StR 331/00 – NJW 2001, 1075 (1076); a. A. vertretbar.

D. §§ 223 I, II, 22, 23 StGB[26] durch den Ansatz zum Faustschlag

C könnte sich wegen versuchter Körperverletzung strafbar gemacht haben, als er M mit einem Faustschlag niederstrecken wollte.

Zu einem tatsächlichen Faustschlag kam es nicht.

Die Strafbarkeit einer versuchten Körperverletzung ergibt sich aus § 223 II StGB.

C hatte auch Tatentschluss zur körperlichen Misshandlung, worunter jede üble und unangemessene Behandlung, durch die das körperliche Wohlbefinden oder die körperliche Unversehrtheit mehr als nur unerheblich beeinträchtigt wird, gefasst wird,[27] und bzgl. einer Gesundheitsschädigung, welche als Hervorrufen oder Steigern eines nicht nur unerheblichen krankhaften (pathologischen), d. h. vom Normalzustand nachteilig abweichenden Zustandes körperlicher oder psychischer Art,[28] zu verstehen ist.

Ferner setzte C nach den Angaben im Sachverhalt i. S. d. § 22 StGB unmittelbar an.

C hat sich wegen versuchter Körperverletzung strafbar gemacht, als er M mit einem Faustschlag niederstrecken wollte.

E. §§ 223 I, II, 224 I, II, 22, 23 StGB durch den Ansatz zum Faustschlag

Der beabsichtigte Schlag des C ins Gesicht des M mit der blanken Faust erfüllt weder das Tatbestandsmerkmal des gefährlichen Werkzeugs nach § 224 I Nr. 2 StGB[29] (jeder Gegenstand, der – als Angriffs- oder Verteidigungsmittel – nach der Art seiner Verwendung im konkreten Fall geeignet ist, erhebliche Verletzungen zu verursachen[30]) noch mangels genauer Erkenntnisse über die Art des Schlags das Tatbestandsmerkmal einer das Leben gefährdenden Behandlung (Nr. 5).

Dass C im weiteren Verlauf eine Waffe verwenden wollte, kann noch keinen Versuch bzgl. des Qualifikationstatbestandes begründen.

Auch ein hinterlistiger Überfall (§ 224 I Nr. 3 StGB) lag nicht vor: Hinterlistig handelt ein Täter, in dessen Verhalten sich die Absicht äußerlich manifestiert, dem anderen die Verteidigungsmöglichkeit zu erschweren.[31] Ein plötzlicher Angriff – selbst von hinten – reicht alleine nicht aus.[32] Im vorliegenden Fall war M vom

---

[26] In Bezug auf die versuchten Körperverletzungsdelikte eskalierender Aufbau, da bereits Strafbarkeit nach dem versuchten Grundtatbestand problematisch. Anderer Aufbau möglich.

[27] Joecks/Jäger, StGB, 13. Aufl. 2021, § 223 Rn. 4; aus der Rspr. vgl. zuletzt OLG Hamm B. v. 21.04.2022 – 5 RVs 42/22 (Anm. Borutta jurisPR-StrafR 12/2022 Anm. 3).

[28] Joecks/Jäger, StGB, 13. Aufl. 2021, § 223 Rn. 4; aus der Rspr. vgl. zuletzt OLG Hamm B. v. 21.04.2022 – 5 RVs 42/22 (Anm. Borutta jurisPR-StrafR 12/2022 Anm. 3).

[29] Zur nach ganz h. M. fehlenden Werkzeugqualität von unbewehrten Körperteilen vgl. nur Joecks/Jäger, StGB, 13. Aufl. 2021, § 224 Rn. 22; näher Hilgendorf ZStW 2000, 811; aus der Rspr. vgl. OLG Köln B. v. 11.11.1993 – Ss 449/93 – StV 1994, 247; BGH B. v. 11.01.2011 – 4 StR 450/10.

[30] Bock, BT 1, 2018, S. 128; Wolters, in: SK-StGB, 9. Aufl. 2017, § 224 Rn. 15; aus der Rspr. vgl. zuletzt KG B. v. 05.11.2021 – (2) 121 Ss 100/21 (24/21) – NStZ 2022, 512.

[31] Bock, BT 1, 2018, S. 136; aus der Rspr. vgl. zuletzt BGH B. v. 15.12.2020 – 3 StR 386/20 – NStZ 2022, 164 = StV 2022, 168 (Anm. Bosch Jura 2021, 728; Eisele JuS 2021, 799; RÜ 2021, 303; famos 6/2021; Ruppert NStZ 2022, 165).

[32] S. nur Joecks/Jäger, StGB, 13. Aufl. 2021, § 224 Rn. 34.

Schlag des C wohl nicht einmal überrascht worden, sondern hatte bereits allgemein dem Frieden nicht getraut und sich für diesen Fall auch bewaffnet.

F. §§ 223 I, II, 226 I Nr. 2, II, 22, 23 durch den Ansatz zum Faustschlag

C könnte Tatentschluss bzw. Absicht hinsichtlich § 226 I Nr. 2 StGB aufgewiesen haben.

Nicht direkt durch den Faustschlag, aber durch die für danach vorgesehenen Schüsse sollte M Bewegungseinschränkungen durch Knieschüsse in den Beinen erleiden. Angesichts dieser erstrebten schweren Verletzung ist davon auszugehen, dass eine dauernde Gebrauchsunfähigkeit beabsichtigt war.

Fraglich ist, ob C auch insofern unmittelbar i. S. d. § 22 StGB angesetzt hat.

Dies ist – bei im Einzelnen problematischer Bestimmung dieses Begriffs – dann gegeben, wenn der Täter subjektiv die Schwelle zum „Jetzt geht's los" überschreitet und in objektiver Hinsicht Handlungen vornimmt, die in ungestörtem Fortgang ohne wesentliche Zwischenakte – d. h. ohne weiteren Willensimpuls – zur Tatbestandserfüllung führen sollen, sodass sein Tun in die Erfüllung des Tatbestands übergeht, oder die in engem räumlichen und zeitlichen Zusammenhang mit ihr stehen, das geschützte Rechtsgut somit gefährden.[33]

Denkbar ist nun hier, dass der Schlag nach der Vorstellung des C dazu führen sollte, dass M niederstürzt und C dann in ungestörtem Fortgang der Dinge auf M schießen kann, sodass zwischen beiden Teilakten keine relevante Zäsur läge.[34]

Das unmittelbare Ansetzen zum Grunddelikt (s. o.) bedeutet jedoch nicht ohne Weiteres ein unmittelbares Ansetzen zur Qualifikation. Zwar wird bei der schweren Körperverletzung häufig zeitgleich ein unmittelbares Ansetzen zu Grundtatbestand und Qualifikation gegeben sein. Dies kann aber nur für Konstellationen gelten, in denen dem Opfer sogleich eine der in § 226 StGB bezeichneten Folgen zugefügt werden soll, nicht aber, wenn die einfache Körperverletzung nur die nachfolgende Herbeiführung einer schweren Verletzung durch eine weitere eigenständige Handlung vorbereiten soll.[35] Für die Abgabe des Schusses, der die schwere Folge i.S. des § 226 I Nr. 2 StGB herbeiführen sollte, war insoweit aber noch das Ziehen der unter dem Mantel verborgenen Waffe als ein weiterer wesentlicher Zwischenakt erforderlich. Dies zeigt sich auch, wenn man einmal unterstellt, dass C nicht nur eine schwere Folge i.S. des § 226 StGB herbeiführen, sondern vielmehr das Opfer töten wollte. Denn dann hätte das Ansetzen zur Körperverletzung durch den Faustschlag sicherlich noch kein unmittelbares Ansetzen zum Totschlag dargestellt.

Mangels unmittelbaren Ansetzens hat sich C nicht wegen versuchter schwerer Körperverletzung strafbar gemacht, indem er zum Faustschlag ansetzte.[36]

---

[33] Fischer, StGB, 70. Aufl. 2023, § 22 Rn. 10; aus der Rspr. vgl. zuletzt BGH B. v. 04.05.2022 – 1 StR 3/21 – NJW 2022, 3165; BGH B. v. 04.05.2022 – 1 StR 138/21 (AGG-Hopper) (Anm. von Heintschel-Heinegg JA 2022, 1047).

[34] So BGH U. v. 22.11.2000 – 3 StR 331/00 – NJW 2001, 1075 (1076).

[35] So Eisele NStZ 2001, 416 (418).

[36] A. A. (mit dem BGH) vertretbar.

G. §§ 223 I, II, 227, 22, 23 StGB durch den Ansatz zum Faustschlag

C könnte sich wegen versuchter Körperverletzung mit Todesfolge strafbar gemacht haben, indem er zum Faustschlag ansetzte und M später erschoss.

Zum subjektiven und objektiven Tatbestand der versuchten (einfachen) Körperverletzung s. o.

Die sog. schwere Folge – der Tod des M – ist eingetreten.

Hierfür war der versuchte Faustschlag auch kausal: Ohne ihn wäre das Geschehen überhaupt nicht eskaliert.

Damit davon gesprochen werden kann, dass i. S. d. § 227 StGB der Tod „durch" die Körperverletzung verursacht wurde, ist neben der Kausalität ein sog. spezifischer Gefahrverwirklichungszusammenhang erforderlich.[37]

Es ist bereits umstritten, ob dieser bei bloß versuchten Körperverletzungen überhaupt vorliegen kann, was die mittlerweile h. M.[38] aber bejaht.

Im vorliegenden Fall allerdings war von Anfang an ein mehraktiges Geschehen geplant. Der Tod des M wurde weder unmittelbar durch den von C beabsichtigten Faustschlag verursacht noch wäre er nach der Vorstellung des C eine unmittelbare Folge der von ihm beabsichtigten Körperverletzung gewesen.[39] Der Tod des M wäre auch nicht, wie erforderlich, das Resultat einer Gefahr, die der Tathandlung des Grundtatbestandes in spezifischer Weise anhaftet. Der Tod des M war zudem Folge seines eigenverantwortlich gefassten Entschlusses, den C zu töten. Hierdurch hat sich M selbst der Gefahr ausgesetzt, aufgrund einer Notwehrhandlung des C zu Schaden zu kommen. Hierdurch wird der Zurechnungszusammenhang zwischen der Körperverletzung und dem Tod des M durchbrochen, sodass eine versuchte Körperverletzung mit Todesfolge aus diesem Grund ausscheidet.[40]

H. § 222 StGB durch den Ansatz zum Faustschlag

C könnte sich wegen fahrlässiger Tötung strafbar gemacht haben, indem er zum Faustschlag ansetzte und M später erschoss.

M ist tot, der Erfolg liegt vor.

Die Sorgfaltspflichtverletzung und damit Setzung eines unerlaubten Risikos liegt in der versuchten Körperverletzung durch das Ansetzen zum Faustschlag, s. o.

Fraglich ist aber, ob sich der Todeserfolg auf eine vorhersehbare Realisierung des gesetzten Risikos zurückführen lässt, mithin die objektive Zurechnung.

Zum einen könnte der Zurechnungszusammenhang durch den auf einem eigenständigen Entschluss beruhenden Schuss unterbrochen worden sein, zum anderen wurde dieser sogar in Notwehr abgegeben (und insofern im Verantwortungsbereich des Angreifers M, vgl. o. zu § 227 StGB[41]).

---

[37] Hierzu etwa Bock, BT 1, 2018, S. 142f.; Fischer, StGB, 70. Aufl. 2023, § 227 Rn. 3ff.

[38] S. nur Fischer, StGB, 70. Aufl. 2023, § 227 Rn. 8.

[39] So auch (wenig konsequent angesichts des von ihm bejahten unmittelbaren Ansetzen zu § 226 StGB) BGH U. v. 22.11.2000 – 3 StR 331/00 – NJW 2001, 1075 (1076).

[40] A. A. vertretbar.

[41] Wenig konsequent aber BGH U. v. 22.11.2000 – 3 StR 331/00 – NJW 2001, 1075 (1075ff.), der zwar §§ 223 I, II, 227, 22, 23 StGB ablehnt, aber den Zurechnungszusammenhang bzgl. § 222 StGB bejaht.

Die von einem zulässigerweise eingesetzten Verteidigungsmittel ausgehenden Gefahren können als solche keinen Fahrlässigkeitsvorwurf tragen, denn ein und dieselbe Handlung kann nicht sowohl rechtmäßig als auch gleichzeitig rechtswidrig sein. Nach z. T. vertretener Ansicht[42] schließt die Rechtfertigung der eigentlichen Tathandlung jedoch nicht aus, einen Fahrlässigkeitsvorwurf an frühere Handlungen des Täters zu knüpfen, die zum Verlauf des Konflikts beigetragen haben. C hat ja in der Tat durch seinen beabsichtigten Faustschlag in das Gesicht von M die Ursache für den Geschehensablauf gesetzt, an dessen Ende der Tod des M stand. Hierauf beruhte der Tatentschluss des M, den C aus Rache zu töten. Materiell ist dies eine – sonst auch von der Rspr. abgelehnte – Neubelebung der Lehre von der *actio illicita in causa*. Gegen diese wird aber zu Recht vorgebracht,[43] dass sie den Anknüpfungspunkt zu weit vorverlagert und das eigenverantwortliche Dazwischentreten des Provozierten (eine Selbstgefährdung) verkennt. Auch würde sie das Notwehrrecht entwerten. § 222 StGB setzt einen Erfolgsunwert voraus, welcher aber aufgrund der Notwehrrechtfertigung nicht eingetreten ist.

§ 222 StGB scheidet aus.[44]

J. §§ 223 I, 226 I Nr. 2, II, 30 II StGB

Aufgrund der Verabredung mit S bzw. des Bereiterklärens des C i. S. d § 30 II StGB hat sich dieser wegen versuchter Beteiligung an § 226 StGB – einem Verbrechen, s. § 12 I StGB – strafbar gemacht.

Zwar tritt eine Strafbarkeit nach § 30 StGB hinter weiter fortgeschrittenen Beteiligungen zurück, in Bezug auf § 226 StGB fehlt es aber an einer solchen, sodass schon aus Klarstellungsgründen keine Gesetzeskonkurrenz im Verhältnis zu §§ 223, 22, 23 StGB anzunehmen ist.

K. § 52 WaffG

Es sind lediglich Straftaten nach dem StGB zu prüfen.

2. Teil: Tod des S[45]

1. Abschnitt: Strafbarkeit des A

A. § 212 I StGB

Ein Totschlag scheidet mangels Tötungsvorsatzes aus: A wollte S lediglich in die Beine schießen.

---

[42] BGH U. v. 22.11.2000 – 3 StR 331/00 – NJW 2001, 1075 (1076).
[43] Zsf. etwa B. Heinrich, AT, 7. Aufl. 2022, Rn. 377.
[44] A. A. (mit dem BGH) vertretbar.
[45] Nach BGH U. v. 30.06.2004 – 2 StR 82/04 – NStZ 2005, 31 (Anm. RA 2004, 678; Petersohn JA 2005, 9; LL 2005, 234).

B. § 223 I StGB
A könnte sich wegen Körperverletzung strafbar gemacht haben, indem er den tödlichen Schuss auf S abgab.

I. Tatbestand

1. Objektiver Tatbestand
A traf S durch einen Schuss in den Rücken, sodass er ihn körperlich misshandelte und an der Gesundheit schädigte und mithin den objektiven Tatbestand des § 223 I StGB erfüllte.

2. Subjektiver Tatbestand
A handelte vorsätzlich i. S. d. § 15 StGB.

II. Rechtswidrigkeit
A könnte gerechtfertigt gehandelt haben.

1. Vorläufige Festnahme, § 127 I, II StPO
Eine Rechtfertigung aufgrund Festnahmerechts scheitert jedenfalls daran, dass dieses keine beträchtlichen Körperverletzungen oder gar Tötungen abdeckt.[46]

2. Notwehr, § 32 StGB
A könnte durch Notwehr gem. § 32 StGB gerechtfertigt sein.

a) Anwendbarkeit
Problematisch ist bereits, ob § 32 StGB auf das öffentlich-rechtliche (hoheitliche) Handeln des Polizeibeamten A überhaupt anwendbar ist.[47]

Dies wird z. T. unter Hinweis auf die landesrechtlichen Spezialregelungen (in Schleswig-Holstein v.a. die §§ 255ff. LVwG) abgelehnt.[48] Hiernach könnte sich A nicht auf § 32 StGB berufen.

Die Rspr.[49] und die h. L.[50] bejahen hingegen mit unterschiedlichen Konstruktionen die Anwendbarkeit der allgemeinen Rechtfertigungsgründe auf polizeiliches Handeln.

---

[46] S. nur Meyer-Goßner/Schmitt, StPO, 65. Aufl. 2022, § 127 Rn. 14; Paeffgen, in: SK-StPO, 5. Aufl. 2016, § 127 Rn. 20f.; aus der Rspr. vgl. zuletzt BGH U. v. 10.02.2000 – 4 StR 558/99 – BGHSt 45, 378 = NJW 2000, 1348 = NStZ 2000, 603 = StV 2001, 258 (Anm. Otto JK 2000 StPO § 127/4; Baier JA 2000, 630; Martin JuS 2000, 717; Mitsch JuS 2000, 848; LL 2000, 713; RÜ 2000, 203; RA 2000, 269; Kargl/Kirsch NStZ 2000, 604; Trüg/Wentzell Jura 2001, 30; Börner GA 2002, 276).

[47] Hierzu vgl. aus der Rspr. LG Frankfurt U. v. 20.12.2004 – 5/27 KLs 7570 Js 203814/03 (4/04) – NJW 2005, 692 (Daschner/Gäfgen/von Metzler) (Anm. Fahl, Strafrechts-Klassiker, 2020, § 32 Rn. 9ff.; Ellbogen Jura 2005, 339; Kudlich JuS 2005, 376; LL 2005, 238; RÜ 2005, 258; RA 2005, 222; Götz NJW 2005, 953; Erb NStZ 2005, 593; Braum KritV 2005, 283).

[48] S. etwa Jakobs, AT, 2. Aufl. 1991, 12/42ff.

[49] S. o.

[50] S. nur B. Heinrich, AT, 7. Aufl. 2022, Rn. 397, 399, 400.

Eine differenzierende Auffassung schließt nur Nothilfe aus,[51] sodass auf A, der (auch) zur Eigensicherung handelt, § 32 StGB anwendbar wäre.

Richtig ist zwar, dass prinzipiell eine Anwendbarkeit der allgemeinen Rechtfertigungsgründe die spezialgesetzlichen Ermächtigungen zu umgehen droht. Allerdings ist – jedenfalls in Konstellationen der Selbstverteidigung – keine unzumutbare Ausdehnung der Befugnisse zu erkennen, schließlich könnte sich auch jeder Dritte auf sein Notwehrrecht berufen. Ein Polizeibeamter – der sich auch oft in heikle Situationen begeben muss – darf nicht schlechter stehen als eine Privatperson. Zwar ist bereits das Waffentragen der Polizei öffentlich-rechtlich veranlasst, die Notwehrgrenze der Erforderlichkeit und der Gebotenheit reicht aber aus, um den – ohnehin nicht sehr stark zu gewichtenden – Schutzinteressen des Angreifers Rechnung zu tragen. Es ist jedenfalls aus strafrechtlicher Sicht (verwaltungsrechtliche Fragen sind hier nicht zu erörtern) einerlei, ob man dies als Selbstverteidigung eines Privatmanns oder eines Hoheitsträgers bezeichnen soll. Ohnehin verweisen die Polizeigesetze auf die Unberührtheit des Notwehrrechts, vgl. z. B. § 250 II LVwG Schleswig-Holstein: „Das Recht der Polizeivollzugsbeamtinnen und Polizeivollzugsbeamten zur Verteidigung in den Fällen der Notwehr und des Notstandes bleibt unberührt." Auch könnte Landesrecht das allgemeine Strafrecht nicht einschränken.

§ 32 StGB ist auf das Handeln des Polizeibeamten A anzuwenden.[52]

b) Gegenwärtiger rechtswidriger Angriff (sog. Notwehrlage)
Der Angriff des S lag darin, dass dieser den A mit Steinen bewarf.

Dieser war auch noch nicht beendet und damit gegenwärtig: S wollte einen weiteren Stein auf A werfen.

Eine Rechtfertigung des S ist nicht ersichtlich, zumal die beabsichtigte Festnahme durch S von § 127 StPO gedeckt war (aufgrund der mindestens versuchten Sachbeschädigung am Zigarettenautomaten) und S gegen diese daher kein Notwehrrecht zustand. Der Angriff war daher auch rechtswidrig.

c) Erforderliche und gebotene Verteidigungshandlung (sog. Notwehrhandlung)

aa) Erforderliche Verteidigungshandlung Fraglich ist, ob die Abgabe des Schusses auf S das mildeste dem A zur Verfügung stehende Mittel war.

Zwar sind grundsätzlich Androhungen und Warnschüsse in Betracht kommende mildere Mittel, s. o. Allerdings befand sich A aufgrund der Steinwürfe in einer lebensgefährlichen Situation und brauchte sich daher auf das Risiko eines Warnschusses oder einfachen körperlichen Zwangs nicht einzulassen.[53] Er durfte sich vielmehr so wehren, dass die Gefahr sofort und endgültig gebannt war und zu diesem Zweck auch die Schusswaffe einsetzen, wenn auch nur in einer Art und Weise,

---

[51] Etwa Kindhäuser, in: NK, 5. Aufl. 2017, § 32 Rn. 85.
[52] A. A. vertretbar.
[53] So (auch zum Folgenden) BGH U. v. 30.06.2004 – 2 StR 82/04 – NStZ 2005, 31.

die die Intensität und die Gefährlichkeit des Angriffs nicht unnötig überbot. Der Angegriffene ist berechtigt, dasjenige Abwehrmittel zu wählen, das eine sofortige und endgültige Beseitigung der Gefahr gewährleistet; unter mehreren Abwehrmöglichkeiten ist er auf die für den Angreifer minder einschneidende nur dann verwiesen, wenn ihm Zeit zur Auswahl sowie zur Abschätzung der Gefährlichkeit zur Verfügung steht und die für den Angreifer weniger gefährliche Abwehr geeignet ist, die Gefahr zweifelsfrei und sofort endgültig auszuräumen. Zwar war A Polizeibeamter, aber auch für einen solchen ist es keinesfalls selbstverständlich, in einem offenen Kampf ohne Einsatz der Schusswaffe gegenüber einem gewaltbereiten Verdächtigen zu obsiegen. Auch schoss A gerade im Bestreben nach Schonung des S lediglich tief, um die Beine zu treffen.

Der – auf die Beine gezielte – Schuss war mithin erforderlich.[54]

Fraglich ist, ob sich hieran etwas ändert, wenn man die ungewollte tödliche Wirkung berücksichtigt. Allerdings erstreckt sich die Rechtfertigung auf alle Folgen, die aus der Gefahrenträchtigkeit der objektiv erforderlichen Abwehrhandlung erwachsen. Auch eine durch das Verreißen der Waffe bewirkte, an sich geringfügige Abweichung des Schusses vom gewollten Ziel, welche durch die Bewegung des Geschädigten zu einer tödlichen Verletzung führt, verwirklicht das mit der Notwehrhandlung verbundene typische Risiko und ist daher von der Rechtfertigung umfasst.[55] Erst recht ist das Risiko einer bestimmten „unglücklichen" Körperhaltung des Täters als typisches Risiko mitumfasst.

bb) Gebotenheit Zu denken ist an eine Notwehreinschränkung aufgrund des hoheitlichen Charakters des Polizeieinsatzes.

Problematisch ist allerdings nicht die Tötung des S *sub specie* Art. 2 I, II EMRK: A wies keinen Tötungsvorsatz auf; „absichtlich" i. S. d. Art. 2 I EMRK wurde S erst recht nicht getötet.

Denkbar wäre es jedoch, die polizeirechtlichen Regelungen (wiederum, s. o.) einschränkend heranzuziehen oder auch besondere Ausweich- und Zurückhaltungspflichten für Polizeibeamte anzunehmen. Allerdings wird das Notwehrrecht gerade nicht durch polizeirechtliche Vorschriften eingeschränkt, s. o. und z. B. § 250 II LVwG Schleswig-Holstein. Außerdem ist jedenfalls in der hier einschlägigen Selbstverteidigungskonstellation zumindest in lebensbedrohlichen Situationen wie vorliegend eine Einschränkung nicht zuzumuten, vgl. schon o.[56] Der Schuss war auch geboten i. S. d. § 32 I StGB.[57]

d) Subjektives Rechtfertigungselement
A handelte auch mit Verteidigungswillen (falls man ein subjektives Rechtfertigungselement überhaupt verlangt).

---

[54] A. A. vertretbar.
[55] BGH U. v. 30.06.2004 – 2 StR 82/04 – NStZ 2005, 31 (32).
[56] S. BGH U. v. 30.06.2004 – 2 StR 82/04 – NStZ 2005, 31.
[57] A. A. vertretbar.

A war gem. § 32 StGB gerechtfertigt.[58]

III. Ergebnis
A hat sich nicht wegen Körperverletzung strafbar gemacht, indem er den tödlichen Schuss auf S abgab.

Auf § 224 StGB kommt es nicht mehr an, ebenso wenig auf §§ 227 und 340 StGB.

C. § 222 StGB
Die Rechtfertigung gilt auch für eine fahrlässige Tötung, selbst wenn man eine Sorgfaltspflichtverletzung annähme: Der Eintritt einer unerwünschten Folge ist sogar bei diesbezüglicher Fahrlässigkeit gerechtfertigt, wenn die vorsätzlich vorgenommene Handlung gerechtfertigt war.[59]

2. Abschnitt: Strafbarkeit der L
Auch die eigenen Handlungen der L (§§ 239 I, 240 I, II StGB aufgrund der Festnahme des G1) und evtl. über § 25 II StGB zuzurechnende Tatbeiträge des A sind aus den o. a. Gründen gerechtfertigt.

3. Teil: Tod des G1[60]

- Strafbarkeit der G2 -

A. § 212 I StGB
G2 könnte sich wegen Totschlags strafbar gemacht haben, indem sie ihren Ehemann G1 erschoss.

I. Tatbestand
G2 verursachte vorsätzlich den Tod des G1 und verwirklichte mithin den Tatbestand des § 212 I StGB.

II. Rechtswidrigkeit

1. Notwehr, § 32 StGB
G2 könnte durch Notwehr gerechtfertigt sein.

---

[58] A. A. vertretbar.
[59] S. Kindhäuser/Hilgendorf, LPK, 9. Aufl. 2022, § 32 Rn. 29.
[60] Nach BGH U. v. 25.03.2003 – 1 StR 483/02 (Haustyrann/Familientyrann) – BGHSt 48, 255 = NJW 2003, 2464 = NStZ 2003, 482 = StV 2003, 665 (Anm. Kaspar/Reinbacher, Casebook AT, 2020, Fall 15; Fahl, Strafrechts-Klassiker, 2020, § 34 Rn. 2ff.; LL 2003, 777; RÜ 2003, 315; RA 2003, 463; famos 10/2003; Kargl Jura 2004, 189; Beckemper JA 2004, 99; Otto NStZ 2004, 142; Rengier NStZ 2004, 233; Hillenkamp JZ 2004, 48; Rotsch JuS 2005, 12); zur Illustration der Situation wurde der Sachverhalt (insofern nicht examensrealistisch) nur leicht gekürzt; zu „Familientyrannen" s. auch Hillenkamp FS Miyazawa 1995, 141; Trechsel KritV-FG Hassemer 2000, 183; Widmaier NJW 2003, 2788; Welke ZRP 2004, 15; Adomeit/Beckemper JA 2005, 35; Haverkamp GA 2006, 586; Schneider NStZ 2015, 64.

G1 müsste G2 gegenwärtig rechtswidrig angegriffen haben.
Im Moment des Schusses schlief G1 allerdings.
Fraglich ist, ob nicht auf die im Sachverhalt beschriebenen vorangegangenen und in Zukunft wieder zu erwartenden schweren Misshandlungen für die Annahme eines gegenwärtigen Angriffs zurückgegriffen werden kann.
Es entspricht jedoch ganz h. M., dass der Angriff unmittelbar bevorstehen oder bereits begonnen haben und noch andauern muss und eine Ausweitung auf ein versuchsnahes Vorbereitungsstadium und Dauergefahren ausscheidet.[61]
Demgegenüber wird z. T. eine direkte oder analoge Anwendung des § 32 StGB angenommen, wenn zukünftige Angriffe nur so abgewendet werden können.[62]
Dem ist aber entgegenzuhalten, dass das sog. schneidige – da ohne Verhältnismäßigkeitsprüfung gewährte – Notwehrrecht nur in akut zugespitzten Situationen (zumal als Kampf ums Recht) zu legitimieren ist. Auch droht bei Anerkennung einer Präventivnotwehr die zu starke Beeinträchtigung des staatlichen Gewaltmonopols. Für Dauergefahren sind die §§ 34, 35 StGB einschlägig und ausreichend.
Eine Rechtfertigung nach § 32 StGB scheidet aus.[63]
Mangels Irrtums über die Tatsachenlage kommt auch kein (ggf. vorsatzausschließender) Erlaubnistatumstandsirrtum[64] in Betracht.

2. Rechtfertigender Notstand, § 34 StGB

a) Sog. Notstandslage
G2 müsste sich in gegenwärtiger Gefahr für ein notstandsfähiges Rechtsgut befunden haben.

Eine gegenwärtige Gefahr ist ein Zustand, dessen Weiterentwicklung den Eintritt oder die Intensivierung eines Schadens ernstlich befürchten lässt, sofern nicht alsbald Abwehrmaßnahmen getroffen werden.[65]

Relevant ist also die Notwendigkeit sofortigen Handelns, weniger der Zeitpunkt der erwarteten Gefahrrealisierung, sodass anders als bei der Notwehr, s. o., auch Dauergefahren, wenn ein länger andauernder gefahrdrohender Zustand jederzeit in einen Schaden umschlagen kann, und auch eine zukünftige Gefahr, wenn sie nur durch unverzügliches Handeln wirksam abgewendet werden können, gegenwärtig sind.[66]

---

[61] S. nur B. Heinrich, AT, 7. Aufl. 2022, Rn. 349; Fischer, StGB, 70. Aufl. 2023, § 32 Rn. 17ff.

[62] S. etwa Jakobs, AT, 2. Aufl. 1991, 12/27.

[63] A. A. kaum noch vertretbar, zumal sich dann die Frage der vorrangigen Inanspruchnahme staatlicher Hilfe stellt (s. u.).

[64] Zum Erlaubnistatumstandsirrtum vgl. aus der Rspr. zuletzt BGH B. v. 21.11.2019 – 4 StR 166/19 – NStZ 2020, 725 (Anm. Eisele JuS 2020, 985; Rückert NStZ 2020, 726; Erb JR 2021, 44).

[65] Fischer, StGB, 70. Aufl. 2023, § 34 Rn. 4, 7; aus der Rspr. vgl. zuletzt BGH B. v. 28.06.2016 – 1 StR 613/15 – BGHSt 61, 202 = NJW 2016, 2818 (Anm. Bosch Jura 2017, 114; Kudlich JA 2017, 71).

[66] Aus der Rspr. vgl. zuletzt BGH B. v. 28.06.2016 – 1 StR 613/15 – BGHSt 61, 202 = NJW 2016, 2818 (Anm. Bosch Jura 2017, 114; Kudlich JA 2017, 71).

Angesichts der zu erwartenden weiteren schweren Misshandlungen und der enormen Unterlegenheit der G2 gegenüber G1, welche G2 letztlich darauf beschränkte, gegen G1 während dessen Schlafs vorzugehen, ist von einer gegenwärtigen Gefahr (hier für Leib und Leben der G2) auszugehen.

b) Erforderlichkeit der Notstandshandlung
G2 wählte ein geeignetes Mittel und angesichts der Kräfteverteilung auch das mildeste.[67]

c) Bei Abwägung der widerstreitenden Interessen wesentliches Überwiegen des geschützten Interesses gegenüber dem beeinträchtigten
Das geschützte Rechtsgut (Leib und Leben der G2) müsste das beeinträchtigte Interesse (Leben des G1) wesentlich überwiegen.

Nun entspricht es ganz h. M., dass i.R.d. § 34 StGB eine Tötung nie gerechtfertigt sein kann, nicht einmal, wenn dadurch eines oder sogar mehrere andere Leben gerettet werden.[68] Zwar werden einige Extremkonstellationen kontrovers diskutiert.[69] Vorliegend aber steht noch nicht einmal fest, ob überhaupt eine Lebensgefahr für G2 bestand oder „nur" eine Gefahr weiterer Körperverletzungen. Auch liegt kein extremes quantitatives Überwiegen vor (trotz Betroffensein auch der Kinder). Ein „Verwirken" des Lebensrechts aufgrund der vorhergehenden Misshandlungen ist keinesfalls anzunehmen, auch nicht im Lichte einer analogen Anwendung des § 228 BGB.

d) Zwischenergebnis
Eine Rechtfertigung nach § 34 StGB scheidet aus.

III. Schuld

1. § 35 StGB

a) § 35 I StGB
G2 könnte nach § 35 I StGB entschuldigt sein.

Eine gegenwärtige Gefahr zumindest für den „Leib" liegt vor, s. o. (Dauergefahr), und zwar in Bezug auf G2 selbst und in Bezug auf ihre Kinder (Angehörige i. S. d. § 35 I StGB i. V. m. § 11 I Nr. 1 lit. a StGB).

Fraglich ist, ob die Gefahr anders abwendbar war.[70]

Dies wäre dann der Fall, wenn die Notstandstat nicht das einzig geeignete Mittel gewesen wäre, der Notstandslage wirksam zu begegnen. Als anderweitige Ab-

---

[67] A. A. vertretbar (vgl. nur Flucht aus der Beziehung oder Inanspruchnahme staatlicher Hilfe).
[68] S. nur Fischer, StGB, 70. Aufl. 2023, § 34 Rn. 14ff.; aus der Rspr. vgl. zuletzt KG U. v. 23.04.2021 – (6) 2 StE 6/20-3 (2/20) – NStZ-RR 2022, 62 (Anm. Elobied StV 2022, 531).
[69] Etwa im Themenfeld des Terrorismus, s. Jerouschek FS Schreiber 2003, 185; Sinn NStZ 2004, 585; Mitsch GA 2006, 11; Gropp GA 2006, 284; Isensee FS Jakobs 2007, 205; Rogall NStZ 2008, 1; Ladiges ZIS 2008, 129; Streng FS Stöckel 2010, 135; Roxin ZIS 2011, 552.
[70] Zum Folgenden s. BGH U. v. 25.03.2003 – 1 StR 483/02 – BGHSt 48, 255 (260f.).

wendungsmöglichkeiten kamen hier aber die Inanspruchnahme behördlicher Hilfe oder der Hilfe karitativer Einrichtungen in Betracht, namentlich der Auszug der G2 mit den Töchtern aus dem gemeinsamen Haus und die Übersiedlung etwa in ein Frauenhaus, aber auch das Suchen von Zuflucht bei der Polizei mit der Bitte um Hilfe im Rahmen der Gefahrenabwehr. Letzteres wäre naheliegenderweise mit einer Strafanzeige verbunden gewesen. G2 hat indessen nicht versucht, sich auf diese Weise aus ihrer bedrängten Lage zu befreien. Unter diesen Umständen könnte die Gefahr nur dann als nicht anders abwendbar bewertet werden, wenn auf Grund konkreter Anhaltspunkte des Einzelfalls die hinreichende Wirksamkeit der Handlungsalternativen von vornherein zweifelhaft gewesen wäre. Denn auch bei Bestehen einer Dauergefahr muss die Abwehr nicht darauf beschränkt werden, die Gefahr nur hinauszuschieben. Anhaltspunkte dafür, dass die Alternativen zur Abwehr der Gefahr nicht in diesem Sinne wirksam gewesen wären, können sich etwa daraus ergeben, dass die Behörden trotz Hilfeersuchens und Kenntnis der Lage in der Vergangenheit nicht wirksam eingeschritten waren und daher ungewiss bleiben musste, ob sie in der aktuellen Notstandslage nachhaltig eingreifen würden oder ob mögliche polizeiliche Hilfe die Notstandslage nicht wirksam beseitigt hätte.

Auch wenn im Falle des Auszugs und der Inanspruchnahme von Hilfe Nachstellungen durch G1 zu besorgen gewesen wären, so ist doch zweifelhaft, wie ernst die von diesem ausgesprochenen Drohungen tatsächlich zu nehmen waren. Schließlich ist im Grundsatz bei vollständiger Kenntnis des objektiven Sachverhalts davon auszugehen, dass solcherart in Bedrängnis geratenen Familienangehörigen von staatlichen Stellen und karitativen Einrichtungen auch wirksame Hilfe zuteilwird. Das wird insbesondere dann gelten, wenn die rechtlichen Möglichkeiten des mittlerweile in Kraft getretenen Gewaltschutzgesetzes berücksichtigt werden. An die Annahme anderweitiger Abwendbarkeit der Dauergefahr sind nicht zuletzt aus normativen Gründen und zumal dann, wenn die Vernichtung des Rechtsguts Leben in Rede steht, keine allzu hohen Anforderungen zu stellen. Dem entspricht die Verpflichtung staatlicher Stellen (der Polizei, aber z. B. auch der Jugendämter) zum wirksamen Einschreiten. Danach gilt: Die von einem „Familientyrannen" auf Grund seiner immer wiederkehrenden erheblichen Gewalttätigkeiten ausgehende Dauergefahr für die übrigen Familienmitglieder ist regelmäßig i.S. des § 35 I StGB anders abwendbar als durch die Tötung des „Tyrannen", indem Hilfe Dritter, namentlich staatlicher Stellen, in Anspruch genommen wird.

Auf die Frage einer Verhältnismäßigkeit i. e. S. oder einer Zumutbarkeit nach § 35 I 2 StGB kommt es nicht mehr an.

Eine Entschuldigung nach § 35 I StGB scheidet daher aus.[71]

b) § 35 II StGB
G2 könnte sich aber in einem Irrtum über entschuldigende Umstände nach § 35 II StGB befunden haben, welcher bei Unvermeidbarkeit zur Straflosigkeit (ebenfalls aufgrund Schuldausschlusses[72]) führt.

---

[71] A. A. vertretbar.
[72] Fischer, StGB, 70. Aufl. 2023, § 35 Rn. 16.

G2 war von der Vorstellung beseelt, ihre Situation sei ausweglos; sie könne sich und ihre Kinder vor weiteren Übergriffen nur durch die Tötung von G1 schützen; sie sah darin die „einzige Lösungsmöglichkeit". G2 befand sich mithin in einem Irrtum i. S. d. § 35 II StGB.

Fraglich ist, ob dieser für sie vermeidbar war.

Für die Frage der Vermeidbarkeit des Irrtums nach § 35 II StGB kommt es darauf an, ob der Täter mögliche Auswege gewissenhaft geprüft hat.[73] Dabei sind die Anforderungen an diese Prüfungspflicht nach den konkreten Tatumständen zu bestimmen. Von Bedeutung sind dafür insbesondere die Schwere der Tat und die Umstände, unter denen die Prüfung stattgefunden hat, insbesondere die Zeitspanne, die für sie zur Verfügung stand und ob dem Täter eine ruhige Überlegung möglich war; gegebenenfalls kommt es auch darauf an, wodurch ihm die Einsicht in die tatsächliche Sachlage verschlossen war. Hier stand mit der Tötung eines Menschen eine der am schwersten wiegenden Straftaten und der Angriff auf das höchste Individualrechtsgut in Frage. Daher werden an die Prüfungspflicht der G2 strenge Anforderungen zu stellen sein. Für die Vermeidbarkeit eines entsprechenden Irrtums spricht, dass der G2 vor der Tat aufgrund der langandauernden Misshandlungen eine recht lange Überlegungsfrist zur Verfügung stand, in der sie Erkundigungen über Möglichkeiten zur anderweitigen Abwendbarkeit der Gefahr und Rat hätte einholen können. Dass ihre körperliche und seelische Verfassung nach den langandauernden Misshandlungen und Demütigungen durch G2 sie gehindert hätten, ihre Möglichkeiten realistisch einzuschätzen, ist nicht ersichtlich.

Der Irrtum der G2 war vermeidbar.[74]

Es liegt lediglich eine Strafmilderung nach § 35 II 2 StGB vor.

2. § 33 StGB

Für die Annahme von (akuter) Verwirrung, Furcht oder Schrecken ist nichts ersichtlich.

Die Frage, ob § 33 StGB überhaupt auf eine außerhalb des zeitlichen Anwendungsbereichs begangene Handlung Anwendung findet (sog. extensiver Notwehrexzess),[75] kann dahinstehen.

3. § 17 StGB

Es ist nicht ersichtlich, dass G2 daran zweifelte, Unrecht zu tun, sodass ein Verbotsirrtum ausscheidet.

4. §§ 20, 21 StGB

Eine schuldausschließende oder auch nur schuldmindernde Stärke der Affekte der G2 ist dem Sachverhalt nicht zu entnehmen.[76]

---

[73] So und zum Folgenden BGH U. v. 25.03.2003 – 1 StR 483/02 – BGHSt 48, 255 (262).
[74] A. A. vertretbar
[75] Hierzu vgl. aus der Rspr. zuletzt BGH U. v. 18.04.2002 – 3 StR 503/01 – NStZ-RR 2002, 203 (Anm. Otto JK 2003 StGB § 32/27; LL 2003, 29; Walther JZ 2003, 52).
[76] A. A. vertretbar.

IV. Ergebnis
G2 hat sich wegen Totschlags strafbar gemacht, indem sie ihren Ehemann G1 erschoss.

B. §(§ 212 I,) 211 StGB
Die Tat der G2 könnte sich nicht nur als Totschlag, sondern sogar als Mord darstellen.[77]

Als objektives Mordmerkmal kommt Heimtücke in Betracht.

Erforderlich hierfür ist ein Ausnutzen der auf Arglosigkeit beruhenden Wehrlosigkeit des Opfers.[78] Arglos ist, wer sich im Zeitpunkt der Tat keines Angriffs versieht.[79] Zwar war es zwischen G1 und G2 immer wieder zu Auseinandersetzungen gekommen. Diese waren aber noch nie von G2 ausgegangen,[80] sodass G1 nicht mit einem (geschweige denn tödlichen) Angriff rechnete oder auch nur rechnen musste.[81]

Zwar schlief G1 und war in diesem Moment nicht zum Argwohn fähig, abgestellt wird bei Schlafenden aber nach h. M. auf den letzten Wachzeitpunkt.[82]

Die Gegenauffassung[83] lehnt eine Heimtücke ab; ihr ist aber entgegenzuhalten, dass sich ein Opfer nur dann ruhig schlafen legen wird, wenn es sich keines Angriffs versieht und insofern seine Arglosigkeit mit in den Schlaf nimmt.[84]

G1 war infolge seiner Arglosigkeit auch wehrlos. Nicht erforderlich ist nämlich, dass der Täter die Arg- und Wehrlosigkeit durch eigenes Veranlassen gezielt herbeigeführt hat.

---

[77] Überschrift und Formulierung des Obersatzes beruhen darauf, dass das Verhältnis von Mord und Totschlag umstritten ist, hierzu Bock, BT 1, 2018, S. 16ff.;.Eisele, BT I, 6. Aufl. 2022, Rn. 61f., 135ff.

[78] S. nur Fischer, StGB, 70. Aufl. 2023, § 211 Rn. 34; aus der Rspr. vgl. zuletzt BGH U. v. 11.05.2022 – 5 StR 361/21 – NStZ-RR 2022, 277; BGH B. v. 29.06.2022 – 1 StR 127/22 – NStZ-RR 2022, 307.

[79] Fischer, StGB, 70. Aufl. 2023, § 211 Rn. 35.

[80] S. auch BGH U. v. 25.03.2003 – 1 StR 483/02 – BGHSt 48, 255 (256).

[81] Zur Problematik eines Ausschlusses der Arglosigkeit aufgrund Fahrlässigkeit zsf. Joecks/Jäger, StGB, 13. Aufl. 2021, § 211 Rn. 43f.; aus der Rspr. vgl. zuletzt BGH B. v. 18.11.2021 – 1 StR 397/21 – NStZ 2022, 288 (Anm. Nestler Jura 2022, 649; Jäger JA 2022, 697; Eisele JuS 2022, 370; Putzke ZJS 2022, 456; RÜ 2022, 301; famos 5/2022; Nettersheim NStZ 2022, 290; Zeller/Thomas jurisPR-StrafR 16/2022 Anm. 5).

[82] Ganz h. M., s. nur Eisele, BT I, 6. Aufl. 2021, Rn. 97; aus der Rspr. vgl. zuletzt BGH U. v. 21.11.2012 – 2 StR 309/12 – NStZ 2013, 158 = StV 2013, 631 (Anm. Bosch, JK 2013, StGB § 211/68; Jahn JuS 2013, 364; Theile ZJS 2013, 307; LL 2013, 280; RÜ 2013, 97; famos 9/2013; Bohnhorst/Skeries StV 2014, 340).

[83] Etwa Joecks/Jäger, StGB, 13. Aufl. 2021, § 211 Rn. 45f.

[84] A. A. vertretbar. Vgl. auch die einschränkende Entscheidung BGH U. v. 10.05.2007 – 4 StR 11/07 – NStZ 2007, 523 (Anm. Kudlich JA 2007, 901; Jahn JuS 2007, 960; RA 2007, 483; Geppert JK 2008 StGB § 211/53).

G2 nutzte die auf der Arglosigkeit beruhende Wehrlosigkeit des G1 auch bewusst aus,[85] zumal es sich auch nicht um eine sonderlich spontane Tat handelte (vgl. o.).

Problematisch ist allerdings, ob das Merkmal der Heimtücke (aus verfassungsrechtlichen Erwägungen heraus angesichts der absolut angedrohten lebenslangen Freiheitsstrafe) einer weiteren Einschränkung bedarf.[86]

An dem Kriterium der feindseligen Willensrichtung[87] besteht vorliegend kein Zweifel.

Teilweise vertreten wird das Erfordernis eines verwerflichen Vertrauensbruchs.[88]

Unabhängig davon, ob ein solcher hier vorliegt (immerhin waren G1 und G2 noch verheiratet), ist das Erfordernis abzulehnen: Zum einen ist der Vertrauensbegriff zu unbestimmt; zum anderen zeitigt er insofern untaugliche und ungereimte Ergebnisse, als gerade die klassischen Konstellationen eines Hinterhalts ggf. aus dem Anwendungsbereich herausfielen, gerade auch beim Auftragsmord.[89]

Andere nehmen eine negative oder positive Typenkorrektur des Heimtückemordes vor und verlangen die Feststellung einer besonderen Verwerflichkeit im Wege einer Gesamtwürdigung.[90] Auch hier bestehen aber Bedenken bzgl. der Bestimmtheit (Art. 103 II GG). Außerdem sind die Mordmerkmale durch den Gesetzgeber gerade nicht als Regelbeispiele normiert.

Die Rspr. lehnt (weitere) Einschränkungen auf Tatbestandsebene ab und folgt einer sog. Rechtsfolgenlösung[91]: In verfassungskonformer Rechtsfortbildung werden die §§ 13 II, 17 S. 2, 21, 23 II StGB analog angewendet, sodass gem. § 49 I Nr. 1 StGB die Strafe gemildert wird, wenn Entlastungsfaktoren vorliegen, die den Charakter außergewöhnlicher Umstände haben. Dann wird das Gewicht des Mordmerkmals so verringert, dass jener Grenzfall eintritt, in welchem die Verhängung lebenslanger Freiheitsstrafe trotz der Schwere des tatbestandsmäßigen Unrechts wegen erheblich gemilderter Schuld unverhältnismäßig wäre. Auch dies ist aber natürlich ein notwendig vager Ansatz und zudem ein Vorgehen *contra legem*. Aufgrund § 49 I Nr. 1 StGB wird überdies die Mindeststrafe für den Totschlag unterschritten.

Eine zufriedenstellende Lösung, die die verzweifelte Lage der tyrannisierten und körperlich unterlegenen – also auf Heimtücke „angewiesenen" – G2 berücksichtigt, ist *de lege lata* nach Maßgabe der gefestigten Heimtückebestimmung nicht zu fin-

---

[85] Zu diesem Erfordernis Bock, BT 1, 2018, S. 32ff.; aus der Rspr. vgl. zuletzt BGH U. v. 11.05.2022 – 5 StR 361/21 – NStZ-RR 2022, 277.

[86] Hierzu Bock, BT 1, 2018, S. 37ff.

[87] S. nur Eisele, BT I, 6. Aufl. 2021, Rn. 106; Sinn, in: SK-StGB, 9. Aufl. 2017, § 211 Rn. 42; aus der Rspr. vgl. zuletzt BGH U. v. 19.06.2019 – 5 StR 128/19 – BGHSt 64, 111 = NJW 2019, 2413 = NStZ 2019, 719 = StV 2020, 101 (Anm. Bosch Jura 2019, 1218; Jäger JA 2019, 791; Eisele JuS 2019, 1124; Theile JuS 2019, 525; RÜ 2019, 641; Mitsch NJW 2019, 2416; Wachter NStZ 2019, 722; famos 2/2020; Momsen/Schwarze JR 2020, 232; Schauf NStZ 2021, 647).

[88] Nicht selten (zweifelhaft) als h. L. bezeichnet; s. z. B. Eser/Sternberg-Lieben, in: Schönke/Schröder, 30. Aufl. 2019, § 211 Rn. 26.

[89] S. auch die Kritik bei Kindhäuser/Hilgendorf, LPK, 9. Aufl. 2022, § 211 Rn. 24.

[90] Hierzu zsf. Eisele, BT I, 6. Aufl. 2021, Rn. 70.

[91] S. o.; zsf. Fischer, StGB, 70. Aufl. 2023, § 211 Rn. 46a.

den. Immerhin ermöglicht die Rspr. eine mildere Handhabung extremer Ausnahmefälle in der Praxis; weitere Erleichterungen können im Rahmen des Strafvollzugsrechts gewährt werden.

G2 handelte heimtückisch.[92]

Sonstige Mordmerkmale liegen nicht vor.

G2 hat sich wegen Mordes strafbar gemacht, indem sie auf G1 schoss.

Ihre Strafe ist aber nach § 49 I Nr. 1 StGB zu mildern. Allerdings folgt dies vorliegend schon aus § 35 II 2 StGB, s. o., welcher Vorrang hat.[93]

Konkurrenzen und Endergebnis

Im 1. Teil hat sich C wegen versuchter Körperverletzung gem. §§ 223 I, II, 22, 23 StGB und wegen Versuchs der Beteiligung an einer schweren Körperverletzung gem. §§ 223 I, 226 I Nr. 2, II, 30 II StGB strafbar gemacht. Aufgrund des engen räumlich-zeitlichen und motivatorischen Zusammenhangs besteht Tateinheit nach § 52 StGB.

Im 2. Teil hat sich niemand strafbar gemacht.

Im 3. Teil hat sich G2 wegen Mordes gem. §(§ 212 I), 211 StGB strafbar gemacht. Ihre Strafe wird gem. § 49 I Nr. 1 StGB gemildert.

---

[92] A. A. vertretbar.
[93] S. BGH U. v. 25.03.2003 – 1 StR 483/02 – BGHSt 48, 255 (262f.).

7. Übungsfall „Gastroskopie und Fesselspiele"

Am 24.07.2007 führte Dr. Eckert Achtenberg (A) in seinen Praxisräumen in Kiel bei dem 85-jährigen Patienten Rudolf Polomka (P) eine Darmspiegelung (Koloskopie) durch. Diese war von dem den P behandelnden Urologen erbeten worden, weil sich Blut im Stuhl befunden hatte. Nachdem P am 18.07.2007 über die Risiken dieser Untersuchung aufgeklärt worden war, unterschrieb er eine Einwilligungserklärung zur Koloskopie. Die Koloskopie ergab einen normalen Befund ohne Hinweis auf eine Blutungsquelle. A entschloss sich daher, im Anschluss an die Koloskopie bei P eine Magenspiegelung vorzunehmen. Dabei war A klar, dass P noch unter dem Einfluss der für die Koloskopie verabreichten Narkotika stand. Dieser Zustand sollte aber für die Durchführung der Magenspiegelung genutzt werden, um eine erneute Sedierung zu vermeiden. P hatte keine Einwilligung für eine Magenspiegelung gegeben und war auch zuvor nicht über den Eingriff und die damit verbundenen Risiken aufgeklärt worden. Eine Aufklärung des P und die Abgabe einer Einwilligungserklärung kam nun wegen des Einflusses der verabreichten Narkotika nicht in Betracht, was dem A auch klar war. A war bewusst, dass die Durchführung einer Magenspiegelung unmittelbar im Anschluss an die Darmspiegelung bei P nicht medizinisch indiziert war. Eine Magenspiegelung hätte nach erfolgter Aufklärung und Einwilligung jederzeit später durchgeführt werden können, wenn sich dafür eine Indikation ergeben hätte. A wollte P mit der sofortigen Durchführung der Magenspiegelung eine nochmalige Anreise im nüchternen Zustand ersparen. Er ging davon aus, dass P mit dieser Vorgehensweise einverstanden sein würde. Tatsächlich hätte P auch seine Einwilligung erklärt, wenn er vor der Maßnahme ordnungsgemäß über die Notwendigkeit, über Risiken und mögliche Komplikationen aufgeklärt worden wäre. A begann mit der Durchführung der Gastroskopie, die jedoch daran scheiterte, dass P nicht in der Lage war, das Einführen des Endoskops in die Speiseröhre durch Schluckbewegungen zu unterstützen. Dem A wurde als erfahrenem Gastroenterologen sofort klar, dass das der Untersuchung innewohnende bekannte Risiko einer Perforation der Speiseröhre (die ihrseits zu einer lebensbedrohlichen Mittelfellentzündung führen kann) sich signifikant erhöhte. Gleichwohl versuchte er erneut, das Endoskop einzuführen. Hierbei kam es zu einer Perforation der Speiseröhre bei P, an deren weiteren Folgen P trotz einer am 26.07.2007 im Klinikum durchgeführten Operation und anschließender intensivmedizinischer Behandlung schließlich verstarb. Es ist nicht auszuschließen, dass im Rahmen des stationären Aufenthalts im Klinikum zu lange ein falsches Antibiotikum verwendet und zu spät ausgetauscht wurde und dass das Leben von P bei ordnungsgemäßer Behandlung hätte gerettet werden können.

Auch im Privatleben des A kam es zu einem tragischen Zwischenfall. Seine Lebensgefährtin Martina Richard (R) zeigte großes Interesse an der Ausübung außergewöhnlicher sexueller Praktiken, vor allem so genannter „Fesselspiele". Hierzu gehörte unter anderem, dass A, der an diesen „Spielen" kein Interesse hatte und dabei selbst angekleidet blieb, mit einem Gegenstand Druck auf ihren Kehlkopf, ihr Zungenbein oder ihre Luftröhre ausüben musste, um auf diese Weise den von ihr erstrebten vorübergehenden Sauerstoffmangel hervorzurufen, der für sie eine erregende Wirkung hatte. In der Vergangenheit fanden dabei für diesen Würgevorgang Stricke oder Seile Verwendung. Nachdem eine Zeit lang derartige Fesselspiele nicht mehr stattgefunden hatten, weil A Sicherheitsbedenken geäußert hatte, verlangte R von ihm am 18.05.2008 erneut die Durchführung eines Fesselspiels und bereitete die dazu erforderlichen Utensilien (Stricke, ein Holzstück sowie ein Metallrohr) selbst vor. A sträubte sich zunächst und kam ihrem Wunsch dann doch nach. Wegen der Leibesfülle von R, die in letzter Zeit deutlich an Körperumfang zugenommen hatte, äußerte er aber Bedenken, da er auf Grund der Fixierung der Beine über den Bauch hinweg zum Kopf befürchtete, diese könnte keine Luft mehr bekommen. Sie zerstreute seine Bedenken jedoch und verlangte, er solle dieses Mal statt des bisher verwendeten Stricks das Metallrohr benutzen. A äußerte auch insoweit zunächst Vorbehalte, ließ sich dann aber umstimmen und fesselte R wie von ihr gewünscht. Zunächst benutzte er für den Würgevorgang das bereitgelegte Holzstück, ging dann auf Wunsch der R dazu über, das Metallrohr zum Würgen zu verwenden. Dabei erkannte er, dass die Verwendung dieses Gegenstands gefährlich war und erklärte ihr dies auch, ließ sich dann aber von ihr zur Verwendung überreden und verstärkte auf deren Wunsch hin sogar die Einwirkung noch. Im Verlauf der intervallartigen, gegen den Hals der Frau R gerichteten mehrfachen und mindestens drei Minuten währenden Aktionen drückte er dann mit dem Metallrohr zu. Dadurch erzielte er die gewünschte Kompression der Halsgefäße und insbesondere der Blutversorgung des Gehirns, allerdings auch eine von ihm nicht gewollte, massive, durch den Einsatz des Metallrohrs hervorgerufene Verletzung des Kehlskeletts. Diese Verletzungen waren aber nicht tödlich, vielmehr verstarb R an den Folgen der massiven Kompression der Halsgefäße und der dadurch unterbundenen Sauerstoffzufuhr zum Gehirn mit nachfolgendem Herzstillstand.

Als A feststellen musste, dass R nicht mehr am Leben war, verließ er schockiert die Wohnung, um die Polizei aufzusuchen. Er überholte dabei den angetrunkenen Radomir Kilic (K), von dem er angesprochen wurde. A war wütend, reagierte gereizt und sagte dem K, er solle ihn in Ruhe lassen. Es kam zwischen den Kontrahenten zu einem Wortwechsel mit gegenseitigen Beleidigungen. Als K auf ihn zutrat, zog A in der Annahme, er werde geschlagen, ein Taschenmesser mit einer ca. 4,5 cm langen Klinge. Entgegen seiner Erwartung bedrängte ihn K weiter. Es entwickelte sich ein Handgemenge, bei dem die Kopfhörer des MP3-Players des A zerstört wurden und K eine überwiegend oberflächliche Schnittverletzung an der linken Unterarmseite erlitt. Anschließend nahm A das auf den Boden gefallene Mobiltelefon des K an sich und erklärte, er werde dieses erst herausgeben, wenn dieser für die zerstörten Kopfhörer Schadenersatz leiste. Dann setzte er seinen Weg fort. K folgte dem A und verlangte von ihm immer wieder die Herausgabe seines Mobiltelefons. A erwiderte, er bekomme es nur zurück, wenn er den Schaden ersetze. A drehte sich immer wieder um und zeigte K das Messer, um ihn auf Abstand zu halten. Schließlich trat K an ihn heran und versuchte, dem A das Messer aus der Hand zu treten, um sein Mobiltelefon wieder an sich bringen zu können. Es entwickelte sich eine Auseinandersetzung, bei der K dem A eine Verletzung im Gesicht zufügte. Dieser stach schließlich mit dem Taschenmesser in die Brust des K, der eine lebensgefährliche Verletzung erlitt, sich aber wieder erholte. Dann stellte sich A der Polizei.

Strafbarkeit der Beteiligten nach dem StGB?

Lösungshinweise

1. Teil: Tod des P[1]

- Strafbarkeit des A -

A. § 223 I StGB[2]
A könnte sich wegen Körperverletzung strafbar gemacht haben, indem er eine Magenspiegelung[3] bei P begann.

I. Tatbestand

1. Objektiver Tatbestand
Bei P müsste ein Körperverletzungserfolg eingetreten sein.
Dieser liegt gem. § 223 I StGB entweder in einer körperlichen Misshandlung, worunter jede üble und unangemessene Behandlung, durch die das körperliche Wohlbefinden oder die körperliche Unversehrtheit mehr als nur unerheblich beeinträchtigt wird, gefasst wird,[4] oder in einer Gesundheitsschädigung, welche als Hervorrufen oder Steigern eines nicht nur unerheblichen krankhaften (patho-

---

[1] Nach BGH U. v. 11.10.2011 – 1 StR 134/11 – NStZ 2012, 205 (Anm. Satzger JK 2012 StGB § 223/6; Jäger JA 2012, 70; RA 2012, 357; famos 9/2012).
[2] Keine Prüfung von § 212 I StGB, da der Tötungsvorsatz evident fehlt. Beginn mit § 223 StGB (statt § 227 StGB), da bereits das Grunddelikt problematisch ist. Anderer Aufbau möglich.
[3] Keine vorherige Prüfung der Narkotisierung und Darmspiegelung, da insofern Einwilligung evident, andere Handhabung möglich (v.a. dann, wenn bzgl. Perforation Vorsatz verneint).
[4] Joecks/Jäger, StGB, 13. Aufl. 2021, § 223 Rn. 4; aus der Rspr. vgl. zuletzt OLG Hamm B. v. 21.04.2022 – 5 RVs 42/22 (Anm. Borutta jurisPR-StrafR 12/2022 Anm. 3).

logischen), d. h. vom Normalzustand nachteilig abweichenden Zustandes körperlicher oder psychischer Art,[5] zu verstehen ist.

Dies liegt hier jedenfalls in der (sogar tödlichen) Perforation der Speiseröhre[6] des P.

Problematisch ist, ob sich an der Tatbestandsmäßigkeit etwas dadurch ändert, dass A im Rahmen einer ärztlichen Behandlung handelte.[7]

Selbst Vertreter, die für eine Tatbestandslosigkeit ärztlicher Eingriffe zu Heilzwecken plädieren[8] – eine Minderheitsauffassung gegenüber der Rspr.[9] und der h. L.,[10] die allenfalls eine Rechtfertigung annehmen –, setzen einen (hier fehlenden) Erfolg der Heilbehandlung oder doch ein Handeln *lege artis* voraus, woran es angesichts des medizinisch nicht indizierten Vorgehens des A mangelt. Ohnehin spricht der Schutz des Selbstbestimmungsrechts der Patienten gegen eigenmächtige Heileingriffe gegen eine Tatbestandslösung. Diese Vorstellung dürfte auch dem § 630d BGB zugrundeliegen.

Fraglich ist, ob der Körperverletzungserfolg dem A objektiv zuzurechnen ist. A müsste ein unerlaubtes Risiko geschaffen haben, welches sich im Erfolg realisiert hat.[11]

Nun ist zum einen bereits problematisch,[12] ob eine Einwilligung tatbestandsausschließend oder erst rechtfertigend wirkt,[13] mithin auch die Verortung und Behandlung einer mutmaßlichen oder einer hypothetischen Einwilligung. Richtigerweise sind dies im Falle der (so liegt es hier) Fremdgefährdung (im Gegensatz zur Mitwirkung an einer Selbstgefährdung bzw. -verletzung) aber Fragen der Rechtfertigung, wie § 228 StGB aufzeigt („handelt nur dann rechtswidrig"). Die Ebene der objektiven Zurechnung dient nicht dazu, Erlaubnissätze in den Tatbestand zu inkorporieren.

---

[5] Joecks/Jäger, StGB, 13. Aufl. 2021, § 223 Rn. 4; aus der Rspr. vgl. zuletzt OLG Hamm B. v. 21.04.2022 – 5 RVs 42/22 (Anm. Borutta jurisPR-StrafR 12/2022 Anm. 3).

[6] Falls Verneinen des Vorsatzes bzgl. Perforation (s. u.) Abstellen auf vorherige Schritte (Einführen in Speiseröhre, da zumindest kleine Verletzungen naheliegend, auch wenn Sachverhalt dazu nichts Näheres enthält)

[7] Zur Problematik des ärztlichen Heileingriffs zsf. Bock, BT 1, 2018, S. 119ff.; Wolters, in: SK-StGB, 9. Aufl. 2017, § 223 Rn. 45 ff.; aus der Rspr. vgl. zuletzt BGH B. v. 26.05.2020 – 2 StR 434/19 – NStZ 2021, 164 = StV 2021, 115 (Anm. Eisele JuS 2021, 181; Merkel NStZ 2021, 166; Valerius JR 2021, 455; Duttge/Pfeifer MedR 2021, 730).

[8] Ausf. (diff.) Sternberg-Lieben, in. Schönke/Schröder, 30. Aufl. 2019, § 223 Rn. 27ff.

[9] S. schon BGH U. v. 28.11.1957 – 4 StR 525/57 (Myom) – BGHSt 11, 111 = NJW 1958, 267 (Anm. Roxin, Höchstrichterliche Rspr. AT, 1998, Nr. 30; Puppe, AT, 5. Aufl. 2022, § 11 Rn. 9ff. und § 15 Rn. 1ff.; Fahl, Strafrechts-Klassiker, 2020, vor § 32 Rn. 9ff.; Baumann NJW 1958, 2092; Schmidt JR 1958, 226).

[10] S. nur Krey/Hellmann/Heinrich, BT 1, 17. Aufl. 2021, Rn. 224ff.

[11] S. nur Joecks/Jäger, StGB, 13. Aufl. 2021, vor § 13 Rn. 38.

[12] Behandlung im Gutachten zweifelhaft, da man einerseits den Aufbau nicht erklären soll, andererseits aber die Kenntnis des Streitstands zur dogmatischen Einordnung erkennen lassen sollte.

[13] S. Hoyer, in: SK-StGB, 9. Aufl. 2017, vor § 32 Rn. 30ff.

2. Subjektiver Tatbestand

A müsste vorsätzlich i. S. d. § 15 StGB gehandelt haben.

Vorsatz ist Wissen und Wollen hinsichtlich der den objektiven Tatbestand verwirklichenden Umstände,[14] wobei die Minimalvoraussetzungen des (Eventual-)Vorsatzes strittig sind.[15]

Fraglich ist, ob A Vorsatz bzgl. der Perforation der Speiseröhre hatte. Angesichts dessen, dass sich das Risiko einer Perforation der Speiseröhre aufgrund mangelnder Schluckbewegungen bei P signifikant erhöht hatte, A aber gleichwohl sein Vorhaben fortsetzte, ist davon auszugehen, dass er eine Perforation billigend in Kauf nahm.[16]

II. Rechtswidrigkeit

1. Einwilligung

Eine Einwilligung des P in die Magenspiegelung und damit in das Risiko der Speiseröhrenperforation lag nicht vor. P hatte zwar nach entsprechender Aufklärung[17] in die Darmspiegelung eingewilligt. Die Einwilligung kann aber nicht dahingehend ausgelegt werden, dass sie auch einen mit der Darmspiegelung nicht in Zusammenhang stehenden Eingriff während der Sedierung mitumfasst. Aufklärung und Einwilligung hinsichtlich einer Magenspiegelung fehlten daher.

2. Mutmaßliche Einwilligung

A könnte durch eine mutmaßliche Einwilligung des P gerechtfertigt sein.

Eine solche setzt aber (wie im Übrigen für das Zivilrecht in § 630d I 4 BGB zum Ausdruck kommt) zur Verhinderung der Umgehung der Einwilligungsanforderungen eine Dringlichkeit der Situation in dem Sinne voraus, dass eine Einwilligung nicht rechtzeitig einholbar sein darf.[18]

Hieran mangelt es vorliegend, da laut Sachverhalt die Durchführung einer Magenspiegelung unmittelbar im Anschluss an die Darmspiegelung bei P nicht medizinisch indiziert war. Eine Magenspiegelung hätte nach erfolgter Aufklärung und Einwilligung jederzeit später durchgeführt werden können, wenn sich dafür eine Indikation ergeben hätte.

---

[14] S. nur Fischer, StGB, 70. Aufl. 2023, § 15 Rn. 3.

[15] Hierzu B. Heinrich, AT, 7. Aufl. 2022, Rn. 285, 295ff.; Hillenkamp/Cornelius, 32 Probleme aus dem Strafrecht AT, 16. Aufl. 2022, 1. Problem; aus der Rspr. vgl. zuletzt BGH U. v. 15.07.2021 – 3 StR 481/20 – NStZ 2022, 753.

[16] A. A. vertretbar.

[17] Zur strafrechtlich relevanten medizinischen Aufklärungspflicht zsf. B. Heinrich, AT, 7. Aufl. 2022, Rn. 472; aus der Rspr. vgl. zuletzt BayObLG U. v. 29.06.2021 – 205 StRR 141/21 – StV 2023, 20.

[18] Statt aller Fischer, StGB, 70. Aufl. 2023, vor § 32 Rn. 4; aus der Rspr. vgl. zuletzt BGH U. v. 19.08.2020 – 1 StR 474/19 – NJW 2021, 326 = NStZ 2022, 545 = StV 2021, 367 (Anm. Bosch Jura 2021, 456; RÜ 2021, 95; Mitsch NJW 2021, 330; Kinskofer HRRS 2021, 262; Heß HRRS 2021, 266; Magnus NStZ 2022, 548).

3. Hypothetische Einwilligung

Fraglich ist, ob A sich auf eine sog. hypothetische Einwilligung berufen kann, wobei es letztlich dahinstehen könnte, ob eine solche rechtfertigend (h. M.[19]) oder tatbestandsausschließend[20] wirkt. P hätte auch seine Einwilligung erklärt, wenn er vor der Maßnahme ordnungsgemäß über die Notwendigkeit, über Risiken und mögliche Komplikationen aufgeklärt worden wäre. Es ist umstritten, ob diesem Umstand als hypothetische Einwilligung eine Bedeutung zukommt.[21]

Eine starke Strömung in der Literatur lehnt die Rechtsfigur gänzlich ab.[22]

Dies kann allerdings dahinstehen, wenn auch die Befürworter im vorliegenden Fall die Voraussetzungen nicht als gegeben ansehen: In der Tat wird nämlich als Voraussetzung erachtet, dass der Eingriff *lege artis* durchgeführt wurde. In Bezug auf P war jedenfalls unmittelbar im Anschluss an die Darmspiegelung eine Magenspiegelung nicht medizinisch indiziert, erst recht nicht angesichts der aufgetretenen Schluckbeschwerden im ersten Versuch. Ferner handelte es sich nicht einmal um eine Heilbehandlung, sondern um eine diagnostische Untersuchung zur Ermittlung der Ursachen der Blutungen.[23]

Ohnehin ist die Rechtsfigur der hypothetischen Einwilligung strafrechtlich wenig überzeugend: Eine nachträgliche Zustimmung ist im Strafrecht immer unbeachtlich; der Achtungsanspruch eines geschützten Rechtsguts im Zeitpunkt der Beeinträchtigung geht nicht dadurch verloren, dass der Rechtsgutsberechtigte zu einem späteren Zeitpunkt auf den Rechtsschutz verzichtet hätte (vgl. etwa auch beim Diebstahl: Bekunden seitens des Opfers, dass er auf Befragen die Sache dem Dieb geschenkt hätte, rechtfertigt den Dieb nicht). Der Arzt könnte sonst Patienten jedes Risiko aufzwingen, das die *lex artis* noch deckt, indem er diese unvollständig aufklärt. Dies würde eine Entwertung von Einwilligung und mutmaßlicher Einwilligung durch Unterlaufen ihrer Voraussetzungen und daher eine Entwertung des Selbstbestimmungsrechts bedeuten. Hinzu kommt die Unmöglichkeit, eine fiktive Entscheidung des Patienten nachträglich zu ermitteln, zumal der *In-dubio-pro-reo*-Grundsatz zu beachten ist (anders als bei der zivilrechtlichen Beweislastverteilung). Auch wird das Verbot, hypothetische Kausalverläufe hinzuzudenken, untergraben. Das eigentliche medizinrechtliche Bedürfnis wird eher durch die Lockerung der ärztlichen Aufklärungspflichten befriedigt werden.

Allerdings ist die Rspr. mittlerweile zivilrechtlich in § 630h II 2 BGB normiert worden („Genügt die Aufklärung nicht den Anforderungen des § 630e, kann der Behandelnde sich darauf berufen, dass der Patient auch im Fall einer ordnungsgemäßen Aufklärung in die Maßnahme eingewilligt hätte."). Damit dürfte die Rechtsfigur auch im Strafrecht (das als *ultima ratio* nicht strenger sein sollte als das Zivilrecht)

---

[19] S. nur Fischer, StGB, 70. Aufl. 2023, vor § 32 Rn. 4ff. m. w. N.
[20] S. etwa Kuhlen JR 2004, 227 (Ausschluss der objektiven Zurechnung).
[21] S. obige Nachweise.
[22] S. nur B. Heinrich, AT, 7. Aufl. 2022, Rn. 478c.
[23] S. BGH U. v. 11.10.2011 – 1 StR 134/11 – NStZ 2012, 205 (206).

anzuerkennen sein, auch wenn die zivilrechtliche Norm den Charakter einer Beweisregel hat.[24]

Dies gilt allerdings nach wie vor nicht bei Verstößen gegen die *lex artis*.

A war nicht aufgrund einer hypothetischen Einwilligung gerechtfertigt.[25]

4. Erlaubnistatumstandsirrtum[26]

A könnte sich einen Sachverhalt vorgestellt haben, bei dessen Vorliegen sein Handeln gerechtfertigt gewesen wäre.[27]

A war klar, dass P nicht eingewilligt hatte und dass eine vorherige Einholung einer Einwilligung auch möglich war. A ging zwar davon aus, dass P mit dem Vorgehen einverstanden war; dies war aber nur im Hinblick auf die Rechtsfolgen (s. o.) und nicht auf die Sachlage ein Irrtum. An ein Vorgehen *lege artis* glaubte er gerade nicht, s. o.

Ein Erlaubnistatumstandsirrtum[28] scheidet aus.[29]

III. Schuld

In Betracht kommt ein sog. Verbotsirrtum nach § 17 S. 1 StGB, wenn A sich zu seinem Handeln (welches ja durchaus im vermeintlichen Interesse des P war) berechtigt fühlte.

Allerdings ist von Vermeidbarkeit i. S. d. § 17 S. 2 StGB auszugehen,[30] zumal er als Arzt die rechtlichen Grenzen seines Handelns jenseits ausdrücklicher Einwilligung genau prüfen und kennen muss.

IV. Ergebnis

A hat sich wegen Körperverletzung strafbar gemacht, indem er eine Magenspiegelung bei P begann.

Zum Strafantragserfordernis s. § 230 StGB.

B. §§ 223, 224 I StGB

Die Körperverletzung durch A könnte gem. § 224 I StGB qualifiziert sein.

---

[24] A. A. vertretbar.

[25] A. A. wohl noch vertretbar.

[26] Zum Erlaubnistatumstandsirrtum vgl. aus der Rspr. zuletzt BGH B. v. 21.11.2019 – 4 StR 166/19 – NStZ 2020, 725 (Anm. Eisele JuS 2020, 985; Rückert NStZ 2020, 726; Erb JR 2021, 44).

[27] Prüfungsstandort direkt nach den Rechtfertigungsgründen, da übersichtliche Darstellung aufgrund des engen Sachzusammenhangs, vgl. auch Joecks/Jäger, StGB, 13. Aufl. 2021, § 16 Rn. 50; anderer Aufbau herrschend (hierbei h.M. wohl innerhalb der Schuld, vgl. nur B. Heinrich, AT, 7. Aufl. 2022, Rn. 1125).

[28] Die Ausführungen des BGH zum Erlaubnistatumstandsirrtum (BGH U. v. 11.10.2011 – 1 StR 134/11 – NStZ 2012, 205 (206)) sind lediglich Hinweise auf die rechtliche Behandlung eventueller Feststellungen in einer neuen Hauptverhandlung; Vorsicht auch bei didaktischen Umarbeitungen des Sachverhalts (etwa RA 2012, 357).

[29] A. A. vertretbar.

[30] S. auch BGH U. v. 11.10.2011 – 1 StR 134/11 – NStZ 2012, 205 (206).

In Betracht kommt Nr. 2, sofern die medizinischen Geräte als gefährliches Werkzeug anzusehen sind. Hierunter fällt jeder Gegenstand, der nach der Art seiner Verwendung im konkreten Fall geeignet ist, erhebliche Verletzungen zu verursachen.[31] Dies trifft auf die Geräte zu, wie bereits aus dem tatsächlichen Auftreten einer Perforation zu ersehen ist.

Fraglich ist, ob es erforderlich ist, dass der Gegenstand auch im konkreten Fall als Angriffs- oder Verteidigungsmittel eingesetzt wurde, mithin ob der Einsatz als medizinisches Gerät etwas an der Einordnung als gefährliches Werkzeug ändert.[32]

Für eine derartige Privilegierung besteht aber kein Grund, da die Gefährlichkeit auch in den Händen eines Arztes beträchtlich sein kann, erst recht bei einem Einsatz ohne Beachtung der *lex artis*.[33]

Auch Nr. 5 ist verwirklicht, wie bereits aus dem Eintritt der tödlichen Perforation ersichtlich.

A handelte auch vorsätzlich hinsichtlich § 224 I Nr. 2, 5 StGB.[34]

Er handelte auch rechtswidrig und schuldhaft.

Mithin ist die Tat nach §§ 223 I, 224 I Nr. 2, 5 StGB qualifiziert.

C. §§ 223 I, 227 StGB

Es könnte auch eine Körperverletzung mit Todesfolge vorliegen.

Zum Grunddelikt s. o.

Der Tod des P ist eingetreten; A war hierfür auch kausal.

Fraglich ist, ob der objektive Zurechnungszusammenhang gegeben ist, wobei letztlich dahinstehen kann, ob es sich um die allgemeine objektive Zurechnung oder einen sog. gefahrspezifischen Zusammenhang[35] handelt.

Problematisch ist – abgesehen von der hypothetischen Einwilligung, s. o. –, dass nicht auszuschließen ist, dass im Rahmen des stationären Aufenthalts im Klinikum zu lange ein falsches Antibiotikum verwendet und zu spät ausgetauscht wurde und dass das Leben von P bei ordnungsgemäßer Behandlung hätte gerettet werden können.

---

[31] Bock, BT 1, 2018, S. 128; Wolters, in: SK-StGB, 9. Aufl. 2017, § 224 Rn. 15; aus der Rspr. vgl. zuletzt KG B. v. 05.11.2021 – (2) 121 Ss 100/21 (24/21) – NStZ 2022, 512.

[32] Hierzu Bock, BT 1, 2018, S. 133f.; aus der Rspr. vgl. zuletzt OLG Karlsruhe B. v. 16.03.2022 – 1 Ws 47/22 (Zahnarztzange) – NStZ 2022, 687 = StV 2023, 21 (Anm. Nestler Jura 2022, 1006; Hecker JuS 2022, 684; RÜ 2022, 511; Vogel NStZ 2022, 688; Horter MedR 2022, 754; Nussbaum JR 2023, 57).

[33] A. A. vertretbar.

[34] A. A. hinsichtlich des Vorsatzes bzgl. § 224 I Nr. 5 StGB vertretbar.

[35] Hierzu etwa Fischer, StGB, 70. Aufl. 2023, § 227 Rn. 3ff.; aus der Rspr. vgl. zuletzt BGH B. v. 07.07.2021 – 4 StR 141/21 – NStZ 2021, 735 = StV 2022, 100 (Anm. Kudlich JA 2021, 871; RÜ 2021, 639; Schrott NStZ 2021, 736).

Einer Erfolgszurechnung könnte daher, auch wenn sich an der Kausalität nichts ändert (sog. mehrstufige in Abgrenzung zur überholenden Kausalität),[36] ein sog. fahrlässiges Dazwischentreten[37] der Ärzte (Behandlungsfehler[38]) entgegenstehen.

Vorliegend handelt es sich allerdings nicht um einen Fall aktiver Risikosetzung durch die Ärzte (Eröffnung einer neuen Gefahrenquelle[39]), sondern um eine evtl. pflichtwidrige Nichtabwendung des von A gesetzten Risikos.[40]

Z. T. wird in diesen Fällen stets von Zurechenbarkeit ausgegangen.[41]

Ein umfassendes Regressverbot wird hier heute nicht mehr vertreten.

Die h. M.[42] differenziert danach, ob sich der Tod als eine Verwirklichung der von dem Täter pflichtwidrig geschaffenen Gefahr darstellt. In Bezug auf Behandlungsfehler wird darauf abgestellt, wie groß das Maß der Pflichtwidrigkeit der Ärzte war[43]: Nur bei gravierenden Fehlern wird der Zurechnungszusammenhang unterbrochen.

Vorliegend dürfte allenfalls von einer durchschnittlich schweren Pflichtwidrigkeit auszugehen sein, welche eine Zurechnung nicht unterbricht.[44] Ohnehin dürfte es überzeugen, im Bereich der medizinischen Behandlung der vom Täter zugefügten Verletzungen strenge Anforderungen bis hin zu einer kategorischen Ablehnung einer Unterbrechung zu vertreten, muss der Täter doch jedenfalls bei vorsätzlichen Körperverletzungen stets Unwägbarkeiten des darauf basierenden Geschehensablaufs in Rechnung stellen. Anders mag es bei ganz anderen Pflichtwidrigkeiten Unbeteiligter sein.

A wies in Bezug auf den Tod des P (objektive) Fahrlässigkeit auf, § 18 StGB.

Er handelte rechtswidrig und schuldhaft inkl. subjektiver Fahrlässigkeit.

Zu § 17 StGB s. o.

A hat sich wegen Körperverletzung mit Todesfolge strafbar gemacht, indem er die Magenspiegelung bei P versuchte.

§ 223 I StGB und § 224 I Nr. 5 StGB treten in Gesetzeskonkurrenz (Spezialität bzw. materielle Subsidiarität als Durchgangsstadium) hinter § 227 StGB zurück.[45]

---

[36] Hierzu vgl. aus der Rspr. zuletzt BayObLG U. v. 04.11.2020 – 206 St RR 1459/19–1461/19 – NJW 2021, 405 (Anm. Kudlich NJW 2021, 359).

[37] Hierzu B. Heinrich, AT, 7. Aufl. 2022, Rn. 1050ff; aus der Rspr. vgl. zuletzt BGH B. v. 05.05.2021 – 4 StR 19/20 (BASF-Explosion) – BGHSt 66, 119 = NJW 2021, 3340 = NStZ 2022, 102 = StV 2022, 98 (Anm. Eisele JuS 2021, 1194; RÜ 2021, 779; famos 11/2021; Mitsch NJW 2021, 3342; Bosch Jura 2022, 257; Jäger JA 2022, 168; Czimek/Schefer NStZ 2022, 104; Walter JR 2022, 224).

[38] Hierzu zsf. Sternberg-Lieben/Schuster, in: Schönke/Schröder, 30. Aufl. 2019, § 15 Rn. 169.

[39] Vgl. OLG Celle U. v. 03.07.1957 – 1 Ss 177/57 – NJW 1958, 271.

[40] Zu dieser Unterscheidung Kindhäuser/Hilgendorf, LPK, 9. Aufl. 2022, vor § 13 Rn. 145ff.

[41] Kindhäuser/Hilgendorf, LPK, 9. Aufl. 2022, vor § 13 Rn. 145.

[42] Sternberg-Lieben/Schuster, in: Schönke/Schröder, 30. Aufl. 2019, § 15 Rn. 169.

[43] Vgl. auch OLG Celle U. v. 03.07.1957 – 1 Ss 177/57 – NJW 1958, 271; BGH B. v. 08.07.2008 – 3 StR 190/08 – NStZ 2009, 92 (93).

[44] A. A. vertretbar.

[45] Eschelbach, in: BeckOK-StGB, Stand 01.11.2022, § 227 Rn. 24.

Fraglich ist, ob dies auch für § 224 I Nr. 2 StGB gilt oder ob aus Klarstellungsgründen Tateinheit anzunehmen ist.[46] Zwar bringt eine Verurteilung nach § 227 StGB nicht zum Ausdruck, ob eine Waffe oder ein gefährliches Werkzeug i. S. d. § 224 I Nr. 2 StGB eingesetzt wurde, allerdings liegt der Grund dieser Qualifikation gerade in der erhöhten Gefährlichkeit für das Opfer;[47] im Todeserfolg hat sich diese Gefährlichkeit nun realisiert, so dass der Unrechtsgehalt des § 227 StGB durch § 224 I Nr. 2 StGB nicht erhöht wird. Es ist daher auch insofern von Gesetzeskonkurrenz in Gestalt der materiellen Subsidiarität auszugehen.[48]

D. § 222 StGB
§ 227 StGB verdrängt § 222 StGB qua Gesetzeskonkurrenz (Spezialität).

2. Teil: Tod der R[49]

1. Abschnitt: Strafbarkeit des A

A. § 212 I StGB[50]
Ein Totschlag des A an R scheitert am fehlenden Tötungsvorsatz: Vorsatz ist Wissen und Wollen hinsichtlich der den objektiven Tatbestand verwirklichenden Umstände, wobei die Mindestanforderungen an den Vorsatz bereits grundsätzlich problematisch sind (s. o.), besonders aber bei Tötungsdelikten.[51]

Den Eintritt eines tödlichen Verlaufs infolge seiner gewaltsamen Einwirkung auf den Hals der R hielt A für möglich, vertraute jedoch darauf, dass dies nicht geschehen werde: Zwar waren ihm die Gefahren seines Tuns bewusst, was er auch gegenüber der R äußerte. R zerstreute aber laut Sachverhalt die Bedenken und A ließ sich umstimmen. Es ist daher nicht anzunehmen, dass A den Tod der R billigend in Kauf nahm, zumal diese seine Lebensgefährtin war und eine Krise in der Beziehung nicht ersichtlich war. Auch ging in der Vergangenheit alles gut.

B. § 223 I StGB
A könnte sich wegen Körperverletzung strafbar gemacht haben, indem er die R mit dem Metallrohr würgte.

---

[46] So Paeffgen, in: NK, 5. Aufl. 2017, § 227 Rn. 35.
[47] S. nur Fischer, StGB, 70. Aufl. 2023, § 224 Rn. 9.
[48] A. A. vertretbar.
[49] Nach BGH U. v. 26.05.2004 – 2 StR 505/03 (Sadomasochismus) – BGHSt 49, 166 = NJW 2004, 2458 = NStZ 2004, 621 = StV 2004, 655 (Anm. Kaspar/Reinbacher, Casebook AT, 2020, Fall 10; RÜ 2004, 480; RA 2004, 582; Hirsch JR 2004, 475; Hardtung Jura 2005, 401; Petersohn JA 2005, 93; Stree NStZ 2005, 40; Arzt JZ 2005, 103; Gropp ZJS 2012, 602).
[50] Angesprochen, da Vorsatz hinsichtlich einer Tötung der R nicht ganz abwegig; kann aber auch weggelassen werden.
[51] Hierzu Bock, BT 1, 2018, S. 8ff.; aus der Rspr. vgl. zuletzt BGH U. v. 23.03.2022 – 6 StR 343/21 – NJW 2022, 3025 = NStZ 2022, 549; BGH U. v. 15.07.2021 – 3 StR 481/20 – NStZ 2022, 753.

Lösungshinweise

I. Tatbestand

1. Objektiver Tatbestand

R erlitt eine Verletzung des Kehlskeletts sowie eine massive Kompression der Halsgefäße und eine dadurch unterbundene Sauerstoffzufuhr zum Gehirn mit nachfolgendem Herzstillstand. Körperliche Misshandlung und Gesundheitsschädigung liegen vor.

Hierfür war A auch kausal.

Fraglich ist, ob der Erfolg dem A auch objektiv zuzurechnen ist.

In Betracht kommt namentlich eine Mitwirkung an einer freiverantwortlichen Selbstgefährdung der Geschädigten.[52]

Es gilt nämlich das Prinzip der Eigenverantwortlichkeit: Ein Täter haftet nicht, wenn das Opfer selbst verantwortlich ist, insbesondere bei Veranlassung, Förderung oder Mitwirkung an freiverantwortlichen Selbsttötungen und -verletzungen. Dies folgt aus einem Erst-recht-Schluss aus der Straflosigkeit von Selbstverletzungen, welcher wiederum erst recht bei Fahrlässigkeitsdelikten gelten muss. Die Norm (hier des § 223 I StGB) soll das Opfer nicht vor Selbstverletzungen schützen, sondern vor Eingriffen Dritter bewahren.[53]

Im vorliegenden Fall allerdings stellt sich die Problematik der Abgrenzung von eigenverantwortlicher Selbstgefährdung (Tatbestandsausschluss) und einverständlicher Fremdgefährdung bei fremder Tatherrschaft (allenfalls rechtfertigende Einwilligung).

Von einer Selbstverletzung kann bei R keine Rede sein: es war gerade A, der die R würgte. Ihre Zustimmung, sogar Aufforderung hierzu berühren mithin den objektiven Tatbestand nicht, sondern kann erst die Rechtswidrigkeit beeinflussen.

Anders sehen dies diejenigen, die der Einwilligung ohnehin tatbestandsausschließende Wirkung beimessen,[54] denen aber aus obigen Erwägungen nicht zu folgen ist. Darauf, dass R das Risiko ebenso kannte wie A, kommt es hierbei nicht an. Auch dass R den Ablauf mitsteuerte, indem sie ihm Anweisungen gab und seine Bedenken hinsichtlich der Gefährlichkeit seines Tuns mehrfach zerstreute, steht dem nicht entgegen.[55]

2. Subjektiver Tatbestand

A hatte zwar keinen Vorsatz hinsichtlich der Verletzung des Kehlskeletts, mit der er nicht rechnete. Hinsichtlich der Kompression und damit der Unterbrechung der Sauerstoffzufuhr handelte er aber vorsätzlich i. S. d. § 15 StGB.

---

[52] Zu dieser Fallgruppe der objektiven Zurechnung vgl. aus der Rspr. zuletzt BGH B. v. 28.06.2022 – 6 StR 68/21 (Insulin) – NJW 2022, 3021 = NStZ 2022, 663 = StV 2023, 9 (Anm. Bosch Jura 2022, 1507; Jäger JA 2022, 870; Hecker JuS 2022, 1073; RÜ 2022, 638; famos 10/2022; Grünewald NJW 2022, 3025; Hoven/Kudlich NStZ 2022, 667; Walter JR 2022, 621; Franzke/Verrel JZ 2022, 1116; Murmann ZfIStW 2022, 530; Pauli HRRS 2022, 281; Ziegler StV 2023, 65).

[53] Zsf. Kindhäuser/Hilgendorf, LPK, 9. Aufl. 2022, vor § 13 Rn. 118ff.

[54] S. nur Kindhäuser/Hilgendorf, LPK, 9. Aufl. 2022, vor § 13 Rn. 162; anders Rspr. und h.L., s. o.

[55] So BGH U. v. 26.05.2004 – 2 StR 505/03 – BGHSt 49, 166 (169); a. A. vertretbar.

II. Rechtswidrigkeit

1. Einwilligung

A könnte durch Einwilligung der R gerechtfertigt sein.

R konnte über das Rechtsgut der körperlichen Unversehrtheit disponieren.

Zwar starb sie, und das Rechtsgut Leben ist (wie § 216 StGB zeigt) nicht disponibel; allerdings handelte A ohne Tötungsvorsatz und es ist problematisch, ob eine Einwilligung in Risikosetzungen, die sich als – fahrlässig – tödlich erwiesen haben, möglich ist.[56]

Dies kann aber dahinstehen, wenn bzgl. § 223 I StGB die Einwilligungsreichweite ohnehin anderweitig begrenzt ist. Hier greift nämlich § 228 StGB; fraglich ist, ob die Tat trotz der Einwilligung gegen die guten Sitten verstieß.

Der Begriff der „guten Sitten"[57] betrifft weniger außerrechtliche, ethisch-moralische Kategorien. Um dem Gebot der Vorhersehbarkeit staatlichen Strafens zu genügen, muss der Begriff der guten Sitten auf seinen rechtlichen Kern beschränkt werden. Ein Verstoß gegen die Wertvorstellungen einzelner gesellschaftlicher Gruppen oder des mit der Tat befassten Strafgerichts genügt nicht. Welche Kriterien im Einzelnen als Beurteilungsgrundlage für die Sittenwidrigkeit der Tat heranzuziehen sind, ist umstritten.[58] Streitig ist vor allem, ob die Tat allein nach Art und Umfang des Rechtsgutsangriffs zu betrachten ist oder ob bzw. inwiefern auch der mit der Tat verfolgte Zweck oder die zu Grunde liegenden Umstände für das Sittenwidrigkeitsurteil von Bedeutung sind. Nach einer auf das RG zurückgehenden Rspr. und nach einem Teil der Literatur sind der Zweck sowie die der Tat zu Grunde liegenden Ziele und Beweggründe der Beteiligten maßgeblich in die Beurteilung einzubeziehen, auch bzw. gerade dann, wenn es sich um „unlautere", das heißt sittlich-moralisch verwerfliche Zwecke handelt.[59] Hiernach wären Betrachtungen über die Wertigkeit des sexuell motivierten Verhaltens von A und R anzustellen.

Gegen eine allein oder vorrangig auf den Zweck der Handlung abstellende Betrachtung wird vor allem vorgebracht, dass sie häufig zu unklaren Abgrenzungen führe und sich zu sehr vom Rechtsgutsschutz entferne.[60] Die grundsätzliche Ausrichtung am Zweckgedanken gebe das vom Gesetz vorgegebene ausschließliche Abstellen auf die Tat als Bezugspunkt der Sittenwidrigkeit der Sache nach auf, weil sie Gesichtspunkte einbeziehe, die nur die Sittenwidrigkeit der Einwilligung selbst beträfen.

Nach neuerer Rspr. und in der Literatur überwiegend vertretener Auffassung ist für die Sittenwidrigkeit der Tat entscheidend, ob die Körperverletzung wegen des besonderen Gewichts des jeweiligen tatbestandlichen Rechtsgutsangriffs unter Berücksichtigung des Umfangs der eingetretenen Körperverletzung und des damit verbundenen Gefahrengrads für Leib und Leben des Opfers trotz Einwilligung des

---

[56] Aus der Rspr. vgl. zuletzt OLG Zweibrücken B. v. 16.09.2014 – 1 OLG 1 Ss 23/14.

[57] Zum Folgenden BGH U. v. 26.05.2004 – 2 StR 505/03 – BGHSt 49, 166 (169ff.).

[58] S. Wolters, in: SK-StGB, 9. Aufl. 2017, § 228 Rn. 1ff.

[59] S. Nachweise bei BGH U. v. 26.05.2004 – 2 StR 505/03 – BGHSt 49, 166 (170).

[60] S. Nachweise bei BGH U. v. 26.05.2004 – 2 StR 505/03 – BGHSt 49, 166 (170); vgl. auch Eisele, BT I, 6. Aufl. 2021, Rn. 302.

Rechtsgutsträgers nicht mehr als von der Rechtsordnung hinnehmbar erscheint. Für das Sittenwidrigkeitsurteil i.S. des § 228 StGB ist demnach grundsätzlich auf Art und Gewicht des Körperverletzungserfolgs und den Grad der möglichen Lebensgefahr abzustellen, weil generalpräventiv-fürsorgliche Eingriffe des Staates in die Dispositionsbefugnis des Rechtsgutsinhabers nur im Bereich gravierender Verletzungen zu legitimieren sind, die in ihrem Gewicht an die in § 226 StGB geregelten erheblichen Beeinträchtigungen heranreichen. Der mit der Tat verfolgte Zweck ist nach dieser Ansicht für die Beurteilung der Sittenwidrigkeit nach § 228 StGB nur ausnahmsweise von Bedeutung, nämlich dann, wenn die betreffende Körperverletzung für sich allein betrachtet als sittenwidrig anzusehen wäre, eine solche negative Bewertung aber durch einen positiven oder jedenfalls einsehbaren Zweck kompensiert wird. Selbst bei schwerwiegenden Rechtsgutsangriffen ist danach der Bereich der freien Disposition des Rechtsgutsinhabers nicht überschritten, wenn ein positiv kompensierender Zweck hinzukommt, wie etwa bei lebensgefährlichen ärztlichen Eingriffen, die zum Zwecke der Lebenserhaltung vorgenommen werden.[61]

In Übereinstimmung mit der Beurteilung des Verabreichens von Betäubungsmitteln mit tödlichen Folgen[62] und der herrschenden Lehre ist es überzeugend, die Prüfung der Sittenwidrigkeit der Tat nach § 228 StGB vorrangig nach dem Gewicht des jeweiligen tatbestandlichen Rechtsgutsangriffs und damit einem objektiven Kriterium vorzunehmen. Hierbei sind in erster Linie der Umfang der vom Opfer hingenommenen körperlichen Misshandlung oder Gesundheitsschädigung und der Grad der damit verbundenen Leibes- oder Lebensgefahr maßgeblich. Nur dies wird dem Schutzzweck der Körperverletzungsdelikte gerecht; auch werden moralisch-ethische Spekulationen entbehrlich.

Das Handeln des A kann danach nicht allein wegen der speziellen sexuellen Motivation als gegen die guten Sitten verstoßend angesehen werden. Die frühere Ansicht des RG, wonach bei sadomasochistischen Praktiken die Körperverletzungen „zu Unzuchtszwecken" erfolgten und deshalb trotz einer etwaigen Einwilligung ein Verstoß gegen die guten Sitten vorliege,[63] ist nicht zuletzt wegen der gewandelten Moralauffassungen überholt; sadomasochistische Handlungen, die zu tatbestandsmäßigen Körperverletzungen führen, sind mithin nicht bereits wegen eines „abnormen" sexuellen Zwecks als sittenwidrig einzustufen.[64]

Bei Sadomasochismus handelt es sich um eine existierende und praktizierte Form des Sexuallebens, die in den unterschiedlichsten Erscheinungsformen zu Tage tritt und etwa in heterosexuellen, homosexuellen, pädophilen oder auf Autoerotik beschränkten Varianten vorkommt. Sadomasochistische Vorgänge stellen sich als

---

[61] S. auch Eisele, BT I, 6. Aufl. 2021, Rn. 303.
[62] S. nur BGH U. v. 11.12.2003 – 3 StR 120/03 – BGHSt 49, 34 = NJW 2004, 1054 = NStZ 2004, 204 (Anm. Otto JK 2004 StGB vor § 13/17 und § 228/3; Trüg JA 2004, 597; Martin JuS 2004, 350; Sternberg-Lieben JuS 2004, 954; LL 2004, 392; RÜ 2004, 138; RA 2004, 221; famos 4/2004; Mosbacher JR 2004, 390; Hardtung Jura 2005, 401; Duttge NJW 2005, 260).
[63] RG JW 1928, 2229.
[64] Hierzu ausf. Nachweise bei BGH U. v. 26.05.2004 – 2 StR 505/03 – BGHSt 49, 166 (172).

sehr uneinheitlich dar und werden von Ehepaaren, Singles, in monogamen oder promiskuitiven Beziehungen praktiziert. Zur Frage der Bewertung sadomasochistischer Handlungen lässt sich überdies auch unter Berücksichtigung ihrer gesamten Bandbreite kaum nach allgemeinen Anschauungen in der Bevölkerung ein eindeutiges Sittenwidrigkeitsurteil feststellen. Außerdem lässt sich gegen eine so begründete Bewertung als sittenwidrig anführen, dass dies den Wertungen des 4. Strafrechtsreformgesetzes vom 23.11.1973 widersprechen würde, welches die frühere Kennzeichnung der Straftatbestände im 13. Abschnitt des Besonderen Teils des StGB als „Sittlichkeitsdelikte" durch diejenigen als „Straftaten gegen die sexuelle Selbstbestimmung" ersetzt und damit ein anderes Rechtsgut in den Vordergrund gerückt hat.

Nach alledem ist das Ausmaß oder das Gewicht der drohenden Rechtsgutsverletzung maßgebend mit der Folge, dass ab einem bestimmten Grad der körperlichen Beeinträchtigung oder einer möglichen Lebensgefahr der Einwilligung allein grundsätzlich keine rechtfertigende Wirkung zukommt. Ob diese Grenze überschritten ist, ist auf Grund einer *ex ante* vorzunehmenden Beurteilung zu entscheiden.

Es kann hier offenbleiben, ab welcher Verletzungsintensität Sittenwidrigkeit in Betracht kommt und ob bzw. unter welchen Voraussetzungen weitergehende Zwecke oder sonstige Umstände in die Würdigung der Tat einzubeziehen sind. Die Grenze zur Sittenwidrigkeit ist jedenfalls dann überschritten, wenn bei vorausschauender objektiver Betrachtung aller maßgeblichen Umstände der Tat der Einwilligende durch die Körperverletzungshandlung in konkrete Todesgefahr gebracht wird. Für diese Eingrenzung sprechen sowohl der Normzweck des § 228 StGB als auch die aus der Vorschrift des § 216 StGB abzuleitende gesetzgeberische Wertung. Sie begrenzen die rechtfertigende Kraft der Einwilligung in eine Tötung oder Körperverletzung, da das Gesetz ein soziales Interesse am Erhalt dieser Rechtsgüter auch gegen den Willen des Betroffenen verfolgt. Die Beeinträchtigung durch den Rechtsgutsinhaber selbst (in Form einer Selbsttötung oder -verletzung) ist zwar straflos; im Allgemeininteresse wird aber die Möglichkeit, existenzielle Verfügungen über das Rechtsgut der eigenen körperlichen Unversehrtheit oder des eigenen Lebens zu treffen, begrenzt. Der Schutz der Rechtsgüter körperliche Unversehrtheit und Leben gegen Beeinträchtigungen durch Dritte wird demnach nicht schlechthin, sondern nur innerhalb eines für die Rechtsordnung tolerierbaren Rahmens zur Disposition des Einzelnen gestellt.[65]

Daran gemessen sind im vorliegenden Fall die Grenzen, innerhalb derer das Handeln des A von der Allgemeinheit noch hingenommen werden kann, überschritten. Das über einen Zeitraum von mindestens drei Minuten andauernde, intervallartig, also unter abwechselnder Verstärkung und Verringerung des Drucks ausgeführte Würgen des Tatopfers mit Hilfe eines starren, sich nicht den Konturen des Halses anpassenden Metallrohrs brachte das Tatopfer für den A erkennbar nicht nur in eine abstrakte Lebensgefahr, sondern in eine konkrete Gefahr. Denn bei der hier

---

[65] So BGH U. v. 26.05.2004 – 2 StR 505/03 – BGHSt 49, 166 (174); s. auch Joecks/Jäger, StGB, 13. Aufl. 2021, § 228 Rn. 3ff.

gewählten Vorgehensweise war das Risiko, durch die Handlung unmittelbar den Tod seiner Lebensgefährtin herbeizuführen, für den A weder kalkulierbar noch beherrschbar.

Mithin ist die Einwilligung der R aufgrund Sittenwidrigkeit der Tat gem. § 228 StGB unwirksam.[66]

2. Erlaubnistatumstandsirrtum
Ein Irrtum des A über die tatsächlichen Umstände der Tat liegt nicht vor. Insbesondere hatte er, wie aus seinem Verhalten deutlich wird, die Gefährlichkeit seines Tuns erkannt. Es ist nicht davon auszugehen, dass er einem Irrtum über das Bestehen der konkreten Lebensgefahr unterlag.

III. Schuld
In Betracht kommt möglicherweise ein Irrtum über die Bewertung der vorgenommenen Körperverletzung als sittenwidrig. Dies wäre ein Verbotsirrtum i. S. d. § 17 StGB, wenn die Sittenwidrigkeit der in Aussicht genommenen Tat unrichtig beurteilt oder wenn eine unwirksame Einwilligungserklärung für wirksam gehalten worden ist. Da es bei der Beurteilung der Körperverletzung als sittenwidrig um eine rechtliche Bewertung geht, wäre ein Irrtum des A nach § 17 StGB zu beurteilen; angesichts der sehr hohen Gefahr für das Leben der R ist aber jedenfalls von Vermeidbarkeit auszugehen (zumal A Arzt ist).[67]

IV. Ergebnis
A hat sich wegen Körperverletzung strafbar gemacht, indem er die R mit dem Metallrohr würgte.

C. §§ 223 I, 224 I StGB
A verwirklichte auch § 224 I Nr. 2 (Metallrohr als gefährliches Werkzeug) und Nr. 5 StGB.

Er handelte auch in Bezug auf die abstrakte Lebensgefährdung der R vorsätzlich.[68]

D. §§ 223 I, 227 StGB
R ist tot, wofür die Körperverletzung des A auch kausal war.

Der Zurechnungszusammenhang (vgl. oben) ist ebenfalls gegeben.

A wies bzgl. des Todes auch Fahrlässigkeit auf, § 18 StGB.

Er handelte rechtswidrig und schuldhaft.

A hat sich wegen Körperverletzung mit Todesfolge strafbar gemacht, indem er R würgte.

Zu Fragen der Gesetzeskonkurrenz bzgl. §§ 223, 224 StGB sowie § 222 StGB s. o.

---

[66] A. A. vertretbar.
[67] A. A. vertretbar.
[68] A. A. vertretbar.

E. § 229 StGB
Aufgrund des Würgens verletzte A, was er laut Sachverhalt nicht wollte (also vorsatzlos), das Kehlskelett der R. Trotz des über die Todesherbeiführung wegen unterbundener Sauerstoffzufuhr hinausreichenden Körperverletzungserfolgs ist jedoch davon auszugehen, dass die §§ 223 I, 227 StGB zu Lasten der R qua Gesetzeskonkurrenz den § 229 StGB verdrängen, und sei es als mitbestrafte Begleittat.[69]

F. § 239 I StGB
Eine Freiheitsberaubung aufgrund des Fesselns scheidet wegen des Einverständnisses oder der Einwilligung – was offen bleiben kann[70] – der R aus.
§ 228 StGB gilt für § 239 StGB nicht.[71]

2. Abschnitt: Strafbarkeit der R
R ist tot und daher nicht zu prüfen.[72]

Hätte sie überlebt, wäre ohnehin das Rechtsgut ihrer eigenen körperlichen Unversehrtheit nicht gegenüber R selbst geschützt, so dass eine Beteiligung an entsprechenden Straftaten des A ausschiede.[73]

3. Teil: Auseinandersetzung mit K[74]

1. Abschnitt: Strafbarkeit des A[75]

A. §§ 212 I, 22, 23 StGB (Messerstich)
A könnte sich wegen versuchten Totschlags strafbar gemacht haben, indem er K in die Brust stach.

Allerdings ist nicht von Tötungsvorsatz des A auszugehen.[76] Zwar handelt es sich bei einem Stich in die Brust um eine sehr gefährliche Handlung; allerdings ist auch zu berücksichtigen, dass A lediglich nicht weiter belästigt werden wollte, auch war

---

[69] A. A. vertretbar.
[70] Zur Frage vgl. Fischer, StGB, 70. Aufl. 2023, § 239 Rn. 12.
[71] Kindhäuser/Hilgendorf, LPK, 9. Aufl. 2022, § 228 Rn. 17; Joecks/Jäger, StGB, 13. Aufl. 2021, § 228 Rn. 7.
[72] Bei materiellrechtlicher Sichtweise, die das Erste Staatsexamen dominiert, ist dies an sich nicht zwingend. Dass aber die Strafbarkeit von Toten in einer Klausur nicht geprüft wird, ist ganz überwiegende Gepflogenheit, vgl. nur Wessels/Beulke/Satzger, AT, 52. Aufl. 2022, Rn. 1370.
[73] Vgl. Hoyer, in: SK-StGB, 9. Aufl. 2017, vor § 26 Rn. 31f.
[74] Nach BGH B. v. 05.04.2011 – 3 StR 66/11 – NJW 2012, 1093 = NStZ 2012, 144 = StV 2011, 617 (Anm. Bosch JK 2011 BGB § 229/1; Hecker JuS 2011, 940; LL 2011, 647; RA 2011, 291; Grabow NStZ 2012, 145).
[75] Andere Reihenfolge möglich, vgl. Chronologie (auch Bildung von Handlungskomplexen denkbar). Allerdings begeht A die schwereren Delikte und die Frage der Rechtfertigung wird auch bei Prüfung der Strafbarkeit des K benötigt (Notwehr des K gegen Angriff auf sein Eigentum).
[76] A. A. vertretbar.

er (wohl) in einer emotional aufgewühlten Verfassung und reflektierte das Risiko nicht.

Auf Fragen der Rechtfertigung sowie des Rücktritts vom Versuch gem. § 24 I StGB kommt es nicht mehr an.

B. §§ 223 I, 224 I Nr. 2, 5 StGB (Messerstich)

A könnte sich wegen gefährlicher Körperverletzung strafbar gemacht haben, indem er K in die Brust stach.

I. Tatbestand

Ein Körperverletzungserfolg liegt vor.

Diesen verursachte A mit einem gefährlichen Werkzeug (dem Taschenmesser).

Auch eine das Leben gefährdende Behandlung liegt angesichts der sensiblen Körperregion vor.

II. Rechtswidrigkeit

A könnte durch Notwehr gem. § 32 StGB gerechtfertigt gewesen sein.

1. Gegenwärtiger Angriff des K

Der gegenwärtige Angriff lag darin, dass K sich in eine Auseinandersetzung mit A begab, um sein Mobiltelefon wieder an sich zu nehmen, so dass die Besitzposition des A sowie dessen Willensfreiheit beeinträchtigt wurden.

2. Rechtswidrigkeit des Angriffs des K

Fraglich ist, ob der Angriff des K rechtswidrig war.

a) § 32 StGB

K könnte sich seinerseits auf Notwehr nach § 32 StGB berufen.

aa) Gegenwärtiger Angriff des A Der gegenwärtige Angriff des A liegt in der noch andauernden Beeinträchtigung von Eigentum und Besitz des K am Mobiltelefon.

bb) Rechtswidrigkeit des Angriffs des A

(1) §§ 32, 34 StGB, 228, 904 BGB, 127 StPO

A allerdings könnte dies seinerseits wieder gerechtfertigt an sich genommen haben.

Zwar ging von dem Gerät weder ein Angriff noch eine Gefahr aus noch wurde dies zur Beseitigung einer Gefahr benötigt, so dass §§ 32, 34 StGB, 228, 904 StGB ausscheiden.

Auch § 127 StPO ist mangels Festnahme nicht einschlägig.

(2) §§ 229, 230 BGB

A könnte aber aufgrund Selbsthilfe gem. §§ 229, 230 BGB gerechtfertigt sein. Danach handelt u. a. derjenige, der zum Zwecke der Selbsthilfe eine Sache wegnimmt, nicht widerrechtlich, wenn obrigkeitliche Hilfe nicht rechtzeitig zu erlangen ist und ohne sofortiges Einschreiten die Gefahr besteht, dass die Verwirklichung eines Anspruchs vereitelt oder wesentlich erschwert wird.[77] Derjenige, dem ein Schaden zugefügt worden ist, kann grundsätzlich von einem unbekannten Schadensverursacher verlangen, zur eventuellen gerichtlichen Klärung des Schadensersatzanspruches die Personalien bekannt zu geben. Zur Sicherung dieses Anspruchs steht ihm unter den Voraussetzungen des § 229 BGB ein Festnahmerecht zu, wenn die Gefahr besteht, dass sich dieser der Feststellung seiner Personalien durch Flucht entziehen will. Um die Identifizierung eines fluchtverdächtigen Schuldners mit Namen und ladungsfähiger Anschrift zu ermöglichen und dadurch dessen Festnahme zu vermeiden, darf der Geschädigte grundsätzlich im Wege der Selbsthilfe eine dem Schuldner gehörende Sache wegnehmen.[78]

Zunächst müsste A einen einredefreien (einklagbaren, vollstreckbaren) zivilrechtlichen Anspruch i. S. d. § 194 I BGB gegen K gehabt haben. A stand ein Schadensersatzanspruch aus § 823 I BGB gegen K zu, denn dieser war auf A losgegangen und hatte ihn gegen seinen Willen in ein Handgemenge verwickelt, bei dem der Kopfhörer seines MP3-Players zerstört wurde.

Es müsste ferner eine Gefahr bestanden haben, dass die Verwirklichung des Anspruchs vereitelt oder wesentlich erschwert wird. Vorliegend bestand die Gefahr, dass sich K ohne Begleichung des Schadens entfernt, ohne dass A die Personalia erfuhr.

Auch war sofortige obrigkeitliche Hilfe – etwa durch die Polizei – für ihn jedenfalls zum Zeitpunkt der Wegnahme des Mobiltelefons nicht zu erreichen.

Problematisch ist, ob A die Grenzen des § 230 BGB eingehalten hat.[79]

Zwar ist von der Erforderlichkeit der Wegnahme nach § 230 I BGB auszugehen; einen dinglichen Arrest nach § 230 II BGB (i. V.m. §§ 917, 918 ZPO) beantragte A aber nicht. Allerdings war dies zum einen ohne Gefährdung des Anspruchs nicht möglich;[80] zum anderen genügt es (und sei es als täterbegünstigende und daher zulässige teleologische Reduktion des § 230 II BGB[81]), wenn der – rechtsunkundige – Bürger plant, mit der weggenommenen Sache zur Polizei zu gehen.[82] In der Tat dürfte der Sachverhalt so zu verstehen sein, dass A nicht die Sache eigenmächtig

---

[77] So und zum Folgenden BGH B. v. 05.04.2011 – 3 StR 66/11 – NJW 2012, 1093 = NStZ 2012, 144.

[78] S. die Nachweise bei BGH B. v. 05.04.2011 – 3 StR 66/11 – NJW 2012, 1093 = NStZ 2012, 144.

[79] Hierzu äußert sich der BGH nicht, vgl. aber die Bespr. durch Grabow NStZ 2012, 145ff.

[80] S. Grabow NStZ 2012, 145 (146).

[81] Dass dies *sub specie* § 32 StGB zu einer Strafbarkeitserweiterung beim Kontrahenten führt, ist nach ganz h.M. unbeachtlich; hierzu Grabow NStZ 2012, 145 (146); Satzger Jura 2016, 154; aus der Rspr. vgl. BayObLG U. v. 22.06.1982 – RReg. 4 St 224/81 – NStZ 1983, 169 (Anm. Sack JR 1983, 123).

[82] Krey/Esser, AT, 7. Aufl. 2022, Rn. 636

behalten wollte, sondern die Lage unter Inanspruchnahme der Polizei (die er ohnehin aufsuchen wollte) klären wollte.[83]

Die Wegnahme des Mobiltelefons war mithin gem. § 229, 230 BGB gerechtfertigt.

Der Angriff des A auf K war nicht rechtswidrig.

b) Zwischenergebnis
Mangels rechtswidrigen Angriffs des A war K nicht durch Notwehr gem. § 32 StGB gerechtfertigt.

Der Angriff des K auf A war mithin rechtswidrig.

3. Erforderlichkeit und Gebotenheit der Verteidigung durch A
Die Verteidigungshandlung müsste erforderlich gewesen sein. Der Verteidiger muss nach konkreter Kampflage (Intensität des Angriffs, Gefährlichkeit des Angreifers, Verteidigungsmöglichkeiten) objektiv *ex ante* das Mittel auswählen, das bei gleicher Erfolgstauglichkeit (sofortige, sichere und endgültige Beendigung des Angriffs) den Angreifer möglichst schont.[84]

Zwar ist der Einsatz einer lebensgefährlichen Waffe bzw. eines lebensgefährlichen Werkzeugs grundsätzlich zunächst anzudrohen. Allerdings hatte K dem A schon eine Verletzung im Gesicht zugefügt; auch wurde das Messer bereits vorher gezeigt und damit der Einsatz angedroht. A musste sich nicht auf eine (mögliche) Fortsetzung der Auseinandersetzung einlassen, so dass der Stich erforderlich i. S. d. § 32 II StGB war.[85]

Zweifelhaft ist aber, ob die Verteidigungshandlung auch „geboten" i. S. d. § 32 I StGB war, woran es bei den Fallgruppen der sog. sozialethischen Einschränkungen der Notwehr mangelt.

In Betracht kommt hier ein Ausschluss oder eine Einschränkung des Notwehrrechts aufgrund eines Bagatellangriffs.[86] Auslöser des Geschehens war lediglich ein zerstörter Kopfhörer. Allerdings griff K den A nunmehr körperlich an, so dass nicht mehr von einem krassen Missverhältnis zwischen angegriffenem und „geopfertem" Rechtsgut gesprochen werden kann.

Auch von einer vorwerfbaren Provokation[87] des K durch A kann keine Rede sein.

4. Subjektives Rechtfertigungselement
A handelte auch, um den gegenwärtigen rechtswidrigen Angriff von sich abzuwenden, mithin in sog. Verteidigungsabsicht.

---

[83] A. A. vertretbar.

[84] S. nur Fischer, StGB, 70. Aufl. 2023, § 32 Rn. 30; aus der Rspr. vgl. zuletzt BayObLG B. v. 03.02.2022 – 202 StRR 9/22 – NStZ 2023, 42 (Anm. Eisele JuS 2022, 460).

[85] A. A. wohl vertretbar.

[86] Hierzu vgl. aus der Rspr. zuletzt OLG Zweibrücken B. v. 18.10.2018 – 1 OLG 2 Ss 42/18 – NStZ 2019, 678 (Anm. Eisele JuS 2019, 591).

[87] Zur Notwehrprovokation vgl. aus der Rspr. zuletzt BayObLG B. v. 03.02.2022 – 202 StRR 9/22 – NStZ 2023, 42 (Anm. Eisele JuS 2022, 460).

A war durch Notwehr gem. § 32 StGB gerechtfertigt.
Auf die Fragen eines Erlaubnistatumstandsirrtums oder Verbotsirrtums des A sowie auf § 33 StGB kommt es nicht mehr an.

III. Ergebnis
A hat sich nicht wegen gefährlicher Körperverletzung strafbar gemacht, indem er K in die Brust stach.

C. § 242 I StGB (Ansichnehmen des Mobiltelefons)
Beim Ansichnehmen des Mobiltelefons ist A gem. §§ 229, 230 BGB gerechtfertigt, s. o.
Eine Strafbarkeit wegen Diebstahls scheidet daher aus.

D. § 246 StGB (Ansichnehmen des Mobiltelefons)
Gleiches gilt für eine Unterschlagung.

E. § 185 StGB
Laut Sachverhalt kam es zu einem Wortwechsel mit Beleidigungen zwischen K und A.
Für eine nähere Prüfung (inkl. Rechtfertigung) fehlen entsprechende Angaben im Sachverhalt; jedenfalls aber käme angesichts des Vorliegens gegenseitiger Beleidigungen eine sog. Kompensation gem. § 199 StGB in Betracht.

F. § 223 I StGB (Handgemenge)
Es kam zu einem Handgemenge, bei dem K eine überwiegend oberflächliche Schnittverletzung an der linken Unterarmseite erlitt.
Dieses Handgemenge beruhte allerdings darauf, dass K den A weiter „bedrängte", so dass auch insofern von einer Rechtfertigung nach § 32 StGB auszugehen ist.

G. § 239 StGB (Handgemenge)
Gleiches gilt bzgl. einer Freiheitsberaubung.

H. § 240 StGB (Handgemenge)
Auch eine Nötigung scheidet aufgrund Rechtfertigung aus.

2. Abschnitt: Strafbarkeit des K

A. § 185 StGB
Hierzu s. o. bei A.

B. (§)§ 223 I (, II, 22, 23) StGB (Handgemenge)
Ein (auch nur vom Tatentschluss umfasster) Körperverletzungserfolg des A ist nicht ersichtlich.[88]

---

[88] Andere Sachverhaltsauslegung möglich.

Lösungshinweise

C. §§ 239 und 240, 253(, 22, 23) StGB (Handgemenge)
Zwar bedrängte K den A; diese Angabe reicht aber weder für die Annahme einer (auch nur versuchten) Freiheitsberaubung noch die einer Nötigung aus.[89] Auch eine Erpressung scheidet aus.

D. § 303 I StGB (Kopfhörer)
Eine Sachbeschädigung scheidet mangels Vorsatzes aus.

E. §§ 223 I, II, 22, 23 StGB (Tritt nach dem Messer, um Telefon zu erlangen)
Ein Tatentschluss bzgl. einer Verletzung des A ist nicht ersichtlich; K wollte (*in dubio pro reo*) lediglich das Messer aus der Hand des A treten.

F. §§ 303 I, III, 22, 23 StGB (Tritt nach dem Messer, um Telefon zu erlangen)
Für einen Vorsatz bzgl. einer Beschädigung des Messers ist nichts ersichtlich, zumal eine solche bei einem bloß zu Boden fallenden Messer auch keineswegs naheliegt.

G. §§ 240 I, II, III, 22, 23 StGB (Tritt nach dem Messer, um Telefon zu erlangen)
K könnte sich wegen versuchter Nötigung strafbar gemacht haben, indem er versuchte, dem A das Messer aus der Hand zu treten, um sein Mobiltelefon wieder an sich bringen zu können.

I. Sog. „Vorprüfung": Nichtvollendung, Strafbarkeit des Versuchs
Es gelang K weder, dem A das Messer aus der Hand zu treten, noch sein Telefon zurückzuerlangen, so dass keine vollendete Nötigung vorliegt.
  Der Versuch ist gem. § 240 III StGB strafbar.

II. Tatbestand

1. Vorstellung von der Verwirklichung des Tatbestands (sog. Tatentschluss, subjektiver Tatbestand)
A müsste Tatentschluss, d. h. Vorsatz, hinsichtlich der objektiven Tatbestandsmerkmale des § 240 I StGB gehabt haben.
  Erstrebte Handlung des A war die Rückgabe des Mobiltelefons.
  Angesichts des (versuchten) Tritts liegt auch Tatentschluss hinsichtlich des Merkmals *mit Gewalt* vor.

2. Unmittelbares Ansetzen
Durch den Tritt ist auch ein unmittelbares Ansetzen i. S. d. § 22 StGB gegeben.

III. Rechtswidrigkeit
K war nicht durch § 32 StGB gerechtfertigt, s. o.
  K könnte aber einem Irrtum über die tatsächlichen Voraussetzungen eines Rechtfertigungsgrundes unterlegen sein, indem er von einem rechtswidrigen Angriff des

---
[89] Andere Sachverhaltsauslegung möglich.

A auf Eigentum und Besitz ausging. Der Sachverhalt dürfte aber so zu verstehen sein, dass K nicht verborgen blieb, dass das Anliegen des A seine Berechtigung hatte,[90] so dass er sich nicht irrte, sondern sich schlicht nicht rechtmäßig verhalten wollte.

Die Anwendung von *vis absoluta* begründet ferner die Verwerflichkeit[91] nach § 240 II StGB.[92]

IV. Schuld
K handelte schuldhaft.

Insbesondere befand er sich nicht in einem Verbotsirrtum nach § 17 StGB, s. o.[93]

V. Rücktritt, § 24 StGB
Ein freiwilliger Rücktritt liegt nicht vor; erst durch den Messerstich – und damit fremdbestimmt (heteronom) – wurde K gestoppt.

VI. Ergebnis
K hat sich wegen versuchter Nötigung strafbar gemacht, indem er versuchte, dem A das Messer aus der Hand zu treten, um sein Mobiltelefon wieder an sich bringen zu können.

H. § 223 I StGB (Auseinandersetzung nach dem Tritt)
K hat sich ferner wegen Körperverletzung strafbar gemacht, indem er dem A eine Verletzung im Gesicht zufügte.

Konkurrenzen und Endergebnis

Im 1. Teil hat sich A wegen Körperverletzung mit Todesfolge gem. §§ 223 I, 227 StGB strafbar gemacht.

Im 2. Teil hat sich A wegen Körperverletzung mit Todesfolge gem. §§ 223 I, 227 StGB strafbar gemacht.

Im 3. Teil hat sich A nicht strafbar gemacht.

K hat sich wegen versuchter Nötigung gem. §§ 240 I, II, III, 22, 23 StGB und Körperverletzung gem. § 223 I StGB strafbar gemacht. Beide Delikte stehen aufgrund des engen situativen Zusammenhangs in Tateinheit gem. § 52 StGB.

Zwischen den einzelnen – völlig selbständigen – Teilen besteht Tatmehrheit i. S. d. § 53 StGB.

---

[90] Andere Auslegung möglich.
[91] Vgl. Valerius, in: BeckOK-StGB, Stand 01.11.2022, § 240 Rn. 49.
[92] A. A. vertretbar.
[93] A. A. vertretbar.

8. Übungsfall „Der dänische LKW-Fahrer und der Schweizer Rechtsanwalt"

Mads Sørensen (S), ein dänischer Staatsangehöriger, der bereits mehrfach in Deutschland und Dänemark wegen Trunkenheitsfahrten verurteilt worden war und keine gültige Fahrerlaubnis hatte, fuhr am Tattag mit einem Lieferwagen von seinem Wohnort in Dänemark durch das Bundesgebiet in die Niederlande, um dort Kunden aufzusuchen. Unmittelbar nach der Einreise in die Niederlande, wo er für die Nacht ein Hotel suchen wollte, kaufte der bis dahin nüchterne S kurz nach 18.00 Uhr alkoholische Getränke. In der Folgezeit trank er etwa fünf Liter Bier sowie Schnaps in nicht feststellbarer Menge. Zwischen 21.15 und 21.30 Uhr fuhr der zu dieser Zeit erheblich alkoholisierte S in deutlichen Schlangenlinien auf der niederländischen Autobahn A1 in Richtung der deutschen Grenze. Gegen 21.30 Uhr erreichte er den Grenzübergang Bad Bentheim. Er fuhr mit einer Geschwindigkeit von mindestens 70 km/h auf die Kontrollstelle zu. Dabei überfuhr er zunächst einige Leitkegel, mit denen die rechte Fahrspur abgesperrt war. Sodann stieß er – mit unverminderter Geschwindigkeit – mit der rechten vorderen Seite seines Fahrzeugs gegen die hintere linke Seite eines auf der rechten Spur stehenden Personenkraftwagens. Dabei erfasste er zwei deutsche Grenzschutzbeamte, die dieses Fahrzeug auf deutscher Seite kontrollierten. Die Beamten starben an der Unfallstelle. Eine dem S um 23.30 Uhr entnommene Blutprobe ergab eine Blutalkoholkonzentration (BAK) von 1,95 Promille.

S, vorerst auf freien Fuß gesetzt, wollte sich nun absetzen und seinen Aufenthaltsort geheimhalten. Mit der Bitte, ihm dabei behilflich zu sein, wandte er sich an Albrecht Dams (D), der den Kontakt zu Atef El-Tohamy (E) vermittelte. E, ein Geschäftsmann, der die ägyptische, kanadische und Schweizer Staatsangehörigkeit besaß, lebte in Genf. Am 25.03.2022 traf sich dort S mit D und E. Dabei brachte S seinen Reisewunsch vor und händigte dem E für die notwendigen Vorbereitungen 2000 € aus. Reiseziel sollten die USA sein. Am 05.04. übergab S dem D 5000 €; hiervon sollten alle Ausgaben im Zusammenhang mit der Reise bestritten werden. Am 06.04. flog D mit S über Zürich nach Washington, D.C. D hatte die Buchungen vorgenommen, E die Rückflugscheine bezahlt. Am Ankunftsort besorgte E dem S ein Hotelzimmer. Dort wohnte S bis zum Monatsende. Mitte April erfuhren D und E, dass S in Deutschland von der Ermittlungsbehörde gesucht wurde; sie beschlich ein ungutes Gefühl. Die Staatsanwaltschaft hatte mittlerweile einen Haftbefehl erwirkt. Am 25.04. mieteten D und E ein Ferienappartement für S. Danach kehrten D und E nach Genf zurück. Dort suchte E einen Rechtsanwalt auf, schilderte ihm seine Situation und fragte, wie er sich verhalten solle; der Anwalt erklärte ihm, dass er sich nach Schweizer Strafrecht nicht strafbar gemacht habe. E war erleichtert; er konnte nun „wieder ruhig schlafen". Einige Wochen später wurden D und E durch Polizei und Untersuchungsrichter in Genf als Zeugen vernommen; dabei leugneten sie, den Aufenthaltsort des S zu kennen. Sie halfen S auch weiterhin, unter anderem dadurch, dass sie Geld an S weiterleiteten. Ende des Jahres wurde S in Miami aufgespürt, festgenommen und nach Deutschland ausgeliefert.

D und E gerieten unterdessen in Streit, weil E immer wieder Geld von D verlangte, welches er für seine Alkohol-, Betäubungsmittel- und Glücksspielsucht verbrauchte. Schließlich entschloss sich E, den D zu überfallen. Eines Morgens fuhr er mit seinem PKW zu D, wobei er zwischen 1,75 und 3,00 Promille Blutalkoholkonzentration aufwies. Als E – nach längerer Fahrt, sodass bei Ankunft seine BAK sicher unter 2,9 Promille lag – bei D angekommen war, entspann sich zunächst ein Streit, bei dem D den E u. a. wegen dessen homosexueller Neigungen verspottete. E, der immer wütender wurde, ergriff schließlich eine an der Wand in einer Lederscheide hängende Machete und stieß insgesamt 33-mal auf D ein. E nahm die Geldbörse des toten D an sich und floh.

Strafbarkeit der Beteiligten nach dem StGB?

Lösungshinweise

1. Teil: Grenzüberfahrt[1]

- Strafbarkeit des S -

A. § 315c I Nr. 1 lit. a(, Nr. 2 lit. e) StGB[2]

S könnte sich wegen (vorsätzlicher) Gefährdung des Straßenverkehrs strafbar gemacht haben, indem er alkoholische Getränke konsumierte und alkoholisiert zwei Grenzschutzbeamte mit seinem Lieferwagen erfasste und tötete.[3]

---

[1] Nach BGH U. v. 22.08.1996 – 4 StR 217/96 (Grenzüberfahrt) – BGHSt 42, 235 = NJW 1997, 138 = NStZ 1997, 228 = StV 1997, 21 (Anm. Roxin, Höchstrichterliche Rspr. AT, 1998, Nr. 36; Kaspar/Reinbacher, Casebook AT, 2020, Fall 13; Hemmer-BGH-Classics Strafrecht, 2003, Nr. 11; Puppe, AT, 5. Aufl. 2022, § 16 Rn. 1ff.; Geppert JK 1997 StGB § 20/2; Mutzbauer JA 1997, 97; Martin JuS 1997, 377; Wolff NJW 1997, 2032; Ambos NJW 1997, 2296; Neumann StV 1997, 23; Spendel JR 1997, 133; Hruschka JZ 1997, 22; Fahnenschmidt/Klumpe DRiZ 1997, 77; Hardtung NZV 1997, 97; Gottwald JA 1998, 343; Otto Jura 1999, 217).

[2] Beginn mit diesem Delikt, obwohl nur Gefährdungserfolg. Anderer Aufbau möglich, um Todeserfolg bereits am Anfang zu würdigen. Evident kein Tötungs- und Verletzungsvorsatz, sodass keine Prüfung der §§ 212, 211, 223ff., 303 StGB. Andere Handhabungen möglich.

[3] Weiter Obersatz, damit im Rahmen der *actio-libera-in-causa*-Prüfung nicht unter neuer Überschrift und anderem Obersatz (bereits Alkoholkonsum als Tathandlung) neu angesetzt werden muss, andere Handhabung möglich.

I. Tatbestand

1. Objektiver Tatbestand

S führte im Straßenverkehr[4] ein Fahrzeug[5] i. S. d. § 315c I StGB.

Er könnte infolge des Genusses alkoholischer Getränke nicht in der Lage gewesen sein, das Fahrzeug sicher zu führen, § 315c I Nr. 1 lit. a StGB.

Die sog. Fahruntüchtigkeit liegt bei Unfähigkeit vor, eine längere Strecke so zu steuern, dass man den Anforderungen des Straßenverkehrs, und zwar auch beim plötzlichen Auftreten schwieriger Verkehrslagen, so gewachsen ist, wie es von einem durchschnittlichen Fahrzeugführer zu erwarten ist.[6] Bei Alkoholisierung[7] wird dies bzgl. eines Führens von Kraftfahrzeugen unwiderleglich ab 1,1 Promille – im Tatzeitpunkt – angenommen (sog. absolute Fahruntüchtigkeit),[8] unterhalb dieser Grenze bedarf die Feststellung der Fahruntüchtigkeit weiterer Umstände (sog. relative Fahruntüchtigkeit),[9] insbesondere alkoholbedingter Ausfallerscheinungen. S überschritt die Grenze zur absoluten Fahruntüchtigkeit, erst recht bei entsprechender Rückrechnung und damit ggf. Anhebung der BAK – wobei hier, anders als bzgl. §§ 20, 21 StGB, eine Resorptionsphase von zwei Stunden zu berücksichtigen und stündlicher Abbau von 0,1 Promille zu Grunde zu legen ist.[10]

In Betracht kommt ferner eine Verwirklichung des § 315c I Nr. 2 lit. e StGB, dadurch, dass S Schlangenlinien fuhr.

S müsste aber rücksichtslos gehandelt haben.[11] Rücksichtslos handelt, wer sich aus eigensüchtigen Gründen über seine Pflichten gegenüber anderen Verkehrsteilnehmern hinwegsetzt oder aus Gleichgültigkeit von vornherein Bedenken gegen sein Verhalten nicht aufkommen lässt.[12] Für eine derartige Einstellung des S ist nichts ersichtlich.[13]

Unklar ist ohnehin, ob von einer „unübersichtlichen Stelle" auszugehen ist.

S müsste dadurch Leib oder Leben eines anderen Menschen oder fremde Sachen von bedeutendem Wert gefährdet haben. Gefährdung ist eine kritische Situation, in

---

[4] Zum Straßenverkehr etwa Bock, BT 1, 2018, S. 562f.

[5] Zum Führen eines Fahrzeugs z. B. Bock, BT 1, 2018, S. 560ff.; Fischer, StGB, 70. Aufl. 2023, § 315c Rn. 3ff.

[6] Bock, BT 1, 2018, S. 563; Fischer, StGB, 70. Aufl. 2023, § 315c Rn. 4; aus der Rspr. vgl. OLG Hamburg B. v. 19.12.2016 – 1 Rev 76/16 (Anm. Kerkmann NZV 2017, 193; Ternig SVR 2017, 152).

[7] Zur alkoholbedingten Fahruntüchtigkeit Bock, BT 1, 2018, S. 564ff.

[8] S. nur Bock, BT 1, 2018, S. 564f.; aus der Rspr. vgl. zuletzt LG Oldenburg B. v. 24.05.2022 – 4 Qs 155/22 (Anm. Staub/Dronkovic/Danner DAR 2022, 672).

[9] S. nur Bock, BT 1, 2018, S. 565f.; aus der Rspr. vgl. zuletzt BGH B. v. 02.03.2021 – 4 StR 366/20 – NStZ 2021, 608 (Anm. Kerkmann NZV 2021, 378; Zivanic NZV 2021, 472); LG Oldenburg B. v. 24.05.2022 – 4 Qs 155/22 (Anm. Staub/Dronkovic/Danner DAR 2022, 672).

[10] Bock, BT 1, 2018, S. 566; Fischer, StGB, 70. Aufl. 2023, § 316 Rn. 19; aus der Rspr. vgl. zuletzt BGH B. v. 03.02.2021 – 4 StR 263/20 – NStZ 2022, 100 = StV 2022, 233.

[11] An sich subjektives Tatbestandsmerkmal, hier nur aus Gründen der Darstellung vorgezogen.

[12] Bock, BT 1, 2018, S. 581; aus der Rspr. vgl. zuletzt OLG Zweibrücken B. v. 14.06.2021 – 1 OLG 2 Ss 9/21 (Anm. Koehl SVR 2022, 235).

[13] A. A. vertretbar.

der – was nach allgemeiner Lebenserfahrung auf Grund einer objektiv nachträglichen Prognose zu beurteilen ist – die Sicherheit einer bestimmten Person oder Sache so stark beeinträchtigt war, dass es nur noch vom Zufall abhing, ob das Rechtsgut verletzt wird oder nicht.[14]

Vorliegend folgt die (Lebens)Gefährdung der Grenzbeamten bereits notwendig aus deren Tötung.

Auch mit Blick auf den von S erfassten Pkw ist ein tauglicher Gefahrerfolg – Gefährdung einer fremden Sache von bedeutendem Wert – eingetreten.

Im Hinblick auf den von S selbst geführten Lieferwagen ist bereits unklar, ob S nicht selbst Eigentümer war, sodass *in dubio pro reo* dieser nicht fremd war; auf die Problematik, ob das geführte Fahrzeug taugliches Gefährdungsobjekt ist,[15] kommt es daher nicht mehr an.

2. Subjektiver Tatbestand

S handelte vorsätzlich i. S. d. § 15 StGB auch hinsichtlich des Gefährdungsteils: Angesichts der hohen Alkoholisierung und seiner vorherigen Schlangenlinien ist davon auszugehen, dass er Beinahe-Unfälle als konkret möglich erkannt und doch billigend in Kauf genommen hat.[16]

II. Rechtswidrigkeit

S handelte rechtswidrig.

III. Schuld

1. § 20 StGB

S könnte bei Begehung der Tat schuldunfähig gem. § 20 StGB gewesen sein.

S war erheblich alkoholisiert, zumal unter Zugrundelegung einer Rückrechnung der BAK *in dubio pro reo* (Resorptionsphase entfällt, stündlicher Abbau von 0,2 Promille, einmaliger Sicherheitszuschlag für die ersten beiden Stunden von 0,2 Promille[17]), sodass eine krankhafte seelische Störung oder tiefgreifende Bewusstseinsstörung in Betracht kommt.[18]

Auch unterhalb der Faustformel-Grenze von drei Promille[19] BAK kann Schuldunfähigkeit vorliegen, erforderlich ist eine Gesamtwürdigung. Angesichts der er-

---

[14] Bock, BT 1, 2018, S. 576; aus der Rspr. vgl. zuletzt BGH U. v. 09.12.2021 – 4 StR 167/21 – NJW 2022, 409 = NStZ 2022, 298 = StV 2022, 444 (Anm. Bosch Jura 2022, 648; Hecker JuS 2022, 462; RÜ 2022, 171; Krumm NJW 2022, 412; Kudlich NStZ 2022, 300; Fahl JR 2022, 346; Hecker HRRS 2022, 147).

[15] Hierzu Bock, BT 1, 2018, S. 579f.; aus der Rspr. vgl. zuletzt BGH B. v. 10.04.2019 – 4 StR 86/19 – NStZ 2019, 677 = StV 2019, 684.

[16] A. A. vertretbar. Dann Prüfung der Vorsatz-Fahrlässigkeits-Kombination.

[17] Fischer, StGB, 70. Aufl. 2023, § 20 Rn. 13; aus der Rspr. vgl. zuletzt BGH B. v. 10.06.2021 – 2 StR 104/21 – NStZ-RR 2021, 303 = StV 2022, 289.

[18] Aus der Rspr. vgl. zuletzt BGH B. v. 10.06.2021 – 2 StR 104/21 – NStZ-RR 2021, 303 = StV 2022, 289.

[19] S. nur Kindhäuser/Hilgendorf, LPK, 9. Aufl. 2022, § 20 Rn. 11.

heblichen Ausfallerscheinungen und des krassen Fehlverhaltens im Straßenverkehr ist jedenfalls *in dubio pro reo* von Schuldunfähigkeit auszugehen.[20]

2. (Vorsätzliche) *Actio libera in causa*[21]

Es könnte aber eine Überwindung der Schuldunfähigkeit des S zum Zeitpunkt des Erfassens der Polizeibeamten nach Maßgabe der *actio libera in causa (sed non libera in actu)* in Betracht kommen.

Allerdings ist bereits grundsätzlich umstritten, ob diese Möglichkeit überhaupt besteht, ferner – bejahendenfalls – wie dies konstruktiv zu bewerkstelligen ist.[22]

Selbst die Befürworter einer *actio libera in causa* setzen für eine Bestrafung des Täters wegen eines Vorsatzdelikts außer einer vorsätzlichen Herbeiführung der Schuldunfähigkeit voraus, dass der Täter im Zeitpunkt dieser sog. *actio praecedens* (hier die Alkoholisierung) Vorsatz hinsichtlich der späteren Tat hatte.[23] Zwar ist bereits vorhandener Vorsatz des S in Bezug auf alkoholisiertes Fahren anzunehmen, allerdings spricht nichts dafür, dass er sich bereits im Vorfeld auch nur Gedanken über eine Gefährdungssituation gemacht hatte, wie sie später eingetreten ist.

Eine vorsätzliche a.l.i.c. in Bezug auf § 315c I StGB scheidet mithin aus, ohne dass es auf die grundsätzlichen Kontroversen ankäme.

IV. Ergebnis

S hat sich nicht wegen vorsätzlicher Gefährdung des Straßenverkehrs strafbar gemacht, indem er alkoholische Getränke konsumierte und alkoholisiert zwei Grenzschutzbeamte mit seinem Lieferwagen erfasste und tötete.

Auf die Frage der Anwendbarkeit deutschen Strafrechts nach den §§ 3ff. StGB kommt es nicht mehr an.[24]

B. §§ 315c I Nr. 1 lit. a, III Nr. 1 StGB

Es kommt aber eine Vorsatz-Fahrlässigkeits-Kombination nach § 315c III Nr. 1 StGB in Betracht, sodass doch zu entscheiden ist, ob eine – insofern teilweise vorsätzliche, teilweise fahrlässige – *actio libera in causa* anzuerkennen ist.

Nur bei einem reinen Fahrlässigkeitsdelikt nach § 315c III Nr. 2 StGB könnte dies wiederum ggf. offenbleiben: Es wäre eine direkte Anknüpfung des Fahrlässigkeitsvorwurfs an die *actio praecedens* denkbar.

---

[20] S. auch BGH U. v. 22.08.1996 – 4 StR 217/96 – BGHSt 42, 235 (237f.); a. A. vertretbar, dann auf Ebene der Strafzumessung § 21 StGB anzusprechen, Verortung der Frage der a.l.i.c. dann bei der fakultativen Strafmilderung, zur selbst verschuldeten verminderten Schuldfähigkeit s. Fischer, StGB, 70. Aufl. 2023, § 21 Rn. 14ff.; aus der Rspr. vgl. zuletzt BGH U. v. 01.12.2021 – 6 StR 270/21 – NStZ-RR 2022, 44; BGH B. v. 25.01.2022 – 3 StR 487/21 – NStZ 2022, 349 = StV 2022, 289.

[21] Zur *actio libera in causa* vgl. aus der Rspr. zuletzt BGH B. v. 15.08.2001 – 2 StR 292/01 – NStZ 2002, 28.

[22] S. etwa Rogall, in: SK-StGB, 9. Aufl. 2017, § 20 Rn. 68ff.

[23] S. nur B. Heinrich, AT, 7. Aufl. 2022, Rn. 610f.

[24] Prüfung zu Beginn des Delikts wäre ebenso möglich gewesen.

Befürwortern der a.l.i.c.[25] stehen grundsätzlich ablehnende Vertreter[26] entgegen. Die Rspr. nimmt eine insofern vermittelnde Position ein, als sie jedenfalls bei sog. verhaltensgebundenen Delikten, zu denen auch die Straßenverkehrsdelikte gehören,[27] eine Anwendung der a.l.i.c. ablehnt.[28]

Zwar gibt es ein gewisses kriminalpolitisches Bedürfnis, eine etwaige kriminelle Taktik, Taten in einem bewusst herbeigeführten Zustand der Schuldunfähigkeit zu begehen, nicht aufgehen zu lassen, da die Strafandrohung des § 323a StGB nicht immer ausreichen mag. Dies zu beheben ist allerdings eine Aufgabe des demokratisch legitimierten Gesetzgebers. Ein Anknüpfen an eine *actio praecedens* mag zwar Wortlaut- und damit verfassungsrechtliche Bedenken (Art. 103 II GG) mindern, löst aber jede tatbestandliche Kontur auf und stellt ohnehin eine Umgehung des § 20 StGB dar. Es würde des Weiteren eine Überdehnung des Tatbegriffs darstellen, bereits das Trinken als z. B. Töten aufzufassen, zumal angesichts der Tatbegriffe etwa der §§ 16, 17 StGB und im Vergleich zu den Anforderungen an ein unmittelbares Ansetzen gem. § 22 StGB. Auch § 25 I 2. Var. StGB lässt sich mangels Drei-Personen-Konstellation nicht fruchtbar machen. Die Annahme einer schlichten gewohnheitsrechtlichen Ausnahme zu § 20 StGB wiederum ist mit Art. 103 II GG, § 1 StGB nicht zu vereinbaren. Richtigerweise ist die Konstruktion der a.l.i.c. *de lege lata* unzulässig, und zwar generell, nicht nur bei verhaltensgebunden Delikten (was an dieser Stelle letztlich offenbleiben könnte), deren Abgrenzung ohnehin unklar wäre.[29]

C. §§ 315c I Nr. 1 lit. a, III Nr. 2 StGB

Auch eine Strafbarkeit wegen (rein) fahrlässiger Straßenverkehrsgefährdung unter ausschließlicher Anknüpfung an das Betrinken scheidet aus: Eine Vorhersehbarkeit eines Tatgeschehens wie es sich an der Grenze dann wirklich abspielte, ist im Zeitpunkt des Betrinkens zwar u. U. anzunehmen,[30] sodass der S bzgl. der Gefährdung auch fahrlässig gehandelt haben könnte.

Jedenfalls bei den verhaltensgebundenen Delikten (s. o.) würde eine Fahrlässigkeitsstrafbarkeit nach § 315c III Nr. 2 StGB aber dazu führen, dass ein Verhalten strafbar wäre – nämlich das Trinken vor Fahrtantritt – welches bei vorsätzlicher Begehung nur als straflose Vorbereitung erschiene. Das kann aber jedenfalls im Interesse einer hinreichend bestimmten Tatbestandskontur und jedenfalls bzgl. § 315c StGB nicht richtig sein.

Eine Strafbarkeit wegen fahrlässiger Straßenverkehrsgefährdung aufgrund des Trinkens in der Bereitschaft, später zu fahren, scheidet mithin aus.[31]

---

[25] S. nur die Nachweise bei B. Heinrich, AT, 7. Aufl. 2022, Rn. 602ff.
[26] Z. B. Paeffgen, in: NK-StGB, 5. Aufl. 2017, vor § 323a Rn. 29.
[27] Zsf. Darstellung bei B. Heinrich, AT, 7. Aufl. 2022, Rn. 603, von ihm sog. eingeschränkte Vorverlagerungstheorie.
[28] BGH U. v. 22.08.1996 – 4 StR 217/96 – BGHSt 42, 235 (236f.).
[29] A. A. vertretbar.
[30] A. A. vertretbar.
[31] A. A. vertretbar.

Selbst bei Annahme einer entsprechenden Strafbarkeit wäre das (etwaige Gesetzes-)Konkurrenzverhältnis zum schwerer bestraften § 323a StGB zu klären.

D. § 316 I, II StGB
§ 316 I StGB scheitert an der Schuldunfähigkeit des S bzw. an der Nichtzulässigkeit einer *actio libera in causa*, s. o.

§ 316 II StGB scheidet aus den gleichen Gründen wie § 315c III Nr. 2 StGB aus, s. o.

E. § 315b I, IV, V StGB
Gleiches gilt für eine Strafbarkeit nach § 315b StGB.

Ohnehin erfasst die Norm grundsätzlich nicht Vorgänge des fließenden und ruhenden Verkehrs; lediglich, wenn ein Verkehrsteilnehmer objektiv grob auf den Verkehr einwirkt und subjektiv mit dem Ziel handelt, das Fahrzeug verkehrsfremd (Pervertierung) für eine Schädigung zu verwenden, kommt eine Anwendung des § 315b StGB in Frage.[32]

An einem derartigen Schädigungsvorsatz fehlt es aber.

F. § 142 I, II StGB
Ein unerlaubtes Entfernen des S vom Unfallort ist nicht ersichtlich.

G. § 323a I StGB
S könnte sich wegen vorsätzlichen Vollrausches strafbar gemacht haben, indem er alkoholische Getränke konsumierte und alkoholisiert zwei Grenzschutzbeamte mit seinem Lieferwagen erfasste und tötete.

I. Tatbestand

1. Objektiver Tatbestand
S müsste sich in einen Rausch versetzt haben.

Rausch ist ein akuter Intoxikationszustand, der die Einsichts- und Steuerungsfähigkeit zumindest erheblich vermindert.[33]

Dies ist bei S der Fall: Selbst bei Rückrechnung *in dubio pro reo* unter Annahme einer zweistündigen Resorptionsphase (s. o.), was hier zu einem Wert von 1,95 Promille führt, der also knapp unterhalb der Faustformel für die Annahme eines Falls des § 21 StGB liegt, ist angesichts der erheblichen Ausfallerscheinungen bei der Fahrt von einem hinreichenden Intoxikationszustand auszugehen.

2. Subjektiver Tatbestand
S handelte bzgl. des Sich-Berauschens vorsätzlich i. S. d. § 15 StGB.

---

[32] Hierzu zsf. Bock, BT 1, 2018, S. 590ff.; aus der Rspr. vgl. zuletzt LG Koblenz B. v.14.10.2020 – 4 Qs 60/20 (Anm. Fromm NZV 2021, 222); BGH B. v. 19.11.2020 – 4 StR 240/20 – NStZ-RR 2021, 140 = StV 2021, 500.

[33] Bock, BT 1, 2018, S. 635; Fischer, StGB, 70. Aufl. 2023, § 323a Rn. 4; aus der Rspr. vgl. zuletzt BGH B. v. 08.12.2021 – 2 StR 391/21 – NStZ-RR 2022, 184.

Auf die Rauschtat muss sich sein Vorsatz anerkanntermaßen nicht beziehen.[34]

II. Rechtswidrigkeit, Schuld
S handelte rechtswidrig und schuldhaft.

Abzustellen ist auf den Zeitpunkt des Sich-Berauschens, zu dem S (noch) schuldfähig war.

III. Rauschtat
S wird gem. § 323a I StGB nur bestraft, wenn er in diesem Zustand eine rechtswidrige Tat begangen hat und ihretwegen nicht bestraft werden kann, weil er infolge des Rausches schuldunfähig war oder weil dies nicht auszuschließen ist.

Zur tatbestandsmäßigen und rechtswidrigen Begehung einer vorsätzlichen Gefährdung des Straßenverkehrs und mangelnden Bestrafbarkeit aufgrund Schuldunfähigkeit s. o.

Fraglich ist, ob S beim Berauschen hätte vorhersehen müssen, dass er eine Rauschtat begehen würde.

Es ist umstritten,[35] ob die Rauschtat nach § 323a I StGB eine rein objektive Bedingung der Strafbarkeit ist, bzgl. derer der Täter nicht einmal Fahrlässigkeit aufweisen muss,[36] oder ob doch mindestens Fahrlässigkeit hinsichtlich der im Rausch begangenen Tat erforderlich ist.[37]

Die Frage kann offenbleiben, wenn S ohnehin entsprechende Fahrlässigkeit aufwies. Zum einen sind die enthemmenden und fähigkeitseinschränkenden Wirkungen des Alkohols allgemein bekannt, zum anderen wusste S um seine Neigung zu strafbaren alkoholisierten Fahrten, die sich schon aus seinen Vorstrafen ergab. Zumindest lagen mithin Verkehrsstraftaten sehr nahe. Zwar wollte er eigentlich im Hotel übernachten; dass er aber nach Alkoholgenuss seine Pläne änderte, war weder unvorhersehbar noch sonderlich fernliegend. Er handelte mithin fahrlässig in Bezug auf die Begehung der Rauschtat, als er sich berauschte.[38]

Das Strafantragserfordernis des § 323a III StGB ist nicht einschlägig.

IV. Anwendbarkeit deutschen Strafrechts[39]
Fraglich ist, ob nach Maßgabe der §§ 3ff. StGB das deutsche Strafrecht überhaupt anwendbar ist. Problematisch ist, dass S sich in den Niederlanden berauschte, sodass zumindest insofern keine Begehung im Inland gem. §§ 3, 9 StGB vorlag.

---

[34] Bock, BT 1, 2018, S. 639f.; Fischer, StGB, 70. Aufl. 2023, § 323a Rn. 17ff.; kontrovers diskutiert wird lediglich das Erfordernis einer Fahrlässigkeit, vgl. u.

[35] Hierzu Bock, BT 1, 2018, S. 639f.; aus der Rspr. vgl. zuletzt BGH B. v. 13.10.2020 – 3 StR 322/20 – NStZ-RR 2021, 77; BGH B. v. 08.12.2021 – 2 StR 391/21 – NStZ-RR 2022, 184.

[36] So die h.M., s. nur Eisele, BT I, 6. Aufl. 2021, Rn. 1239.

[37] So z. B. OLG Hamm U. v. 21.08.2007 – 3 SS 135/07 – NStZ 2009, 40 (Anm. RÜ 2008, 38; famos 5/2009; Geisler NStZ 2009, 40).

[38] A. A. vertretbar.

[39] Prüfung erst am Ende des Delikts, da so auf vorher Erörtertes verwiesen werden kann. Anderer Aufbau möglich, vgl. oben.

Die Rauschtat allerdings wurde in Deutschland begangen.

Strittig ist, ob es i. S. d. §§ 3, 9 I 3. Var. StGB ausreicht, wenn nur die Rauschtat im Inland stattfand,[40] hier die Tötungen.

Die h. M.[41] bejaht dies.

Die Gegenauffassung[42] verweist darauf, dass objektive Bedingungen keine echten Erfolge i. S. d. § 9 I 3. Var. StGB seien, sondern nur eine strafbarkeitsbegrenzende Funktion hätten.

Zu folgen ist der h. M. Zwar tritt der (Gefährdungs-)Erfolg des § 323a StGB bereits mit dem Beginn des Rausches ein. Die Vornahme der Rauschtat ist nicht Tatbestandsmerkmal; sie steht vielmehr außerhalb des Tatbestandes und löst als sog. objektive Bedingung der Strafbarkeit die Strafe für die Volltrunkenheit aus. Was i. S. des § 9 StGB unter dem Merkmal „zum Tatbestand gehörender Erfolg" zu verstehen ist, kann aber nicht ausgehend von der Begriffsbildung der allgemeinen Tatbestandslehre ermittelt werden.[43] Diese Vorschrift will nicht die dogmatische Unterscheidung zwischen Tatbestand und objektiver Bedingung der Strafbarkeit aufgreifen. Nach ihrem Grundgedanken soll deutsches Strafrecht – auch bei Vornahme der Tathandlung im Ausland – Anwendung finden, sofern es im Inland zu der Schädigung von Rechtsgütern oder zu Gefährdungen kommt, deren Vermeidung Zweck der jeweiligen Strafvorschrift ist. Die Gefahr, der § 323a StGB mit dem Verbot des Sich-Berauschens entgegenwirken will, ergibt sich aber gerade daraus, dass der Berauschte die Kontrolle über seine körperlichen und geistigen Kräfte verliert und sich oft in ihm wesensfremder Weise sozialschädlich verhält. Dazu gehört auch die Vornahme von Straftaten, also der Rauschtaten, zu denen es hier im Inland gekommen ist.

Das deutsche Strafrecht ist mithin (bereits nach Maßgabe der §§ 3, 9 I 3. Var. StGB) anwendbar;[44] auf die Staatsangehörigkeit kommt es nicht an.

V. Ergebnis

S hat sich wegen vorsätzlichen Vollrausches strafbar gemacht, indem er alkoholische Getränke konsumierte und alkoholisiert zwei Grenzschutzbeamte mit seinem Lieferwagen erfasste und tötete.

H. § 222 StGB

S könnte sich wegen fahrlässiger Tötung strafbar gemacht haben, indem er sich betrank und später die Grenzbeamten tötete.

Anders als bei §§ 315c und 316 StGB (Führen eines Fahrzeugs) beschreibt der Tatbestand des § 222 StGB kein bestimmtes Verhalten, sondern lässt jede fahrlässige Todesverursachung genügen. Eine solche ist auch in dem Betrinken zu

---

[40] Hierzu zsf. Fischer, StGB, 70. Aufl. 2023, § 9 Rn. 4b.

[41] S. nur Hoyer, in: SK-StGB, 9. Aufl. 2017, § 9 Rn. 6; Fischer, StGB, 70. Aufl. 2023, § 9 Rn. 4b; BGH U. v. 22.08.1996 – 4 StR 217/96 – BGHSt 42, 235 (242) m. w. N.

[42] Z. B. Stree JuS 1965, 465 (473f.).

[43] So (auch zum Folgenden) BGH U. v. 22.08.1996 – 4 StR 217/96 – BGHSt 42, 235 (242).

[44] A. A. vertretbar.

sehen. Von einer Sorgfaltspflichtverletzung ist jedenfalls angesichts der aus den Vorstrafen des S sprechenden Neigung zu Trunkenheitsfahrten auszugehen, vgl. oben. Auch hatte er noch keine Unterkunft. Dass die Vornahme einer fahrlässigen Handlung weiter im Vorfeld der Erfolgsherbeiführung liegen kann als die Grenze der Strafbarkeit für vorsätzliches Verhalten – § 22 StGB: unmittelbares Ansetzen –, ist bereits im Wortlaut des § 222 StGB selbst angelegt; dass Handlung und Erfolg sehr weit zeitlich auseinanderfallen können ist nichts Besonderes, wie auch die Regelung des § 78a S. 2 StGB vor Augen führt.

Die Ablehnung der *actio libera in causa* spielt in diesem Zusammenhang daher keine eigenständige Rolle.[45]

Die Todeserfolge traten im Inland ein, sodass gem. §§ 3, 9 I StGB deutsches Strafrecht anwendbar ist.

S handelte rechtswidrig.

S handelte auch schuldhaft. Insbesondere war er zu Beginn des Betrinkens noch schuldfähig.

S hat sich wegen fahrlässiger Tötung strafbar gemacht, indem er sich betrank und später die Grenzbeamten tötete.[46]

Angesichts der individuellen Rechtsgüter der Geschädigten handelt es sich um zwei in Tateinheit gem. § 52 StGB begangene fahrlässige Tötungen.[47]

J. § 303 I StGB
Ein Sachbeschädigungsvorsatz bzgl. der Kegel und des auf der rechten Fahrbahnseite stehenden Pkw ist nicht ersichtlich.

K. § 21 I Nr. 1 StVG
Laut Bearbeitervermerk sind nur Straftaten nach dem StGB zu prüfen.

2. Teil: Ausreise in die USA[48]

1. Abschnitt: Strafbarkeit des S
Eine Strafbarkeit des S ist nicht ersichtlich.

Insbesondere kommt eine Strafvereitelung gem. § 258 I StGB täterschaftlich schon ausweislich des Wortlauts des Abs. 1 nicht in Betracht („ein anderer"), für eine etwaige Anstiftung des E gilt § 258 V StGB.

---

[45] S. auch BGH U. v. 22.08.1996 – 4 StR 217/96 – BGHSt 42, 235 (236f.).
[46] Vgl. auch BGH U. v. 22.08.1996 – 4 StR 217/96 – BGHSt 42, 235 (236).
[47] Vgl. auch BGH U. v. 22.08.1996 – 4 StR 217/96 – BGHSt 42, 235 (237).
[48] Nach BGH U. v. 19.05.1999 – 2 StR 86/99 (Schneider) – BGHSt 45, 97 = NJW 1999, 2908 = NStZ 2000, 31 = StV 2000, 422 (Anm. Geppert JK 2000 StGB § 17/4; Stuckenberg JA-R 2000, 12; LL 2000, 106; Börger NStZ 2000, 31; Neumann StV 2000, 425).

2. Abschnitt: Strafbarkeit des D
D ist tot und daher nicht zu prüfen.[49]

3. Abschnitt: Strafbarkeit des E

A. § 258 I StGB
E könnte sich wegen Strafvereitelung strafbar gemacht haben, indem er S bei der Flucht half, ihm eine Unterkunft besorgte und Geld weiterleitete.[50]

I. Tatbestand

1. Objektiver Tatbestand
Zu den rechtswidrigen Taten des S s. o.
  Die Bestrafung derentwegen müsste E vereitelt haben.
  Vereiteln ist jede Besserstellung des Täters hinsichtlich der Strafverfolgung oder Strafvollstreckung.[51] Diese liegt hier in der Hilfe bei der Flucht und beim Leben in den USA.
  Letztlich wurde S jedoch verhaftet, sodass fraglich ist, ob ein Vereiteln auch bei einer bloßen Verzögerung der Strafverfolgung gegeben ist.[52]
  Bisweilen wird verlangt, dass ein bestehender Strafanspruch zumindest teilweise endgültig unerfüllt bleiben muss.[53]
  Die Rspr.[54] und die ganz h. L.[55] lassen eine Verzögerung ausreichen, wenn diese ein gewisses Ausmaß erreicht. Ein Überschreiten der Erheblichkeitsgrenze, die allenfalls drei Wochen (vgl. § 229 StPO) betragen soll, läge vor. In der Tat ist es überzeugender, eine Verzögerung ausreichen zu lassen: Eine Verletzung der Strafverfolgungsinteressen liegt schon durch Verzögerung vor, da viele prozessuale Aspekte durch Zeitablauf berührt werden. Auch läge bei anderer Auslegung eine Deliktsvollendung nur selten vor, nämlich fast nur in Fällen der Verjährung und des rechtskräftigen Freispruchs.

---

[49] Bei materiellrechtlicher Sichtweise, die das Erste Staatsexamen dominiert, ist dies an sich nicht zwingend. Dass aber die Strafbarkeit von Toten in einer Klausur nicht geprüft wird, ist ganz überwiegende Gepflogenheit, s. Wessels/Beulke/Satzger, AT, 52. Aufl. 2022, Rn. 1370.

[50] Trennung der einzelnen Tathandlungen hier entbehrlich, da § 17 StGB nicht durchgreift (s. u.) und daher keine Differenzierung (vor der Beratung/nach der Beratung) nötig wird. Vgl. aber die Ausführungen zum Zeitpunkt des Vorsatzes, s. u. Ferner etwaiger Unterlassungsvorwurf (Nicht-Verraten des Aufenthaltsorts) evident subsidiär.

[51] Bock, BT 1, 2018, S. 417; Fischer, StGB, 70. Aufl. 2023, § 258 Rn. 7; ausf. zum i. E. problematischen Vereiteln Hoyer, in: SK-StGB, 9. Aufl. 2019, § 258 Rn. 11ff.; aus der Rspr. vgl. zuletzt BGH B. v. 24.06.2016 – 4 StR 205/16 – NJW 2016, 3110 = NStZ-RR 2016, 310 = StV 2019, 672; OLG Karlsruhe U. v. 10.07.2017 – 2 Rv 10 Ss 581/16 – NStZ-RR 2017, 355 (Anm. Hecker JuS 2017, 1125; RÜ 2017, 718; Schulz-Merkel NZV 2018, 43).

[52] Hierzu Hoyer, in: SK-StGB, 9. Aufl. 2019, § 258 Rn. 13ff.; Bock, BT 1, 2018, S. 418f.

[53] Hoyer, in: SK-StGB, 9. Aufl. 2019, § 258 Rn. 17.

[54] Z. B. BGH U. v. 04.08.1983 – 4 StR 378/83 – NJW 1984, 135 = StV 1984, 74 (Anm. Geilen JK 1984 StGB § 258/4; Seier JA 1984, 57; Hassemer JuS 1984, 306; Rudolphi JR 1984, 338).

[55] S. nur Kindhäuser/Hilgendorf, LPK, 9. Aufl. 2022, § 258 Rn. 4 m. w. N.

Da das Ermittlungsverfahren bereits vor Hinzuziehen des E begonnen hatte, kommt es auf die Problematik erst im Laufe von Vereitelungshandlungen einsetzender Strafverfolgung nicht an.[56]

2. Subjektiver Tatbestand

E handelte absichtlich bzw. wissentlich i. S. d. § 258 I StGB, allerdings erst ab Mitte April, als er erfuhr, dass S in Deutschland von der Ermittlungsbehörde gesucht wurde.

Für den Zeitraum vorher fehlt es (*in dubio pro reo*) an einem Vorsatz hinsichtlich einer zu vereitelnden Vortat.[57]

II. Rechtswidrigkeit

E handelte rechtswidrig.

III. Schuld

1. § 17 StGB

Fraglich ist, ob E i. S. d. § 17 S. 1 StGB die Einsicht aufwies, Unrecht zu tun. Dies könnte ausgeschlossen sein, wenn er sich in einem sog. Verbotsirrtum befunden hat.

Hierfür ist es jedoch nicht maßgeblich, ob der Täter in Unkenntnis seiner Strafbarkeit und des anzuwendenden Strafgesetzes[58] oder in Unkenntnis mit Blick auf die – noch speziellere – Strafbarkeit nach deutschem Recht gehandelt hat.

Denn ob dem Täter i. S. d. § 17 S. 1 StGB die Einsicht fehlte, Unrecht zu tun, beurteilt sich nach dem Rechtsgut, das der betreffende Straftatbestand schützt, sodass maßgeblich ist, ob er die vom verwirklichten Straftatbestand umfasste spezifische Rechtsgutsverletzung nicht als Unrecht erkannt hat.

Bei E ist dies zweifelhaft: Das Rechtsgut, das durch § 258 StGB geschützt wird, ist die deutsche Strafrechtspflege. E hat den objektiven Tatbestand dieses Gesetzes erfüllt. Er hat einen in Deutschland straffällig Gewordenen (wenn auch nicht deutschen, sondern dänischen Staatsangehörigen)[59] der deutschen Strafverfolgung entzogen. Er hat dies – was die subjektive Tatseite anlangt – wissentlich getan. Er hat demzufolge gewusst, dass sein Handeln die von der deutschen Strafjustiz gegen S betriebene Strafverfolgung erheblich verzögern würde. Damit war ihm zugleich – wenn auch womöglich nur in laienhafter Vorstellungsweise – bewusst, die deutsche Strafrechtspflege zu beeinträchtigen und insoweit das durch § 258 StGB geschützte Rechtsgut zu verletzen. Wieso ihm gleichwohl die Einsicht in das dieser Rechtsgutsverletzung spezifische Unrecht gefehlt haben könnte, ist nicht ersichtlich. Strafvereitelung wird nicht nur in Deutschland, sondern auch im Ausland bestraft. Ausländische Strafrechtsordnungen kennen vergleichbare Straftatbestände, die ebenfalls dem Schutz der jeweils nationalen Strafrechtspflege dienen. Dies gilt

---

[56] So aber im Originalfall, vgl. auch LL 2000, 106 (108).

[57] A. A. wohl noch vertretbar, da sich ohne Haupttat kaum die Begehren des S erklären lassen.

[58] So (auch zum Folgenden und m. w.N.) BGH U. v. 19.05.1999 – 2 StR 86/99 (Schneider) – BGHSt 45, 97 (100f.).

[59] Anders im Originalfall BGH U. v. 19.05.1999 – 2 StR 86/99 (Schneider) – BGHSt 45, 97.

namentlich für die Schweiz, den Heimat- und Aufenthaltsstaat des E; auch dort ist Strafvereitelung strafbar. Der deutsche Strafvereitelungstatbestand war mithin für E nicht in dem Sinne fremd, dass es in der Rechtsordnung seines Heimatstaats an einer Entsprechung gefehlt hätte (*lex aliena*). Dass sein Handeln nicht gegen eine von Schweizer Behörden betriebene, sondern gegen eine deutsche, aus seiner Sicht also ausländische Strafverfolgung und damit gegen ein fremdes Rechtsgut gerichtet war, konnte für ihn kein Anlass sein, sein Tun für erlaubt zu halten. Denn es liegt auf der Hand und ist für jeden erkennbar, dass ein Staat, der zum Schutz der eigenen Strafrechtspflege Strafvereitelung ahndet, keinen Grund hat, Ausländer, die im Inland eine hier eingeleitete Strafverfolgung vereiteln, von der Strafandrohung auszunehmen. So würde – im spiegelbildlich gedachten Fall – der Straftatbestand des Schweizer Rechts auch einen Deutschen erfassen, der einen Beschuldigten der Schweizer Strafverfolgung entzieht.

Fraglich ist, ob die Rechtsauskunft, die E von dem Genfer Anwalt erhielt, bei E einen sog. unvermeidbaren Verbotsirrtum i. S. v. § 17 S. 1 StGB begründete,[60] sodass er ohne Schuld handelte. Allerdings konnte sie an der Bewertung der bereits vorher begangenen Vereitelungshandlungen ohnehin nichts ändern, da sich ein etwa vorhandenes Unrechtsbewusstsein nicht rückwirkend beseitigen lässt. Die Auskunft war aber auch bzgl. des nachgelagerten Handelns des E inhaltlich ungeeignet, E in einen Irrtum über das Unerlaubte seines Tuns zu versetzen. Zwar durfte er sich auf die Auskunft verlassen, dies umso mehr, als sie zutreffend war. Doch bezog sich die Auskunft lediglich auf die Rechtslage in der Schweiz. E hat aber den Strafvereitelungstatbestand des deutschen Strafrechts verwirklicht; sein Handeln beeinträchtigte das Rechtsgut der deutschen Strafrechtspflege. Das der Verletzung dieses Rechtsguts entsprechende Unrechtsbewusstsein konnte durch eine Auskunft über die Rechtslage nach Schweizer Recht nicht berührt werden. E wäre allenfalls eine Auskunft zugutegekommen, die sein Handeln (auch) nach der Rechtsordnung Deutschlands für unbedenklich erklärt hätte; eine solche Auskunft ist ihm jedoch nicht erteilt worden. Letztlich konnte er aus der Erklärung des Anwalts über die Unbedenklichkeit seines Verhaltens nach Schweizer Recht auch nicht etwa schließen, dass die Rechtsordnung gerade desjenigen Landes, das die von ihm vereitelte Strafverfolgung betrieb, sein Verhalten gestatte. Dass er einen solchen Schluss gleichwohl gezogen haben sollte, lag fern.

E unterlag mithin keinem Verbotsirrtum, nicht einmal einem vermeidbaren.[61]

2. §§ 20, 21 StGB
Eine sich auf die Schuldfähigkeit auswirkende Beeinträchtigung des S aufgrund seiner Süchte ist nicht ersichtlich.

Zwar benötigte er hierfür gewiss laufend Geld und handelte ja auch in Bezug auf E entgeltlich. Auch ist bei Beschaffungsdelikten (Drogen-, Spiel-)Süchtiger eine Beeinträchtigung der Schuldfähigkeit denkbar, wenn ein langjähriger Betäubungsmittelgenuss zu schwerster Persönlichkeitsveränderung geführt hat oder wenn der

---

[60] Auch zum Folgenden BGH U. v. 19.05.1999 – 2 StR 86/99 (Schneider) – BGHSt 45, 97 (102f.).
[61] A. A. vertretbar.

Täter zur Tatzeit unter starken Entzugserscheinungen litt oder aus Angst vor solchen handelte, die er schon als äußerst unangenehm erlebt hatte und als nahe bevorstehend einschätzte, oder wenn er die Tat im Zustand aktuellen Rausches verübt hat.[62]

Für all dies fehlen aber jegliche Anhaltspunkte.

IV. Anwendbarkeit des deutschen Strafrechts

Die Anwendung des deutschen StGB beruht auf §§ 3, 9 I 3. Var. StGB, vgl. schon o.

E, selbst Ausländer, hat zwar ausschließlich im Ausland, nämlich in der Schweiz und in den USA, gehandelt; doch ist eine Straftat nicht nur an dem Ort begangen, wo der Täter gehandelt hat, sondern auch dort, wo der zum Tatbestand gehörende Erfolg eingetreten ist (§ 9 I StGB). Bei dem Vergehen gegen § 258 I StGB besteht dieser Erfolg in der Vereitelung einer von deutschen Gerichten zu verhängenden Strafe (oder Maßnahme); er tritt daher im Inland ein und begründet mithin die Anwendung des deutschen Strafrechts.[63] Die Staatsangehörigkeit ist irrelevant.

Die Handlung des E beeinträchtigte auch die deutsche Strafrechtspflege, sodass es auf die Problematik, dass § 258 StGB die Beeinträchtigung eines ausländischen Strafanspruchs nicht schützt,[64] nicht ankommt.

V. Ergebnis

E hat sich wegen Strafvereitelung strafbar gemacht, indem er S, nachdem er von dem Strafverfahren erfahren hatte, half, in den USA zu leben.

B. § 257 I StGB

Mangels Vorteilssicherungsabsicht scheidet eine Begünstigung aus.

Auf die i. E. problematische Auslegung des Hilfeleistens[65] kommt es nicht mehr an.

C. § 153 StGB

Eine uneidliche Falschaussage gegenüber dem Genfer Untersuchungsrichter scheitert daran, dass § 153 StGB – abgesehen vom hier nicht einschlägigen § 162 StGB – nur inländische Gerichte und Stellen erfasst,[66] vgl. auch § 5 Nr. 10 StGB.

---

[62] S. Fischer, StGB, 70. Aufl. 2023, § 20 Rn. 41; aus der Rspr. vgl. zuletzt BGH U. v. 13.04.2022 – 2 StR 310/21 – NStZ-RR 2022, 288; BGH B. v. 06.07.2022 – 2 StR 53/22 – NStZ 2023, 57.
[63] BGH U. v. 19.05.1999 – 2 StR 86/99 (Schneider) – BGHSt 45, 97 (100).
[64] S. nur Bock, BT 1, 2018, S. 415: Rechtsgut ist die nur deutsche Strafrechtspflege.
[65] Hierzu zsf. Bock, BT 2, 2018, S. 694ff.
[66] S. Kudlich, in: BeckOK-StGB, Stand 01.11.2022, § 153 Rn. 1, 16.

3. Teil: Fahrt zu D[67]

- Strafbarkeit des E -

A. § 316 I, II StGB

E könnte sich wegen Trunkenheit im Verkehr strafbar gemacht haben, indem er mit dem PKW in alkoholisiertem Zustand zu D fuhr.

Allerdings wies er – *in dubio pro reo* – eine BAK von 3,00 Promille auf und befand sich mithin, mangels gegenteiliger Anzeichen, im Zustand der Schuldunfähigkeit gem. § 20 StGB.[68] Der Sachverhalt dürfte so zu verstehen sein, dass während der gesamten Fahrt nicht ausschließbar eine entsprechende BAK bestand.

Eine a.l.i.c. ist abzulehnen, s. o.

B. § 323a I StGB

E könnte sich wegen Vollrausches strafbar gemacht haben, indem er mit dem PKW in alkoholisiertem Zustand zu D fuhr.

Fraglich ist aber, ob er sich überhaupt in einem Rausch befand. *In dubio pro reo* (bzgl. dieses Delikts) wies er nur eine BAK von 1,75 Promille auf, erreichte also den sicheren Bereich des § 21 StGB, der ab ca. 2 Promille angenommen wird,[69] nicht, da auch keine Ausfallerscheinungen ersichtlich sind, die für die Annahme eines Rausches unterhalb der faustformelhaften Grenze sprechen (anders als bei S, s. o.).

Auf eine additive Wirkung anderer Umstände (Betäubungsmittel- und Glücksspielsucht, Affekt) deutet im Sachverhalt nichts hin.

Es ist umstritten, ob ein Rausch i. S. d. § 323a StGB auch dann angenommen werden kann, wenn der Täter möglicherweise unterhalb der Grenze des § 21 StGB bleibt.[70]

Teilweise[71] wird dies angenommen, sodass hiernach § 323a I StGB anwendbar wäre.

Zu folgen ist aber der h. M.,[72] welche erst ab einer feststehenden Minderung der Schuldfähigkeit i. S. d. § 21 StGB einen Rausch annimmt. Zwar kommt dem § 323a I StGB eine Auffangfunktion zu, zumal der möglicherweise schuldfähige Täter nicht besser stehen soll als der sicher schuldunfähige. Auch heißt es lediglich: „weil

---

[67] Nach OLG Karlsruhe B. v. 21.09.2004 – 1 Ss 102/04 – NJW 2004, 3356 (Anm. LL 2004, 829; Geppert JK 2005 StGB § 323a/7).

[68] S. auch OLG Karlsruhe B. v. 21.09.2004 – 1 Ss 102/04 – NJW 2004, 3356 (3356f.).

[69] Fischer, StGB, 70. Aufl. 2023, § 20 Rn. 21; aus der Rspr. vgl. zuletzt BGH B. v. 22.06.2021 – 2 StR 168/21 – StV 2022, 289; BGH B. v. 09.02.2022 – 1 StR 492/21 – NStZ 2022, 473.

[70] Hierzu zsf. Fischer, StGB, 70. Aufl. 2023, § 323a Rn. 11a ff.; Bock, BT 1, 2018, S. 637f.; aus der Rspr. vgl. zuletzt OLG Braunschweig B. v. 04.07.2014 – 1 Ss 36/14 – NStZ-RR 2014, 287; KG B. v. 04.05.2017 – (5) 121 Ss 42/17 (32/17) – StV 2019, 276.

[71] S. Fischer, StGB, 70. Aufl. 2023, § 323a Rn. 11c.

[72] S. nur Eisele, BT 1, 6. Aufl. 2021, Rn. 1237 m. w. N.; OLG Karlsruhe B. v. 21.09.2004 – 1 Ss 102/04 – NJW 2004, 3356 (3356f.).

er infolge des Rausches schuldunfähig war oder weil dies nicht auszuschließen ist". Allerdings bedeutet dieser Wortlaut nicht, dass auf einen feststehenden Rausch überhaupt verzichtet werden kann. Eine einigermaßen rechtssichere Untergrenze kann hierbei die Norm des § 21 StGB bilden. Freisprüche aufgrund großer Unsicherheiten bei der Bestimmung der BAK zur Tatzeit (etwa aufgrund spät erfolgter Blutprobenentnahme) sind als Folge der Anwendung des *in-dubio-pro-reo*-Grundsatzes hinzunehmen; Sachverhaltsungewissheiten sind nicht durch extensive Auslegung des Tatbestandsmerkmals zu kompensieren, zumal es sich um das einzige objektive Tatbestandsmerkmal handelt.

Mangels (hinreichend feststehenden) Rausches hat sich E nicht wegen Vollrausches strafbar gemacht, als er alkoholisiert mit dem PKW zu D fuhr.[73]

C. Wahlfeststellung[74] zwischen §§ 316 und 323a I StGB

In Betracht kommt eine sog. echte Wahlfeststellung, welche eine wahldeutige Verurteilung ermöglichen würde (hier wegen Trunkenheit im Verkehr oder Vollrausches).

Umstritten ist allerdings bereits die grundsätzliche Zulässigkeit einer solchen alternativen Verurteilung: Während die ganz h. M.[75] inkl. BGH und BVerfG die Wahlfeststellung unter bestimmten Voraussetzungen zulässt, lehnt eine Minderheitsauffassung[76] dies unter Hinweis auf Art. 103 II GG ab. Überzeugender ist aber die h. M., für die das unbefriedigende Ergebnis eines Freispruchs in Fällen streitet, in denen feststeht, dass der Täter sich strafbar gemacht hat (und nur nicht, nach welcher Norm genau). Jedenfalls unter den entwickelten engen Voraussetzungen greifen die Bedenken gegen die echte Wahlfeststellung nicht durch.[77]

Voraussetzung für eine Wahlfeststellung ist die rechtsethische (gleiche Schwere der Schuldvorwürfe und eine nach dem allgemeinen Rechtsempfinden sittlich und rechtlich vergleichbare Bewertung, insbesondere dieselben oder ähnliche Rechtsgüter) und psychologische Vergleichbarkeit (vergleichbare psychische Beziehung

---

[73] A. A. vertretbar.

[74] Zur (echten) Wahlfeststellung vgl. aus der Rspr. zuletzt BGH U. v. 09.01.2020 – 3 StR 288/19 – NStZ-RR 2020, 175; BGH B. v. 27.04.2021 – 5 StR 44/21 (Anm. RÜ 2021, 439).

[75] S. nur B. Heinrich, AT, 7. Aufl. 2022, Rn. 1466ff.

[76] Z. B. Frister, in: NK, 5. Aufl. 2017, nach § 2 Rn. 76ff.; vgl. auch die damalige Anfrage des 2. Strafsenats BGH B. v. 28.01.2014 – 2 StR 495/12 – NStZ 2014, 392 = NStZ-RR 2014, 307 = StV 2014, 580 (Anm. von Heintschel-Heinegg JA 2014, 710; Jahn JuS 2014, 753; Bosch JK 2014 GG Art. 103 II/6; Wagner ZJS 2014, 436; LL 2014, 740; RÜ 2014, 507; famos 9/2014; Schuhr NStZ 2014, 437; Frister StV 2014, 584; Stuckenberg ZIS 2014, 461; Bauer wistra 2014, 475; Kröpil JR 2015, 116); nach Vorlage an den Großen Senat in Strafsachen hat dieser für die Zulässigkeit der Wahlfeststellung entschieden (BGH B. v. 08.05.2017 – GSSt 1/17 – BGHSt 62, 164 = NJW 2017, 2842 = NStZ 2018, 41 = StV 2017, 811 (Anm. RÜ 2017, 709; famos 10/2017; Jahn NJW 2017, 2846; Stuckenberg StV 2017, 815; Zeller/Thomas jurisPR-StrafR 24/2017 Anm. 2; LL 2018, 101); das BVerfG hat dies verfassungsrechtlich gebilligt, BVerfG B. v. 05.07.2019 – 2 BvR 167/18 – NJW 2019, 2837 = StV 2019, 667 (Anm. Hecker JuS 2019, 1119; RÜ 2019, 638; Ullrich jurisPR-StrafR 20/2019 Anm. 1; LL 2020, 39).

[77] A. A. vertretbar.

des Täters zur Tat: Einstellung zu den Rechtsgütern und Motivationslage ähnlich) der im Raum stehenden Taten.[78]

Fraglich ist, ob dies auf § 316 StGB einerseits und § 323a StGB andererseits zutrifft.

Es ist allerdings unstritting, dass dies angesichts der Subsidiaritätsklausel des § 323a StGB ausscheidet, jedenfalls unter denjenigen, die an den Rausch die o. a. Anforderungen stellen.[79]

Auch die Annahme eines Stufenverhältnisses mit Folge einer Verurteilung nach § 323a StGB ist anerkanntermaßen nicht möglich.[80]

Eine Strafbarkeit des E liegt nicht vor.

4. Teil: Tötung des D[81]

- Strafbarkeit des E -

A. §§ 212 I, 213 1. Var. StGB
E könnte sich wegen Totschlags (in einem minder schweren Fall) strafbar gemacht haben, indem er mit der Machete auf D einstieß.

I. Tatbestand

1. Objektiver Tatbestand
D ist tot, was E durch die Machetenhiebe verursachte.

2. Subjektiver Tatbestand
E müsste Tötungsvorsatz gehabt haben.

Vorsatz ist – als Grunddefinition – Wissen und Wollen hinsichtlich aller den objektiven Tatbestand verwirklichenden Umstände,[82] wobei die Minimalvoraussetzungen des (Eventual-)Vorsatzes strittig sind,[83] insbesondere im Hinblick auf den Tötungsvorsatz.[84]

Schon aus der Anzahl der Hiebe ist aber zu schließen, dass E mindestens billigend in Kauf nahm (wenn nicht gar beabsichtigte), den E tödlich zu treffen.

---

[78] S. nur Fischer, StGB, 70. Aufl. 2023, § 1 Rn. 41.
[79] S. OLG Karlsruhe B. v. 21.09.2004 – 1 Ss 102/04 – NJW 2004, 3356 (3357); Paeffgen, in: NK, 5. Aufl. 2017, § 323a Rn. 68.
[80] S. OLG Karlsruhe B. v. 21.09.2004 – 1 Ss 102/04 – NJW 2004, 3356 (3357).
[81] Nach BGH U. v. 30.04.2003 – 2 StR 503/02 – NStZ 2003, 535 (Anm. LL 2003, 850; RA 2003, 647).
[82] S. nur Fischer, StGB, 70. Aufl. 2023, § 15 Rn. 3.
[83] Hierzu B. Heinrich, AT, 7. Aufl. 2022, Rn. 285, 295ff.; Hillenkamp/Cornelius, 32 Probleme aus dem Strafrecht AT, 16. Aufl. 2022, 1. Problem; aus der Rspr. vgl. zuletzt BGH U. v. 15.07.2021 – 3 StR 481/20 – NStZ 2022, 753.
[84] Hierzu Bock, BT 1, 2018, S. 8ff.; aus der Rspr. vgl. zuletzt BGH U. v. 23.03.2022 – 6 StR 343/21 – NJW 2022, 3025 = NStZ 2022, 549; BGH U. v. 15.07.2021 – 3 StR 481/20 – NStZ 2022, 753.

II. Rechtswidrigkeit

E handelte rechtswidrig.

Insbesondere war er nicht gem. § 32 StGB gerechtfertigt:

Zwar verspottete D den E, was als rechtswidriger Angriff auf die Ehre des E anzusehen ist, § 185 StGB; allerdings fehlten sowohl die Erforderlichkeit als auch die Gebotenheit der Verteidigung (aufgrund krassen Missverhältnisses, ggf. auch aufgrund Provokation des E), und zwar bereits beim ersten Stich, bei den weiteren erst recht.

Ein diesbezüglicher Irrtum des E ist nicht ersichtlich, sodass auch kein Erlaubnistatumstandsirrtum eingreift.

III. Schuld

1. § 20 StGB

Fraglich ist, ob E i. S. d. § 20 StGB schuldunfähig war.

In Betracht kommt aufgrund des vorherigen Streits einschließlich ins Intime gehender Kränkungen eine tiefgreifende Bewusstseinsstörung in Form eines Affekts. Hierfür könnte auch die enorme Anzahl der zugefügten Machentenstöße sprechen.

Hinzu kommt die allgemeine gesundheitliche Lage des E, welcher alkohol-, betäubungsmittel- und glücksspielsüchtig war, s. o. Dass sich letztere Aspekte ausgewirkt haben, ist allerdings wiederum (s. o.) nicht ersichtlich, auch wenn sich E bei D Geld für seine Süchte verschaffen wollte und dies auch tat. Anhaltspunkte für akuten Suchtdruck o. ä. bestehen aber nicht.

Hinsichtlich des Affekts ist zu berücksichtigen, dass es ausreicht, wenn der Täter zu Beginn der Tat, d. h. bei Eintritt in das Versuchsstadium, schuldfähig ist. In der Tat könnte hier die hohe Anzahl der Hiebe aufgrund eines Entfesselungseffekts[85] oder Blutrausches[86] zustande gekommen sein. Dem Täter sind Handlungen auch dann zuzurechnen, wenn sie vom Vorsatz erfasst waren und der Tatablauf der Vorstellung entsprach, die der Täter noch vor Eintritt der Schuldunfähigkeit sich von dem Tatgeschehen gemacht hatte.[87] Der Eintritt der Schuldunfähigkeit während der Tatbegehung stellt sich dann als unwesentliche Abweichung vom Kausalverlauf dar. Dabei genügt es, dass der Zustand der Schuldunfähigkeit sich aus dem vorausgehenden Handeln entwickelt hat und nicht durch äußere Einflüsse ausgelöst worden ist. In einem solchen Fall ist der Täter wegen vollendeter Tat, begangen im schuldfähigen Zustand, zu bestrafen. Der Bemühung einer *actio libera in causa* bedarf es insofern nicht.

Im vorliegenden Fall ist zum einen ohnehin zweifelhaft, inwiefern E überhaupt in einen derart starken Affekt hineingeraten ist, dass dieser unter § 20 StGB fällt. Zum anderen ist ein Exzessverhalten des E, mit welchem dieser überhaupt nicht rechnete, nicht anzunehmen, sodass auch keine wesentliche Abweichung vom

---

[85] So BGH U. v. 30.04.2003 – 2 StR 503/02 – NStZ 2003, 535 (536).
[86] Aus der Rspr. vgl. BGH U. v. 21.04.1955 – 4 StR 552/54 (Blutrausch) – BGHSt 7, 325 = NJW 1955, 1077 (Anm. Roxin, Höchstrichterliche Rspr. AT, 1998, Nr. 13; Meister MDR 1955, 688; Mayer JZ 1956, 109; Oehler GA 1956, 1).
[87] So (auch zum Folgenden) BGH U. v. 30.04.2003 – 2 StR 503/02 – NStZ 2003, 535 (536).

Kausalverlauf vorläge und seine Schuldfähigkeit bei Tatbeginn für eine Gesamtzurechnung ausreicht.[88]

Die Schuldfähigkeit des E ist nicht nach § 20 StGB ausgeschlossen.

Auch eine Alkoholisierung liegt nicht in einem für § 20 StGB ausreichenden Maße vor: die BAK des E ist im Zeitpunkt der Tathandlung aufgrund des Alkoholabbaus im Körper laut Sachverhalt unter die relevante Grenze von 3,0 Promille gefallen, darüber hinaus liegen keine im Rahmen einer Gesamtwürdigung zu berücksichtigenden Umstände oder Ausfallerscheinungen vor, die – jedenfalls *in dubio pro reo* – auch unterhalb der 3,0-Promille-Grenze (s. bereits o.) für Schuldunfähigkeit sprächen.

2. § 33 StGB
Für eine Entschuldigung bei Überschreitung der Notwehr gem. § 33 StGB müsste E aus Verwirrung, Furcht oder Schrecken gehandelt habe (sog. asthenische Affekte), hieran fehlt es.

IV. Strafzumessung: § 213 1. Var. StGB
Angesichts des vorherigen Spotts könnte ein minder schwerer Fall des Totschlags vorliegen, und zwar in Gestalt des sog. provozierten Totschlags, § 213 1. Var. StGB.

Von einer schweren Beleidigung[89] ist angesichts der offenbar tief verletzenden Thematisierung der sexuellen Orientierung auszugehen,[90] zumal es ausreicht, wenn die Beleidigung den Tropfen darstellt, der das Fass zum Überlaufen bringt.[91]

Eine eigene Schuld[92] des E ist in der konkreten Tatsituation nicht ersichtlich; wer den Streit begonnen hatte, bleibt unklar ebenso wie die Frage, ob E bereits von D Geld verlangt hatte o. ä.

E wurde zum Zorn gereizt und auf der Stelle zur Tat hingerissen.[93]

Ein minder schwerer Fall des Totschlags liegt vor.

Ein „Verbrauch" der weiteren Strafmilderungsnorm des § 21 StGB nach § 50 StGB tritt nicht ein.[94]

---

[88] A. A. vertretbar.

[89] Hierzu Fischer, StGB, 70. Aufl. 2023, § 213 Rn. 5f.; Bock, BT 1, 2018, S. 12; aus der Rspr. vgl. zuletzt BGH B. v. 08.09.2016 – 1 StR 372/16 – NStZ-RR 2017, 11; BGH U. v. 21.03.2017 – 1 StR 663/16 – NStZ 2019, 210 = StV 2017, 543; BGH U. v. 21.02.2018 – 1 StR 351/17 – NStZ-RR 2018, 177.

[90] A. A. vertretbar.

[91] Fischer, StGB, 70. Aufl. 2023, § 213 Rn. 9; Bock, BT 1, 2018, S. 12; aus der Rspr. vgl. zuletzt BGH B. v. 31.05.2021 – 1 StR 123/21 – NStZ-RR 2021, 280 = StV 2022, 98.

[92] Hierzu Fischer, StGB, 70. Aufl. 2023, § 213 Rn. 8f.; aus der Rspr. vgl. zuletzt BGH B. v. 12.01.2022 – 1 StR 462/21 – NStZ-RR 2022, 137.

[93] Zu diesem Merkmal Fischer, StGB, 70. Aufl. 2023, § 213 Rn. 9; aus der Rspr. vgl. zuletzt BGH B. v. 19.11.2019 – 2 StR 378/19 – NStZ 2020, 88 = StV 2020, 295.

[94] Eschelbach, in: BeckOK-StGB, Stand 01.11.2022, § 213 Rn. 21.

V. Ergebnis
E hat sich wegen Totschlags (in einem minder schweren Fall) strafbar gemacht, indem er mit der Machete auf D einstieß.

B. §(§ 212 I,) 211 StGB[95]
Die Tat des E könnte sich nicht nur als Totschlag, sondern sogar als Mord darstellen.
Als objektives Mordmerkmal kommt Heimtücke in Betracht.
Erforderlich hierfür ist ein Ausnutzen der auf Arglosigkeit beruhenden Wehrlosigkeit des Opfers.[96]
Arglos ist, wer sich im Zeitpunkt der Tat keines Angriffs versieht.[97] Bereits dies ist aufgrund der vorhergehenden Streitigkeiten zweifelhaft, wobei die Arglosigkeit allerdings erst dann beseitigt ist, wenn der Geschädigte mit erheblichen Angriffen auf seine körperliche Integrität rechnet.
Fraglich ist aber, ob E dies auch bewusst ausgenutzt hat. Die erforderliche Vorstellung der Bedeutung für die Tatausführung kann insbesondere bei affektiven Spontantötungen und Verzweiflungstaten fehlen (auch unterhalb der Schwelle des § 21 StGB).[98] Zwar erleichtert eine Arg- und Wehrlosigkeit i. d.R jede Tötung. Vorliegend handelte es sich aber – wenn überhaupt – eher um eine zufällige Begleiterscheinung und nicht um eine Tatsituation, die E bewusst zugrunde gelegt hatte, um eine ansonsten schwierige Tat auszuführen. Hinzu kommen die Emotionalität und Spontaneität der Situation.
E handelte nicht heimtückisch.[99]
Auf die Frage weiterer (verfassungsrechtlich gebotener) Restriktionen dieses Mordmerkmals[100] auf Tatbestands- oder Rechtsfolgenebene kommt es nicht mehr an.
Grausamkeit (Zufügen besonders starker Schmerzen oder Qualen körperlicher oder seelischer Art, die über das für die Tötung erforderliche Maß hinausgehen, aus gefühlloser, unbarmherziger Gesinnung[101]) scheidet aus: Weder finden sich Angaben zum Schmerzempfinden des D noch zur Gesinnung des E.
Habgier scheidet aus: Die Tötung des D diente dem E nicht zur Erlangung materieller Vorteile, sondern geschah lediglich aus Wut[102]: Zwar wollte E den D von An-

---

[95] Überschrift und Formulierung des Obersatzes beruhen darauf, dass das Verhältnis von Mord und Totschlag umstritten ist, hierzu Bock, BT 1, 2018, S. 16ff.; Eisele, BT I, 6. Aufl. 2021, Rn. 61f., 135ff.; Hillenkamp/Cornelius, 40 Probleme aus dem Strafrecht BT, 13. Aufl. 2020, 1. Problem.
[96] S. nur Fischer, StGB, 70. Aufl. 2023, § 211 Rn. 34; aus der Rspr. vgl. zuletzt BGH U. v. 11.05.2022 – 5 StR 361/21 – NStZ-RR 2022, 277; BGH B. v. 29.06.2022 – 1 StR 127/22 – NStZ-RR 2022, 307.
[97] Fischer, StGB, 70. Aufl. 2023, § 211 Rn. 35.
[98] Bock, BT 1, 2018, S. 33; aus der Rspr. vgl. zuletzt BGH B. v. 05.04.2022 – 1 StR 81/22 – NStZ 2023, 33 (Anm. Jahn JuS 2022, 886; RÜ 2022, 573); BGH U. v. 11.05.2022 – 2 StR 445/21 – NStZ 2022, 541 (Anm. Schneider NStZ 2022, 543).
[99] A. A. vertretbar.
[100] Hierzu zsf. Bock, BT 1, 2018, S. 37ff.; Fischer, StGB, 70. Aufl. 2023, § 211 Rn. 46ff.
[101] Bock, BT 1, 2018, S. 159; aus der Rspr. vgl. zuletzt BGH B. v. 28.06.2022 – 3 StR 142/22 – NStZ 2022, 676.
[102] A. A. wohl vertretbar.

fang an überfallen; jedenfalls *in dubio pro reo* dachte er im Zeitpunkt der Machetenhiebe aber nicht daran, sondern allein an Rache.

Aus gleichem Grund hat E auch nicht in der Absicht gehandelt, eine andere Straftat zu ermöglichen.

In Betracht kommen schließlich sonst niedrige Beweggründe.

Erforderlich ist, dass die Motive nach allgemeiner sittlicher Wertung auf tiefster Stufe stehen und deshalb besonders verwerflich, ja verächtlich sind.[103]

Jedoch ist es erstens nicht menschlich völlig unverständlich, aus Frustration über den Spott des D gewalttätig zu reagieren. Des Weiteren kann ein Umstand, der privilegierend i. S. d. § 213 1. Var. StGB zu berücksichtigen ist (s. o.), nicht zugleich sonst niedrige Beweggründe i. S. v. § 211 StGB begründen. Schließlich spricht gegen die Annahme niedriger Beweggründe erst recht auch die verfassungsrechtlich gebotene restriktive Auslegung des Mordtatbestands.[104]

E hat keinen Mord begangen.

C. § 249 I StGB

E könnte sich wegen Raubes strafbar gemacht haben, indem er D erstach und dessen Geldbörse an sich nahm.

I. Tatbestand

1. Objektiver Tatbestand

Die Geldbörse war eine für E fremde bewegliche Sache.

Diese müsste E dem D weggenommen haben.

Wegnahme ist der Bruch fremden und die Begründung neuen Gewahrsams.[105]

Im Zeitpunkt der Wegnahme war D allerdings tot und konnte daher mangels Herrschaftsverhältnis und Gewahrsamswillen keinen Gewahrsam[106] mehr innehaben. Trotz § 857 BGB entsteht auch kein Gewahrsam des Erben.[107]

D hatte allerdings Gewahrsam an seinen Sachen vor der Attacke des E, solange er lebte. Dies genügt, insbesondere beim Raub.[108]

Die Machetenstiche waren Gewalt i. S. d. § 249 I StGB.

Falls man eine (Förderungs-)Kausalität zwischen Nötigungsmittel und Wegnahme verlangt,[109] so liegt diese vor.

---

[103] Bock, BT 1, 2018, S. 76; Fischer, StGB, 69. Aufl. 2022, § 211 Rn. 14a; Eisele, BT I, 6. Aufl. 2021, Rn. 89; aus der Rspr. vgl. zuletzt BGH U. v. 15.06.2022 – 6 StR 23/22 – NStZ-RR 2022, 245.

[104] A. A. vertretbar.

[105] Bock, BT 2, 2018, S. 31; Fischer, StGB, 70. Aufl. 2023, § 242 Rn. 10; aus der Rspr. vgl. zuletzt BGH B. v. 03.03.2021 – 4 StR 338/20 – BGHSt 66, 55 = NJW 2021, 1545 = NStZ 2021, 425 = StV 2022, 15 (Anm. Kudlich JA 2021, 519; LL 2021, 682; RÜ 2021, 378; Lenk NJW 2021, 1547; El-Ghazi NStZ 2021, 427; Pschorr jurisPR-StrafR 10/2021 Anm. 5; Ruppert StV 2022, 17; Bechtel JR 2022, 39).

[106] Zu den Gewahrsamsvoraussetzungen Bock, BT 2, 2018, S. 32ff.

[107] Hierzu näher Kudlich JA 2010, 777.

[108] Sander, in: MK-StGB, 4. Aufl. 2021, § 249 Rn. 8.

[109] Hierzu zsf. Bock, BT 2, 2018, S. 589ff.

2. Subjektiver Tatbestand

Zweifelhaft ist bereits, ob E im Zeitpunkt der Gewalt Vorsatz hinsichtlich der späteren Wegnahme sowie die Absicht rechtswidriger Zueignung hatte.

Ferner müsste eine finale Verknüpfung zwischen Wegnahme und Nötigungsmittel[110] vorliegen. Jedenfalls diese ist aber nicht ersichtlich: E handelte nur aus Wut, s. o., zumindest *in dubio pro reo*.

II. Ergebnis

E hat sich nicht wegen Raubes strafbar gemacht, indem er D erstach und dessen Geldbörse an sich nahm.

D. § 242 I StGB

Auch ein Diebstahl scheidet mangels Zueignungsabsicht in einem Zeitpunkt, in dem D noch Gewahrsam hatte, aus, vgl. o.

Auf die §§ 243, 244 StGB kommt es nicht mehr an.

E. §§ 253 I, 255 StGB

Für eine räuberische Erpressung fehlt es – je nach Konzeption der Erpressung sowie der Abgrenzung von Raub und räuberischer Erpressung[111] – entweder an einer Vermögensverfügung des D bzw. an einem äußeren Tatbild des Übergebens.

F. § 246 I StGB

E könnte eine Unterschlagung begangen haben.

Die Anforderungen an eine Zueignung i. S. d. § 246 I StGB sind strittig.[112]

Sowohl nach den herrschenden „Manifestationstheorien"[113] als auch nach erfolgsbezogenen Ansätzen (in mehreren Varianten hinsichtlich Aneignungs- und Enteignungskomponenten[114]) liegt aber in der eigennützigen Besitzergreifung an dem Geldbeutel des Getöteten eine Zueignung durch E.

Fraglich ist jedoch, ob die Strafbarkeit wegen Unterschlagung im Wege der Gesetzeskonkurrenz aufgrund ausdrücklicher Subsidiarität gem. § 246 I StGB a.E. hinter der Strafbarkeit nach § 212 I StGB zurücktritt.[115]

---

[110] S. Bock, BT 2, 2018, S. 600; aus der Rspr. vgl. zuletzt BGH B. v. 14.07.2021 – 6 StR 298/21 – NStZ 2022, 42 (Anm. Kudlich JA 2021, 959; RÜ 2021, 789; Nestler Jura 2022, 127); BGH B. v. 10.03.2022 – 1 StR 497/21 (Anm. RÜ 2022, 581).

[111] Zum Streit um das Erfordernis einer Vermögensverfügung bei §§ 253, 255 StGB und der daraus resultierenden Abgrenzungsproblematik bzgl. §§ 249, 255 StGB Bock, BT 2, 2018, S. 576ff.; Hillenkamp/Cornelius, 40 Probleme aus dem Strafrecht BT, 13. Aufl. 2020, 33. Problem; aus der Rspr. vgl. zuletzt BGH B. v. 11.08.2021 – 3 StR 63/21 – NStZ-RR 2022, 14 (Anm. Mitsch JuS 2022, 609); BGH U. v. 12.08.2021 – 3 StR 474/20 (Anm. RÜ 2021, 789).

[112] Hierzu zsf. Bock, BT 2, 2018, S. 197f.; aus der Rspr. vgl. zuletzt BGH U. v. 16.12.2021 – 1 StR 187/21 (Anm. RÜ 2022, 516; Bode JR 2022, 603).

[113] S. Fischer, StGB, 70. Aufl. 2023, § 246 Rn. 6ff.

[114] Zsf. Eisele, BT II, 6. Aufl. 2021, Rn. 257.

[115] S. Bock, BT 2, 2018, S. 213ff.; Fischer, StGB, 70. Aufl. 2023, § 246 Rn. 23ff.; aus der Rspr. vgl. zuletzt BGH B. v. 03.02.2021 – 2 StR 417/20 – NStZ-RR 2021, 212.

Die wohl h. L.¹¹⁶ beschränkt den Anwendungsbereich der Subsidiaritätsklausel in § 246 I StGB auf Delikte, die dem Schutz des gleichen Rechtsguts wie dem der Unterschlagung dienen, nämlich dem des Vermögens (v. a. §§ 242, 249, 252, 253, 257, 259, 263, 266 StGB). Hiernach würde eine Unterschlagung nicht hinter einen Totschlag zurücktreten.

Die Rspr.¹¹⁷ hingegen wendet die Subsidiaritätsklausel gegenüber jedem schwereren Delikt an.

Der h. L. ist zuzugeben, dass eine Verurteilung wegen Totschlags nicht zum Ausdruck bringt, dass darüber hinaus das (vorherige) Eigentum des Getöteten verletzt wurde, sodass der Tenor das Unrecht der Tat nicht mehr voll abbildet. Gewiss entspräche es auch eher dem Willen des Gesetzgebers, eine Subsidiarität nur gegenüber anderen Vermögensdelikten anzunehmen, weil die Unterschlagung nur gegenüber solchen Tatbeständen als (bloßer) Auffangtatbestand fungieren soll. Der Wortlaut der Subsidiaritätsklausel allerdings spricht von Tat, was nicht i. S. d. materiellen Tatbestände verstanden werden kann – sonst wäre jede Erfüllung eines anderen Tatbestands eine andere Tat und § 246 I StGB a.E. liefe leer. Vielmehr gilt der Tatbegriff nach § 52 StGB oder der prozessuale Tatbegriff,¹¹⁸ was hier offenbleiben kann, da vorliegend beide Tatbegriffe zu einer Einheitlichkeit der Tat kämen.¹¹⁹ Ähnliches gilt auch für andere Subsidiaritätsklauseln, wie der Vergleich mit §§ 265, 145, 145d, 202, 218c, 316 StGB zeigt. Eine wegen der Rechtsfolgen der §§ 52ff. StGB täterbelastende Nichtanwendung des § 246 I StGB a.E. (und sei es im Wege teleologischer Reduktion) verstößt somit gegen Art. 103 II GG, § 1 StGB. Abhilfe kann nur der Gesetzgeber schaffen.¹²⁰

Es liegt mithin ein Fall der Gesetzeskonkurrenz vor und nicht Tateinheit i. S. d. § 52 I StGB.¹²¹

G. § 123 I StGB

Ein Hausfriedensbruch scheidet mangels Eindringens aus: Es ist davon auszugehen, dass D den E hereinbat und so ein Einverständnis erteilte. Dass das Einverständnis ggf. auf einer konkludenten Täuschung des E über die Absichten seines Besuchs basierte, berührt dessen Wirksamkeit nicht.¹²²

---

[116] S. nur Fischer, StGB, 70. Aufl. 2023, § 246 Rn. 23a; Eisele, BT II, 6. Aufl. 2021, Rn. 276.
[117] S. o.
[118] Hierzu Beulke/Swoboda, Strafprozessrecht, 16. Aufl. 2022, Rn. 785ff.
[119] Allerdings Tatmehrheit aufgrund eigenständigen Tatentschlusses vertretbar (auch wenn der enge räumlich-zeitliche Zusammenhang für Tateinheit spricht).
[120] S. auch Otto NStZ 2003, 87.
[121] A. A. vertretbar.
[122] Ganz h.M., s. nur Kindhäuser/Hilgendorf, LPK, 9. Aufl. 2022, § 123 Rn. 19f.; aus der Rspr. vgl. OLG München B. v. 10.03.1972 – 2 Ws 40/72 – NJW 1972, 2275 (Anm. Otto NJW 1973, 667; Stückemann JR 1973, 414; Amelung/Schall JuS 1975, 565); BGH U. v. 06.02.1997 – 1 StR 527/96 – NJW 1997, 1516 = NStZ 1997, 448 = StV 1997, 233 (Anm. Hilger NStZ 1997, 449; Wollweber StV 1997, 507; Frister JZ 1997, 1130; Roxin StV 1998, 43; Nitz JR 1998, 211).

Konkurrenzen und Endergebnis

Im 1. Teil hat sich S wegen vorsätzlichen Vollrausches gem. § 323a I StGB und wegen zweier (tateinheitlicher, s. o.) fahrlässiger Tötungen gem. § 222 StGB strafbar gemacht.

Zwischen den Delikten herrscht schon aufgrund der tatsächlichen Identität, was Tötungserfolg bzw. Rauschtat angeht, Tateinheit i. S. d. § 52 StGB.

Im 2. Teil hat sich E wegen Strafvereitelung gem. § 258 I StGB strafbar gemacht.

Im 3. Teil liegt keine Strafbarkeit vor.

Im 4. Teil hat sich E wegen Totschlags (in einem minder schweren Fall) gem. §§ 212 I, 213 1. Var. StGB strafbar gemacht.

Zwischen den einzelnen Teilen besteht Tatmehrheit, § 53 StGB.

9. Übungsfall „Unverrichtete Dinge"

Noah Frohne (F) und Leon Seyfried (S) beschlossen, eine Sparkasse in Kiel am 19.03.2021 zu überfallen. Nach ihrem Tatplan wollten sie vor Erscheinen der Bankangestellten in die Bank eindringen, bei deren Eintreffen diese unter Bedrohung mit einer geladenen Schreckschusspistole zum Öffnen des Tresors zwingen und dessen Inhalt an sich nehmen. Zur Vorbereitung des Überfalls öffneten sie in der Nacht zum 18.03.2021 die Außentür der Sparkasse mit einer Kundenkarte und gelangten so in den Vorraum. F überklebte die Kameralinsen der Überwachungskameras und brach die Tür zum Schalterraum auf. Beim Verlassen der Bank verdrehte der F eine Lamelle des sich an der Tür zum Schalterraum befindlichen Lamellenvorhangs. Am 18.03.2021 betrat der Filialleiter das Gebäude. Er richtete die von F verdrehte Lamelle und entdeckte einige der von den Angeklagten getroffenen Vorbereitungen. Die von ihm informierte Polizei postierte sich daraufhin in der Bank, um auf die Täter zu warten. Als S und F am Sonntagabend gemeinsam zur Sparkasse fuhren, bemerkte F, dass die von ihm verdrehte Lamelle gerichtet worden war. Daraufhin sahen S und F von einem Überfall ab, weil sie befürchteten, dass jemand in der Bank gewesen sei und den Einbruch entdeckt habe.

Vural Özer (Ö) plante, die von ihm gepachtete Diskothek in Brand setzen zu lassen, um die Versicherungssumme kassieren zu können. Er beauftragte F, der bei ihm als Türsteher tätig war und den Brand nicht selbst legen wollte, jemanden für die Brandlegung zu „besorgen". F gewann dafür S mit dem Versprechen, er könne dabei 10.000 € verdienen. Beide besprachen gemeinsam den Tatplan, wonach die Außentüre des Gebäudes mit einem von Ö zur Verfügung gestellten Schlüssel sowie eine verschlossene Zwischentüre zum Diskothekenraum mit einem mitgeführten Kuhfuß geöffnet, dort aus einem mitgebrachten Kanister Benzin verschüttet und dieses dann entzündet werden sollte. F und S begaben sich mit der vorgesehenen Ausrüstung (Schlüssel, Kuhfuß und Brandbeschleuniger) in die Nähe des Tatortes. F blieb im Fahrzeug, um S nach der Brandlegung aufnehmen zu können. Die für dieses Fahrzeug des F ausgegebenen amtlichen Kennzeichen waren einige Wochen zuvor entstempelt worden. Um eine ordnungsgemäße Zulassung vorzutäuschen, hatte F Stempelplaketten der Zulassungsbehörde unter Verwendung von Buntstiften aus Papier angefertigt und sie an den dafür vorgesehenen Stellen auf den mit dem

Fahrzeug fest verbundenen Kennzeichen angebracht. Diese Plaketten, die nach Form und Größe echten Dienststempeln entsprachen, hatte er in der Mitte mit einer Nachahmung des Landeswappens – wobei er das Wappenschild stark stilisierte – versehen und über dem Wappen mit dem kreisbogenförmig verlaufenden Schriftzug „LANDRATSAMT". Bei flüchtiger Betrachtung der so manipulierten Kennzeichen entstand der Eindruck, das Fahrzeug sei ordnungsgemäß zum Straßenverkehr zugelassen. S ging zur Diskothek, öffnete mit dem Schlüssel die Außentüre, betrat das Gebäude und wurde noch im Vorraum von der Polizei festgenommen. F floh.

F suchte nun seine Ehefrau Celina Frohne (C) auf. Aus Verärgerung, dass diese gegen ihn eine einstweilige Anordnung nach dem Gewaltschutzgesetz erwirkt und ihm trotz seines Verlangens keinen Zutritt zur Wohnung gewährt hatte, drang F gewaltsam in die Wohnung ein, indem er die Eingangstür eintrat. Er wollte seine Machtposition wiederherstellen, C bestrafen, weil sie ihm nicht geöffnet hatte, und ihr „das Schlimmste" antun. Als er bemerkte, dass sich C zusammen mit der Tochter Mia (M) auf den Balkon der im 1. Obergeschoss eines Mehrfamilienhauses gelegenen Wohnung geflüchtet hatte, durchquerte er zügig das Wohnzimmer, stieß M zur Seite, griff C mit der linken Hand in die Haare und packte sie mit seiner rechten Hand am Bein, um sie aus einem spontan gefassten Entschluss heraus vom Balkon zu stürzen. Zunächst gelang es ihm nur, C über das Balkongeländer zu schleudern. Diese konnte sich an der äußeren Balkonseite hängend an dem Geländer festklammern. Daraufhin schlug F mit voller Kraft auf die Hände seiner Frau, bis diese sich nicht mehr festzuhalten vermochte und auf die ca. 4,70 m unter der Oberkante des Balkongeländers liegende Rasenfläche stürzte. Diese überlebte den Sturz indessen ohne größere Verletzungen. F bemerkte sofort, dass seine Frau entgegen seiner Vorstellung, sie könnte sich bei dem Sturz das Genick brechen, kaum verletzt war. Immer noch in Wut hangelte er sich selbst von dem Balkon herunter, um C jetzt auf andere Weise zu töten. Er packte sie an den Haaren und zerrte sie zu einem gepflasterten Gehweg. Dort versuchte er, ihren Kopf auf die Platten zu schlagen. Dies gelang ihm jedoch auf Grund der heftigen Gegenwehr der C nicht. Während er weiter auf sie eintrat und einschlug, riefen zwei Nachbarn, die das Geschehen von ihren Balkonen aus beobachteten, dem F zu, dass er aufhören solle. Auch M versuchte, ihn von weiteren Tätlichkeiten abzuhalten, indem sie vom Balkon aus ihre Rollerblades nach ihm warf. F spielte noch mit dem Gedanken, C mit seinem Gürtel zu würgen, weil seine Kräfte nachließen und es ihm wegen deren Gegenwehr nicht gelang, ihren Kopf auf die Gehwegplatten zu schlagen. Letztlich entschloss er sich, von C abzulassen, weil sich seine Wut durch deren Stoß vom Balkon und die anschließenden Gewalttätigkeiten entladen hatte. Er zerrte C an den Haaren zu einer an den Gehweg anschließenden Böschung, begab sich zu Fuß zur nächsten S-Bahn-Haltestelle und fuhr zu seiner eigenen Wohnung.

F öffnete in Selbsttötungsabsicht zwei Gashähne in seiner im Erdgeschoss eines Zwölf-Familien-Hauses gelegenen Wohnung. Hierbei dachte er nicht daran, dass durch sein Handeln möglicherweise andere Hausbewohner zu Schaden kommen könnten. Nach dem Öffnen der Gashähne wurde F bewusst, dass es durch das ausströmende Gas zu einer Explosion kommen könnte und dass hierdurch andere Hausbewohner verletzt oder getötet werden könnten. Dies nahm er zunächst billigend in Kauf. Kurze Zeit später änderte er insoweit seine Willensrichtung. Er rief über die Notrufnummer zunächst die Feuerwehr und, als er sich dort nicht ernst genommen fühlte, unmittelbar darauf die Polizei an, nannte seinen Namen und seine Anschrift und forderte die genannten Stellen auf, sogleich für eine Rettung der Hausbewohner zu sorgen, da er nicht wollte, dass diese durch eine – von F als möglich erkannte, aber nicht mehr gebilligte – Gasexplosion zu Schaden kämen. Seinen Entschluss, sich selbst durch Gasvergiftung zu töten, gab er nicht auf; der Aufforderung, das Gas abzudrehen, kam er daher nicht nach. Nach Beendigung des zweiten Telefongesprächs wurde F bewusstlos; wenige Minuten später traf die Feuerwehr ein, rettete F, evakuierte etwa 50 Personen und drehte den Gashahn zu. Ob das Gasgemisch in der Wohnung des F schon explosionsfähig war, konnte nicht festgestellt werden.

Strafbarkeit der Beteiligten nach dem StGB?
§ 123 StGB ist nicht zu prüfen.

Auf § 10 FZV wird hingewiesen.
Dessen Abs. 3 lautet:

„Das Kennzeichenschild mit zugeteiltem Kennzeichen muss der Zulassungsbehörde zur Abstempelung durch eine Stempelplakette vorgelegt werden. Die Stempelplakette enthält das farbige Wappen des Landes, dem die Zulassungsbehörde angehört, sowie die Bezeichnung des Landes und der Zulassungsbehörde. Die Stempelplakette muss so beschaffen sein und so befestigt werden, dass sie bei einem Entfernen zerstört wird."

Lösungshinweise

1. Teil: Sparkasse[1]

- Strafbarkeit von F und S[2] -

A. §§ 249 I, 22, 23, 25 II StGB[3]
F und S könnten sich wegen versuchten mittäterschaftlich begangenen Raubs strafbar gemacht haben, indem sie den Tatort präparierten.

I. Sog. „Vorprüfung": Nichtvollendung, Strafbarkeit des Versuchs
Zu einer vollendeten Nötigungshandlung und Wegnahme kam es nicht.
Der Versuch des Raubs ist nach §§ 12 I, 23 I StGB strafbar.

---

[1] Nach BGH B. v. 11.06.2003 – 2 StR 83/03 – NStZ 2004, 38 (Anm. RA 2003, 593).
[2] Gemeinsame Prüfung möglich, da evidente Mittäterschaft und ohnehin Zurechnungsfunktion aufgrund weitgehend paralleler Tatbeiträge kaum benötigt; andere Handhabung möglich.
[3] Abgeschichteter Aufbau, da bereits Grunddelikt problematisch. Anderer Aufbau möglich. Durchbrechung der Chronologie und Beginn mit schwerstem Delikt. Auch insofern anderer Aufbau möglich.

II. Tatbestand

1. Vorstellung von der Verwirklichung des Tatbestands (sog. Tatentschluss, subjektiver Tatbestand)[4]

a) Gewalt gegen eine Person; Drohungen mit gegenwärtiger Gefahr für Leib oder Leben

F und S müssten sog. Tatentschluss hinsichtlich der Ausübung von Gewalt gegen eine Person oder der Anwendung von Drohungen mit gegenwärtiger Gefahr für Leib oder Leben gehabt haben.

Nach ihrem Tatplan wollten sie vor Erscheinen der Bankangestellten in die Bank eindringen und bei deren Eintreffen diese unter Bedrohung mit einer geladenen Schreckschusspistole zum Öffnen des Tresors zwingen.

Gewalt gegen eine Person in diesem Sinne ist der durch Anwendung von (auch nur geringer) körperlicher Kraft verursachte körperlich wirkende Zwang gegen eine Person, der geeignet ist, die Freiheit der Willensentschließung oder Willensbetätigung gegen deren Willen auszuschalten (*vis absoluta*) oder zu beeinträchtigen (*vis compulsiva*).[5]

Das Vorhalten einer Schreckschusswaffe übt keine physische Wirkung auf den Betroffenen aus: Ließe man psychische Erregung inkl. Angst o. ä. ausreichen, so läge bei jeder Drohung zugleich auch eine Gewaltausübung vor. Die durch eine Drohung mit einem empfindlichen Übel bewirkte Beeinträchtigung des körperlichen Befindens fällt richtigerweise allein unter die Drohungsvariante.

Es könnte aber eine Drohung mit gegenwärtiger Gefahr für Leib oder Leben vorliegen. Dies ist das Inaussichtstellen nicht unerheblicher Beeinträchtigungen der körperlichen Integrität, auf deren Verwirklichung der Täter Einfluss zu haben vorgibt, sodass der Eintritt des Schadens sicher oder doch höchstwahrscheinlich erscheint, wenn nicht alsbald Abwehrmaßnahmen ergriffen werden.[6]

Das Vorhalten der Schreckschusswaffe sollte konkludent zum Ausdruck bringen, dass geschossen werde, wenn das Personal sich nicht füge. Eine Drohung mit gegenwärtiger Gefahr für Leib oder Leben liegt mithin vor. Auf die tatsächliche Realisierbarkeit einer Drohung kommt es nicht an, sodass es hier keine Rolle spielt, dass es sich „lediglich" um eine geladene Schreckschusswaffe handelte.[7]

---

[4] Angesichts des mangelnden unmittelbaren Ansetzens auch möglich, Ausführungen zum sog. Tatentschluss zu straffen bzw. im Gutachten zu springen.
[5] Bock, BT 2, 2018, S. 584; vgl. auch Sinn, in: SK-StGB, 9. Aufl. 2019, § 249 Rn. 6ff.; aus der Rspr. vgl. BGH U. v. 05.12.1961 – 5 StR 516/61 – BGHSt 16, 341 = NJW 1962, 356; BGH U. v. 19.04.1963 – 4 StR 92/63 – BGHSt 18, 329 = NJW 1963, 1210 (Anm. Preuße JuS 1963, 368; Knodel JZ 1963, 701); OLG Saarbrücken U. v. 04.07.1968 – Ss 8/68 – NJW 1969, 621.
[6] Bock, BT 2, 2018, S. 587; aus der Rspr. vgl. zuletzt BGH U. v. 09.10.2014 – 4 StR 208/14 – NStZ 2015, 36 (Anm. Hecker JuS 2015, 467).
[7] Statt aller Fischer, StGB, 70. Aufl. 2023, § 240 Rn. 31.

b) Wegnahme einer fremden beweglichen Sache

F und S müssten Tatentschluss hinsichtlich der Wegnahme fremder Sachen (hier: Geldscheine und ggf. -münzen) gehabt haben.

Wegnahme ist der Bruch fremden und die Begründung neuen Gewahrsams.[8] Fraglich ist, ob die vorgestellte (erzwungene) Mitwirkung des Personals u. U. als tatbestandsausschließendes Einverständnis zu verstehen ist, sodass sich das Verhalten von F und S statt als Raub als räuberische Erpressung gem. §§ 253, 255 StGB darstellen könnte. Eröffnet ist damit die Kontroverse zur „Abgrenzung" von Raub und räuberischer Erpressung.[9]

Nach Auffassung der Rspr.[10] ist für eine räuberische Erpressung eine Vermögensverfügung nicht erforderlich. Vielmehr genügt jedes durch die Gewaltanwendung (*vis compulsiva* oder *vis absoluta*) kausal hervorgerufene Opferverhalten. Jeder Raub ist dann zugleich eine räuberische Erpressung, da beide Tatbestände im Spezialitätsverhältnis zueinander stehen – wobei § 255 StGB dann als bloßer Auffangtatbestand fungiert, während der Raub *lex specialis* ist. Die Abgrenzung beider Normen erfolgt nach dieser Auffassung allein nach dem äußeren Erscheinungsbild: Wird das Tatobjekt übergeben, liegt hiernach eine räuberische Erpressung vor, wird es weggenommen, handelt es sich um einen Raub.

Im vorliegenden Fall sollten Angestellte für F und S zwar die Tresortür öffnen. Dies hätte aber noch nicht zu einer Gewahrsamsbegründung durch F und S geführt. Die eigentliche Begründung des tatsächlichen Herrschaftsverhältnisses sollte erst dadurch geschehen, dass F und S selbst den Inhalt des Tresors an sich nehmen. Mithin läge nach der Konzeption der Rspr. eine Wegnahme i. S. d. § 249 I StGB vor.

Demgegenüber hält die h. L.[11] die Vermögensverfügung für das erforderliche Abgrenzungskriterium zwischen den (dann also im Exklusivitätsverhältnis stehenden) §§ 255, 249 StGB. Eine Vermögensverfügung ist dabei ein unmittelbar auf das Vermögen einwirkendes Opferverhalten, welches eine unmittelbar vermögensmindernde Wirkung hat. Zudem wird für erforderlich gehalten, dass das Opfer freiwillig handelt (Schlüsselgewalt/Wahlmöglichkeit). Das Opfer handelt nach h. L. freiwillig, wenn es glaubt, der Täter gelange nur mit dessen Hilfe an die Beute (subjektive Notwendigkeit der Opfermitwirkung). Ist dies der Fall, liegt hiernach eine Vermögensverfügung und damit ein Nötigungserfolg i. S. d. § 255 StGB vor, nicht aber eine Wegnahme i. S. d. § 249 I StGB. Glaubt das Opfer dagegen, der

---

[8] Bock, BT 2, 2018, S. 31; Fischer, StGB, 70. Aufl. 2023, § 242 Rn. 10; aus der Rspr. vgl. zuletzt BGH B. v. 03.03.2021 – 4 StR 338/20 – BGHSt 66, 55 = NJW 2021, 1545 = NStZ 2021, 425 = StV 2022, 15 (Anm. Kudlich JA 2021, 519; LL 2021, 682; RÜ 2021, 378; Lenk NJW 2021, 1547; El-Ghazi NStZ 2021, 427; Pschorr jurisPR-StrafR 10/2021 Anm. 5; Ruppert StV 2022, 17; Bechtel JR 2022, 39).

[9] Hierzu Bock, BT 2, 2018, S. 576ff.; Hillenkamp/Cornelius, 40 Probleme aus dem Strafrecht BT, 13. Aufl. 2020, 33. Problem; aus der Rspr. vgl. zuletzt BGH B. v. 11.08.2021 – 3 StR 63/21 – NStZ-RR 2022, 14 (Anm. Mitsch JuS 2022, 609); BGH U. v. 12.08.2021 – 3 StR 474/20 (Anm. RÜ 2021, 789).

[10] S.o.

[11] Eisele, BT II, 6. Aufl. 2021, Rn. 760, 764, 769f.; Fischer, StGB, 70. Aufl. 2023, § 255 Rn. 5; Lackner/Kühl, 30. Aufl. 2023, § 253 Rn. 3.

Täter gelange auch ohne dessen Zutun an die Beute, so handelt es unfreiwillig und § 255 StGB scheidet aus, § 249 I StGB greift. Im vorliegenden Fall wäre es F und S offenbar nicht ohne Zutun eines Angestellten gelungen, das Geld an sich zu bringen. Hiernach läge kein Tatentschluss bzgl. eines Raubs vor.

Die Konzeption der Rspr. ist überzeugender.[12] Für die h. L. spricht zwar, dass man §§ 253, 255 StGB wie auch den Betrug als Selbstschädigungsdelikte ansehen kann, welche einen Handlungs- und Entscheidungsspielraum erfordern. Zudem wird auch im Rahmen des § 263 StGB die Vermögensverfügung als Tatbestandsmerkmal verlangt, obwohl sie in dessen Wortlaut ebenfalls nicht ausdrücklich normiert ist. Auch würde andernfalls die Straflosigkeit des *furtum usus* unterlaufen.

Für die Ansicht der Rspr. spricht zunächst der Gesetzeswortlaut, welcher keine Vermögensverfügung verlangt (anders auch als § 263 StGB, bei dem die Vermögensverfügung notwendiges Bindeglied zwischen Irrtum und Schaden ist). Eine Parallele zum Betrug ist zudem zweifelhaft, weil sich das Opfer gerade nicht freiwillig selbst schädigt, sondern – im Gegensatz zum Betrug – stets unter Zwang handelt. Der Ansicht der Rspr. kann freilich entgegengehalten werden, dass im Falle eines Spezialitätsverhältnisses § 249 StGB nahezu überflüssig wäre. Des Weiteren widerspricht diese Ansicht der Gesetzessystematik, nach der der Grundtatbestand stets vor der Qualifikation steht. Außerdem hängt es oft vom Zufall ab, ob das Opfer dem Täter die Sache selbst überreicht. Demgegenüber kann man der h. L. aber einen Mangel an Praktikabilität vorwerfen, da für den Beweis der Vermögensverfügung stets die innere Willensrichtung des Opfers ermittelt werden müsste. Die Wesensverwandtschaft von Erpressung und Nötigung ist mindestens so groß wie die zwischen Erpressung und Betrug, da sich §§ 253, 240 StGB in Bezug auf Tathandlung und Abs. 2 ähneln. Würde man eine Vermögensverfügung fordern, käme als Gewaltmittel der Erpressung nur *vis compulsiva* in Betracht, da nur dann eine Willensbildung noch gegeben wäre. Dies hätte zur Folge, dass der Gewaltbegriff der Erpressung ein anderer wäre, als der des Raubs, was jedoch dem Willen des Gesetzgebers widerspricht. Außerdem entstünde eine Strafbarkeitslücke, wenn der Täter nur ein einfaches Nötigungsmittel und nicht ein solches des § 249 StGB anwendet, da § 253 StGB insofern geringere Voraussetzungen verlangt (vgl. aber immerhin die meist einschlägigen §§ 240, 223ff., 248b, 316a StGB). Gleiches gilt bei fehlender Zueignungsabsicht. Auch wird so eine Erfassung i.R.d. §§ 239a, 316a StGB möglich.

F und S hatten Tatentschluss hinsichtlich der Wegnahme fremder beweglicher Sachen i. S. d. § 249 I StGB.

Sofern nicht ohnehin Eigenhändigkeit der Tathandlungen vorliegen sollte, hatten S und F auch Tatentschluss hinsichtlich mittäterschaftlicher Begehung gem. § 25 II StGB: Beide sollten dem vorherigen Tatplan folgend (auch im Ausführungsstadium) wesentliche Tatbeiträge erbringen und als gleichberechtigte Partner agieren.[13]

---

[12] A. A. vertretbar.

[13] Da evidente Mittäterschaft und ohnehin Formulierungen im Sachverhalt (Plural), die sich ohnehin als unmittelbare Täterschaft fassen lassen, nur kurze und nachgeschobene Feststellung, obwohl vom Tatbestandsmerkmal losgelöste Täterschaftsprüfungen an sich unzulässig. Andere Handhabung möglich.

c) „Mit" oder „unter Anwendung von"

Falls man eine (Förderungs-)Kausalität zwischen Nötigungsmittel und Wegnahme verlangt,[14] so läge auch insofern Tatentschluss vor.

Auch die erforderliche finale Verknüpfung zwischen Wegnahme und Nötigungsmittel[15] lag vor.

d) Absicht rechtswidriger Zueignung

S und F handelten in der Absicht rechtswidriger Zueignung.

2. Unmittelbares Ansetzen

S und F müssten zur Tat i. S. d. § 22 StGB unmittelbar angesetzt haben.

Dies ist – bei im Einzelnen problematischer Bestimmung dieses Begriffs – dann gegeben, wenn der Täter subjektiv die Schwelle zum „Jetzt geht's los" überschreitet und objektiv Handlungen vornimmt, die in ungestörtem Fortgang ohne wesentliche Zwischenakte – d. h. ohne weiteren Willensimpuls – zur Tatbestandserfüllung führen sollen, sodass sein Tun in die Erfüllung des Tatbestands übergeht, oder die in engem räumlichen und zeitlichen Zusammenhang mit ihr stehen, das geschützte Rechtsgut somit gefährden.[16]

Besonderheiten bestehen bei der Mittäterschaft.[17] Hier ist strittig, ob es ausreicht, wenn nur einer der Mittäter unmittelbar ansetzt (sog. Gesamtlösung),[18] oder ob separat auf den einzelnen Mittäter abzustellen ist (sog Einzellösung).[19] Freilich kommt es auf derlei hier nicht an, ist es schon fraglich, ob überhaupt einer der beiden Mittäter unmittelbar ansetzte.

Es fehlt nämlich schon an einem engen zeitlichen Zusammenhang mit Tatbestandshandlungen des Raubs.[20] F und S drangen mehr als einen Tag vor dem geplanten Überfall in die Bank ein, präparierten die Räumlichkeiten und verließen die Bank wieder. Darin liegt nur eine (straflose) Vorbereitungshandlung. Aber auch durch die Fahrt zur Sparkasse am Sonntagabend haben sie nicht unmittelbar zur Tatbestandsverwirklichung angesetzt, es waren noch weitere erhebliche Zwischenschritte erforderlich: Sie hätten zunächst in die „vorbereiteten" Bankräume eindringen und dort auf das Eintreffen der Bankmitarbeiter am nächsten

---

[14] Hierzu zsf. Fischer, StGB, 70. Aufl. 2023, § 249 Rn. 6ff.

[15] S. Bock, BT 2, 2018, S. 600; aus der Rspr. vgl. zuletzt BGH B. v. 14.07.2021 – 6 StR 298/21 – NStZ 2022, 42 (Anm. Kudlich JA 2021, 959; RÜ 2021, 789; Nestler Jura 2022, 127); BGH B. v. 10.03.2022 – 1 StR 497/21 (Anm. RÜ 2022, 581).

[16] Fischer, StGB, 70. Aufl. 2023, § 22 Rn. 10; aus der Rspr. vgl. zuletzt BGH B. v. 04.05.2022 – 1 StR 3/21 – NJW 2022, 3165; BGH B. v. 04.05.2022 – 1 StR 138/21 (AGG-Hopper) (Anm. von Heintschel-Heinegg JA 2022, 1047).

[17] Hierzu zsf. Wessels/Beulke/Satzger, AT, 52. Aufl. 2022, Rn. 960ff.; Fischer, StGB, 70. Aufl. 2023, § 22 Rn. 21ff.; aus der Rspr. vgl. zuletzt BGH U. v. 17.03.2022 – 4 StR 223/21 (Anm. Hecker JuS 2022, 980; RÜ 2022, 504).

[18] So die h. M., s. nur B. Heinrich, AT, 7. Aufl. 2022, Rn. 740; Kindhäuser/Hilgendorf, LPK, 9. Aufl. 2022, § 22 Rn. 38.

[19] Roxin, AT II, 2003, § 29 Rn. 297ff.

[20] So (auch zum Folgenden) BGH B. v. 11.06.2003 – 2 StR 83/03 – NStZ 2004, 38 (39).

Morgen warten müssen, um sie in ihre Gewalt zu bringen. Ein „Zurück" war für die Täter, die sich zu diesem Zeitpunkt außerhalb der Bank befanden, noch ohne Weiteres möglich, eine konkrete Gefährdung der durch § 249 StGB geschützten Rechtsgüter war noch nicht gegeben. S und F haben nicht unmittelbar i. S. d. § 22 StGB angesetzt.

III. Ergebnis
F und S haben sich nicht wegen versuchten mittäterschaftlich begangenen Raubs strafbar gemacht haben, indem sie den Tatort präparierten.
Auf § 250 StGB kommt es nicht mehr an.

B. §§ 249 I, 30 II StGB
F und S könnten sich wegen versuchter Beteiligung am Raub strafbar gemacht haben, indem sie sich besprachen und den Tatort präparierten.

I. Tatbestand
Raub ist als Verbrechen i. S. d. § 12 I StGB eine geeignete Bezugstat i. S. d. § 30 II StGB.
Verabredung ist die ernstliche und konkretisierte Vereinbarung von mindestens zwei Beteiligten zur gemeinschaftlichen Begehung eines Verbrechens.[21]
Zur geplanten gemeinschaftlichen Begehung (heute ist anerkannt, dass prospektierte Mittäterschaft i. S. d. § 25 II StGB erforderlich ist[22]) vgl. oben.
S und F wiesen auch Erfolgswillen und Beteiligungswillen[23] auf und erfüllten so auch die subjektiven Voraussetzungen des § 30 II StGB.

II. Rechtswidrigkeit und Schuld
S und F handelten rechtswidrig und schuldhaft.

III. Rücktritt: § 31 StGB[24]
S und F könnten gem. § 31 I Nr. 3 StGB strafbefreiend zurückgetreten sein.
Aufgrund des gemeinsamen Aufgabeentschlusses wurde die Ausführung verhindert.
Sie müssten aber freiwillig gehandelt haben, d. h. (wie bei § 24 StGB) aus autonomen Motiven und nicht aufgrund einer äußeren Zwangslage.[25]

---

[21] S. nur Wessels/Beulke/Satzger, AT, 52. Aufl. 2022, Rn. 918; Fischer, StGB, 70. Aufl. 2023, § 30 Rn. 18; ausf. Hoyer, in: SK-StGB, 9. Aufl. 2017, § 30 Rn. 46ff.; aus der Rspr. vgl. RG U. v. 24.09.1920 – IV 717/20 – RGSt 55, 87.
[22] Wessels/Beulke/Satzger, AT, 52. Aufl. 2022, Rn. 918; Fischer, StGB, 70. Aufl. 2023, § 30 Rn. 18f.; aus der Rspr. vgl. zuletzt BGH B. v. 20.01.2022 – 2 StR 489/21 – NStZ 2023, 49.
[23] Hierzu Hoyer, in: SK-StGB, 9. Aufl. 2017, § 30 Rn. 48f.
[24] Zu § 31 StGB Wessels/Beulke/Satzger, AT, 52. Aufl. 2022, Rn. 1087ff.
[25] Zur Freiwilligkeit i.R.d. § 24 StGB Wessels/Beulke/Satzger, AT, 52. Aufl. 2022, Rn. 1065.; aus der Rspr. vgl. zuletzt BGH U. v. 02.02.2022 – 2 StR 41/21 – NJW 2022, 1263 = NStZ 2022, 571 = StV 2022, 797 (Anm. RÜ 2022, 369; RÜ2 2022, 133; Lichtenthäler NStZ 2022, 518).

S und F handelten aber, weil sie die verdrehte Lamelle erkannten und daher (zu Recht) auf eine Entdeckung der Vorbereitungshandlungen schlossen, mithin auf äußeren Druck hin und nicht freiwillig.

IV. Ergebnis
F und S haben sich wegen versuchter Beteiligung am Raub strafbar gemacht, indem sie sich besprachen und den Tatort präparierten.

C. §§ 249 I, 250 II Nr. 1, 30 II StGB
Ihre Tat könnte ferner gem. § 250 II Nr. 1 StGB qualifiziert sein.

Waffen sind Gegenstände, die ihrer Natur nach dazu bestimmt sind, auf mechanischem oder chemischem Wege Verletzungen beizubringen.[26]

Prinzipiell sind auch Schreckschusspistolen in Gestalt von Gaspistolen, wenn der Explosionsdruck nach vorn durch den Lauf austritt, Waffen i. S. d. § 250 II Nr. 1 StGB,[27] was mit der großen Gefährlichkeit dieses Explosionsdrucks zumindest auf kürzere Distanz begründet wird, zumal auch das WaffG (§ 1 II Nr. 1 WaffG i. V. m. Anlage 1 Abschnitte 1 UA 1 Nr. 1.1.) diese Gaspistolen erfasst. Von einer so beschaffenen Schreckschusswaffe ist auszugehen.[28]

Die von F und S beabsichtigte Verwendung zur Drohung[29] reicht als Verwendung i. S. d. § 250 II Nr. 1 StGB aus.

S und F haben sich nach §§ 249 I, 250 II Nr. 1, 30 II StGB strafbar gemacht.

D. §§ 239a I, 30 II StGB
Eine Strafbarkeit wegen Verabredung zu § 239a I StGB scheidet hingegen aus: Nach heutiger h. M. ist der Tatbestand insofern teleologisch zu reduzieren,[30] als dass die Bemächtigung gegenüber der Erpressung eine eigenständige Bedeutung haben muss. Dafür ist erforderlich, dass Bemächtigungs- und Erpressungsakt nicht zusammenfallen, der Täter also eine selbstständige, dauerhaft stabile Zwischenlage als Ausgangspunkt für einen oder mehrere weitere, darauf aufbauende Erpressungsakte geschaffen hat. Mithin muss ein funktionaler Zusammenhang bestehen, d. h. der Täter muss beabsichtigen, die durch das Sichbemächtigen für das Opfer geschaffene Lage zu weiteren qualifizierten Drohungen auszunutzen (unvollkommen zweiaktiges Delikt). Ohne eine solche Restriktion würde dies zur sachwidrigen Erfassung von „Normalfällen" der Erpressung und Vergewaltigung und zu einer Erhöhung der Mindeststrafe für Fälle, die nur im Vorfeld der §§ 253, 255

---
[26] Bock, BT 2, 2018, S. 145; Fischer, StGB, 70. Aufl. 2023, § 250 Rn. 4.
[27] Hierzu s. Bock, BT 2, 2018, S. 145; Sinn, in: SK-StGB, 9. Aufl. 2019, § 250 Rn. 10; aus der Rspr. vgl. zuletzt
BGH U. v. 09.12.2021 – 4 StR 366/21 (Anm. RÜ 2022, 241).
[28] Andere Handhabung mangels Angaben im Sachverhalt vertretbar.
[29] S. nur Bock, BT 2, 2018, S. 605; aus der Rspr. vgl. zuletzt BGH U. v. 09.12.2021 – 4 StR 366/21 (Anm. RÜ 2022, 241).
[30] Hierzu Bock, BT 2, 2018, S. 671ff.; aus der Rspr. vgl. zuletzt BGH B. v. 29.06.2022 – 3 StR 501/21 – NStZ 2023, 32 (Anm. RÜ 2023, 32; Valerius NStZ 2023, 35).

StGB liegen, führen. Außerdem träten andernfalls Delikte der Kerntatbestände der §§ 255, 177 StGB in zweiter Reihe hinter § 239a StGB zurück. Aufgrund des frühen Vollendungszeitpunkts des § 239a StGB schnitte man dem Täter zudem die Möglichkeit des Rücktritts ab, sodass nur noch ein geringer Anreiz für eine freiwillige Abstandnahme verbliebe. Von einer erstrebten stabilen Zwischenlage kann vorliegend keine Rede sein.

E. §§ 303 I, 25 II StGB
F und S könnten sich wegen Sachbeschädigung strafbar gemacht haben, indem sie den Raub vorbereiteten.

In Bezug auf die Kamera genügt das ganz leicht rückgängig zu machende Überkleben nicht den Anforderungen an ein Beschädigen oder Zerstören i. S. d. § 303 I StGB.[31]

In dem Aufbrechen der Tür zum Schalterraum liegt allerdings aufgrund der damit einhergehenden Beeinträchtigungen von Tür und Schloss zumindest eine Beschädigung.

Das Handeln des F wird dem S gem. § 25 II StGB zugerechnet.

F und S handelten vorsätzlich i. S. d. § 15 StGB.

Sie handelten auch rechtswidrig und schuldhaft.

F und S haben sich wegen Sachbeschädigung strafbar gemacht, indem sie den Raub vorbereiteten.

Zum Strafantragserfordernis s. § 303c StGB.

2. Teil: Fahrzeug des F[32]

- Strafbarkeit des F -

A. § 267 I 1. Var. StGB
F könnte sich wegen Urkundenfälschung strafbar gemacht haben, indem er die amtliche Stempelplakette nachahmte.

I. Tatbestand

1. Objektiver Tatbestand
Es müsste sich bei der Stempelplakette um eine Urkunde handeln. Hierunter versteht man jede dauerhaft verkörperte, wenigstens für die Beteiligten verständliche, menschliche Gedankenerklärung (Perpetuierungsfunktion), die zum Beweis im Rechtsverkehr geeignet und bestimmt ist (Beweisfunktion) und ihren Aussteller erkennen lässt (Garantiefunktion).[33]

---

[31] A. A. vertretbar.
[32] Nach OLG Stuttgart B. v. 07.06.2001 – 4 Ss 130/01 – NStZ-RR 2001, 370 (Anm. RÜ 2001, 511; Otto JK 2002 StGB § 267/30).
[33] Bock, BT 1, 2018, S. 433; Fischer, StGB, 70. Aufl. 2023, § 267 Rn. 3; zur Unterscheidung der Funktionen s. auch Kindhäuser/Hilgendorf, LPK, 9. Aufl. 2022, § 267 Rn. 3; aus der Rspr. vgl. zu-

Ein mit dem Dienststempel der Zulassungsbehörde versehenes, nach § 10 FZV (früher: § 23 StVZO[34]) für ein bestimmtes Fahrzeug ausgegebenes amtliches Kennzeichen bildet zusammen mit diesem Fahrzeug eine (zusammengesetzte[35]) Urkunde.[36] Es verkörpert die Erklärung der Zulassungsbehörde als Ausstellerin, dass das Fahrzeug für den im Fahrzeugregister eingetragenen Halter zum öffentlichen Verkehr zugelassen ist. Wird – wie im vorliegenden Fall – an einem mit dem Kraftfahrzeug verbundenen entstempelten amtlichen Kennzeichen das Falsifikat einer Stempelplakette angebracht, so ist eine Urkundenfälschung nur dann zu bejahen, wenn durch das Falsifikat über die Identität des Ausstellers getäuscht wird. Bei einer öffentlichen Urkunde, wie hier, erfordert dies, dass die vorgeschriebenen Förmlichkeiten für Urkunden der betreffenden Art zum Gegenstand der Nachahmung gemacht sind. Dem genügt die manipulierte Stempelplakette nicht, da das entscheidende Identitätsmerkmal, die gem. § 10 III 2 FZV (früher: § 23 IV 2 StVZO) vorgeschriebene geografische Benennung des Landratsamts, fehlt. Da das Falsifikat bei näherer Betrachtung mithin zu keiner falschen Identifikation führen konnte, liegt nicht eine (tatbestandsmäßige) schlecht geratene, plumpe Fälschung, sondern nur die Vortäuschung einer Urkunde vor.[37]

Das Kennzeichen ohne Plakette stellte ebenfalls keine Urkunde dar.

2. Zwischenergebnis
Mangels Urkunde hat F den objektiven Tatbestand des § 267 I StGB nicht verwirklicht.

II. Ergebnis
F hat sich nicht wegen Urkundenfälschung strafbar gemacht, indem er die amtliche Stempelplakette nachahmte.

B. § 274 I Nr. 1 StGB
Mangels beeinträchtigter Urkunde scheidet auch eine Urkundenunterdrückung aus.

C. §§ 267 I, II, 22, 23 StGB
F könnte sich wegen versuchter Urkundenfälschung strafbar gemacht haben, indem er die amtliche Stempelplakette nachahmte.

---

letzt OLG Karlsruhe B. v. 26.07.2022 – 2 Rv 21 Ss 262/22 (Anm. Jagalla HRRS 2022, 373; Dastis jurisPR-StrafR 15/2022 Anm. 1).

[34] So der Rechtsstand hinsichtlich der Originalentscheidung OLG Stuttgart B. v. 07.06.2001 – 4 Ss 130/01 – NStZ-RR 2001, 370.

[35] Zur zusammengesetzten Urkunde Bock, BT 1, 2018, S. 441ff.; Hoyer, in: SK-StGB, 9. Aufl. 2019, § 267 Rn. 71ff.; aus der Rspr. vgl. zuletzt BGH B. v. 23.08.2017 – 1 StR 173/17 – NJW 2018, 87 = NStZ 2018, 344 = StV 2018, 429 (Anm. Hoven NJW 2018, 89); OLG Karlsruhe B. v. 13.03.2019 – 1 Rv 3 Ss 691/18 (Anm. Hecker JuS 2019, 819).

[36] So (auch zum Folgenden und mit Nachweisen) OLG Stuttgart B. v. 07.06.2001 – 4 Ss 130/01 – NStZ-RR 2001, 370.

[37] A. A. vertretbar.

I. Sog. „Vorprüfung": Nichtvollendung, Strafbarkeit des Versuchs

Zum Fehlen einer vollendeten Urkundenfälschung s. o.

Der Versuch der Urkundenfälschung ist nach § 267 II StGB strafbar.

II. Tatbestand

1. Vorstellung von der Verwirklichung des Tatbestands (sog. Tatentschluss, subjektiver Tatbestand)

F müsste Tatentschluss hinsichtlich des Herstellens einer Urkunde gehabt haben.

F wollte eine ordnungsgemäße Zulassung vortäuschen.

Denkbar ist mithin, dass er an eine (in Wirklichkeit nicht bestehende, s. o.) Garantie- und Beweisfunktion geglaubt hatte und sich also bei Fertigung und Anbringung der Stempelplaketten vorgestellt hat, eine (unechte) beweisfähige Urkunde hergestellt zu haben.

Problematisch ist aber, dass sich die fehlerhafte Vorstellung auf den rechtlichen Gehalt von § 10 III 2 FEV bezog, sodass sich die Frage eines (strafbaren, wie sich aus § 23 III StGB schließen lässt[38]) untauglichen Versuch in „Abgrenzung" zum straflosen sog. Wahndelikt[39] stellt.

Hierbei handelt es sich um das spiegelbildliche Problem der „Abgrenzung" von §§ 16 und 17 StGB sowie dem irrelevanten Subsumtionsirrtum im Bereich der Vorfeldirrtümer bei normativen Tatbestandsmerkmalen.[40]

Umstritten ist zum einen die abstrakte Abgrenzung von untauglichem Versuch und Wahndelikt bei normativen Tatbestandsmerkmalen, zum anderen im Besonderen die Handhabung des Irrtums über die Urkundeneigenschaft bei § 267 StGB.[41]

Nur Letzteres muss hier entschieden werden, zumal bei Anwendung abstrakter Ansätze viele einzelne Subsumtionen wiederum streitig sind.

Teile der Rspr.[42] und Lehre[43] lassen den irrigen Glauben des Täters an die Urkundeneigenschaft für einen Tatentschluss zu einem untauglichen Versuch genügen.

Dies sehen auch Vertreter der Lehre so, die bei normativen Vorfeldirrtümern stets zur Annahme eines Versuchs neigen.[44]

---

[38] B. Heinrich, AT, 7. Aufl. 2022, Rn. 673; zum untauglichen Versuch Wessels/Beulke/Satzger, AT, 52. Aufl. 2022, Rn. 979ff.

[39] Hierzu Wessels/Beulke/Satzger, AT, 52. Aufl. 2022,; Fischer, StGB, 70. Aufl. 2023, § 22 Rn. 49.

[40] Hierzu B. Heinrich, AT, 7. Aufl. 2022, Rn. 1078ff.

[41] Zu letzterem s. z. B. Fischer, StGB, 70. Aufl. 2023, § 267 Rn. 46.

[42] Für den Fall einer Collage OLG Düsseldorf B. v. 14.09.2000 – 2b Ss 222/00 – 64/00 I – NJW 2001, 167 = NStZ 2001, 482 = StV 2001, 237 (Anm. Puppe, AT, 5. Aufl. 2022, § 20 Rn. 10ff.; Geppert JK 2001 StGB § 267/28; Heuchemer JA-R 2001, 145; LL 2001, 329; RÜ 2001, 22; RA 2001, 51; Erb NStZ 2001, 317; Puppe NStZ 2001, 482; Sättele StV 2001, 238).

[43] Z. B. Mitsch NStZ 1994, 88 (88f.).

[44] S. etwa Hoffmann-Holland, MK-StGB, 4. Aufl. 2020, § 22 Rn. 68ff.

Herrschend in Rspr.[45] und Literatur[46] ist hingegen die Annahme eines Wahndelikts, wenn der Täter aufgrund der ihm bekannten Tatumstände eine Urkundeneigenschaft irrig annimmt.

Es gibt sogar „radikale" Stimmen im Schrifttum,[47] die täterbelastende Rechtsirrtümer stets als Wahndelikt einstufen.

Zu berücksichtigen ist, dass über die Reichweite der Strafbarkeit aufgrund der Auslegung der Tatbestandsmerkmale nur das Gesetz entscheiden kann, nicht die Vorstellung eines Bürgers und Rechtslaien. Hierbei kann dahinstehen, ob die Abgrenzung von §§ 16 und 17 StGB in einem Umkehrverhältnis zur Abgrenzung von untauglichem Versuch und Wahndelikt steht. Richtig mag sein, dass im Rahmen des Vorsatzes bzw. Tatbestandsirrtums bei normativen Tatbestandsmerkmalen schon aufgrund der Existenz von § 17 StGB nicht jeder rechtliche Vorfeldirrtum zugleich ein Tatbestandsirrtum sein kann. Jedenfalls in Bezug auf eine Selbstbelastung des Täters kann hieraus keine Ausdehnung der Strafbarkeit resultieren. Wenn für die Begründung des Vorsatzes eine sog. Parallelwertung in der Laiensphäre genügen kann, was i. E. schon Probleme aufwirft, bedeutet dies noch nicht, dass beliebige Annahmen des Täters, was schon eine Urkunde ist, dessen Versuchsstrafbarkeit begründen. Je weiter weg die Vorstellung des Täters von der Wirklichkeit ist, umso eher zeigt sich auch die kriminalpolitische Richtigkeit. Strafbarkeitslücken drohen angesichts § 22 StVG nicht, ferner existieren Ordnungswidrigkeitentatbestände.

F hatte keinen Tatentschluss hinsichtlich einer Urkunde.[48]

2. Zwischenergebnis
F erfüllt den subjektiven Tatbestand der versuchten Urkundenfälschung nicht.

III. Ergebnis
F hat sich nicht wegen versuchter Urkundenfälschung strafbar gemacht, indem er die amtliche Stempelplakette nachahmte.

D. § 132 StGB
Eine Amtsanmaßung nach § 132 1. Var. StGB scheitert daran, dass sich der Täter mit der Ausübung eines öffentlichen Amtes befassen muss, was nur der Fall ist, wenn er sich als Inhaber eines solchen ausgibt, obwohl er es in Wirklichkeit nicht bekleidet.[49] Dies tut F nicht einmal konkludent.

---

[45] S. z. B. BGH U. v. 01.07.1959 – 2 StR 191/59 (Bezugskarte) – BGHSt 13, 235 = NJW 1959, 2173 (Anm. Roxin, Höchstrichterliche Rspr. AT, 1998, Nr. 55; Traub NJW 1960, 348; Traub JuS 1967, 113).

[46] S. etwa Joecks/Jäger, StGB, 13. Aufl. 2021, § 267 Rn. 97; Fischer, StGB, 70. Aufl. 2023, § 267 Rn. 46.

[47] S. Eser/Bosch, in: Schönke/Schröder, 30. Aufl. 2019, § 22 Rn. 89.

[48] A. A. vertretbar. Offenlassend (zurückverweisend) OLG Stuttgart B. v. 07.06.2001 – 4 Ss 130/01 – NStZ-RR 2001, 370.

[49] Bock, BT 1, 2018, S. 344; aus der Rspr. vgl. zuletzt BGH B. v. 14.04.2020 – 5 StR 37/20 – BGHSt 64, 314 = NJW 2020, 2201 = NStZ 2021, 38 = StV 2021, 486 (Anm. Bosch Jura 2020, 994; LL 2020, 548; RÜ 2020, 585; Mitsch NStZ 2021, 39; Bock ZIS 2021, 193).

Die 2. Var. setzt voraus, dass der Täter den Anschein erweckt, eine Amtshandlung zu vollziehen, was von Handlungen abzugrenzen ist, bei denen der Täter offen als Privatmann auftritt; insbesondere das Verfälschen etc. einer amtlichen Urkunde wird nicht mit dem Anspruch ausgeführt, Amtshandlung zu sein.[50]

E. § 22 StVG
Laut Bearbeitervermerk sind nur Delikte des StGB zu prüfen.

3. Teil: Diskothek[51]

1. Abschnitt: Strafbarkeit des S[52]

A. §§ 306 I, 22, 23(, 25 II[53]) StGB[54]
S könnte sich wegen versuchter Brandstiftung strafbar gemacht haben, indem er den Vorraum der Diskothek betrat.

I. Sog. „Vorprüfung": Nichtvollendung, Strafbarkeit des Versuchs
Zu einer vollendeten Brandstiftung kam es nicht.
Der Versuch der Brandstiftung ist nach den §§ 12 I, 23 I StGB strafbar.

II. Tatbestand

1. Vorstellung von der Verwirklichung des Tatbestands (sog. Tatentschluss, subjektiver Tatbestand)
S müsste Tatentschluss zunächst dahingehend gehabt haben, dass es sich bei der Diskothek um ein fremdes Gebäude handelte.
Gebäude ist ein durch Wände und Dach begrenztes, mit dem Grund und Boden fest verbundenes Bauwerk, das den Eintritt von Menschen ermöglicht und geeignet und bestimmt ist, dem Schutze von Menschen oder Sachen zu dienen.[55]
S kannte diese auf die Diskothek zutreffenden Umstände und wusste auch, dass die Diskothek im Eigentum eines anderen stand und somit für ihn fremd war. S hatte also Tatentschluss bzgl. eines fremden Gebäudes.

---

[50] Bock, BT 1, 2018, S. 344.
[51] Nach BGH U. v. 09.03.2006 – 3 StR 28/06 – NStZ 2006, 331 = StV 2007, 187 (Anm. Geppert JK 2006 StGB § 22/24; RA 2006, 312; Schuhr StV 2007, 188).
[52] Auch gemeinsame Prüfung von S und F möglich.
[53] Zurechnungsfunktion nicht benötigt.
[54] Eskalierender Aufbau, da bereits Grunddelikt problematisch (unmittelbares Ansetzen). Anderer Aufbau möglich.
[55] Bock, BT 1, 2018, S. 517; aus der Rspr. vgl. RG U. v. 02.12.1920 – III 1238/20 – RGSt 55, 153; BGH B. v. 11.05.1951 – GSSt 1/51 – BGHSt 1, 158 = NJW 1951, 669; BGH U. v. 13.11.1952 – 3 StR 727/51 – BGHSt 3, 300 = NJW 1953, 154; BGH U. v. 30.03.1954 – 1 StR 494/53 – BGHSt 6, 107 = NJW 1954, 1335 (Anm. Lang-Hinrichsen JZ 1955, 288); OLG Karlsruhe B. v. 08.07.1981 – 3 Ss 28/8 – NStZ 1981, 482.

S müsste des Weiteren Tatentschluss hinsichtlich der Tathandlungen des § 306 I StGB gehabt haben.

Ein Inbrandsetzen erfordert, dass zumindest Teile des Objekts so vom Feuer erfasst sind, dass das Feuer aus eigener Kraft nach Entfernen oder Erlöschen des Zündstoffs weiterbrennt.[56] Nach dem Tatplan sollte aus einem mitgebrachten Kanister Benzin verschüttet und dieses dann entzündet werden. Vom Vorsatz des S bzgl. eines selbstständigen Weiterbrennens ist auszugehen.

Das ganz oder teilweise Zerstören durch Brandlegung soll demgegenüber Fälle erfassen, in denen zwar kein Inbrandsetzen im obigen Sinne anzunehmen ist, aber durch Explosion des Brandmittels, Ruß-, Gas-, Rauchentwicklung oder Löschmittel eine Zerstörung (wie bei § 303 I StGB Substanzvernichtung bzw. Aufhebung der Funktionsfähigkeit) eingetreten ist.[57] Hierfür ist nichts ersichtlich.

2. Unmittelbares Ansetzen
S müsste zur Tat i. S. d. § 22 StGB unmittelbar angesetzt haben.

Dies ist nicht erst dann der Fall, wenn der Täter bereits eine der Beschreibung des gesetzlichen Tatbestandes entsprechende Handlung vornimmt bzw. ein Tatbestandsmerkmal verwirklicht.[58] Auch eine frühere, vorgelagerte Handlung kann bereits die Strafbarkeit wegen Versuchs begründen. Dies gilt aber nur dann, wenn sie nach der Vorstellung des Täters bei ungestörtem Fortgang ohne Zwischenakte in die Tatbestandsverwirklichung unmittelbar einmündet oder mit ihr in unmittelbarem räumlichem und zeitlichem Zusammenhang steht, s. o. Diese abstrakten Maßstäbe bedürfen angesichts der Vielzahl denkbarer Sachverhaltsgestaltungen jedoch stets der wertenden Konkretisierung unter Beachtung der Umstände des Einzelfalles.[59] Hierbei können etwa die Dichte des Tatplans oder der Grad der Rechtsgutsgefährdung, der aus Sicht des Täters durch die zu beurteilende Handlung bewirkt wird, für die Abgrenzung zwischen Vorbereitungs- und Versuchsstadium Bedeutung gewinnen.

S war entsprechend einem fest gefassten und detaillierten Tatplan bereits mit den erforderlichen Tatmitteln in das in Brand zu setzende Gebäude eingedrungen. Er musste nur noch die Zwischentüre mit dem für diesen Zweck mitgeführten Kuhfuß aufhebeln sowie den ebenfalls mitgebrachten Brandbeschleuniger verteilen und entzünden. Damit beging er vorgelagerte Handlungen, die bei ungestörtem Fortgang ohne Zwischenakte in die Tatbestandsverwirklichung unmittelbar eingemündet hätten. Dabei kam dem Öffnen der Zwischentüre unter den hier gegebenen Umständen

---

[56] Bock, BT 1, 2018, S. 520; Fischer, StGB, 70. Aufl. 2023, § 306 Rn. 14; aus der Rspr. vgl. zuletzt BGH B. v. 09.01.2020 – 4 StR 324/19 – NStZ 2020, 402 = StV 2020, 598 (Anm. Eidam NStZ 2020, 549; Rinio NZV 2020, 433).
[57] Hierzu Bock, BT 1, 2018, S. 524ff.; Fischer, StGB, 70. Aufl. 2023, § 306 Rn. 15ff.; aus der Rspr. vgl. zuletzt BGH U. v. 25.11.2020 – 5 StR 493/19 – NJW 2021, 2373 = StV 2021, 249 und 499.
[58] So (auch zum Folgenden) BGH U. v. 09.03.2006 – 3 StR 28/06 – NStZ 2006, 331 (331f.) m. w. N.
[59] Derartige Sätze (hier des BGH) sind als bloßer Hinweis auf die stets erforderliche Subsumtion des tatsächlichen Sachverhalts entbehrlich.

nicht das Gewicht eines Zwischengeschehens zu, dessen Ausgang offen gewesen wäre oder das zu neuen Planungen oder Entschlussfassungen geführt hätte. Vielmehr war S das Vorhandensein der Zwischentüre und ihre Beschaffenheit bekannt, weshalb er die gewaltsame Öffnung von vorneherein geplant und vorbereitet hatte. Zudem lag hier ein sehr enger räumlicher und zeitlicher Zusammenhang mit der geplanten Brandlegung vor. Den bereits in das Gebäude eingedrungenen S trennten nur noch wenige Meter und Sekunden von der Tatbestandsverwirklichung, sodass bereits eine hohe Gefährdung des zu schützenden Rechtsgutes gegeben war.

S setzte also unmittelbar an.[60]

III. Rechtswidrigkeit, Schuld
S handelte rechtswidrig und schuldhaft.

Insbesondere liegt keine rechtfertigende Einwilligung des Ö vor: Dieser war als Pächter der Diskothek nicht Eigentümer und daher nicht verfügungsbefugt.

Auf die umstrittene Frage, ob § 306 StGB überhaupt ein einwilligungsfähiges Delikt ist,[61] kommt es daher nicht an.

IV. Rücktritt: § 24 StGB
S könnte gem. § 24 II StGB strafbefreiend zurückgetreten sein.

S wurde aber verhaftet, sodass er, selbst wenn er es gewollt hätte, sein Vorhaben, die Diskothek in Brand zu setzen, nicht fortführen konnte. Mithin war der Versuch des S fehlgeschlagen, wobei es dahinstehen kann ob bereits ein „Aufgeben" i. S. d. § 24 I 1 StGB bzw. „Verhindern" i. S. d. § 24 II 1 StGB ausscheidet oder erst die Freiwilligkeit.

V. Ergebnis
S hat sich wegen versuchter Brandstiftung strafbar gemacht, indem er den Vorraum der Diskothek betrat.

B. §§ 306a I Nr. 3, 22, 23(, 25 II) StGB
S könnte sich wegen versuchter schwerer Brandstiftung strafbar gemacht haben, indem er den Vorraum der Diskothek betrat.

S müsste den Willen gehabt haben, eine Räumlichkeit, die zeitweise dem Aufenthalt von Menschen dient, zu einer Zeit, in der Menschen sich dort aufzuhalten pflegen, in Brand zu setzen.

Zwar wusste S, dass es sich bei der Diskothek um eine Räumlichkeit handelte, in der sich (zumindest während der Öffnungszeiten) Menschen aufzuhalten pflegen. Er wollte diese auch in Brand setzen (s. o.). Er wollte jedoch das Feuer gewiss zu

---

[60] A. A. vertretbar.
[61] S. nur Bock, BT 1, 2018, S. 516; Joecks/Jäger, StGB, 13. Aufl. 2021, § 306 Rn. 37f.; aus der Rspr. vgl. BGH U. v. 29.11.1989 – 2 StR 264/89 – BGHSt 36, 305 = NJW 1990, 584 = NStZ 1990, 193 = StV 199, 49 (Anm. Hassemer JuS 1990, 587); BGH B. v. 26.03.2003 – 1 StR 549/02 – NJW 2003, 1824 = StV 2003, 397 (Anm. Rautenkranz JA 2003, 748; Otto JK 2004 StGB § 306/6).

einem Zeitpunkt legen, an dem die Diskothek geschlossen war, sodass er sich nicht vorstellte, dass die Inbrandsetzung zu einer Zeit erfolgen würde, in der Menschen sich dort aufzuhalten pflegen.

S hatte also keinen Tatentschluss zur Begehung einer schweren Brandstiftung.

S hat sich nicht wegen versuchter schwerer Brandstiftung strafbar gemacht, indem er den Vorraum der Diskothek betrat.

C. §§ 306b II, 22, 23(, 25 II) StGB
Auch § 306b II StGB scheidet damit aus.

D. §§ 263 I, II, 22, 23, 25 II[62] StGB
Zu einem in Mittäterschaft mit Ö (und F) begangenen Betrug gegenüber der Versicherung hat S jedenfalls nicht unmittelbar angesetzt: Als wesentlicher Zwischenschritt steht dem zumindest die noch nicht erfolgte Kontaktaufnahme mit der Versicherung durch Ö als Versicherten entgegen.

E. §§ 265 I, II, 22, 23 StGB
S könnte sich wegen versuchten Versicherungsmissbrauchs strafbar gemacht haben, indem er den Vorraum der Diskothek betrat.

I. Sog. „Vorprüfung": Nichtvollendung, Strafbarkeit des Versuchs
Zu einer vollendeten Beschädigung der Diskothek kam es nicht.

Der Versuch des Versicherungsmissbrauchs ist nach § 265 II StGB strafbar.

II. Tatbestand

1. Vorstellung von der Verwirklichung des Tatbestands (sog. Tatentschluss, subjektiver Tatbestand)
S müsste sich zunächst vorgestellt haben, dass es sich bei der Diskothek um eine gegen Untergang, Beschädigung, Beeinträchtigung der Brauchbarkeit, Verlust oder Diebstahl versicherte Sache i. S. d. § 265 I StGB handelte.

Fraglich ist, ob er wusste, dass für diese eine Feuerversicherung – also eine Versicherung gegen Beschädigung und Untergang – bestand. Im Sachverhalt ist nicht angegeben, wie weit der Kenntnisstand des S reichte. Ö gewann F und dieser wiederum S, jeweils mit der Aussicht auf Verdienst. Ein solcher Verdienst konnte naheliegenderweise nur durch unberechtigte Inanspruchnahme einer beträchtlichen Versicherungssumme „erwirtschaftet" werden. Der Sachverhalt ist mithin dahingehend auszulegen, dass S (und F) mindestens Eventualvorsatz hinsichtlich der Versicherung hatten.[63]

---

[62] In Bezug auf den Betrug würde Zurechnungsfunktion des § 25 II StGB benötigt.
[63] A. A. (*in dubio pro reo*) vertretbar.

S müsste weiter mit Blick auf die Diskothek Tatentschluss hinsichtlich der Vornahme einer Tathandlung – beschädigen, zerstören, in ihrer Brauchbarkeit beeinträchtigen, beiseiteschaffen oder einem anderen überlassen – gehabt haben.

Beschädigen meint (wie bei § 303 I StGB)[64] die unmittelbare Einwirkung auf die Sache, welche die körperliche Unversehrtheit (Substanz) nicht unerheblich verletzt oder die bestimmungsgemäße Brauchbarkeit nicht nur unwesentlich beeinträchtigt.[65] S hatte sich vorgestellt, dass die Diskothek vom Feuer erfasst würde (s. o.), was eine Substanzverletzung darstellen würde. S hatte also Tatentschluss bzgl. einer Beschädigung.

Fraglich ist, ob S handelte, um einem Dritten (hier Ö) Leistungen aus der Versicherung zu verschaffen. Im Hinblick auf eine lebensnahe Sachverhaltsauslegung ist in der Tat anzunehmen, dass es dem S zwar vor allem auf sein eigenes Entgelt ankam; da sich dieses aber letztlich aus den Einnahmen aus der Versicherungssumme speisen sollte, ist die Leistungsverschaffung ein Zwischenziel des S.

Ob die Leistungsverschaffung bzgl. Ö materiell (versicherungs-)rechtswidrig wäre, ist i.R.d. § 265 StGB irrelevant.[66]

2. Unmittelbares Ansetzen
S setzte auch zur Tat i. S. d. § 22 StGB unmittelbar an, vgl. o.

III. Rechtswidrigkeit, Schuld
S handelte rechtswidrig und schuldhaft.

Mangels Dispositionsbefugnis bzgl. des Rechtsguts des § 265 StGB[67] (Vermögen der Sachversicherung) scheidet eine Einwilligung des Ö aus.

IV. Ergebnis
S hat sich wegen versuchten Versicherungsmissbrauchs strafbar gemacht, indem er den Vorraum der Diskothek betrat.

F. §§ 303 I, III, 22, 23 StGB
Die versuchte Sachbeschädigung tritt hinter die speziellere versuchte Brandstiftung in Gesetzeskonkurrenz zurück.[68]

---

[64] Statt aller Fischer, StGB, 70. Aufl. 2023, § 265 Rn. 5.
[65] S. nur Bock, BT 2, 2018, S. 218.
[66] Fischer, StGB, 70. Aufl. 2023, § 265 Rn. 10.
[67] Hierzu Hoyer, in: SK-StGB, 9. Aufl. 2019, § 265 Rn. 5ff.; aus der Rspr. vgl. RG U. v. 06.02.1933 – II 1427/32 – RGSt 67, 108; BGH U. v. 19.12.1950 – 4 StR 14/50 – NJW 1951, 204; BGH U. v. 29.04.1958 – 1 StR 135/58 – BGHSt 11, 398 = NJW 1958, 1149; OLG Koblenz U. v. 11.03.1965 – (1) Ss 71/65 – NJW 1966, 1669; BGH U. v. 15.01.1974 – 5 StR 602/73 – BGHSt 25, 261 = NJW 1974, 568 (Anm. Schroeder JR 1975, 71); BGH U. v. 20.04.1988 – 2 StR 88/88 – BGHSt 35, 261 = NJW 1988, 3025 = NStZ 1988, 363 = StV 1989, 298 (Anm. Ranft StV 1989, 301).
[68] S. nur Fischer, StGB, 70. Aufl. 2023, § 306 Rn. 24.

2. Abschnitt: Strafbarkeit des F

A. §§ 306 I, 22, 23, 25 II StGB

F könnte sich wegen versuchter Brandstiftung in Mittäterschaft strafbar gemacht haben, indem er mit S zur Diskothek fuhr.

Er müsste Tatentschluss hinsichtlich gemeinschaftlicher (i. S. d. § 25 II StGB) Tatbegehung mit S gehabt haben, sodass ein entsprechender Tatentschluss hinsichtlich des Inbrandsetzens bei F anzunehmen wäre. Er müsste mithin Tatentschluss bzgl. solcher Umstände gehabt haben, nach denen er selbst (Mit-)Täter wäre und nicht nur Teilnehmer einer von S zu begehenden Tat.

F hatte Tatentschluss dahingehend, im Ausführungsstadium zwar nicht die eigentliche Tathandlung des § 306 I StGB (das Inbrandsetzen) vorzunehmen, aber doch durch den Transport von S zum Tatort (im eigenen Auto des F) und das Wegfahren nach der Tatausführung wesentliche eigene Beiträge zu leisten. F hat sich also Umstände vorgestellt, hinsichtlich derer von Täterschaft auszugehen wäre. Auch der subjektive Ansatz der Rspr. kommt zu diesem Ergebnis, zumal F geradezu Initiator des Handelns des S war,[69] sich aber nicht auf einen anstiftenden Beitrag beschränkte.

Fraglich ist, ob (auch) er unmittelbar i. S. d. § 22 StGB angesetzt hat.

Bei Mittäterschaft ist strittig, ob es ausreicht, wenn nur einer der Mittäter unmittelbar ansetzt (sog. Gesamtlösung), oder ob separat auf den einzelnen Mittäter abzustellen ist (sog. Einzellösung), s. o.

Folgt man einer Gesamtlösung, so hat F ohne Weiteres unmittelbar angesetzt. Aber auch im Rahmen der Einzellösung wäre zu berücksichtigen, dass F den von beiden erdachten Tatbeitrag (Mitplanung und Transport zum Tatort) bereits so weit erbrachte, dass S als anderer Mittäter mit seinen Beiträgen beginnen konnte. Auch hiernach wäre ein unmittelbares Ansetzen anzunehmen, sodass die prinzipielle Kontroverse dahinstehen kann.

F handelte rechtswidrig und schuldhaft.

Ein Rücktritt ist nicht ersichtlich.

F hat sich wegen versuchter Brandstiftung in Mittäterschaft strafbar gemacht, indem er mit S zur Diskothek fuhr.

B. §§ 265 I, II, 22, 23, 25 II StGB

Auch einen versuchten Versicherungsbetrug in Mittäterschaft hat F begangen, vgl. jeweils o.

3. Abschnitt: Strafbarkeit des Ö

A. §§ 306 I, 22, 23, 25 II StGB

Ö könnte sich wegen versuchter Brandstiftung in Mittäterschaft strafbar gemacht haben, indem er F beauftragte, jemanden für die Brandlegung zu „besorgen".

---

[69] S. BGH U. v. 09.03.2006 – 3 StR 28/06 – NStZ 2006, 331 (332).

Allerdings mangelte es sowohl an einem Tatbeitrag im eigentlichen Ausführungsstadium als auch an einer derart gewichtigen Planung im Vorbereitungsstadium (selbst wenn man eine solche für Mittäterschaft genügen ließe), dass diese das Minus im Ausführungsstadium kompensieren könnte.

Auch an einem gemeinsamen Tatentschluss fehlt es.

B. §§ 306 I, 22, 23, 25 I 2. Var. StGB

Eine mittelbare Täterschaft scheidet mangels Tatherrschaft des Ö gegenüber F und S aus.

Insbesondere handelte es sich nicht um eine mafia-ähnlich organisierte Gruppe, bei der mittelbare Täterschaft kraft Organisationsherrschaft[70] in Betracht käme.

C. §§ 306 I, 22, 23, 26 StGB

Ö könnte sich wegen Anstiftung zur versuchten Brandstiftung strafbar gemacht haben, indem er F beauftragte, jemanden für die Brandlegung zu „besorgen".

Eine rechtswidrige (Haupt-)Tat von S und F liegt vor, s. o.

Zu dieser müsste Ö die Haupttäter bestimmt haben.

Bestimmen ist – jedenfalls ungeachtet der grundsätzlichen Kontroversen[71] – das Hervorrufen des Tatentschlusses.[72]

Dies beruht im vorliegenden Fall auf der Beauftragung des F, welcher wiederum – wie Ö wusste – jemand anderen „besorgen" wollte (bzw. sollte).

Ö handelte auch mit diesbezüglichem Vorsatz, ferner rechtswidrig und schuldhaft.

Insbesondere kommt es nicht auf den Gedanken an, dass das Rechtsgut (hier Eigentum) auch gegenüber dem Anstifter geschützt sein muss:[73] Ö ist nämlich nicht der Eigentümer, sondern bloßer Pächter der Diskothek.

Ö hat sich wegen Anstiftung zur versuchten Brandstiftung strafbar gemacht, indem er F beauftragte, jemanden für die Brandlegung zu „besorgen".

Auf eine Beihilfe gem. § 27 StGB aufgrund des zur Verfügung gestellten Schlüssels kommt es angesichts der Subsidiarität der milderen Beihilfe gegenüber der Anstiftung[74] nicht an.

D. §§ 265 I, II, 22, 23, 26 StGB

Aufgrund seiner „Beauftragung" des F und S hat Ö auch eine Anstiftung zum versuchten Versicherungsmissbrauch (s. o.) begangen.

---

[70] Hierzu Wessels/Beulke/Satzger, AT, 52. Aufl. 2022, Rn. 852; Hoyer, in: SK-StGB, 9. Aufl. 2017, § 25 Rn. 87ff.

[71] Hierzu Wessels/Beulke/Satzger, AT, 52. Aufl. 2022, Rn. 881.

[72] Zu dieser Ausgangsformel s. B. Heinrich, AT, 7. Aufl. 2022, Rn. 1287; Hoyer, in: SK-StGB, 9. Aufl. 2017, § 26 Rn. 5; aus der Rspr. vgl. zuletzt BGH U. v. 18.05.2022 – 6 StR 441/21 – NStZ-RR 2022, 252.

[73] Hierzu Hoyer, in: SK-StGB, 9. Aufl. 2017, vor § 26 Rn. 32.

[74] Hoyer, in: SK-StGB, 9. Aufl. 2017, § 27 Rn. 38.

4. Teil: Bei C[75]

- Strafbarkeit des F -[76]

A. §§ 212 I, 22, 23 StGB zu Lasten der C
F könnte sich wegen versuchten Totschlags strafbar gemacht haben, indem er C vom Balkon stürzte, ihren Kopf auf den Gehweg zu schlagen versuchte und auf sie eintrat und einschlug.[77]

I. Sog. „Vorprüfung": Nichtvollendung, Strafbarkeit des Versuchs
C hat (offenbar) überlebt.
Die Versuchsstrafbarkeit folgt aus §§ 12 I, 23 I StGB.

II. Tatbestand

1. Vorstellung von der Verwirklichung des Tatbestands (sog. Tatentschluss, subjektiver Tatbestand)
F müsste Vorsatz zur Tötung der C gehabt haben.
Angesichts der Angaben im Sachverhalt ist ab dem Entschluss, die C vom Balkon zu stürzen von mindestens eventuellem Tötungsvorsatz (wenn nicht gar von Absicht) auszugehen[78]: Zu beachten sind dabei zunächst die Höhe des Balkons und die damit einhergehende Gefährlichkeit eines Sturzes; laut Sachverhalt hatte F auch tatsächlich die Vorstellung, C werde sich das Genick brechen. Das Geschehen auf der Rasenfläche war dann vollends von dem ausdrücklich erwähnten Willen des F getragen, C (nun auf andere Weise) zu töten.

2. Unmittelbares Ansetzen
Das unmittelbare Ansetzen i. S. d. § 22 StGB liegt in der jeweils vollständigen und (zunächst) für erfolgstauglich erachteten[79] Verwirklichung der geplanten Tathandlung (hier: das Stürzen vom Balkon).

III. Rechtswidrigkeit und Schuld
F handelte rechtswidrig und schuldhaft.

---

[75] Nach BGH U. v. 08.02.2007 – 3 StR 470/06 – NStZ 2007, 399 (Anm. LL 2007, 683; RÜ 2007, 250; RA 2007, 268).
[76] Strafbarkeit der M nicht angesprochen, da deren Handlung (Bewerfen mit Rollerblades), sofern überhaupt tatbestandsmäßig, jedenfalls gem. § 32 StGB gerechtfertigt ist.
[77] Gemeinsame Prüfung aller Versuchshandlungen, da im Rahmen des Rücktritts ein Fehlschlag in Abgrenzung zur Gesamtbetrachtung zu prüfen ist.
[78] A. A. wohl evtl. noch vertretbar.
[79] S. die Faustformel bei Joecks/Jäger, StGB, 13. Aufl. 2021, § 22 Rn. 18.

IV. Rücktritt, § 24 I 1 1. Var. StGB

F könnte gem. § 24 I 1 1. Var. StGB strafbefreiend vom Versuch zurückgetreten sein, indem er sich entschloss, von C abzulassen. Wegen Versuchs wird gem. § 24 I 1 1. Var. StGB nicht bestraft, wer freiwillig die weitere Ausführung der Tat aufgibt.

Dabei setzt § 24 I 1 StGB (e contrario § 24 II StGB) voraus, dass – wie hier – nicht mehrere als Täter oder Teilnehmer an der Tat beteiligt sind.

1. Kein aus Tätersicht sog. fehlgeschlagener Versuch (Tat weiterhin ausführbar)

Soll i. S. d. § 24 I 1 StGB die Ausführung „der Tat" aufgegeben werden, setzt das voraus, dass der Täter überhaupt noch davon ausgeht, die Tat zur Vollendung führen zu können. In Rspr. und Lehre hat sich für diese Frage der Begriff „(kein) fehlgeschlagener Versuch"[80] eingebürgert. Fehlgeschlagen ist ein Versuch, wenn der Taterfolg aus Sicht des Täters mit den ihm zur Verfügung stehenden Mitteln nicht mehr erreicht werden kann, ohne dass eine ganz neue Handlungs- und Kausalkette in Gang gesetzt wird, wobei ein rein subjektiver Maßstab anzulegen ist.[81] Dies ist unter mehrerlei Gesichtspunkten problematisch:

a) Unbeachtlichkeit des sog. fehlgeschlagenen Einzelakts

Es stellt sich die Frage, wie „die weitere Ausführung der Tat" auszulegen ist, ob nämlich auf die Möglichkeit, den Versuch fortzusetzen, abzustellen ist, oder auf den sog. fehlgeschlagenen Einzelakt.[82]

Als solche fehlgeschlagenen Einzelakte kommen namentlich das Stürzen vom Balkon, das Schlagen des Kopfes auf die Gehwegplatten sowie die Schläge und Tritte in Betracht.

Es ist umstritten,[83] ob bei Misslingen eines ersten, vom Täter zunächst für vollendungstauglich gehaltenen Einzelakts stets ein fehlgeschlagener Versuch anzunehmen ist (sog. Einzelaktstheorie[84]), oder ob im Rahmen einer Gesamtbetrachtung die Abstandnahme von anderen Mitteln zur Tatvollendung als Rücktritt nach § 24 I 1 1. Var. StGB genügt (sog. Gesamtbetrachtungslehre der heutigen Rspr.[85] und h. L.[86]).

---

[80] Hierzu zsf. z. B. Wessels/Beulke/Satzger, AT, 52. Aufl. 2022, Rn. 1008ff.

[81] Vgl. Fischer, StGB, 70. Aufl. 2023, § 24 Rn. 7.

[82] Zu diesem Streitstand B. Heinrich, AT, 7. Aufl. 2022, Rn. 818ff.; Hillenkamp/Cornelius, 32 Probleme aus dem Strafrecht AT, 16. Aufl. 2023, 18. Problem.

[83] Zsf. Wessels/Beulke/Satzger, AT, 52. Aufl. 2022, Rn. 1011ff.

[84] Heute etwa Eser/Bosch, in: Schönke/Schröder, 30. Aufl. 2019, § 24 Rn. 21; vgl. auch die Zsf. und Nachweise bei B. Heinrich, AT, 7. Aufl. 2022, Rn. 820.

[85] Vgl. zuletzt BGH B. v. 10.10.2018 – 4 StR 397/18 – NStZ-RR 2019, 6 (Anm. Bosch Jura 2019, 344); BGH B. v. 24.10.2018 – 1 StR 422/18 – NStZ 2019, 204 (Anm. RÜ 2019, 97); BGH B. v. 15.01.2019 – 4 StR 470/18 – NStZ-RR 2019, 137; BGH B. v. 24.01.2019 – 5 StR 480/18 – StV 2019, 448; BGH B. v. 26.02.2019 – 4 StR 464/18 – NStZ 2019, 399; BGH B. v. 04.06.2019 – 2 StR 364/18 – NStZ 2019, 725; BGH B. v. 27.08.2019 – 4 StR 330/19 – NStZ-RR 2019, 368.

[86] S. nur B. Heinrich, AT, 7. Aufl. 2022, Rn. 821ff. m. w. N.

Innerhalb der Gesamtbetrachtungslehre ist ferner problematisch, ob auf die Vorstellung des Täters bei Beginn der Tat (sog. Tatplantheorie[87] bzw. Planungshorizont) oder auf die Vorstellung in der konkreten Rücktrittssituation (sog. Rücktrittshorizont) abzustellen ist.[88]

Nur bei Annahme einer Gesamtbetrachtungslehre auf Grundlage des Rücktrittshorizonts käme demnach ein Rücktritt des F in Frage: Sein erster Akt scheiterte (Stürzen vom Balkon), obwohl F sich den Tod der C durch Genickbruch vorgestellt hatte und sich über weitere u. U. erforderliche Tatmittel keine Gedanken machte, sodass nach Einzelaktstheorie und Tatplanhorizont ein Fehlschlag vorläge.

Nach der Gesamtbetrachtungslehre gilt[89]: Nimmt der Täter im Rahmen eines mehraktigen Geschehens verschiedene Handlungen vor, die auf die Herbeiführung eines strafrechtlich relevanten Erfolges gerichtet sind, so steht der Fehlschlag eines oder mehrerer der anfänglichen Einzelakte nicht notwendig und von vornherein einem Rücktritt vom Versuch entgen. Bilden diese Einzelakte untereinander sowie mit der letzten Tathandlung Teile eines durch die subjektive Zielrichtung des Täters verbundenen, örtlich und zeitlich einheitlichen Geschehens, so beurteilen sich die Fragen, ob der Versuch fehlgeschlagen ist oder ob der strafbefreiende Rücktritt andernfalls allein schon durch das Unterlassen weiterer Tathandlungen (unbeendeter Versuch) oder nur durch Verhinderung der Tatvollendung (beendeter Versuch) erreicht werden kann, allein nach der subjektiven Sicht des Täters nach Abschluss seiner letzten Ausführungshandlung. Ein fehlgeschlagener Versuch liegt in einem derartigen Fall nur dann vor, wenn der Täter in diesem Moment weiß oder zumindest annimmt, dass er den Taterfolg mit den bereits eingesetzten oder anderen zur Hand liegenden Mitteln nicht mehr ohne zeitliche Zäsur herbeiführen kann.

Ob der Versuch des F, C zu töten, fehlgeschlagen war, ist mithin nach den Vorstellungen zu beurteilen, die F in dem Zeitpunkt hatte, als er seine erfolglosen Bemühungen aufgab, C durch Schlagen ihres Kopfes gegen die Platten des Gehwegs um ihr Leben zu bringen. Denn der Sturz des Opfers vom Balkon hatte zwar nicht zu dessen von F für möglich gehaltenen und billigend in Kauf genommenem Tod geführt, sodass die den Sturz auslösende Tathandlung misslungen war; F hatte jedoch zum einen sofort erkannt, dass seine Annahme irrig war, durch das Hinabstürzen der C vom Balkon alles Erforderliche zu deren möglicher Tötung getan zu haben, und zum anderen augenblicklich eine andere Möglichkeit gesehen, C – durch Schlagen ihres Kopfes auf die Gehwegplatten – zu töten und diese in unmittelbarem zeitlichen und örtlichen Zusammenhang ergriffen. Die Einheitlichkeit des Gesamtgeschehens war weder durch den Wechsel des „Tatmittels" noch durch den Übergang von bedingtem zu direktem Tötungsvorsatz aufgehoben worden.[90] Mithin läge insofern jedenfalls nicht ohne Weiteres ein Fehlschlag vor.

Zwar ist der Einzelaktstheorie und auch der Lehre vom Tatplanhorizont zuzugeben, dass der Täter damit rechnet, dass der (Erst-)Akt zum Erfolg führt; auch hat

---

[87] Bezeichnung etwa bei B. Heinrich, AT, 7. Aufl. 2022, Rn. 823.
[88] Zsf. z. B. Kindhäuser/Hilgendorf, LPK, 9. Aufl. 2022, § 24 Rn. 17ff.
[89] So zum Folgenden BGH U. v. 08.02.2007 – 3 StR 470/06 – NStZ 2007, 399 (399f.).
[90] So BGH U. v. 08.02.2007 – 3 StR 470/06 – NStZ 2007, 399 (400).

er durch den Akt seine kriminelle Energie gezeigt. Der Zufall entscheidet nicht selten, ob noch weitere Möglichkeiten bestehen und damit über die Straffreiheit. Ein Täter kann sich tatsächlich beliebig viele Fehlschläge leisten, sofern noch weitere Tatmittel existieren. Insofern könnte man in der Aufgabe des Täters lediglich das Unterlassen eines erneuten Versuchs sehen. Für die Gesamtbetrachtungslehre spricht, dass diese ein Auseinanderreißen eines einheitlichen Lebensvorganges vermeidet. Der Verzicht auf die Fortführung seines Vorhabens muss dem Täter zugutegehalten werden: Durch seine Aufgabe zeigt er die Rückkehr zur Rechtstreue (jedenfalls bzgl. des betreffenden Tatbestandes) und seine Unfähigkeit, die Tat zu beenden. Der Täter entscheidet sich also für die Rechtsgutserhaltung. Kriminalpolitisch gilt es, auch im Sinne des Opferschutzes, möglichst weitgehende Anreize zur Tataufgabe zu erhalten. Ohnehin passt dies besser zum Wortlaut des § 24 I 1 1. Var. StGB: Das Aufgeben nur der „weiteren" Ausführung ist erforderlich, was einen Blick nach vorn und nicht zurück impliziert. Gegen den Tatplanhorizont spricht ferner, dass § 24 StGB voraussetzt, dass der Täter seine Erfolgschance beim Rücktritt beurteilen kann; auch versagt sie, wenn kein Tatplan existierte. Es würde sogar eine Bevorzugung des umfassend und skrupellos Planenden, der auf jede mögliche Weise zum Ziel kommen will und mithin alle denkbaren alternativen Tatmittel bedenkt, drohen.

Zu folgen ist mithin der Gesamtbetrachtungslehre und der Lehre vom Rücktrittshorizont.

Ein sog. Fehlschlag aufgrund erfolglosen Einzelakts liegt nicht vor.[91]

b) Erreichen eines außertatbestandlichen Ziels?

Der Versuch des F könnte jedoch aus einem anderen Grund als fehlgeschlagen i. S. v. nicht rücktrittsfähig anzusehen sein: F entschloss sich, von C abzulassen, weil sich seine Wut durch deren Stoß vom Balkon und die anschließenden Gewalttätigkeiten entladen hatte. Insofern könnte ein Fehlschlag i.S. mangelnder Anwendbarkeit des § 24 StGB[92] aufgrund des Erreichens des außertatbestandlichen Ziels[93] anzunehmen sein.

---

[91] A. A. vertretbar.

[92] Meist bei der Abgrenzung sog. beendeter/unbeendeter Versuch verortet, s. z. B. Wessels/Beulke/Satzger, AT 52. Aufl. 2022, Rn. 1044ff.; die Frage der Sinnhaftigkeit einer Tatfortführung berührt aber bereits das begriffliche „Aufgeben", zur Verortung beim Fehlschlag, vgl. etwa Kindhäuser/Hilgendorf, LPK, 9. Aufl. 2022, § 24 Rn. 22ff.; bei Bejahung eines Fehlschlags bzw. Verneinung der Voraussetzungen des § 24 I 1 1. Var. StGB kann der Anknüpfungspunkt auch offengelassen werden, die Rspr. geht ohnehin so vor, vgl. nur BGH U. v. 08.02.2007 – 3 StR 470/06 – NStZ 2007, 399 (400).

[93] Hierzu Wessels/Beulke/Satzger, AT, 52. Aufl. 2022, Rn. 1044ff.; aus der Rspr. vgl. zuletzt BGH U. v. 02.02.2022 – 2 StR 41/21 – NJW 2022, 1263 = NStZ 2022, 571 = StV 2022, 797 (Anm. RÜ 2022, 369; RÜ2 2022, 133; Lichtenthäler NStZ 2022, 518); BGH B. v. 03.05.2022 – 3 StR 120/22 (Anm. Nestler Jura 2022, 1238; Jäger JA 2022, 779; JuS 2022, 978).

Eine gewichtige Minderheitsauffassung[94] und die frühere Rspr.[95] bejah(t)en dies. Die heutige Rspr.[96] und die wohl h. L.[97] lehnen dies ab.

Zwar fällt es schwer, beim Aufgeben aufgrund Erreichens außertatbestandlicher Ziele von einer Rückkehr in die Legalität oder gar einer honorierbaren Verzichtsleistung zu sprechen, da der eigentliche Tatantrieb weggefallen ist. Auch könnte man „Aufgeben" durchaus als Nichtverfolgung tatbestandlicher und außertatbestandlicher Ziele verstehen. Allerdings gilt es, den Wortlaut des § 24 I StGB, namentlich dessen Begriff der „Tat" nicht zu überdehnen (§ 1 StGB, Art. 103 II GG). Für den strafrechtlichen Tatbegriff kommt es auf außertatbestandliche Handlungsziele nicht an, vgl. § 11 I Nr. 5 StGB. Ethische oder moralische Bewertungen haben zu unterbleiben. Ferner gilt wiederum, dass es dem Opferschutz dient, wenn der Täter durch die – partielle – Straffreiheit einen Anreiz hat, vom Opfer abzulassen. Schließlich darf auch nicht derjenige bessergestellt sein, der den Tod beabsichtigt, gegenüber demjenigen, der den Tod bei der Verfolgung anderer Ziele „nur" billigend in Kauf nimmt und im Grunde andere Motive hat.

Der Versuch des F ist auch nicht aufgrund Zweckerreichung fehlgeschlagen im o. a. Sinne.[98]

c) Tatentdeckung; fehlende Vorstellung bzgl. Möglichkeit der Erfolgsherbeiführung

Fraglich ist aber, ob der Versuch des F aufgrund Entdeckung des Geschehens durch Außenstehende fehlgeschlagen ist. Zwei Nachbarn hatten das Geschehen von ihren Balkonen aus beobachtet und versuchten auch, auf F einzuwirken. Naheliegenderweise musste F auch mit einem baldigen Eintreffen der Polizei rechnen.[99] Hinzu kam noch die Einwirkung der M.

Das kann aber dann offenbleiben, wenn F sich überhaupt nicht mehr vorstellte, den Tod der C ohne Zäsur (im Sinne der Gesamtbetrachtungslehre, s. o.) herbeiführen zu können: F müsste ein Erdrosseln der C mit seinem Gürtel noch für möglich gehalten haben, als er schließlich von ihr abließ. Dass F trotz der vorherigen massiven Gegenwehr der C, die ein Schlagen ihres Kopfes gegen die Gehwegplatten verhinderte, des Nachlassens seiner eigenen Kräfte und der Beobachtung des Geschehens durch die beiden Nachbarn tatsächlich glaubte, er könne seine Frau noch mit dem Gürtel erdrosseln, liegt fern.[100]

---

[94] S. etwa Puppe JZ 1993, 361; B. Heinrich, AT, 7. Aufl. 2022, Rn. 837f.
[95] Z. B. noch BGH B. v. 26.11.1990 – 5 StR 480/90 – NJW 1991, 1189 = NStZ 1991, 127 = StV 1991, 207 (Anm. Sonnen JA 1991, 175; Herzberg JR 1991, 159; Rudolphi JZ 1991, 525).
[96] S. obige Nachweise.
[97] S. nur Wessels/Beulke/Satzger, AT 52. Aufl. 2022, Rn. 1047.
[98] A. A. vertretbar.
[99] S. auch BGH U. v. 08.02.2007 – 3 StR 470/06 – NStZ 2007, 399 (400).
[100] A. A. vertretbar.

2. Zwischenergebnis
Der Versuch des F war fehlgeschlagen.[101]

Auf die Frage, ob es sich ggf. überhaupt um einen sog. unbeendeten Versuch handelte, bei dem ein Aufgeben nach § 24 I 1 1. Var. StGB genügt, kommt es nicht mehr an.[102]

Gleiches gilt für das Erfordernis des freiwilligen Handelns.

F ist nicht strafbefreiend zurückgetreten.

V. Ergebnis
F hat sich wegen versuchten Totschlags strafbar gemacht, indem er C vom Balkon stürzte, ihren Kopf auf den Gehweg zu schlagen versuchte und auf sie eintrat und einschlug.

B. §§ (212 I), 211, 22, 23 StGB zu Lasten der C
Die Tat des F könnte sich nicht nur als versuchter Totschlag, sondern sogar als versuchter Mord darstellen.[103]

In Betracht kommt zunächst Tatentschluss hinsichtlich des objektiven Mordmerkmals der Heimtücke.

Erforderlich hierfür ist ein Ausnutzen der auf Arglosigkeit beruhenden Wehrlosigkeit des Opfers.[104] Arglos ist, wer sich im Zeitpunkt der Tat keines Angriffs versieht.[105] Angesichts des vorherigen Geschehens ist aber davon auszugehen, dass C im Tatzeitpunkt mit erheblichen Angriffen auf ihre körperliche Unversehrtheit rechnete, was zum Ausschluss der Arglosigkeit genügt.[106] Tatentschluss bzgl. Heimtücke scheidet daher aus.[107]

F könnte aber aus sonst niedrigen Beweggründen gehandelt haben.

---

[101] A. A. vertretbar. Bei Zeitnot wäre es auch möglich gewesen, direkt zum Fehlschlag des Versuchs aufgrund der heftigen Gegenwehr der C zu springen.

[102] Zur Unterscheidung von sog. unbeendetem und beendeten Versuch Wessels/Beulke/Satzger, AT, 52. Aufl. 2022, Rn. 1031 ff.; aus der Rspr. vgl. zuletzt BGH B. v. 11.01.2022 – 6 StR 431/21 – NStZ 2022, 349 = StV 2022, 292 (Anm. Kudlich JA 2022, 430; RÜ 2022, 437; Jäger NStZ 2022, 350).

[103] Überschrift und Formulierung des Obersatzes beruhen darauf, dass das Verhältnis von Mord und Totschlag umstritten ist, hierzu Bock, BT 1, 2018, S. 16 ff.; Eisele, BT I, 6. Aufl. 2021, Rn. 61 f., 135 ff.; Hillenkamp/Cornelius, 32 Probleme aus dem Strafrecht BT, 16. Aufl. 2023, 1. Problem.

[104] S. nur Fischer, StGB, 70. Aufl. 2023, § 211 Rn. 34; aus der Rspr. vgl. zuletzt BGH U. v. 11.05.2022 – 5 StR 361/21 – NStZ-RR 2022, 277; BGH B. v. 29.06.2022 – 1 StR 127/22 – NStZ-RR 2022, 307.

[105] Fischer, StGB, 70. Aufl. 2023, § 211 Rn. 35.

[106] Bock, BT 1, 2018, S. 21; aus der Rspr. vgl. zuletzt BGH B. v. 15.02.2022 – 4 StR 491/21 – NStZ 2022, 364 (Anm. Bosch Jura 2022, 781); BGH B. v. 05.04.2022 – 1 StR 81/22 – NStZ 2023, 33 (Anm. Jahn JuS 2022, 886; RÜ 2022, 573); BGH B. v. 29.06.2022 – 1 StR 127/22 – NStZ-RR 2022, 307.

[107] A. A. vertretbar.

Erforderlich ist, dass die Motive nach allgemeiner sittlicher Wertung auf tiefster Stufe stehen und deshalb besonders verwerflich, ja verächtlich sind.[108]

Einerseits ist es menschlich nicht völlig unverständlich, aus Verärgerung darüber, dass C gegen ihn eine einstweilige Anordnung nach dem Gewaltschutzgesetz erwirkt und ihm trotz seines lautstarken Verlangens keinen Zutritt zur ehelichen Wohnung gewährt hatte, gewalttätig zu reagieren; andererseits handelte er, weil er seine Machtposition wieder herstellen und C bestrafen wollte, weil sie ihm nicht geöffnet hatte. Die fehlende Einsicht, dass die Ehe offenbar zerrüttet war und keine Aussicht auf Wiederherstellung bestand, führte mithin nicht zu einer Verzweiflung, sondern zu aggressiven Affekten, mithin zu einer Art Selbstjustiz in Beziehungsfragen.

Hierhin liegt ein sonst niedriger Beweggrund.[109]

F hat sich wegen versuchten Mordes strafbar gemacht, indem er C vom Balkon stürzte, ihren Kopf auf den Gehweg zu schlagen versuchte und auf sie eintrat und einschlug.

C. §§ 223 I, 224 I Nr. 2, 5 StGB zu Lasten der C

F hat ferner eine gefährliche Körperverletzung mittels einer das Leben gefährdenden Behandlung i. S. d. § 224 I Nr. 5 StGB begangen: Das Hinabstürzen vom Balkon aus 4,70 m Höhe hätte, wie ja auch von F geplant, ohne Weiteres zum Tod durch Genickbruch oder durch innere Verletzungen führen können.

Fraglich ist, ob F für seine Körperverletzung ein gefährliches Werkzeug verwendete.

Hierunter fällt bei § 224 I Nr. 2 StGB jeder Gegenstand, der (als Angriffs- oder Verteidigungsmittel) nach der Art seiner Verwendung im konkreten Fall geeignet ist, erhebliche Verletzungen zu verursachen.[110]

Dies trifft zwar nicht auf den Balkon zu, da dieser selbst nicht auf den Körper der C einwirkt, sondern lediglich eine gefährliche Situation birgt. Allerdings kommt der (gewiss) beschuhte Fuß[111] des F bzgl. der Tritte in Betracht: In der Tat könnte man jedenfalls bei Tritten in sensible Körperregionen von einer Gefahrerhöhung ausgehen, welche eine Bestrafung nach § 224 I Nr. 2 StGB gebietet. Im vorliegenden Fall allerdings wird im Sachverhalt insofern nichts Näheres mitgeteilt, sodass jedenfalls *in dubio pro reo* § 224 I Nr. 2 StGB zu verneinen ist.[112]

D. § 221 I StGB

Für die Annahme des Gefahrerfolgs fehlt es an Angaben im Sachverhalt.

---

[108] Bock, BT 1, 2018, S. 76; Fischer, StGB, 70. Aufl. 2023, § 211 Rn. 14a; Eisele, BT I, 6. Aufl. 2021, Rn. 89; aus der Rspr. vgl. zuletzt BGH U. v. 15.06.2022 – 6 StR 23/22 – NStZ-RR 2022, 245.

[109] A. A. vertretbar.

[110] Bock, BT 1, 2018, S. 128; Wolters, in: SK-StGB, 9. Aufl. 2017, § 224 Rn. 15; aus der Rspr. vgl. zuletzt KG B. v. 05.11.2021 – (2) 121 Ss 100/21 (24/21) – NStZ 2022, 512.

[111] Bock, BT 1, 2018, S. 131; aus der Rspr. vgl. zuletzt LG Hannover U. v. 28.11.2019 – 36 Ns 2864 Js 17334/19 (97/19) (Anm. Albrecht jurisPR-StrafR 18/2020 Anm. 4).

[112] A. A. vertretbar.

E. § 323c I StGB
Eine unterlassene Hilfeleistung tritt in Gesetzeskonkurrenz hinter die zuvor durch F verwirklichten §§ 223, 224 StGB zurück.[113]

F. § 303 I StGB
Das Eintreten der Tür stellt – zumindest bei lebensnaher Ergänzung des Sachverhalts – eine Sachbeschädigung dar.
Zum Strafantragserfordernis s. § 303c StGB.

G. § 223 I StGB zu Lasten der M
Zwar stieß F laut Sachverhalt die M zur Seite, dies reicht aber für die Annahme eines Körperverletzungserfolgs nicht aus.

5. Teil: Suizidversuch[114]

- Strafbarkeit des F -

A. §§ 212 I, 22, 23 StGB (Suizid)
Eine Strafbarkeit wegen versuchten Totschlags dadurch, dass F sich selbst töten wollte, scheidet aus: Zwar setzt § 212 I StGB dem Wortlaut nach nur den Tod *eines* Menschen voraus (im Gegensatz zu § 223 I StGB: *andere* Person); dennoch ist anerkannt, dass über den Wortlaut hinaus nur der Tod eines *anderen* Menschen tatbestandsmäßig ist.[115] Der Suizid(versuch) ist daher straflos.

B. §§ 212 I, 22, 23 StGB
F könnte sich wegen versuchten Totschlags strafbar gemacht haben, indem er die Gashähne in seiner Wohnung öffnete.

I. Sog. „Vorprüfung": Nichtvollendung, Strafbarkeit des Versuchs
Es kam nicht zu einer Explosion und niemand kam zu Schaden.
Die Versuchsstrafbarkeit folgt aus den §§ 12 I, 23 I StGB.

II. Tatbestand

1. Vorstellung von der Verwirklichung des Tatbestands (sog. Tatentschluss, subjektiver Tatbestand)
F müsste Vorsatz zur Tötung (eines) seiner Nachbarn gehabt haben.

---

[113] Vgl. Kindhäuser, LPK, 9. Aufl. 2022, § 323c Rn. 20.
[114] Nach BGH B. v. 20.12.2002 – 2 StR 251/02 (Gashahn) – BGHSt 48, 147 = NJW 2003, 1058 = NStZ 2003, 308 = StV 2003, 214 (Anm. Puppe, AT, 5. Aufl. 2022, § 21 Rn. 36ff.; Kaspar/Reinbacher, Casebook AT, 2020, Fall 20; famos 12/2002; Trüg JA 2003, 836; Martin JuS 2003, 619; Engländer JuS 2003, 641; RA 2003, 246; Puppe NStZ 2003, 309; Neubacher NStZ 2003, 576; Zwiehoff StV 2003, 631; Jakobs JZ 2003, 743; Seelmann JR 2004, 162).
[115] Bock, BT1, 2018, S. 5.

Dies war laut Sachverhalt im Zeitpunkt des Aufdrehens der Gashähne nicht der Fall: F öffnete in Selbsttötungsabsicht zwei Gashähne in seiner im Erdgeschoss eines Zwölf-Familien-Hauses gelegenen Wohnung. Hierbei dachte er nicht daran, dass durch sein Handeln möglicherweise andere Hausbewohner zu Schaden kommen könnten.

Erst danach wurde dem F bewusst, dass es durch das ausströmende Gas zu einer Explosion kommen könnte und dass hierdurch andere Hausbewohner verletzt oder getötet werden könnten. Dies nahm er dann zunächst billigend in Kauf.

Hierin liegt aber in Bezug auf eine aktive Begehung lediglich ein i. S. d. § 16 I StGB unbeachtlicher sog. *dolus subsequens*.

2. Zwischenergebnis
Mangels Vorsatzes verwirklichte F den Tatbestand des versuchten (aktiven) Totschlags nicht.

III. Ergebnis
F hat sich nicht wegen versuchten Totschlags strafbar gemacht, indem er die Gashähne in seiner Wohnung öffnete.

C. §§ 212 I, 13, 22, 23 StGB
F könnte sich wegen versuchten Totschlags durch Unterlassen[116] strafbar gemacht haben, indem er die Gashähne in seiner Wohnung nicht wieder verschloss, obwohl bzw. als er die Gefährdung seiner Nachbarn erkannt hatte.

I. Sog. „Vorprüfung": Nichtvollendung, Strafbarkeit des Versuchs
S. o.

II. Tatbestand

1. Vorstellung von der Verwirklichung des Tatbestands (sog. Tatentschluss, subjektiver Tatbestand)
F müsste Vorsatz zur Tötung (eines) seiner Nachbarn gehabt haben.

Dies war ab dem Moment der Fall, in dem ihm bewusst wurde, dass es durch das ausströmende Gas zu einer Explosion kommen könnte und dass hierdurch andere Hausbewohner verletzt oder getötet werden könnten, was er zunächst billigend in Kauf nahm.

Er hatte auch Vorsatz in Bezug auf die Möglichkeit und Erforderlichkeit eines Erfolgsabwendungsversuchs.

---

[116] Zu Versuch und Rücktritt bei Unterlassungsdelikten Wessels/Beulke/Satzger, AT, 52. Aufl. 2022, Rn. 1220ff.

Insbesondere wird vom Täter verlangt, dass er die aus der *ex-ante*-Perspektive effektivste Handlung ergreift.[117] Daher hätten seine Anrufe bei der Feuerwehr und bei der Polizei, selbst wenn sie, was aber offenbar nicht der Fall war, unverzüglich erfolgt wären, nicht ausgereicht, um die Strafbarkeit wegen Unterlassung(sversuchs) tatbestandlich (zum Rücktritt sogleich) abzuwenden.

Im Hinblick auf die sog. Quasi-Kausalität seines Unterlassens ist im Sachverhalt nichts dafür ersichtlich, dass er daran zweifelte, dass ihm die Beendigung der Gefahr mit an Sicherheit grenzender Wahrscheinlichkeit möglich gewesen wäre, sodass es auch auf die Frage, ob Vorsatz bzgl. einer bloßen Risikoerhöhung (bzw. fehlenden Risikoverminderung)[118] ausreicht, nicht ankommt.

Ferner müsste F Tatentschluss hinsichtlich der sog. Garantenstellung (das rechtlich dafür einzustehen Haben i. S. d. § 13 I StGB) gehabt haben.

In Betracht kommt hier Ingerenz[119] aufgrund des riskanten Vorverhaltens des F in Gestalt des Aufdrehens der Gashähne. Das Aufdrehen der Gashähne war angesichts des Explosionsrisikos gefährlich und auch pflichtwidrig, sodass es auf die Frage, ob eine Pflichtwidrigkeit des Vorverhaltens erforderlich ist, dahinstehen kann. Als er die Gefährlichkeit seines vorherigen Tuns erkannte, fasste F mithin Tatentschluss auch hinsichtlich seiner Garantenstellung aus Ingerenz.

Er handelte auch mit Tatentschluss in Bezug auf die Zumutbarkeit eines Erfolgsabwendungsversuchs.

Der sog. Entsprechungsklausel des § 13 I StGB kommt bei einem Erfolgsdelikt keine Bedeutung zu.[120]

2. Unmittelbares Ansetzen

F müsste i. S. d. § 22 StGB unmittelbar angesetzt haben.

Beim Unterlassungsdelikt ist strittig, wie das unmittelbare Ansetzen zu bestimmen ist.[121]

Z. T.[122] wird auf den letztmöglichen Eingriffszeitpunkt abgestellt, wonach hier ein unmittelbares Ansetzen zu verneinen wäre.

---

[117] S. Kindhäuser/Hilgendorf, LPK, 9. Aufl. 2022, § 13 Rn. 9; i. E. problematisch und vergleichbar mit der Kontroverse um den suboptimalen Rücktritt, s. u., vgl. B. Heinrich, AT, 7. Aufl. 2022, Rn. 900; daher auch möglich, bereits im Tatbestand auf das Erfordernis der Optimalität zu verzichten (wie es die h. M. erst beim Rücktritt tut, s. u.).

[118] Zu den Anforderungen an die sog. Quasi-Kausalität Wessels/Beulke/Satzger, AT, 52. Aufl. 2022, Rn. 1171ff.; aus der Rspr. vgl. zuletzt BGH B. v. 09.03.2022 – 4 StR 200/21 (Anm. Jäger JA 2022, 955; Eisele JuS 2022, 1175; Lorenz jurisPR-StrafR 18/2022 Anm. 1).

[119] Zur Ingerenz Wessels/Beulke/Satzger, AT, 52. Aufl. 2022, Rn. 1196ff.; aus der Rspr. vgl. zuletzt BGH B. v. 24.03.2021 – 4 StR 416/20 – BGHSt 66, 66 = NJW 2021, 1767 = NStZ 2022, 220 = StV 2021, 482 (Anm. Bosch Jura 2021, 981; Kudlich JA 2021, 606; LL 2021, 538; RÜ 2021, 429; famos 9/2021; Valerius NJW 2021, 1770; Krenberger NZV 2021, 538; Hinderer NStZ 2022, 223; Renzikowski JR 2022, 140); BayObLG U. v. 25.02.2022 – 201 StRR 95/21 – NStZ 2022, 486 = StV 2022, 645 (Anm. Mosbacher NStZ 2022, 491; Lenk JZ 2022, 623).

[120] Wessels/Beulke/Satzger, AT, 52. Aufl. 2022, Rn. 1205.

[121] Hierzu Wessels/Beulke/Satzger, AT, 52. Aufl. 2022, Rn. 1223f.

[122] Etwa Armin Kaufmann, Die Dogmatik der Unterlassungsdelikte, 1959, S. 210ff.

Z. T.[123] wird das Unterlassen des erstmöglichen Eingriffs für ausreichend erachtet.

Die h. M.[124] stellt auf den Grad der Gefahr aus der Täterperspektive ab: Besteht eine unmittelbare Gefahr für das geschützte Handlungsobjekt, genügt das Verstreichenlassen der ersten Abwendungsmöglichkeit, i.Ü. wird das unmittelbare Ansetzen bei Aus-der-Hand-Geben des Kausalverlaufs angenommen. Laut Sachverhalt konnte zwar objektiv nicht festgestellt werden, ob das Gasgemisch in der Wohnung des F schon explosionsfähig war, offenbar glaubte F aber daran: Immerhin rief er nach der Feuerwehr noch die Polizei an und forderte diese eindringlich zur Hilfe auf. F hätte hiernach unmittelbar angesetzt.[125]

Gegen die Grenzziehung im Hinblick auf die letztmögliche Rettungschance spricht, dass quasi nur fehlgeschlagene oder untaugliche Versuche überhaupt denkbar sind. Schließlich trennen Versuch und Vollendung ansonsten u. U. nur noch eine logische Sekunde. Auch ein Rücktritt wäre selten denkbar. Der Zweck der Garantenpflicht liegt darin, dass der Garant schon zur Verminderung der Gefahr für das bedrohte Rechtsgut verpflichtet ist bzw. sein soll. Jedenfalls, wenn sich der Täter eine akute Gefahr vorstellt, gebietet der Rechtsgüterschutz, dass nicht mehr von einem (ggf. straflosen) Vorbereitungsstadium zu sprechen ist. Ob dies in Fällen größerer zeitlicher Distanz und unmittelbarem Ansetzen nur aufgrund des Aus-den-Händen-Gebens des Kausalverlaufs ebenfalls gilt, kann dahinstehen.

F setzte unmittelbar zur Tat an.[126]

III. Rechtswidrigkeit und Schuld
F handelte rechtswidrig und schuldhaft.

IV. Rücktritt
F könnte gem. § 24 I 1 2. Var. StGB strafbefreiend vom Versuch zurückgetreten sein, indem er bei Feuerwehr und Polizei anrief.

Hierbei kann dahinstehen, ob der Unterlassungs-Versuch des F als sog. unbeendeter oder beendeter anzusehen ist: Jedenfalls erfordern Versuche durch (für erfolgstauglich gehaltenes) Unterlassen grundsätzlich[127] ein Tätigwerden des Zurücktretenden.

Die Vollendung ist nicht eingetreten.

Hierfür war F aufgrund seines Anrufs auch kausal.

Fraglich ist, ob ein Verhindern der Vollendung i. S. d. § 24 I 1 2. Var. StGB voraussetzt, dass der Täter die effektivste, die optimale Rettungshandlung vornimmt.[128]

---

[123] Etwa Herzberg MDR 1973, 89 (96); RG U. v. 07.07.1927 – II 504/27 – RGSt 61, 360 (361f.).
[124] S. nur Kindhäuser/Hilgendorf, LPK, 9. Aufl. 2022, § 22 Rn. 26.
[125] A. A. vertretbar.
[126] A. A. vertretbar.
[127] S. aber Engländer JZ 2012, 130.
[128] Hierzu B. Heinrich, AT, 7. Aufl. 2022, Rn. 848ff.

Teilweise[129] wird dies angenommen, auch die frühere Rspr.[130] sah dies so. Hiernach hätte F, der selbst unverzüglich den Hahn schließen und die Nachbarn hätte informieren können, nicht die Vollendung i. S. d. § 24 I 1 2. Var. StGB verhindert.

Die heutige Rspr.[131] und die h. L.[132] lassen jeden kausalen und zurechenbaren Beitrag ausreichen, wonach die Anrufe des F genügen würden.

Eine differenzierende Auffassung[133] verlangt bei Einschalten Dritter (wie hier) ein optimales Handeln.

Zuzugeben ist, dass der Täter bei einer weiten Auslegung des § 24 I 1 2. Var. StGB u. U. nur wenig – und wenig Verdienstvolles – tun muss, um in den Genuss des Rücktritts zu kommen. Er hat ggf. schlicht Glück gehabt, wenn er dem Zufall Raum gibt, obwohl er Besseres hätte leisten können. Dies ist aber lediglich Ausfluss der im Gesetz angelegten Risikoverteilung: Bei Erfolgseintritt hätte der Täter aus Vollendungsdelikt gehaftet; bei Ausbleiben hingegen sind dem Wortlaut (vgl. § 1 StGB, Art. 103 II GG) des § 24 I 1 2. Var. keine besonderen Voraussetzungen zu entnehmen. Vielmehr zeigt der Umkehrschluss aus § 24 I 2 StGB, dass für S. 1 jeder Beitrag genügen kann.

Immerhin legt der suboptimal Zurücktretende auch eine gewisse Bereitschaft an den Tag, die Norm zu befolgen, was insofern auch dem Opferschutz dient, da der Täter sonst von jeglicher Maßnahme abgehalten werden könnte, wenn er befürchtet, sich bei optimaler Handlung selbst zu überführen. Auch bei Einsatz von fremder Hilfe muss dies gelten; dem Gesetzestext ist keine differenzierende Behandlung zu entnehmen. Zwar trägt der Täter das Erfolgsrisiko; wenn der Erfolg aber verhindert wird, kommt es nicht darauf an, ob dies eigen- oder fremdhändig geschah, wenn auch das Herbeiholen fremder Hilfe dem Täter zuzurechnen ist. Auf Motivation für die Suboptimalität (hier: Fortführen des Suizids) kann es schon angesichts der Erfolgsbezogenheit der Deliktsverwirklichung nicht ankommen.

F hat die Vollendung i. S. d. § 24 I 1 2. Var. StGB verhindert.[134]

F handelte insofern auch vorsätzlich, ferner aus autonomen Motiven und mithin freiwillig.

F ist gem. § 24 I 1 2. Var. StGB strafbefreiend zurückgetreten.

V. Ergebnis

F hat sich nicht wegen versuchten Totschlags durch Unterlassen strafbar gemacht, indem er die Gashähne in seiner Wohnung nicht wieder verschloss, obwohl bzw. als er die Gefährdung seiner Nachbarn erkannt hatte.

---

[129] Etwa Puppe, AT, 5. Aufl. 2022, § 21 Rn. 37ff.

[130] Z. B. BGH U. v. 27.04.1982 – 1 StR 873/81 (Krankenhaus) – BGHSt 31, 46 = NJW 1982, 2263 = NStZ 1982, 463 = StV 1982, 467 (Anm. Roxin, Höchstrichterliche Rspr. AT, 1998, Nr. 65; Geilen JK 1983 StGB § 24/7; Hassemer JuS 1983, 69; Puppe NStZ 1984, 488; Bloy JuS 1987, 528).

[131] Etwa BGH B. v. 20.12.2002 – 2 StR 251/02 – BGHSt 48, 147.

[132] S. nur Kindhäuser/Hilgendorf, LPK, 9. Aufl. 2022, § 24 Rn. 52f.

[133] Etwa B. Heinrich, AT, 7. Aufl. 2022, Rn. 851.

[134] A. A. vertretbar.

Auf Mordmerkmale i. S. d. § 211 StGB – etwa sog. Verdeckungsabsicht oder eine Tatbegehung mit einem gemeingefährlichen Mittel – kommt es nicht mehr an.

D. §§ 308 I, 22, 23 StGB
Auch von einem Versuch des Herbeiführens einer Sprengstoffexplosion wäre F strafbefreiend zurückgetreten.

Konkurrenzen und Endergebnis

Im 1. Teil haben sich S und F wegen versuchter Beteiligung am besonders schweren Raub gem. §§ 249 I, 250 II Nr. 1, 30 II StGB und Sachbeschädigung gem. § 303 I StGB strafbar gemacht. Die Delikte stehen aufgrund einheitlichen Tatentschlusses und noch hinreichend engem räumlich-zeitlichen Zusammenhang in Tateinheit gem. § 52 StGB.

Im 2. Teil hat sich F nicht nach dem StGB strafbar gemacht.

Im 3. Teil hat sich S wegen versuchter Brandstiftung gem. §§ 306 I, II, 22, 23 StGB und versuchten Versicherungsmissbrauchs gem. §§ 265 I, II, 22, 23 StGB strafbar gemacht. Schon angesichts des Anknüpfens an das gleiche körperliche Verhalten besteht Tateinheit i. S. d. § 52 StGB. F hat sich wegen derselben Delikte in Mittäterschaft (§ 25 II StGB) strafbar gemacht, Ö wegen Anstiftung gem. § 26 StGB hierzu.

Im 4. Teil hat sich F wegen versuchten Mordes gem. §§ (212 I,) 211, 22, 23 StGB, gefährlicher Körperverletzung gem. §§ 223 I, 224 I Nr. 5 StGB und wegen Sachbeschädigung gem. § 303 I StGB strafbar gemacht. Die Delikte stehen in Tateinheit gem. § 52 StGB aufgrund des räumlich-zeitlichen sowie motivatorischen Zusammenhangs. Aus Klarstellungsgründen hinsichtlich der verletzten Rechtsgüter kommt eine Gesetzeskonkurrenz nicht in Betracht.

Im 5. Teil hat sich F nicht strafbar gemacht.

Zwischen den einzelnen Teilen besteht (sofern überhaupt eine Strafbarkeit vorliegt) Tatmehrheit i. S. d. § 53 StGB.

10. Übungsfall „Die Schulsanierung"

Gegenstand eines von der Stadt Kiel als Bauherrin betriebenen Bauvorhabens war die Sanierung einer städtischen Schule, wobei unter anderem im Erdgeschoss des Südostflügels auf der Fläche der bisher getrennten Räume R 123 und R 124 ein größerer Musikraum entstehen sollte. Dazu waren der Abbruch der tragenden Querwand zwischen den beiden Räumen sowie der Einbau einer Stahlkonstruktion geplant. Den Zuschlag für die Bauhauptleistungen erhielt als Unternehmer im Sinne der Landesbauordnung Zeynep Tosun (T), der als Bauunternehmer eine Einzelfirma betrieb. Zum Leistungsumfang gehörten gemäß dem dem Vertrag zu Grunde liegenden Leistungsverzeichnis unter anderem auch die Stahlbauarbeiten und Betonschneidearbeiten. Die Stahlbauarbeiten umfassten danach unter anderem für die so genannte Montageunterstützung das Vorhalten, den Einbau und die Beseitigung von 300 Drehsteifen für den Einbau der Stahlträger zur Abfangung der Geschossdecken. Zu den Betonschneidearbeiten gehörte auch das abschnittweise Abbrechen einer Wand aus bewehrtem Beton. Die Durchführung der Arbeiten übertrug T im Rahmen eines Subunternehmervertrags auf die Firma Haverkamp Betonbohr- und Sägetechnik (H), für die als Niederlassungsleiter Torben Wittek (W) und als Arbeiter Timo Claussen (C) vor Ort an der Baustelle tätig waren. Zum Leistungsumfang der H zählten aber nach dem Leistungsverzeichnis nicht die notwendigen Absteifungsarbeiten. Nach der vom Bauplanungsbüro erstellten statischen Berechnung für den Umbau war eine Grundabsteifung mit insgesamt 336 Stützen – davon 98 Stützen im Erdgeschoss bei einem Stützenabstand von 0,15 m vorgesehen. C informierte seinen Vorgesetzten W, dass der vorgesehene Stützenabstand von 0,15 m ein Arbeiten mit der für die Betonschneidearbeiten verwendeten Wandsäge unmöglich mache. Nachdem W vergeblich versucht hatte, daraufhin T zu erreichen und auf das Problem anzusprechen, wandte sich C auf Bitten des W an T, der darauf erwiderte, er werde bei dem Statiker nachfragen und klären, wie vorgegangen werden könne. Tatsächlich fragte T bei dem Statiker aber nicht nach. T ließ zwei seiner Arbeiter die Grundabsteifung durch Aufstellen der vor Ort vorhandenen Drehsteifen in der Weise vornehmen, dass im Erdgeschoss an Stelle der in der statischen Berechnung vorgesehenen 98 Stützen nur 29 Drehsteifen aufgestellt wurden. Insgesamt wurden von den in allen Geschossen laut statischer Berechnung vorgesehenen 336 Steifen in dem Gebäudeteil lediglich 98 Steifen aufgestellt. C erledigte den Rückbau der Abschnitte I, II und III der Wand. Er teilte T mit, dass er noch an diesem Tage mit dem Herausschneiden des Teilstücks Abschnitt IV beginnen werde. Dabei sah T, dass der Abschnitt III noch „abgesteift" werden musste, und wies seine Arbeiter an, dies zu erledigen, was unter Mithilfe des C geschah. Erst danach nahm C den Abbruch des ca. 1,20 m breiten Abschnitts IV vor. Als er von der verbliebenen Wandverbindung ca. 30 cm abgestemmt hatte, kam es zum Einsturz des gesamten Mittelteils des Südostflügels des Schulgebäudes, bei dem fünf auf dem Bau tätige Arbeiter zu Tode kamen und fünf weitere Personen, darunter C, verletzt wurden. Als Ursachen für den Einsturz wurde die zu geringe Anzahl der Steifen und die unterlassene Verwendung der für die Absteifung vorgegebenen Kantholzsteifen 20/20 festgestellt.

Abends empfing W im Wohnzimmer seiner Wohnung mehrere Gäste, die gemeinsam mit ihm zahlreiche Zigaretten rauchten und Alkohol tranken. Seine Kinder schliefen im benachbarten Kinderzimmer. Zwischen 20.30 Uhr und 20.45 Uhr verließ W mit einem der Gäste die Wohnung und suchte eine Gaststätte auf. Kurze Zeit später verließen zwei weitere Gäste die Wohnung. Gegen 22.00 Uhr folgte die letzte Besucherin, nachdem sie sich vergewissert hatte, dass beide Kinder in ihrem Bett fest schliefen. Der Sohn war zu diesem Zeitpunkt an Windpocken erkrankt. Gegen 23.30 Uhr kehrte W in die Wohnung zurück, verließ jedoch die Wohnung kurz darauf wieder und ließ die Kinder unbeaufsichtigt zurück. W untersuchte hierbei das Wohnzimmer nicht auf feuergefährliche Gegenstände, insbesondere auf heruntergefallene brennende oder glimmende Zigarettenreste. Auf der Couch im Wohnzimmer hinterließ er in unordentlichem Zustand u. a. ein Feuerzeug, Papier, eine Zeitschrift, ein Kissen und ein Kleidungsstück. Während der Abwesenheit des W entwickelte sich auf der Couch ein Schwelbrand. Im Wohnzimmer entstanden direkte Brandschäden an der Couch, den Fenstern, Wänden und Deckenbalken; sämtliche Zimmer der Wohnung wurden stark verrußt. Als W gegen 04.45 Uhr mit seinen Gästen in die Wohnung zurückkehrte, fand er die Kinder auf Grund des durch den Schwelbrand freigesetzten Kohlenmonoxyds und Cyanids tot vor.

T hingegen besuchte abends die Diskothek „Dance-Club", ebenso wie Fabian Ehrhardt (E) mit einigen Freunden, darunter Kevin Arndt (A) und Mirko Ossmann (O). Alsbald gerieten E, A und O dort in einen Streit mit mehreren vietnamesischen Besuchern, der in eine tätliche Auseinandersetzung vor der Diskothek mündete. In deren Verlauf, es war etwa 02.30 Uhr, griff T zu einer Machete. Als er damit auf E, A und O zurannte, flüchteten diese. Er lief hinter O her, erreichte diesen und schlug ihm mit dem Gegenstand auf den Rücken. Bei der weiteren Flucht zog sich O eine Prellung des Kniegelenks und eine oberflächliche Risswunde zu. Im Laufe der nächsten beiden Stunden trafen E und A in der Nähe der Diskothek u. a. auf Leon Berndt (B) und Dennis Schrapp (S) und berichteten ihnen, dass sie von Ausländern bedroht und von Vietnamesen misshandelt worden seien. In erregter Stimmung gegenüber dem Ausländer T, gegenüber Vietnamesen und gegenüber Ausländern im Allgemeinen entschlossen sie sich, T auf eigene Faust zu suchen und zu ergreifen. Allen war bewusst, dass sie dabei Gewalt anwenden und die Person auch möglicherweise verletzen würden. Alsbald nachdem diese nunmehr aus elf Personen bestehende Gruppe mit den von E, B und S geführten Fahrzeugen losgefahren waren, sahen B und E in der Nähe der Diskothek die Nicole Gericke (G). Da sie annahmen, dass diese „mit Ausländern Bekanntschaften pflege", sprangen beide aus den Wagen und liefen auf sie zu. Sie riefen dabei sinngemäß: „Wir haben dir was mitgebracht – Hass, Hass, Hass – Ausländer raus!" und schütteten ihr dann Bier über den Kopf. Nach Rückkehr in die Fahrzeuge setzten sie die Suche nach T fort. Gegen 04.40 Uhr – bemerkten sie zwei Ausländer: Ly Loc (L) und T, die nach dem Besuch des „Dance-Clubs" auf dem Heimweg waren. Die Fahrer bremsten auf Höhe der Ausländer die Autos scharf ab. B und E sowie weitere Personen stürmten laut schreiend aus den Fahrzeugen auf die Ausländer zu. Diese ergriffen beim Anblick der zum Teil mit so genannten Bomberjacken und Springerstiefeln bekleideten Personen angstvoll die Flucht zurück in Richtung Diskothek. Mittels der Pkw, in die E und seine Begleiter wieder eingestiegen waren, setzten sie die Verfolgung fort. Nach ca. 50 bis 100 m überholten sie die Flüchtlinge und bremsten die Wagen direkt vor ihnen ab, um den Weg zur Diskothek zu verstellen. Die Ausländer sahen, dass wiederum mehrere Personen aus den Fahrzeugen sprangen – darin verblieb nur A – und auf sie zuliefen. Aus Angst und in Panik liefen sie nunmehr in unterschiedliche Richtungen davon. Die Verfolger teilten sich entsprechend auf: Während T durch die B und E verfolgt wurden, lief u. a. S hinter L her; als S diesen eingeholt hatte, versetzte er ihm mehrere Tritte, so dass L während des Laufs wiederholt zu Fall kam und schließlich gegen ein geparktes Auto stürzte, wobei er sich eine blutende Kopfwunde zuzog; ein in Richtung des L geworfener Pflasterstein verfehlte diesen. Erst jetzt erkannte S an der Hautfarbe des am Boden Liegenden, dass es nicht der gesuchte T war. Er ließ vom Opfer ab und kehrte zu den Fahrzeugen zurück. B und E hatten hingegen die weitere Verfolgung des flüchtenden T nach einigen Metern abgebrochen, weil sie ihn aus den Augen verloren hatten oder ihnen sein Vorsprung mittlerweile zu groß erschien. Indessen wähnte T die Verfolger noch hinter sich. Er lief zu einem etwa 200 m von dem letzten Haltepunkt der Pkw entfernten Mehrfamilienhaus. Da T die Haustür nicht öffnen konnte, trat er in Todesangst die untere Glasscheibe der Tür ein. Beim anschließenden Durchsteigen verletzte er sich an den im Türrahmen verbliebenen Glasresten; er zog sich eine 8,5 cm tiefe Wunde am rechten Bein und die Verletzung einer Schlagader zu. Binnen kurzer Zeit verblutete er.

Strafbarkeit der Beteiligten nach dem StGB?
§ 240 StGB ist nicht zu prüfen.

Lösungshinweise

1. Teil: Schulsanierung[1]

1. Abschnitt: Strafbarkeit des T
T ist tot und daher nicht zu prüfen.[2]

2. Abschnitt: Strafbarkeit des C

A. § 222 StGB zu Lasten der fünf getöteten Arbeiter
C könnte sich wegen fahrlässiger Tötung strafbar gemacht haben, indem er die Wände abbrach, wodurch es zu einem Einsturz kam.

I. Tatbestand[3]
Der Todeserfolg ist bei fünf Arbeitern eingetreten.
   C war aufgrund des Herausschneidens des letzten Wandstücks hierfür auch kausal.
   Fraglich ist, ob C den Tod der Menschen i. S. d. § 222 StGB „durch Fahrlässigkeit" verursacht hat.
   Fahrlässigkeit ist im StGB nicht definiert. Heranzuziehen ist aber § 276 II BGB, so dass es auf die Außerachtlassung der im Verkehr erforderlichen Sorgfalt ankommt.[4] Erforderlich ist eine Verletzung der dem Täter obliegenden Sorgfaltspflicht.[5]
   Bei unterschiedlicher Terminologie und vielerlei Detailkontroversen[6] handelt fahrlässig, wer eine objektive Pflichtwidrigkeit begeht, sofern er diese nach seinen subjektiven Kenntnissen und Fähigkeiten vermeiden konnte und wenn gerade die Pflichtwidrigkeit objektiv und subjektiv vorhersehbar den Erfolg gezeitigt hat.[7] Dies ließe sich auch derart umschreiben, dass der Täter ein unerlaubtes Risiko geschaffen haben muss (in Gestalt von objektiver Vorhersehbarkeit und Sorgfaltswidrigkeit), welches sich im Erfolg realisiert hat. Dies entspricht beim Vorsatzdelikt den Anforderungen der objektiven Zurechnung, welche zwar nicht in der Rspr., aber in der ganz h. L. als Einschränkung der weiten Äquivalenzkausalität anerkannt ist. Ob

---

[1] BGH U. v. 13.11.2008 – 4 StR 252/08 – BGHSt 53, 38 = NJW 2009, 240 = NStZ 2009, 146 = StV 2009, 406 (Anm. Satzger JK 2009 StGB § 222/8; RÜ 2009, 96; RA 2009, 113; Bußmann NStZ 2009, 386; Renzikowski StV 2009, 443; Kraatz JR 2009, 182; Duttge HRRS 2009, 145; Wegner HRRS 2009, 381).
[2] Bei materiellrechtlicher Sichtweise, die das Erste Staatsexamen dominiert, ist dies an sich nicht zwingend. Dass aber die Strafbarkeit von Toten in einer Klausur nicht geprüft wird, ist ganz überwiegende Gepflogenheit, vgl. nur Wessels/Beulke/Satzger, AT, 52. Aufl. 2022, Rn. 1370.
[3] Zum problematischen Aufbau des Fahrlässigkeitsdelikts Hoyer, in: SK-StGB, 9. Aufl. 2017, Anh. zu § 16 Rn. 8ff.
[4] Vgl. B. Heinrich, AT, 7. Aufl. 2022, Rn. 987.
[5] Vgl. nur Wessels/Beulke/Satzger, AT, 52. Aufl. 2022, Rn. 1114; Kindhäuser/Hilgendorf, LPK, 9. Aufl. 2022, § 15 Rn. 47ff.
[6] S. nur Fischer, StGB, 70. Aufl. 2023, § 15 Rn. 19ff.; B. Heinrich, AT, 7. Aufl. 2022, Rn. 1027ff.
[7] So die Formulierung in BGH U. v. 13.11.2003 – 5 StR 327/03 – BGHSt 49, 1 (5).

auch beim Fahrlässigkeitsdelikt eine eigene Ebene der objektiven Zurechnung geboten ist oder diese identisch mit der Sorgfaltspflichtverletzung ist, kann dahinstehen.
Fraglich ist zunächst, ob L ein unerlaubtes Risiko setzte bzw. eine Sorgfaltspflicht verletzte.

Problematisch ist, dass (zumindest auch) T als Unternehmer für die Bausicherung verantwortlich gewesen sein könnte, so dass zu klären ist, welche Sorgfaltspflichten der C als Arbeitnehmer des Subunternehmers H innehatte. Denkbar ist, dass C als ausführender Abbrucharbeiter hätte überprüfen und erkennen müssen, dass die Sicherungsmaßnahmen unzureichend waren.

Nach anerkannten Rechtsgrundsätzen hat jeder, der Gefahrenquellen schafft oder unterhält, die nach Lage der Verhältnisse erforderlichen Vorkehrungen zum Schutz anderer Personen zu treffen.[8]

Diese Sicherungspflicht wird indes nicht bereits durch jede bloß theoretische Möglichkeit einer Gefährdung ausgelöst. Da eine absolute Sicherung gegen Gefahren und Schäden nicht erreichbar ist und auch die berechtigten Verkehrserwartungen nicht auf einen solchen absoluten Schutz ausgerichtet sind, beschränkt sich die Verkehrssicherungspflicht auf das Ergreifen solcher Maßnahmen, die nach den Gesamtumständen zumutbar sind und die ein verständiger und umsichtiger Mensch für notwendig und ausreichend hält, um andere vor Schäden zu bewahren.

Haftungsbegründend wirkt demgemäß die Nichtabwendung einer Gefahr erst dann, wenn sich vorausschauend nach einem sachkundigen Urteil die naheliegende Möglichkeit ergibt, dass Rechtsgüter anderer Personen verletzt werden könnten. Diese in der zivilrechtlichen Rspr. entwickelten Grundsätze sind maßgebend auch für die Bestimmung der strafrechtlichen Anforderungen an die im Einzelfall gebotene Sorgfaltspflicht. Ausgangspunkt dafür ist jeweils das Maß der Gefahr mit der Folge, dass die Sorgfaltsanforderungen umso höher sind, je größer bei erkennbarer Gefährlichkeit einer Handlung die Schadenswahrscheinlichkeit und Schadensintensität sind.

Nicht ohne Weiteres folgt aus einer (etwaigen) Verantwortlichkeit des T eine fehlende Überprüfungspflicht des C. Zwar mag – was i.E. offenbleiben kann – in erster Linie T die Verantwortung für die Bauausführung getragen und deshalb auch strafrechtlich für die Sicherung der von dem Abbruch der tragenden Wand im Erdgeschoss ausgehenden Gefahren gehaftet haben. Dieser Pflichtenstellung des T im Verhältnis zu (W und) C entsprach auch die Aufgabenverteilung nach dem von T mit der Firma H geschlossenen Subunternehmervertrag und dem diesem Vertrag zu Grunde liegenden Leistungsverzeichnis, demzufolge die Durchführung der Sicherung des Wandabbruchs durch die Absteifung in den Aufgabenbereich von T als Bauunternehmer fiel.

Dieser Umstand entließ indes die Firma H und damit auch deren an dem Bau tätigen Mitarbeiter, W und C, nicht von vornherein aus der Haftung. Denn die Firma H war zuständig für den Abbruch und deshalb verpflichtet, Dritte vor den durch den Abbruch drohenden Gefahren zu schützen und die hierzu erforderlichen Vorkehrungen zu treffen. Diese Pflicht bestand grundsätzlich nicht nur gegenüber

---

[8] So (auch zum Folgenden) BGH U. v. 13.11.2008 – 4 StR 252/08 – BGHSt 53, 38 (41ff.) m. w. N.

Außenstehenden, etwa befugten Besuchern der Baustelle, sondern auch gegenüber den an dem Bau tätigen Arbeitnehmern, die hier durch den Einsturz zu Schaden gekommen sind, diese sind daher auch von dem Schutzzweck der Norm umfasst. Blieb aber danach neben T die Firma H – wenn auch sekundär – verkehrssicherungspflichtig, so traf dies grundsätzlich auch für ihre Arbeitnehmer, W und C zu, soweit diese – wie hier – den gefahrenträchtigen Abbruch der tragenden Wand zumindest weitgehend in eigener Verantwortung durchführten. Denn nach den in der Rspr. entwickelten Grundsätzen sind mehrere Personen (oder Firmen), die an einer gefahrenträchtigen Baumaßnahme beteiligt sind, untereinander verpflichtet, sich in zumutbarer Weise gegenseitig zu informieren und abzustimmen, um vermeidbare Risiken für Dritte auszuschalten.[9] Insbesondere dann, wenn erkennbar Sicherungsmaßnahmen erforderlich sind, die vor Beginn der eigentlichen gefahrträchtigen Handlung durchgeführt werden müssen, muss sich der für die Gefahrenquelle Verantwortliche im Rahmen des ihm Zumutbaren vergewissern, dass der für die notwendige Sicherung Verantwortliche seine Aufgabe erfüllt hat, und darf nicht blindlings darauf vertrauen, dass dies auch zutrifft. Im vorliegenden Fall ergab sich dieses Zusammenwirken von Abbruchaufgabe (Firma H) und Sicherungsaufgabe (Bauunternehmer T) schon kraft Natur der Sache. Dabei waren die Sorgfaltspflichten nicht etwa auf die jeweils vertraglich geschuldeten Leistungen beschränkt, denn für die Begründung von Sorgfaltspflichten genügt regelmäßig bereits die tatsächliche Übernahme eines entsprechenden Pflichtenkreises. Das war hier für die Firma H schon deshalb der Fall, weil die besondere Gefahrenquelle eben in dem Abbruch der tragenden Wand lag.

Gegen seine so zu bestimmende Sorgfaltspflicht in Gestalt der Sicherungspflicht müsste C verstoßen haben. Jedoch hatte C auf Veranlassung des W den Bauunternehmer T darauf hingewiesen, dass unter Berücksichtigung des ursprünglich in der Statik vorgesehenen Stützenabstands die Wandsäge nicht eingesetzt werden kann. Hierauf sagte T zu, sich mit dem Statiker in Verbindung zu setzen und entsprechende Veränderungen zu veranlassen. Dies ist zu berücksichtigen.[10] Zwar war die Verringerung der Anzahl der Stützen gegenüber der ursprünglichen Planung erheblich; dennoch erforderte die – sekundäre – Verkehrssicherungspflicht des C nicht eine nochmalige Nachfrage, ob der Statiker die Änderungen auch tatsächlich gebilligt habe. Dies wäre nur dann erforderlich gewesen, wenn die mangelnde Eignung der angebrachten Abstützung und die dadurch bedingte besondere Gefahrenlage für C offensichtlich gewesen wäre. Gerade das ist aber nicht ersichtlich. Vielmehr liegt (jedenfalls *in dubio pro reo*) nicht fern, dass ungeachtet der gegenüber der statischen Berechnung deutlich vergrößerten Stützenabstände jedenfalls für C nicht ohne Weiteres erkennbar war, dass die Absteifung unzureichend war.[11]

Hierfür spricht auch, dass C sich durch seine Arbeiten selbst gefährdete. Dass C besondere Fachkenntnisse besaß, die ihn befähigt hätten, die Mangelhaftigkeit der von T vorgegebenen Abstützung zu erkennen, ist dem Sachverhalt nicht zu ent-

---

[9] Zur Arbeitsteilung Kudlich, in: BeckOK-StGB, Stand 01.11.2022, § 15 Rn. 47.
[10] So (auch zum Folgenden) BGH U. v. 13.11.2008 – 4 StR 252/08 – BGHSt 53, 38 (44) m. w. N.
[11] A. A. vertretbar.

nehmen und ergibt sich auch nicht allein auf Grund seiner Erfahrungen auf dem Gebiet von Abbrucharbeiten.[12] Auch musste er nicht von einer besonderen Unzuverlässigkeit oder Risikobereitschaft des T ausgehen, insofern verblieb es beim Vertrauensgrundsatz bei horizontaler Aufteilung einzelner Verantwortungsbereiche im Rahmen eines einheitlichen Arbeitsvorgangs. Dass C sich vielmehr seiner Verantwortung für die Sicherheit des Bauwerks bewusst war, wird daran deutlich, dass C noch am Morgen des Unfalltags gegenüber T den Abbruch des Teilstücks IV der Wand ankündigte und mit der Fortsetzung seiner Tätigkeit aus Sicherheitsgründen zuwartete, bis der Unterzug hinsichtlich des Teilstücks III angebracht war. Unter diesen Umständen erübrigte sich für C, bei T noch einmal ausdrücklich nachzufragen, ob statischerseits Bedenken gegen die Fortsetzung der Abbrucharbeiten bestehen.

C handelte mithin nicht sorgfaltswidrig.[13]

II. Ergebnis
C hat sich nicht wegen fahrlässiger Tötung strafbar gemacht, indem er die Wände abbrach, wodurch es zu einem Einsturz kam.

B. § 229 StGB zu Lasten der fünf (bzw. vier) verletzten Arbeiter
Mangels Sorgfaltswidrigkeit liegt auch keine fahrlässige Körperverletzung zu Lasten der (lediglich) verletzten Personen vor.

C. § 319 StGB
Mangels Fahrlässigkeit scheidet auch eine Baugefährdung aus, selbst wenn C die Täterqualifikation erfüllen würde.

3. Abschnitt: Strafbarkeit des W

- § 222 StGB -
Auch bzgl. W gelten die Erwägungen zu C, so dass auch er nicht sorgfaltswidrig gehandelt hat[14]: W durfte ebenfalls auf die Richtigkeit der Maßnahmen vertrauen.

Offenbleiben kann daher, ob für W überhaupt ein aktives Tun gegeben ist (oder lediglich ein Unterlassen,[15] §§ 222, 13 StGB).

Auch §§ 229 und 319 StGB scheiden aus.

---

[12] A. A. vertretbar.
[13] A. A. vertretbar.
[14] A. A. vertretbar.
[15] Zur „Abgrenzung" von aktivem Tun und Unterlassen Wessels/Beulke/Satzger, AT, 52. Aufl. 2022, Rn. 1157ff.; aus der Rspr. vgl. zuletzt BGH U. v. 03.03.2022 – 5 StR 228/21 (Anm. RÜ 2022, 378); BGH B. v. 17.03.2022 – 2 StR 157/21 – StV 2023, 4 (Anm. RÜ 2022, 709).

2. Teil: Tod der Kinder des W[16]

- Strafbarkeit des W-

A. § 222 StGB
W könnte sich wegen fahrlässiger Tötung strafbar gemacht haben, indem er seine Wohnung verließ und in seiner Abwesenheit seine Kinder bei einem Brand ums Leben kamen.

I. Tatbestand
Der Erfolg ist in Gestalt des Todes der Kinder eingetreten.

Fraglich ist aber bereits, ob W aktiv gehandelt hat – in Abgrenzung zum bloßen Unterlassen[17] nach § 13 StGB, was gerade bei Fahrlässigkeitsdelikten problematisch ist, da jeder Sorgfaltspflichtverletzung ein Unterlassensmoment innewohnt.[18]

Die Rspr.[19] und die h. L.[20] stellen hierbei auf den Schwerpunkt des strafrechtlich relevanten Verhaltens ab.

Andere[21] verweisen auf das Kriterium des Energieeinsatzes, wieder andere[22] auf eine Lösung auf der Konkurrenzebene.

Letztere, eigentlich evident im Ausgangspunkt zutreffende Ansätze, bergen den Nachteil, dass sich (in den problematischen Fällen) ein Energieeinsatz des Täters, in Form irgendeiner Körperbewegung, immer wird feststellen lassen, so dass der Anwendungsbereich des Unterlassungsdelikts sehr eingeengt wird – und das aufgrund Nichtanwendung des § 13 I, II StGB zu Lasten des Täters. Zwar ist es vage, auf einen Schwerpunkt des Verhaltens abzustellen; auch ist ein solcher Schwerpunkt denklogisch nicht zu ermitteln, ohne Kriterien zu benennen und zu gewichten. Richtig ist aber, dass der Unterlassensvorwurf im Hinblick auf die Risikosetzung bzgl. eines Rechtsguts schwerer wiegen kann. Dies muss jedenfalls für Fälle gelten, in denen die aktive Handlung des Täters gegenüber einem bloßen Verharren am Tatort keine Risikosteigerung bewirkt.[23]

Zwar verließ W (insofern aktiv) die Wohnung. Wäre er aber dort verbleiben, ohne einzugreifen, hätte dies am Erfolgseintritt nichts geändert. Weil das Unterlassen dieses Tuns nicht hinreichende Bedingung für das Ausbleiben des Erfolgseintritts war, bildete das Tun – in der Terminologie der h. M. – nicht den Schwerpunkt der Vorwerfbarkeit. Dies zeigt sich ferner darin, dass das Verlassen der Wohnung für sich genommen unschädlich gewesen wäre, wenn W es nicht unterlassen

---

[16] Nach BGH U. v. 01.02.2005 – 1 StR 422/04 – NStZ 2005, 446 (Anm. Kudlich JuS 2005, 848; RÜ 2005, 309; RA 2005, 376; Herzberg NStZ 2005, 602; Walther JZ 2005, 686).
[17] S. o.
[18] S. Kindhäuser/Hilgendorf, LPK, 9. Aufl. 2022, § 13 Rn. 76.
[19] S. o.
[20] S. nur B. Heinrich, AT, 7. Aufl. 2022, Rn. 866.
[21] Etwa Gaede, in: NK-StGB; 5. Aufl. 2017, § 13 Rn. 7.
[22] Etwa Kindhäuser/Hilgendorf, LPK, 9. Aufl. 2022, § 13 Rn. 73.
[23] S. Puppe, AT, 5. Aufl. 2022, § 28 Rn. 1ff.

hätte, für eine durchgehende Aufsicht der Kinder in seiner Abwesenheit zu sorgen oder zumindest die Gefahrenquelle zu beseitigen.[24]

II. Ergebnis
W hat sich nicht wegen fahrlässiger Tötung strafbar gemacht, indem er seine Wohnung verließ und in seiner Abwesenheit seine Kinder bei einem Brand ums Leben kamen.

B. §§ 222, 13 StGB
W könnte sich wegen fahrlässiger Tötung durch Unterlassen strafbar gemacht haben, indem er seine Wohnung verließ und in seiner Abwesenheit seine Kinder bei einem Brand ums Leben kamen.

I. Tatbestand
Zum Erfolgseintritt s. o.

Der Unterlassensvorwurf gründet sich darauf, dass W vor Verlassen der Wohnung diese nicht auf feuergefährliche Gegenstände, insbesondere auf heruntergefallene brennende oder glimmende Zigarettenreste untersuchte. Auch hätte er ansonsten für eine Aufsicht über Wohnung und Kinder sorgen können.

All dies wäre dem W möglich gewesen.

Das Unterlassen des W müsste (quasi-/hypothetisch) kausal[25] für den Tod der Kinder gewesen sein.

Die Anforderungen hieran sind strittig.[26]

Die (strengere) Rspr.[27] und h. L.[28] fordern, dass der Erfolg bei Hinzudenken der unterlassenen Handlung mit an Sicherheit grenzender Wahrscheinlichkeit verhindert worden wäre, während eine beachtliche Minderheitsauffassung[29] jede Risikoverminderung (Eröffnung einer Rettungschance) für ausreichend erachtet.

Jedenfalls genügt es also, wenn sicher feststeht, dass der Erfolg im hypothetischen Fall einer erlaubt riskanten Handlung nicht eingetreten wäre. Eine solche Sicherheit besteht im vorliegenden Fall: Es muss bedacht werden, dass die Pflicht zur sorgfältigen Nachschau hinsichtlich glimmender Zigarettenglut nicht nur bei dem Verlassen der Wohnung, über mehrere Stunden besteht, sondern auch bei einer nicht nur ganz kurzzeitigen Abwesenheit vom Gefahrenbereich.[30] Wäre W (oder

---

[24] BGH U. v. 01.02.2005 – 1 StR 422/04 – NStZ 2005, 446 (447).
[25] Zum Begriff s. nur Kindhäuser/Hilgendorf, LPK, 9. Aufl. 2022, § 13 Rn. 11.
[26] Hierzu Wessels/Beulke/Satzger, AT, 52. Aufl. 2022, Rn. 1171ff.; aus der Rspr. vgl. zuletzt BGH U. v. 04.08.2021 – 2 StR 178/20 – StV 2022, 162 (Anm. Bock ZfIStW 2022, 563); BGH U. v. 29.09.2021 – 2 StR 491/20 – NStZ 2022, 601 = StV 2023, 6 (Anm. RÜ 2022, 97; Kudlich NStZ 2022, 604); BGH B. v. 09.03.2022 – 4 StR 200/21 (Anm. Jäger JA 2022, 955; Eisele JuS 2022, 1175; Lorenz jurisPR-StrafR 18/2022 Anm. 1).
[27] S. o.
[28] S. nur B. Heinrich, AT, 7. Aufl. 2022, Rn. 888f.
[29] Z. B. Otto, AT, 7. Aufl. 2004, § 9 Rn. 99; vgl. auch Puppe ZJS 2008, 600 (601).
[30] So BGH U. v. 01.02.2005 – 1 StR 422/04 – NStZ 2005, 446 (447).

eine von ihm eingesetzte Aufsicht) in der Wohnung geblieben, so wäre ein Brand entdeckt oder verhindert worden und die Kinder wären noch am Leben. W wäre nicht nur beim Verlassen der Wohnung verpflichtet gewesen, den Gefahrenherd im Wohnzimmer zu beseitigen, sondern auch dann, wenn er sich in der Nacht zum Schlafen gelegt hätt e. Jedenfalls dann, wenn W seine Pflicht zur Kontrolle des Wohnzimmers auf mögliche Brandherde (s. o.) erfüllt hätte, wäre also der Tod der Kinder mit an Sicherheit grenzender Wahrscheinlichkeit vermieden worden. Auf eine Auseinandersetzung mit der Risikoerhöhungs- bzw. -verminderungslehre kommt es nicht mehr an.

Das Unterlassen des W war (quasi- /hypothetisch) kausal.

Eine sog. Garantenstellung[31] des W folgt aus dessen Stellung als Vater gem. §§ 1626 I, 1631 I BGB.

Ingerenz[32] (etwa das Fallenlassen einer eigenen brennenden Zigarette durch W) ist dem Sachverhalt hingegen nicht zu entnehmen. Auch ein pflichtwidriges Vorverhalten gegenüber seinen Gästen (etwa Unterlassen einer Mahnung, mit Zigaretten vorsichtig umzugehen) ist nicht ersichtlich.[33]

In Betracht kommt schließlich eine Garantenstellung aufgrund Sachherrschaft als Mieter oder Eigentümer der Wohnung.[34] Zwar ist anerkannt, dass eine Verantwortung für Sachen dazu führen kann, dass z. B. der Mieter einer Wohnung die Garantenstellung dafür innehat, dass andere nicht durch aus seiner Wohnung stammende Gefahrenquellen geschädigt werden. Dies ist jedoch keine allgemeine Pflicht.[35] Eine entsprechende Garantenstellung trifft den Wohnungsinhaber nur, wenn besondere Umstände hinzukommen, die eine Rechtspflicht zum Handeln begründen, insb. weil die Wohnung aufgrund ihrer Lage oder Beschaffenheit eine besondere Gefahrenquelle darstellt. Hier ergibt es sich nicht, dass die Wohnung des W aus besonderen Umständen, z. B. weil dort eine besonders große Unordnung herrschte, in erheblich erhöhtem Umfang brandgefährlich gewesen wäre. Somit

---

[31] Zu den sog. Garantenstellungen Wessels/Beulke/Satzger, AT, 52. Aufl. 2022, Rn. 1179ff.

[32] Zur Ingerenz Wessels/Beulke/Satzger, AT, 52. Aufl. 2022, Rn. 1196ff.; aus der Rspr. vgl. zuletzt BGH B. v. 24.03.2021 – 4 StR 416/20 – BGHSt 66, 66 = NJW 2021, 1767 = NStZ 2022, 220 = StV 2021, 482 (Anm. Bosch Jura 2021, 981; Kudlich JA 2021, 606; LL 2021, 538; RÜ 2021, 429; famos 9/2021; Valerius NJW 2021, 1770; Krenberger NZV 2021, 538; Hinderer NStZ 2022, 223; Renzikowski JR 2022, 140); OLG Oldenburg B. v. 23.07.2021 – 1 Ws 190/21 – StV 2023, 12 (Anm. Brüning ZJS 2022, 119; Bock wistra 2022, 441; Hillenkamp MedR 2022, 637); BayObLG U. v. 25.02.2022 – 201 StRR 95/21 – NStZ 2022, 486 = StV 2022, 645 (Anm. Mosbacher NStZ 2022, 491; Lenk JZ 2022, 623); BGH B. v. 28.06.2022 – 6 StR 68/21 (Insulin) – NJW 2022, 3021 = NStZ 2022, 663 = StV 2023, 9 (Anm. Bosch Jura 2022, 1507; Jäger JA 2022, 870; Hecker JuS 2022, 1073; RÜ 2022, 638; famos 10/2022; Grünewald NJW 2022, 3025; Hoven/Kudlich NStZ 2022, 667; Walter JR 2022, 621; Franzke/Verrel JZ 2022, 1116; Murmann ZfISchW 2022, 530; Pauli HRRS 2022, 281; Ofterdinger/Kuhli ZJS 2023, 170; Ziegler StV 2023, 65; Seifert HRRS 2023, 13).

[33] A. A. vertretbar.

[34] Hierzu vgl. aus der Rspr. zuletzt BGH B. v. 07.12.2021 – 5 StR 329/21 – NStZ-RR 2022, 40 (Anm. RÜ 2022, 177; famos 7/2022; Bode JR 2022, 311); BayObLG U. v. 25.02.2022 – 201 StRR 95/21 – NStZ 2022, 486 = StV 2022, 645 (Anm. Mosbacher NStZ 2022, 491; Lenk JZ 2022, 623).

[35] So (auch zum Folgenden) RA 2006, 376 (379).

lässt sich aus der bloßen Stellung des W als Inhaber der Wohnung keine Garantenstellung ableiten.

Fraglich ist, ob W sorgfaltswidrig in Bezug auf den Tod seiner Kinder handelte. Pflichtwidrig i. S. einer fahrlässigen Tatbestandsverwirklichung handelt, wer objektiv gegen eine Sorgfaltspflicht verstößt, die gerade dem Schutz des beeinträchtigten Rechtsguts dient und zu einer Rechtsgutverletzung führt, die der Täter nach seinen subjektiven Kenntnissen und Fähigkeiten hätte vermeiden können.[36] Art und Maß der anzuwendenden Sorgfalt bestimmen sich nach den Anforderungen, die bei objektiver Betrachtung einer Gefahrenlage *ex ante* an einen besonnenen und gewissenhaften Menschen in der konkreten Lage und sozialen Rolle des Handelnden zu stellen sind. Im Rahmen der Vorwerfbarkeit ist bei vorliegender Erfolgsabwendungspflicht nicht entscheidend, ob die Pflichtwidrigkeit in einem aktiven Tun liegt oder in einem Unterlassen begründet ist. Der Erfolg einer fahrlässigen Tötung kann durch ein pflichtwidriges Unterlassen herbeigeführt werden.

Zweifelhaft ist, ob W weder auf Grund eigenen vorangegangenen Verhaltens noch auf Grund ihm bekannter Unachtsamkeiten Dritter mit restlicher Glut im Bereich der Couch rechnen musste und daher den Anforderungen nicht gerecht geworden ist, die in der konkreten Situation an ihn zu stellen waren.

W, der selbst Raucher ist, gestattete seinen Gästen, in seiner Wohnung zu rauchen. Er ließ die beiden Kinder zumindest in der Zeit zwischen kurz nach 23.30 Uhr und 04.45 Uhr unbeaufsichtigt in der Wohnung, ohne zuvor die unordentlich auf der Couch befindlichen Zeitschriften, Papiere und Kleidungsstücke beseitigt zu haben. Wird der Umgang mit Feuer, und sei es auch nur in Form von entzündeten Zigaretten und glimmender Asche, zugelassen, erfordert es die allgemein und auch dem W bekannte Gefahr, die sich in dem achtlosen Umgang mit Feuer und Zigarettenresten verwirklichen kann, dass ein Übergreifen auf Papier und sonstige leicht entflammbare Materialien verhindert oder jedenfalls auf ein Minimum reduziert wird.

Diese schon allgemein bestehende Sorgfaltspflicht war auf Grund der hier vorliegenden Umstände besonders gesteigert: In der Wohnung anwesende Personen hatten zahlreiche Zigaretten geraucht. W und die Gäste hatten Alkohol getrunken. Dass sich daher Zigarettenstummel auf der Couch und in der Nähe befanden, lag nah. Auf der Couch lagen leicht entzündbare Materialien, u. a. ein Feuerzeug, Papier, eine Zeitschrift, ein Kissen und ein Kleidungsstück. Diese waren zudem in einem unordentlichen Zustand zurückgelassen worden. Hier kommt hinzu, dass die beiden Kinder des W noch sehr klein waren und zusätzlich der Sohn des W wegen der Windpocken krank im Bett lag. Jedenfalls unter diesen Umständen hatte W gegen die Sorgfaltspflicht verstoßen, mögliche Brandquellen zu beseitigen, jedenfalls vor einem längeren Verlassen des Raumes.[37]

Der sog. Entsprechungsklausel des § 13 I StGB kommt bei einem Erfolgsdelikt keine Bedeutung zu.[38]

---

[36] So (auch zum Folgenden) BGH U. v. 01.02.2005 – 1 StR 422/04 – NStZ 2005, 446 (447) m. w. N.
[37] A. A. vertretbar.
[38] Wessels/Beulke/Satzger, AT, 52. Aufl. 2022, Rn. 1205.

II. Rechtswidrigkeit
W handelte rechtswidrig.

III. Schuld
W müsste ferner subjektiv fahrlässig gehandelt haben.[39] Dies erfordert individuelle Vorwerfbarkeit nach Maßgabe der persönlichen Fähigkeiten,[40] was bei W keine Zweifel aufwirft. W handelte auch im Übrigen schuldhaft.

IV. Ergebnis
W hat sich wegen fahrlässiger Tötung durch Unterlassen strafbar gemacht, indem er seine Wohnung verließ und in seiner Abwesenheit seine Kinder bei einem Brand ums Leben kamen.

C. §§ 306d, 13 StGB
Aus gleichem Grund hat W auch eine fahrlässige Brandstiftung durch Unterlassen begangen.

Problematisch ist, ob im Verhältnis zu § 222 StGB die fahrlässige Brandstiftung subsidiär ist, wenn (wie hier) – im Sachverhalt ist nichts Anderes ersichtlich – ausschließlich das Rechtsgut Leben (und z. B. nicht darüber hinausgehende Lebens- oder Eigentumsverletzungen) betroffen wurde.

Dies wird z. T. bejaht.[41]

Z. T.[42] wird stets Tateinheit angenommen.

Da der Schutz vor Brandstiftung sich, soweit der gleiche Geschädigte betroffen ist, mit dem des § 222 StGB deckt, ist Gesetzeskonkurrenz vorzugswürdig. Eine Klarstellung der Todesursache ist nicht geboten.[43]

D. § 171 StGB[44]
W verwirklichte ebenfalls § 171 StGB. Von einer gröblichen Verletzung der Fürsorge- oder Erziehungspflicht[45] ist auszugehen,[46] angesichts der sogar tödlichen Realisierung auch von einem Gefahrerfolg.

---

[39] Zur Eingliederung der subjektiven Fahrlässigkeit in die Schuld durch die h.M. s. nur Wessels/Beulke/Satzger, AT, 52. Aufl. 2022, Rn. 676, 1143f.; a. A. z. B. Hoyer, in: SK-StGB, 9. Aufl. 2017, Anh. zu § 16 Rn. 100.

[40] Fischer, StGB, 70. Aufl. 2023, § 15 Rn. 31; aus der Rspr. vgl. zuletzt BGH B. v. 13.08.2020 – 4 StR 629/19 – StV 2021, 353; BGH U. v. 11.11.2021 – 4 StR 511/20 – NJW 2022, 483 = NStZ 2022, 292 = StV 2022, 448 (Anm. Bosch Jura 2022, 521; RÜ 2022, 165; Kulhanek NStZ 2022, 296; Schladitz JR 2022, 491; Zieschang JZ 2022, 101; Preuß NZV 2022, 133).

[41] Wolters, in: SK-StGB, 9. Aufl. 2016, § 306d Rn. 12; Radtke, in: MK-StGB, 4. Aufl. 2022, § 306d Rn. 16.

[42] Fischer, StGB, 70. Aufl. 2023, § 306d Rn. 7.

[43] A. A. vertretbar.

[44] Randdelikt und wohl nicht im Examen als bekannt vorausgesetzt.

[45] Hierzu etwa Wolters, in: SK-StGB, 9. Aufl. 2019, § 171 Rn. 11ff.; Ritscher, in: MK-StGB, 4. Aufl. 2021, § 171 Rn. 6ff.

[46] A. A. vertretbar.

Dieses Delikt wird aus Klarstellungsgründen nicht in Gesetzeskonkurrenz von § 222 StGB verdrängt.[47]

3. Teil: Verfolgung des T[48]

1. Abschnitt: Der Streit mit den Vietnamesen[49]

Zwar kam es laut Sachverhalt zu einem Streit zwischen E, A und O sowie mehreren vietnamesischen Besuchern, der in eine tätliche Auseinandersetzung vor der Diskothek mündete. Allerdings enthält der Sachverhalt keine subsumierbaren Angaben (etwa im Hinblick auf § 185 StGB oder §§ 223ff. StGB).

Soweit Handlungen des T geschildert werden, sind diese aufgrund des Todes des T nicht zu prüfen.

Insbesondere kommt es daher auf die Frage nicht an, ob die Verletzungen, die O auf der Flucht vor T erlitt, diesem objektiv zuzurechnen sind.

2. Abschnitt: Straftaten zu Lasten der G

1. Unterabschnitt: Strafbarkeit von B und E

A. § 223 I StGB
B und E könnten sich wegen Körperverletzung strafbar gemacht haben, indem sie G mit Bier überschütteten. Bei G müsste ein Körperverletzungserfolg eingetreten sein.

Dieser liegt gem. § 223 I StGB entweder in einer körperlichen Misshandlung, worunter jede üble und unangemessene Behandlung, durch die das körperliche Wohlbefinden oder die körperliche Unversehrtheit mehr als nur unerheblich beeinträchtigt wird, gefasst wird,[50] oder in einer Gesundheitsschädigung, welche als Hervorrufen oder Steigern eines nicht nur unerheblichen krankhaften (pathologischen), d. h. vom Normalzustand nachteilig abweichenden Zustandes körperlicher oder psychischer Art,[51] zu verstehen ist.

Zwar wurde G von B und E mit Bier überschüttet. Jedenfalls unter Berücksichtigung einer gewissen Erheblichkeitsschwelle genügt dies aber nicht.

---

[47] Wolters, in: SK-StGB, 9. Aufl. 2019, § 171 Rn. 17; a. A. vertretbar.
[48] Nach BGH U. v. 09.10.2002 – 5 StR 42/02 (Guben) – BGHSt 48, 34 = NJW 2003, 150 = NStZ 2003, 149 = StV 2003, 74 (Anm. Puppe, AT, 5. Aufl. 2022, § 20 Rn. 25ff.; Kaspar/Reinbacher, Casebook AT, 2020, Fall 5; Sowada Jura 2003, 549; Heger JA 2003, 455; Martin JuS 2003, 503; Laue JuS 2003, 743; LL 2003, 185; RÜ 2003, 26; RA 2003, 45; Hardtung NStZ 2003, 261; Puppe JR 2003, 123; Kühl JZ 2003, 637).
[49] Chronologischer Aufbau. Anderer Aufbau möglich.
[50] Joecks/Jäger, StGB, 13. Aufl. 2021, § 223 Rn. 4; aus der Rspr. vgl. zuletzt OLG Hamm B. v. 21.04.2022 – 5 RVs 42/22 (Anm. Borutta jurisPR-StrafR 12/2022 Anm. 3).
[51] Joecks/Jäger, StGB, 13. Aufl. 2021, § 223 Rn. 4; aus der Rspr. vgl. zuletzt OLG Hamm B. v. 21.04.2022 – 5 RVs 42/22 (Anm. Borutta jurisPR-StrafR 12/2022 Anm. 3).

B. § 185 2. Var. StGB

B und E könnten G mittels einer Tätlichkeit beleidigt haben, indem sie riefen „Wir haben dir was mitgebracht – Hass, Hass, Hass – Ausländer raus!" und ihr Bier über den Kopf schütteten.

Beleidigung ist jeder Angriff auf die Ehre eines Anderen durch Kundgabe eigener Missachtung, Geringschätzung oder Nichtachtung.[52]

Dies liegt hier jedenfalls in der Verknüpfung der Äußerungen mit dem Übergießen mit Bier.

Tätlichkeit i. S. d. § 185 2. Var. StGB ist jede unmittelbar, auf den Körper des Opfers einwirkende Handlung.[53]

Problematisch ist, dass B und E die G nicht berührt haben. Zum einen wird aber vertreten, dass eine Berührung nicht erforderlich ist, so dass insbesondere auch fehlgehende Schläge erfasst werden[54]; zum anderen kann es keinen Unterschied machen, ob es zu einem direkten Kontakt kommt, was schon die durch ein Werkzeug vermittelte Berührung veranschaulicht.

Eine Tätlichkeit liegt vor.[55]

B und E handelten auch vorsätzlich, rechtswidrig und schuldhaft.

B und E haben G mittels einer Tätlichkeit beleidigt, indem sie riefen „Wir haben dir was mitgebracht – Hass, Hass, Hass – Ausländer raus!" und ihr Bier über den Kopf schütteten.

Zum Strafantragserfordernis s. § 194 StGB.

Eine Beleidigung gegenüber Ausländern im Allgemeinen scheidet hingegen mangels hinreichender Konkretisierung (Beleidigung unter einer Kollektivbezeichnung[56]) aus.

C. § 130 I StGB

Die lediglich gegenüber G gerufene Parole „Ausländer raus" war nicht geeignet, den öffentlichen Frieden zu stören, so dass eine Volksverhetzung ausscheidet.[57]

---

[52] Bock, BT 1, 2018, S. 243; aus der Rspr. vgl. zuletzt OLG Saarbrücken U. v. 08.03.2021 – Ss 72/20 (2/21) – NStZ-RR 2021, 209; BayObLG B. v. 31.01.2022 – 204 StRR 574/21 – StV 2022, 393; KG B. v. 11.02.2022 – (3) 121 Ss 170/21 (62/21) – NStZ-RR 2022, 368 (Anm. Peglau jurisPR-StrafR 13/2022 Anm. 4).

[53] S. Rogall, in: SK-StGB, 9. Aufl. 2017, § 185 Rn. 24; Bock, BT 1, 2018, S. 250.

[54] S. nur Fischer, StGB, 70. Aufl. 2023, § 185 Rn. 18a; aus der Rspr. vgl. zuletzt LG Nürnberg-Fürth U. v. 16.6.2020 – 15 Ns 201 Js 13894/19 – NStZ-RR 2021, 169.

[55] A. A. vertretbar.

[56] Hierzu Bock, BT 1, 2018, S. 255ff.; aus der Rspr. vgl. zuletzt OLG Frankfurt U. v. 08.02.2022 – 2 Ss 164/21 – NStZ-RR 2022, 181 (Anm. Stark jurisPR-StrafR 10/2022 Anm. 4); LG Meiningen B. v. 05.08.2022 – 6 Qs 146/22 (Anm. Albrecht jurisPR-StrafR 17/2022 Anm. 2).

[57] A. A. vertretbar.

2. Unterabschnitt: Strafbarkeit von A und S

- §§ 185 2. Var., 25 II StGB -

Die Beleidigungen durch B und E (s. o.) könnten A und S aufgrund § 25 II StGB zuzurechnen sein.

Allerdings ist die Beleidigung insofern ein eigenhändiges Delikt, als dass Mittäterschaft nur möglich ist, wenn sich jeder Beteiligte die ehrenrührige Erklärung erkennbar zu eigen macht.[58] Entsprechende Angaben enthält der Sachverhalt nicht.

Es kann daher offenbleiben, ob das Vorgehen gegen G überhaupt von der Abrede zwischen A, B, E und S gedeckt war (schließlich sollte eigentlich nur T ergriffen werden).

3. Abschnitt: Straftaten zu Lasten des L

1. Unterabschnitt: Strafbarkeit des S

A. § 223 I StGB
S hat sich wegen Körperverletzung strafbar gemacht, indem er L mehrere Tritte versetzte, so dass L während des Laufs wiederholt zu Fall kam und schließlich gegen ein geparktes Auto stürzte, wobei L sich eine blutende Kopfwunde zuzog.

Soweit er (zunächst) über die Identität des L irrte, liegt ein unbeachtlicher sog. *error in persona* vor, der nicht unter § 16 I StGB fällt.[59]

B. §§ 223 I, 224 I Nr. 2, 3, 4 StGB
In Betracht kommt die Verwendung eines gefährlichen Werkzeugs, Nr. 2.

Hierunter fällt jeder Gegenstand, der – als Angriffs- oder Verteidigungsmittel – nach der Art seiner Verwendung im konkreten Fall geeignet ist, erhebliche Verletzungen zu verursachen.[60]

Zu denken ist zunächst an Springerstiefel, die S getragen haben könnte. Allerdings ist im Sachverhalt nur davon die Rede, dass z. T. derartige Stiefel getragen wurden, so dass bei S *in dubio pro reo* dies zu verneinen ist. Auf die Frage, inwieweit ein Schuh überhaupt ein gefährliches Werkzeug sein kann,[61] kommt es nicht an.

---

[58] Vgl. Eisele/Schittenhelm, in: Schönke/Schröder, 30. Aufl. 2019, § 185 Rn. 17; Regge/Pegel, in: MK-StGB, 4. Aufl. 2021, § 185 Rn. 49.
[59] Wessels/Beulke/Satzger, AT, 52. Aufl. 2022, Rn. 370f.; aus der Rspr. vgl. zuletzt BGH U. v. 05.08.2010 – 3 StR 210/10 (Anm. RA 2010, 748).
[60] Bock, BT 1, 2018, S. 128; Wolters, in: SK-StGB, 9. Aufl. 2017, § 224 Rn. 15; aus der Rspr. vgl. zuletzt KG B. v. 05.11.2021 – (2) 121 Ss 100/21 (24/21) – NStZ 2022, 512.
[61] Bock, BT 1, 2018, S. 131; aus der Rspr. vgl. zuletzt LG Hannover U. v. 28.11.2019 – 36 Ns 2864 Js 17334/19 (97/19) (Anm. Albrecht jurisPR-StrafR 18/2020 Anm. 4).

Das geparkte Auto scheidet entweder mangels Beweglichkeit als gefährliches Werkzeug aus[62] oder – jedenfalls – mangels (im Sachverhalt ersichtlichen) entsprechenden Vorsatzes des S, das Auto zur Verletzung einzusetzen.
Zu einer (vollendeten) Verwendung des Pflastersteins kam es nicht.
Auch ein hinterlistiger Überfall (§ 224 I Nr. 3 StGB) lag nicht vor: Hinterlistig handelt ein Täter, in dessen Verhalten sich die Absicht äußerlich manifestiert, dem anderen die Verteidigungsmöglichkeit zu erschweren.[63] Ein plötzlicher Angriff – selbst von hinten – reicht alleine nicht aus.[64]

S könnte mit B, E und A gemeinschaftlich i. S. d. § 224 I Nr. 4 StGB gehandelt haben.

Für eine gemeinschaftliche Begehung nach Nr. 4 wird, ungeachtet der sonstigen Kontroversen,[65] allerdings eine Mitwirkung eines Anderen vorausgesetzt, welche eine erhöhte Gefährlichkeit der konkreten Tatsituation begründet.[66] Hieran fehlt es angesichts dessen, dass A im Auto wartete und B und E den T verfolgten.

Eine gefährliche Körperverletzung scheidet aus.

C. §§ 223 I, II, 224 I Nr. 2, 22, 23 StGB

Dadurch, dass S aber auf L einen Pflasterstein warf, welcher diesen verfehlte, hat dieser sich wegen versuchter gefährlicher Körperverletzung strafbar gemacht.

Zwischen einer vollendeten einfachen und einer versuchten gefährlichen Körperverletzung besteht keine Gesetzeskonkurrenz, sondern aus Klarstellungsgründen Tateinheit.[67]

D. §§ 212 I, 22, 23 StGB

Ein versuchter Totschlag scheidet mangels Tötungsvorsatzes aus.

2. Unterabschnitt: Strafbarkeit von B und E

A. §§ 223 I, 25 II StGB

B und E könnten sich wegen (mittäterschaftlicher) Körperverletzung strafbar gemacht haben, indem sie mit S Ausländer verfolgten.

---

[62] Zur Kontroverse Bock, BT 1, 2018, S. 132; aus der Rspr. vgl. zuletzt BGH B. v. 12.12.2012 – 5 StR 574/12 – StV 2013, 444 (Anm. Hecker JuS 2013, 948); OLG Koblenz B. v. 09.07.2014 – 2 OLG 3 Ss 198/13 – NStZ-RR 2014, 373.

[63] Bock, BT 1, 2018, S. 136; aus der Rspr. vgl. zuletzt BGH B. v. 22.05.2019 – 1 StR 79/19 – NStZ-RR 2019, 253; BGH B. v. 18.09.2019 – 2 StR 156/19 – NStZ-RR 2020, 42; BGH B. v. 15.12.2020 – 3 StR 386/20 – NStZ 2022, 164 = StV 2022, 168 (Anm. Bosch Jura 2021, 728; Eisele JuS 2021, 799; RÜ 2021, 303; famos 6/2021; Ruppert NStZ 2022, 165).

[64] S. nur Joecks/Jäger, StGB, 13. Aufl. 2021, § 224 Rn. 34.

[65] Hierzu Bock, BT 1, 2018, S. 137ff.

[66] Fischer, StGB, 70. Aufl. 2023, § 224 Rn. 24.

[67] Hardtung, in: MK-StGB, 4. Aufl. 2021, § 224 Rn. 59.

I. Tatbestand

1. Objektiver Tatbestand

Die von S begangene Körperverletzung an L (s. o.) könnte B und E gem. § 25 II StGB zuzurechnen sein.

Mittäterschaft setzt eine Verabredung zur arbeitsteilig auf vergleichbarer Augenhöhe begangenen Tat mit wesentlichen Tatbeiträgen voraus.[68]

Zweifelhaft ist, ob B und E in Bezug auf den Angriff auf L durch S einen hinreichenden objektiven Tatbeitrag erbracht haben.

Die Anforderungen hieran sind umstritten.[69]

Ein solcher kann sich hier nur aus der vorherigen Absprache der gesamten Aktion ergeben. Nach z. T. vertretener Auffassung[70] wird eine wesentliche Mitwirkung im Ausführungsstadium vorausgesetzt, an der es vorliegend mangelt.

Die wohl h. L.[71] verlangt auch einen objektiv wesentlichen Tatbeitrag, lässt aber auch Mitwirkungen im Vorbereitungsstadium genügen, wenn diese das Beteiligungsminus aufgrund ihrer Bedeutsamkeit ausgleichen.

Nach der Rspr.[72] genügt jeder vom gemeinsamen Tatentschluss (Täterwillen) getragener Tatbeitrag, auch geringfügigste Mitwirkungen im Vorbereitungsstadium, sowie rein geistige. Insoweit gilt: Ob ein Tatbeteiligter eine Tat als Täter begeht, ist in wertender Betrachtung nach den gesamten Umständen, die von seiner Vorstellung umfasst sind, zu beurteilen. Wesentliche Anhaltspunkte können sein der Grad des eigenen Interesses am Erfolg der Tat, der Umfang der Tatbeteiligung, die Tatherrschaft oder wenigstens der Wille zur Tatherrschaft, so dass Durchführung und Ausgang der Tat maßgeblich auch vom Willen des Betreffenden abhängen; die Annahme von Mittäterschaft erfordert nicht zwingend auch eine Mitwirkung am Kerngeschehen. Für eine Tatbeteiligung als Mittäter reicht ein auf der Grundlage gemeinsamen Wollens die Tatbestandsverwirklichung fördernder Beitrag aus, der sich auf eine Vorbereitungs- oder Unterstützungshandlung beschränken kann.[73]

Hiernach kommt durchaus eine Mittäterschaft von B und E in Betracht.

Die Auffassung, die einen Tatbeitrag im Ausführungsstadium voraussetzt, ist mit der h. M. abzulehnen: Gegen sie spricht insbesondere, dass der Bandenchef bzw. der Planungsleiter, der sich lediglich nicht die „Finger schmutzig macht" einen mindestens ebenso wichtigen Beitrag erbringt wie die unmittelbar Tätigen.

---

[68] Zsf. Wessels/Beulke/Satzger, AT, 52. Aufl. 2022, Rn. 811ff.; Hoyer, in: SK-StGB, 9. Aufl. 2017, § 25 Rn. 107ff.

[69] S. nur Fischer, StGB, 70. Aufl. 2023, § 25 Rn. 41; Hoyer, in: SK-StGB, 9. Aufl. 2017, § 25 Rn. 109ff.

[70] Etwa Puppe, AT, 5. Aufl. 2022, § 23 Rn. 9; Roxin JA 1979, 519 (522f.).

[71] S. nur B. Heinrich, AT, 7. Aufl. 2022, Rn. 1228 m. w. N.

[72] Z. B. BGH B. v. 02.07.2008 – 1 StR 174/08 – NStZ 2009, 25 = StV 2009, 410 (Anm. RÜ 2008, 639; Geppert JK 2009 StGB § 25 II/16; LL 2009, 29; Roxin NStZ 2009, 7); zsf. zur Rspr. Fischer, StGB, 70. Aufl. 2023, § 25 Rn. 41.

[73] So BGH B. v. 02.07.2008 – 1 StR 174/08 – NStZ 2009, 25 (26).

Gleiches muss erst recht bei insofern funktionaler Arbeitsteilung gelten, als die Aufteilung der verschiedenen Beteiligten auf verschiedene, in unterschiedliche Richtungen flüchtende Tatopfer, gerade notwendig zur – zeitgleichen – Ausführung des Gesamtvorhabens war. Insofern sind sowohl objektiv hinreichende Tatbeiträge zu bejahen als auch eine entsprechende Tatverabredung. Zwar war Ziel der Aktion vor allem der T; jedenfalls konkludent und jedenfalls ab dem Zeitpunkt, in dem L und T gemeinsam aufgegriffen wurden und in verschiedene Richtungen flüchteten, liegt aber eine Erweiterung der Abrede vor. Auch bereits im Vorfeld kam B und E als Fahrzeugführer eine wichtige Rolle zu.

Die Tat des S ist B und E gem. § 25 II StGB zuzurechnen.[74]

2. Subjektiver Tatbestand

B und E handelten auch vorsätzlich i. S. d. § 15 StGB.

Dies zeigt sich insbesondere darin, dass (wenn auch zunächst nur im Hinblick auf T, was auf L erweitert wurde) allen bewusst war, dass sie Gewalt anwenden und die betroffene Person auch möglicherweise verletzen würden. Hinzu kommen die allgemein ausländerfeindlichen Parolen und die aufgrund der Auseinandersetzungen in und vor der Diskothek bestehende Wut – gerade auch gegenüber Ausländern wie L.

Problematisch ist, wie sich der *error in persona* des einen Mittäters – hier S (s. o.) – auf die anderen Mittäter – hier B und E – auswirkt.[75]

Die Rspr.[76] und die wohl h. L.[77] nehmen die Unbeachtlichkeit eines *error in persona* des einen Mittäters für den anderen Mittäter an.

Eine Gegenauffassung[78] nimmt bei entsprechend substantiierter Abrede (hier u. U.: Verfolgung nur des T) einen zurechnungsausschließenden sog. Exzess an. Der Sachverhalt ist aber dahingehend zu verstehen, dass zwar das Hauptinteresse der Beteiligten dem T galt, ein Vorgehen gegen L aber durchaus innerhalb der Tatabrede lag (vgl. schon oben). Insofern ändert der zunächst bestehende Identitätsirrtum des S nichts an der (Vorsatz-)Strafbarkeit von B und E.

II. Rechtswidrigkeit, Schuld

B und E handelten rechtswidrig und schuldhaft.

III. Ergebnis

B und E haben sich wegen (mittäterschaftlicher) Körperverletzung strafbar gemacht, indem sie mit S Ausländer verfolgten.

---

[74] A. A. vertretbar.

[75] Hierzu Wessels/Beulke/Satzger, AT, 52. Aufl. 2022, Rn. 829; aus der Rspr. vgl. zuletzt BGH U. v. 01.08.2018 – 3 StR 651/17 – NStZ 2019, 511 (Anm. Jäger JA 2019, 467; Eisele JuS 2019, 495; Heuser ZJS 2019, 529; LL 2019, 255; RÜ 2019, 170; Rückert HRRS 2019, 245).

[76] S. o.

[77] S. nur Kühl, AT, 8. Aufl., 2017, § 20 Rn. 121 m. w. N.

[78] Etwa Roxin, Täterschaft und Tatherrschaft, 11. Aufl. 2022, S. 319ff.

B. §§ 223 I, 224 I Nr. 2, 22, 23, 25 II StGB
B und E wird aufgrund Mittäterschaft gem. § 25 II StGB auch die versuchte gefährliche Körperverletzung zugerechnet.

Zwar bestehen Besonderheiten beim unmittelbaren Ansetzen im Hinblick auf die Mittäterschaft.[79] Hier ist nämlich strittig, ob es ausreicht, wenn nur einer der Mittäter unmittelbar ansetzt (sog. Gesamtlösung),[80] oder ob separat auf den einzelnen Mittäter abzustellen ist (sog. Einzellösung).[81] Nach beiden Auffassungen läge aber hier ein unmittelbares Ansetzen vor.

3. Unterabschnitt: Strafbarkeit des A

A. §§ 223 I, 25 II StGB
Fraglich ist, ob auch der A Mittäter i. S. d. § 25 II StGB war.

Problematisch ist, dass sich sein Tatbeitrag nach Erreichen von L und S darin erschöpfte, im Auto zu warten. Allerdings ist zu berücksichtigen, dass er von Anfang an am Geschehen beteiligt war, also im Vorfeld des Ausführungsstadiums eine gewichtige Rolle einnahm. Auch im Ausführungsstadium selbst war es nicht von geringer Wichtigkeit, die Autos zu bewachen und dabei zugleich abzuwarten, ob L oder T nicht doch auf verschlungenen Wegen zum Ausgangspunkt zurückkehrten. Innerlich machte A sich ohnehin das Geschehen im Rahmen der gesamten Aktion zu eigen.

Er war mithin Mittäter i. S. d. § 25 II StGB, so dass auch ihm die Handlungen des S zugerechnet werden.[82]

A handelte auch vorsätzlich.

Zur Frage eines *error in persona* s. o.

A handelte rechtswidrig und schuldhaft.

B. §§ 223 I, 224 I Nr. 2, 22, 23, 25 II StGB
In Bezug auf die versuchte gefährliche Körperverletzung gilt das Gleiche.

4. Abschnitt: Straftaten zu Lasten des T

1. Unterabschnitt: Strafbarkeit von B und E

A. § 212 I StGB
B und E könnten sich wegen Totschlags strafbar gemacht haben, indem sie T verfolgten, welcher durch eine Glastür floh und verblutete.

Auf Fragen des objektiven Tatbestands (hier v. a. der objektiven Zurechnung) kommt es nicht an, wenn kein Tötungsvorsatz vorliegt.

---

[79] Hierzu B. Heinrich, AT, 7. Aufl. 2022, Rn. 739ff,; aus der Rspr. vgl. zuletzt BGH U. v. 17.03.2022 – 4 StR 223/21 (Anm. Hecker JuS 2022, 980; RÜ 2022, 504).
[80] So die h.M., s. nur Kindhäuser/Hilgendorf, LPK, 9. Aufl. 2022, § 22 Rn. 38.
[81] Roxin, AT II, 2003, § 29 Rn. 297ff.
[82] A. A. vertretbar.

Ein Tötungsvorsatz im insofern allein relevanten Zeitpunkt der Verfolgung dergestalt, dass sie mindestens Eventualvorsatz hinsichtlich einer sich tödlich gestaltenden Flucht des T hatten, ist allerdings nicht ersichtlich, schon gar nicht angesichts der hohen Anforderungen an den Tötungsvorsatz.[83]

Ein Totschlag scheidet aus.

Mangels Tötungsvorsatzes im Zeitpunkt der Verfolgung liegt auch kein Versuch eines Totschlags vor.

Auf Mordmerkmale i. S. d. § 211 StGB kommt es nicht mehr an.

B. § 223 I StGB

B und E haben keine (vollendete) Körperverletzung begangen: Im Hinblick auf die Schnitt- und Stichverletzungen des T haben B und E jedenfalls nicht vorsätzlich gehandelt.[84]

Zwar löste die Verfolgung bei T Angst- und Panikgefühle aus. Jedoch genügen solche rein psychischen Empfindungen nicht. Dafür spricht neben dem Wortlaut dieser Vorschrift auch § 225 III Nr. 2 StGB, der zwischen der Gefahr einer erheblichen Schädigung der körperlichen und der seelischen Entwicklung ausdrücklich unterscheidet. Vielmehr liegt in diesen Fällen eine Körperverletzung nur dann vor, wenn die psychischen Einwirkungen den Geschädigten in einen pathologischen, somatisch objektivierbaren Zustand versetzt haben. Die Stich- und Schnittverletzungen, die sich T bei der Flucht zugezogen hat und die innerhalb kürzester Zeit zu seinem Tod geführt haben, sind von B und E nicht vorsätzlich herbeigeführt worden.

Angesichts der gesamten Tatumstände könnte insoweit eine wesentliche Abweichung zwischen vorgestelltem und tatsächlich eingetretenem Kausalverlauf vorliegen, welche unter § 16 I 1 StGB fällt:

Zu denken ist zwar zunächst an einen sog. atypischen Kausalverlauf, der bereits die objektive Zurechnung ausschließen könnte.[85] Immerhin wollten B und E den T eigentlich schlagen und nicht auf der Flucht verbluten lassen. Allerdings ist ein Ausschluss der objektiven Zurechnung nur dann anzunehmen, wenn das Geschehen objektiv völlig außerhalb der allgemeinen Lebenserfahrung liegt.[86] Von einem solchen Extremfall blinden Zufalls[87] kann man vorliegend nicht ausgehen.

Die Anwendung des § 16 I 1 StGB bei einem Irrtum über den Kausalverlauf ist problematisch,[88] schließlich ist ein Kausalverlauf nie genau vorhersehbar und ba-

---

[83] Hierzu Bock, BT 1, 2018, S. 8ff.; aus der Rspr. vgl. zuletzt BGH U. v. 23.03.2022 – 6 StR 343/21 – NJW 2022, 3025 = NStZ 2022, 549; BGH U. v. 15.07.2021 – 3 StR 481/20 – NStZ 2022, 753.

[84] S. (auch zum Folgenden) BGH U. v. 09.10.2002 – 5 StR 42/02 (Guben) – BGHSt 48, 34 (36f.) m. w. N.

[85] Zum atypischen Kausalverlauf als Fallgruppe der objekiven Zurechnung Wessels/Beulke/Satzger, AT, 52. Aufl. 2022, Rn. 296ff.

[86] Wessels/Beulke/Satzger, AT, 52. Aufl. 2019, Rn. 296.

[87] Faustformel bei B. Heinrich, AT, 7. Aufl. 2022, Rn. 249.

[88] Hierzu Wessels/Beulke/Satzger, AT, 52. Aufl. 2022, Rn. 383ff.

siert immer auf einer Prognose. Für den Täter ist oft nicht von Bedeutung, wie genau er den Erfolg erzielt. Eine Verengung auf eine bestimmte Erfolgsherbeiführung würde auch den genau planenden Täter privilegieren. Daher genügt es, wenn die Vorstellungen des Täters im Wesentlichen dem tatsächlichen Geschehensablauf entsprechen.[89] Eine Abweichung des vorgestellten vom tatsächlichen Kausalverlauf ist daher unbeachtlich, wenn die Abweichung sich innerhalb der Grenzen des nach allgemeiner Lebenserfahrung Voraussehbaren bewegt (sog. Streubreite des gesehenen Risikos).

Sonderfälle sind die sog. verspäteten[90] oder verfrühten[91] Erfolge. In letzteren Fällen – ein solcher könnte auch hier vorliegen[92] – stellen Rspr.[93] und h. L.[94] darauf ab, ob die Handlung bereits die Versuchsphase erreichte bzw. ob mit der Handlung die Schwelle zum Versuch überschritten wurde.

Nach z. T. vertretener Ansicht[95] ist demgegenüber der Irrtum über den Kausalverlauf dann unbeachtlich, wenn der Täter sich bereits im Stadium des beendeten Versuchs befand, also bereits bei der vorgelagerten Handlung die Erfolgsrealisierung mindestens billigend in Kauf nahm. Hieran fehlt es.

Zwar könnte nach Maßgabe der h. M. von einem unmittelbaren Ansetzen zur Körperverletzung bereits durch die Verfolgung auszugehen sein, so dass die Kontroverse zu entscheiden wäre. Allerdings handelt es sich insofern nicht um eine typische Verfrühung des Erfolgseintritts, sondern um eine gänzlich andere Richtung des Geschehens: B und E haben überhaupt nicht vorausgesehen, geschweige denn billigend in Kauf genommen, dass T sich an einer Glastür verletzt; dies sollte auch kein Vorstadium bilden o. Ä. Da es sich mithin um ein ganz anderes Geschehen mit ganz anderen Verletzungen auf eine ganz andere Weise handelte, liegt ein beachtlicher Irrtum i. S. d. § 16 I 1 StGB vor.[96]

---

[89] Fischer, StGB, 70. Aufl. 2023, § 16 Rn. 7.
[90] Hierzu Joecks/Jäger, StGB, 13. Aufl. 2021, § 15 Rn. 35ff..; aus der Rspr. vgl. zuletzt BGH U. v. 03.12.2015 – 4 StR 223/15 (Scheune) – NStZ 2016, 721 (Anm. Jäger JA 2016, 548; Eisele JuS 2016, 368; LL 2016, 324; RÜ 2016, 163; Hinz JR 2016, 276; Hehr/Scharbius HRRS 2016, 550; Dehne-Niemann/Marinitsch ZStW 2017, 650).
[91] Hierzu Joecks/Jäger, StGB, 13. Aufl. 2021, § 15 Rn. 32ff.; aus der Rspr. vgl. BGH U. v. 25.02.1992 – 5 StR 526/91 – NStZ 1992, 277; BGH U. v. 12.12.2001 – 3 StR 303/01 (Kofferraum) – NJW 2002, 1057 = NStZ 2002, 309 = StV 2002, 538 (Anm. Puppe, AT, 5. Aufl. 2022, § 10 Rn. 35ff.; Otto JK 2002 StGB § 22/22; Fad JA 2002, 745; Gaede JuS 2002, 1058; LL 2002, 461; RÜ 2002, 166; RA 2002, 224; famos 3/2002; Jäger JR 2002, 383; Roxin GA 2003, 257); BGH U. v. 10.04.2002 – 5 StR 613/01 (Luftinjektion) – NStZ 2002, 475 (Anm. LL 2002, 750; RA 2002, 546; Otto JK 2003 StGB § 15/7; Roxin GA 2003, 257).
[92] Vgl. aber BGH U. v. 09.10.2002 – 5 StR 42/02 (Guben) – BGHSt 48, 34 (37): Unproblematische Bejahung eines relevanten Irrtums („Angesichts der gesamten Tatumstände liegt insoweit eine wesentliche Abweichung zwischen vorgestelltem und tatsächlich eingetretenem Kausalverlauf vor.")
[93] S. o.
[94] Vgl. nur Joecks/Jäger, StGB, 13. Aufl. 2021, § 15 Rn. 32ff. m. w. N.
[95] Jakobs, AT, 2. Aufl. 1991, 8/76; vgl. auch Puppe, in: NK-StGB, 5. Aufl. 2017, § 16 Rn. 86ff.; Puppe, AT, 5. Aufl. 2022, § 10 Rn. 11.
[96] A. A. vertretbar.

Auf die spezifische Frage der ggf. zurechnungsausschließenden Selbstschädigung kommt es hier nicht mehr an.

C. §§ 223 I, II, 22, 23 StGB[97]

B und E könnten sich aber wegen versuchter Körperverletzung strafbar gemacht haben, indem sie T verfolgten, welcher durch eine Glastür floh und verblutete.

I. Sog. „Vorprüfung": Nichtvollendung, Strafbarkeit des Versuchs

Eine vollendete Körperverletzung aufgrund der Schnittverletzungen liegt nicht vor, s. o.

Auch zu einer direkten Einwirkung von B und E auf T kam es nicht.

Der Versuch der Körperverletzung ist nach § 223 II StGB strafbar.

II. Tatbestand

1. Vorstellung von der Verwirklichung des Tatbestands (sog. Tatentschluss, subjektiver Tatbestand)

B und E müssten Tatentschluss hinsichtlich eines Körperverletzungserfolgs gehabt haben.

Zwar war das nicht in Bezug auf eine Verletzung des T durch Schnittverletzungen der Fall, s. o.; allerdings wollten B und E den T auf eigene Faust suchen und ergreifen, wobei laut Sachverhalt allen bewusst war, dass sie dabei Gewalt anwenden und die Person auch möglicherweise verletzen würden.

Mithin hatten B und E Tatentschluss hinsichtlich einer körperlichen Misshandlung und Gesundheitsschädigung (etwa aufgrund von Schlägen und Tritten).

2. Unmittelbares Ansetzen

B und E müssten i. S. d. § 22 StGB unmittelbar angesetzt haben.

Dies ist – bei im Einzelnen problematischer Bestimmung dieses Begriffs – dann gegeben, wenn der Täter subjektiv die Schwelle zum „Jetzt geht's los" überschreitet und objektiv Handlungen vornimmt, die in ungestörtem Fortgang des Geschehens ohne wesentliche Zwischenakte – d. h. ohne weiteren Willensimpuls – zur Tatbestandserfüllung führen sollen, so dass sein Tun in die Erfüllung des Tatbestands übergeht, oder die in engem räumlichen und zeitlichen Zusammenhang mit ihr stehen, das geschützte Rechtsgut somit gefährden.[98]

Gegen ein unmittelbares Ansetzen spricht, dass B und E den T erst hätten einholen müssen, bevor sie auf ihn hätten einwirken können. In der Tat war aber am Ende der Verfolgung gewiss ein so großer Abstand zwischen T und seinen Verfolgern entstanden, dass bis zu einem Schlag oder Tritt noch im wörtlichen Sinne

---

[97] Abschichtender Aufbau, da unmittelbares Ansetzen zum Grunddelikt problematisch.
[98] Fischer, StGB, 70. Aufl. 2023, § 22 Rn. 10; aus der Rspr. vgl. zuletzt BGH B. v. 04.05.2022 – 1 StR 3/21 – NJW 2022, 3165; BGH B. v. 04.05.2022 – 1 StR 138/21 (AGG-Hopper) (Anm. von Heintschel-Heinegg JA 2022, 1047).

viele Zwischenschritte nötig waren und daher eine Körperverletzungshandlung nicht unmittelbar bevorstand.[99]

Immerhin aber waren B und E am Anfang der Verfolgung ihren Opfern näher: Sie bremsten die Wagen direkt vor ihnen ab, worauf sie aus den Fahrzeugen sprangen und auf sie zuliefen, so dass nach dieser Schilderung die Verfolger den Gejagten so nahe gewesen sein könnten, dass ein Ausholen zu einem Tritt oder Schlag in der Tat „unmittelbar" bevorstand.[100] Die Taten zu Lasten des L zeigen ferner, dass zwischen Einholen und Körperverletzung wirklich keinerlei Zwischenschritte, kein weiterer Willensimpuls o. Ä. mehr anzunehmen ist.[101]

Ein unmittelbares Ansetzen ist zu bejahen.[102]

III. Rechtswidrigkeit, Schuld
B und E handelten rechtswidrig und schuldhaft.

IV. Rücktritt, § 24 StGB
Ein freiwilliger Rücktritt von B und E nach § 24 StGB ist nicht ersichtlich. Sie erreichten T gegen ihren Willen nicht.

V. Ergebnis
B und E haben sich wegen versuchter Körperverletzung strafbar gemacht, indem sie T verfolgten.

D. §§ 223 I, II, 22, 23, 227 StGB
B und E könnten sich wegen versuchter Körperverletzung mit Todesfolge strafbar gemacht haben, indem sie T verfolgten, welcher durch eine Glastür floh und verblutete.

I. Tatbestand

1. (Versuchtes) Grunddelikt: §§ 223 I, II, 22, 23 StGB
Zur Verwirklichung einer versuchten Körperverletzung s. o.

2. Erfolgsqualifikation: § 227 StGB

a) Sog. schwere Folge Der Tod des T ist eingetreten.

b) Verursacht Hierfür waren B und E, die den T verfolgten und so zum Durchqueren der Glastür veranlassten, auch kausal, sodass sie den Tod des T auch i. S. d. § 227 I StGB verursacht haben.

---

[99] So Hardtung NStZ 2003, 261 (262).
[100] So Hardtung NStZ 2003, 261 (262).
[101] Vgl. BGH U. v. 09.10.2002 – 5 StR 42/02 (Guben) – BGHSt 48, 34 (36).
[102] A. A. vertretbar.

c) „Durch die Körperverletzung": sog. spezifischer Gefahrverwirklichungs-zusammenhang Fraglich ist aber, ob dies für eine Todesverursachung „durch die Körperverletzung" i. S. d. § 227 I StGB ausreicht. Es ist also die Frage zu klären, ob sich i. S. e. spezifischen Gefahrverwirklichungszusammenhangs gerade die der versuchten (!) Körperverletzung spezifisch anhaftende Gefahr verwirklichte.

Damit davon gesprochen werden kann, dass i. S. d. § 227 StGB der Tod „durch" die Körperverletzung verursacht wurde, ist neben der Kausalität ein sog. spezifische Gefahrverwirklichungszusammenhang erforderlich.[103]

aa) Konstruktive Möglichkeit eines sog. erfolgsqualifizierten Versuchs Es ist bereits umstritten, ob dieser bei bloß versuchten Körperverletzungen überhaupt vorliegen kann, mithin ob ein erfolgsqualifizierter Versuch überhaupt strafbar ist,[104] sonst käme nur fahrlässige Tötung (§ 222 StGB) in Tateinheit (§ 52 I StGB) mit versuchter Körperverletzung (§§ 223 I, II, 22, 23 I, StGB) in Betracht.

Während heute die Rspr.[105] und die h. L.[106] die Möglichkeit eines erfolgsqualifizierten Versuchs bejahen (sog. Lehre von der Handlungsgefährlichkeit), steht eine Minderheitsauffassung[107] (sog. Letalitätslehre, Lehre von der Erfolgskausalität) dem ablehnend gegenüber, was auch auf die ältere Rspr.[108] zutraf.

Zwar heißt es in § 227 I StGB „Tod der verletzten Person"; wie § 77 I StGB zeigt (ebenso §§ 172, 395 StPO), kann der Begriff des Verletzten aber auch weiter inkl. Versuchsgeschädigter verstanden werden. Zuzugeben ist, dass der hohe Strafrahmen von Erfolgsqualifikationen zu restriktiver Auslegung mahnt. Allerdings ist die Gefahr der besonders schweren Folge bereits typischerweise in der vorsätzlichen Handlung angelegt. Eine Straferhöhung erscheint daher auch dann sachgerecht, wenn die schwere Folge bereits aus dem versuchten Grunddelikt resultiert. Auch differenziert § 227 I StGB nicht zwischen Vollendung und Versuch, was sich zum einen aus § 11 II StGB und zum anderen z. B. aus dem Wortlaut des § 227 I

---

[103] Hierzu Bock, BT 1, 2018, S. 142f.; Fischer, StGB, 70. Aufl. 2023, § 227 Rn. 3ff.; aus der Rspr. vgl. zuletzt BGH B. v. 23.02.2021 – 3 StR 488/20 – StV 2022, 79; BGH B. v. 07.07.2021 – 4 StR 141/21 – NStZ 2021, 735 = StV 2022, 100 (Anm. Kudlich JA 2021, 871; RÜ 2021, 639; Schrott NStZ 2021, 736).

[104] Hierzu Wessels/Beulke/Satzger, AT, 52. Aufl. 2022, Rn. 999f.; aus der Rspr. vgl. zuletzt BGH B. v. 05.06.2019 – 1 StR 34/19 – BGHSt 64, 80 = NJW 2019, 3659 = NStZ 2020, 221 = StV 2020, 240 (Anm. famos 12/2019; Schiemann NJW 2019, 3662, Bosch Jura 2020, 192; Kudlich JA 2020, 64; Eisele JuS 2020, 275; Heghmanns ZJS 2020, 164; LL 2020, 107; RÜ 2020, 95; Jäger NStZ 2020, 224; Renzikowski JR 2020, 332 und JR 2021, 129; Mitsch NZWiSt 2022, 181); BGH U. v. 12.08.2021 – 3 StR 415/20 – NJW 2022, 254 = NStZ-RR 2021, 376 = StV 2022, 106 (Anm. Kudlich JA 2022, 165; Eisele JuS 2022, 80; RÜ 2022, 23; Fahl GA 2022, 272).

[105] S. o.

[106] Eisele, BT I, 6. Aufl. 2021, Rn. 373, 384; Fischer, StGB, 70. Aufl. 2023, § 227 Rn. 8.

[107] Etwa Hardtung NStZ 2003, 261 (263); Sternberg-Lieben, in Schönke/Schröder, 30. Aufl. 2019, § 227 Rn. 5; Bussmann GA 1999, 21.

[108] RG U. v. 24.10.1910 – III 746/10 – RGSt 44, 137 (139).

StGB ergibt, welcher auf den kompletten § 223 StGB (inkl. Abs. 2) verweist. Zudem lässt sich anführen, dass sich der Klammerzusatz des § 227 I StGB auch auf § 225 StGB bezieht, wodurch auch das seelische Quälen mit Todesfolge erfasst ist. Das bloße Abstellen auf den Tatererfolg wäre damit nicht vereinbar.

Unergiebig ist eine zwischen den verschiedenen Erfolgsqualifikationen differenzierende Auffassung[109]: Verlange der erfolgsqualifizierende Tatbestand eine Verknüpfung mit der Tathandlung des Grunddelikts, so sei der erfolgsqualifizierte Versuch strafbar, verlange er dagegen eine Verknüpfung von Tatererfolg und schwerer Folge, so sei der erfolgsqualifizierte Versuch straflos. Einem solchen Vorgehen ist entgegenzuhalten, dass keine Kriterien für die Beurteilung, wann welcher Fall vorliegt, bekannt sind. In problematischen Fällen, wie gerade bei § 227 StGB – welcher sowohl von einer „Körperverletzung", als auch von „der verletzten Person" spricht, so dass nicht eindeutig geklärt werden kann, ob damit der Körperverletzungserfolg oder die Körperverletzungshandlung gemeint ist – führt dieses Vorgehen zu keinem Ergebnis. Nach alledem ist der h. M. zu folgen, nach welcher eine versuchte Körperverletzung zur Erfolgsqualifikation nach § 227 I StGB führen kann.[110]

bb) (Kein) Zurechnungsausschluss aufgrund eigenverantwortlicher Selbstschädigung; Realisierung auch gerade der dem versuchten Grunddelikt innewohnenden Gefahr Problematisch ist, ob die Tatsache, dass T aufgrund eines gewissermaßen eigenen Entschlusses durch die Glastür geflüchtet ist, den Zurechnungszusammenhang qua Selbstschädigung[111] ausschließt.[112] Allerdings war die (auch riskante) Flucht des T eine nahe liegende und nachvollziehbare Reaktion auf den massiven Angriff der Verfolger.[113] Ein solches durch eine Flucht „Hals über Kopf" geprägtes Opferverhalten ist bei den durch Gewalt und Drohung geprägten Straftaten geradezu deliktstypisch und entspringt dem elementaren Selbsterhaltungstrieb des Menschen. Jedenfalls angesichts des außergewöhnlich massiven Vorgehens der Angreifer und der weiteren Besonderheiten – Anzahl der Fahrzeuge, Gebaren der Fahrzeugführer, Anzahl und des aggressiven Auftretens der aus den Wagen überfallartig auf sie losstürmenden Täter – musste T damit rechnen, binnen kürzester Zeit heftig attackiert und misshandelt zu werden. Dies veranlasste T in Todesangst zur panischen Flucht in den Hauseingang. Dass seine Verfolger zwischenzeitlich zu den Fahrzeugen zurückgekehrt waren, ohne indes die Suche endgültig aufgegeben zu haben, ist ohne Belang, da T dies nicht bemerkt hatte. Um nicht dort noch von B und E ergriffen zu werden und um von den Bewohnern Beistand zu erlangen, sah er keine andere Möglichkeit, als

---

[109] Paeffgen/Böse, in: NK-StGB, 5. Aufl. 2017, § 227 Rn. 25.
[110] A. A. vertretbar.
[111] Hierzu speziell i.R.d. § 227 StGB Eisele, BT I, 6. Aufl. 2021, Rn. 375f.
[112] S. auch die entsprechende Fallgruppe der allgemeinen objektiven Zurechnung, hierzu Wessels/Beulke/Satzger, AT, 52. Aufl. 2022, Rn. 266ff.
[113] So (auch zum Folgenden) BGH U. v. 09.10.2002 – 5 StR 42/02 (Guben) – BGHSt 48, 34 (38f.).

die Glastür einzutreten und in das Treppenhaus einzusteigen, wobei T sich die tödlichen Verletzungen zuzog.

d) § 18 StGB B und E müssten gem. § 18 StGB fahrlässig in Bezug auf den Tod gehandelt haben. Insbesondere müsste der Tod vorhersehbare Folge ihres Handelns gewesen sein (während die grundsätzliche Sorgfaltspflichtverletzung bzw. die Setzung des unerlaubten Risikos bereits aus der Verwirklichung des Grundtatbestands resultiert). Hierfür reicht es allerdings aus, dass der Erfolg nicht außerhalb aller Lebenserfahrung liegt; alle konkreten Einzelheiten brauchen dabei nicht vorhersehbar zu sein.[114] Es genügt die Vorhersehbarkeit des Erfolgs im Allgemeinen.

Die Fluchtreaktion des T war angesichts des Auftretens der Beteiligten noch im Rahmen der Lebenserfahrung, zumal in unübersichtlichen und eilbedürftigen Situationen auch irrationale Entscheidungen in Betracht zu ziehen sind. B und E handelten fahrlässig hinsichtlich des Todes des T.[115]

II. Rechtswidrigkeit, Schuld
B und E handelten rechtswidrig und schuldhaft inkl. subjektiver Fahrlässigkeit.

III. Ergebnis
B und E haben sich wegen versuchter Körperverletzung mit Todesfolge strafbar gemacht, indem sie T verfolgten, welcher durch eine Glastür floh und verblutete.

E. §§ 223 I, II, 224 I, II, 22, 23 StGB
Strittig ist, ob § 224 StGB in Gesetzeskonkurrenz hinter § 227 StGB zurücktritt.[116] Zwar wird dies ohne Weiteres für Nr. 5 zutreffen, da der Tod eine das Leben gefährdende Behandlung impliziert; aber auch für die anderen Begehungsweisen ist dies richtig, denn auch diese Varianten des § 224 StGB beruhen auf einer (jedenfalls abstrakt) gesteigerten Gefährlichkeit für Leib und Leben des Geschädigten. Eine Klarstellung via Tateinheit ist mithin nicht geboten; § 227 StGB erfasst das Unrecht hinreichend, auch wenn der Todeserfolg lediglich fahrlässig herbeigeführt wurde.[117]

F. § 231 StGB
Selbst wenn man im Verfolgen bereits einen (vollendeten, der Versuch ist nicht strafbar) Angriff sähe, ist problematisch, ob § 231 StGB in Gesetzeskonkurrenz von §§ 223 I, II, 22, 23, 227 StGB verdrängt wird.

---

[114] So BGH U. v. 09.10.2002 – 5 StR 42/02 (Guben) – BGHSt 48, 34 (39).
[115] A. A. vertretbar.
[116] Vgl. nur Paeffgen/Böse, in: NK, 5. Aufl. 2017, § 224 Rn. 42.
[117] A. A. vertretbar.

Die Rspr.[118] und die wohl h. L.[119] halten Tateinheit des § 231 StGB mit Tötungs- und Körperverletzungsdelikten für möglich, unter Hinweis darauf, dass § 231 StGB einen anderen bzw. erweiterten Rechtsgüterschutz bezweckt, nämlich bzgl. aller durch eine Schlägerei gefährdeten Rechtsgüter.[120] Dies kann aber jedenfalls für die Modalität eines Angriffs mehrerer auf ein einziges Opfer, welches aufgrund einer vom Vorsatz umfassten Körperverletzung fahrlässig (§ 18 StGB) stirbt, nicht gelten,[121] da das Tatunrecht dann von § 227 StGB vollständig ausgedrückt wird, und zwar auch dann, wenn die Körperverletzung nur versucht war, da auch die Angriffsmodalität des § 231 StGB bereits Versuchsunrecht erfasst.[122]

2. Unterabschnitt: Strafbarkeit von S und A

- §§ 223 I, II, 22, 23, 227, 25 II StGB -
Auch S und A könnten sich wegen versuchter Körperverletzung mit Todesfolge strafbar gemacht haben, wenn ihnen die Tatbegehung durch B und E mittäterschaftlich gem. § 25 II StGB zuzurechnen wäre.

In der Tat waren B, E, S und A Mittäter auch hinsichtlich der Taten bei der Verfolgung (s. o. zu Lasten des L), so dass sich S und A zunächst wegen versuchter Körperverletzung strafbar gemacht haben.

Auch bzgl. § 227 StGB ist von keinem sog. Mittäterexzess auszugehen (wobei es ohnehin wiederum nur auf Fahrlässigkeit hinsichtlich eines solchen Exzesses ankäme).[123]

Anders als bei Fahrlässigkeitsdelikten, bedarf es bei der Körperverletzung mit Todesfolge nicht des Nachweises, dass ein jeder von mehreren Beteiligten einen für den Erfolg kausalen Beitrag erbracht hat.[124] Es macht sich nach § 227 StGB nämlich auch derjenige strafbar, der die Verletzung nicht mit eigener Hand ausführt, jedoch auf Grund eines gemeinschaftlichen Tatentschlusses mit dem Willen zur Tatherrschaft zum Verletzungserfolg beiträgt. Voraussetzung ist allerdings, dass – wie hier, s. o. – die Handlung der anderen im Rahmen des allseitigen ausdrücklichen oder stillschweigenden Einverständnisses lag.

---

[118] Vgl. zuletzt BGH B. v. 21.08.2019 – 1 StR 191/19 – NStZ-RR 2019, 378 (Anm. Jäger JA 2020, 153).
[119] Fischer, StGB, 70. Aufl. 2023, § 231 Rn. 11.
[120] So BGH U. v. 20.12.1984 – 4 StR 679/84 – BGHSt 33, 100 = NJW 1985, 871 = NStZ 1985, 455 = StV 1986, 249 (Anm. Henke Jura 1985, 585; Günther JZ 1985, 585; Schulz StV 1986, 250; Montenbruck JR 1986, 138).
[121] So auch Sternberg-Lieben, in: Schönke/Schröder, 30. Aufl. 2019, § 231 Rn 13 m. w. N; s. auch Paeffgen/Böse, in: NK-StGB, 5. Aufl. 2017, § 231 Rn. 22.
[122] A. A. vertretbar,
[123] Zum Mittäterexzess im Hinblick auf erfolgsqualifizierte Delikte Joecks/Jäger, StGB, 13. Aufl. 2021, § 25 Rn, 83; aus der Rspr. vgl. zuletzt BGH B. v. 07.07.2021 – 4 StR 141/21 – NStZ 2021, 735 = StV 2022, 100 (Anm. Kudlich JA 2021, 871; RÜ 2021, 639; Schrott NStZ 2021, 736); BGH B. v. 15.03.2022 – 2 StR 302/21 (Anm. Kudlich JA 2022, 868; Woring ZJS 2022, 786).
[124] So (auch zum Folgenden) BGH U. v. 09.10.2002 – 5 StR 42/02 (Guben) – BGHSt 48, 34 (39).

Die Fahrlässigkeit nach § 18 StGB wird allerdings nicht via § 25 II StGB zugerechnet, was schon aus dem Wortlaut des § 18 StGB folgt.[125]

Fraglich ist mithin, ob auch S und A den Tod des T vorhersehen konnten. Zwar waren sie – was T angeht – passiv, allerdings konnten sie ohne Weiteres erkennen, wie gewaltgeladen die Stimmung und wie ängstlich die Verfolgten waren. Auch für sie ist die Vorhersehbarkeit daher zu bejahen.[126]

Auch S und A haben sich wegen versuchter Körperverletzung mit Todesfolge strafbar gemacht.

Konkurrenzen und Endergebnis

Im 1. Teil hat sich niemand strafbar gemacht.

Im 2. Teil hat sich W wegen fahrlässiger Tötung durch Unterlassen gem. §§ 222, 13 StGB und Verletzung der Fürsorge- oder Erziehungspflicht gem. § 171 StGB strafbar gemacht. Es handelt sich um Tateinheit i. S. d. § 52 StGB.

Im 3. Teil, 2. Abschnitt, haben sich B und E wegen tätlicher Beleidigung gem. § 185 2. Var. StGB strafbar gemacht.

Im 3. Teil, 3. Abschnitt, hat sich S wegen Körperverletzung gem. § 223 I StGB in Tateinheit (§ 52 StGB) mit versuchter gefährlicher Körperverletzung gem. §§ 223 I, II, 224 I Nr. 2, 22, 23 StGB strafbar gemacht.

B, E und A haben sich wegen (mittäterschaftlicher) Körperverletzung gem. §§ 223 I, 25 II StGB in Tateinheit (§ 52 StGB) mit versuchter gefährlicher Körperverletzung gem. §§ 223 I, II, 224 I Nr. 2, 22, 23, 25 II StGB strafbar gemacht.

Im 3. Teil, 4. Abschnitt, haben sich B, E, S und A wegen (mittäterschaftlicher, § 25 II StGB) versuchter Körperverletzung mit Todesfolge gem. §§ 223 I, II, 22, 23, 227 StGB strafbar gemacht.

Zwischen den Körperverletzungsdelikten 3. und 4. Abschnitt besteht keine Gesetzeskonkurrenz angesichts der Personenverschiedenheit der Geschädigten.

Die Taten der verschiedenen Abschnitte des 3. Teils wurden aufgrund des situativen, motivatorischen sowie räumlich-zeitlich hinreichend engen Zusammenhangs in Tateinheit gem. § 52 StGB begangen.[127]

Zwischen den einzelnen Teilen besteht Tatmehrheit, § 53 StGB.

---

[125] S. auch Fischer, StGB, 70. Aufl. 2023, § 18 Rn. f.
[126] A. A. vertretbar.
[127] A. A. vertretbar.

11. Übungsfall „Gaststättenbeichten"

Şükrü Ersoy (E) war seit dem Jahre 2006 mit Sonja Jankowiak (J) befreundet. Es entstand eine intime Beziehung, in der sich E dominant zeigte, während ihm J „in Hörigkeit und Liebe" zugetan war. Sie verfolgte aber ihre Ausbildung zielstrebig und nahm zum Wintersemester 2008/2009 ein Studium in Trier auf. Vor diesem Hintergrund erklärten E und J jeweils, dass sie ihre Beziehung beenden wollten. E wandte sich einer neuen Freundin zu, mit der er sich verlobte. Er stand aber weiter mit J in Kontakt, rief sie am 07.06.2009 nach einem Streit mit seiner Verlobten an und vereinbarte mit ihr, dass beide einige Zeit gemeinsam in Trier verbringen würden, wo J über ein Zimmer in einer Wohngemeinschaft verfügte. E nahm eine zu mehr als der Hälfte gefüllte Flasche „Cleanmagic" dorthin mit. Dabei handelte es sich um ein Reinigungsmittel mit dem Wirkstoff Gamma-Butyrolacton. Er hatte sich im Internet über die Wirkungsweise informiert und benutzte es sehr vorsichtig in genau dosierten Mengen als Drogenersatz. Er hatte auch der J angeboten, ebenfalls dieses Mittel zu konsumieren, was aber nicht erfolgt war. J wusste von der Gefährlichkeit des Mittels, ohne ebenso eingehend wie E darüber informiert zu sein. E stellte die Flasche „Cleanmagic" im Zimmer der J auf den Wohnzimmertisch. Das Paar verbrachte in den folgenden Tagen die meiste Zeit in diesem Zimmer und war mehrfach täglich miteinander intim. J hoffte wieder auf eine gemeinsame Zukunft. Am 12.06.2009 erklärte ihr E jedoch, dass er weiter an seiner Verlobung mit einer anderen Frau festhalte. J war darüber tief enttäuscht. Gegen 23.00 Uhr hörte Kerstin Wolter (W), die in derselben Wohngemeinschaft lebte, laute Geräusche aus dem Zimmer der J und erkundigte sich durch die geschlossene Zimmertür, ob alles in Ordnung sei, was J bejahte. Danach nahm J, die nie zuvor Selbsttötungsgedanken geäußert hatte, aus einem spontanen Entschluss heraus die Flasche „Cleanmagic", schüttete vor den Augen des E etwa 30 Milliliter des Reinigungsmittels in ein Glas, mischte dies mit einem Getränk und trank die Hälfte der Mischung, darunter 15 bis 25 Milliliter des Reinigungsmittels. Bereits sechs bis sieben Milliliter bewirken bei einer Person von ihrer Statur Bewusstlosigkeit, Verflachung der Atmung und Atemstillstand. E, der am Computer saß, hatte zuvor die Verzweiflung der J bemerkt und wahrgenommen, dass sie aus der Flasche von „Cleanmagic" trank. Er erkannte an der verbleibenden Restmenge die erhebliche Dosis. Er wusste um die schnelle Resorption und die Lebensgefährlichkeit des Mittels für Menschen, die es trinken. Er forderte J auf, sich zu übergeben. Diese erbrach aber erst 5 min nach dem Verschlucken des Reinigungsmittels einen Teil der Flüssigkeit und verfiel in Bewusstlosigkeit. E suchte im Internet nach Informationen über Gegenmaßnahmen, unterließ es aber, notärztliche Hilfe zu rufen, und nahm dabei den Tod der J in Kauf. Er beobachtete lediglich die Situation und recherchierte weiter im Internet. Hätte er unverzüglich einen Notarzt gerufen, so hätte J gerettet werden können. Gegen 00.30 Uhr klopfte W an der Zimmertür, um sich nach J zu erkundigen. E hatte sich aber dazu entschlossen, keine fremde Hilfe heranzulassen und erklärte, dass sie schlafe. Um 01.55 Uhr beendete er seine Computerrecherchen und verließ die Wohnung. Danach entdeckte W die leblose J und rief den Notarzt, der sie dann aber nicht mehr retten konnte.

E suchte unterdessen eine Gaststätte auf, in der er Mehmet Akgün (A) und Hans-Jörg Teege (T) traf. Sie berichteten einander von ihrem zu erwartenden Ärger mit der Polizei.

A war Leiter der firmeneigenen Werkstatt eines Transportunternehmens und hatte eine Woche zuvor bei einer Probefahrt festgestellt, dass ein Sattelzug infolge schadhafter Bremsen im Straßenverkehr nicht mehr sicher beherrschbar war. Ohne weitere Prüfung war er davon ausgegangen, dass die Bremsprobleme auf fehlerhafte Einsteller an den Vorderradbremsen zurückzuführen waren; in Wahrheit waren auch die Bremsbeläge der Hinterachse nahezu vollständig abgefahren. Bei einer einfachen Sichtkontrolle hätte er das Ausmaß der Mängel ohne weiteres bemerkt. Er hatte Steffen Sander (S), „Juniorchef" des Unternehmens, darauf hingewiesen, dass das Fahrzeug nicht mehr verkehrssicher sei und vor der Reparatur der Einsteller nicht mehr geführt werden könne. S hatte gleichwohl die Weiterbenutzung des Fahrzeugs angeordnet unter Hinweis darauf, dass neue Einsteller am Wochenende eingebaut werden könnten. A war dem nicht mehr entgegengetreten und hatte den Fahrer davon unterrichtet, dass die Einsteller bereits bestellt waren. Beim Betrieb des Gespanns war es auf einer Gefällstrecke infolge des Versagens der Bremsen von Zugmaschine und Auflieger zu einem Unfall gekommen, bei dem der Fahrer und zwei weitere Menschen getötet wurden.

T war als Volljurist bei den Berliner Stadtreinigungsbetrieben (BSR) tätig und Leiter des Stabsbereichs Gremienbetreuung sowie Leiter der Rechtsabteilung. Ihm war zudem die Innenrevision unterstellt. Der BSR, einer Anstalt des öffentlichen Rechts, oblag in ihrem hoheitlichen Bereich die Straßenreinigung mit Anschluss- und Benutzungszwang für die Eigentümer der Anliegergrundstücke. Nach den Regelungen des Berliner Straßenreinigungsgesetzes hatten die Anlieger 75 % der angefallenen Kosten für die Straßenreinigung zu tragen; 25 % der Kosten verblieben beim Land Berlin. Infolge eines Versehens waren bei der Berechnung der Entgelte einer Tarifperiode auch die Kosten für die Straßen zu 75 % einbezogen worden, für die es keine Anlieger gab; diese hätte das Land Berlin vollständig tragen müssen. T hatte den Berechnungsfehler in der Folgezeit bemerkt, aber nicht korrigiert, weil Franz Gerber (G), Mitglied des Vorstands der BSR, den T informiert hatte und demgegenüber er loyal war, dies so anordnete, um weiterhin Mehreinnahmen zu erzielen. T unterrichtete auch in der Folgezeit weder seinen unmittelbaren Vorgesetzten, den Vorstandsvorsitzenden, noch ein Mitglied des Aufsichtsrats, sodass weitere Gebühren falsch abgerechnet wurden.

Zufällig hatte auch Gerd Boblenz (B), ein Kriminalhauptkommissar bei der Kriminalpolizei, die Gespräche in dem Lokal mitgehört. Maßnahmen ergriff er aber nicht.

E geriet später mit A und T in Streit. Der erboste E verließ das Lokal, drohte aber wiederzukommen. Er holte ein großes Brotmesser und lauerte T auf. Als A und T das Lokal verließen und sich gerade getrennt hatten, sprang E hervor und brachte dem überraschten T mit dem Messer am Kopf eine lange Schnittverletzung bei. T schrie um Hilfe und rannte in Todesangst davon; E verfolgte ihn. A folgte den beiden, um T zu helfen. E unterbrach die Verfolgung des T und wandte sich, das Messer in der Hand haltend, nunmehr angriffsbereit dem A zu. Dieser prallte in vollem Lauf auf E und riss ihn zu Boden, wobei diesem das Messer aus der Hand fiel. Es kam zu einem Kampf am Boden, wobei es A gelang, in den Besitz des Messers zu kommen, mit dem er nun auf seinen Gegner einstach. A fügte E neben Abwehrverletzungen als erstes drei tiefe Stichverletzungen an der Rückseite des rechten Oberschenkels zu, unter denen sich eine Schlagaderverletzung befand. Während dieser Phase des Kampfes musste A sich noch gegen den Angriff seines Gegners wehren und damit rechnen, dass dieser die Absicht hatte, ihm das Messer wieder zu entwinden und es dann gegen ihn (A) zu richten. Das änderte sich, nachdem A die ersten Stiche gesetzt hatte. Infolge der ihm zugefügten schweren Verletzung schwand die Angriffskraft des E und es gelang dem A, seinen Gegner mit dem Rücken auf dem Boden zu fixieren und sich – das Gesicht in Richtung von dessen Füßen, den Rücken zum Kopf des E – auf seinen Brustkorb zu setzen oder zu knien. Obwohl A erkannte, dass er E überwältigt hatte und von diesem, seit er schwer verletzt auf dem Rücken lag, keine Gefahr mehr befürchten musste, stach er wuchtig mindestens viermal weiter mit dem Messer auf E ein, gezielt in den Bereich der Beine, wobei er E nicht töten, sondern nur verletzen wollte. T, der zunächst weitergelaufen war, kam zurück und sah E reglos und blutend am Boden liegen. A wurde bewusst, dass er „etwas Schlimmes getan" hatte. Er sprang auf, rief zu T „Lass uns abhauen!", und beide rannten zum Pkw des A. A glaubte in diesem Augenblick nicht, dass E bereits im Sterben lag, meinte aber, dass er ihn durch die heftigen Stiche so schwer verletzt hatte, dass dieser ohne ärztliche Behandlung verbluten würde. Obwohl er nicht damit rechnete – was in Anbetracht der tiefen Nachtzeit, der menschenleeren Örtlichkeit und des Regenwetters auch nicht anzunehmen war –, dass dem E rechtzeitig Hilfe zuteilwerden würde, fuhr er mit T davon. Er tat dies, weil er wegen seiner Vorstrafen befürchtete, dass die Polizei ihm nicht glauben würde, und nahm den Tod des E durch Verbluten dabei billigend in Kauf. E wurde wie durch ein Wunder rechtzeitig gefunden, ins Krankenhaus eingeliefert und gerettet.

Strafbarkeit der Beteiligten nach dem StGB?
§§ 352, 353 StGB sind nicht zu prüfen.

Lösungshinweise

1. Teil: Tod der J[1]

1. Abschnitt: Strafbarkeit des E

A. §§ 212 I, 13 StGB
E könnte sich wegen Totschlags durch Unterlassen strafbar gemacht haben, indem er nicht unverzüglich einen Notarzt verständigte.

I. Tatbestand

1. Objektiver Tatbestand
J ist tot, der Erfolg des § 212 I StGB ist eingetreten.

E unterließ es, einen Notarzt zu verständigen, obwohl ihm dies möglich war und ein Herbeiholen ärztlicher Hilfe auch zur Lebensrettung erforderlich war.

Laut Sachverhalt war das Unterlassen für den Tod der Geschädigten im Sinne einer hypothetischen Rettung bei unverzüglichem Herbeirufen des Notarztes (quasi-/hypothetisch) kausal.[2]

Problematisch ist allerdings, ob der Todeserfolg dem E auch objektiv zurechenbar ist.

Ein durch menschliches Verhalten verursachter Unrechtserfolg ist nur dann dem Täter als sein Werk objektiv zurechenbar, wenn dieses Verhalten eine rechtlich missbilligte Gefahr des Erfolgseintritts geschaffen und diese Gefahr sich auch tatsächlich in dem konkreten erfolgsverursachenden Geschehen realisiert hat.[3]

Problematisch ist aber, ob sich in Bezug auf die getötete J von einem unerlaubten Risikosetzen sprechen lässt. In Betracht kommt namentlich eine Mitwirkung an einer freiverantwortlichen Selbstgefährdung der Geschädigten[4] und insoweit eine

---

[1] Nach BGH U. v. 21.12.2011 – 2 StR 295/11 – NStZ 2012, 319 (Anm. Bosch JK 2012 StGB § 13 I/47; Kudlich JA 2012, 470; Hecker JuS 2012, 755; Brüning ZJS 2012, 691; RA 2012, 353; Murmann NStZ 2012, 387; Oğlakcıoğlu NStZ-RR 2012, 246; Kuhli HRRS 2012, 331; Puppe ZIS 2013, 45).

[2] Zu den Anforderungen an die sog. Quasi-Kausalität Wessels/Beulke/Satzger, AT, 52. Aufl. 2022, Rn. 1171ff.; aus der Rspr. vgl. zuletzt BGH U. v. 04.08.2021 – 2 StR 178/20 – StV 2022, 162 (Anm. Bock ZfIStW 2022, 563); BGH U. v. 29.09.2021 – 2 StR 491/20 – NStZ 2022, 601 = StV 2023, 6 (Anm. RÜ 2022, 97; Kudlich NStZ 2022, 604); BGH B. v. 09.03.2022 – 4 StR 200/21 (Anm. Jäger JA 2022, 955; Eisele JuS 2022, 1175; Lorenz jurisPR-StrafR 18/2022 Anm. 1).

[3] Wessels/Beulke/Satzger, AT, 52. Aufl. 2022, Rn. 258.

[4] Zu dieser Fallgruppe der objektiven Zurechnung Wessels/Beulke/Satzger, AT, 52. Aufl. 2022, Rn. 266ff.; aus der Rspr. vgl. zuletzt BGH B. v. 05.05.2021 – 4 StR 19/20 (BASF-Explosion) – BGHSt 66, 119 = NJW 2021, 3340 = NStZ 2022, 102 = StV 2022, 98 (Anm. Eisele JuS 2021, 1194; RÜ 2021, 779; famos 11/2021; Mitsch NJW 2021, 3342; Bosch Jura 2022, 257; Jäger JA 2022, 168; Czimek/Schefer NStZ 2022, 104; Walter JR 2022, 224); BGH B. v. 28.06.2022 – 6 StR 68/21 (Insulin) – NJW 2022, 3021 = NStZ 2022, 663 = StV 2023, 9 (Anm. Bosch Jura 2022, 1507; Jäger JA 2022, 870; Hecker JuS 2022, 1073; RÜ 2022, 638; famos 10/2022; Grünewald NJW 2022, 3025; Hoven/Kudlich NStZ 2022, 667; Walter JR 2022, 621; Franzke/Verrel JZ 2022, 1116;

fehlende Schaffung eines rechtlich missbilligten Risikos. Es gilt nämlich das Prinzip der Eigenverantwortlichkeit: Ein Täter haftet nicht, wenn das Opfer selbst verantwortlich ist, insbesondere bei Veranlassung, Förderung oder Mitwirkung an freiverantwortlichen Selbsttötungen und -verletzungen. Dies folgt aus einem Erstrecht-Schluss aus der Straflosigkeit von Selbstverletzungen, welcher wiederum erst recht bei Unterlassungsdelikten gelten muss. Die Norm (hier des § 212 I StGB) soll das Opfer nicht gegen Selbstverletzungen schützen, sondern vor Eingriffen Dritter bewahren. Dies gilt auch bzgl. Unterlassungsdelikten.

J konsumierte eigenhändig von dem Reinigungsmittel, um dessen Gefährlichkeit sie wusste (wenn auch nicht in detaillierter Weise[5]). Ein – zunächst nur fahrlässiger – Beitrag des E, dadurch dass er das Mittel bereithielt, und später sein (nunmehr vorsätzliches) Unterlassen, könnten sich insofern als straflose Mitwirkung an einem Suizid der J darstellen. Ob man in diesen Fällen die objektive Zurechnung verneint,[6] eine als Tatbestandsmerkmal verstandene Zumutbarkeit[7] der Erfolgsabwendung problematisiert oder eine sog. Garantenstellung[8] („rechtlich dafür einzustehen haben i. S. d. § 13 I StGB) des Untätigen verneint,[9] kann insofern dahinstehen.

Voraussetzung für einen derartigen Strafbarkeitsausschluss ist allerdings in jedem Falle, dass es sich tatsächlich um einen erkannt bzw. angenommen ernst gemeinten Suizidversuch handelt. Im vorliegenden Falle hatte die J nie zuvor Selbsttötungsgedanken geäußert. Sie trank aus einem spontanen Entschluss heraus aus der Flasche, gewiss um lediglich an E zu appellieren, eine ernsthafte (exklusive) Beziehung zu ihr aufzubauen und sich um sie zu kümmern. Auch hatte sie der Aufforderung des E, sich zu erbrechen, Folge geleistet.[10] Nach alledem erkannte E, dass J sich nicht töten, sondern nur auf sich aufmerksam machen wollte, sodass der Gesichtspunkt einer straflosen Mitwirkung an einem Suizid nicht durchgreift.[11]

Murmann ZfIStW 2022, 530; Pauli HRRS 2022, 281; Ofterdinger/Kuhli ZJS 2023, 170; Ziegler StV 2023, 65; Seifert HRRS 2023, 13).
[5] Bereits daher könnte eine eigenverantwortliche Selbstgefährdung verneint werden.
[6] B. Heinrich, AT, 7. Aufl. 2022, Rn. 891.
[7] Zur Kontroverse um die Einordnung der Zumutbarkeit B. Heinrich, AT, 7. Aufl. 2022, Rn. 903f.
[8] Zu den sog. Garantenstellungen Wessels/Beulke/Satzger, AT, 52. Aufl. 2022, Rn. 1174.
[9] Vgl. neben BGH U. v. 21.12.2011 – 2 StR 295/11 – NStZ 2012, 319 auch zuletzt LG Berlin U. v. 08.03.2018 – (502 KLs) 234 Js 339/13 (1/17) (Luminal) – NStZ-RR 2018, 246 (Anm. LL 2018, 842; famos 11/2018; Miebach NStZ-RR 2018, 248; Lorenz/Dorneck jurisPR-StrafR 18/2018 Anm. 1); BGH U. v. 11.09.2019 – 2 StR 563/18 – StV 2020, 373 (Anm. RÜ 2020, 231; Ruppert HRRS 2020, 250; Nussbaum ZJS 2021, 86); BGH B. v. 28.06.2022 – 6 StR 68/21 (Insulin) – NJW 2022, 3021 = NStZ 2022, 663 = StV 2023, 9 (Anm. Bosch Jura 2022, 1507; Jäger JA 2022, 870; Hecker JuS 2022, 1073; RÜ 2022, 638; famos 10/2022; Grünewald NJW 2022, 3025; Hoven/Kudlich NStZ 2022, 667; Walter JR 2022, 621; Franzke/Verrel JZ 2022, 1116; Murmann ZfIStW 2022, 530; Pauli HRRS 2022, 281; Ofterdinger/Kuhli ZJS 2023, 170; Ziegler StV 2023, 65; Seifert HRRS 2023, 13).
[10] S. auch BGH U. v. 21.12.2011 – 2 StR 295/11 – NStZ 2012, 319 (320).
[11] A. A. vertretbar, s. auch Murmann NStZ 2012, 387 (388).

E müsste i. S. d. § 13 I StGB rechtlich für den Tod der J einzustehen haben, d. h. sog. Garant sein. Seine Garantenstellung könnte sich – als sog. Beschützergarantenstellung – zunächst aus enger Verbundenheit zwischen E und J herleiten.[12]

Diese waren zwar nicht verwandt, verheiratet oder verlobt und bildeten auch keine nicht eheliche Lebensgemeinschaft. Immerhin aber waren sie Sexualpartner und verbrachten gemeinsame Zeit bei J. Angesichts der Ausgestaltung der Beziehung lässt sich allerdings nicht sagen, dass es sich um eine Verbindung handelte, die auf gegenseitige Hilfe und Beistand angelegt war; in Abgrenzung zu § 323c I StGB sind auch beträchtliche Anforderungen an eine Einstandspflicht zu stellen, die auch durch bloße Freundschaften und Intimitäten nicht erfüllt werden.[13]

E könnte aber ein sog. Überwachergarant gewesen sein, und zwar im Hinblick auf das von ihm mitgebrachte Reinigungsmittel. Nach allgemeinen Grundsätzen hat jeder, der Gefahrenquellen schafft, die erforderlichen Vorkehrungen zum Schutz anderer Personen zu treffen.[14] Da eine absolute Sicherung gegen Gefahren nicht erreichbar ist, beschränkt sich die Verkehrssicherungspflicht auf das Ergreifen solcher Maßnahmen, die nach den Gesamtumständen zumutbar sind und die ein umsichtiger Mensch für notwendig hält, um andere vor Schäden zu bewahren. Strafbar ist die Nichtabwendung einer Gefahr aus der vom Garanten eröffneten Gefahrenquelle dann, wenn eine naheliegende Möglichkeit begründet wurde, dass Rechtsgüter anderer Personen verletzt werden könnten.

E hatte durch Abstellen der Flasche mit dem gefährlichen Mittel auf dem Wohnzimmertisch im Zimmer der J eine erhebliche Gefahrenquelle geschaffen. Er hatte der J früher den Konsum angeboten, weshalb auch die Möglichkeit bestand, dass sie davon trinken würde. Eine Handlungspflicht für E wurde in dem Augenblick begründet, in dem er wahrnahm, dass die Geschädigte tatsächlich davon trank. E wusste auch, dass J um die Gefährlichkeit des Mittels wusste, wobei er wohl sogar genauere Kenntnis um die Lebensgefährlichkeit hatte. E war mithin Garant.[15] Hiergegen spricht auch nicht, dass J eine erwachsene Person war, die das Mittel absichtlich konsumierte, s. o. J war aufgrund der vorangegangenen Trennung von E auch ersichtlich verzweifelt und hatte schon zuvor einen gewissen Hang zu selbstschädigendem Verhalten gezeigt, wie sich aus ihrer gedemütigten Rolle in der früheren Beziehung zeigt.[16]

Es war dem E auch zumutbar, Hilfe zu verständigen.

Der sog. Entsprechungsklausel des § 13 I StGB kommt bei einem (reinen) Erfolgsdelikt keine Bedeutung zu.[17]

---

[12] Zur Garantenstellung aufgrund enger natürlicher Verbundenheit Wessels/Beulke/Satzger, AT, 52. Aufl. 2022, Rn. 1180.
[13] A. A. vertretbar.
[14] S. (auch zum Folgenden) BGH U. v. 21.12.2011 – 2 StR 295/11 – NStZ 2012, 319.
[15] A. A. vertretbar, vgl. auch Murmann NStZ 2012, 387.
[16] Zu weiteren Aspekten des Originalfalls Murmann NStZ 2012, 387.
[17] Wessels/Beulke/Satzger, AT, 52. Aufl. 2022, Rn. 1205.

2. Subjektiver Tatbestand

E müsste Vorsatz i. S. d. § 15 StGB gehabt haben.

Vorsatz ist Wissen und Wollen der den objektiven Tatbestand verwirklichenden Umstände,[18] wobei zum einen die „Abgrenzung" von Eventualvorsatz und Fahrlässigkeit problematisch ist,[19] zum anderen gerade an den Tötungsvorsatz[20] strenge Anforderungen gestellt werden.

E nahm laut Sachverhalt den Tod der J billigend in Kauf. Er wusste genau um die rasche Wirkung und die besondere Gefährlichkeit der Einnahme des Mittels durch Menschen und erkannte, dass J eine erhebliche Menge des Mittels getrunken hatte, welche sie auch nicht hinreichend erbrach.

E handelte vorsätzlich i. S. d. § 15 StGB.

II. Rechtswidrigkeit, Schuld

E handelte rechtswidrig und schuldhaft.

III. Ergebnis

E hat sich wegen Totschlags durch Unterlassen strafbar gemacht, indem er nicht unverzüglich einen Notarzt verständigte.

Zur Strafzumessung s. § 13 II StGB.

Die §§ 223, 224, 13 StGB werden in Gesetzeskonkurrenz (Subsidiarität) verdrängt.

B. §§ (212 I,) 211, 13 StGB

Die Tat des E könnte sich nicht nur als Totschlag, sondern sogar als Mord darstellen.[21]

E könnte in Gestalt des Reinigungsmittels ein gemeingefährliches Mittel i. S. d. § 211 II StGB eingesetzt haben. Dies setzt allerdings voraus, dass ein Mittel zur Tötung eingesetzt wird, das in der konkreten Tatsituation eine Mehrzahl von Menschen an Leib und Leben gefährden kann, weil der Täter die Ausdehnung nicht in seiner Gewalt hat.[22] Dies trifft auf die einzelne Flasche nicht zu.

---

[18] S. nur Fischer, StGB, 70. Aufl. 2023, § 15 Rn. 3.

[19] Hierzu B. Heinrich, AT, 7. Aufl. 2022, Rn. 285, 295ff.; Hillenkamp/Cornelius, 32 Probleme aus dem Strafrecht AT, 16. Aufl. 2022, 1. Problem; aus der Rspr. vgl. zuletzt BGH U. v. 15.07.2021 – 3 StR 481/20 – NStZ 2022, 753.

[20] Hierzu Bock, BT 1, 2018, S. 8ff.; aus der Rspr. vgl. zuletzt BGH U. v. 23.03.2022 – 6 StR 343/21 – NJW 2022, 3025 = NStZ 2022, 549; BGH U. v. 15.07.2021 – 3 StR 481/20 – NStZ 2022, 753.

[21] Überschrift und Formulierung des Obersatzes beruhen darauf, dass das Verhältnis von Mord und Totschlag umstritten ist, hierzu Bock, BT 1, 2018, S. 16ff.; Eisele, BT I, 6. Aufl. 2021, Rn. 61f., 135ff.; Hillenkamp/Cornelius, 32 Probleme aus dem Strafrecht BT, 16. Aufl. 2023, 1. Problem.

[22] Bock, BT 1, 2018, S. 45; Fischer, StGB, 70. Aufl. 2023, § 211 Rn. 59; aus der Rspr. vgl. zuletzt BGH U. v. 18.06.2020 – 4 StR 482/19 (Autorennen Kurfürstendamm) – BGHSt 65, 42 = NJW 2020, 2900 = NStZ 2020, 602 = StV 2021, 113 (Anm. Bosch Jura 2020, 1270; Eisele JuS 2020, 892; LL 2020, 838; RÜ 2020, 641; Grünewald NJW 2020, 2906; Steinert NStZ 2020, 608; Kubiciel JZ 2020, 1114; Puppe ZIS 2020, 584; Preuß NZV 2020, 523; Koehl SVR 2020, 439; Wachter

In Betracht kommen sonst niedrige Beweggründe.

Erforderlich ist, dass die Motive nach allgemeiner sittlicher Wertung auf tiefster Stufe stehen und deshalb besonders verwerflich, ja verächtlich sind.[23]

Im Sachverhalt ist aber überhaupt kein Motiv des E ersichtlich. Denkbar ist zwar, dass er „genervt" von den Versuchen der J war, um einer Beziehung willen Aufmerksamkeit zu erregen. Unabhängig davon, ob dies als niedrig i. S. d. § 211 StGB anzusehen wäre (immerhin kann man auch nachvollziehbar genervt sein), ließe sich als Motiv des E allerdings zumindest auch annehmen, dass er die Handlung der J als Suizid(versuch) hinnahm, was angesichts der Entscheidungsfreiheit des Suizidenten im Hinblick auf sein eigenes Leben kein verächtliches Motiv wäre.[24]

A handelte nicht aus niedrigen Beweggründen.[25]

Verdeckungsabsicht – etwa zur Verdeckung einer Straftat nach dem BtMG oder AMG – ist bei E nicht ersichtlich.

Ein Mord liegt nicht vor.

C. §(§) 212 I(, 22, 23) StGB

Ein (aktiver) Totschlag dadurch, dass E der W um 0.30 Uhr erklärte, dass J schlafe, scheitert (selbst wenn man dies als Begehen und nicht als Fortsetzung der Unterlassenstat einordnet) daran, dass J nicht ausschließbar zu diesem Zeitpunkt bereits unrettbar war.

Eine Versuchsstrafbarkeit träte in Gesetzeskonkurrenz hinter den vollendeten Totschlag durch Unterlassen zurück.

D. § 222 StGB

Gleiches gilt für eine (aktive) fahrlässige Tötung gem. § 222 StGB durch das Mitbringen des Reinigungsmittels.

E. §§ 221 I, III, 22, 23 StGB

Eine (versuchte) Aussetzung mit Todesfolge wäre gegenüber dem Totschlag durch Unterlassen subsidiär.[26]

F. § 323c I StGB

Gleiches gilt für eine unterlassene Hilfeleistung.[27]

JR 2021, 146; Fromm DAR 2021, 13); BGH B. v. 10.02.2021 – 1 StR 500/20 – NStZ 2021, 361 = StV 2022, 93 (Anm. Eisele JuS 2021, 892; Schneider NStZ 2021, 362).

[23] Bock, BT 1, 2018, S. 76; Fischer, StGB, 70. Aufl. 2023, § 211 Rn. 14a; Eisele, BT I, 6. Aufl. 2021, Rn. 89; aus der Rspr. vgl. zuletzt BGH U. v. 15.06.2022 – 6 StR 23/22 – NStZ-RR 2022, 245.

[24] A. A. vertretbar.

[25] A. A. vertretbar.

[26] S. nur Fischer, StGB, 70. Aufl. 2023, § 221 Rn. 28.

[27] S. etwa Kindhäuser/Hilgendorf, LPK, 9. Aufl. 2022, § 323c Rn. 21.

G. §§ 330a I, II, 13 StGB
Eine schwere Gefährdung durch Freisetzen von Giften durch Unterlassen scheitert daran, dass für ein Freisetzen oder Verbreiten vorausgesetzt wird, dass sich der Stoff unkontrollierbar in der Umwelt ausbreitet oder doch zumindest der Täter nicht beherrschen kann, wen von mehreren potenziellen Opfern die Gefahr treffen wird.[28]

H. §§ 314, 13 StGB
Eine Vergiftung scheitert schon am fehlenden Tatobjekt.

2. Abschnitt: Strafbarkeit der W

- §§ 222, 13 StGB -
Eine Strafbarkeit der W wegen fahrlässiger Tötung aufgrund dessen, dass sie dem E glaubte, die J schlafe, scheitert jedenfalls an der bereits bestehenden Unrettbarkeit, vgl. o. Zwar hatte sie bereits zuvor J gefragt, ob alles in Ordnung sei; dieses wurde aber von J zum einen bejaht, zum anderen traf das in körperlicher Hinsicht noch zu.

Auf die Frage, inwiefern W die Aussagen von J oder E hätte weiter überprüfen müssen, kommt es nicht mehr an.

2. Teil: LKW-Unfall[29]

1. Abschnitt: Strafbarkeit des S

- § 222 StGB -[30]
S könnte sich wegen fahrlässiger Tötung strafbar gemacht haben, indem er A anwies, das Fahrzeug trotz mangelhafter Bremsen weiter benutzen zu lassen.

I. Tatbestand
Todeserfolge sind beim Fahrer und bei zwei weiteren Menschen eingetreten.

---

[28] Ransiek, in: NK-StGB, 5. Aufl. 2017, § 330a Rn. 4.
[29] Nach BGH B. v. 06.03.2008 – 4 StR 669/07 (Kfz-Werkstatt) – BGHSt 52, 159 = NJW 2008, 1897 = NStZ 2008, 391 (Anm. Puppe, AT, 5. Aufl. 2022, § 30 Rn. 18ff.; Geppert JK 2008 StGB § 13 I/2; Bosch JA 2008, 737; Lindemann ZJS 2008, 404; LL 2008, 537; RÜ 2008, 372; RA 2008, 376; Kühl NJW 2008, 1899; Kühl HRRS 2008, 359).
[30] Tötungsvorsatz eher fernliegend, daher direkt mit § 222 StGB zu beginnen, andere Handhabung möglich.

Die Handlung des S stellt sich als aktives Tun und nicht als bloßes Unterlassen[31] (der Reparatur) dar[32]: Anknüpfungspunkt ist, wie aus dem Obersatz ersichtlich, die Anweisung zur Weiterbenutzung des Fahrzeugs. Als „Juniorchef" und damit Arbeitgeber(vertreter) und Direktionsbefugter kam seiner Weisung auch Bedeutung zu, sodass bei einem Abstellen auf den Schwerpunkt der Vorwerfbarkeit der unterlassenen Stilllegung des Fahrzeugs geringere Bedeutung zukommt als der Tatsache, dass S seine Mitarbeiter überhaupt nur mit verkehrssicheren Fahrzeugen losschicken durfte.

Fraglich ist, ob die Anweisung des S auch kausal war („verursacht" i. S. d. § 222 StGB).

Nach Maßgabe der heute ganz herrschenden[33] Äquivalenztheorie (Bedingungstheorie) sind alle Bedingungen, die zur Herbeiführung eines Erfolgs beigetragen haben, gleichwertig. Eine Gewichtung findet nicht statt.

Die demgegenüber nur noch vereinzelt vertretene Adäquanztheorie,[34] nach der eine Handlung nur dann ursächlich ist, wenn sie allgemein und erfahrungsgemäß dazu geeignet ist, den Erfolg herbeizuführen, muss sich die Vermengung empirischer und normativer Kriterien entgegenhalten lassen; auch ist der Begriff der Adäquanz unklar.

Beide Einwände gelten auch für die ebenso vereinzelt vertretene Relevanztheorie,[35] welche auf die strafrechtliche Relevanz des Kausalgeschehens abstellt und mithin Elemente der objektiven Zurechnung inkorporiert.

Zu folgen ist mithin dem Äquivalenzansatz, sodass es für die Kausalität keine Rolle spielt, wenn der Beitrag des S in Bezug auf den Erfolg eher als entfernt anzusehen ist im Vergleich zum Beitrag des Fahrers.

Zweifelhaft ist allerdings, ob die Anweisung überhaupt (mit-)ursächlich für den Betrieb war: Denkt man sich die Anweisung weg, so ist unklar, ob nicht dennoch der Lkw zum Einsatz gekommen wäre. Allerdings ist davon auszugehen, dass im Hinblick auf das Geschehen in der konkreten Gestalt die Fahrt zumindest auch vor dem Hintergrund der Anweisung stattfand; anderes lässt sich dem Sachverhalt nicht entnehmen.[36]

---

[31] Zur „Abgrenzung" von aktivem Tun und Unterlassen Wessels/Beulke/Satzger, AT, 52. Aufl. 2022, Rn. 1157; aus der Rspr. vgl. zuletzt OLG Oldenburg B. v. 23.07.2021 – 1 Ws 190/21 – StV 2023, 12 (Anm. Brüning ZJS 2022, 119; Bock wistra 2022, 441; Hillenkamp MedR 2022, 637); BayObLG U. v. 25.02.2022 – 201 StRR 95/21 – NStZ 2022, 486 = StV 2022, 645 (Anm. Mosbacher NStZ 2022, 491; Lenk JZ 2022, 623); BGH U. v. 03.03.2022 – 5 StR 228/21 (Anm. RÜ 2022, 378); BGH B. v. 17.03.2022 – 2 StR 157/21 – StV 2023, 4 (Anm. RÜ 2022, 709).

[32] S. auch BGH B. v. 06.03.2008 – 4 StR 669/07 – BGHSt 52, 159 (163); a. A. vertretbar.

[33] S. nur Wessels/Beulke/Satzger, AT, 52. Aufl. 2022, Rn. 226; Jäger, in: SK-StGB, 9. Aufl. 2017, vor § 1 Rn. 61f.; aus der Rspr. vgl. zuletzt OLG Düsseldorf B. v. 18.04.2017 – III-2 Ws 528–577/16 (Love Parade) (Anm. Grosse-Wilde ZIS 2017, 638).

[34] Stratenwerth/Kuhlen, AT, 6. Aufl. 2011, § 8 Rn. 21 ff; vgl. auch Jäger, in: SK-StGB, 9. Aufl. 2017, vor § 1 Rn. 93 f.

[35] Hierzu zsf. Jäger, in: SK-StGB, 9. Aufl. 2017, vor § 1 Rn. 95.

[36] A. A. bzw. andere Handhabung des Sachverhalts (*in dubio pro reo*) vertretbar, dann Prüfung eines Unterlassungsdelikts.

Die Verursachung des Todes müsste i. S. d. § 222 StGB „durch Fahrlässigkeit" geschehen sein.

Fahrlässigkeit ist im StGB nicht definiert. Heranzuziehen ist aber § 276 II BGB, sodass es auf die Außerachtlassung der im Verkehr erforderlichen Sorgfalt ankommt.[37] Erforderlich ist eine Verletzung der dem Täter obliegenden Sorgfaltspflicht.[38]

Bei unterschiedlicher Terminologie und vielerlei Detailkontroversen[39] handelt fahrlässig, wer eine objektive Pflichtwidrigkeit begeht, sofern er diese nach seinen subjektiven Kenntnissen und Fähigkeiten vermeiden konnte und wenn gerade die Pflichtwidrigkeit objektiv und subjektiv vorhersehbar den Erfolg gezeitigt hat.[40] Dies ließe sich auch derart umschreiben, dass der Täter ein unerlaubtes Risiko geschaffen haben muss (in Gestalt von objektiver Vorhersehbarkeit und Sorgfaltswidrigkeit), welches sich im Erfolg realisiert hat. Dies entspricht beim Vorsatzdelikt den Anforderungen der objektiven Zurechnung, welche zwar nicht in der Rspr., aber in der ganz h. L. als Einschränkung der weiten Äquivalenzkausalität anerkannt ist. Ob auch beim Fahrlässigkeitsdelikt eine eigene Ebene der objektiven Zurechnung geboten ist oder diese identisch mit der Sorgfaltspflichtverletzung ist, kann dahinstehen.

Die Sorgfaltspflichtverletzung bzw. Setzung des unerlaubten Risikos, welches sich auch im Unfall realisiert hat, liegt hier im Einsatz des LKW mit mangelhaften Bremsen unter Verstoß u. a. gegen. § 41 StVZO. Aufgrund der enormen Sicherheitsrelevanz der Bremsanlage war es auch vorhersehbar, dass es zu einem Unfall mit auch tödlichen Folgen kommen konnte.

Etwaige weitere Sorgfaltswidrigkeiten anderer Personen (Fahrer, A) entlasten S nicht, zumal deren Verhalten ohnehin maßgeblich von seiner Anweisung abhing und daher auch ein eigenverantwortliches Dazwischentreten Dritter[41] fernliegt (und zwar auch in Gestalt der eigenverantwortlichen Selbstgefährdung des – informierten – Fahrers, dieser war nämlich aufgrund der Anweisung und mithin fremdveranlasst tätig).[42]

---

[37] Vgl. B. Heinrich, AT, 7. Aufl. 2022, Rn. 987.

[38] Vgl. nur Wessels/Beulke/Satzger, AT, 52. Aufl. 2022, Rn. 1114; Kindhäuser/Hilgendorf, LPK, 9. Aufl. 2022, § 15 Rn. 47ff.

[39] S. nur Fischer, StGB, 70. Aufl. 2023, § 15 Rn. 19ff.; B. Heinrich, AT, 7. Aufl. 2022, Rn. 1027ff.

[40] So die Formulierung in BGH U. v. 13.11.2003 – 5 StR 327/03 – BGHSt 49, 1 (5).

[41] Hierzu Wessels/Beulke/Satzger, AT, 52. Aufl. 2022, Rn. 283ff.; aus der Rspr. vgl. zuletzt BGH B. v. 17.03.2020 – 3 StR 574/19 – NJW 2020, 3669 NStZ 2021, 231 = StV 2021, 123 (Anm. famos 10/2020; Mitsch NJW 2020, 3671; Bertlings jurisPR-StrafR 25/2020 Anm. 4; Bosch Jura 2021, 340; Kudlich JA 2021, 169; Eisele JuS 2021, 86; LL 2021, 179; RÜ 2021, 24; Sowada NStZ 2021, 233; Jäger JR 2021, 274; Ruppert JZ 2021, 266; Pohlreich HRRS 2021, 207); BGH U. v. 12.08.2021 – 3 StR 450/20 – NStZ 2022, 163 = StV 2022, 171 (Anm. Nestler Jura 2022, 522; Jäger JA 2022, 512; Eisele JuS 2022, 176; RÜ 2022, 231).

[42] S. Lindemann ZJS 2008, 404 (408); Kühl NJW 2009, 1899; a. A. vertretbar (v. a. angesichts der Rechtswidrigkeit der Anweisung).

Auf ein Organisationsverschulden des S, etwa durch Beschäftigung eines unzureichend qualifizierten Werkstattleiters,[43] kommt es nicht mehr an.

II. Rechtswidrigkeit, Schuld
S handelte rechtswidrig und schuldhaft inkl. subjektiver Fahrlässigkeit.

III. Ergebnis
S hat sich wegen fahrlässiger Tötung strafbar gemacht, indem er A anwies, das Fahrzeug trotz mangelhafter Bremsen weiter benutzen zu lassen.

2. Abschnitt: Strafbarkeit des A[44]

A. § 222 StGB
A könnte sich wegen fahrlässiger Tötung strafbar gemacht haben, indem er den Fahrer unterrichtete.

Allerdings ist problematisch, ob bei A überhaupt ein hinreichendes aktives Tun vorliegt oder ein bloßes Unterlassen: Zwar hatte A den Fahrer davon unterrichtet, dass die Einsteller bereits bestellt waren, er wies ihn aber nicht an, die Fahrt dennoch durchzuführen. Auch bei lebensnaher Auslegung des Sachverhalts dürfte A lediglich die Weisung des S wiedergegeben haben. Der Schwerpunkt der Vorwerfbarkeit in Bezug auf A liegt, anders als in Bezug auf S (s. o.), darin, dass er als Werkstattleiter eine Sichtkontrolle unterlassen hatte, die ihm das Ausmaß des Defekts vor Augen geführt hätte, sodass er mit diesen neuen Informationen bei S hätte vorstellig werden können, mithin in einem Unterlassen.[45]

Eine Strafbarkeit wegen (durch aktives Tun) begangener fahrlässiger Tötung scheidet aus.

B. §§ 222, 13 StGB
A könnte sich aber wegen fahrlässiger Tötung durch Unterlassen strafbar gemacht haben, indem er auf eine Sichtkontrolle der Bremsen verzichtete und der Anweisung nicht entgegentrat.

I. Tatbestand
Zu den Todeserfolgen s. o.

Die Sorgfaltspflichtverletzung liegt in der unterlassenen näheren technischen Überprüfung (und der darauf aufbauenden unterlassenen Reparatur oder Information des S).

---

[43] Vgl. Kühl NJW 2009, 1899.

[44] Tötungsvorsatz eher fernliegend, daher direkt mit § 222 StGB zu beginnen, andere Handhabung möglich.

[45] A. A. bei entsprechender Sachverhaltsauslegung (etwa ausdrückliche Absegnung der Fahrt o. ä.) wohl noch vertretbar (trotz *in dubio pro reo*).

Angesichts der Einheitstäterschaft[46] bei Fahrlässigkeitsdelikten spielt das Zusammenwirken zwischen S und A keine Rolle.[47]

Fraglich ist, ob der A für derartige Maßnahmen i. S. d. § 13 I StGB als sog. Garant rechtlich einzustehen hatte.

In Betracht kommt eine Garantenstellung aufgrund freiwilliger tatsächlicher Übernahme.[48]

A war Werkstattleiter und als solcher für die technische Unbedenklichkeit der Fahrzeuge verantwortlich. Der Annahme dieser Garantenstellung steht nicht entgegen, dass im Verkehrssicherheitsinteresse für den jeweils aktuellen verkehrssicheren Zustand der Fahrzeuge kraft Gesetzes in erster Linie der Halter (§ 31 II StVZO) und der Fahrzeugführer (§ 23 I u. II StVO) zuständig sind.[49] Das gilt schon deshalb, weil der Halter seine Verantwortlichkeit durch Bestellung einer sachkundigen, erwiesenermaßen zuverlässigen Hilfsperson einschränken kann. Diese neben die Verantwortlichkeit des Halters, hier der Firmenleitung der Spedition, tretende Garantenstellung des A erwuchs aus seiner Übernahme der Wartungsaufgabe im Rahmen seines Arbeitsverhältnisses; sie bezog sich auf die Beseitigung der mit dem Betrieb der von ihm zu wartenden Firmenfahrzeuge für die Allgemeinheit bestehenden Gefahren. Die arbeitsvertragliche Übernahme der Wartungspflicht begründete deshalb zugleich auch eine Schutzfunktion gegenüber allen Verkehrsteilnehmern, die in den durch unzureichende Wartung begründeten Gefahrenbereich der seiner Aufsicht unterliegenden Firmenfahrzeuge geraten würden.

A war mithin sog. Garant.

Das Unterlassen des A müsste (quasi-/hypothetisch) kausal für den Tod der Unfallopfer gewesen sein. Die Anforderungen hieran sind strittig.[50]

Die (strengere) Rspr.[51] und h. L.[52] fordern, dass der Erfolg bei Hinzudenken der unterlassenen Handlung mit an Sicherheit grenzender Wahrscheinlichkeit verhindert

---

[46] Hierzu Wessels/Beulke/Satzger, AT, 52. Aufl. 2022, Rn. 794f.; Fischer, StGB, 70. Aufl. 2023, vor § 25 Rn. 1b.

[47] S. Kühl NJW 2008, 1899.

[48] Hierzu Wessels/Beulke/Satzger, AT, 52. Aufl. 2022, Rn. 1182f.; aus der Rspr. vgl. OLG Oldenburg B. v. 23.07.2021 – 1 Ws 190/21 – StV 2023, 12 (Anm. Brüning ZJS 2022, 119; Bock wistra 2022, 441; Hillenkamp MedR 2022, 637); BayObLG U. v. 25.02.2022 – 201 StRR 95/21 – NStZ 2022, 486 = StV 2022, 645 (Anm. Mosbacher NStZ 2022, 491; Lenk JZ 2022, 623).

[49] So (auch zum Folgenden) BGH B. v. 06.03.2008 – 4 StR 669/07 – BGHSt 52, 159 (163).

[50] S. obige Nachweise.

[51] S. z. B. BGH U. v. 06.07.1990 – 2 StR 549/89 (Lederspray) – BGHSt 37, 106 = NJW 1990, 2560 = NStZ 1990, 587 = StV 1990, 446 (Anm. Roxin, Höchstrichterliche Rspr. AT, 1998, Nr. 92; Puppe, AT, 5. Aufl. 2022, § 2 Rn. 9ff. und 27ff.; Kaspar/Reinbacher, Casebook AT, 2020, Fall 2; Hemmer-BGH-Classics Strafrecht, 2003, Nr. 1; Fahl, Strafrechts-Klassiker, 2020, § 25 Rn. 32ff.; Schmidt-Salzer NJW 1990, 2966; Kuhlen NStZ 1990, 566; Brammsen Jura 1991, 533; Hassemer JuS 1991, 253; Samson StV 1991, 182; Beulke/Bachmann JuS 1992, 737; Meier NJW 1992, 3193; Puppe JR 1992, 30; Hirte JZ 1992, 257; Brammsen GA 1993, 97; Hilgendorf NStZ 1994, 561; Jähnke Jura 2010, 582; Rotsch ZIS 2018, 1; Puppe ZIS 2018, 57).

[52] S. nur B. Heinrich, AT, 7. Aufl. 2022, Rn. 888f.

worden wäre, während eine beachtliche Minderheitsauffassung[53] jede Risikoverminderung (Eröffnung einer Rettungschance) für ausreichend erachtet.

Auf Grundlage der h. M. ist problematisch, dass es sich um eine Summe aufeinanderfolgender Unterlassungen handelt.[54]

Zwar hätte A – wären ihm bei der mindestens geschuldeten Sichtprüfung die abgefahrenen Bremsbeläge an der Hinterachse der Zugmaschine aufgefallen – von sich aus den Werkstattstopp festlegen können (und müssen); denn bei dem notwendigen Austausch der Bremsbeläge in der firmeneigenen Werkstatt hätte es sich um eine Routinemaßnahme gehandelt, für die er grundsätzlich nicht die Zustimmung des Chefs benötigte.[55]

Davon kann ohne Weiteres indes nur dann ausgegangen werden, wenn A den Defekt an den Hinterachsbremsen in der bis zum nächsten vorgesehenen Einsatz der Zugmaschine verbleibenden Zeit hätte beseitigen können. Dazu, ob dies der Fall war, verhält sich der Sachverhalt nicht. Ebenso wenig kann dem Sachverhalt entnommen werden, ob der Unfall vermieden worden wäre, wenn allein die Bremsbeläge der Hinterachse vor der nächsten Fahrt ausgetauscht worden wären. Sofern es nicht in der Macht des A gestanden hätte, von sich aus das Fahrzeug bis zur Durchführung der notwendigen Reparatur stillzulegen, hätte der A seiner aus der Garantenstellung erwachsenden Pflicht grundsätzlich durch Unterrichtung der Firmenleitung genügt. Denn dadurch hätte er die an ihn delegierte Verantwortlichkeit des Fahrzeughalters wieder an diesen zurückgegeben. Zwar wäre von A wohl nicht zu verlangen gewesen, seinen Arbeitgeber drastischer über die dramatische Verschlechterung der Bremswirkung zu informieren, anstatt dessen Reaktion unkommentiert hinzunehmen.[56]

Indes hätte A seiner übernommenen Verantwortung nur dann genügt, wenn er S im Rahmen des ihm Möglichen und Zumutbaren vollständig auf den erkennbaren Zustand der Bremsen, hier mithin auch auf die nahezu abgefahrenen Bremsen der Hinterachse, hingewiesen hätte. Dass er dies nicht getan hat, belegt jedoch nicht ohne Weiteres, dass dieses Versäumnis sich auch kausal in dem tödlichen Verkehrsunfall ausgewirkt hat. Insofern mag es zwar grundsätzlich naheliegen, dass eine umfassende Aufklärung über den desolaten Zustand der Bremsen nicht nur an den Vorder-, sondern auch an den Hinterrädern der Zugmaschine auch einen zaudernden Chef überzeugt hätte und hätte erwarten lassen, dass S die kaufmännischen Überlegungen aufgibt.

Ob S sich durch einen Hinweis des A, dass auch die Hinterachsbremsen defekt sind, tatsächlich hätte umstimmen lassen, ist aber unklar.

Die Risikoerhöhungs-/verminderungslehre hätte demgegenüber keinerlei Probleme mit der Feststellung der hypothetischen Kausalität.

Aber auch nach Maßgabe des Ansatzes der h. M. wird die hypothetische Kausalität in Fällen mehrstufiger Pflichtverletzungen z. T.[57] bejaht: Bei menschlichen Ent-

---

[53] Z. B. Otto, AT, 7. Aufl. 2004, § 9 Rn. 99ff.; vgl. auch Puppe ZJS 2008, 600 (601).
[54] Hierzu Bosch, in: Schönke/Schröder, 30. Aufl. 2019, § 13 Rn. 62.
[55] So (auch zum Folgenden) BGH B. v. 06.03.2008 – 4 StR 669/07 – BGHSt 52, 159 (164).
[56] A. A. vertretbar.
[57] S. nur Lindemann ZJS 2008, 404 (407f.) m. w. N.; ausf. Puppe, AT, 5. Aufl. 2022, § 30 Rn. 1ff.

scheidungsprozessen lässt sich nämlich niemals mit an Sicherheit grenzender Wahrscheinlichkeit feststellen, welche Konsequenzen ein Anstoß gehabt hätte. In diesen Fällen wird die Lösung darin gesucht, dass die Rechtsordnung grundsätzlich von rechtmäßigem Verhalten der Menschen ausgeht und einen Entschluss zur Begehung einer rechtswidrigen Tat erst dann als rechtlich existent ansieht, wenn er tatsächlich betätigt worden ist.

In Fällen, in denen dem Unterlassenden – wie hier – eine Erfolgsabwendung nur vermittelt durch die eigenverantwortliche Entscheidung eines Dritten möglich wäre, ist daher bei der hypothetischen Beurteilung des Kausalverlaufs stets von einem rechtmäßigen Verhalten des Dritten im Falle ausreichender Information auszugehen; die Berufung auf ein möglicherweise rechtswidriges Verhalten des Dritten muss dem Unterlassenden hingegen versagt bleiben. Obwohl die Kenntnis der Probleme der Vorderradbremse den S nicht davon abgehalten hat, die Gefahr einer Schädigung der Rechtsgüter anderer Verkehrsteilnehmer hintanzustellen und eine Fortsetzung des Betriebes anzuordnen, war demnach für den Fall einer vollständigen, auch die Schadhaftigkeit der Hinterradbremse umfassenden Information durch A die einzig rechtmäßige Verhaltensvariante, nämlich die Stilllegung des Fahrzeugs bis zur Reparatur der Schäden, zu unterstellen.

In der Tat versagt mindestens in diesen Fällen der prinzipielle Ansatz der h. M., zumal ohnehin eine hypothetische Wahrscheinlichkeit, die an Sicherheit grenzt, ehrlicherweise niemals ermittelt werden kann, sodass entweder schlichte Unterstellungen drohen oder, jedenfalls in Anbetracht des *In-dubio-pro-reo*-Grundsatzes, kriminalpolitisch zweifelhafte Freisprüche (oder bloße Versuchsstrafbarkeit, sofern eine solche normiert ist).

Nun kann es dahinstehen, ob daher die Risikoverminderungslehre vorzuziehen ist oder es bei einer Modifikation in Fällen gestufter Pflichtwidrigkeiten bleibt. Jedenfalls liegt die hypothetische Kausalität hier vor.[58]

Auf die Frage, ob A noch mehr hätte tun können (z. B. Stilllegung des Lkw durch technische Manipulation), kommt es nicht mehr an, sodass auch die Zumutbarkeit derartiger Maßnahmen gegenüber seinem „Chef" dahinstehen kann.

II. Rechtswidrigkeit, Schuld

A handelte rechtswidrig und schuldhaft inkl. subjektiver Fahrlässigkeit.

Eine Entschuldigung oder gar Rechtfertigung aufgrund Unzumutbarkeit normgemäßen Verhaltens[59] dadurch, dass S als Juniorchef dem A eine Anweisung erteilte,

---

[58] A. A. vertretbar.
[59] Hierzu Wessels/Beulke/Satzger, AT, 52. Aufl. 2022, Rn. 1218f.; aus der Rspr. vgl. RG U. v. 23.03.1897 – 576/97 (Leinenfänger) – RGSt 30, 25 (Anm. Roxin, Höchstrichterliche Rspr. AT, 1998, Nr. 43; Fahl, Strafrechts-Klassiker, 2020, § 15 Rn. 10ff.; Achenbach Jura 1997, 631); RG U. v. 20.01.1903 – 5017/02 – RGSt 36, 78; RG U. v. 09.05.1940 – 2 D 138/40 – RGSt 74, 195; BGH B. v. 18.03.1952 – GSSt 2/51 – BGHSt 2, 194 = NJW 1952, 593 (Anm. Welzel NJW 1952, 564; Hartung NJW 1952, 761; Lindner NJW 1952, 854; Schwarz NJW 1952, 1081; Lang-Hinrichsen JR 1952, 302 und 356; Welzel JZ 1952, 340; Mayer MDR 1952, 392; Niese DRiZ 1952, 111; Heitzer NJW 1953, 210); BGH U. v. 20.12.1983 – 1 StR, 746/83 (Anzeige Angehöriger) – NStZ 1984, 164 = StV 1984, 460 (Anm. Roxin, Höchstrichterliche Rspr. AT, 1998,

scheidet schon insofern aus, als S zum einen nicht mit Kündigung o. Ä. drohte und zum anderen der Vorwurf gegen A dahin geht, den S aufgrund unterlassener Besichtigung (im Vorfeld) nicht hinreichend über die Sachlage informiert zu haben.

Ein rechtfertigender oder entschuldigender „Befehlsnotstand"[60] existiert im privatrechtlichen Bereich nicht, sodass der Anweisung des S keine (rechtfertigende oder entschuldigende) Bedeutung zukommt.

III. Ergebnis
A hat sich wegen fahrlässiger Tötung durch Unterlassen strafbar gemacht, indem er auf eine Sichtkontrolle der Bremsen verzichtete.
Zur Strafzumessung s. § 13 II StGB.

3. Teil: BSR[61]

1. Abschnitt: Strafbarkeit des G

A. §(§) 263 I(, III 2 Nr. 2, 4, 25 I 2. Var.) StGB gegenüber den Anliegern
G könnte sich wegen Betruges (in mittelbarer Täterschaft, in einem besonders schweren Fall) strafbar gemacht haben, indem er T anwies, den Berechnungsfehler zu verschweigen, woraufhin weiterhin Gebühren falsch abgerechnet wurden.

I. Tatbestand

1. Objektiver Tatbestand

a) Sog. Täuschung über Tatsachen
Zunächst müsste G – in korrigierender Auslegung der Merkmale des § 263 I StGB[62] – über Tatsachen getäuscht haben.

Nr. 44; Geilen JK 1984 StGB vor § 13/1; Seier JA 1984, 531); BGH B. v. 16.07.1993 – 2 StR 294/93 – NJW 1994, 1357 = NStZ 1994, 29 (Anm. Puppe, AT, 5. Aufl. 2022, § 20 Rn. 14ff.; Loos JR 1994, 511; Otto JK 1995 StGB § 13/25); OLG Stuttgart B. v. 21.11.1996 – 1 Ws 166/96 – NStZ 1997, 190 (Anm. Puppe, AT, 5. Aufl. 2022, § 5 Rn. 1ff.; Otto JK 1997 StGB vor § 13/11; Gössel JR 1997, 519); BGH B. v. 10.05.2001 – 3 StR 45/01.

[60] Hierzu B. Heinrich, AT, 7. Aufl. 2022, Rn. 594f.

[61] Nach BGH U. v. 17.07.2009 – 5 StR 394/08 (BSR) – BGHSt 54, 44 = NJW 2009, 3173 = NStZ 2009, 686 = StV 2009, 687 (Anm. Puppe, AT, 5. Aufl. 2022, § 29 Rn. 17ff.; Jahn JuS 2009, 1142; Rotsch ZJS 2009, 712; RÜ 2009, 636; RA 2009, 589; Stoffers NJW 2009, 3176; Berndt StV 2009, 689; Kretschmer JR 2009, 474; Mosiek HRRS 2009, 565; Barton jurisPR-StrafR 22/2009 Anm. 1 und jurisPR-StrafR 23/2009 Anm. 1; Thomas CCZ 2009, 239; Satzger JK 2010 StGB § 13/42; Mosbacher/Dierlamm NStZ 2010, 268; Warneke NStZ 2010, 312; Dannecker/Dannecker JZ 2010, 981; Spring GA 2010, 222; Kraft wistra 2010, 81; Fecker/Kinzl CCZ 2010, 13; Krüger ZIS 2011, 1; Schneider/Gottschaldt ZIS 2011, 573; Geiger CCZ 2011, 170; Brozat CCZ 2011, 227; Schwarz wistra 2012, 13; Raum CCZ 2012, 197; Schmid JA 2013, 835).

[62] I. d. R. kommentarlos zu Grunde gelegt, s. z. B. Joecks/Jäger, StGB, 13. Aufl. 2021, § 263 Rn. 29ff.

Hierunter fällt jede Behauptung existierender Tatsachen als nicht existierend und umgekehrt.[63] Tatsachen sind konkrete, real existierende Zustände oder Vorgänge der Vergangenheit oder Gegenwart, die der wahrnehmbaren Wirklichkeit angehören und dem Beweis prinzipiell zugänglich sind.[64]

Der Sachverhalt ist so auszulegen, dass den Eigentümern Schreiben mit einer fehlerhaft überhöhten Gebührenrechnung zugegangen sind.

Zwar enthalten die an die Eigentümer gerichteten Schreiben unmittelbar keine falsche Tatsachenbehauptung.[65]

Es ist jedoch anerkannt, dass eine Täuschung i. S. des § 263 I StGB auch konkludent erfolgen kann. Diese Voraussetzung liegt vor, wenn der Täter die Unwahrheit zwar nicht *expressis verbis* zum Ausdruck bringt, sie aber nach der Verkehrsanschauung durch sein Verhalten miterklärt. Welcher Inhalt der Erklärung zukommt, bestimmt sich ganz wesentlich durch den Empfängerhorizont und die Erwartungen der Beteiligten. Diese werden regelmäßig durch den normativen Gesamtzusammenhang geprägt sein, in dem die Erklärung steht. Deshalb hat der BGH auch entschieden, dass ein Kassenarzt mit seiner Abrechnung gegenüber der Kasse nicht nur erklärt, dass die abgerechnete Leistung unter die Leistungsbeschreibung der Gebührennummer fällt, sondern auch, dass seine Leistung zu den kassenärztlichen Versorgungsleistungen gehört und nach dem allgemeinen Bewertungsmaßstab abgerechnet werden kann. Dem Rechnungsschreiben der BSR ist die (konkludent miterklärte) Aussage zu entnehmen, dass die Tarife unter Beachtung der für die Tarifbestimmung geltenden Rechtsvorschriften ermittelt und sie mithin auch auf einer zutreffenden Bemessungsgrundlage beruhen.

Der Verkehr erwartet nämlich vor allem eine wahrheitsgemäße Darstellung im Zusammenhang mit der Geltendmachung eines zivilrechtlichen Anspruchs, soweit die Tatsache wesentlich für die Beurteilung des Anspruchs ist und der Adressat sie aus seiner Situation nicht ohne Weiteres überprüfen kann. Eine solche Möglichkeit, die geltend gemachten Straßenreinigungsentgelte auf die Richtigkeit ihrer Bemessungsgrundlage überprüfen zu können, hat der Adressat der Rechnung praktisch nicht. Die BSR nimmt deshalb zwangsläufig das Vertrauen der Adressaten in Anspruch. Dies prägt wiederum deren Empfängerhorizont. Da die Eigentümer damit rechnen dürfen, dass die Tarife nicht manipulativ gebildet werden, erklärt der Rechnungssteller dies in seinem Anspruchsschreiben konkludent. Für die BSR gilt dies im besonderen Maße, weil sie als öffentlich-rechtlich verfasster Rechtsträger wegen ihrer besonderen Verpflichtung zur Gesetzmäßigkeit gegenüber ihren Kunden gehalten ist, eine rechtskonforme Tarifgestaltung vorzunehmen. Dass sie diese Pflicht eingehalten hat, versichert sie stillschweigend, wenn sie gegenüber ihren Kunden auf der Grundlage der Tarife abrechnet.

---

[63] Bock, BT 2, 2018, S. 262; Kindhäuser/Hilgendorf, LPK, 9. Aufl. 2022, § 263 Rn. 63.

[64] Bock, BT 2, 2018, S. 248; aus der Rspr. vgl. zuletzt BGH U. v. 14.03.2019 – 4 StR 426/18 – NJW 2019, 1759 = NStZ-RR 2019, 181 (Anm. Bosch Jura 2019, 897; Bülte NJW 2019, 1762).

[65] Zum Folgenden BGH B. v. 09.06.2009 – 5 StR 394/08 (BSR) – NJW 2009, 2900 = NStZ 2009, 506 (Anm. Heghmanns ZJS 2009, 706; RÜ 2009, 504; RA 2009, 473; Bittmann NJW 2009, 2902; Voßen NStZ 2009, 697; Satzger JK 2010 StGB § 263/87; Gössel JR 2010, 175).

Die Privilegierungstatbestände der §§ 352, 353 StGB können nicht als Beleg dafür herangezogen werden, dass Täuschungshandlungen im Zusammenhang mit Gebühren und öffentlichen Abgaben nur unter den dort benannten Tatbestandsvoraussetzungen überhaupt strafbar sind. Vielmehr stehen auch solche Zahlungsverpflichtungen grundsätzlich unter dem strafrechtlichen Schutz des § 263 StGB, wenn sich die Täuschungshandlung auf sie bezieht. Die Pönalisierung einer täuschungsbedingten Schädigung des Vermögens Dritter entfällt nicht deshalb, weil für Sonderformen des Betrugs überkommene Privilegierungstatbestände zu Gunsten einzelner Berufsgruppen fortbestehen.

Eine Täuschung liegt mithin vor.[66]

Zwar wird der G als Vorstandsmitglied die Schreiben nicht selbst verschickt haben. Die entsprechenden Handlungen der Untergebenen könnten ihm aber als mittelbarem Täter nach § 25 I 2. Var. StGB zuzurechnen sein.

Das Handeln „durch einen anderen" erfordert zunächst einen erfolgskausalen Tatbeitrag, welcher in der Einwirkung auf den Vordermann liegt,[67] die hier gegeben ist. Als positives Tun, an das hier angeknüpft werden kann, ist von (einer Mitwirkung an) einem Vorstandsbeschluss auszugehen.

Ferner verlangt die mittelbare Täterschaft, insbesondere im Unterschied zur Anstiftung nach § 26 StGB (wo ebenfalls ein anderer zur Tatbegehung veranlasst wird), eine Tatherrschaft des sog. Hintermanns über den sog. Vordermann/das Werkzeug.[68] Eine solche Tatherrschaft liegt jedenfalls bei einem strafbarkeitsausschließenden Defekt des Werkzeugs vor.[69]

Das ist u. a. der Fall, wenn der Tatmittler infolge eines vom mittelbaren Täter erregten oder ausgenutzten Irrtums nicht vorsätzlich handelt. So liegt der Fall hier – die Untergebenen waren gutgläubig. G schuf mithin die Grundlage für einen weiteren von ihm ausgelösten Kausalverlauf, nämlich die Absendung der Zahlungsanforderungen an die anspruchsverpflichteten Anlieger, die eigentliche Betrugshandlung gegenüber den Eigentümern. Damit bediente sich G der mit der Rechnungsstellung und Forderungseinziehung befassten (gutgläubigen) Mitarbeiter, die er zu den Täuschungshandlungen gegenüber den Anliegern verleitete. Seine Position als Organ(teil) innerhalb der BSR und sein besonderes Wissen darum, wie die Tarife zu Stande gekommen sind, verschafften ihm die notwendige Tatherrschaft.[70]

b) Irrtum

Die Anlieger müssten sich entsprechend geirrt haben.

Irrtum ist das Auseinanderfallen von Vorstellung und Wirklichkeit.[71]

---

[66] A. A. vertretbar, s. etwa Heghmanns ZJS 2009, 706.
[67] Joecks/Jäger, StGB, 13. Aufl. 2021, § 25 Rn. 20; Hoyer, in: SK-StGB, 9. Aufl. 2017, § 25 Rn. 40.
[68] S. etwa B. Heinrich, AT, 7. Aufl. 2022, Rn. 1243.
[69] Fischer, StGB, 70. Aufl. 2023, § 25 Rn. 5f.
[70] So BGH B. v. 09.06.2009 – 5 StR 394/08 (BSR) – NJW 2009, 2900 (2901).
[71] Bock, BT 2, 2018, S. 304; aus der Rspr. vgl. zuletzt BGH U. v. 22.11.2013 – 3 StR 162/13 – BGHSt 59, 75 = NJW 2014, 1604 = NStZ 2014, 215 = StV 2014, 288; OLG Hamm B. v.

Einer solchen Fehlvorstellung unterlagen die Adressaten der Rechnungen[72]: Der im Rahmen der Täuschungshandlung maßgebliche Empfängerhorizont spiegelt sich regelmäßig in dem Vorstellungsbild auf Seiten der Empfänger wider. Deshalb kommt es nicht darauf an, ob die Adressaten sich eine konkrete Vorstellung über die Berechnung der Reinigungsentgelte und die in Ansatz gebrachten Bemessungsgrundlagen gemacht haben. Entscheidend ist vielmehr, dass sich die Empfänger der Zahlungsaufforderungen jedenfalls in einer wenngleich allgemein gehaltenen Vorstellung befanden, dass die Tarifberechnung „in Ordnung" sei, zumal die Höhe der Tarife ihre eigenen finanziellen Interessen unmittelbar berührte. Damit gingen sie – jedenfalls in der Form des sachgedanklichen Mitbewusstseins[73] – davon aus, dass die Bemessungsgrundlage zutreffend bestimmt worden ist und die Tarife nicht manipulativ zu ihren Lasten erhöht worden sind. Insofern ist bei ihnen ein Irrtum erregt worden, weil sie auf eine ordnungsgemäße Abrechnung vertrauten und in diesem Bewusstsein auch die Rechnungen der BSR als gesetzeskonforme Zahlungsanforderung ansahen.

c) Vermögensverfügung; Vermögensschaden

Die Vermögensverfügung (hierunter fällt jedes Handeln, Dulden oder Unterlassen, das eine Vermögensminderung unmittelbar herbeiführt[74]) der Getäuschten liegt in der Zahlung der Gebühren.

Es müsste ein Vermögensschaden eingetreten sein.

Die Schadensberechnung erfolgt anhand eines objektiv individualisierten Beurteilungsmaß-stabs nach dem Prinzip der Gesamtsaldierung.[75] Durch einen Vergleich der Vermögenslage (mit wirtschaftlicher Betrachtungsweise) vor und nach der Verfügung ist zu ermitteln, ob eine nachteilige Vermögensdifferenz eingetreten ist, ohne dass diese durch einen unmittelbar mit der Verfügung zusammenhängenden Vermögenszufluss wirtschaftlich voll ausgeglichen wird.

30.06.2016 – 4 RVs 58/16 (Anm. Schumacher NZWiSt 2016, 485); BGH B. v. 14.07.2016 – 4 StR 362/15 – NJW 2016, 3383 = NStZ 2017, 347 = StV 2017, 93 (Anm. Kudlich JA 2016, 869; RÜ 2016, 717; Brand NJW 2016, 3384; Reckmann jurisPR-StrafR 21/2016 Anm. 2).

[72] Zum Folgenden BGH B. v. 09.06.2009 – 5 StR 394/08 (BSR) – NJW 2009, 2900 (2901) m. w. N.; a. A. vertretbar.

[73] Zum sachgedanklichen Mitbewusstsein Bock, BT 2, 2018, S. 306ff.; aus der Rspr. vgl. zuletzt BGH U. v. 19.08.2020 – 5 StR 558/19 – BGHSt 65, 110 = NJW 2021, 90 = StV 2021, 725 (Anm. Gaede NJW 2021, 98; Leverenz HRRS 2021, 86; Hiéramente/Schwerdtfeger jurisPR-StrafR 1/2021 Anm. 2; Rettke wistra 2021, 113; Meyer NZWiSt 2021, 151); BGH B. v. 04.05.2022 – 1 StR 138/21 (AGG-Hopper) – NStZ 2023, 37 (Anm. von Heintschel-Heinegg JA 2022, 1047).

[74] Bock, BT 2, 2018, S. 328; Hoyer, in: SK-StGB, 9. Aufl. 2019, § 263 Rn. 86; Fischer, StGB, 70. Aufl. 2023, § 263 Rn. 70; aus der Rspr. vgl. zuletzt BGH U. v. 19.08.2020 – 5 StR 558/19 – BGHSt 65, 110 = NJW 2021, 90 = StV 2021, 725 (Anm. Gaede NJW 2021, 98; Leverenz HRRS 2021, 86; Hiéramente/Schwerdtfeger jurisPR-StrafR 1/2021 Anm. 2; Rettke wistra 2021, 113; Meyer NZWiSt 2021, 151).

[75] Bock, BT 2, 2018, S. 364; aus der Rspr. vgl. zuletzt BGH U. v. 29.10.2021 – 5 StR 443/19 (Infinus) – NStZ-RR 2022, 77 (Anm. Busch wistra 2022, 257; Schmidt NZWiSt 2022, 336); BGH B. v. 16.02.2022 – 4 StR 396/21 – StV 2022, 731.

Die Zahlungsansprüche bestanden jedoch gerade nicht in der Höhe, wie sie jeweils in den Gebührenrechnungen beziffert wurden. Mangels (vollständiger) Kompensation aufgrund Erlöschens der Zahlungsansprüche liegt auch ein Schaden vor.

2. Subjektiver Tatbestand
G handelte vorsätzlich i. S. d. § 15 StGB.

Auch eine Bereicherungsabsicht i. S. d. § 263 I StGB ist zu bejahen.[76] Eine solche Bereicherungsabsicht kann auch dann vorliegen, wenn der Täter einem Dritten rechtswidrig einen Vorteil verschaffen will. Hierfür genügt es, dass es dem Täuschenden auf den Vermögensvorteil als sichere und erwünschte Folge seines Handelns ankommt, mag der Vorteil auch von ihm nur als Mittel zu einem anderweitigen Zweck erstrebt werden. Nicht erforderlich ist, dass der Vermögensvorteil die eigentliche Triebfeder oder das in erster Linie erstrebte Ziel seines Handelns ist. Laut Sachverhalt handelte G ohnehin, um der BSR überhöhte Zahlungen zukommen zu lassen.

II. Rechtswidrigkeit, Schuld
G handelte rechtswidrig und schuldhaft.

III. Strafzumessung: § 263 III StGB
In Betracht kommt § 263 III 2 Nr. 2 StGB.

Im Sachverhalt ist allerdings nichts zu Schadenshöhen und Anzahl der Betroffenen mitgeteilt, wobei aber eine entsprechende (lebensnahe) Auslegung zur Annahme dieses Regelbeispiels führt.

G handelte als Amtsträger i. S. d. §§ 263 III 2 Nr. 4 i. V. m. 11 I Nr. 2 lit. c StGB: Er fungierte als Organ(teil) einer Anstalt des öffentlichen Rechts, die hier in einem durch einen Anschluss- und Benutzungszwang dem freien Markt entzogenen Bereich tätig ist.

IV. Ergebnis
G hat sich wegen Betruges (in mittelbarer Täterschaft, in einem besonders schweren Fall) strafbar gemacht, indem er T anwies, den Berechnungsfehler zu verschweigen, woraufhin weiterhin Gebühren falsch abgerechnet wurden.

B. §(§) 263 I(, 25 I 2. Var.) StGB gegenüber der BSR und dem Land Berlin
Einem ferner denkbaren (Dreiecks)Betrug gegenüber der BSR und dem Land Berlin zu Lasten der Anlieger kommt keine eigenständige Bedeutung mehr zu.[77]

C. § 266 I StGB
Eine Untreue gemäß § 266 StGB zu Lasten der BSR scheidet aus: Zwar traf G eine Vermögensbetreuungspflicht gegenüber seinem Dienstherrn. Es fehlt jedoch an einem Nachteil i. S. d. § 266 StGB. Der BSR entstand durch die betrügerische Tarif-

---

[76] Zum Folgenden BGH B. v. 09.06.2009 – 5 StR 394/08 (BSR) – NJW 2009, 2900 (2902).
[77] Ausführlich zu dieser Betrugskonstruktion Heghmanns ZJS 2009, 706 (707ff.).

bildung ein Vorteil, weil so höhere Reinigungsentgelte vereinnahmt wurden, als ihr nach der gesetzlichen Regelung zustanden. Zu erwägen ist die Möglichkeit eines solchen Nachteils in den Ersatzansprüchen und Prozesskosten nach Aufdeckung des Betrugs. Ein solcher Schaden ist aber nicht unmittelbar. Er setzt nämlich mit der Aufdeckung der Tat einen Zwischenschritt voraus. Der für die Nachteilsfeststellung notwendige Gesamtvermögensvergleich hat aber auf der Grundlage des vom Täter verwirklichten Tatplans zu erfolgen.[78]

2. Abschnitt: Strafbarkeit des T

A. §§ 263 I(, 25 I 2. Var.), 13 StGB[79]

T könnte sich wegen Betrugs (in mittelbarer Täterschaft) durch Unterlassen strafbar gemacht haben, indem er den Berechnungsfehler nicht korrigierte und seine Vorgesetzten (außer G) nicht informierte.

Problematisch ist bereits, ob bei einem Unterlassenden, der einen mittelbaren Begehungstäter nicht an der Tat hindert, ein Fall der mittelbaren Täterschaft oder ein Fall der unmittelbaren Täterschaft vorliegt.[80]

Dahinstehen kann dies dann, wenn das Unterlassen überhaupt nicht die Voraussetzungen des § 25 I StGB erfüllt, sondern als bloße Beihilfe nach § 27 StGB einzuordnen ist.

Die Abgrenzung von Täterschaft und Teilnahme, welche schon grundsätzlich problematisch ist,[81] wird bei Unterlassungsdelikten besonders kontrovers diskutiert.[82]

Die Rspr. folgt auch hier einem subjektiven Ansatz.[83] Hiernach dürfte wohl nur G Täter sein: T hat sich dem G – aus falsch verstandener Loyalität – ersichtlich untergeordnet.[84]

---

[78] S. BGH U. v. 17.07.2009 – 5 StR 394/08 Rn. 32f.; in BGHSt 54, 44 nicht abgedruckt; in BGH B. v. 09.06.2009 – 5 StR 394/08 – NJW 2009, 2900 nicht geprüft.

[79] Direkte Prüfung eines Unterlassungsdelikts, da Sachverhalt dies nahelegt; andere Handhabung inkl. Abgrenzung Tun/Unterlassen möglich.

[80] S. B. Heinrich, AT, 7. Aufl. 2022, Rn. 1210 (keine mittelbare Täterschaft).

[81] Allgemein zur „Abgrenzung" von Täterschaft und Teilnahme Wessels/Beulke/Satzger, AT, 52. Aufl. 2022, Rn. 803ff.; aus der Rspr. vgl. zuletzt BGH B. v. 08.06.2022 – 5 StR 128/22 – NStZ 2023, 45 (Anm. Oğlakcıoğlu NStZ 2023, 46); BGH B. v. 08.06.2022 – 5 StR 168/22 – NStZ-RR 2022, 248; BGH B. v. 28.06.2022 – 3 StR 403/20 – NStZ-RR 2022, 343.

[82] Hierzu B. Heinrich, AT, 7. Aufl. 2022, Rn. 1212ff.; aus der Rspr. vgl. zuletzt BGH U. v. 09.05.2017 – 1 StR 265/16 – NJW 2017, 3798 = StV 2018, 36 (Anm. Kubiciel/Mennemann jurisPR-StrafR 22/2017 Anm. 1; Webel wistra 2017, 399; Baur/Holle wistra 2017, 499; Jenne/Martens CCZ 2017, 285; Moritz jurisPR-Compl 5/2017 Anm. 1; Wehnert StV 2018, 38; Hugger/Pasewaldt NZWiSt 2018, 388; Adick/Linke NZWiSt 2018, 391; Görtz WiJ 2018, 88); BGH B. v. 15.05.2018 – 3 StR 130/18 (Anm. Eisele JuS 2018, 77; RÜ 2018, 638); BGH B. v. 18.10.2018 – 3 StR 126/18 – NStZ 2019, 341 (Anm. Hecker JuS 2019, 400).

[83] S. schon RG U. v. 16.06.1930 – II 419/30 – RGSt 64, 273 (275).

[84] S. BGH U. v. 17.07.2009 – 5 StR 394/08 Rn. 35; a. A. vertretbar.

Teile der Lehre[85] gehen in diesen Fällen immer von Beihilfe aus.
Andere differenzieren nach Art der Garantenstellung.[86]
Wieder andere[87] gehen stets von Täterschaft aus.
Die wohl h. L.[88] sucht auch bei den Unterlassungsdelikten die Abgrenzung in einer (potenziellen) Tatherrschaft, hier aufgrund einer maßgeblichen Entscheidung für die Tatausführung.

Richtigerweise allerdings liegt die Tatherrschaft in diesen Konstellationen immer beim Begehungstäter; zu ähnlichen Ergebnissen wird i. d. R. auch der subjektive Ansatz führen. Dass stets (etwa aus § 13 StGB folgend) Täterschaft vorliegen soll, kann nicht überzeugen: Dies wäre eine Schlechterstellung gegenüber einer aktiven Förderung eines Begehungstäters (§ 27 II 2 StGB), das Einheitstäterprinzip würde hier §§ 26, 27 StGB aushebeln, obwohl § 9 II 1 StGB von der Möglichkeit einer Teilnahme durch Unterlassen ausgeht. Die Annahme einer Teilnahme unterläuft auch nicht § 25 StGB, sondern stellt das konsequente Ergebnis einer Tatherrschaftslehre dar.

T war kein Unterlassungstäter.[89]

T hat sich nicht wegen Betrugs (in mittelbarer Täterschaft) durch Unterlassen strafbar gemacht, indem er den Berechnungsfehler nicht korrigierte und seine Vorgesetzten (außer G) nicht informierte.

B. §§ 263 I(, 25 I 2. Var.), 27, 13 StGB

T könnte sich wegen Beihilfe durch Unterlassen zum Betrug strafbar gemacht haben, indem er den Berechnungsfehler nicht korrigierte und seine Vorgesetzten (außer G) nicht informierte.

I. Tatbestand

1. Objektiver Tatbestand
Zur Haupttat des G s. o.

T müsste (durch Unterlassen) Hilfe geleistet haben. Hilfeleisten ist – bei im Einzelnen umstrittenen Anforderungen[90] – jede Förderung der Tathandlung oder des Erfolgseintritts. Diese Förderung (des Erfolgseintritts) liegt hier darin, dass T den Berechnungsfehler nicht korrigierte und seine Vorgesetzten (außer G) nicht informierte.

Dem T wäre auch eine Korrektur des Berechnungsfehlers, jedenfalls unter Einschaltung weiterer Vorgesetzter möglich gewesen.

---

[85] Z. B. Lackner/Kühl/Heger, StGB, 30. Aufl. 2023, § 27 Rn. 5.
[86] Z. B. Bosch JA 2007, 418 (21); Krüger ZIS 2011, 1 (6ff.).
[87] Z. B. Gaede, in: NK-StGB, 5. Aufl. 2017, § 13 Rn. 26.
[88] S. nur Heinrich, AT, 7. Aufl. 2022, Rn. 1214 m. w. N.
[89] A. A. vertretbar.
[90] Hierzu Wessels/Beulke/Satzger, AT, 52. Aufl. 2022, Rn. 900ff.; aus der Rspr. vgl. BayObLG U. v. 25.02.2022 – 201 StRR 95/21 – NStZ 2022, 486 = StV 2022, 645 (Anm. Mosbacher NStZ 2022, 491; Lenk JZ 2022, 623); BGH B. v. 04.05.2022 – AK 17/22 – NStZ-RR 2022, 227 = StV 2022, 510.

Dies wäre zur Schadensabwendung auch erforderlich gewesen.

Auch von Zumutbarkeit jedenfalls solcher unternehmensinterner Schritte ist auszugehen,[91] zumal nicht ersichtlich ist, dass dem T bei einer Beanstandung nachteilige Konsequenzen gedroht hätten.

Eine Beanstandung hätte mit an Sicherheit grenzender Wahrscheinlichkeit, jedenfalls bei Annahme normgemäßen Verhaltens der übrigen Vorgesetzten (vgl. oben) das Versenden überhöhter Gebührenbescheide verhindert, sodass ein (hypothetisch förderungskausales) Hilfeleisten i. S. d. § 27 I StGB durch Unterlassen vorliegt.

Fraglich ist, ob T eine sog. Garantenstellung innehatte.

In Betracht kommt zunächst eine Garantenstellung kraft Ingerenz,[92] d. h. aus der tatsächlichen Herbeiführung einer Gefahrenlage.

Problematisch ist bereits, dass ein pflichtwidriges Vorverhalten des T nicht ersichtlich ist, wobei umstritten ist (was aber von der ganz h. M. bejaht wird), ob ein solches erforderlich ist.[93] Jedenfalls aber begründet ein (pflichtwidriges) Vorverhalten aber nur dann eine Garantenstellung, wenn es die naheliegende Gefahr des Eintritts des konkret untersuchten, tatbestandsmäßigen Erfolgs verursacht.[94]

Selbst wenn eine vorherige Tariffestsetzung fehlerbehaftet war, bedeutet das nämlich nicht, dass sich dieser Fehler auch in die nächste Tarifperiode hinein fortsetzt. Dies gilt jedenfalls, sofern nicht – wofür hier nichts ersichtlich ist – eine gesteigerte Gefahr bestand, dass die zunächst unerkannt fehlerhafte Berechnungsgrundlage ohne erneute sachliche Prüfung der neuen Festsetzung ohne Weiteres zu Grunde gelegt würde. Vielmehr wird in der nächsten Tarifperiode der Tarif uneingeschränkt neu bestimmt. Schon die ausschließliche Verantwortlichkeit der neuen Tarifkommission steht deshalb der Annahme einer Garantenstellung aus Ingerenz entgegen. Zwar mag eine gewisse, eher psychologisch vermittelte Gefahr bestehen, zur Vertuschung des

---

[91] Vgl. BGH U. v. 17.07.2009 – 5 StR 394/08 (BSR) – BGHSt 54, 44 (52).
[92] Zur Ingerenz Wessels/Beulke/Satzger, AT, 52. Aufl. 2022, Rn. 1196ff.; aus der Rspr. vgl. zuletzt OLG Oldenburg B. v. 23.07.2021 – 1 Ws 190/21 – StV 2023, 12 (Anm. Brüning ZJS 2022, 119; Bock wistra 2022, 441; Hillenkamp MedR 2022, 637); BayObLG U. v. 25.02.2022 – 201 StRR 95/21 – NStZ 2022, 486 = StV 2022, 645 (Anm. Mosbacher NStZ 2022, 491; Lenk JZ 2022, 623); BGH B. v. 28.06.2022 – 6 StR 68/21 (Insulin) – NJW 2022, 3021 = NStZ 2022, 663 = StV 2023, 9 (Anm. Bosch Jura 2022, 1507; Jäger JA 2022, 870; Hecker JuS 2022, 1073; RÜ 2022, 638; famos 10/2022; Grünewald NJW 2022, 3025; Hoven/Kudlich NStZ 2022, 667; Walter JR 2022, 621; Franzke/Verrel JZ 2022, 1116; Murmann ZfIStW 2022, 530; Pauli HRRS 2022, 281; Ofterdinger/Kuhli ZJS 2023, 170; Ziegler StV 2023, 65; Seifert HRRS 2023, 13).
[93] S. obige Nachweise.
[94] S. BGH U. v. 17.07.2009 – 5 StR 394/08 (BSR) – BGHSt 54, 44 (47); ferner Joecks/Jäger, StGB, 13. Aufl. 2021, § 13 Rn. 55; aus der Rspr. vgl. zuletzt OLG Oldenburg B. v. 23.07.2021 – 1 Ws 190/21 – StV 2023, 12 (Anm. Brüning ZJS 2022, 119; Bock wistra 2022, 441; Hillenkamp MedR 2022, 637); BGH B. v. 24.03.2021 – 4 StR 416/20 – BGHSt 66, 66 = NJW 2021, 1767 = NStZ 2022, 220 = StV 2021, 482 (Anm. Bosch Jura 2021, 981; Kudlich JA 2021, 606; LL 2021, 538; RÜ 2021, 429; famos 9/2021; Valerius NJW 2021, 1770; Krenberger NZV 2021, 538; Hinderer NStZ 2022, 223; Renzikowski JR 2022, 140; Mitsch NZV 2023, 73); BayObLG U. v. 25.02.2022 – 201 StRR 95/21 – NStZ 2022, 486 = StV 2022, 645 (Anm. Mosbacher NStZ 2022, 491; Lenk JZ 2022, 623).

einmal gemachten Fehlers diesen zu wiederholen. Ein solcher motivatorischer Zusammenhang reicht jedoch nicht für die Begründung einer Garantenstellung aus. Der neue Tarif wird auf der Grundlage der hierfür maßgeblichen Rahmendaten selbstständig festgesetzt. Seine Festsetzung erfolgt ohne Bindung an den Berechnungsmaßstab der Vorperioden, dessen Fehlerhaftigkeit nicht einmal zwangsläufig hätte aufgedeckt werden müssen. Auch ohne Eingreifen des T wäre der Fehler nicht automatisch in die folgende Tarifperiode eingeflossen.

Dagegen könnte aus der Stellung des T als Leiter der Rechtsabteilung und der Innenrevision eine Garantenstellung herzuleiten sein.[95]

Durch die Übernahme eines Pflichtenkreises kann eine rechtliche Einstandspflicht i. S. des § 13 I StGB begründet werden. Die Entstehung einer Garantenstellung hieraus folgt aus der Überlegung, dass denjenigen, dem Obhutspflichten für eine bestimmte Gefahrenquelle übertragen sind, dann auch eine „Sonderverantwortlichkeit" für die Integrität des von ihm übernommenen Verantwortungsbereichs trifft. Es kann dahinstehen, ob der verbreiteten Unterscheidung von Schutz- und Überwachungspflichten in diesem Zusammenhang wesentliches Gewicht zukommen kann, weil die Überwachungspflicht gerade dem Schutz bestimmter Rechtsgüter dient und umgekehrt ein Schutz ohne entsprechende Überwachung des zu schützenden Objekts kaum denkbar erscheint. Maßgeblich ist die Bestimmung des Verantwortungsbereichs, den der Verpflichtete übernommen hat. Dabei kommt es nicht auf die Rechtsform der Übertragung an, sondern darauf, was unter Berücksichtigung des normativen Hintergrunds Inhalt der Pflichtenbindung ist.

Rspr. und Lehre haben bislang in einer Reihe von Fällen Garantenstellungen anerkannt, die aus der Übernahme von bestimmten Funktionen abgeleitet wurden. Dies betraf nicht nur hohe staatliche oder kommunale Repräsentanten, denen der Schutz von Leib und Leben der ihnen anvertrauten Bürger obliegt, sondern auch Polizeibeamte, Beamte der Ordnungsbehörde oder auch Bedienstete im Maßregelvollzug. Eine Garantenpflicht wird weiterhin dadurch begründet, dass der Betreffende eine gesetzlich vorgesehene Funktion als Beauftragter, etwa für Gewässerschutz (§§ 21a ff. WHG), Immissionsschutz (§§ 53ff. BImSchG) oder Strahlenschutz (§§ 31ff. StrahlenschutzVO), innehat.

Die Übernahme entsprechender Überwachungs- und Schutzpflichten kann aber auch durch einen Dienstvertrag erfolgen. Dabei reicht freilich der bloße Vertragsschluss nicht aus. Maßgebend für die Begründung einer Garantenstellung ist vielmehr die tatsächliche Übernahme des Pflichtenkreises. Allerdings begründet nicht jede Übertragung von Pflichten auch eine Garantenstellung im strafrechtlichen Sinne. Hinzutreten muss regelmäßig ein besonderes Vertrauensverhältnis, das den Übertragenden gerade dazu veranlasst, dem Verpflichteten besondere Schutzpflichten zu überantworten. Ein bloßer Austauschvertrag genügt hier ebenso wenig wie ein Arbeitsverhältnis.

Im vorliegenden Fall hatte T einen Aufgabenbereich übernommen, der gerade die Einhaltung der Rechtsvorschriften zum Gegenstand hatte.

---

[95] Zum Folgenden BGH U. v. 17.07.2009 – 5 StR 394/08 (BSR) – BGHSt 54, 44 (48ff.) m. w. N.

Problematisch ist allerdings, ob sich seine Garantenpflicht nur darauf beschränkte, Vermögensbeeinträchtigungen des eigenen Unternehmens zu unterbinden, oder ob diese es auch umfasste, aus dem eigenen Unternehmen herrührende Straftaten gegen dessen Vertragspartner zu verhindern.

Der Inhalt und der Umfang der Garantenpflicht bestimmen sich nach dem konkreten Pflichtenkreis, den der Verantwortliche übernommen hat. Maßgeblich hierfür sind einerseits die besonderen Verhältnisse des Unternehmens, andererseits der Zweck der Beauftragung des Verantwortlichen. Dabei kommt es entscheidend auf die Zielrichtung der Beauftragung an, d. h. ob sich die Pflichtenstellung des Beauftragten allein darin erschöpft, die unternehmensinternen Prozesse zu optimieren und gegen das Unternehmen gerichtete Pflichtverstöße aufzudecken und zukünftig zu verhindern, oder ob der Beauftragte auch vom Unternehmen ausgehende Rechtsverstöße zu beanstanden und zu unterbinden hat.

Unter diesen Gesichtspunkten ist ggfs. die Beschreibung des Dienstpostens zu bewerten.

Eine solche, neuerdings in Großunternehmen als „Compliance" bezeichnete Ausrichtung, wird im Wirtschaftsleben mittlerweile dadurch umgesetzt, dass Dienstposten für so genannte „Compliance Officers" geschaffen werden. Deren Aufgabengebiet ist die Verhinderung von Rechtsverstößen, insbesondere auch von Straftaten, die aus dem Unternehmen heraus begangen werden und diesem erhebliche Nachteile durch Haftungsrisiken oder Ansehensverlust bringen können. Derartige Beauftragte wird regelmäßig strafrechtlich eine Garantenpflicht i. S. des § 13 I StGB treffen, solche im Zusammenhang mit der Tätigkeit des Unternehmens stehende Straftaten von Unternehmensangehörigen zu verhindern. Dies ist die notwendige Kehrseite ihrer gegenüber der Unternehmensleitung übernommenen Pflicht, Rechtsverstöße und insbesondere Straftaten zu unterbinden.

Eine derart weitgehende Beauftragung ist bei T nicht ersichtlich. T war als Jurist Leiter der Rechtsabteilung und zugleich Leiter der Innenrevision. Zwar gibt es zwischen dem Leiter der Innenrevision und dem so genannten „Compliance Officer" regelmäßig erhebliche Überschneidungen im Aufgabengebiet. Dennoch erscheint es zweifelhaft, dem Leiter der Innenrevision eines Unternehmens eine Garantenstellung auch insoweit zuzuweisen, als er i. S. des § 13 I StGB verpflichtet ist, Straftaten aus dem Unternehmen zu Lasten Dritter zu unterbinden. Im vorliegenden Fall bestehen indes zwei Besonderheiten:

Das hier tätige Unternehmen ist eine Anstalt des öffentlichen Rechts und die vom T nicht unterbundene Tätigkeit bezog sich auf den hoheitlichen Bereich des Unternehmens, nämlich die durch den Anschluss- und Benutzungszwang geprägte Straßenreinigung, die gegenüber den Anliegern nach öffentlich-rechtlichen Gebührengrundsätzen abzurechnen ist. Dies hat für die Eingrenzung der dem T obliegenden Überwachungspflichten Bedeutung. Als Anstalt des öffentlichen Rechts war die BSR den Anliegern gegenüber zu gesetzmäßigen Gebührenberechnungen verpflichtet. Anders als ein privates Unternehmen, das lediglich innerhalb eines rechtlichen Rahmens, den es zu beachten hat, maßgeblich zur Gewinnerzielung tätig wird, ist bei einer Anstalt des öffentlichen Rechts der Gesetzesvollzug das eigentliche Kernstück ihrer Tätigkeit. Dies bedeutet auch, dass die Erfüllung dieser

Aufgaben in gesetzmäßiger Form zentraler Bestandteil ihres „unternehmerischen" Handelns ist. Damit entfällt im hoheitlichen Bereich die Trennung zwischen einerseits den Interessen des eigenen Unternehmens und andererseits den Interessen außenstehender Dritter.

Dies wirkt sich auf die Auslegung der Überwachungspflicht aus, weil das, was zu überwachen ist, im privaten und im hoheitlichen Bereich unterschiedlich ausgestaltet ist. Die Überwachungspflicht konzentriert sich auf die Einhaltung dessen, was Gegenstand der Tätigkeit des Dienstherrn ist, nämlich den gesetzmäßigen Vollzug der Straßenreinigung, der auch eine gesetzmäßige Abrechnung der angefallenen Kosten einschließt. Der konkrete Dienstposten des T umfasste die Aufgabe, die Straßenanlieger vor betrügerisch überhöhten Gebühren zu schützen, und begründete so auch eine entsprechende Garantenpflicht. Der Zuschnitt der von T zu übernehmenden Aufgabe ist dabei vor dem Hintergrund seiner Funktionen für die BSR zu sehen. Als Volljurist und Leiter der Rechtsabteilung war er zwangsläufig intensiv mit Tarifrecht befasst und auch insoweit das „juristische Gewissen" der BSR. Die zusätzliche Übertragung der Leitung der Innenrevision war gewiss mit dieser Fähigkeit verbunden. T sollte gerade als Leiter der Innenrevision verpflichtet sein, von ihm erkannte Rechtsverstöße bei der Tarifkalkulation zu beanstanden, wobei die Beachtung der gesetzlichen Regelungen auch dem Schutz der Entgeltschuldner dienen sollte.

Hieraus ist nach alledem der Schluss zu ziehen, dass es zum wesentlichen Inhalt des Pflichtenkreises des T gehören sollte, die Erhebung betrügerischer Reinigungsentgelte zu verhindern. T war deshalb i. S. des § 13 I StGB verpflichtet, von ihm erkannte Fehler der Tarifberechnung zu beanstanden. Dies gilt unabhängig davon, ob sich diese zu Lasten seines Dienstherrn oder zu Lasten Dritter ausgewirkt haben.[96]

2. Subjektiver Tatbestand
T handelte vorsätzlich i. S. d. § 15 StGB.

Ein Irrtum des T über seine Stellung (ggf. § 16 I StGB) oder seine Pflichten ist nicht ersichtlich.

II. Rechtswidrigkeit, Schuld
T handelte rechtswidrig und schuldhaft.

Zur Irrelevanz einer Anweisung s. o.

Ein Verbotsirrtum des T nach § 17 StGB ist nicht ersichtlich.[97]

Es kommt nicht darauf an, dass T um die Strafbarkeit seines Verhaltens als Betrug wusste, ein Verbotsirrtum ist bereits dann ausgeschlossen, wenn T die Rechtswidrigkeit seines Handelns (hier: seines Unterlassens) kennt.[98] T war näm-

---

[96] A. A. vertretbar, vgl. die Vielzahl kritischer Anmerkungen in der Lit. (s. o.).
[97] Zum Folgenden BGH U. v. 17.07.2009 – 5 StR 394/08 Rn. 38.
[98] H.M., Wessels/Beulke/Satzger, AT, 52. Aufl. 2022, Rn. 728; aus der Rspr. vgl. zuletzt BGH U. v. 23.07.2019 – 1 StR 433/18 – NStZ-RR 2019, 388 (Anm. Bürger ZIS 2020, 532; Bock NZWiSt 2020, 448); LG Bonn U. v. 18.03.2020 – 62 KLs – 213 Js 41/19 – 1/19 (Cum/Ex) (Anm. Rieks/Schneider NZWiSt 2021, 115; Sommerer NZWiSt 2022, 261); BGH U. v. 18.11.2020 – 2 StR

lich klar, dass die Berechnung der Tarife unter Verstoß gegen das Berliner Straßenreinigungsgesetz erfolgte und er schon auf Grund seines Dienstverhältnisses verpflichtet war, seine Dienstvorgesetzten, insbesondere den Vorstandsvorsitzenden, zu unterrichten.

III. Strafzumessung
Zu § 263 III 2 Nr. 2 und 4 StGB bei G s. o.

Bzgl. Nr. 2 greift § 28 StGB nicht und es genügt der, hier gegebene, Vorsatz des T.

Die Amtsträgereigenschaft des G ist aber ein besonderes persönliches Merkmal,[99] sodass § 28 StGB, der auch auf das Regelbeispiel des § 263 III 2 Nr. 4 StGB anzuwenden ist,[100] greift. Eine eigene Amtsträgerstellung des T lässt sich dem Sachverhalt nicht entnehmen, er könnte auch bloßer Angestellter sein und auch die Voraussetzungen des § 11 I Nr. 3 lit. c oder Nr. 4 StGB nicht erfüllen.[101]

IV. Ergebnis
T hat sich wegen Beihilfe durch Unterlassen zum Betrug strafbar gemacht, indem er den Berechnungsfehler nicht korrigierte und seine Vorgesetzten (außer G) nicht informierte.

4. Teil: Mithören des Polizeibeamten B

A. §§ 258a I, 13 StGB
B könnte sich wegen Strafvereitelung im Amt durch Unterlassen strafbar gemacht haben, indem er trotz seiner Kenntnis von den Taten von E, A, G, S und T nichts unternahm.

I. Tatbestand

1. Objektiver Tatbestand
Die Taten von E, A, G, S und T (s. o.) sind rechtswidrige, schuldhafte Vortaten i. S. d. Norm.

B war als Polizist gem. § 163 StPO i. S. d. § 258a StGB als Amtsträger zur Mitwirkung bei den Strafverfahren zuständig.

B müsste die Ahndung der E, A, G, S oder T wegen dessen Vortaten vereitelt haben.

246/20 – NStZ 2022, 30 = StV 2021, 70 (Anm. Nestler Jura 2021, 1132; Zimmermann StV 2021, 703; Borgel wistra 2021, 357; Lamsfuß NZWiSt 2021, 328; Becker NStZ 2022, 32); LG Stuttgart U. v. 22.12.2020 – 5 KLs 120 Js 6253/15 (Anm. Albrecht jurisPR-StrafR 7/2021 Anm. 5).

[99] Hoyer, in: SK-StGB, 9. Aufl. 2017, § 28 Rn. 38.
[100] Hoyer, in: SK-StGB, 9. Aufl. 2019, § 263 Rn. 288.
[101] A. A. vertretbar.

Vereiteln ist jede Besserstellung des Täters hinsichtlich der Strafverfolgung oder Strafvollstreckung.[102]

Im vorliegenden Fall ist bereits zweifelhaft, ob B die Ahndung der Vortaten durch Nichteinschreiten verhindert oder auch nur verzögert[103] hat.

Dies kann aber dahinstehen, wenn der B ohnehin keine Garantenstellung innehatte.

Der Sachverhalt dürfte so zu verstehen sein, dass B außerhalb seines Dienstes die Gaststätte aufsuchte.

Es ist strittig, ob bzw. unter welchen Umständen eine Handlungspflicht im Falle außerdienstlicher Wahrnehmung besteht.[104]

Nach in der Rspr.[105] teilweise vertretener Auffassung besteht immer eine Ermittlungspflicht.

Andere vertreten die Ansicht, es bestehe außerdienstlich keine Ermittlungspflicht.[106]

Die überwiegende Rspr.[107] und die wohl h. L.[108] nehmen dagegen eine Einzelfallabwägung zwischen dem öffentlichen Interesse an der Strafverfolgung und dem privaten Interesse des Amtsträgers vor. Diese soll sich an der Intensität der Verknüpfung mit der Privatsphäre, der Schwere des Vergehens und dem Grad der Gefährdung der Allgemeinheit orientieren. Entsprechend der h. M. würde wohl vorliegend wegen der Schwere und Summe der Delikte eine Garantenstellung angenommen.

Manche Vertreter stellen bzgl. einer Ermittlungspflicht auch auf die Straftatenkataloge der § 138 StGB, §§ 100a II, 100c II StPO oder auf die Norm des § 12 StGB ab.[109]

Für eine umfassend verstandene Ermittlungspflicht spricht der weite Wortlaut des § 163 I StPO (vgl. auch die überragende Bedeutung des Legalitätsprinzips für die Durchsetzung des staatlichen Strafanspruchs sowie den Schutz der Allgemeinheit und Gleichheit vor dem Gesetz). Gegen eine Einzelfallabwägung lässt sich jedoch einwenden, dass die zu Grunde liegenden Kriterien zu vage sind, sodass ein Verstoß gegen Art. 103 II GG möglich erscheint. Dies gilt umso mehr, als etwaige Fehleinschätzungen zu einer Bestrafung nach § 258a StGB führen. Die Ausrichtung an festen Straftatenkatalogen zeitigt zudem unbefriedigende Ergebnisse im Einzelfall (etwa wie hier bei mehreren Vortätern). Die h. M. misst ferner der Privatsphäre

---

[102] Bock, BT 1, 2018, S. 417; Fischer, StGB, 70. Aufl. 2023, § 258 Rn. 7; ausf. zum i. E. problematischen Vereiteln Hoyer, in: SK-StGB, 9. Aufl. 2019, § 258 Rn. 11ff.; aus der Rspr. vgl. zuletzt BGH B. v. 24.06.2016 – 4 StR 205/16 – NJW 2016, 3110 = NStZ-RR 2016, 310 = StV 2019, 672; OLG Karlsruhe U. v. 10.07.2017 – 2 Rv 10 Ss 581/16 – NStZ-RR 2017, 355 (Anm. Hecker JuS 2017, 1125; RÜ 2017, 718; Schulz-Merkel NZV 2018, 43).

[103] Zur Frage der Vereitelung durch bloße Verzögereung Bock, BT 1, 2018, S. 418; Hoyer, in: SK-StGB, 9. Aufl. 2019, § 258 Rn. 13ff.

[104] Hierzu Bock, BT 1, 2018, S. 420; Hoyer, in: SK-StGB, 9. Aufl. 2019, § 258a Rn. 3ff.; Rössner/Safferling; 30 Probleme aus dem Strafprozessrecht, 4. Aufl., 2020, 2. Problem; aus der Rspr. vgl. zuletzt OLG Nürnberg B. v. 06.11.2017 – 1 Ws 297/17 (Anm. Jahn JuS 2018, 181; Staudinger jurisPR-StrafR 3/2019 Anm. 3).

[105] OLG Stuttgart U. v. 18.11.1949 – Ss 133/49 – NJW 1950, 198.

[106] Etwa Hoyer, in: SK-StGB, 9. Aufl. 2019, § 258a Rn. 6.

[107] S. schon BGH U. v. 16.12.1958 – 1 StR 456/58 – BGHSt 12, 277 = NJW 1959, 494.

[108] Etwa Hecker, in: Schönke/Schröder, 30. Aufl. 2019, § 258a Rn. 11.

[109] Hierzu zsf. m. w. N. Beulke/Swoboda, Strafprozessrecht, 16. Aufl. 2022, Rn. 91.

des Beamten nicht hinreichend Gewicht zu. Dass Beamte in einem besonderen Verhältnis zum Staat stehen und in gewisser Weise „immer im Dienst" sind, bedeutet nicht, dass hieraus eine strafbewehrte Pflicht zum Einschreiten nach Dienstschluss folgt. Auch Beamte müssen eine rechtlich geschützte Privatsphäre haben, um ein normales soziales Leben führen zu können, was unmöglich wäre, wenn jeder private Gesprächspartner Angst davor hätte, etwas Falsches zu sagen.
Eine Garantenstellung scheidet daher aus.[110]

2. Zwischenergebnis
Der objektive Tatbestand ist nicht erfüllt.

II. Ergebnis
B hat sich nicht wegen Strafvereitelung im Amt durch Unterlassen strafbar gemacht, indem er trotz seiner Kenntnis von den Taten von E, A, G, S und T nichts unternahm.

B. § 339 StGB
Eine Rechtsbeugung scheidet schon mangels Täterqualifikation aus.

C. § 257 I StGB
Eine Begünstigung scheidet mangels Vorteilssicherungsabsicht i. S. e. dolus directus 1. Grades zugunsten der Vortäter aus.

D. §§ 263 I, 27, 13 StGB
Dem Sachverhalt lässt sich nicht entnehmen, ob die rechtswidrige Abrechnungspraxis mittlerweile eingestellt ist, sodass eine Strafbarkeit wegen Beihilfe durch Unterlassen zum Betrug (an weiteren Anlegern) schon deswegen ausscheidet; jedenfalls mangelt es an diesbezüglichem Vorsatz.

E. § 138 I StGB
Es mangelt an einer Katalogtat.

5. Teil: Auseinandersetzung zwischen E, A und T[111]

1. Abschnitt: Strafbarkeit des E

A. §§ 223 I, 224 I StGB zu Lasten des T[112]
E könnte sich wegen gefährlicher Körperverletzung strafbar gemacht haben, indem er dem T Schnitte am Kopf beibrachte.

---

[110] A. A. vertretbar. Möglich ist es auch, eine Garantenstellung zu bejahen, aber die Zumutbarkeit zu verneinen.
[111] Nach BGH U. v. 16.02.2000 – 2 StR 582/99 – NStZ 2000, 414 = StV 2001, 616 (Anm. Puppe, AT, 5. Aufl. 2022, § 29 Rn. 1ff.; LL 2000, 810; RÜ 2000, 421; RA 2000, 474; Geppert JK 2001 StGB § 13/31; Schröder JA 2001, 191; Engländer JuS 2001, 958).
[112] Kein Ansprechen von §§ 212, 22, 23 StGB, da Tötungsvorsatz fernliegend, andere Handhabung möglich.

Bei T müsste ein Körperverletzungserfolg eingetreten sein.

Dieser liegt gem. § 223 I StGB entweder in einer körperlichen Misshandlung, worunter jede üble und unangemessene Behandlung, durch die das körperliche Wohlbefinden oder die körperliche Unversehrtheit mehr als nur unerheblich beeinträchtigt wird, gefasst wird,[113] oder in einer Gesundheitsschädigung, welche als Hervorrufen oder Steigern eines nicht nur unerheblichen krankhaften (pathologischen), d. h. vom Normalzustand nachteilig abweichenden Zustandes körperlicher oder psychischer Art,[114] zu verstehen ist.

Dies liegt hier in dem Schnitt am Kopf.

In Betracht kommt § 224 I Nr. 2 StGB, sofern das Brotmesser als gefährliches Werkzeug anzusehen ist.

Hierunter fällt jeder Gegenstand, der – als Angriffs- oder Verteidigungsmittel – nach der Art seiner Verwendung im konkreten Fall geeignet ist, erhebliche Verletzungen zu verursachen.[115]

Dies trifft auf das offenbar scharfe Brotmesser zu.

Ein hinterlistiger Überfall (§ 224 I Nr. 3 StGB) lag nicht vor: Hinterlistig handelt ein Täter, in dessen Verhalten sich die Absicht äußerlich manifestiert, dem anderen die Verteidigungsmöglichkeit zu erschweren.[116] Ein plötzlicher Angriff – selbst von hinten – reicht allein nicht aus.[117]

Für eine das Leben gefährdende Behandlung i. S. d. Nr. 5 mangelt es an Angaben zur genauen Art der Schnittverletzung am Kopf.[118]

E handelte vorsätzlich, rechtswidrig und schuldhaft.

E hat sich wegen gefährlicher Körperverletzung strafbar gemacht, indem er dem T eine Schnittverletzung am Kopf beibrachte.

B. §§ 223 I, II, 224 I, II, 22, 23 StGB zu Lasten des A

E könnte sich wegen versuchter gefährlicher Körperverletzung strafbar gemacht haben, indem er sich, das Messer in der Hand haltend, nunmehr angriffsbereit dem A zuwandte.

Zu einer Verletzung des A kam es nicht.

Der Versuch ist nach § 224 II StGB strafbar.

E hatte Tatentschluss, auch auf A einzustechen, mithin Vorsatz hinsichtlich der Merkmale der §§ 223 I, 224 I Nr. 2 StGB.

---

[113] Joecks/Jäger, StGB, 13. Aufl. 2021, § 223 Rn. 4; aus der Rspr. vgl. zuletzt OLG Hamm B. v. 21.04.2022 – 5 RVs 42/22 (Anm. Borutta jurisPR-StrafR 12/2022 Anm. 3).

[114] Joecks/Jäger, StGB, 13. Aufl. 2021, § 223 Rn. 4; aus der Rspr. vgl. zuletzt OLG Hamm B. v. 21.04.2022 – 5 RVs 42/22 (Anm. Borutta jurisPR-StrafR 12/2022 Anm. 3).

[115] Bock, BT 1, 2018, S. 128; Wolters, in: SK-StGB, 9. Aufl. 2017, § 224 Rn. 15; aus der Rspr. vgl. zuletzt KG B. v. 05.11.2021 – (2) 121 Ss 100/21 (24/21) – NStZ 2022, 512.

[116] Bock, BT 1, 2018, S. 136; aus der Rspr. vgl. zuletzt BGH B. v. 15.12.2020 – 3 StR 386/20 – NStZ 2022, 164 = StV 2022, 168 (Anm. Bosch Jura 2021, 728; Eisele JuS 2021, 799; RÜ 2021, 303; famos 6/2021; Ruppert NStZ 2022, 165).

[117] S. nur Joecks/Jäger, StGB, 13. Aufl. 2021, § 224 Rn. 34.

[118] A. A. vertretbar.

Fraglich ist, ob er bereits i. S. d. § 22 StGB unmittelbar angesetzt hat.

Dies ist – bei im Einzelnen problematischer Bestimmung dieses Begriffs – dann gegeben, wenn der Täter subjektiv die Schwelle zum „Jetzt geht's los" überschreitet und objektiv Handlungen vornimmt, die in ungestörtem Fortgang ohne wesentliche Zwischenakte – d. h. ohne weiteren Willensimpuls – zur Tatbestandserfüllung führen sollen, sodass sein Tun in die Erfüllung des Tatbestands übergeht, oder die in engem räumlichen und zeitlichen Zusammenhang mit ihr stehen, das geschützte Rechtsgut somit gefährden.[119]

Angesichts dessen, dass E und A räumlich bereits eng beieinander waren und E bereits angriffsbereit war und das Messer in der Hand hielt, also sofort hätte zustechen können, ist von einem unmittelbaren Ansetzen auszugehen.[120]

E handelte auch rechtswidrig und schuldhaft.

Ein Rücktritt nach § 24 I 1 1. Var. StGB ist nicht ersichtlich.

E hat sich wegen versuchter gefährlicher Körperverletzung strafbar gemacht, indem er sich, das Messer in der Hand haltend, nunmehr angriffsbereit dem A zuwandte.

2. Abschnitt: Strafbarkeit des A

1. Unterabschnitt: Die Abwehrverletzungen und die ersten drei Stichverletzungen[121]

A. §§ 212 I, 22, 23 StGB
Angesichts dessen, dass A lediglich auf die relativ unempfindlichen Oberschenkel einstach (und nicht auf den Oberkörper) ist nicht davon auszugehen, dass A Tötungsvorsatz hatte, sodass ein versuchter Totschlag ausscheidet.

B. § 223 I StGB[122]
Die drei Messerstiche verwirklichen aber den Tatbestand der Körperverletzung.
E könnte aber gem. § 32 StGB aufgrund Notwehr gerechtfertigt sein.
Die versuchte Körperverletzung des E (s. o.) stellt einen gegenwärtigen rechtswidrigen Angriff dar.
Angesichts der Gefährlichkeit des E und mangels ersichtlicher Alternativen waren die Messerstiche auch erforderlich und geboten. A handelte auch mit Verteidigungswillen. Er handelte gem. § 32 StGB gerechtfertigt.
Auf § 224 StGB kommt es nicht mehr an.

---

[119] Fischer, StGB, 70. Aufl. 2023, § 22 Rn. 10; aus der Rspr. vgl. zuletzt BGH B. v. 04.05.2022 – 1 StR 3/21 – NJW 2022, 3165; BGH B. v. 04.05.2022 – 1 StR 138/21 (AGG-Hopper) (Anm. von Heintschel-Heinegg JA 2022, 1047).

[120] A. A. vertretbar.

[121] Chronologischer Aufbau um der Übersichtlichkeit willen, anderer Aufbau möglich.

[122] Abschichten des Grunddelikts, da bereits dieses scheitert.

2. Unterabschnitt: Die weiteren vier Stiche
A. §§ 212 I, 22, 23 StGB
Auch hinsichtlich der weiteren vier Stiche handelte A ohne Tötungsvorsatz, was diesbezüglich sogar ausdrücklich im Sachverhalt ausgeführt wird.

B. §§ 223 I, 224 I Nr. 2, 5 StGB
Die Stiche mit dem Brotmesser verwirklichen aber den Tatbestand der gefährlichen Körperverletzung nach §§ 223 I, 224 I Nr. 2, 5 StGB.

Eine Rechtfertigung nach § 32 StGB scheidet aus: Infolge der ihm zugefügten schweren Verletzung schwand die Angriffskraft des E und es gelang dem A, seinen Gegner mit dem Rücken auf dem Boden zu fixieren und sich – das Gesicht in Richtung von dessen Füßen, den Rücken zu E's Kopf – auf seinen Brustkorb zu setzen oder zu knien. A handelte vielmehr, obwohl er erkannte, dass er E überwältigt hatte und von diesem, seitdem er schwer verletzt auf dem Rücken lag, nichts mehr befürchten musste.

A handelte auch schuldhaft.

Insbesondere ist ein Fall des § 33 StGB nicht ersichtlich.

A hat sich wegen gefährlicher Körperverletzung strafbar gemacht, indem er E weitere vier Male mit dem Brotmesser stach.

3. Unterabschnitt: Zurücklassen des E
A. §§ 212 I, 22, 23, 13 StGB
A könnte sich wegen versuchten Totschlags durch Unterlassen strafbar gemacht haben, indem er den E zurückließ.

I. Sog. „Vorprüfung": Nichtvollendung, Strafbarkeit des Versuchs
E überlebte.

Die Versuchsstrafbarkeit folgt aus §§ 23 I, 12 I StGB.

II. Tatbestand

1. Vorstellung von der Verwirklichung des Tatbestands (sog. Tatentschluss, subjektiver Tatbestand)
A nahm im Zeitpunkt des Zurücklassens des E dessen Tod durch Verbluten billigend in Kauf, sodass er Tötungsvorsatz aufwies.

Er stellte sich ferner vor, dass er E durch die heftigen Stiche so schwer verletzt hatte, dass dieser ohne ärztliche Behandlung verbluten würde. Auch rechnete er nicht damit – was in Anbetracht der tiefen Nachtzeit, der menschenleeren Örtlichkeit und des Regenwetters auch nicht anzunehmen war –, dass dem Verletzten rechtzeitig Hilfe zuteilwerden würde.

Er wies mithin Vorsatz hinsichtlich des Nichtergreifens einer Rettungschance auf, ferner hinsichtlich der Erforderlichkeit – er nahm keine sichere Erfolglosigkeit einer Rettungsbemühung an – sowie der hypothetischen Kausalität (er glaubte in diesem Augenblick nicht, dass E bereits im Sterben lag).

Fraglich ist, ob sein Tatentschluss auch auf das Bestehen einer sog. Garantenstellung bezogen war.

In Betracht kommt eine Ingerenz aufgrund der ersten drei Stiche.

Diese allerdings brachte A dem E in Notwehr bei, s. o., sodass die Kontroverse hinsichtlich eines nicht vorwerfbar riskanten Vorverhaltens[123] aufgeworfen wird.

Diese kann aber dahinstehen, wenn die nicht in Notwehr zugefügten weiteren Stiche eine Garantenstellung kraft Ingerenz auslösen. Zwar ist objektiv unklar, ob die weiteren Stiche überhaupt geeignet waren, das Risiko des Todes des E über das bereits auf den drei vorherigen Stichen basierende weiter zu erhöhen (immerhin wurde durch einen der ersten drei Stiche die Schlagader verletzt); eine Körperverletzung löst nur dann eine Garantenstellung aus, wenn sie einen gefahrerhöhenden Zustand bewirkt hat.[124]

Allerdings kommt es im Rahmen der Versuchsprüfung lediglich auf die Vorstellung des A an. Dieser wird bei lebensnaher Auslegung des Sachverhalts zumindest im Sinne eines Eventualvorsatzes die Vorstellung gehabt haben, dass die weiteren Stiche das Todesrisiko weiter erhöht haben. Selbst wenn es sich insofern um einen untauglichen Versuch gehandelt haben sollte, so ändert dies an einer Strafbarkeit nichts: Auch objektiv untaugliche Versuche sind strafbar, wie sich aus § 23 III StGB schließen lässt,[125] und zwar auch beim Unterlassungsdelikt.[126]

A hatte Tatentschluss hinsichtlich der Umstände, die seine Garantenstellung begründen.[127]

Fraglich ist schließlich, ob sein Vorsatz auch auf das Unterlassen einer ihm zumutbaren Rettungsmaßnahme gerichtet war. Immerhin befürchtete A wegen seiner Vorstrafen, dass die Polizei ihm nicht glauben würde, was ebenfalls mit ernsthaften strafrechtlichen Konsequenzen behaftet gewesen wäre. Anerkanntermaßen aber entbindet die Gefahr eigener Strafverfolgung nicht von Rettungsmaßnahmen;[128] ohnehin wäre dem A zumindest eine anonyme Hilfeleistung möglich gewesen, etwa durch einen Anruf mit unterdrückter Nummer.

2. Unmittelbares Ansetzen

A müsste i. S. d. § 22 StGB unmittelbar angesetzt haben.

---

[123] S. obige Nachweise.
[124] BGH U. v. 16.02.2000 – 2 StR 582/99 – NStZ 2000, 414 (414f.) m. w. N.
[125] Wessels/Beulke/Satzger, AT, 52. Aufl. 2022, Rn. 980.
[126] Heute ganz h.M., s. nur BGH U. v. 16.02.2000 – 2 StR 582/99 – NStZ 2000, 414 (415); ferner Fischer, StGB, 70. Aufl. 2023, § 13 Rn. 89, 90; Wessels/Beulke/Satzger, AT, 52. Aufl. 2022, Rn. 1229.
[127] S. BGH U. v. 16.02.2000 – 2 StR 582/99 – NStZ 2000, 414 (415); a. A. vertretbar.
[128] Hierzu B. Heinrich, AT, 7. Aufl. 2022, Rn. 905; aus der Rspr. vgl. zuletzt BGH B. v. 08.03.2017 – 1 StR 466/16 – BGHSt 62, 72 = NJW 2017, 2052 = NStZ 2017, 531 (Anm. Bosch Jura 2017, 1236; Brand NJW 2017, 2056; Becker NStZ 2017, 535; Ceffinato JR 2017, 543); BGH B. v. 08.03.2017 – 1 StR 540/16 – NStZ-RR 2017, 213.

Beim Unterlassungsdelikt ist strittig, wie das unmittelbare Ansetzen zu bestimmen ist.[129]

Z. T.[130] wird auf den letztmöglichen Eingriffszeitpunkt abgestellt, wonach hier ein unmittelbares Ansetzen zu verneinen wäre; z. T.[131] auf das Unterlassen des erstmöglichen Eingriffs.

Die h. M.[132] stellt auf den Grad der Gefahr aus der Täterperspektive ab: Besteht eine unmittelbare Gefahr für das geschützte Handlungsobjekt, genügt das Verstreichenlassen der ersten Abwendungsmöglichkeit, i.Ü. wird das unmittelbare Ansetzen bei Aus-der-Hand-Geben des Kausalverlaufs angenommen. Laut Sachverhalt war E ganz erheblich und lebensgefährlich verletzt, was A auch wusste. Auch nach h. M. läge ein unmittelbares Ansetzen vor.

Gegen die Grenzziehung im Hinblick auf die letztmögliche Rettungschance spricht, dass quasi nur fehlgeschlagene oder untaugliche Versuche überhaupt denkbar sind. Schließlich trennen Versuch und Vollendung ansonsten u. U. nur noch eine logische Sekunde. Auch ein Rücktritt wäre selten möglich. Der Zweck der Garantenpflicht liegt darin, dass der Garant schon zur Verminderung der Gefahr für das bedrohte Rechtsgut verpflichtet ist bzw. sein soll. Jedenfalls, wenn sich der Täter eine akute Gefahr vorstellt, gebietet der Rechtsgüterschutz, dass nicht mehr von einem (ggf. straflosen) Vorbereitungsstadium zu sprechen ist. Ob dies in Fällen größerer zeitlicher Distanz und unmittelbarem Ansetzen nur aufgrund des Aus-den-Händen-Gebens des Kausalverlaufs ebenfalls gilt, kann dahinstehen.

A hat unmittelbar angesetzt.[133]

III. Rechtswidrigkeit, Schuld, Rücktritt

A handelte rechtswidrig und schuldhaft.

Ein Rücktritt nach § 24 StGB ist nicht ersichtlich.

IV. Ergebnis

A hat sich wegen versuchten Totschlags durch Unterlassen strafbar gemacht, indem er den E zurückließ.

B. §§ (212 I,) 211, 22, 23, 13 StGB

Die Tat des A könnte sich sogar als versuchter Mord durch Unterlassen darstellen.

In Betracht kommt Verdeckungsabsicht.

---

[129] S. Wessels/Beulke/Satzger, AT, 52. Aufl. 2022, Rn. 1223f.; aus der Rspr. vgl. zuletzt OLG Hamburg B. v. 08.06.2016 – 1 Ws 13/16 – NStZ 2016, 530 (Anm. RÜ 2016, 640; Miebach NStZ 2016, 536; LL 2017, 27; Kraatz JR 2017, 299; Wilhelm HRRS 2017, 68; Duttge MedR 2017, 145).

[130] Etwa Armin Kaufmann, Die Dogmatik der Unterlassungsdelikte, 1959, S. 210ff.

[131] Etwa Herzberg MDR 1973, 89 (96); RGSt 61, 360 (361f.).

[132] S. nur Kindhäuser/Hilgendorf, LPK, 9. Aufl. 2022, § 22 Rn. 26.

[133] A. A. vertretbar.

Lösungshinweise

Anerkanntermaßen kommt diese auch bei bloß eventualvorsätzlichen Tötung(sversuch)en in Betracht.[134]

Der Sachverhalt („etwas Schlimmes gemacht") dürfte so zu verstehen sein, dass A seine eigene Strafbarkeit erkannte und nicht bloß befürchtete, die Polizei werde einen Fehler begehen.

Eine deutliche Zäsur zwischen Vortat (hier die gefährliche Körperverletzung, s. o.) und Verdeckungstat ist nicht erforderlich; die erstmalige Begründung eines Tötungsvorsatzes genügt insofern.[135]

Strittig ist, ob ein Verdeckungsmord auch durch Unterlassen begangen werden kann.[136]

Die ganz h. M. nimmt dies an.[137]

Eine Gegenauffassung lehnt dies ab, teilweise unter Bemühung der Entsprechungsklausel des § 13 I a.E. StGB.[138] Letztere Ansicht verweist darauf, dass Verdecken etwas anderes sei als ein Nicht-Aufdecken, es mangele an einer Vergleichbarkeit mit aktiver Verschleierung: Nur bei aktiver Tötung zeige der Täter seine besondere Skrupellosigkeit. Hinzu komme das Selbstbegünstigungsprinzip; auch gehöre zum Telos der Norm das Recht auf Achtung der Integrität der Beweismittel, welche bei Unterlassen nicht missachtet werde. Des Weiteren werde das gefahrbegründende Vorverhalten schon bei der Garantenstellung berücksichtigt und steigere das Unrecht nicht weiter. Dem ist allerdings entgegenzuhalten, dass das Mordmerkmal der Verdeckungsabsicht aus dem Gesichtspunkt heraus geschaffen wurde, dass ein Täter zur Verdeckung vorherigen Unrechts „über Leichen geht". Dies gilt aber auch für Unterlassungstäter. Im Übrigen folgt bereits aus § 13 I StGB die Gleichstellung von Begehen und Unterlassen; einen Ausgleich für ein etwaiges Unrechtsgefälle schafft § 13 II StGB in hinreichendem Maße.

Mit der h. M. ist die Möglichkeit einer (hier vorliegenden) Verdeckungsabsicht i. S. d. § 211 StGB zu bejahen.[139]

---

[134] Heute unstrittig, s. nur Fischer, StGB, 70. Aufl. 2023, § 211 Rn. 79a; aus der Rspr. vgl. zuletzt BGH U. v. 04.08.2021 – 2 StR 178/20 – StV 2022, 162 (Anm. Bock ZfIStW 2022, 563); BGH B. v. 30.03.2022 – 4 StR 356/21 – NStZ 2022, 476 (Anm. Kudlich JA 2022, 607; RÜ 2022, 509; Drees NStZ 2022, 477).

[135] Hierzu Bock, BT 1, 2018, S. 68ff.; aus der Rspr. vgl. zuletzt BGH U. v. 01.12.2021 – 6 StR 270/21 – NStZ-RR 2022, 44; BGH U. v. 09.12.2021 – 4 StR 167/21 – NJW 2022, 409 = NStZ 2022, 298 = StV 2022, 444 (Anm. Bosch Jura 2022, 648; Hecker JuS 2022, 462; RÜ 2022, 171; Krumm NJW 2022, 412; Kudlich NStZ 2022, 300; Fahl JR 2022, 346; Hecker HRRS 2022, 147).

[136] Hierzu Bock, BT 1, 2018, S. 70f.; aus der Rspr. vgl. zuletzt BGH U. v. 19.08.2020 – 1 StR 474/19 – NJW 2021, 326 = NStZ 2022, 545 = StV 2021, 367 (Anm. Bosch Jura 2021, 456; RÜ 2021, 95; Mitsch NJW 2021, 330; Kinskofer HRRS 2021, 262; Heß HRRS 2021, 266; Magnus NStZ 2022, 548).

[137] S. nur Eisele, BT I, 6. Aufl. 2021, Rn. 127f.

[138] Etwa Joecks/Jäger, StGB, 13. Aufl. 2021, § 211 Rn. 76f.

[139] A. A. vertretbar.

C. §(§) 221 I(, III, 22, 23) StGB

Mangels objektiver Gefahrerhöhung durch die vier weiteren Stiche scheidet eine vollendete Aussetzung aus.

Eine versuchte Aussetzung mit Todesfolge wäre gegenüber dem versuchten Mord subsidiär.[140]

3. Abschnitt: Strafbarkeit des T

A. §§ 212 I, 13 StGB

Eine Garantenstellung des T ist nicht ersichtlich, insbesondere nicht kraft Ingerenz, auch eine Zurechnung der Stiche durch A (etwa nach § 25 II StGB) kommt nicht in Betracht.

Eine Überwachungspflicht des T gegenüber A bestand ebenfalls nicht.

Auf die Frage, wie sich T den Zustand des E vorstellte, kommt es nicht mehr an.

B. §§ 212 I, 27 StGB

Für eine aktive – psychische – Beihilfe ist nichts ersichtlich; bloße Anwesenheit genügt nicht.

C. § 323c I StGB

Es müsste aufgrund der Straftat des A zu einem Unglücksfall i. S. d. § 323c I StGB gekommen sein. Ein Unglücksfall ist ein plötzlich eintretendes Ereignis, das erhebliche Gefahren für Menschen oder Sachen hervorruft oder hervorzurufen droht.[141] Hierunter fallen auch Straftaten Dritter.[142]

T, der die Gefahr erkannte, hätte mithin Hilfe leisten müssen.

Der frühere Angriff des E auf T und die bloße Freundschaft zwischen A und E ändern an der Zumutbarkeit nichts.[143]

Konkurrenzen und Endergebnis

Im 1. Teil hat sich E wegen Totschlags durch Unterlassen gem. §§ 212 I, 13 StGB strafbar gemacht.

Im 2. Teil hat sich S wegen fahrlässiger Tötung gem. § 222 StGB, A wegen fahrlässiger Tötung durch Unterlassen gem. §§ 222, 13 StGB strafbar gemacht.

---

[140] Fischer, StGB, 70. Aufl. 2023, § 221 Rn. 28.

[141] Bock, BT 1, 2018, S. 644; aus der Rspr. vgl. BGH U. v. 12.08.2015 – 2 StR 115/15 – NStZ-RR 2015, 375; BGH B. v. 11.04.2017 – 2 StR 345/16 – NStZ-RR 2017, 212.

[142] Bock, BT 1, 2018, S. 645; Stein/Wolters, in: SK-StGB, 10. Aufl. 2023, § 323c Rn. 16; aus der Rspr. vgl. zuletzt BGH U. v. 12.08.2015 – 2 StR 115/15 – NStZ-RR 2015, 375; BGH B. v. 11.04.2017 – 2 StR 345/16 – NStZ-RR 2017, 212.

[143] Zur Zumutbarkeit Bock, BT 1, 2018, S. 654; Fischer, StGB, 70. Aufl. 2023, § 323c Rn. 15ff.

Im 3. Teil hat sich G wegen Betrugs (in mittelbarer Täterschaft, in einem besonders schweren Fall) gem. §(§) 263 I(, III 2 Nr. 2, 4, 25 I 2. Var.) StGB strafbar gemacht.

T hat sich wegen Beihilfe durch Unterlassen zum Betrug (in mittelbarer Täterschaft) gem. §§ 263 I(, III 2 Nr. 2, 4, 25 I 2. Var.) 27, 13 StGB strafbar gemacht.

Im 4. Teil liegt keine Strafbarkeit vor.

Im 5. Teil hat sich E wegen gefährlicher Körperverletzung gem. §§ 223 I, 224 I Nr. 2 StGB sowie wegen versuchter gefährlicher Körperverletzung gem. §§ 223 I, II, 224 I Nr. 2, II, 22, 23 StGB strafbar gemacht. Diese Delikte stehen aufgrund der Personenverschiedenheit der Geschädigten in Tateinheit gem. § 52 StGB (und nicht in Gesetzeskonkurrenz).

A hat sich wegen gefährlicher Körperverletzung gem. §§ 223 I, 224 I Nr. 2, 5 StGB sowie wegen versuchten Mordes durch Unterlassen gem. §§ (212 I), 211, 22, 23, 13 StGB strafbar gemacht. Aufgrund des engen räumlich-zeitlichen Zusammenhangs besteht Tateinheit i. S. d. § 52 StGB.[144]

T hat sich wegen unterlassener Hilfeleistung gem. § 323c I StGB strafbar gemacht.

Zwischen den einzelnen Teilen besteht Tatmehrheit, § 53 StGB.

---

[144] A. A. aufgrund des neuen Entschlusses zum „Liegenlassen" vertretbar.

12. Übungsfall „Gemeinsame Lebensperspektiven"

Sonja Golsch (G1) stellte ihrem Liebhaber Karsten Oeldemann (O) für den Fall des Todes ihres Ehemannes Sven (G2) gemeinsame Lebensperspektiven in Aussicht. O entwickelte schließlich die Bereitschaft, G2 erschießen zu lassen. Er hatte vor, den Wassili Antonin (A) für die Tötung zu gewinnen. O weihte daraufhin Lothar Matz (M) in diesen Plan ein. Dieser sollte ihm helfen, A zur Tatausführung zu überreden. O wusste um dessen gutes, brüderliches Verhältnis zu A und hoffte, dieser würde auf den „großen Bruder" hören. Nachdem M den A daraufhin angesprochen hatte, dass O ihn sprechen wolle, kam es zu einem Treffen in einem italienischen Eiscafé, bei dem O, G1, M und A anwesend waren. O erklärte, G1, die von ihrem Mann ständig misshandelt werde, müsse vor diesem geschützt und deren Mann getötet werden. O fragte A, ob er jemanden kenne, der einen anderen für Geld zusammenschlagen würde. Als Belohnung stellte er 70.000 € in Aussicht, die sich A dabei verdienen könne. A ging zunächst auf diese Angebote nicht ein, sondern antwortete, dass er sich umhören werde. Zu viert fuhr man anschließend zum Wohnhaus der Eheleute G, um sich die örtlichen Gegebenheiten näher anzusehen. Auf der Fahrt wiederholte O, dass G2 getötet werden sollte. M war sehr empört über die Misshandlungen der G1. Unterwegs entnahm er dem Handschuhfach die spätere Tatwaffe und zeigte sie dem A. Am Wohnhaus des G2 angekommen, machte sich A einige Notizen und schrieb das von G1 genannte Kennzeichen des Fahrzeuges des G2 auf. O wies darauf hin, dass dies ein ruhiger Ort sei, hier könne man den G2 niedermachen. M redete dem A zu, dass er die Sache doch selbst erledigen sollte, bevor ein anderer so viel Geld verdiene. Später setzte O den M und den A vor einem Arbeiterwohnheim ab. Dort legte M seine Hand auf die Schulter des A und sagte, dass er sich auf ihn verlasse. A sagte zu diesem Zeitpunkt weder zu, G2 zu töten, noch sich deswegen wieder bei O zu melden. Zwei Tage später setzte sich O erneut mit A in Verbindung, holte diesen gegen 19.00 Uhr ab und eröffnete ihm, dass G2 an diesem Abend unter Ausnutzung des Überraschungsmoments beim Verlassen des Grundstücks getötet werden sollte. Am Grundstück des G2 angekommen, kamen A erneut Bedenken. O bestand jedoch darauf, dass G2 an diesem Tag sterben müsse. Dem A redete er solange zu, bis dieser sich bereiterklärte, G2 wie geplant zu erschießen. Dabei dachte

A an die Worte des M und des O. Als gegen 22.50 Uhr G2 mit seinem Fahrzeug die Einfahrt des Grundstückes verließ und auf die am Haus vorbeiführende Straße einbog, wurde er von A, dem O zuvor die Pistole übergeben hatte, erschossen.

A erhielt von O das versprochene Bargeld, welches sich O allerdings ein paar Tage später zurückholen wollte. Er beabsichtigte, aus dessen Wohnung Geld zu entwenden. O wollte die Tat aber nicht selbst begehen. Er weihte M ein, der um eines Anteils an der Beute willen, sich zur Ausführung bereit erklärte. M rechnete damit, bei der Durchsuchung des Wohnzimmers von A bemerkt zu werden, und wollte ihn niederschlagen, um unerkannt entkommen zu können. O schlug vor, er sollte einen Knüppel mitnehmen und A auf den Hinterkopf schlagen, damit er bewusstlos werde. M fand dies vernünftig und führte die Tat so aus. A verstarb infolge der ihm mit einem Stuhlbein zugefügten Hiebe auf den Schädel. Zum Haus des A war der M von G1, die in alles eingeweiht war, begleitet worden. Der – nervöse – M freute sich, durch die Anwesenheit der G1 die Fahrzeit besser bewältigen zu können, was der G1 auch bewusst war. Nach der Tat zählten beide das erbeutete Geld, M gab der G1 einen Teil seines Anteils an der Beute.

O sah sich finanziellen Forderungen seiner geschiedenen Ehefrau ausgesetzt. Er ging davon aus, dass deren Lebensgefährte die treibende Kraft hinter diesen Forderungen war. Deshalb entschloss er sich, diesen durch einen Auftragsmörder töten zu lassen. M war diesmal nicht bereit, vermittelte aber den Kontakt mit einem (was M nicht wusste) nicht offen ermittelnden Polizeibeamten mit dem Decknamen Nico Nissen (N), der sich als vermeintlicher Auftragsmörder ausgab. Bei dem ersten Treffen mit N äußerte O, es gehe um die „Vollentsorgung" dieses Lebensgefährten, der für immer spurlos verschwinden müsse. O unterrichtete N im Einzelnen über die von ihm ins Auge gefasste Vorgehensweise bei der Tötung. Auf Frage von N, wie es mit der Bezahlung sei, händigte O diesem 4000 € als Anzahlung aus und versprach, weitere 8000 € nach dem Verschwinden des Lebensgefährten zu zahlen. N gab daraufhin vor, zur Tatausführung bereit zu sein. Allerdings benötige er hierfür noch genauere Informationen zur Identifizierung des Hauses des Lebensgefährten. Deswegen bot O dem N an, ihm bei einem weiteren Treffen am übernächsten Tag das Wohnhaus zu zeigen. Bei diesem zweiten Treffen äußerte O, es sei eine Änderung eingetreten. Er habe ein Schreiben des Rechtsanwalts seiner geschiedenen Ehefrau erhalten. Die dort genannte finanzielle Forderung könne er akzeptieren, und er wolle dies zunächst so regeln. Falls dies aber nicht funktionieren würde, solle die besprochene Sache „durchgezogen" werden. Deswegen könne N auch die Anzahlung behalten. Er solle ihn alle zwei Monate anrufen, und er sage ihm dann, ob der Auftrag durchgeführt werden solle. Nachdem O das Haus gezeigt, den Wohnungseingang beschrieben und den Namen des Lebensgefährten genannt hatte, äußerte N, es sei zu gefährlich, an dieser Stelle zu schießen. O erwiderte, man brauche einen Schalldämpfer. Bei der Verabschiedung sagte O, er würde sich melden, wenn die Sache anstehe. O wurde zwei Wochen später festgenommen. Bis dahin hatte er sich bei N nicht mehr gemeldet.

Strafbarkeit der Beteiligten nach dem StGB?

Lösungshinweise

1. Teil: Tötung des G2[1]

1. Abschnitt: Strafbarkeit des A
A ist tot und daher nicht zu prüfen.[2]

2. Abschnitt: Strafbarkeit des O

A. §(§) 212 I(, 25 II) StGB[3]
O könnte sich wegen (mittäterschaftlich begangenen) Totschlags strafbar gemacht haben, indem er A dazu brachte, den G2 zu erschießen.

I. Tatbestand

1. Objektiver Tatbestand
A hat G2 erschossen und damit den objektiven Tatbestand des § 212 I StGB verwirklicht.
   Fraglich ist, ob dem O dies gem. § 25 II StGB zuzurechnen ist.
   Mittäterschaft setzt eine Verabredung zur arbeitsteilig auf vergleichbarer Augenhöhe begangenen Tat mit wesentlichen Tatbeiträgen voraus.[4]
   O müsste einen für eine „gemeinschaftliche" Begehung hinreichenden Tatbeitrag erbracht haben. Die Anforderungen hieran sind umstritten.[5]
   Problematisch ist, dass im Sachverhalt unklar bleibt, inwieweit O bei der eigentlichen Tatausführung überhaupt dabei war. Nach z. T. vertretener Auffassung[6] wird nämlich eine wesentliche Mitwirkung im Ausführungsstadium vorausgesetzt, an der es vorliegend mangelt.
   Die wohl h. L.[7] verlangt auch einen objektiv wesentlichen Tatbeitrag, lässt aber auch Mitwirkungen im Vorbereitungsstadium genügen, wenn diese das Beteiligungsminus aufgrund ihrer Bedeutsamkeit ausgleichen. Als solche kommen zum einen die zahlreichen Überredungen in Betracht, sodass insofern die Mittäter-

---

[1] Nach BGH U. v. 22.03.2000 – 3 StR 10/00 – NStZ 2000, 421 (Anm. RA 2000, 456; Otto JK 2001 StGB § 26/7; LL 2001, 32); abgewandelt mit Elementen von BGH U. v. 11.10.2005 – 1 StR 250/05 – NStZ 2006, 96 = NStZ-RR 2006, 10 (Anm. Satzger JK 2006 StGB § 211/49; Puppe NStZ 2006, 424).

[2] Bei materiellrechtlicher Sichtweise, die das Erste Staatsexamen dominiert, ist dies an sich nicht zwingend. Dass aber die Strafbarkeit von Toten in einer Klausur nicht geprüft wird, ist ganz überwiegende Gepflogenheit, s. Wessels/Beulke/Satzger, AT, 52. Aufl. 2022, Rn. 1370.

[3] Abschichtende Prüfung, da bereits mittäterschaftlich begangener Totschlag problematisch. Anderer Aufbau möglich.

[4] Zsf. Wessels/Beulke/Satzger, AT, 52. Aufl. 2022, Rn. 810ff.; Hoyer, in: SK-StGB, 9. Aufl. 2017, § 25 Rn. 107ff.

[5] Vgl. nur Joecks/Jäger, StGB, 13. Aufl. 2021, § 25 Rn. 83ff.; Fischer, StGB, 70. Aufl. 2023, § 25 Rn. 26ff.; Hoyer, in: SK-StGB, 9. Aufl. 2017, § 25 Rn. 109ff.

[6] Etwa Puppe, AT, 5. Aufl. 2023, § 23 Rn. 8; Roxin JA 1979, 519 (522f.).

[7] S. nur B. Heinrich, AT, 7. Aufl. 2022, Rn. 1228 m. w. N.

schaft von der Anstiftung abzugrenzen ist; zum anderen aber ging O über bloße Bestimmungshandlungen hinaus: Er leitete die Besichtigung des Tatorts, er beschaffte eine Tatwaffe, die er auch überreichte. Mithin läge hiernach ein für § 25 II StGB hinreichender Tatbeitrag vor.[8]

Auch nach der Rspr.[9] wäre dies der Fall; ihr genügt jeder vom gemeinsamen Tatentschluss (Täterwillen) getragene Tatbeitrag, auch geringfügigste Mitwirkungen im Vorbereitungsstadium, sogar rein geistige. Insoweit gilt: Ob ein Tatbeteiligter eine Tat als Täter begeht, ist in wertender Betrachtung nach den gesamten Umständen, die von seiner Vorstellung umfasst sind, zu beurteilen. Wesentliche Anhaltspunkte können der Grad des eigenen Interesses am Erfolg der Tat, der Umfang der Tatbeteiligung, die Tatherrschaft oder wenigstens der Wille zur Tatherrschaft sein, sodass Durchführung und Ausgang der Tat maßgeblich auch vom Willen des Betreffenden abhängen; die Annahme von Mittäterschaft erfordert nicht zwingend auch eine Mitwirkung am Kerngeschehen. Für eine Tatbeteiligung als Mittäter reicht ein auf der Grundlage gemeinsamen Wollens die Tatbestandsverwirklichung fördernder Beitrag aus, der sich auf eine Vorbereitungs- oder Unterstützungshandlung beschränken kann.[10]

Gegen das Erfordernis eines Tatbeitrags im Ausführungsstadium spricht, dass kriminell-planende Beteiligte, die gerade aufgrund sorgfältiger Vorbereitung gar nicht erst an der eigentlichen Ausführung mitwirken müssen, ohne sachlichen Grund von einer täterschaftlichen Haftung entbunden werden, obwohl die Gefährlichkeit einer effizienten und effektiven Planung von mindestens genauso hohem Wert wie die eigentlich ausführende Arbeit ist. Es ist daher überzeugend, ein Plus im Vorbereitungsstadium ausreichen zu lassen.[11]

Erforderlich ist ferner eine Tat- und Arbeitsteilungsabrede (sog. gemeinschaftlicher Tatentschluss bzw. Entschluss zur gemeinschaftlichen Tat).[12] Dies meint ein Einigsein über eine gleichberechtigte Partnerschaft, Rollenverteilung und gegenseitige Abhängigkeit.

Angesichts der Angewiesenheit des O auf den ausführenden A, andersherum aber der Angewiesenheit des A auf den planenden O, ist auch von einer solchen Abrede auszugehen.[13]

Unklar ist, ob A den Ausführungen des O, die G1 werde misshandelt, glaubte; jedenfalls scheint Derartiges bei A (anders als bei M, der empört war) keine Rolle gespielt zu haben, sodass die Tatabrede nicht berührt wird und sich auch die Frage einer mittelbaren Täterschaft gem. § 25 I 2. Var. StGB nicht stellt.

---

[8] A. A. vertretbar.
[9] Z. B. BGH B. v. 02.07.2008 – 1 StR 174/08 – NStZ 2009, 25 (26); zsf. zur Rspr. Fischer, StGB, 70. Aufl. 2023, § 25 Rn. 27.
[10] So BGH B. v. 02.07.2008 – 1 StR 174/08 – NStZ 2009, 25 (26).
[11] A. A. vertretbar.
[12] S. nur Wessels/Beulke/Satzger, AT, 52. Aufl. 2022, Rn. 526.
[13] A. A. vertretbar.

2. Subjektiver Tatbestand
O handelte vorsätzlich i. S. d. § 15 StGB.

II. Rechtswidrigkeit, Schuld
O handelte rechtswidrig und schuldhaft.

Insbesondere ist der Sachverhalt so zu verstehen, dass O wahrheitswidrig behauptete, G1 werde von G2 ständig misshandelt, sodass Fragen der Notwehr gem. § 32 StGB, des rechtfertigenden Notstands gem. § 34 StGB oder des entschuldigenden Notstands gem. § 35 StGB sowie des übergesetzlichen entschuldigenden Notstands nicht zu erörtern sind.

III. Ergebnis
O hat sich wegen (mittäterschaftlich begangenen) Totschlags strafbar gemacht, indem er A dazu brachte, den G2 zu erschießen.[14]

B. §§ (212 I,) 211, 25 II StGB
Die Tat des O könnte sich nicht nur als Totschlag, sondern sogar als Mord darstellen.[15]

In Betracht kommt zunächst Heimtücke.

Erforderlich hierfür ist ein Ausnutzen der auf Arglosigkeit beruhenden Wehrlosigkeit des Opfers[16] (hier wiederum in Zurechnung gem. § 25 II StGB).

G2 war arglos und auch daher wehrlos. Problematisch ist das Ausnutzungsbewusstsein[17]: Der Täter muss die Tötung aufgrund der auf Arglosigkeit beruhenden Wehrlosigkeit erleichtern wollen; es darf sich nicht um eine nur zufällige Begleiterscheinung handeln. Zwar ist nicht erforderlich, dass der Täter die Arg- und Wehrlosigkeit durch eigenes Veranlassen gezielt herbeiführt.[18] Auch ist irrelevant, ob der Täter die Tat auch ohne Arg- und Wehrlosigkeit ausgeführt hätte.[19]

---

[14] Bei Verneinung der Mittäterschaft Prüfung und Bejahung der Anstiftung.

[15] Überschrift und Formulierung des Obersatzes beruhen darauf, dass das Verhältnis von Mord und Totschlag umstritten ist, hierzu Bock, BT 1, 2018, S. 16ff.; Eisele, BT I, 6. Aufl. 2021, Rn. 61f., 135ff.; Hillenkamp/Cornelius, 32 Probleme aus dem Strafrecht BT, 16. Aufl. 2023, 1. Problem.

[16] S. nur Fischer, StGB, 70. Aufl. 2023, § 211 Rn. 34; aus der Rspr. vgl. zuletzt BGH U. v. 11.05.2022 – 5 StR 361/21 – NStZ-RR 2022, 277; BGH B. v. 29.06.2022 – 1 StR 127/22 – NStZ-RR 2022, 307.

[17] Zu diesem Erfordernis Bock, BT 1, 2018, S. 32ff.; aus der Rspr. vgl. zuletzt BGH U. v. 11.05.2022 – 2 StR 445/21 – NStZ 2022, 541 (Anm. Schneider NStZ 2022, 543).

[18] Bock, BT 1, 2018, S. 35; aus der Rspr. vgl. zuletzt BGH U. v. 18.06.2020 – 4 StR 482/19 (Autorennen Kurfürstendamm) – BGHSt 65, 42 = NJW 2020, 2900 = NStZ 2020, 602 = StV 2021, 113 (Anm. Bosch Jura 2020, 1270; Eisele JuS 2020, 892; LL 2020, 838; RÜ 2020, 641; Grünewald NJW 2020, 2906; Steinert NStZ 2020, 608; Kubiciel JZ 2020, 1114; Puppe ZIS 2020, 584; Preuß NZV 2020, 523; Koehl SVR 2020, 439; Wachter JR 2021, 146; Fromm DAR 2021, 13); BGH U. v. 11.05.2022 – 5 StR 361/21 – NStZ-RR 2022, 277.

[19] Bock, BT 1, 2018, S. 35; aus der Rspr. vgl. zuletzt BGH U. v. 04.12.2003 – 5 StR 457/03 – NStZ-RR 2004, 139 = StV 2004, 596 (Anm. Seebode StV 2004, 596).

Ebenso ist eine Restriktion abzulehnen, die eine Heimtücke nur bei einem verwerflichen Vertrauensbruch annimmt,[20] da dies gerade die Tötungen aus dem Hinterhalt aus dem Anwendungsbereich herausnähme.[21]

Im vorliegenden Fall aber ist im Sachverhalt nichts Näheres zur Ausnutzung des Überraschungsmoments ersichtlich; ferner liegt eine Affektbelastung des (zuvor lange schwankenden) A nicht fern, was ebenfalls gegen ein Ausnutzungsbewusstsein spräche. Jedenfalls *in dubio pro reo* ist Heimtücke abzulehnen.[22]

O könnte aber aus sonst niedrigen Beweggründen gehandelt haben.

Erforderlich ist, dass die Motive nach allgemeiner sittlicher Wertung auf tiefster Stufe stehen und deshalb besonders verwerflich, ja verächtlich sind.[23]

Dies liegt hier darin, dass er lediglich handelte, um die G1 nunmehr ganz für sich zu haben. Zwar mag es menschlich nicht ganz unverständlich sein, dass O Nebenbuhler loswerden wollte; hierfür aber zu einer Tötung zu greifen, obwohl G1 sich schlicht von G2 (auch räumlich) hätte trennen können, was O sicher wusste, ist verächtlich.

O handelte aus sonst niedrigen Beweggründen.[24]

Subjektive Merkmale werden nicht nach § 25 II StGB zugerechnet,[25] sodass es auf subjektive Mordmerkmale des A hier nicht ankommt.

O hat sich wegen Mordes in Mittäterschaft strafbar gemacht.

C. § 263 I StGB

O könnte sich wegen Betrugs strafbar gemacht haben, indem er A für seine Tat das Geld versprach, welches er sich später aber zurückhielt.

Unabhängig von der problematischen Frage, ob der Wert der strafbaren Dienstleistung des A zu dem Vermögen gehört, welches durch § 263 StGB geschützt wird,[26] ist aber jedenfalls nicht ersichtlich, dass O bereits vor der Tat vorhatte, sich den Tatlohn zurückzuholen,[27] sodass es bereits an einer sog. (konkludenten) Täuschung fehlt.

---

[20] Nicht selten (zweifelhaft) als h.L. bezeichnet; s. z. B. Eser/Sternberg-Lieben, in: Sch/Sch, 30. Aufl. 2019, § 211 Rn. 26.

[21] S. nur Eisele, BT I, 6. Aufl. 2021, Rn. 107.

[22] A. A. vertretbar.

[23] Bock, BT 1, 2018, S. 76; Fischer, StGB, 69. Aufl. 2022, § 211 Rn. 14a; Eisele, BT I, 6. Aufl. 2021, Rn. 89; aus der Rspr. vgl. zuletzt BGH U. v. 15.06.2022 – 6 StR 23/22 – NStZ-RR 2022, 245.

[24] A. A. vertretbar.

[25] Fischer, StGB, 70. Aufl. 2023, § 25 Rn. 23; aus der Rspr. vgl. zuletzt BGH U. v. 01.08.2018 – 3 StR 651/17 – NStZ 2019, 511 (Anm. Jäger JA 2019, 467; Eisele JuS 2019, 495; Heuser ZJS 2019, 529; LL 2019, 255; RÜ 2019, 170; Rückert HRRS 2019, 245); BGH B. v. 08.08.2019 – 1 StR 204/19 – NStZ 2020, 290 = StV 2020, 114.

[26] Zum Streit um den Vermögensbegriff Bock, BT 2, 2018, S. 335ff.; aus der Rspr. vgl. zuletzt BGH U. v. 15.04.2021 – 5 StR 371/20 – NJW 2021, 1966 = NStZ 2022, 106 = StV 2022, 20 (Anm. Bosch Jura 2021, 1130; Disselkamp ZJS 2021, 679; RÜ 2021, 434; Brand NJW 2021, 1968; Fahl NStZ 2022, 108).

[27] Andere Auslegung des Sachverhalts vertretbar.

Auch beim Auszahlen des Geldes ist keine (konkludente) Täuschung ersichtlich. Ein Betrug scheidet daher aus.

D. § 52 WaffG
Es sind lediglich Straftaten nach dem StGB zu prüfen.

3. Abschnitt: Strafbarkeit des M

A. §(§) 212 I(, 25 II) StGB
M könnte sich wegen (mittäterschaftlich begangenen) Totschlags strafbar gemacht haben, indem er zusammen mit O auf A einwirkte.

Fraglich ist, ob sein Beitrag hinreichend für eine gemeinschaftliche Begehung i. S. d. § 25 II StGB war.

Anders als O hat M kein eigenes erkennbares Interesse an der Tat (es ist O, der den Nebenbuhler loswerden möchte) und plante daher die Tat auch nicht mit. An einer Mitwirkung im eigentlichen Tatstadium fehlt es ohnehin, aber auch an einer Kompensation durch ein Plus im Vorbereitungsstadium. Die Voraussetzungen des § 25 II StGB liegen nicht vor.[28]

M hat sich nicht wegen mittäterschaftlich begangenen Totschlags strafbar gemacht, indem er zusammen mit O auf A einwirkte.

B. §§ 212 I, 26 StGB[29]
M könnte sich wegen Anstiftung zum Totschlag strafbar gemacht haben, indem er A zur Tötung des G2 überredete.

I. Tatbestand

1. Objektiver Tatbestand
In Bezug auf die Tat des O ist keinerlei Bestimmen ersichtlich.[30]
   In Betracht kommt aber eine Anstiftung des A zu dessen Tat.

a) Vorsätzliche rechtswidrige (Haupt-)Tat
Als teilnahmefähige Haupttat kommt ein Totschlag des A in Betracht.
   In der Tat verursachte der Schuss des A den Tod des G1, was auch vorsätzlich i. S. d. § 15 StGB geschah, ferner rechtswidrig.

b) Bestimmen
M müsste A i. S. d. § 26 StGB zur Tat bestimmt haben.

---

[28] A. A. vertretbar.
[29] Absichtender Aufbau (kein Beginn mit Anstiftung zum Mord), da bereits Verwirklichung einer Anstiftung zu § 212 I StGB problematisch. Anderer Aufbau möglich.
[30] Eigenständige Prüfung möglich.

Bestimmen ist – jedenfalls ungeachtet der grundsätzlichen Kontroversen[31] – das Hervorrufen des Tatentschlusses.[32]

Es ist unklar, ob und was M bei dem Treffen zu viert in dem Eiscafé äußerte. Immerhin liegt nahe, dass M, wie von O geplant, auf A einwirkte. Jedenfalls wirkte er auf A ein, als er seiner Empörung über G2 Ausdruck verlieh und dem A auf dem Weg zu G2 die Waffe zeigte. Auch redete M dem A zu, dass er die Sache doch selbst erledigen sollte, bevor ein anderer so viel Geld verdiene. Später legte M seine Hand auf die Schulter des A und sagte, dass er sich auf ihn verlasse. Bei bzw. kurz vor seiner Tat dachte A laut Sachverhalt an die Worte von O und M.

Problematisch ist, ob und wie es sich auswirkt, dass nicht nur M, sondern auch O auf den Willen des A einwirkte, zumal in stärkerer Weise als M (Versprechen von Bargeld; Behauptung der Misshandlungen des G2 gegenüber G1; Hinweis auf den Tatort und ständiges Zureden). Insofern ist eine Anstiftung von einer bloßen (psychischen) Beihilfe zu unterscheiden.

Ausreichend für ein Bestimmen i. S. d. § 26 StGB ist allerdings eine Mitursächlichkeit der Einwirkung für die Begründung des Tatentschlusses beim Haupttäter.[33] Die Willensbeeinflussung muss nicht die alleinige Ursache für das Verhalten des Täters sein. Bei der Entschlussfassung wirkte das Zureden des M noch fort und beeinflusste A mit.

Eine sog. überholende Kausalität[34] durch Handlungen des O ist mithin nicht gegeben.

Dass A nach den Anstiftungshandlungen des M zunächst noch schwankend war, steht nicht entgegen. Zwar fehlte M ein eigenes Interesse am Taterfolg; indes kommt es bei der Anstiftung auf eine solche Motivation nicht an: Anstifter kann auch sein, wer kein ideelles oder materielles Interesse am Taterfolg hat.

In der Literatur gibt es allerdings eine Reihe von Stimmen, die nicht jedes Hervorrufen des Tatentschlusses für ein Bestimmen genügen lassen,[35] sondern etwa eine kommunikative Beeinflussung voraussetzen[36] (was hier keiner Entscheidung bedarf, da eine solche vorliegt), eine Kollusion[37] zwischen Anstifter und Täter, eine Motivherrschaft[38] oder einen Unrechtspakt.[39]

---

[31] Hierzu Wessels/Beulke/Satzger, AT, 52. Aufl. 2022, Rn. 881ff.

[32] Zu dieser Ausgangsformel s. Hoyer, in: SK-StGB, 9. Aufl. 2017, § 26 Rn. 5; aus der Rspr. vgl. zuletzt BGH U. v. 18.05.2022 – 6 StR 441/21 – NStZ-RR 2022, 252.

[33] BGH U. v. 22.03.2000 – 3 StR 10/00 – NStZ 2000, 421 (422), auch zum Folgenden.

[34] Hierzu Wessels/Beulke/Satzger, AT, 52. Aufl. 2022, Rn. 245; aus der Rspr. vgl. zuletzt BGH U. v. 12.05.2020 – 1 StR 368/19 – NStZ 2021, 494 = StV 2021, 117 (Anm. von Heintschel-Heinegg JA 2021, 425; von Heintschel-Heinegg NStZ 2021, 498); BayObLG U. v. 04.11.2020 – 206 St RR 1459/19–1461/19 – NJW 2021, 405 (Anm. Kudlich NJW 2021, 359).

[35] S. obige Nachweise.

[36] S. Krey/Esser, AT, 7. Aufl. 2022, Rn. 1038f.

[37] B. Heinrich, AT, 7. Aufl. 2022, Rn. 1292.

[38] Hoyer, in: SK-StGB, 9. Aufl. 2017, § 26 Rn. 12f.

[39] Puppe, AT, 5. Aufl. 2023, § 25 Rn. 3ff.

Dies kann allerdings hier[40] dahinstehen, wenn M auch diese engen Voraussetzungen erfüllte: Tatsächlich handelte es sich bei den Handlungen des M nicht um eine bloße Information oder einen unverbindlichen Vorschlag; vielmehr machte er sich zum einen das Anliegen des O zu eigen, dessen in Aussicht gestellte Vorteile die wesentlichen Motive des A ausmachten, zum anderen packte er den A bei dessen Ehre, indem er ihm mitteilte, dass er sich auf ihn verlasse. Mithin liegt auch eine für eine tätergleiche Zurechnung hinreichende Kollusion oder Motivherrschaft des M über den A vor.

„Abzugrenzen" ist ferner insofern von einer bloßen Beihilfe, als denkbar wäre, dass M mit seinen Tatbeiträgen im Wesentlichen (nur) die Anstiftungshandlung des O hätte unterstützen wollen.[41] Gehilfe zur Anstiftung ist nach der Rspr. der, dessen Willen von dem des anderen an der Anstiftung Beteiligten abhängt, der also seinen Willen dem Willen des anderen in einer Weise unterwirft, dass er ihm anheimstellt, ob es zur Anstiftung kommen soll oder nicht. Auch die Vorstellung des Teilnehmers von der Verwirklichung der Haupttat kann von Bedeutung sein.

Angesichts des Ausmaßes der Einwirkungen des M auf A, welche zumindest später auch völlig eigenständig vorgenommen werden (z. B. das Zeigen der Tatwaffe, das Appellieren an die Ehre) ist hier davon auszugehen, dass M selbst Anstifter ist bzw. sein wollte, auch wenn unklar bleibt, weshalb er sich das Anliegen des O so zu eigen macht (zumal M selbst aufgrund der vermeintlichen Misshandlungen der G1 in Wut geriet).[42] Immerhin wusste er auch um seinen großen, „brüderlichen" Einfluss auf A.

Auf die Frage einer mittäterschaftlichen Zurechnung der Handlungen des O (Anstiftung ist auch in Mittäterschaft möglich[43]), kommt es nicht mehr an.

Ein Bestimmen liegt vor.[44]

2. Subjektiver Tatbestand
M handelte vorsätzlich i. S. d. § 15 StGB in Bezug auf die Haupttat des A.

Eine genaue Kenntnis bzw. ein Antizipieren oder Planen des Tatablaufs ist nicht erforderlich, wobei dahinstehen kann, ob eine hinreichende Konkretisierung bereits den objektiven Tatbestand betrifft oder erst den Teilnahmevorsatz.

Ferner wies er auch Vorsatz hinsichtlich des Bestimmens auf, zur (nach der Rspr. auch subjektiv geprägten) Abgrenzung zur Beihilfe s. o.

II. Rechtswidrigkeit, Schuld
M handelte rechtswidrig und schuldhaft.

---

[40] S. aber u. bei G1.
[41] S. (auch zum Folgenden) BGH U. v. 22.03.2000 – 3 StR 10/00 – NStZ 2000, 421 (422)
[42] A. A. vertretbar.
[43] Hoyer, in: SK-StGB, 9. Aufl. 2017, § 26 Rn. 31; aus der Rspr. vgl. RG U. v. 07. 12.1885 – 2910/85 – RGSt 13, 121; RG U. v. 06.02.1919 – III 433/18 – RGSt 53, 189; RG U. v. 17.11.1936 – 1 D 826/36 – RGSt 71, 23; BGH U. v. 22.03.2000 – 3 StR 10/00 – NStZ 2000, 421 (Anm. RA 2000, 456; Otto JK 2001 StGB § 26/7; LL 2001, 32).
[44] A. A. vertretbar.

Insbesondere reichen die Angaben im Sachverhalt zur Annahme eines Irrtums über Rechtfertigungs- (Erlaubnistatumstandsirrtum[45] bzgl. §§ 32, 34 StGB) und Entschuldigungsgründe (s. o.) nicht aus: M war zwar sehr empört, glaubte also offenbar den Angaben des G1; dass er aber an eine Erforderlichkeit der Tötung glaubte (anstatt etwa die Polizei einzuschalten), ist nicht anzunehmen.

III. Ergebnis
M hat sich wegen Anstiftung zum Totschlag strafbar gemacht, indem er A zur Tötung des G2 überredete.

C. §§ (212 I,) 211, 26 StGB
Die Tat des M könnte sich nicht nur als Anstiftung zum Totschlag, sondern sogar als Anstiftung zum Mord darstellen.
Dies wäre dann der Fall, wenn (bzw. soweit) entweder der A einen dem M zuzurechnenden Mord begangen hätte, oder wenn (bzw. soweit) es via § 28 II StGB auf eigene Mordmerkmale des M ankommt.
Fraglich ist, ob sich die Tat des A als Mord darstellt.
Heimtücke liegt nicht vor, vgl. hierzu o. bei O.
Ein dem M schon bei bloßem Vorsatz zuzurechnendes objektives Mordmerkmal[46] ist mithin nicht gegeben.
In Bezug auf die subjektiven Mordmerkmale ist problematisch, ob diese vom Anstifter selbst verwirklicht werden müssen, was dann der Fall wäre, wenn es sich um besondere persönliche und deliktsmodifizierende Merkmale i. S. d. § 28 II StGB handeln würde.
Dass die subjektiven Mordmerkmale sog. täterbezogene und keine sog. tatbezogenen[47] sind und daher generell § 28 StGB greift, ist unstrittig.[48]
Umstritten ist allerdings, ob auf diese § 28 I StGB oder § 28 II StGB anzuwenden ist.

---

[45] Zum Erlaubnistatumstandsirrtum Wessels/Beulke/Satzger, AT, 52. Aufl. 2022, Rn. 739ff.; aus der Rspr. vgl. zuletzt BGH B. v. 21.11.2019 – 4 StR 166/19 – NStZ 2020, 725 (Anm. Eisele JuS 2020, 985; Rückert NStZ 2020, 726; Erb JR 2021, 44); BGH B. v. 25.10.2022 – 5 StR 276/22 – NJW 2023, 166 (Anm. Bosch Jura 2023, 384; Erb JR 2023, 133).
[46] S. nur Eisele, BT I, 6. Aufl. 2021, Rn. 136, 138f.
[47] Zu dieser Unterscheidung Krey/Esser, AT, 7. Aufl. 2022, Rn. 1016ff.; aus der Rspr. vgl. zuletzt BGH B. v. 24.03.2021 – 4 StR 416/20 – BGHSt 66, 66 = NJW 2021, 1767 = NStZ 2022, 220 = StV 2021, 482 (Anm. Bosch Jura 2021, 981; Kudlich JA 2021, 606; LL 2021, 538; RÜ 2021, 429; famos 9/2021; Valerius NJW 2021, 1770; Krenberger NZV 2021, 538; Hinderer NStZ 2022, 223; Renzikowski JR 2022, 140; Mitsch NZV 2023, 73); BGH B. v. 29.07.2021 – 3 StR 445/20 – NStZ 2022, 303 = StV 2022, 563 (Anm. Patzak NStZ 2022, 306).
[48] S. nur Bock, BT 1, 2018, S. 17; aus der Rspr. vgl. zuletzt BGH U. v. 13.10.2004 – 2 StR 206/04 (Anm. Valerius JA 2005, 412); BGH B. v. 10.07.2009 – 4 StR 645/08 – NStZ 2009, 627 = StV 2011, 92.

Dies hängt davon ab, ob es sich beim Mord um eine Qualifikation des Totschlags handelt,[49] sodass § 28 II StGB anwendbar wäre (so die ganz h. L.), oder ob § 28 I StGB greift, da es sich um einen eigenständigen Tatbestand handelt (so noch die Rspr.[50]).

A könnte zwar das subjektive Mordmerkmal der Habgier aufgewiesen haben; bei M sind aber (in diesem 1. Teil noch) keine materiellen Motive ersichtlich.

Auch sonst niedrige Beweggründe sind bei ihm nicht erkennbar. Dies gilt insbesondere aus der Erwägung heraus, dass M über die vermeintlichen Misshandlungen des G2 zu Lasten der G1 sehr empört war.

Bei Anwendung des § 28 I StGB würde dies allerdings nichts an einer Anstiftung zum Mord (des A) ändern, es bliebe lediglich bei einer Strafmilderung. Bei Anwendung des § 28 II StGB hingegen, selbst wenn sich die Haupttat des A als Mord darstellte (was in Bezug auf subjektive Mordmerkmale mithin dann offenbleiben kann), wäre M lediglich wegen Anstiftung zum Totschlag zu bestrafen.

Die Rechtsfolgen des § 28 II StGB sind strittig[51]: Während die Rspr.[52] und die h. L.[53] eine Tatbestandsverschiebung vornehmen, belassen es andere[54] bei einer Strafrahmenverschiebung. Überzeugender ist es allerdings den Wortlaut der Norm „gilt das" auf das ganze Gesetz und damit bereits auf den Tatbestand zu beziehen.

Gegen die Einordnung des Mordes als Qualifikation des Totschlags und damit gegen eine Anwendung des § 28 II StGB führt die Rspr. den Wortlaut der Normen an: Bezeichnung als Mord (nicht als besonders schwerer Totschlag); Benennung als Mörder bzw. Totschläger. Systematisch spreche die Stellung des Mordes vor dem Totschlag für eine Eigenständigkeit, da eine Qualifikation stets nach dem Grunddelikt geregelt werde. Wie das Verhältnis von Raub und Diebstahl zeige, schließe eine inhaltliche Teilidentität die Annahme eines Tatbestands *sui generis* nicht aus. Allerdings ist der ganz h. L. recht darin zu geben, dass beiden Normen das Grundelement der Tötung gemein ist. Die Tatbestände sind logisch so aufeinander bezogen, dass die Annahme einer Selbstständigkeit damit unvereinbar ist.

---

[49] Hierzu Bock, BT 1, 2018, S. 16ff.; aus der Rspr. vgl. zuletzt BGH B. v. 10.01.2006 – 5 StR 341/05 – NJW 2006, 1008 = NStZ 2006, 286 = StV 2006, 579 (Anm. Satzger JK 2006 StGB § 211/50; Kudlich JA 2006, 573; LL 2006, 463; RÜ 2006, 194; RA 2006, 233; Küper JZ 2006, 608; Küper JZ 2006, 1157; Gasa/Marlie ZIS 2006, 194; Gropp FS Seebode 2008, 125); BGH U. v. 29.11.2007 – 4 StR 425/07 – NStZ 2008, 273 (Anm. Kudlich JA 2008, 310; RA 2008, 109); BGH B. v. 10.07.2009 – 4 StR 645/08 – NStZ 2009, 627 = StV 2011, 92; BGH B. v. 19.08.2014 – 3 StR 283/14 – NStZ 2015, 46 = StV 2015, 4 und 287 (Anm. RÜ 2015, 174; Dehne-Niemann StV 2015, 288).

[50] S. obige Nachweise, folgenlos geblieben ist das *obiter dictum* in BGH B. v. 10.01.2006 – 5 StR 341/05 – NJW 2006, 1008 = NStZ 2006, 286 = StV 2006, 579 (Anm. Satzger JK 2006 StGB § 211/50; Kudlich JA 2006, 573; LL 2006, 463; RÜ 2006, 194; RA 2006, 233; Küper JZ 2006, 608; Küper JZ 2006, 1157; Gasa/Marlie ZIS 2006, 194; Gropp FS Seebode 2008, 125).

[51] Hierzu vgl. aus der Rspr. zuletzt BGH B. v. 14.07.2010 – 2 StR 104/10 – BGHSt 55, 229 = NJW 2010, 3669 = NStZ 2011, 457 = StV 2011, 161 (Anm. Satzger JK 2011 StGB § 28 II/2; Wieck-Noodt NStZ 2011, 458; Hoyer GA 2012, 123).

[52] S.o.

[53] Z. B. B. Heinrich, AT, 7. Aufl. 2022, Rn. 1357.

[54] Z. B. Hoyer, in: SK-StGB, 9. Aufl. 2017, § 28 Rn. 45.

Die in §§ 211, 212 StGB verwendeten Begriffe erklären sich historisch aus der nationalsozialistischen Tätertypenlehre. Ferner erfolgte die Stellung des Mordes vor dem Totschlag nur, weil das schwerste Delikt vorangestellt werden sollte. Zu beachten sind ferner unsachgerechte Ergebnisse jedenfalls dann, wenn die verwirklichten Mordmerkmale bei Täter und Teilnehmer voneinander abweichen (sog. gekreuzte Mordmerkmale): Trotz Verwirklichung eines eigenen, wenn auch anderen subjektiven Mordmerkmals griffe die Milderungsregel des § 28 I StGB; ein Ergebnis, was auch von der Rspr. – insofern inkonsequent – verworfen wird. Ferner ist der Rspr. auch entgegenzuhalten, dass sie auch bei § 25 II StGB und § 30 StGB die tatbestandliche Trennung nicht anwendet, sondern zur Begründung gemeinsamer Beteiligung insofern auf den im Mord enthaltenen Totschlag zurückgreift.

Mithin ist es überzeugender, die subjektiven Mordmerkmale als qualifizierende, besondere persönliche Merkmale nach § 28 II StGB anzuwenden.[55]

Eigene Mordmerkmale des M sind nicht ersichtlich.

Es bleibt mithin bei einer Anstiftung zum Totschlag. Eine Anstiftung zum Mord liegt nicht vor.

4. Abschnitt: Strafbarkeit der G1[56]

A. §§ 212 I, 26 StGB
G1 könnte sich wegen Anstiftung zum Totschlag strafbar gemacht haben, indem sie O dazu brachte, den G2 erschießen zur lassen.

I. Tatbestand

1. Objektiver Tatbestand
Zur Haupttat des A bzw. O s. o.

Zu dieser müsste G1 den A bestimmt haben.

Zu berücksichtigen ist zunächst, dass G1 nicht direkt mit A in Verbindung trat. Allerdings genügt unstrittig die indirekte Mitmotivation des Haupttäters, auch bei Vermittlung durch einen anderen Anstifter.[57]

Problematisch ist aber, dass in der Verheißung der G1 eher eine Andeutung oder allenfalls ein Vorschlag zu sehen ist: Zwar ist dies für die Rspr. und die h. L. irrelevant, da jedes Hervorrufen des Tatentschlusses ausreicht, zumal vorliegend auch Kommunikation stattfindet. Nach den o.g. restriktiveren Ansätzen ist aber zweifelhaft, ob wirklich von einer Kollusion, einer Motivherrschaft oder einem Unrechtspakt[58] auszugehen ist.

Für eine enge Handhabung der Anstiftung spricht vor allem die tätergleiche Bestrafung, welche eine Vergleichbarkeit des täterschaftlichen Unrechts mit dem anstifterlichen impliziert. Auch kann man Bestimmen durchaus so verstehen, dass es

---

[55] A. A. vertretbar.
[56] Nach BGH U. v. 01.09.2005 – 4 StR 290/05 – NStZ 2006, 96 = NStZ-RR 2006, 10 (Anm. Satzger JK 2006 StGB § 211/49; Puppe NStZ 2006, 424).
[57] S. nur Hoyer, in: SK-StGB, 9. Aufl. 2017, § 26 Rn. 32.
[58] S.o., v. a. Puppe NStZ 2006, 424; vgl. auch Hoyer, in: SK-StGB, 9. Aufl. 2017, § 26 Rn. 12ff.

sich um eine intensivere Einwirkung handelt als bloßes Andeuten, Vorschlagen oder Auffordern. In diesen Fällen, in denen der Einwirkende also kein Motiv schafft, ist der Angestiftete völlig frei in seiner Entscheidung zur Tat.

Der h. M. ist allerdings darin Recht zu geben, dass einem etwaigen Unrechtsgefälle bei extensiver Auslegung des § 26 StGB auf Ebene der Strafzumessung innerhalb des tätergleichen Strafrahmens Rechnung getragen werden kann. Auch ist der Wortlaut derart offen, dass sich in der Tat jede Initialzündung hierunter fassen lässt. Ferner gilt es, gerade die subtilen und raffinierten Einwirkungen auf den späteren Haupttäter zu erfassen, um nicht den besonders gefährlichen Anstifter zu privilegieren. Ob dies auch nichtverbale Anreizschaffungen erfasst, bedarf keiner Entscheidung. Jedenfalls in Fällen der kommunikativen Andeutungen etc. liegt ein hinreichender Grund vor, die Haupttat auch dem Einwirkenden zuzurechnen. Auch angesichts einer „Abgrenzung" zur Mittäterschaft verbleibt dann der Anstiftung ein angemessener Anwendungsbereich.

G1 bestimmte mithin den O und damit letztlich den A zur Tat.[59]

2. Subjektiver Tatbestand
G1 handelte vorsätzlich i. S. d. § 15 StGB.

Insbesondere ist davon auszugehen, dass sie eine Tatbegehung durch G1 bzw. von ihm Beauftragte tatsächlich erstrebte oder doch billigend in Kauf nahm, sodass es sich nicht um scherzhafte, nicht ernsthaft gemeinte Bemerkungen handelte, was sich zumindest aus der Summe der im Sachverhalt angegebenen Aufforderungen ergibt.[60]

Bei einer sog. Kettenanstiftung wie hier muss der Anstifter die Zahl der Bestimmenden, die zwischen dem von ihm zur Anstiftung Bestimmten und dem Haupttäter stehen, und den Haupttäter namentlich nicht kennen.[61]

II. Rechtswidrigkeit, Schuld
G1 handelte rechtswidrig und schuldhaft.

III. Ergebnis
G1 hat sich wegen Anstiftung zum Totschlag strafbar gemacht, indem sie O dazu brachte, den G2 erschießen zur lassen.

B. §§ (212 I,) 211, 26 StGB

G1 könnte – unter Anwendung des § 28 II StGB bzgl. subjektiver Mordmerkmale, s. o. – eine Anstiftung zum Mord begangen haben.

G1 könnte aus sonst niedrigen Beweggründen gehandelt haben.

Offenbar wollte sie wegen ihres neuen Liebhabers O ihren Ehemann loswerden. Hierbei zu einer Tötung zu greifen, obwohl prinzipiell Alternativen der endgültigen

---

[59] A. A. vertretbar.
[60] A. A. noch vertretbar.
[61] Lackner/Kühl/Heger, StGB, 30. Aufl. 2023, § 26 Rn. 8; aus der Rspr. vgl. zuletzt BGH B. v. 02.11.2021 – 3 StR 259/21 – NStZ-RR 2022, 49 = StV 2022, 572.

Trennung bestehen, zumal nicht ersichtlich ist, dass G2 die G1 wirklich misshandelt hat, ist aber menschlich kaum noch begreiflich.

Ein niedriger Beweggrund liegt vor.[62]

Aufgrund der Tatbestandsverschiebung (s. o.) stellt sich die Tat der G1 als Anstiftung zum Mord dar.

2. Teil: Tötung des A[63]

1. Abschnitt: Strafbarkeit des M

A. § 212 I StGB

M könnte sich wegen Totschlags strafbar gemacht haben, indem er A mit einem Stuhlbein auf den Schädel hieb, woran dieser verstarb.

Der objektive Tatbestand ist verwirklicht.

Problematisch ist, ob M Tötungsvorsatz hatte.

Vorsatz ist Wissen und Wollen der den objektiven Tatbestand verwirklichenden Umstände,[64] wobei zum einen die „Abgrenzung" von Eventualvorsatz und Fahrlässigkeit problematisch ist,[65] zum anderen gerade an den Tötungsvorsatz[66] strenge Anforderungen gestellt werden.

Einige Auffassungen begnügen sich mit einer rein intellektuellen Abgrenzung, wobei kein Willenselement erforderlich sein soll: Nach der sog. Möglichkeitstheorie[67] genügt es, wenn dem Täter die Tatbestandsverwirklichung aufgrund bestimmter Anhaltspunkte als konkret möglich erscheint und er trotzdem handelt. Hiernach läge Vorsatz des M vor.

Nach der sog. Wahrscheinlichkeitstheorie[68] kommt es auf das wissentlich gesetzte Risiko an. Auch hiernach dürfte angesichts der großen Gefährlichkeit von Hieben mit einem Holzstück auf den Schädel Vorsatz vorliegen.

Die Rspr.[69] und die h. L.[70] vertreten eine (auch) voluntative Abgrenzung, und zwar nach der sog. Billigungs- oder Inkaufnahmetheorie: Der Täter muss erkennen,

---

[62] A. A. vertretbar.

[63] Nach BGH U. v. 03.06.1964 – 2 StR 14/64 – BGHSt 19, 339 = NJW 1964, 1809 (Anm. Roxin, Höchstrichterliche Rspr. AT, 1998, Nr. 84; Puppe, AT, 5. Aufl. 2022, § 25 Rn. 8ff.; Hemmer-BGH-Classics Strafrecht, 2003, Nr. 35; Willms JuS 1964, 502; Cramer JZ 1966, 31).

[64] S. nur Fischer, StGB, 70. Aufl. 2023, § 15 Rn. 3.

[65] Hierzu B. Heinrich, AT, 7. Aufl. 2022, Rn. 285, 295ff.; Hillenkamp/Cornelius, 32 Probleme aus dem Strafrecht AT, 16. Aufl. 2022, 1. Problem; aus der Rspr. vgl. zuletzt BGH U. v. 15.07.2021 – 3 StR 481/20 – NStZ 2022, 753.

[66] Hierzu Bock, BT 1, 2018, S. 8ff.; aus der Rspr. vgl. zuletzt BGH U. v. 23.03.2022 – 6 StR 343/21 – NJW 2022, 3025 = NStZ 2022, 549; BGH U. v. 15.07.2021 – 3 StR 481/20 – NStZ 2022, 753.

[67] Etwa Kindhäuser/Hilgendorf, LPK, 9. Aufl. 2022, § 15 Rn. 13, 15.

[68] Etwa Puppe, AT, 5. Aufl. 2023, § 9 Rn. 11.

[69] Zsf. Fischer, StGB, 70. Aufl. 2023, § 15 Rn. 12ff.

[70] S. nur B. Heinrich, AT, 7. Aufl. 2022, Rn. 300.

dass der Erfolg möglich und nicht ganz fernliegend ist und muss dies billigend in Kauf nehmen, d. h. sich mit dem Erfolg abfinden.

Fraglich ist, ob M den Tod des A in diesem Sinne billigend in Kauf nahm. Hiergegen spricht, dass M den A lediglich niederschlagen wollte, um unerkannt zu entkommen. Allerdings dürfte er beim Einsatz des Holzstücks erkannt haben, dass dessen Einsatz gegen den Hinterkopf hochgefährlich ist. Zwar fand M „nur" vernünftig, dass er den A mit einem Knüppel auf den Hinterkopf schlagen solle, damit dieser bewusstlos werde. Schon aufgrund der schwierigen Abgrenzung (erst recht für einen medizinischen Laien in einer unübersichtlichen Situation) zwischen einem Hieb, der zur Bewusstlosigkeit führt, und einem tödlichen, dürfte M kaum auf ein Ausbleiben des Erfolgs vertraut haben, sondern nahm ihn vielmehr billigend in Kauf. M handelte vorsätzlich.[71]

Auf weniger enge Auffassungen zur Bestimmung des (Eventual-)Vorsatzes[72] kommt es nicht mehr an; nach ihnen wäre erst recht der Vorsatz des M zu bejahen.

M handelte auch rechtswidrig und schuldhaft. Er hat sich daher wegen Totschlags strafbar gemacht, indem er A mit einem Stuhlbein auf den Schädel hieb, woran dieser verstarb.

B. §(§ 212 I,) 211 StGB
Die Tat des M könnte sich als Mord darstellen.

I. Tatbestand

1. Objektiver Tatbestand
In Betracht kommt Heimtücke.

Allerdings ist im Sachverhalt völlig offen, wann und in welcher Situation M den A schlug: Insbesondere liegt nicht fern, dass es, wenn A den M vorher bemerkte, an einer Arglosigkeit des A fehlte. Jedenfalls *in dubio pro reo* scheidet Heimtücke aus.

2. Subjektiver Tatbestand
M könnte in der Absicht gehandelt haben, eine andere Straftat zu ermöglichen.

Gegeben könnte diese zum einen sein, wenn A den M „störte", bevor dieser die Beute an sich nehmen konnte (also vor einer Wegnahme i. S. d. §§ 242 I, 249 I StGB); auch bei Eventualvorsatz ist eine Ermöglichungsabsicht möglich.[73]

Fraglich ist zum anderen, ob eine Ermöglichungsabsicht auch dann gegeben wäre, wenn M die Wegnahme bereits vollendet hatte und nur noch mit seiner Beute fliehen wollte.[74]

---

[71] A. A. vertretbar.
[72] Hierzu zsf. etwa B. Heinrich, AT, 7. Aufl. 2022, Rn. 300f.
[73] Heute unstrittig, s. nur Bock, BT 1, 2018, S. 75.
[74] Hierzu Bock, BT 1, 2018, S. 75; Sinn, in: SK-StGB, 9. Aufl. 2017, § 211 Rn. 67; aus der Rspr. vgl. zuletzt BGH B. v. 16.02.2021 – 2 StR 391/20 – NStZ-RR 2021, 171 = StV 2022, 94.

Nach der Rspr.[75] und der h. L.[76] genügt für eine Ermöglichungsabsicht auch die Absicht, eine bereits vollendete Tat zu beenden, worunter dann mithin die Tötung zur Sicherung eines bereits erlangten Gewahrsams fällt.

Die Gegenauffassung[77] lehnt dies unter Hinweis auf die formelle Vollendung ab.

In der Tat überzeugt es – ebenso wenig wie bei der Problematik einer sukzessiven Qualifikation, Mittäterschaft oder Beihilfe – nicht, das Beendigungsstadium in einen materiellen Tatbegriff mit einzubeziehen. Dies ergibt sich aus der Existenz des § 252 StGB sowie dem vom Wortlaut vorausgesetzten Finalitätszusammenhang. Außerdem wird das merkwürdige Ergebnis gleichzeitiger Ermöglichungs- und Verdeckungsabsicht (zumindest für Fälle des Eventualvorsatzes) vermieden; auch die Ermöglichung eines Hausfriedensbruchs nach § 123 I StGB ist nicht gesichert. In diesen Fällen scheidet mithin eine Ermöglichungsabsicht aus,[78] sodass eine Handhabung *in dubio pro reo* erforderlich sein könnte.

M könnte aber in der Absicht gehandelt haben, eine andere Straftat zu verdecken.

Hier stellt sich das spiegelbildliche Problem bei der Sachverhaltsauslegung: Es ist unklar, wann die Hiebe erfolgten, sodass M zu einem frühen Zeitpunkt u. U. (noch) nicht die Verdeckung einer anderen Tat (zumindest Hausfriedensbruch, ggf. auch versuchter Diebstahl/Raub) beabsichtigte (sondern eben nur eine Ermöglichung der Wegnahme).

Um zu verhindern, dass aufgrund dieser Sachverhaltsungewissheit beide Mordmerkmale verneint werden müssen, könnte eine unechte wahldeutige Feststellung greifen.

Umstritten ist allerdings bereits die grundsätzliche Zulässigkeit einer solchen alternativen Verurteilung, zumindest in Fällen der echten Wahlfeststellung (Rechtsnormungewissheit): Während die ganz h. M.[79] inkl. BGH und BVerfG sogar die echte Wahlfeststellung unter bestimmten Voraussetzungen zulassen, lehnt eine Minderheitsauffassung[80] dies unter Hinweis auf Art. 103 II GG ab.

Überzeugender ist aber die h. M., für die das unbefriedigende Ergebnis eines Freispruchs in Fällen streitet, in denen feststeht, dass der Täter sich strafbar gemacht hat (und nur nicht, nach welcher Norm genau). Jedenfalls unter den

---

[75] S.o.

[76] Etwa Kindhäuser/Hilgendorf, LPK, 9. Aufl. 2022, § 211 Rn. 35; Sinn, in: SK-StGB, 9. Aufl. 2017, § 211 Rn. 67.

[77] Graul JR 1993, 510 (511).

[78] A. A. vertretbar.

[79] S. nur B. Heinrich, AT, 7. Aufl. 2022, Rn. 1466ff.; aus der Rspr. vgl. zuletzt BGH U. v. 09.01.2020 – 3 StR 288/19 – NStZ-RR 2020, 175; BGH B. v. 27.04.2021 – 5 StR 44/21 (Anm. RÜ 2021, 439).

[80] Z. B. Frister, in: NK-StGB, 5. Aufl. 2017, nach § 2 Rn. 76ff.; eine die Zulässigkeit verneinende Anfrage des 2. Strafsenats des BGH (BGH B. v. 28.01.2014 – 2 StR 495/12 – NStZ 2014, 392 = NStZ-RR 2014, 307 = StV 2014, 580 (Anm. von Heintschel-Heinegg JA 2014, 710; Jahn JuS 2014, 753; Bosch JK 2014 GG Art. 103 II/6; Wagner ZJS 2014, 436; LL 2014, 740; RÜ 2014, 507; famos 9/2014; Schuhr NStZ 2014, 437; Frister StV 2014, 584; Stuckenberg ZIS 2014, 461; Bauer wistra 2014, 475; Kröpil JR 2015, 116)) führte zur o. a. bejahenden Entscheidung des Großen Senats, sodass der Vorstoß erfolglos blieb.

entwickelten engen Voraussetzungen greifen die Bedenken gegen die echte Wahlfeststellung nicht durch.[81]

Voraussetzung für eine Wahlfeststellung ist die rechtsethische (gleiche Schwere der Schuldvorwürfe und eine nach dem allgemeinen Rechtsempfinden sittlich und rechtlich vergleichbare Bewertung, insbesondere Betroffenheit derselben oder ähnlicher Rechtsgüter) und psychologische Vergleichbarkeit (vergleichbare psychische Beziehung des Täters zur Tat: Einstellung zu den Rechtsgütern sowie Motivationslage ähnlich) der im Raum stehenden Taten.[82]

Im Hinblick auf die sog. unechte Wahlfeststellung bzgl. zweier Mordmerkmale[83] liegt dies vor: Das geschützte Rechtsgut und die angedrohte Strafe sind ohnehin identisch. Hinzu kommt die vergleichbare Motivationslage.

M handelte angesichts des offenbar ausgehandelten Beuteanteils auch habgierig.

Zwar ist problematisch, ob auch eine „Behaltegier" erfasst wird[84]; dies meint zum einen Fälle ersparter Aufwendungen,[85] zum anderen Tötungen während einer Beendigungsphase nach einer Vermögenserlangung („Beutesicherung"). Letztere Konstellation wird freilich einhellig als habgierig angesehen.[86]

Auf sonst niedrige Beweggründe ist nicht mehr einzugehen: Diese sind gegenüber der Ermöglichungs- und Verdeckungsabsicht und der Habgier subsidiär.[87]

II. Rechtswidrigkeit, Schuld
M handelte rechtswidrig und schuldhaft.

III. Ergebnis
M hat sich wegen Mordes strafbar gemacht, indem er A mit einem Stuhlbein auf den Schädel hieb, woran dieser verstarb.

---

[81] A. A. vertretbar.
[82] S. nur Fischer, StGB, 70. Aufl. 2023, § 1 Rn. 33, 40f.
[83] Hierzu Lackner/Kühl/Heger, StGB, 30. Aufl. 2023, § 211 Rn. 17; aus der Rspr. vgl. zuletzt BGH B. v. 16.02.2021 – 2 StR 391/20 – NStZ-RR 2021, 171 = StV 2022, 94.
[84] S. Sinn, in: SK-StGB, 9. Aufl. 2017, § 211 Rn. 19.
[85] Hierzu Bock, BT 1, 2018, S. 58ff.; Fischer, StGB, 70. Aufl. 2023, § 211 Rn. 11; aus der Rspr. vgl. OGH U. v. 24.08.1948 – StS 55/48 – OGHSt 1, 81 (Anm. von Weber SJZ 1949, 58); BGH U. v. 25.07.1952 – 1 StR 272/52 – BGHSt 3, 132 = NJW 1952, 1026; BGH U. v. 30.09.1952 – 1 StR 296/52 – BGHSt 3, 183 = NJW 1952, 1385; BGH U. v. 22.10.1957 – 1 StR 435/57 – BGHSt 10, 399 = NJW 1957, 1808; BGH U. v. 13.11.1979 – 1 StR 526/79; BGH B. v. 18.02.1993 – 1 StR 49/93 – NJW 1993, 1664 = NStZ 1993, 385 = StV 1993, 469 (Anm. Kühl, Höchstrichterliche Rspr. BT, 2002, Nr. 17; Otto JK 1994 StGB § 211/24); BGH U. v. 02.03.1995 – 1 StR 595/94 – BGHSt 41, 57 = NJW 1995, 2365 = NStZ 1995, 493; BGH U. v. 06.02.2002 – 1 StR 513/01 – BGHSt 47, 243 = NJW 2002, 2188 = NStZ 2002, 480 = StV 2002, 485 (Anm. Puppe, AT, 5. Aufl. 2022, § 34 Rn. 21ff.; Geppert JK 2002 StGB § 246/13; LL 2002, 686; RÜ 2002, 318; RA 2002, 353; Duttge/Sotelsek NJW 2002, 3756; Hoyer JR 2002, 517; Küpper JZ 2002, 1114; Cantzler/Zauner Jura 2003, 483; Heghmanns JuS 2003, 954; Otto NStZ 2003, 87; Freund/Putz NStZ 2003, 242; Ernst/Charchulla DRiZ 2003, 238).
[86] Bock, BT 1, 2018, S. 60; Schneider, in: MK-StGB, 4. Aufl. 2021, § 211 Rn. 62; aus der Rspr. vgl. zuletzt BGH B. v. 16.02.2021 – 2 StR 391/20 – NStZ-RR 2021, 171 = StV 2022, 94.
[87] Eschelbach, in: BeckOK-StGB, Stand 01.11.2022, § 211 Rn. 29.

C. § 249 I StGB
M könnte sich wegen Raubs strafbar gemacht haben, indem er das Geld des A entwendete und A erschlug.

I. Tatbestand

1. Objektiver Tatbestand
Bei dem Geld des A handelte es sich um für M fremde bewegliche Sachen.
 Diese müsste M weggenommen haben.
 Wegnahme ist der Bruch fremden und die Begründung neuen Gewahrsams.[88] Es ist unklar, ob M bereits in der Wohnung des A eigenen Gewahrsam begründete oder erst mit dem Verlassen der Wohnung. Dies kann hier noch dahinstehen.
 Angesichts des Sachverhalts ist auch von einem Nehmen auszugehen sowie von einem fehlenden Mitwirkungserfordernis, sodass es auf den Streit um die „Abgrenzung" von Raub und räuberischer Erpressung[89] nicht ankommt.
 M müsste ein sog. qualifiziertes Nötigungsmittel eingesetzt haben: Gewalt gegen eine Person oder Drohungen mit gegenwärtiger Gefahr für Leib oder Leben.
 Das Vorliegen von Drohungen ist nicht ersichtlich; in den Hieben mit dem Stuhlbein liegt aber ein durch Anwendung von (auch nur geringer) körperlicher Kraft verursachter körperlich wirkender Zwang gegen eine Person, der geeignet ist, die Freiheit der Willensentschließung oder Willensbetätigung gegen deren Willen auszuschalten (*vis absoluta*) oder zu beeinträchtigen (*vis compulsiva*),[90] mithin Gewalt gegen eine Person.
 Umstritten ist, ob die Gewalt kausal für die Wegnahme geworden sein muss.[91] Die h. M.[92] lehnt dies ab und problematisiert ggf. den Finalzusammenhang. Hier kann dies offenbleiben, ist doch bereits unklar, ob M die Gewalt vor oder nach der Wegnahme anwendete. Bei einer Gewaltausübung nach Wegnahme entfiele jedenfalls der Tatbestand des § 249 I StGB.[93]

---

[88] Bock, BT 2, 2018, S. 31; Fischer, StGB, 70. Aufl. 2023, § 242 Rn. 10; aus der Rspr. vgl. zuletzt BGH B. v. 03.03.2021 – 4 StR 338/20 – BGHSt 66, 55 = NJW 2021, 1545 = NStZ 2021, 425 = StV 2022, 15 (Anm. Kudlich JA 2021, 519; LL 2021, 682; RÜ 2021, 378; Lenk NJW 2021, 1547; El-Ghazi NStZ 2021, 427; Pschorr jurisPR-StrafR 10/2021 Anm. 5; Ruppert StV 2022, 17; Bechtel JR 2022, 39).

[89] Hierzu Bock, BT 2, 2018, S. 576ff.; Hillenkamp/Cornelius, 40 Probleme aus dem Strafrecht BT, 13. Aufl. 2020, 33. Problem; aus der Rspr. vgl. zuletzt BGH B. v. 11.08.2021 – 3 StR 63/21 – NStZ-RR 2022, 14 (Anm. Mitsch JuS 2022, 609); BGH U. v. 12.08.2021 – 3 StR 474/20 (Anm. RÜ 2021, 789).

[90] Bock, BT 2, 2018, S. 584; vgl. auch Sinn, in: SK-StGB, 9. Aufl. 2019, § 249 Rn. 6ff.; aus der Rspr. vgl. BGH U. v. 05.12.1961 – 5 StR 516/61 – BGHSt 16, 341 = NJW 1962, 356; BGH U. v. 19.04.1963 – 4 StR 92/63 – BGHSt 18, 329 = NJW 1963, 1210 (Anm. Preuße JuS 1963, 368; Knodel JZ 1963, 701); OLG Saarbrücken U. v. 04.07.1968 – Ss 8/68 – NJW 1969, 621.

[91] Hierzu Bock, BT 2, 2018, S. 591f.; Fischer, StGB, 70. Aufl. 2023, § 249 Rn. 6ff.

[92] S. nur Joecks/Jäger, StGB, 13. Aufl. 2021, § 249 Rn. 24f.

[93] Bock, BT 2, 2018, S. 589f.; Sinn, in: SK-StGB, 9. Aufl. 2019, § 249 Rn. 33; heute wohl unstrittig, anders Dreher MDR 1979, 529 (hiergegen spricht aber wiederum die Existenz des § 252 StGB).

2. Zwischenergebnis
M verwirklichte (*in dubio pro reo*) den Tatbestand des § 249 I StGB nicht.

II. Ergebnis
M hat sich nicht wegen Raubes strafbar gemacht, indem er Geld des A entwendete und A erschlug.

D. § 252 StGB
M könnte sich wegen räuberischen Diebstahls strafbar gemacht haben, indem er Geld des A entwendete und A erschlug.

I. Tatbestand
Zur Gewalt s. o.

Fraglich ist ob M diese verübte, als er bei einem Diebstahl auf frischer Tat betroffen wurde.

Unklar ist wiederum, ob M den A vor oder nach einer Wegnahme schlug.

Nach heute einhelliger Ansicht muss der in Bezug genommene Diebstahl bereits vollendet sein[94] (und darf – nach ganz h. M.[95] – noch nicht beendet sein). Daher wirkt sich die Sachverhaltsungewissheit wiederum – *in dubio pro reo* – tatbestandsausschließend aus.

II. Ergebnis
M hat sich nicht wegen räuberischen Diebstahls strafbar gemacht, indem er Geld des A entwendete und A erschlug.

E. §§ 249 I oder 252 StGB
In Betracht kommt aber wiederum eine Wahlfeststellung.

In der Tat wird eine Wahlfeststellung zwischen Raub und räuberischem Diebstahl für zulässig erachtet,[96] wofür die Gleichheit der Nötigungshandlungen sowie Strafrahmen und die gemeinsamen Konkurrenzregelungen streiten.

Die oben nicht geprüften jeweiligen weiteren Voraussetzungen des objektiven und subjektiven Tatbestands liegen (wahldeutig) vor.

Insbesondere ist i.R.d. § 249 I StGB auch die Absicht rechtswidriger Zueignung gegeben, wird doch M nicht geglaubt haben, dazu berechtigt zu sein, das Geld zurückzuholen, sodass kein entsprechender unter § 16 I 1 StGB fallender Irrtum anzunehmen ist.

---

[94] Bock, BT 2, 2018, S. 625f.; aus der Rspr. vgl. zuletzt BGH B. v. 06.07.2010 – 3 StR 180/10 – NStZ 2011, 36 = StV 2010, 634 (Anm. RA 2010, 698; Satzger JK 2011 StGB § 242/25; Hecker JuS 2011, 374; LL 2011, 246); BGH B. v. 16.09.2014 – 3 StR 373/14 – NStZ 2015, 276 = StV 2015, 114 (Anm. Satzger Jura 2015, 768; Jahn JuS 2015, 78; LL 2015, 494; RÜ 2015, 24; Dehne-Niemann NStZ 2015, 251).

[95] Bock, BT 2, 2018, S. 626; aus der Rspr. vgl. zuletzt LG Freiburg U. v. 29.06.2005 – 7 Ns 330 Js 5488/04 (Anm. Marlie ZIS 2006, 40); BGH U. v. 08.10.2014 – 5 StR 395/14 – NStZ 2015, 219 (Anm. RÜ 2015, 24). a. A. Dreher MDR 1979, 529.

[96] Sander, in: MK-StGB, 4. Aufl. 2021, § 252 Rn. 22.

M hat sich wegen Raubes oder räuberischen Diebstahls strafbar gemacht, indem er Geld des A entwendete und diesen erschlug.
Die §§ 242ff. StGB treten in Gesetzeskonkurrenz zurück.

F. §§ 249 I oder 252, 251 StGB

M könnte die Erfolgsqualifikation des § 251 StGB verwirklicht haben.
Aufgrund des Wortlauts „gleich einem Räuber" finden die §§ 250, 251 StGB auch auf den räuberischen Diebstahl Anwendung.[97]
A ist tot, die schwere Folge mithin eingetreten.
Hierfür wurde M auch kausal. Auch der spezifische Gefahrverwirklichungszusammenhang ist gegeben.
M handelte sogar vorsätzlich, s. o., sodass es auf Leichtfertigkeit nicht ankommt.
M ist nach § 251 StGB zu bestrafen.
Gegenüber §§ 212, 211 StGB besteht keine Gesetzeskonkurrenz, damit das spezifische Handlungsunrecht (Verknüpfung von Tötung und Zueignungsabsicht bzw. Besitzerhaltungsabsicht) zum Ausdruck gebracht wird,[98] und zwar selbst dann, wenn die Mordstrafe auf der Ermöglichungsabsicht und auf Habgier beruht.[99]
Problematisch ist, ob § 251 StGB den § 250 StGB in allen Varianten verdrängt.
Die h. M.[100] nimmt dies an.
Eine Gegenauffassung[101] akzeptiert dies nur für § 250 II Nr. 3 lit. b StGB.
Zutreffend ist aber, wie bei §§ 227 und 224 StGB,[102] die h. M.: Für alle Begehungsweisen ist Gesetzeskonkurrenz richtig, denn alle Varianten des § 250 StGB beruhen auf einer (mindestens abstrakt, z. T. konkret) gesteigerten Gefährlichkeit für Leib und Leben des Geschädigten. Eine Klarstellung via Tateinheit ist mithin nicht geboten, § 251 StGB erfasst das Unrecht hinreichend.[103]

G. §§ 223 I, 224 I, 227 StGB

Der vollendete Mord verdrängt die Körperverletzungsdelikte, die als notwendige Durchgangsdelikte materiell subsidiär sind, in Gesetzeskonkurrenz.[104]

H. § 123 I StGB

Es ist zwar etwas unklar, wie M zu A gelangte; in Betracht kommt grundsätzlich auch ein tatbestandsausschließendes Einverständnis (an dessen Wirksamkeit auch eine Täuschung nach h. M. nichts ändert[105]), allerdings rechnete M damit, von A bei

---

[97] Bock, BT 2, S. 638.
[98] Sinn, in: SK-StGB, 9. Aufl. 2019, § 251 Rn. 23.
[99] A. A. vertretbar.
[100] S. nur Sinn, in: SK-StGB, 9. Aufl. 2019, § 251 Rn. 23.
[101] Kindhäuser, in: NK-StGB, 5. Aufl. 2017, § 251 Rn. 12.
[102] S. nur Sternberg-Lieben, in: Schönke/Schröder, 30. Aufl. 2019, § 224 Rn. 16.
[103] A. A. vertretbar.
[104] Heute unstrittig, s. nur Fischer, StGB, 70. Aufl. 2023, § 211 Rn. 107, § 227 Rn. 12.
[105] Zur Kontroverse Bock, BT 1, 2018, S. 320f.; aus der Rspr. vgl. OLG München B. v. 10.03.1972 – 2 Ws 40/72 – NJW 1972, 2275 (Anm. Otto NJW 1973, 667; Stückemann JR 1973, 414; Amelung/

der Tat bemerkt zu werden, wollte sich also offenbar heimlich und somit ohne Einverständnis Zutritt verschaffen.

Zum Strafantragserfordernis s. § 123 II StGB.

Angesichts dessen, dass die §§ 242ff. StGB gegenüber §§ 249/252, 251 StGB zurücktreten, wird § 123 StGB auch nicht von §§ 242, 244 I Nr. 3, IV StGB verdrängt.

J. § 303 I StGB
Für § 303 I StGB bestehen keine Anhaltspunkte; es ist möglich, dass M sich Zutritt verschaffte, ohne einen Sachbeschädigungserfolg zu verursachen.

K. § 261 I Nr. 3 StGB
Zwar handelt es sich bei dem Bargeld, um einen Gegenstand, der aus einer rechtswidrigen Tat – Totschlag des A an O – herrührt (ein Gegenstand rührt dann aus einer rechtswidrigen Tat her, wenn sich dieser im Sinne eines Kausalzusammenhangs auf die Vortat zurückführen lässt[106]) und M verschaffte sich diesen auch, indem er die Geldscheine an sich nahm.

Allerdings ist er gem. §§ 212 I, 26 StGB wegen Beteiligung an der Vortat strafbar, sodass der persönliche Strafausschließungsgrund des § 261 VII StGB greift. Für ein In-den-Verkehr-Bringen unter Verschleierung der Herkunft ist jedenfalls noch nichts ersichtlich, sodass die Ausnahmeregelung des § 261 VII StGB nicht einschlägig ist.

2. Abschnitt: Strafbarkeit des O

A. §§ 212, 26 StGB
Eine Anstiftung zum Totschlag scheitert am fehlenden Tötungsvorsatz, sodass sich die Tat des M als Exzess darstellt.[107] O wollte, dass M den A bewusstlos schlägt. Von einem billigenden Inkaufnehmen des Todes ist nicht auszugehen.[108]

B. §§ 249 I oder 252, 251, 26 StGB
O könnte sich wegen Anstiftung zum Raub oder zum räuberischen Diebstahl mit Todesfolge strafbar gemacht haben, indem er M einweihte und diesem später riet, einen Knüppel mitzunehmen.

Zur Haupttat s. o.

Aus § 11 II StGB folgt, dass auch § 251 StGB als Haupttat einer Anstiftung in Frage kommt.

Schall JuS 1975, 565); BGH U. v. 06.02.1997 – 1 StR 527/96 – NJW 1997, 1516 = NStZ 1997, 448 = StV 1997, 233 (Anm. Hilger NStZ 1997, 449; Wollweber StV 1997, 507; Frister JZ 1997, 1130; Roxin StV 1998, 43; Nitz JR 1998, 211).

[106] Ruhmannseder, in: BeckOK StGB, Stand 01.11.2022, § 261 Rn. 15.
[107] S. BGH U. v. 03.06.1964 – 2 StR 14/64 – BGHSt 19, 339 (340).
[108] A. A. vertretbar, zumal bei A Vorsatz bejaht.

In Bezug auf einen Raub oder einen räuberischen Diebstahl als Haupttat ist allerdings problematisch, dass M offenbar zum einen von allein auf die Idee der Gewaltanwendung gekommen war und zum anderen O lediglich noch riet, einen Knüppel mitzunehmen.

In Bezug auf das Grunddelikt war M mithin bereits zur Tat entschlossener sog. *omnimodo facturus*.[109] Es ist umstritten, ob dies dazu führt, dass auch eine Anstiftung zur Qualifikation ausgeschlossen ist oder ob eine solche aufgrund sog. Aufstiftung möglich bleibt.[110]

Die Rspr.[111] und Teile der Lehre[112] nehmen letzteres an, sodass eine Anstiftung durch O möglich bliebe.

Andere Teile der Lehre[113] lehnen eine Anstiftung ab.

Für eine (Gesamt-)Anstiftung/Aufstiftung spricht, dass durch den Ratschlag eine Änderung der Tatidentität stattgefunden hat, und zwar hin zu einem erheblich höheren Unrechtsgehalt.

Dem entgegenzuhalten (mit dem sog. Trennungsprinzip) ist jedoch, dass der Täter im Hinblick auf das Grunddelikt schon entschlossen war und das Bestimmen nur noch eine Beeinflussung der Modalitäten darstellte, da das Grunddelikt notwendiger Bestandteil der Qualifikation ist. In der Tat überzeugt nur insofern eine tätergleiche Zurechnung des Haupttatunrechts via § 26 StGB. Es mangelt an einem Bestimmen zum Raub oder räuberischen Diebstahl, eine Anstiftung zur Erfolgsqualifikation scheidet damit ebenfalls aus.[114]

O hat sich nicht wegen Anstiftung zum Raub oder zum räuberischen Diebstahl mit Todesfolge strafbar gemacht, indem er M einweihte und diesem später riet, einen Knüppel mitzunehmen.

C. §§ 249 I oder 252, 251, 27 StGB

O könnte sich wegen Beihilfe zum Raub oder zum räuberischen Diebstahl mit Todesfolge strafbar gemacht haben, indem er M riet, einen Knüppel mitzunehmen.

Zur Haupttat s. o.

O müsste i. S. d. § 27 I StGB Hilfe geleistet haben. Hilfeleisten ist – bei im Einzelnen umstrittenen Anforderungen[115] – jede Förderung der Tathandlung oder des Erfolgseintritts.

---

[109] Zum *omnimodo facturus* Wessels/Beulke/Satzger, AT, 52. Aufl. 2022, Rn. 883ff.; aus der Rspr. vgl. zuletzt BGH U. v. 01.07.2021 – 3 StR 84/21 – NStZ-RR 2021, 273 (Anm. RÜ 2021, 709).

[110] Hierzu Wessels/Beulke/Satzger, AT, 52. Aufl. 2022, Rn. 884ff.

[111] BGH U. v. 03.06.1964 – 2 StR 14/64 – BGHSt 19, 339.

[112] Fischer, StGB, 70. Aufl. 2023, § 26 Rn. 5; Krey/Esser, AT, 7. Aufl. 2022, Rn. 1047.

[113] Bock JA 2007, 599 (602) m. w. N.; B. Heinrich, AT, 7. Aufl. 2022, Rn. 1302.

[114] A. A. vertretbar.

[115] Hierzu Wessels/Beulke/Satzger, AT, 52. Aufl. 2022, Rn. 902.; aus der Rspr. vgl. zuletzt BayObLG U. v. 25.02.2022 – 201 StRR 95/21 – NStZ 2022, 486 = StV 2022, 645 (Anm. Mosbacher NStZ 2022, 491; Lenk JZ 2022, 623); BGH B. v. 04.05.2022 – AK 17/22 – NStZ-RR 2022, 227 = StV 2022, 510.

O erteilte den Ratschlag, zur leichteren Durchführung der Tat einen Knüppel mitzunehmen, was auch geschah. Es handelt sich um eine sog. kognitive Beihilfe, welche anerkannt ist.[116]

Im Hinblick auf § 251 StGB handelte O angesichts der Vorhersehbarkeit des Einsatzes des Knüppels inkl. der Todesgefährlichkeit selbst (§ 29 StGB) leichtfertig.

O handelte vorsätzlich, rechtswidrig und schuldhaft.

O hat sich wegen Beihilfe zum Raub oder zum räuberischen Diebstahl mit Todesfolge strafbar gemacht, indem er M riet, einen Knüppel mitzunehmen.

D. § 222 StGB

Angesichts der Vorhersehbarkeit des Einsatzes des Knüppels inkl. der Todesgefährlichkeit hat O eine fahrlässige Tötung begangen (es gilt das Einheitstäterprinzip[117]).

Trotz (einheits-)täterschaftlicher Begehung ist aber von Gesetzeskonkurrenz gegenüber der Beihilfe zum Raub oder zum räuberischen Diebstahl mit Todesfolge auszugehen, sofern – wie hier – die Tathandlung der fahrlässigen Tötung identisch mit der Hilfeleistung ist.[118]

E. §§ 223 I, 227, 26 StGB

M war im Hinblick auf das Niederschlagen *omnimodo facturus*, sodass eine Anstiftung durch den Vorschlag, einen Knüppel mitzunehmen, ausscheidet, s. o.

F. §§ 223 I, 227, 27 StGB

Es liegt aber eine entsprechende (psychische) Beihilfe vor, vgl. o.

Die Haupttat des M in Gestalt der §§ 223 I, 227 StGB lebt insofern wieder auf (eine Gesetzeskonkurrenz liegt hier nicht vor: O hatte keinen Vorsatz zur Anstiftung zu einem Totschlag).

Das Schlagen mit dem Knüppel verwirklichte § 223 I StGB. Auch die Voraussetzungen des § 227 StGB liegen vor, insbesondere die Fahrlässigkeit bzgl. des Todeseintritts.

Um klarzustellen, dass der Todesfolge nicht nur ein Raub bzw. ein räuberischer Diebstahl, sondern auch eine vorsätzliche Körperverletzung vorausging, ist keine Gesetzeskonkurrenz anzunehmen.

§ 227 StGB verdrängt § 224 StGB,[119] sodass es auf die Merkmale des § 224 StGB nicht mehr ankommt.

G. §§ 242, 244 I Nr. 3, 26 StGB

O hatte M dafür gewonnen, in die Wohnung des A einzubrechen und das Geld zu entwenden, was auch geschah.

In dem Raub des M ist der Diebstahl enthalten. Die Wohnung des A sowie das Eindringen des M erfüllen auch § 244 I Nr. 3 StGB. Hierzu hatte O den M auch ge-

---

[116] Hoyer, in: SK-StGB, 9. Aufl. 2017, § 27 Rn. 11.
[117] Hierzu Fischer, StGB, 70. Aufl. 2023, vor § 25 Rn. 1; näher Bock Jura 2005, 673.
[118] A. A. vertretbar.
[119] H.M., s. Eschelbach, in: BeckOK-StGB, Stand 01.11.2022, § 227 Rn. 24.

wonnen, d. h. i. S. d. § 26 StGB bestimmt. Bei lebensnaher Auslegung wählte M auch eine der Methoden des § 244 I Nr. 3 StGB, was O wusste.

Um klarzustellen, dass O zu einem Diebstahl anstiftete, während bzgl. eines qualifizierten Raubes bzw. räuberischen Diebstahls lediglich eine Beihilfe anzunehmen ist (s. o.), kommt eine Gesetzeskonkurrenz nicht in Betracht.

Anderes gilt bzgl. §§ 242 I, 244 I Nr. 1 StGB: Hier wäre wieder auf den Vorschlag, einen Knüppel mitzunehmen, abzustellen, worin aber angesichts des Vorherigen kein Bestimmen gesehen werden kann (in diesem Zeitpunkt war M bereits *omnimodo facturus* bzgl. des Diebstahls, s. o.). Eine entsprechende Beihilfe tritt in Gesetzeskonkurrenz hinter die Anstiftung zurück.

H. §§ 123 I, 26 StGB
§ 123 StGB wird durch § 244 I Nr. 3 StGB in Gesetzeskonkurrenz verdrängt (Konsumtion),[120] was auch für die jeweiligen Anstiftungen gilt.

3. Abschnitt: Strafbarkeit der G1[121]

A. §§ 212, 27 StGB
Eine Beihilfe zum Totschlag scheitert am fehlenden Tötungsvorsatz, sodass sich die Tat des M als Exzess darstellt.

B. §§ 249 I oder 252, 251, 27 StGB
G1 könnte sich wegen Beihilfe zum Raub oder zum räuberischen Diebstahl mit Todesfolge strafbar gemacht haben, indem sie M begleitete.

I. Tatbestand

1. Objektiver Tatbestand
Zur Haupttat des M s. o.

Ob eine eigene (§ 29 StGB) Leichtfertigkeit (§ 251 StGB) der G1 in Bezug auf den Todeserfolg vorliegt, kann dahinstehen, wenn es an einem Hilfeleisten mangeln sollte.

Insbesondere problematisch ist die Annahme einer solchen Förderung, wenn weder physische noch kognitive Beihilfe vorliegt und sich die Handlung in einer sog. psychischen (genauer voluntativen) Beihilfe erschöpft.[122]

---

[120] Bosch, in: Schönke/Schröder, 30. Aufl. 2019, § 244 Rn. 39.
[121] Nach OLG Düsseldorf B. v. 05.09.2005 – 2 Ss 24/05 – 16/05 III – NStZ-RR 2005, 336 (Anm. RÜ 2005, 530; Geppert JK 2006 StGB § 27/19).
[122] Zur voluntativen Beihilfe Wessels/Beulke/Satzger, AT, 52. Aufl. 2022, Rn. 902; aus der Rspr. vgl. zuletzt BGH B. v. 02.11.2022 – 3 StR 12/22 – NStZ-RR 2023, 49 (Anm. Dastis jurisPR-StrafR 2/2023 Anm. 2).

Zwar erkennen Rspr. und h. L.[123] eine solche voluntative Beihilfe entgegen einer beachtlichen Minderheitsauffassung[124] prinzipiell an. Jedoch grenzen auch sie die so geartete Beihilfe ab von bloßer Kenntnis und innerer Billigung sowie reiner Anwesenheit des Betreffenden, ferner vom Unterlassensvorwurf, für den eine Garantenstellung erforderlich ist.[125] Zu beachten ist die Straflosigkeit der versuchten Beihilfe (mangels Normierung in § 30 StGB). Grundsätzlich reicht bloße Anwesenheit am Tatort in Kenntnis einer Straftat selbst bei deren Billigung nicht aus, die Annahme von Beihilfe i. S. eines aktiven Tuns zu begründen.[126] Anderes gilt nur dann, wenn die Billigung der Tat gegenüber dem Täter zum Ausdruck gebracht und dieser dadurch in seinem Tatentschluss oder in der Bereitschaft, ihn weiterzuverfolgen, bestärkt wird und die Tat in ihrer konkreten Gestalt gefördert oder erleichtert wird. Jedoch ist auch in diesem Fall – wie bei jeder strafrechtlichen Verantwortlichkeit für positives Tun – ein durch Handeln erbrachter Tatbeitrag des Gehilfen unabdingbare Voraussetzung; dieser kann im Einzelfall schon darin bestehen, dass der Gehilfe den Haupttäter im Wissen um dessen Vorhaben zur Tatausführung begleitet, etwa mitfährt oder mitgeht, seine Anwesenheit gleichsam „einbringt", um den Haupttäter in seinem Tatentschluss zu bestärken und ihm das Gefühl erhöhter Sicherheit zu geben.

Fraglich ist, ob es ausreicht, dass der nervöse M durch die Anwesenheit der G1 die Wartezeit „besser bewältigen" konnte: Dass der Tatentschluss des M, der bereits fest zur Tat entschlossen war, beeinflusst worden wäre, ist nicht ersichtlich, sodass keine Bestärkung stattgefunden hat. Zwar war M nervös, die Ablenkung während der (ansonsten ja eher ablenkungsfreien) Fahrtzeit hat aber zumindest *in dubio pro reo* bei Begehung der Tat keinerlei fördernden Einfluss mehr gehabt. Gleiches gilt für das (offenbar geschehene) Warten während der Tat – mangels Angaben im Sachverhalt. Aus dem Aufteilen der Beute lässt sich eine Förderungsleistung nicht schließen.

Ein Hilfeleisten liegt nicht vor.[127]

Auch eine sukzessive Beihilfe[128] durch das Teilen der Beute scheidet aus: Die Aufteilung geschah erst nach Sicherung des Gewahrsams, also nach Beendigung der Tat, sodass unstritig kein Hilfeleisten zur Haupttat mehr möglich war.[129]

Auf die Frage einer sog. „neutralen" Beihilfe[130] kommt es nicht mehr an.

---

[123] S. nur Kindhäuser/Hilgendorf, LPK, 9. Aufl. 2022, § 27 Rn. 10f.

[124] Hruschka JR 1983, 177; Puppe, AT, 5. Aufl. 2023, § 26 Rn. 6f.; restriktiv auch Hoyer, in: SK-StGB, 9. Aufl. 2017, § 27 Rn. 13f.

[125] Zsf. etwa B. Heinrich, AT, 7. Aufl. 2022, Rn. 1322.

[126] So (auch zum Folgenden) OLG Düsseldorf B. v. 05.09.2005 – 2 Ss 24/05 – 16/05 III – NStZ-RR 2005, 336.

[127] A. A. vertretbar.

[128] Zur sukzessive Beihilfe Hoyer, in: SK-StGB, 9. Aufl. 2017, § 27 Rn. 15ff.; aus der Rspr. vgl. zuletzt BGH B. v. 25.11.2021 – 4 StR 103/21 – NStZ 2022, 219 und 250 = NStZ-RR 2022, 51 (Anm. Hecker JuS 2022, 780); BGH B. v. 02.11.2022 – 3 StR 12/22 – NStZ-RR 2023, 49 (Anm. Dastis jurisPR-StrafR 2/2023 Anm. 2).

[129] S. auch OLG Düsseldorf B. v. 05.09.2005 – 2 Ss 24/05 – 16/05 III – NStZ-RR 2005, 336 (337).

[130] Hierzu Wessels/Beulke/Satzger, AT, 52. Aufl. 2022, Rn. 908; aus der Rspr. vgl. zuletzt BayObLG U. v. 25.02.2022 – 201 StRR 95/21 – NStZ 2022, 486 = StV 2022, 645 (Anm. Mosbacher

2. Zwischenergebnis
G1 erfüllte den objektiven Tatbestand nicht.

II. Ergebnis
G1 hat sich nicht wegen Beihilfe zum Raub oder zum räuberischen Diebstahl mit Todesfolge strafbar gemacht, indem sie M begleitete.

Entsprechendes gilt in Bezug auf weitere Haupttaten des M.

C. §§ 249 I oder 252, 251, 27,[131] 13 StGB
G1 könnte sich wegen Beihilfe durch Unterlassen zum Raub oder zum räuberischen Diebstahl mit Todesfolge strafbar gemacht haben, indem sie M begleitete und nicht an der Tat hinderte.

Allerdings ist eine sog. Garantenstellung der G1 nicht ersichtlich, insbesondere nicht aus Ingerenz[132]: Ein in Bezug auf die Tat des M risikoerhöhendes Verhalten ist nicht ersichtlich. Ihre Beteiligung an der Tötung des G2 spielt mangels Rechtsgutsidentität keine Rolle.

D. § 221 I StGB
Aus vergleichbarem Grund scheidet auch § 221 I Nr. 2 StGB aus.

E. § 138 I StGB
G1, die in alles eingeweiht, selbst aber keine Beteiligte war (s. o., sodass es auf die Frage der Deliktsverwirklichung durch – eventuell[133] – Beteiligte[134] nicht ankommt), hat sich wegen Nichtanzeige geplanter Straftaten strafbar gemacht.

Insbesondere zur Katalogtat s. § 138 I Nr. 7 StGB.

Zwar blieb zunächst offen, wann M seine Gewalt einsetzen musste bzw. wollte, sodass beachtlich sein könnte, dass § 252 StGB nicht als Katalogtat von § 138 I

NStZ 2022, 491; Lenk JZ 2022, 623); BGH B. v. 09.06.2022 – 5 StR 407/21 – NStZ 2022, 686.

[131] Kein Anprüfen der Mittäterschaft, da recht evident keine Tatherrschaft bzw. kein Täterwillen, obwohl späterer Beuteanteil.

[132] Zur Ingerenz Wessels/Beulke/Satzger, AT, 52. Aufl. 2022, Rn. 1196; aus der Rspr. vgl. zuletzt BGH B. v. 28.06.2022 – 6 StR 68/21 (Insulin) – NJW 2022, 3021 = NStZ 2022, 663 = StV 2023, 9 (Anm. Bosch Jura 2022, 1507; Jäger JA 2022, 870; Hecker JuS 2022, 1073; RÜ 2022, 638; famos 10/2022; Grünewald NJW 2022, 3025; Hoven/Kudlich NStZ 2022, 667; Walter JR 2022, 621; Franzke/Verrel JZ 2022, 1116; Murmann ZfIStW 2022, 530; Pauli HRRS 2022, 281; Ofterdinger/Kuhli ZJS 2023, 170; Ziegler StV 2023, 65; Seifert HRRS 2023, 13).

[133] Hierzu Bock, BT 1, 2018, S. 427ff.; aus der Rspr. vgl. zuletzt BGH B. v. 09.03.2010 – 3 ARs 3/10 – NStZ-RR 2010, 204; BGH B. v. 11.03.2010 – 1 ARs 1/10; BGH B. v. 17.03.2010 – 2 ARs 45/10 (Anm. RÜ 2010, 369); BGH B. v. 23.03.2010 – 4 ARs 3/10; BGH U. v. 19.05.2010 – 5 StR 464/09 – BGHSt 55, 148 = NJW 2010, 2291 = NStZ 2010, 449 (Anm. Geppert JK 2010 StGB § 138/4; Heghmanns ZJS 2010, 788; famos 12/2010; Schiemann NJW 2010, 2293; Ziemann/Ziethen HRRS 2010, 477; Lampe jurisPR-StrafR 13/2010 Anm. 2; LL 2011, 112; RA 2010, 341; Hohmann NStZ 2011, 32; Kröpil DRiZ 2011, 25).

[134] Hierzu Bock, BT 1, 2018, S. 426f.; aus der Rspr. vgl. zuletzt BGH U. v. 10.08.2016 – 2 StR 493/15 – StV 2017, 441 (Anm. RÜ 2017, 95).

StGB aufgeführt wird, allerdings ist davon auszugehen, dass in einer solchen Situation Vorhaben im Hinblick auf alle in Betracht kommenden Delikte existieren.

F. § 323c I StGB

G1 könnte sich wegen unterlassener Hilfeleistung strafbar gemacht haben.

Ein Unglücksfall ist ein plötzlich eintretendes Ereignis, das erhebliche Gefahren für Menschen oder Sachen hervorruft oder hervorzurufen droht.[135] Hierunter fallen auch Straftaten Dritter.[136] Die nicht unproblematische Frage, wann sich beim vorliegend zeitlich sehr gestreckten Vorhaben des M eine Verpflichtung der G1 zu welchem Einschreiten ergeben haben könnte, kann allerdings dahinstehen: § 323c I StGB wird durch § 138 StGB in Gesetzeskonkurrenz (Spezialität) verdrängt.[137]

G. § 259 I StGB

G1 hat sich ferner wegen Hehlerei strafbar gemacht, indem sie von M einen Anteil an der Beute entgegennahm und sich daher i. S. d. § 259 I StGB verschaffte.

Mangels eigener Vortatbeteiligung der G1 (s. o.) kommt es auf die Problematik, ob Teilnehmer der Vortat taugliche Hehlereitäter sind,[138] nicht an.

H. § 261 I Nr. 3 StGB

G1 hat auch eine Geldwäsche (in Form des Sichverschaffens) begangen, indem sie von M einen Anteil an der Beute entgegennahm.

Fraglich ist jedoch das Konkurrenzverhältnis zwischen Hehlerei und Geldwäsche, ist nach Aufgabe des Vortatenkatalogs jeder Fall der Hehlerei in Form des Sichverschaffens zugleich auch ein Fall der Geldwäsche (in Form des Sichverschaffens). Der gesetzgeberischen Intention zur Ausdehnung der Geldwäschestrafbarkeit würde aber nicht genügt, wenn die voraussetzungsärmere (die Geldwäsche in der Form des Sichverschaffens verlangt anders als § 259 StGB keine Bereicherungsabsicht, ferner ist der Begriff des „Gegenstands" i. S. d. § 261 I StGB weiter als der der „Sache" i. S. d. § 259 I StGB) stets hinter die Hehlerei zurücktreten würde. Die Geldwäsche gem. § 261 I Nr. 3 StGB steht daher mit der Hehlerei in Tateinheit, § 52 I StGB.[139]

---

[135] Bock, BT 1, 2018, S. 644; aus der Rspr. vgl. BGH U. v. 20.10.2011 – 4 StR 71/11 – BGHSt 57, 42 = NJW 2012, 1237 = NStZ 2012, 142 = StV 2012, 403 (Anm. Bosch JK 2012 StGB § 13 I/45; Jäger JA 2012, 392; Wagner ZJS 2012, 704; LL 2012, 269; RÜ 2012, 97; famos 6/2012; Mansdörfer/Trüg StV 2012, 432; Roxin JR 2012, 305; Schramm JZ 2012, 969; Kudlich HRRS 2012, 177; Kuhn wistra 2012, 297; Poguntke CCZ 2012, 158; Bülte NZWiSt 2012, 176; Schlösser NZWiSt 2012, 281; Zimmermann WiJ 2013, 94; Selbmann HRRS 2014, 235); OLG Koblenz B. v. 14.03.2014 – 5 U 9/14 (Anm. Ambrosy jurisPR-StrafR 11/2014 Anm. 3).

[136] Bock, BT 1, 2018, S. 645; Stein/Wolters, in: SK-StGB, 10. Aufl. 2023, § 323c Rn. 16; aus der Rspr. vgl. zuletzt BGH U. v. 12.08.2015 – 2 StR 115/15 – NStZ-RR 2015, 375; BGH B. v. 11.04.2017 – 2 StR 345/16 – NStZ-RR 2017, 212.

[137] Hohmann, in: MK-StGB, 4. Aufl. 2021, § 138 Rn. 24.

[138] Hierzu Bock, BT 2, 2018, 708ff.; aus der Rspr. vgl. zuletzt BGH B. v. 25.11.2021 – 4 StR 103/21 – NStZ 2022, 219 und 250 = NStZ-RR 2022, 51 (Anm. Hecker JuS 2022, 780).

[139] A. A. vertretbar.

J. § 246 I StGB
Die Unterschlagung ist gem. § 246 I a.E. StGB formell subsidiär.

3. Teil: Geplante Tötung des Lebensgefährten der Frau des O[140]

1. Abschnitt: Strafbarkeit des O

- §§ 212 I, 30 I 1 1. Var. StGB -
O könnte sich wegen versuchter Anstiftung zum Totschlag strafbar gemacht haben, indem er den Lebensgefährten seiner Ehefrau durch N töten lassen wollte.

I. Sog. „Vorprüfung": Nichtvollendung, Strafbarkeit des Versuchs
Zu einer vollendeten Anstiftung zu einem vollendeten oder versuchten Delikt kam es nicht.

Totschlag ist – wie von § 30 StGB vorausgesetzt – gem. § 12 I StGB ein Verbrechen.

II. Tatbestand

1. Vorstellung von der Verwirklichung des Tatbestands (sog. Tatentschluss, subjektiver Tatbestand)
O müsste Vorsatz dahingehend gehabt haben, den N zum Totschlag anzustiften.

Aus der Summe der Äußerungen des O gegenüber N folgt ohne Weiteres, dass er N zur Tötung des Lebensgefährten veranlassen wollte, sodass sein Vorsatz auf ein Bestimmen, d. h. Hervorrufen des Tatentschlusses gerichtet war.

Erforderlich ist eine hinreichende Konkretisierung der ins Auge gefassten Haupttat.[141]

Vorliegend konkretisierten O und N die Tat beim zweiten Treffen, welches mit dem ersten Treffen in einem engen zeitlichen Zusammenhang stand, weiter und zwar auch schon für den Fall, dass die Einigung mit der geschiedenen Frau scheitern würde. Das Tatopfer war individualisiert und die Modalitäten der Tatausführung waren abgesprochen, wobei der präsumtive Täter insoweit die näheren Einzelheiten selbst festlegen sollte. Die Tat war so weit konkretisiert, dass sie der Angestiftete hätte begehen können, wenn er dies gewollt hätte.[142]

Die Bestimmung des nicht offen ermittelnden Polizeibeamten als präsumtiver Täter war allerdings – was O nicht wusste – untauglich, da N von vornherein in

---

[140] Nach BGH U. v. 14.06.2005 – 1 StR 503/04 – BGHSt 50, 142 = NJW 2005, 2867 = NStZ 2005, 626 = StV 2005, 660 (Anm. LL 2005, 753; RÜ 2005, 534; RA 2005, 604; Kudlich JA 2006, 91; Kütterer-Lang JuS 2006, 206; Kühl NStZ 2006, 94; Puppe JR 2006, 75; Mosenheuer ZIS 2006, 99; Steinberg GA 2008, 516).
[141] Wessels/Beulke/Satzger, AT, 52. Aufl. 2022, Rn. 914f.; aus der Rspr. vgl. zuletzt BGH B. v. 08.05.2019 – 1 StR 76/19 – NStZ 2019, 595 = StV 2020, 86 (Anm. Bosch Jura 2019, 1120; Eisele JuS 2019, 1028; RÜ 2019, 713; Rückert NStZ 2019, 597).
[142] S. BGH U. v. 14.06.2005 – 1 StR 503/04 – BGHSt 50, 142 (145).

Wirklichkeit nie zu einer Tatbegehung bereit war. Auch untaugliche Versuche sind aber unstrittig strafbar, wie sich aus § 23 III StGB schließen lässt, und was auch für § 30 StGB gilt.[143]

2. Unmittelbares Ansetzen
Fraglich ist, ob O auch insofern unmittelbar i. S. d. § 22 StGB (entsprechende Geltung i.R.d. § 30 I StGB[144]) angesetzt hat.

Dies ist – bei im Einzelnen problematischer Bestimmung dieses Begriffs – dann gegeben, wenn der Täter subjektiv die Schwelle zum „Jetzt geht's los" überschreitet und objektiv Handlungen vornimmt, die in ungestörtem Fortgang ohne wesentliche Zwischenakte – d. h. ohne weiteren Willensimpuls – zur Tatbestandserfüllung führen sollen, sodass sein Tun in die Erfüllung des Tatbestands übergeht, oder die in engem räumlichen und zeitlichen Zusammenhang mit ihr stehen, das geschützte Rechtsgut somit gefährden.[145]

Als O sich an N wandte, spätestens beim konkreteren zweiten Treffen, könnte O unmittelbar zum Bestimmen angesetzt haben. Zu beachten ist auch die Anzahlung.

Auf die objektive Tauglichkeit des Ansetzens kommt es nicht an, s. o.

Problematisch ist aber, dass N – wie O wusste bzw. glaubte – auf ein Signal des O zur Tatbegehung warten würde.[146] Dies könnte den Unmittelbarkeitszusammenhang durchbrechen. Zu berücksichtigen ist allerdings, dass es jedenfalls auf dieser Ebene – anders als ggf. beim Rücktritt, s. sogleich – allein auf das Einwirken auf den präsumtiven Täter ankommt, nicht auf dessen Nähe zur eigentlichen Tatbegehung.

Ein unmittelbares Ansetzen ist zu bejahen.[147]

III. Rechtswidrigkeit und Schuld
O handelte rechtswidrig und schuldhaft.

IV. Rücktritt, § 31 StGB
O könnte gem. § 31 StGB strafbefreiend von seinem Versuch zurückgetreten sein, indem er die Tat aufschob und das „Startsignal" nicht gab.

N wäre nie wirklich zur Tat zu bringen gewesen, sodass der Versuch objektiv fehlgeschlagen ist (nicht jedoch subjektiv fehlgeschlagen, sonst wäre kein Rücktritt

---

[143] Heine/Weißer, in: Schönke/Schröder, 30. Aufl. 2019, § 30 Rn. 7; aus der Rspr. vgl. RG U. v. 20.05.1904 – 6241/03 – RGSt 37, 171; RG U. v. 27.10.1938 – 5 D 673/38 – RGSt 72, 373; RG U. v. 03.10.1940 – 5 D 479/40 – RGSt 74, 303.

[144] S. nur Joecks/Jäger, StGB, 13. Aufl. 2021, § 30 Rn. 10f.

[145] Fischer, StGB, 70. Aufl. 2023, § 22 Rn. 10; aus der Rspr. vgl. zuletzt BGH B. v. 04.05.2022 – 1 StR 3/21 – NJW 2022, 3165; BGH B. v. 04.05.2022 – 1 StR 138/21 (AGG-Hopper) (Anm. von Heintschel-Heinegg JA 2022, 1047).

[146] Kühl NStZ 2006, 94 (95); Kütterer-Lang JuS 2006, 206 (207).

[147] A. A. vertretbar.

möglich, zumindest aufgrund mangelnder Freiwilligkeit[148]). Das Verhalten des O wurde nicht kausal für das Ausbleiben der Tatbegehung, unterblieb mithin ohne Zutun des Zurücktretenden, sodass § 31 I Nr. 1 StGB nicht greifen kann, sondern lediglich § 31 II 1. Var. StGB.[149]

O müsste ein freiwilliges und ernsthaftes Bemühen, die Tat zu verhindern, i. S. d. § 31 II StGB an den Tag gelegt haben.

Hierbei sind die beiden Treffen als einheitliche Tat anzusehen, sodass eine Differenzierung entbehrlich ist.[150] Tatidentität hätte auch dann vorgelegen, wenn zwischen Treffen und Tatausführung längere Zeit verstrichen wäre oder wenn – dadurch bedingt – die Tatausführung hätte modifiziert werden müssen. Für diese Fallgestaltung waren nämlich schon beim zweiten Treffen Abreden getroffen worden. Insofern können die Grundsätze für die Tatidentität beim Rücktritt nach § 24 StGB (mehrfaches Ansetzen zur Tatvollendung mit zeitlicher Zäsur) hier nicht in gleicher Weise Geltung beanspruchen. Das Zeitmoment beim Rücktritt vom Versuch nach § 24 StGB hat seinen Grund in der Begriffsbestimmung des Versuchs, der voraussetzt, dass zur Verwirklichung des Tatbestands unmittelbar angesetzt wird (§ 22 StGB). Die versuchte Anstiftung zum Verbrechen ist hingegen dadurch gekennzeichnet, dass die Tatausführung selbst noch nicht unmittelbar bevorsteht, sondern sich noch im Vorbereitungsstadium befindet. Das gilt auch dann, wenn – wie hier – aus der Sicht des Anstifters der Bestimmungsversuch bereits erfolgreich war.

Ein ernsthaftes Bemühen setzt voraus, dass der Beteiligte alle Kräfte anspannt, um die Tat abzuwenden.[151] Ausreichend ist es also nicht, dass er nur die Wirkung seiner Beeinflussung zeitweise unschädlich macht. Er muss vielmehr das aus seiner Sicht Notwendige und Mögliche vollständig tun; im Falle der Anstiftung kommt es darauf an, dass er alle Kräfte anspannt, um den Tatentschluss des Angestifteten rückgängig zu machen und dadurch die Gefahr zu beseitigen, dass dieser die Tat begeht. Diese Grundsätze gelten entsprechend, wenn – wie hier – der Anstifter nur glaubt, einen anderen erfolgreich zur Tatbegehung bestimmt zu haben, dieser aber nicht wirklich tatbereit ist.

O hat aber keine Aktivitäten entfaltet, um den (vermeintlichen) Tatentschluss bei N zu beseitigen, vielmehr ging O weiterhin davon aus, dass N an der Tatbegehung interessiert sei und lediglich auf das Zeichen des O wartete. Er forderte ja auch die Anzahlung nicht zurück. Nach den strengen Anforderungen der Rspr. reicht das bloße „Auf-Eis-Legen" nicht für einen Rücktritt nach § 31 II StGB aus.

In der Lehre[152] wird demgegenüber darauf hingewiesen, dass in Fällen notwendiger Mitwirkung des Anstifters vor Begehung der Tat durch den Haupttäter die Anforderungen niedriger seien: Zwar war der präsumtive Täter nach dem zweiten

---

[148] Zum fehlgeschlagenen Versuch i. R. d. § 30 I StGB Hoyer, in: SK-StGB, 9. Aufl. 2017, § 31 Rn. 5f.

[149] Kühl NStZ 2006, 94 (95); s. auch Hoyer, in: SK-StGB, 9. Aufl. 2017, § 31 Rn. 23.

[150] Vgl. (auch zum Folgenden) BGH U. v. 14.06.2005 – 1 StR 503/04 – BGHSt 50, 142 (146).

[151] Vgl. (auch zum Folgenden und m. w. N.) BGH U. v. 14.06.2005 – 1 StR 503/04 – BGHSt 50, 142 (146f.).

[152] Kühl NStZ 2006, 94 (95), im Folgenden weitgehend wörtlich wiedergegeben.

Treffen voll über die Identität des Opfers, den Tatort und die günstigste Tatzeit informiert, sodass er die Tat ohne weiteres hätte ausführen können. Dennoch kann man bezweifeln, ob die Entscheidung über das Bestimmen zur Tatausführung aus der Sicht des (versuchenden) Anstifters schon gefallen war. Er hatte mit dem präsumtiven Täter eine weitere Kontaktaufnahme vereinbart und wollte erst bei einem weiteren Treffen die Entscheidung über das „Ob" der Tat treffen. Dabei ging er davon aus, dass auch der ins Auge gefasste Täter auf sein „Startzeichen" warten würde. Wenn sich aber die Situation für ihn so darstellte, so konnte er begründet darauf vertrauen, dass sich auch der präsumtive Täter an diese Vereinbarung halten würde. Dann aber war es nicht notwendig, etwas Aktives wie etwa das Zurückfordern der Anzahlung zu unternehmen, sondern es reichte ein Unterlassen, nämlich das abgesprochene „Startzeichen" nicht zu geben. Dass ein Unterlassen als Rücktrittsverhalten ausreicht, ist für den Rücktritt vom Anstiftungsversuch nach § 31 I Nr. 1 StGB anerkannt; selbst das Verhindern der Tat i. S. d. § 31 I Nr. 3 StGB ist durch Unterlassen möglich. Dadurch, dass O mit N ein Abwarten auf sein „Startzeichen" vereinbarte, könnte es sich dann nicht um eine nur vorläufige Zurückstellung des Anstiftungsversuches, sondern um deren (vorläufigen) Abbruch handeln. Auch wenn § 31 I Nr. 1 StGB nicht greift, könnte dies *sub specie* § 31 II StGB ausreichen.

In der Tat überzeugt es nicht, vom Anstifter besondere Schritte zu verlangen, wenn dieser weiß, dass überhaupt erst seine weitere Aktivität dazu führen kann, dass der Haupttäter zur Tat schreitet. Selbst wenn man für ein ernsthaftes Bemühen Optimalität verlangte, kann eine derartige als hundertprozentig vorgestellte Sicherheit des Unterlassens der Haupttatbegehung nicht mehr gesteigert werden, sodass selbst dies vorläge.

Entgegen der Rspr. ist von einem ernsthaften Bemühen auszugehen.[153]

Auch Freiwilligkeit liegt vor; insbesondere war O im Hinblick auf den wahren Beruf des N ahnungslos.

Verhaftet wurde O erst später.

V. Ergebnis

O hat sich nicht wegen versuchter Anstiftung zum Totschlag strafbar gemacht, indem er den Lebensgefährten seiner Ehefrau durch N töten lassen wollte.

Auf Mordmerkmale (und damit ggf. eine – entsprechende? – Anwendung des § 28 StGB auf den „§ 30 StGB-Täter") kommt es nicht mehr an.

Auch eine etwaige Bedeutung der Tatsache, dass N als Polizeibeamter tätig war,[154] kann dahinstehen.

---

[153] A. A. vertretbar.

[154] Zur Frage, inwiefern die Beteiligung eines agent provocateur von Bedeutung für andere Tatbeteiligte ist, Meyer-Goßner/Schmitt, StPO, 65. Aufl. 2022, Einl. Rn. 148a; aus der Rspr. vgl. zuletzt BGH U. v. 16.12.2021 – 1 StR 197/21 – StV 2022, 275 (Anm. Nestler Jura 2022, 650; Jäger JA 2022, 609; RÜ2 2022, 85; famos 4/2022; Janssen/Wennekers StV 2022, 338; Meyer HRRS 2022, 179; Zeyher NZWiSt 2022, 197; Weigend KriPoZ 2022, 131); BGH U. v. 07.02.2022 – 5 StR 542/20, 5 StR 207/21 (Berliner Wettbüro) – NJW 2022, 1826.

2. Abschnitt: Strafbarkeit des N

- §§ 212 I, 30 II 1. Var. StGB -
Eine Strafbarkeit des N aufgrund seiner erklärten Bereitschaft i. S. d. § 30 II 1. Var. StGB zur Tötung des Lebensgefährten scheidet aufgrund mangelnden Vollendungsvorsatzes[155] des (allerdings ohnehin passiven evtl. agent provocateurs[156]) N aus.

3. Abschnitt: Strafbarkeit des M

- §§ 212 I, 30 StGB -
M vermittelte den Kontakt zwischen O und N, sodass auch für ihn ein Versuch der Beteiligung in Betracht kommt.

Allerdings passen sämtliche Varianten des § 30 StGB nicht, vielmehr liegt der Sache nach eine Beihilfe im Vorfeld eines § 30 StGB-Geschehens vor; § 30 StGB ist allerdings keine beihilfefähige Haupttat (allenfalls eine hier nicht gegebene Anstiftung zu den Tatformen des § 30 II StGB ist möglich).[157]

Konkurrenzen und Endergebnis

Im 1. Teil hat sich O wegen (mittäterschaftlich begangenen) Mordes gem. §(§) (212 I,) 211(, 25 II) StGB strafbar gemacht.

M hat sich wegen Anstiftung zum Totschlag gem. §§ 212 I, 26 StGB strafbar gemacht, G1 wegen Anstiftung zum Mord gem. §§ (212 I,) 211, 26 StGB.

Im 2. Teil hat sich M wegen Mordes gem. §(§ 212 I,) 211 StGB sowie wegen Raubes oder räuberischen Diebstahls (Wahlfeststellung) mit Todesfolge gem. §§ 249 I oder 252, 251 StGB sowie Hausfriedensbruchs gem. § 123 I StGB strafbar gemacht. Die Delikte stehen kraft Identität der Körperbewegung in Tateinheit i. S. d. § 52 StGB.

O hat sich wegen Beihilfe zum Raub oder räuberischen Diebstahl (Wahlfeststellung) mit Todesfolge gem. §§ 249 I oder 252, 251, 27 StGB, wegen Beihilfe zur Körperverletzung mit Todesfolge gem. §§ 223 I, 227, 27 StGB sowie wegen Anstiftung zum Wohnungseinbruchsdiebstahl gem. §§ 242 I, 244 I Nr. 3, 26 StGB strafbar gemacht. Die Delikte stehen aufgrund des motivatorischen Zusammenhangs in Tateinheit gem. § 52 StGB.

---

[155] S. nur Hoyer, in: SK-StGB, 9. Aufl. 2017, § 30 Rn. 38 m. w. N.

[156] Zur Strafbarkeit/Straflosigkeit eines agent provocateur Wessels/Beulke/Satzger, AT, 52. Aufl. 2022, Rn. 892f.; aus der Rspr. vgl. zuletzt BGH U. v. 07.03.1996 – 4 StR 742/9 – NJW 1996, 1604 = NStZ 1996, 338 = StV 1996, 424 (Anm. Sonnen JA 1996, 744); OLG Oldenburg B. v. 04.03.1999 – Ss 40/99 – NJW 1999, 2751 (Anm. Geppert JK 2000 StGB § 26/6); BGH B. v. 21.06.2007 – 3 StR 216/07 – NStZ 2008, 41 = StV 2007, 527 (Anm. Geppert JK 2008 StGB § 26/8).

[157] S. Heine/Weißer, in: Schönke/Schröder, 30. Aufl. 2019, § 30 Rn. 34; aus der Rspr. vgl. zuletzt BGH U. v. 13.01.2022 – 3 StR 341/21 – NStZ 2022, 496 = StV 2022, 371 (Anm. Esser NStZ 2022, 499).

G1 hat sich wegen Nichtanzeige geplanter Straftaten gem. § 138 I StGB, wegen Hehlerei gem. § 259 I StGB und wegen Geldwäsche gem. § 261 I Nr. 3 StGB strafbar gemacht. Die letzteren beiden Delikte stehen schon kraft Identität der Körperbewegung in Tateinheit i. S. d. § 52 StGB (zur fehlenden Gesetzeskonkurrenz s. o.). Angesichts einer räumlich-zeitlichen Zäsur ist hingegen Tatmehrheit zu § 138 I StGB anzunehmen.[158]

Im 3. Teil hat sich niemand strafbar gemacht.

Zwischen den Teilen herrscht Tatmehrheit, § 53 StGB.

---

[158] A. A. vertretbar.

13. Übungsfall „Der Stalker und Autoschieber"

Kwadwo Takyi (T) lernte im April 2020 Desirée Lungile (L) kennen und führte mit dieser bis Ende 2021 eine Beziehung. Nach der Trennung kam es wiederholt zu Auseinandersetzungen, da T die Trennung nicht akzeptieren wollte. L erwirkte am 07.01.2022 eine einstweilige Verfügung nach dem Gewaltschutzgesetz gegen T; danach wurde diesem untersagt, Kontakt zu L aufzunehmen und sich ihr in einem Umkreis von 100 Metern zu nähern. Dennoch kam es zu folgenden Vorfällen: Am 29.03.2022 klingelte er an der Tür des Mehrfamilienhauses, in dem sich die Wohnung der L befand. L öffnete das Badezimmerfenster und forderte T auf, zu verschwinden. Dieser kündigte jedoch an, bis zum nächsten Morgen zu warten, um zu sehen, wer aus dem Haus komme; außerdem bedrohte er L mit dem Tode und beschimpfte sie als „Nutte" und „Hure". Am Mittag des 24.04.2022 rief T die L mehrfach an und erklärte, er werde sie nicht in Ruhe lassen. Am Nachmittag desselben Tages fing er sie auf dem Rückweg von ihrer Arbeit ab, beobachtete in der Folgezeit ihre Wohnung mit einem Fernglas und drohte der L telefonisch und durch lautes Rufen, er werde ihr ein Messer in den Hals stecken, sie abstechen und umbringen; außerdem bezeichnete er sie als „Schlampe". Am 13.05.2022 rief T die L erneut mehrfach an, klingelte an ihrer Haustür und rief, er wolle wissen, was in der Wohnung vor sich gehe. Nachdem L ihn aufgefordert hatte, zu gehen, drohte er, er könne die Wohnungstür schneller einschlagen und die L abstechen, als die Polizei erscheinen werde. Am 20.05.2022 rief T die L an und sagte, er werde an diesem Tage ihre Wohnungstür einschlagen und sie umbringen; wenn er sie auf der Straße sehen sollte, haue er ihr „die Backen blau". Am 03.07.2022 gegen 04.00 Uhr morgens erhielt L einen Anruf von T, in dem dieser ihr mitteilte, dass der Gerichtstermin am 16.07.2022 kein schöner Tag für sie werde; alle wüssten, dass er sie kaputtschlagen und umbringen werde. L nahm die Drohungen des T ernst und hatte Angst um ihr Leben. Auf Grund des Verhaltens des T gab sie erhebliche Teile ihrer Freizeitaktivitäten auf. So verließ sie etwa aus Angst vor diesem abends, wenn möglich, nicht mehr ihre Wohnung und öffnete aus Furcht die Haustür nicht mehr. In der Wohnung schaltete sie abends kein Licht mehr an, um dem T vorzutäuschen, nicht zu Hause zu sein. Sie verließ auch tagsüber ihre Wohnung und ihre Arbeitsstätte nur nach besonderen Sicherheitsvorkehrungen und bemühte sich, sich nicht allein auf der Straße aufzuhalten. Auf Grund ihrer Angst verlor sie erheblich an Gewicht.

Bereits während der Beziehung hatte T einen von der damals 5-jährigen Tochter der L (aus einer früheren Beziehung), Josette (J), durch Spielen an einem Wasserhahn verursachten Schaden zum Anlass genommen, die J sowie ihre 6-jährige Schwester Uma (U) zu schlagen, ihnen Haare auszureißen und sie mehrmals in der Nacht zu wecken, um sie zu verprügeln. Der U fügte er durch Quetschen einer Brustwarze erhebliche Blutergüsse zu; beide Kinder erlitten Hämatome am ganzen Körper.

Seinen Lebensunterhalt besserte T mit allerlei zweifelhaften Geschäften und Aktionen auf. So veräußerte er zu einem deutlich unter ihrem Wert liegenden Preis drei ihm nicht gehörende Leasingfahrzeuge, die daraufhin nach Ghana gebracht wurden. Die hochwertigen Pkw waren ursprünglich von der Autostar-GmbH (A-GmbH) geleast worden, welche die Pkw jeweils einige Monate fuhr, wobei sie keinerlei Leasingraten entrichtete. T, der selbst mit der Vermietung von Kraftfahrzeugen befasst war, übernahm die später veräußerten Fahrzeuge von der A-GmbH. Ob deren Geschäftsführer Mohammed Abu (A) Kenntnis vom Verkauf der Fahrzeuge hatte oder er bei der Weitergabe der Pkws an T gutgläubig war, konnte nicht geklärt werden.

Außerdem entwendete T vier Spindschlüssel des Thermariums in Bad Schönborn. Er bearbeitete diese, so dass sie zu einer Vielzahl von Spindschlössern passten. Mit den Schlüsseln öffnete er sodann im Thermarium einen Spind und entnahm diesem die EC-Karte des Badegasts; zugleich verschaffte er sich Kenntnis von der zugehörigen persönlichen Geheimzahl (PIN), die der Karteninhaber auf einer Visitenkarte vermerkt hatte. Mit dieser EC-Karte tätigte er in der Folge an einem Geldautomaten eine Abhebung über 500 €.

Eines Abends traf sich T mit Finn Sager (S) und Adrian Xell (X). Sie überlegten, wie sie sich Bargeld verschaffen könnten und überfielen sodann wie vorher besprochen auf offener Straße zwei Passanten. Während X dem Till Kähler (K) ein Teppichmesser an den Hals hielt und der T dessen Taschen durchwühlte, forderte der S von Henrike Loska (L) die Herausgabe von deren Handtasche. L hatte zwar das Teppichmesser nicht gesehen, gab aber aufgrund der von ihr als gefährlich und bedrohlich eingeschätzten Situation die Handtasche heraus, aus welcher S das Portemonnaie mit 50 € Bargeld, Kredit- und EC-Karten und Ausweispapieren entnahm. Parallel zu diesem Geschehen gelang es dem K, an einem Haus die Klingel zu betätigen. Beim Erscheinen einer Person in der Haustüre flüchteten S, T und X, ohne dem K etwas entwendet zu haben.

K nahm sofort die Verfolgung des S auf und verlangte von ihm, das Portemonnaie der L zurückzugeben. S versuchte jedoch, mit der Beute zu entkommen. K konnte ihn 300 m entfernt stellen und in den Schwitzkasten nehmen. S wollte sich um jeden Preis aus der Umklammerung befreien und fliehen, um nicht als Täter überführt zu werden. Er entwand dem K ein Messer und stach zu, wobei er zumindest billigend in Kauf nahm, K durch eine Stichverletzung im Herzbereich zu töten. K überlebte.

S setzte seine Flucht – trotz einer Alkoholisierung: BAK 1,1 Promille – mit seinem Auto fort. Hierbei fuhr er an einem Fußgängerüberweg zwei Menschen an. Als er, noch im Fahren, dies erkannte, fasste er den Entschluss, sich auch insofern den Feststellungen durch Flucht zu entziehen, und fuhr deshalb ohne Halt weiter.

Strafbarkeit der Beteiligten nach dem StGB?

Die §§ 123, 176, 315d StGB sind nicht zu prüfen.

Lösungshinweise

1. Teil[1]: Nach dem Ende der Beziehung zwischen T und L[2]

- Strafbarkeit des T -

A. § 241 II StGB am 29.03.2022, am 24.04.2022, am 13.05.2022, am 20.05.2022 und am 03.07.2022[3]

T könnte sich wegen Bedrohung strafbar gemacht haben, indem er der L an den verschiedenen Tagen Angriffe auf ihr Leben ankündigte.

Dazu müsste er die L mit der Begehung eines gegen sie gerichteten Verbrechens bedroht haben. Erforderlich ist das Inaussichtstellen eines Verbrechens, auf dessen Verwirklichung der Täter Einfluss zu haben vorgibt und durch das beim Bedrohten der Eindruck der Ernstlichkeit erreicht werden soll.[4]

An den einzelnen Tagen bedrohte er L laut Sachverhalt mit dem Tode, damit, dass er ihr ein Messer in den Hals stecken, sie abstechen und umbringen werde, die Tür einschlagen und L abstechen werde.

In allen Varianten kündigte T mithin die Begehung eines Totschlags gem. § 212 I StGB (Verbrechen gem. § 12 I StGB) an, wenn nicht gar die Begehung eines Mordes gem. § 211 StGB.

Damit bedrohte er die L im Sinne des § 241 II StGB mit einem Verbrechen gegen sie.

T handelte vorsätzlich i. S. d. § 15 StGB.

T handelte rechtswidrig und schuldhaft.

T hat sich wegen Bedrohung strafbar gemacht, indem er der L an den verschiedenen Tagen Angriffe auf ihr Leben ankündigte.

---

[1] Nach BGH B. v. 19.11.2009 – 3 StR 244/09 – BGHSt 54, 189 = NJW 2010, 1680 = NStZ 2010, 277 = StV 2010, 307 (Anm. Satzger JK 2010 StGB § 238/1; Kudlich JA 2010, 389; Heghmanns ZJS 2010, 269; LL 2010, 247; RA 2010, 154; famos 8/2010; Gazeas NJW 2010, 1684; Mitsch NStZ 2010, 513; Seher JZ 2010, 582; Winkler jurisPR-StrafR 4/2010 Anm. 1; Buß JR 2011, 84).

[2] Durchbrechung der Chronologie, da im Sachverhalt so dargestellt. Anderer Aufbau möglich.

[3] Keine separaten Überschriften hinsichtlich der einzelnen Fälle, da recht evidente Tatbestandsverwirklichung. Andere Handhabung möglich.

[4] Bock, BT 1, 2018, S. 222; aus der Rspr. vgl. zuletzt OLG Zweibrücken B. v. 26.02.2020 – 1 OLG 2 Ss 14/20 – NStZ 2021, 108.

Angesichts der zeitlichen Zäsuren handelte es sich nicht um eine einzige Tatbestandsverwirklichung i. S. e. tatbestandlichen Bewertungseinheit;[5] zu Konkurrenzen s. noch u.

B. § 241 I StGB
Eine Bedrohung gem. § 241 I StGB (mit Blick auf eine in der Androhung der Tötung liegende angedrohte gefährliche Körperverletzung) tritt hinter die Bedrohung gem. § 241 II StGB im Wege materieller Subsidiarität zurück.

C. § 185 StGB am 29.03.2022 und am 24.04.2022
T könnte sich wegen Beleidigung strafbar gemacht haben, indem er L als „Nutte", „Hure" und „Schlampe" bezeichnete.

Beleidigung ist jeder Angriff auf die Ehre eines anderen durch Kundgabe eigener Missachtung, Geringschätzung oder Nichtachtung.[6]

Dies liegt hier in den herabsetzenden Äußerungen, die jedes sachlichen Gehalts entbehren (mangels gegenteiliger Angaben im Sachverhalt, dass L wirklich als Prostituierte tätig war oder doch promiskuös lebte).

T handelte vorsätzlich, rechtswidrig und schuldhaft.

T hat sich wegen Beleidigung strafbar gemacht, indem er L als „Nutte", „Hure" und „Schlampe" bezeichnete.

Zum Strafantragserfordernis s. § 194 I StGB.

Angesichts der zeitlichen Zäsuren handelte es sich nicht um eine einzige Tatbestandsverwirklichung i. S. e. tatbestandlichen Bewertungseinheit; zu Konkurrenzen s. noch u.

D. §§ 186, 187 StGB am 29.03.2022 und am 24.04.2022
Selbst wenn der erforderliche Drittbezug („in Beziehung auf einen anderen")[7] gegeben wäre (z. B. durch Nachbarn, die die Ausrufe hörten), müsste i. S. d. § 186 StGB in der Bezeichnung als „Nutte", „Hure" und „Schlampe" eine Tatsachenbehauptung vorliegen.

Tatsachen sind Ereignisse, Vorgänge oder Zustände der Innen- oder Außenwelt, sofern sie der Gegenwart oder der Vergangenheit angehören und somit dem Beweis zugänglich sind.[8]

---

[5] Hierzu v. Heintschel-Heinegg, in: MK-StGB, 4. Aufl. 2020, § 52 Rn. 36ff.
[6] Bock, BT 1, 2018, S. 243; aus der Rspr. vgl. zuletzt LG Kassel U. v. 02.03.2021 – 7 Ns – 1622 Js 25245/17 (Anm. Albrecht jurisPR-StrafR 4/2022 Anm. 5); OLG Saarbrücken U. v. 08.03.2021 – Ss 72/20 (2/21) – NStZ-RR 2021, 209; BayObLG B. v. 31.01.2022 – 204 StRR 574/21 – StV 2022, 393; KG B. v. 11.02.2022 – (3) 121 Ss 170/21 (62/21) – NStZ-RR 2022, 368 (Anm. Peglau jurisPR-StrafR 13/2022 Anm. 4).
[7] Hierzu Fischer, StGB, 70. Aufl. 2023, § 186 Rn. 10.
[8] Bock, BT 1, 2018, S. 242; aus der Rspr. vgl. zuletzt LG Berlin B. v. 09.09.2019 – 27 AR 17/19 (Künast) (Anm. Ullrich jurisPR-StrafR 22/2019 Anm. 1).

Auch hier liegen keine Angaben vor, dass die Bezeichnungen durch T sich mindestens auf einen Tatsachenkern stützen lassen (s. o.). Es handelte sich um eher willkürlich gewählte Missachtungsbekundungen.

E. § 239 I StGB
T könnte sich wegen Freiheitsberaubung strafbar gemacht haben, indem er L bedrohte und beleidigte (s. o), so dass diese u. a. abends – wenn möglich – nicht mehr ihre Wohnung verließ.

Die Freiheitsberaubung auf andere Weise (als durch Einsperren) erfasst jedes Tun oder Unterlassen, durch das ein anderer unter vollständiger Aufhebung seiner Fortbewegungsfreiheit daran gehindert wird, seinen Aufenthaltsort zu verlassen.[9] Hierunter fällt z. B. auch eine Fesselung,[10] ein Festhalten, eine Betäubung,[11] nach h. M.[12] auch eine Täuschung.

Für Drohungen allerdings greift § 239 StGB nicht,[13] insofern liegt aufgrund bewussten Verzichts darauf, die Wohnung zu verlassen, ein tatbestandsausschließendes Einverständnis vor; dass dieses erzwungen wurde, erfasst ggf. die Nötigung nach § 240 StGB.[14]

F. § 240 I, II StGB
T könnte sich wegen Nötigung strafbar gemacht haben, indem er L bedrohte und beleidigte (s. o), so dass diese u. a. abends – wenn möglich – nicht mehr ihre Wohnung verließ und auch ihre Lebensführung im Übrigen veränderte.

Zu den Drohungen vgl. o.

Die vielfältigen Sicherheitsvorkehrungen sind taugliche Nötigungserfolge.

Über das Vorsatzerfordernis aus § 15 StGB hinaus setzt der subjektive Tatbestand der Nötigung die Absicht zur Willensbeugung voraus.[15] Es muss dem Täter darauf ankommen, dass das Opfer handelt, duldet oder unterlässt. Dies lässt sich aus § 240

---

[9] Bock, BT 1, 2018, S. 187; aus der Rspr. vgl. zuletzt BGH U. v. 22.01.2015 – 3 StR 410/14 – NStZ 2015, 338 (Anm. Hecker JuS 2015, 947; LL 2015, 671; RÜ 2015, 512; famos 12/2015; Wieck-Noodt NStZ 2015, 645); AG Neuss U. v. 24.08.2016 – 12 Ds 333/16; BGH U. v. 23.08.2018 – 3 StR 149/18 – StV 2019, 441.

[10] Vgl. aus der Rspr. RG U. v. 13.02.1888 – 3/88 – RGSt 17, 127; BGH B. v. 11.09.2014 – 2 StR 269/14 – StV 2015, 113.

[11] Vgl. aus der Rspr. RG U. v. 17.03.1927 – III 62/27 – RGSt 61, 239.

[12] S. Kindhäuser/Hilgendorf, LPK, 9. Aufl. 2022, § 239 Rn. 7; aus der Rspr. vgl. BGH U. v. 08.06.2022 – 5 StR 406/21 – NJW 2022, 2422 = NStZ 2022, 677 (Anm. Bosch Jura 2022, 1236; Eisele JuS 2022, 1076; Kudlich/Schütz NJW 2022, 2425; Zimmermann NStZ 2022, 680; Jäger JA 2023, 165; Eidam HRRS 2023, 40).

[13] I.E. problematisch, vgl. Eisele, BT I, 6. Aufl. 2021, Rn. 437; aus der Rspr. vgl. zuletzt BGH B v. 16.06.2021 – 3 StR 138/21 – NStZ-RR 2021, 281 (Anm. RÜ 2021, 642).

[14] A. A. vertretbar, dann stellt sich Frage des Konkurrenzverhältnisses zwischen §§ 239, 240 StGB.

[15] Bock, BT 1, 2018, S. 215; aus der Rspr. vgl. RG U. v. 31.03.1933 – I 254/33 – RGSt 67, 183; BGH U. v. 21.05.1953 – 4 StR 787/52 – BGHSt 4, 210 = NJW 1953, 1400; BGH U. v. 02.10.1953 – 3 StR 151/53 (Sünderin) – BGHSt 5, 245 = NJW 1954, 438 (Anm. Roxin, Höchstrichterliche Rspr. AT, 1998, Nr. 15); BayObLG U. v. 21.03.1963 – RReg. 4 St 314/62 – NJW 1963, 1261; AG Schwandorf U. v. 19.01.1987 – Cs 7 Js 8087/86 – NStZ 1987, 230.

II StGB folgern, der vom „angestrebten Zweck" spricht. Auch der Wortlaut („Nötigung" bzw. „nötigt") spricht dafür.

Angesichts dessen, dass T kaum realistisch damit rechnen konnte, durch seine Handlungen die L zu einer Wiederaufnahme der Beziehung zu bewegen, ging es ihm darum (jedenfalls als Begleit- oder Zwischenziel), der L Unannehmlichkeiten zu bereiten, was die von L ergriffenen Sicherheitsmaßnahmen umfassen dürfte. T erfüllte mithin auch den subjektiven Tatbestand der Nötigung.[16]

T handelte rechtswidrig (inkl. Verwerflichkeit nach § 240 II StGB) und schuldhaft.

T hat sich wegen Nötigung strafbar gemacht, indem er L bedrohte und beleidigte, so dass diese u. a. abends – wenn möglich – nicht mehr ihre Wohnung verließ und auch ihre Lebensführung im Übrigen veränderte.

Die Bedrohung nach § 241 II StGB wird durch § 240 StGB verdrängt[17] (materielle Subsidiarität).

G. § 223 I StGB zu Lasten der L

Dafür, in dem erheblichen Gewichtsverlust bei L einen Körperverletzungserfolg i. S. d. § 223 I StGB zu sehen, mangelt es an Angaben darüber, ob das nunmehrige Gewicht der L ein gesundheitlich nachteiliges Ausmaß erreicht hat (was auch von ihrem vorherigen Gewicht abhängen wird; zudem ist das Überschreiten einer gewissen Bagatellschwelle[18] zu verlangen).

Gleiches gilt im Hinblick auf das psychische Leid[19] der L.

Eine Körperverletzung scheidet bereits objektiv aus,[20] so dass es auf einen Vorsatz des T bzw. (i.R.d. § 229 StGB) auf Fahrlässigkeit nicht mehr ankommt.

H. § 238 I StGB

T könnte sich durch sein Verhalten nach dem Ende der Beziehung zu L wegen Nachstellung strafbar gemacht haben.

I. Tatbestand

1. Objektiver Tatbestand

T müsste eine nachstellende Tathandlung nach § 238 I Nr. 1–5 StGB begangen haben.[21]

---

[16] A. A. vertretbar.

[17] Bock, BT 1, 2018, S. 225, Fischer, StGB, 70. Aufl. 2023, § 241 Rn. 19; Valerius, in: BeckOK-StGB, Stand 01.02.2023, § 241 Rn. 13; aus der Rspr. vgl. zuletzt BGH B. v. 29.09.2020 – 3 StR 238/20 – NStZ-RR 2021, 13; BGH B. v. 08.09.2021 – 1 StR 286/21 – NStZ-RR 2021, 375 = StV 2022, 165.

[18] Bock, BT 1, 2018, S. 117; aus der Rspr. vgl. zuletzt OLG Hamm B. v. 21.04.2022 – 5 RVs 42/22 (Anm. Borutta jurisPR-StrafR 12/2022 Anm. 3).

[19] S. Kindhäuser/Hilgendorf, LPK, 9. Aufl. 2022, § 223 Rn. 4; aus der Rspr. vgl. zuletzt BGH B. v. 12.03.2019 – 4 StR 63/19 (Flashbacks) – NStZ-RR 2019, 143 = StV 2020, 296 (Anm. Doerbeck JR 2020, 135); BGH B. v. 17.03.2020 – 1 StR 38/20 – NStZ-RR 2020, 212 = StV 2021, 118; AG Braunschweig U. v. 29.10.2020 – 112 C 1262/20 (Anm. Lorenz JR 2021, 659).

[20] A. A. vertretbar.

[21] Zum Folgenden BGH B. v. 19.11.2009 – 3 StR 244/09 – BGHSt 54, 189 (193f.) m. w. N.

Der unter anderem in §§ 292 I Nr. 1, 329 III Nr. 6 StGB verwendete Begriff des Nachstellens erfasst das Anschleichen, Heranpirschen, Auflauern, Aufsuchen, Verfolgen, Anlocken, Fallen stellen und das Treibenlassen durch Dritte. Im Kontext des § 238 StGB umschreibt der Begriff im Grundsatz damit zwar alle Handlungen, die darauf ausgerichtet sind, durch unmittelbare oder mittelbare Annäherungen an das Opfer in dessen persönlichen Lebensbereich einzugreifen und dadurch seine Handlungs- und Entschließungsfreiheit zu beeinträchtigen.

Jedoch sind in § 238 I Nr. 1 bis 8 StGB die Handlungsformen abschließend beschrieben, auf die sich die Pönalisierung erstreckt. Während allerdings § 238 I StGB in seinen Nrn. 1 bis 7 näher konkretisierte Tatvarianten umschreibt, öffnet § 238 I Nr. 8 StGB das Spektrum möglicher Tathandlungen, indem er jegliches Tätigwerden in die Strafbarkeit einbezieht, das den von § 238 I Nr. 1 bis 7 StGB erfassten Handlungen „vergleichbar" ist.

§ 238 I Nr. 1 StGB soll physische Annäherungen an das Opfer wie das Auflauern, Verfolgen, Vor-dem-Haus-Stehen und sonstige häufige Präsenz in der Nähe der Wohnung oder Arbeitsstelle des Opfers erfassen. Erforderlich ist ein gezieltes Aufsuchen der räumlichen Nähe zum Opfer. § 238 I Nr. 2 StGB erfasst Nachstellungen durch unerwünschte Anrufe, E-Mails, SMS, Briefe, schriftliche Botschaften an der Windschutzscheibe oder Ähnliches und mittelbare Kontaktaufnahmen über Dritte. Danach erfüllen die Handlungen des T die Voraussetzungen des Nachstellens in den Tatvarianten des § 238 I Nr. 1 und 2 StGB. Bei dem Vorfall am 29.03.2022 suchte T die räumliche Nähe der L auf, indem er an ihrer Wohnung klingelte und mit der L durch ein geöffnetes Fenster kommunizierte; somit liegen die Voraussetzungen des § 238 I Nr. 1 StGB vor. Das Vorgehen des T am 24.04. und 13.05.2022 erfüllte jeweils die Voraussetzungen des § 238 I Nr. 1 und 2 StGB: T suchte die räumliche Nähe der L auf und stellte unter Verwendung von Telekommunikationsmitteln Kontakt zu dieser her. § 238 I Nr. 2 StGB erfasst trotz seines insoweit missverständlichen Wortlauts neben dem bloßen Versuch auch das erfolgreiche Herstellen einer kommunikativen Verbindung zwischen Täter und Opfer. Durch die Handlungen des T am 20.05. und 03.07.2022 sind schließlich ebenfalls die Voraussetzungen des § 238 I Nr. 2 StGB gegeben. Außerdem bedrohte T die L (s. o., § 241 I StGB), so dass auch § 238 I Nr. 4 StGB erfüllt ist.

Auf den Auffangtatbestand der Nr. 8 kommt es nicht mehr an.

T müsste ferner wiederholt gehandelt haben (seit der grundlegenden Reform des Tatbestands im Jahr 2021 ersetzt das Wort „wiederholt" das zuvor verwendete subjektive Merkmal „beharrlich"). Der Wortlaut des nunmehr rein objektiv ausgestalteten Begriffs verlangt mindestens zwei Handlungen. Über das Erfordernis einer gesteigerten Mindestzahl sowie über die Relevanz zeitlicher Nähe zwischen den Handlungen wird i. E. gestritten.

Im vorliegenden Fall enthält der Sachverhalt Vorfälle an mehreren Tagen. Zwar liegen zwischen einzelnen Übergriffen des T teilweise auch größere zeitliche Abstände; insgesamt konzentrierten sich die Vorfälle jedoch auf einen Zeitraum von insgesamt vier Monaten. T belästigte die L über einen langen Zeitraum und an manchen Tagen mit besonderer Nachdrücklichkeit. Dabei war ihm jederzeit bewusst, dass L, die unter anderem eine einstweilige Verfügung gegen ihn erwirkt hatte, keinen Kontakt mehr zu ihm wünschte. Sein Verhalten war gleichwohl von dem fortwährenden, hartnäckigen Bestreben gekennzeichnet, L zu drangsalieren. Auch die Intensität der Beeinträchtigungen der L durch das Vorgehen des T ist als erheblich anzusehen; so belästigte der T etwa sein Opfer auch während der Nacht und verwirklichte durch die ausgesprochenen massiven Drohungen und Beleidigungen jeweils mindestens einen weiteren Straftatbestand. Unerheblich ist, dass die Handlungen des T zwar im Wesentlichen gleichartig abliefen, sich jedoch im Detail unterschieden und verschiedene Alternativen des § 238 I StGB erfüllten. Denn die potenziell bedrohlichen Handlungen sind in ihrer Gesamtheit zu berücksichtigen, ohne dass es erforderlich ist, dass dieselbe Handlung wiederholt vorgenommen wird. T handelte mithin wiederholt.

Die Handlung des T müsste geeignet gewesen sein, die Lebensgestaltung der L nicht unerheblich zu beeinträchtigen (bis 2017 genügte die Eignung nicht, es musste tatsächlich die Lebensgestaltung beeinträchtigt werden); seit 2021 muss die potentielle Beeinträchtigung nicht mehr schwerwiegend sein, sondern nur noch „nicht unerheblich", was als gewisse Absenkung der Anforderungen gedacht ist.

Eine nicht unerhebliche Beeinträchtigung der Lebensgestaltung liegt dann vor, wenn das Verhalten des Täters negative Veränderungen für das Opfer mit sich bringt,[22] die jenseits einer Bagatellgrenze und damit außerhalb dessen liegen, was das Opfer noch unter besonnener Selbstbehauptung hinzunehmen hat.[23]

Der Begriff der Lebensgestaltung umfasst ganz allgemein die Freiheit der menschlichen Entschlüsse und Handlungen.[24] Sie wird beeinträchtigt, wenn das Opfer durch die Handlung des Täters veranlasst wird, ein Verhalten an den Tag zu legen, das es ohne Zutun des Täters nicht gezeigt hätte; stets festzustellen ist demnach eine erzwungene Veränderung der Lebensumstände.

Dabei genügt es, wenn die Tathandlung eine entsprechende Eignung aufweist. Dass dies der Fall war, zeigen die tatsächlich eingetretenen Auswirkungen auf L: Sie nahm die Drohungen des T ernst und hatte Angst um ihr Leben. Auf Grund des Verhaltens des T gab sie erhebliche Teile ihrer Freizeitaktivitäten auf. So verließ sie etwa aus Angst vor diesem abends wenn möglich nicht mehr ihre Wohnung und öffnete aus Furcht die Haustür nicht mehr. In der Wohnung schaltete sie abends kein Licht mehr an, um dem T vorzutäuschen, nicht zu Hause zu sein. Sie verließ auch tagsüber ihre Wohnung und ihre Arbeitsstätte nur nach besonderen Sicherheitsvorkehrungen und bemühte sich, sich nicht allein auf der Straße aufzuhalten. Auf Grund ihrer Angst und der damit verbundenen Einschränkungen verlor sie erheblich an Gewicht.

Angesichts dessen ist auch die Bagatellschwelle dahingehend, dass die Beeinträchtigung der Lebensgestaltung „nicht unerheblich" sein muss, überschritten.[25]

Eine Eignung zur nicht unerheblichen Beeinträchtigung der Lebensgestaltung liegt mithin vor.

---

[22] Vgl. auch aus der Rspr. KG U. v. 12.08.2019 – (3) 121 Ss 89/19 (53/19).
[23] Rengier, BT II, 23. Aufl. 2022, § 26a Rn. 17.
[24] So (auch zum Folgenden) BGH B. v. 19.11.2009 – 3 StR 244/09 – BGHSt 54, 189 (196) m. w. N.
[25] A. A. wohl kaum vertretbar.

Fraglich ist, inwiefern es eine Rolle spielt, dass diese Eignung nicht unbedingt bereits durch einzelne Handlungen des T verursacht wurde; vielmehr führte ggf. erst das Zusammenwirken aller Angriffe zur Eignung zur Beeinträchtigung der Lebensgestaltung der L. Die Unschädlichkeit dieses Umstandes ergibt sich aber aus der Konstruktion des Tatbestands: Wenn sich die Handlungen des T als eine einzige Nachstellung auffassen lassen, dann muss es auch bei der Ermittlung des Beeinträchtigungserfolgs auf die Summe der nachstellenden Handlungen ankommen.[26]

In der Tat ist das Verhalten des T als einheitliche Nachstellung zu bewerten.[27] § 238 I StGB stellt zwar kein Dauerdelikt dar; die verschiedenen Angriffe des T, mit denen der zur Vollendung des Delikts erforderliche Erfolg nur einmal herbeigeführt wurde, bilden jedoch eine tatbestandliche Handlungseinheit (bzw. Bewertungseinheit). Bereits der Umstand, dass die Tathandlung des § 238 I StGB ein *wiederholtes* Nachstellen voraussetzt, spricht dagegen, die einzelnen Angriffe des T als materiell-rechtlich selbstständige Taten i. S. des § 53 StGB zu werten. Erst durch die Wiederholung der Handlungen kommt es nämlich überhaupt zur Tatbestandsverwirklichung.

Im vorliegenden Fall kommt hinzu, dass der Eignungserfolg nicht durch eine isolierte einzelne Handlung des T, sondern durch mehrere Angriffe herbeigeführt wurde. Das aus diesem Umstand ersichtlich werdende – geradezu typische – Verhältnis zwischen Tathandlung und Eignungserfolg im Rahmen des § 238 I StGB belegt zunächst, dass die mehreren Angriffe des T nicht deshalb zur Tateinheit im materiell-rechtlichen Sinn zusammengefasst werden können, weil sie Teile einer Dauerstraftat sind; denn § 238 I StGB stellt kein Dauerdelikt im rechtstechnischen Sinne dar. Gegen die Annahme einer Dauerstraftat sprechen der typische Charakter von „Stalking"-Angriffen sowie die Struktur des Tatbestands. Als Dauerdelikt sind nur solche Straftaten anzusehen, bei denen der Täter den von ihm in deliktischer Weise geschaffenen rechtswidrigen Zustand willentlich aufrechterhält oder die deliktische Tätigkeit ununterbrochen fortsetzt, so dass sich der strafrechtliche Vorwurf sowohl auf die Herbeiführung als auch auf die Aufrechterhaltung des rechtswidrigen Zustands bezieht. „Stalking"-Angriffe zeichnen sich demgegenüber durch zeitlich getrennte, wiederholende Handlungen aus, die nicht zu einem gleichbleibenden und überbrückenden deliktischen Zustand führen.

Die Tatbestandsstruktur des § 238 I StGB weist jedoch Elemente auf, die denen eines Dauerdelikts durchaus ähnlich sind. Die Vorschrift umfasst objektiv nach ihrem Wortlaut und ihrem durch Auslegung zu ermittelnden Sinn ein über den Einzelfall hinausreichendes, auf gleichartige Wiederholung gerichtetes Verhalten und soll somit typischerweise ganze Handlungskomplexe treffen. Es liegt deshalb auf der Hand, in Fallgestaltungen wie der vorliegenden von einer sukzessiven Tatbegehung auszugehen, die eine ununterbrochene deliktische Tätigkeit oder einen in

---

[26] Prüfung aus diesem Grunde bereits hier und nicht erst als reine Konkurrenzfrage beim Ergebnis oder beim Endergebnis; andere Handhabung möglich.
[27] S. (auch zum Folgenden) BGH B. v. 19.11.2009 – 3 StR 244/09 – BGHSt 54, 189 (197) m. w. N.; natürlich können die folgenden Ausführungen in einer Klausur in dieser Breite und Tiefe nicht erwartet werden.

deliktischer Weise geschaffenen Zustand nicht voraussetzt. Die sukzessive Tatbegehung ist vielmehr dadurch gekennzeichnet, dass sich der Täter dem tatbestandlichen Erfolg nach und nach nähert; dabei werden diejenigen einzelnen Handlungen des Täters, die erst in ihrer Gesamtheit zu der erforderlichen Beeinträchtigung des Opfers führen, unter rechtlichen Gesichtspunkten im Wege einer tatbestandlichen Handlungseinheit zu einer Tat im materiellen Sinne zusammengefasst, wenn sie einen ausreichenden räumlichen und zeitlichen Zusammenhang aufweisen und von einem fortbestehenden einheitlichen Willen des Täters getragen sind. Anders als bei der natürlichen Handlungseinheit ist dabei indes kein enger zeitlicher und räumlicher Zusammenhang des strafbaren Verhaltens zu fordern. Vielmehr können zwischen den einzelnen tatbestandsausfüllenden Teilakten erhebliche Zeiträume liegen. Danach liegt hier nur eine Handlung im Rechtssinne vor, auf die bei der Bestimmung des Eignungserfolgs abzustellen ist. Die Angriffe des T bewirkten erst in ihrer Gesamtheit den tatbestandlichen Erfolg im Sinne einer Eignung zur nicht unerheblichen Beeinträchtigung der Lebensgestaltung des Opfers. Sie waren von einer durchgehenden, einheitlichen Motivationslage des T bestimmt und wiesen trotz der teilweise mehrwöchigen Unterbrechungen eine genügende räumliche und zeitliche Nähe auf.

2. Subjektiver Tatbestand
T handelte vorsätzlich i. S. d. § 15 StGB.

II. Rechtswidrigkeit, Schuld
T handelte rechtswidrig und schuldhaft.

III. Ergebnis
T hat sich durch sein Verhalten nach dem Ende der Beziehung zu L wegen Nachstellung strafbar gemacht.

J. § 4 GewSchG
Es sind nur Straftaten nach dem StGB zu prüfen.[28]

2. Teil: Kinder der L[29]

1. Abschnitt: Strafbarkeit des T

A. § 223 I StGB zu Lasten der J
T könnte sich wegen Körperverletzung strafbar gemacht haben, indem er J schlug, ihr Haare ausriss und sie verprügelte.
  Bei J müsste ein Körperverletzungserfolg eingetreten sein.

---

[28] Ansprechen daher entbehrlich.
[29] Nach BGH U. v. 18.12.2002 – 2 StR 149/02 – NStZ 2003, 366 (Anm. LL 2003, 705).

Dieser liegt gem. § 223 I StGB entweder in einer körperlichen Misshandlung, worunter jede üble und unangemessene Behandlung, durch die das körperliche Wohlbefinden oder die körperliche Unversehrtheit mehr als nur unerheblich beeinträchtigt wird, gefasst wird,[30] oder in einer Gesundheitsschädigung, welche als Hervorrufen oder Steigern eines nicht nur unerheblichen krankhaften (pathologischen), d. h. vom Normalzustand nachteilig abweichenden Zustandes körperlicher oder psychischer Art,[31] zu verstehen ist.

Dies liegt in den Schlägen, dem Ausreißen der Haare und dem Verprügeln.

Die verschiedenen Körperverletzungen zu Lasten der J sind angesichts des engen räumlichen und zeitlichen Zusammenhangs zu einer einzigen Verwirklichung des § 223 I StGB zusammenzuziehen (tatbestandliche Bewertungseinheit).[32]

T handelte vorsätzlich i. S. d. § 15 StGB, rechtswidrig und schuldhaft.

Insbesondere greift kein elterliches Züchtigungsrecht (vgl. ohnehin § 1631 II BGB).

T hat sich wegen Körperverletzung strafbar gemacht, indem er J schlug, ihr Haare ausriss und sie verprügelte.

Zum Strafantragserfordernis s. § 230 StGB.

Ein Fall des § 224 I StGB ist nicht ersichtlich.

B. § 223 I StGB zu Lasten der U

T hat auch zu Lasten der U eine Körperverletzung begangen, vgl. bereits o., hinzu kommt das Quetschen einer Brustwarze.

C. § 225 I StGB

Selbst wenn man die persönlichen Voraussetzungen nach § 225 I Nr. 1–4 StGB bejaht: Für eine Annahme der Tathandlungen des § 225 I StGB reichen die Angaben im Sachverhalt nicht aus: Quälen verlangt ein Verursachen lang andauernder und sich wiederholender Leiden körperlicher oder seelischer Art durch eine Mehrzahl von Einzelakten[33] – vorliegend handelte es sich aber aufgrund des Anlasses um ein zusammenhängendes Geschehen;[34] rohes Misshandeln verlangt eine erhebliche Beeinträchtigung des körperlichen Wohlbefindens aus einer gefühllosen, das fremde Leiden missachtenden Gesinnung[35] (an welcher es T wohl fehlt).

---

[30] Joecks/Jäger, StGB, 13. Aufl. 2021, § 223 Rn. 4; aus der Rspr. vgl. zuletzt OLG Hamm B. v. 21.04.2022 – 5 RVs 42/22 (Anm. Borutta jurisPR-StrafR 12/2022 Anm. 3).

[31] Joecks/Jäger, StGB, 13. Aufl. 2021, § 223 Rn. 4; aus der Rspr. vgl. zuletzt OLG Hamm B. v. 21.04.2022 – 5 RVs 42/22 (Anm. Borutta jurisPR-StrafR 12/2022 Anm. 3).

[32] A. A. vertretbar, zumal sich das Geschehen immerhin über eine gewisse Zeit hinzog (mehrmaliges Wecken in der Nacht).

[33] Bock, BT 1, 2018, S. 157; aus der Rspr. vgl. zuletzt BGH B. v. 22.04.2020 – 4 StR 562/19 – StV 2021, 119; BGH B. v. 28.06.2022 – 3 StR 142/22 – NStZ 2022, 676.

[34] A. A. vertretbar.

[35] Bock, BT 1, 2018, S. 159; aus der Rspr. vgl. zuletzt BGH B. v. 02.11.2021 – 6 StR 462/21 – NStZ-RR 2022, 13; BGH B. v. 28.06.2022 – 3 StR 142/22 – NStZ 2022, 676.

D. § 171 StGB
Mangels Fürsorge- und Erziehungspflicht des T (es sind die Kinder der L aus einer früheren Beziehung) greift § 171 StGB nicht. Auch an der für die Tatbestandsverwirklichung erforderlichen Gefahr mangelt es.

E. § 185 StGB zu Lasten der U
Auch eine (sexualbezogene[36]) Beleidigung lässt sich in dem Quetschen der Brustwarze nicht ohne Weiteres erblicken, zumal nicht jede Körperverletzung zugleich eine Beleidigung darstellt.

2. Abschnitt: Strafbarkeit der L
Eine Strafbarkeit der L aufgrund Unterlassens eines Einschreitens gegen T ist nicht ersichtlich: Im Sachverhalt finden sich keine Angaben, ob L von dem Geschehen überhaupt Kenntnis hatte (vorsätzliche Unterlassungsstrafbarkeit, als Täter oder Teilnehmer) oder hätte haben müssen (fahrlässige Unterlassungsstrafbarkeit).

3. Teil: Geschäfte zwischen T und A[37]

1. Abschnitt: Strafbarkeit des T
Laut Sachverhalt konnte nicht geklärt werden, ob A Kenntnis vom Verkauf der Fahrzeuge hatte oder bei der Weitergabe der Pkw an T gutgläubig war.[38]

Es liegt mithin eine Situation vor, in der der Geschehensablauf (rechtserheblich) insgesamt unklar ist, eine ergänzende Auslegung des Sachverhalts ausscheidet und auch nicht ohne Weiteres eine *In-dubio-pro-reo*-Interpretation auf der Hand liegt. Erforderlich ist daher eine getrennte Prüfung der möglichen Sachverhaltsvarianten.[39]

1. Unterabschnitt: Erste Sachverhaltsvariante: Gutgläubigkeit des A

A. §§ 263 I, III 2 Nr. 2 StGB
T könnte sich in dieser Sachverhaltsvariante wegen Betrugs (in einem besonders schweren Fall) strafbar gemacht haben, indem er vom gutgläubigen A die Fahrzeuge übernahm und verkaufte.

---

[36] Zu sexualbezogenen Beleidigungen Fischer, StGB, 70. Aufl. 2023, § 185 Rn. 11ff.; aus der Rspr. vgl. zuletzt BGH B. v. 02.11.2017 – 2 StR 415/17 – NStZ 2018, 603 = StV 2018, 229.
[37] Nach BGH B. v. 09.11.2011 – 2 StR 386/11 – NStZ 2012, 510 = NStZ-RR 2012, 71 = StV 2012, 215 (Anm. LL 2012, 347; RÜ 2012, 168).
[38] Unschöne abstrakte Vorbemerkung, aber bei sog. unklaren oder offenen Sachverhalten, bei denen (nur) eine Wahlfeststellung in Betracht kommt, nicht zu vermeiden.
[39] S. nur Norouzi JuS 2008, 17 (18).

I. Tatbestand

1. Objektiver Tatbestand

a) Sog. Täuschung T müsste – in korrigierender Auslegung der Merkmale des § 263 I StGB[40] – über Tatsachen getäuscht haben.

Der Begriff der Täuschung umschreibt die im Gesetz genannten Begehungsweisen der Vorspiegelung falscher und Entstellung oder Unterdrückung wahrer Tatsachen.[41] Vorgespiegelt werden Tatsachen, wenn diese in Wahrheit nicht vorhanden sind.[42] Täuschung ist mithin jede Behauptung existierender Tatsachen als nichtexistierend und umgekehrt.[43]

In Betracht kommt hier eine Täuschung des A darüber, dass T die Fahrzeuge verkaufen wollte. T übernahm die Fahrzeuge, wobei der gutgläubige A an eine Miete oder Leihe gedacht haben dürfte, während T – in entsprechender Auslegung des Sachverhalts – bereits im Zeitpunkt der Übergabe Verkaufsabsicht gehabt hatte. In der Übernahme der Fahrzeuge liegt mithin eine konkludente Täuschung über die Absicht (eine innere Tatsache), diese nicht wieder zurückzugeben.[44]

b) Dadurch Irrtum Durch die Täuschung müsste der A in einen Irrtum versetzt worden sein.

Irrtum ist das Auseinanderfallen von Vorstellung und Wirklichkeit.[45]

A übergab die Fahrzeuge mit der Fehlvorstellung bzw. Erwartung, T verhalte sich vertragstreu; er wies somit eine Fehlvorstellung über den Umfang des zu übernehmenden Risikos auf, jedenfalls in Gestalt sog. sachgedanklichen Mitbewusstseins.[46] Ein auf der Täuschung beruhender Irrtum liegt folglich vor.

---

[40] I. d. R. kommentarlos zu Grunde gelegt, s. z. B. Joecks/Jäger, StGB, 13. Aufl. 2021, § 263 Rn. 29ff.

[41] S. nur Hoyer, in: SK-StGB, 9. Aufl. 2019, § 263 Rn. 10.

[42] Eisele, BT II, 6. Aufl. 2021, Rn. 521.

[43] Bock, BT 2, 2018, S. 262; Kindhäuser/Hilgendorf, LPK, 9. Aufl. 2022, § 263 Rn. 63.

[44] A. A. vertretbar; dann Täuschung durch Unterlassen (§§ 263 I, 13 StGB) zu prüfen (und wohl zu bejahen).

[45] Bock, BT 2, 2018, S. 304; aus der Rspr. vgl. BGH U. v. 22.11.2013 – 3 StR 162/13 – BGHSt 59, 75 = NJW 2014, 1604 = NStZ 2014, 215 = StV 2014, 288; OLG Hamm B. v. 30.06.2016 – 4 RVs 58/16 (Anm. Schumacher NZWiSt 2016, 485); BGH B. v. 14.07.2016 – 4 StR 362/15 – NJW 2016, 3383 = NStZ 2017, 347 = StV 2017, 93 (Anm. Kudlich JA 2016, 869; RÜ 2016, 717; Brand NJW 2016, 3384; Reckmann jurisPR-StrafR 21/2016 Anm. 2).

[46] Zum sachgedanklichen Mitbewusstsein Bock, BT 2, 2018, S. 305ff.; Fischer, StGB, 70. Aufl. 2023, § 263 Rn. 62; Hoyer, in: SK-StGB, 9. Aufl. 2019, § 263 Rn. 64ff.; aus der Rspr. vgl. zuletzt BGH U. v. 19.08.2020 – 5 StR 558/19 – BGHSt 65, 110 = NJW 2021, 90 = StV 2021, 725 (Anm. Gaede NJW 2021, 98; Leverenz HRRS 2021, 86; Hiéramente/Schwerdtfeger jurisPR-StrafR 1/2021 Anm. 2; Rettke wistra 2021, 113; Meyer NZWiSt 2021, 151); BGH B. v. 04.05.2022 – 1 StR 138/21 (AGG-Hopper) – NStZ 2023, 37 = StV 2023, 173 (Anm. von Heintschel-Heinegg JA 2022, 1047).

c) Dadurch Vermögensverfügung Aufgrund des täuschungsbedingten Irrtums müsste A über sein Vermögen verfügt haben.

Unter Vermögensverfügung ist jedes Handeln, Dulden oder Unterlassen, das eine Vermögensminderung unmittelbar herbeiführt, zu verstehen.[47]

Eine Eigentumsübertragung (v. a. durch Übereignung nach §§ 929 S. 1, 932 BGB) ist nicht ersichtlich, so dass sich die Frage eines (Dreiecks-)Betrugs[48] zu Lasten der Eigentümer der Fahrzeuge nicht stellt.

A hat an die potentielle Vertragstreue des T geglaubt und ihm unmittelbaren Besitz (§ 854 BGB) an den Fahrzeugen übertragen. Eine Vermögensverfügung liegt daher vor, und zwar zu Lasten der A-GmbH, deren gesetzlicher Vertreter (§ 35 I 1 GmbHG) A war.

Zwar ist bei bloßem Besitzbetrug i. E. problematisch, ob in der Übertragung des Besitzes bereits eine Vermögensverfügung zu sehen ist.[49] Jedenfalls ist dies aber dann der Fall, wenn der Täuschende (wie hier) Zueignungsabsicht hat.[50]

In der Störung des mittelbaren Besitzes (des Eigentümers der Fahrzeuge) kann keine Vermögensverfügung des A zu Lasten der Eigentümer gesehen werden, der eine eigenständige Bedeutung zukäme.

d) Dadurch Vermögensschaden Aufgrund der Vermögensverfügung müsste ein Vermögensschaden eingetreten sein.

Die Schadensberechnung erfolgt anhand eines objektiv individualisierten Beurteilungs-maßstabs nach dem Prinzip der Gesamtsaldierung; durch einen Vergleich der Vermögenslage (mit wirtschaftlicher Betrachtungsweise) vor und nach der Verfügung ist zu ermitteln, ob eine nachteilige Vermögensdifferenz eingetreten ist, d. h. die verfügungsbedingte Vermögenseinbuße nicht durch einen unmittelbar mit der Verfügung zusammenhängenden Vermögens-zufluss wirtschaftlich voll ausgeglichen worden ist.[51]

---

[47] Bock, BT 2, 2018, S. 328; Hoyer, in: SK-StGB, 9. Aufl. 2019, § 263 Rn. 86; Fischer, StGB, 70. Aufl. 2023, § 263 Rn. 70; aus der Rspr. vgl. zuletzt BGH U. v. 19.08.2020 – 5 StR 558/19 – BGHSt 65, 110 = NJW 2021, 90 = StV 2021, 725 (Anm. Gaede NJW 2021, 98; Leverenz HRRS 2021, 86; Hiéramente/Schwerdtfeger jurisPR-StrafR 1/2021 Anm. 2; Rettke wistra 2021, 113; Meyer NZWiSt 2021, 151).

[48] Zum Dreiecksbetrug Bock, BT 2, 2018, S. 360ff.; Hoyer, in: SK-StGB, 9. Aufl. 2019, § 263 Rn. 138ff.; Hillenkamp/Cornelius, 40 Probleme aus dem Strafrecht BT, 13. Aufl. 2020, 30. Problem; aus der Rspr. vgl. zuletzt BGH B. v. 12.10.2022 – 4 StR 134/22 – NStZ-RR 2023, 14 = StV-S 2023, 23 (Anm. Nestler Jura 2023, 238).

[49] S. Fischer, StGB, 70. Aufl. 2023, § 263 Rn. 116.

[50] Kindhäuser, in: NK-StGB, 5. Aufl. 2017, § 263 Rn. 238, 314.

[51] Bock, BT 2, 2018, S. 364; Hoyer, in: SK-StGB, 9. Aufl. 2019, § 263 Rn. 193; aus der Rspr. vgl. zuletzt BGH U. v. 19.12.2018 – 2 StR 291/18 – NStZ 2019, 614 = NStZ-RR 2019, 122 (Anm. Bittmann/Peschen NStZ 2019, 617); BGH U. v. 14.03.2019 – 4 StR 426/18 – NJW 2019, 1759 = NStZ-RR 2019, 181 (Anm. Bosch Jura 2019, 897; Bülte NJW 2019, 1762); BGH B. v. 04.07.2019 – 4 StR 36/19 – StV 2019, 744 (Anm. Bosch Jura 2019, 1308); BGH B. v. 24.09.2019 – 5 StR 394/19 – NStZ-RR 2020, 20 (Anm. RÜ 2019, 789).

A verlor den unmittelbaren Besitz an den Fahrzeugen dauerhaft (s. o.) und erfuhr dadurch eine Vermögensminderung. Einen vollwertigen Ausgleich hierfür erhielt er nicht; Herausgabe- und Schadensersatzansprüche bleiben außer Betracht.[52] Ein Vermögensschaden ist eingetreten.

2. Subjektiver Tatbestand
T handelte vorsätzlich und in der Absicht rechtswidriger und stoffgleicher Bereicherung.

II. Rechtswidrigkeit und Schuld
T handelte rechtswidrig und schuldhaft.

III. Strafzumessung: § 263 III StGB
T könnte das Regelbeispiel nach § 263 III 2 Nr. 2 1. Var. StGB verwirklicht haben.

Ab wann ein Vermögensverlust großen Ausmaßes anzunehmen ist, ist strittig,[53] nach ganz h. M. ist dies ab 50.000 € der Fall.[54]

Angesichts dessen, dass es sich um drei hochwertige Fahrzeuge handelte, ist von einem Überschreiten dieser Grenze auszugehen,[55] so dass es auf eine Diskussion niedrigerer Schwellenwerte nicht ankommt.

Für die Annahme gewerbsmäßigen Handelns nach § 263 III 2 Nr. 1 1. Var. StGB reichen die Angaben im Sachverhalt nicht aus.[56]

IV. Ergebnis
T hat sich in dieser Sachverhaltsvariante wegen Betrugs (in einem besonders schweren Fall) strafbar gemacht, indem er vom gutgläubigen A die Fahrzeuge übernahm und verkaufte.

B. § 246 I StGB
T könnte sich durch den Verkauf der Fahrzeuge wegen Unterschlagung strafbar gemacht haben.

Jedoch handelt es sich entweder um eine bereits tatbestandslose oder um eine auf Konkurrenzebene (Zurücktreten hinter dem Betrug als mitbestrafte Nachtat)

---

[52] Fischer, StGB, 70. Aufl. 2023, § 263 Rn. 111, 155; Hoyer, in: SK-StGB, 9. Aufl. 2019, § 263 Rn. 196.
[53] S. Bock, BT 2, 2018, S. 430; Hoyer, in: SK-StGB, 9. Aufl. 2019, § 263 Rn. 283; aus der Rspr. vgl. zuletzt BGH B. v. 19.05.2021 – 1 StR 496/20 – NJW 2022, 341 = NStZ-RR 2021, 310 = StV 2021, 721 (Anm. Schmidt NZWiSt 2022, 78); BGH U. v. 29.10.2021 – 5 StR 443/19 (Infinus) – NStZ-RR 2022, 77 (Anm. Busch wistra 2022, 257; Schmidt NZWiSt 2022, 336); BGH B. v. 16.02.2022 – 4 StR 396/21 – StV 2022, 731.
[54] S. z. B. Kindhäuser/Hilgendorf, LPK, 9. Aufl. 2022, § 263 Rn. 243.
[55] A. A. vertretbar.
[56] A. A. vertretbar.

auszuscheidende Zweitzueignung der Fahrzeuge.[57] Die gleichzeitige Unterschlagung ist gem. § 246 I StGB formell subsidiär.

T ist insofern jedenfalls straflos, ohne dass es auf eine genauere Entscheidung ankäme.

Eine Unterschlagung aufgrund des Verkaufs wäre jedenfalls gem. § 246 I StGB formell subsidiär. Die umstrittene Frage, ob eine solche sog. Zweitzueignung überhaupt tatbestandsmäßig ist, kann dahinstehen.

2. Unterabschnitt: Zweite Sachverhaltsvariante: Kenntnis des A vom Verkauf der Fahrzeuge

A. § 263 I StGB
In dieser Sachverhaltsvariante scheidet ein Betrug mangels Täuschung durch T und Irrtum des A aus.

B. § 259 I StGB
T könnte sich wegen Hehlerei strafbar gemacht haben, indem er von A die Fahrzeuge übernahm.

I. Tatbestand

1. Objektiver Tatbestand
Hierfür müsste es sich bei den Fahrzeugen um Sachen handeln, die ein anderer gestohlen oder sonst durch eine gegen fremdes Vermögen gerichtete rechtswidrige Tat erlangt hat.

In Betracht kommt hier eine deliktische Erlangung der Fahrzeuge durch A aufgrund eines Betruges gem. § 263 I StGB gegenüber dem Leasinggeber.

Fraglich ist aber bereits, ob A den zuständigen Mitarbeiter beim Leasinggeber überhaupt (insbesondere über seine Zahlungswilligkeit und/oder -fähigkeit) getäuscht hat, was voraussetzen würde, dass A im Zeitpunkt des Vertragsschlusses tatsächlich zahlungsunwillig bzw. -fähig war. Hierfür spricht zwar, dass keinerlei Leasingraten entrichtet wurden. Allerdings weist die mehrmonatige Nutzung der Fahrzeuge darauf hin, dass die Leasingverträge nicht bereits zum Zwecke des Verkaufs ins Ausland abgeschlossen wurden.[58] Jedenfalls *in dubio pro reo* liegt keine Täuschung vor.[59]

A könnte aber als hehlereitaugliche Vortat eine veruntreuende Unterschlagung gem. § 246 I, II StGB begangen haben.

Die geleasten Fahrzeuge waren für A fremde bewegliche Sachen.

---

[57] Zur Kontroverse um die wiederholte Zueignung Bock, BT 2, 2018, S.206ff.; Fischer, StGB, 70. Aufl. 2023, § 246 Rn. 14; Hoyer, in: SK-StGB, 9. Aufl. 2019, § 246 Rn. 28ff.; aus der Rspr. vgl. zuletzt BGH B. v. 13.01.2022 – 1 StR 292/21 – NStZ 2022, 611 = StV 2022, 442 (Anm. Bosch Jura 2022, 1004; Eisele JuS 2022, 551; RÜ 2022, 430; Mitsch NStZ 2022, 612).

[58] So BGH B. v. 09.11.2011 – 2 StR 386/11 – NStZ 2012, 510.

[59] A. A. vertretbar.

Anvertraut sind Sachen, an denen der Täter Gewahrsam vom Eigentümer oder einem Dritten mit der Verpflichtung erlangt, die Sache zu einem bestimmten Zweck des Eigentümers zu verwenden oder zurückzugeben.[60] Dies ist bei einer Gebrauchsüberlassung aufgrund eines Leasingvertrags der Fall.[61]

A müsste sich die Fahrzeuge i. S. d. § 246 I StGB zugeeignet haben. Was hierunter zu verstehen ist, ist strittig.[62] Selbst nach der weiten h. M.[63] wird eine vom Zueignungsvorsatz getragene Handlung vorausgesetzt, also eine solche, in der sich ein Wille, sich als Eigentümer der Sache zu gerieren, manifestiert. Eine solche Handlung des A im Vorfeld der Übergabe an T ist allerdings nicht ersichtlich; auch aus der Nichtzahlung von Leasingraten lässt sich dies nicht ohne Weiteres schließen, da deren Gründe unklar sind und vielgestaltig sein können.[64]

In der böswilligen Überlassung der Fahrzeuge an T zum Verkauf liegt mithin erstmalig eine Manifestation eines Zueignungswillens.

Fraglich ist, ob dies als hehlereitaugliche Vortathandlung überhaupt in Betracht kommt. Problematisch ist nämlich, dass die Übergabe/Übernahme der Fahrzeuge zeitgleich die Hehlereihandlung und die Vortathandlung bilden würde.

Es ist umstritten, ob die Vortat bereits vollendet sein muss, bevor die Tathandlung der Hehlerei einschlägig sein kann.[65]

Nach z. T. vertretener Ansicht[66] genügt es, wenn die Vortat erst durch die Hehlereihandlung vollendet wird. Hiernach läge eine hehlereitaugliche Vortat vor.

Die herrschende Auffassung[67] verlangt demgegenüber eine Vollendung der Vortat, woran es vorliegend mangelt.

Richtig ist zwar, dass die Strafwürdigkeit auch in Fällen simultanen Zusammentreffens gleich hoch ist. Allerdings spricht für die h. M. der Wortlaut „erlangt hat", welcher aufgrund seines Perfektpartizips ein zeitlich abgeschlossenes Geschehen voraussetzt. Hinzu kommt das Telos der Norm; so ist die Hehlerei gerade ein sog.

---

[60] Bock, BT 2, 2018, S. 210; Fischer, StGB, 70. Aufl. 2023, § 246 Rn. 16; vgl. auch Hoyer, in: SK-StGB, 9. Aufl. 2019, § 246 Rn. 41ff.; aus der Rspr. vgl. zuletzt LG Nürnberg-Fürth B. v. 24.01.2022 – 18 Qs 24/21, 18 Qs 25/21 (Anm. Gierok/Dittrich MedR 2022, 692).

[61] Vgl. aus der Rspr. BGH B. v. 11.02.2009 – 5 StR 11/09 – NStZ-RR 2009, 177 (Anm. RA 2009, 252).

[62] Hierzu Bock, BT 2, 2018, S. 196ff.; Hoyer, in: SK-StGB, 9. Aufl. 2019, § 246 Rn. 9ff.; aus der Rspr. vgl. zuletzt BGH B. v. 07.02.2018 – 2 StR 545/17 – NJW 2018, 1557 = NStZ 2018, 465 (Anm. Kudlich JA 2018, 549; Hecker JuS 2018, 1009; RÜ 2018, 433; Krell NStZ 2018, 466); OLG Zweibrücken B. v. 02.05.2018 – 1 OLG 2 Ss 1/18 – NStZ-RR 2018, 249 (Anm. Jansen jurisPR-StrafR 15/2018 Anm. 3); BGH B. v. 28.11.2018 – 3 StR 440/18 – NStZ 2019, 473 (Anm. Habetha NStZ 2019, 473).

[63] S. nur Fischer, StGB, 70. Aufl. 2023, § 246 Rn. 6.

[64] Zur unterlassenen Rückgabe Bock, BT 2, 2018, S. 200; aus der Rspr. vgl. zuletzt OLG Zweibrücken B. v. 02.05.2018 – 1 OLG 2 Ss 1/18 – NStZ-RR 2018, 249 (Anm. Jansen jurisPR-StrafR 15/2018 Anm. 3).

[65] Hierzu Bock, BT 2, 2018, S. 713f.; Hoyer, in: SK-StGB, 9. Aufl. 2019, § 259 Rn. 13ff.; aus der Rspr. vgl. zuletzt BGH U. v. 16.12.2021 – 1 StR 187/21 (Anm. RÜ 2022, 516; Bode JR 2022, 603).

[66] Z. B. Lackner/Kühl/Heger, StGB, 30. Aufl. 2023, § 259 Rn. 6.

[67] S. nur Eisele, BT II, 6. Aufl. 2021, Rn. 1142; Hoyer, in: SK-StGB, 9. Aufl. 2019, § 259 Rn. 15f.

Anschlussdelikt, welches einer rechtswidrigen Tat nachfolgt. Eine Unterschlagung des A als Vortat scheidet mithin aus.[68]

Andere Vortaten des A sind nicht ersichtlich.

2. Zwischenergebnis
Mangels deliktisch erlangter Sachen scheidet eine Hehlerei aus.

II. Ergebnis
T hat sich nicht wegen Hehlerei strafbar gemacht, indem er von A die Fahrzeuge übernahm.

C. §(§) 246 I(, 25 II) StGB
T könnte sich wegen (mittäterschaftlicher[69]) Unterschlagung strafbar gemacht haben, indem er von A die Fahrzeuge übernahm.

I. Tatbestand

1. Objektiver Tatbestand
In der Veräußerung der Fahrzeuge liegt eine Zueignung fremder beweglicher Sachen.

Fraglich ist, ob diese dem T auch i. S. d. § 246 II StGB anvertraut waren. Mangels Leasingvertrags mit T war dies nicht der Fall.

Denkbar ist allerdings eine Zurechnung dieses Merkmals aufgrund einer Mittäterschaft gem. § 25 II StGB mit A. Dies bedarf aber nur dann einer Erörterung, wenn das Merkmal des Anvertrautseins überhaupt gem. § 25 II StGB zugerechnet werden kann. Es handelt sich hierbei aber um ein besonderes persönliches Merkmal i. S. d. § 28 II StGB,[70] so dass eine mittäterschaftliche Zurechnung ausscheidet. Es bleibt mithin beim Grundtatbestand.

2. Subjektiver Tatbestand
T handelte vorsätzlich.

II. Rechtswidrigkeit, Schuld
T handelte rechtswidrig und schuldhaft.

III. Ergebnis
T hat sich wegen Unterschlagung strafbar gemacht, indem er von A die Fahrzeuge übernahm.

---

[68] A. A. vertretbar.
[69] Zurechnungsfunktion bzgl. § 246 II StGB angesprochen, ansonsten § 25 II StGB entbehrlich.
[70] Kindhäuser/Hilgendorf, LPK, 9. Aufl. 2022, § 246 Rn. 44; Hoyer, in: SK-StGB, 9. Aufl. 2019, § 246 Rn. 40; aus der Rspr. vgl. zuletzt LG Nürnberg-Fürth B. v. 24.01.2022 – 18 Qs 24/21, 18 Qs 25/21 (Anm. Gierok/Dittrich MedR 2022, 692).

D. § 261 I Nr. 3 StGB

Mit Blick auf eine Geldwäsche durch Sichverschaffen (Übernahme der Pkw von A) stellt sich wiederum die Frage, ob der Gegenstand – die Pkw – *aus* einer rechtswidrigen Tat herrührt, namentlich, ob ein Herrühren *aus* der Tat auch bei Zusammentreffen von Vortat und Geldwäsche vorliegen kann. Die Frage kann jedoch offenbleiben: Es ist nämlich der persönliche Strafausschließungsgrund des § 261 VII StGB zu beachten, der nicht voraussetzt, dass die Vortat im Zeitpunkt der Geldwäschehandlung schon vollendet oder beendet ist,[71] mithin scheidet insoweit mit Blick auf die Unterschlagung eine Geldwäschestrafbarkeit aus.

Im Hinblick auf ein etwaiges Einem-Dritten-Verschaffen (durch Export der Fahrzeuge nach Ghana) gilt selbiges bzgl. der Unterschlagung. Zwar kommt gem. § 261 VII StGB eine Strafbarkeit in Betracht, wenn der Täter den Gegenstand in den Verkehr bringt und dabei dessen rechtswidrige Herkunft verschleiert; zumindest von letzterem ist jedenfalls in *dubio pro reo* nicht auszugehen – es kommt genauso gut in Betracht, dass T die Fahrzeuge unter Offenlegung ihrer Herkunft in das Ausland veräußerte (wofür auch deren niedriger Preis spricht).

3. Unterabschnitt: Abschließende vergleichende rechtliche Beurteilung der Sachverhaltsvarianten

T hat sich in den verschiedenen Sachverhaltsvarianten unterschiedlich strafbar gemacht.

In diesen Fällen ist eine Verurteilung dann möglich, wenn ein Stufenverhältnis[72] vorliegt, ein Fall der Post- oder Präpendenz[73] oder in einer Konstellation möglicher (echter) Wahlfeststellung.[74]

Betrug und Unterschlagung stehen nicht in einem normativen Stufenverhältnis,[75] auch wenn § 246 StGB bei gleichzeitiger Begehung subsidiär wäre. Dies folgt schon aus der besonderen erforderlichen Eigenschaft des Tatobjekts der Unterschlagung (fremde bewegliche Sache), so dass die Unterschlagung nicht als Auffangtatbestand o. ä. gegenüber einem Betrug angesehen werden kann.[76]

Auch handelt es sich nicht um Post- oder Präpendenz.

In Betracht kommt eine sog. echte Wahlfeststellung, welche eine wahldeutige Verurteilung ermöglichen würde (hier wegen Betruges oder Unterschlagung).

Umstritten ist allerdings bereits die grundsätzliche Zulässigkeit einer solchen alternativen Verurteilung, zumindest in Fällen der echten Wahlfeststellung (Rechtsnormungewissheit): Während die ganz h. M.[77] inkl. BGH und BVerfG die echte

---

[71] Ruhmannseder, in: BeckOK-StGB, Stand 01.02.2023, § 261 Rn. 13, 66f.
[72] Hierzu Baumann/Weber/Mitsch/Eisele, AT, 13. Aufl. 2021, § 28 Rn. 13ff.
[73] Hierzu B. Heinrich, AT, 7. Aufl. 2022, Rn. 1447, 1454ff.
[74] Zur Wahlfeststellung B. Heinrich, AT, 7. Aufl. 2022, Rn. 1463ff.
[75] Fischer, StGB, 70. Aufl. 2023, § 1 Rn. 35.
[76] A. A. vertretbar.
[77] S. nur B. Heinrich, AT, 7. Aufl. 2022, Rn. 1466ff.; aus der Rspr. vgl. zuletzt BGH U. v. 09.01.2020 – 3 StR 288/19 – NStZ-RR 2020, 175; BGH B. v. 27.04.2021 – 5 StR 44/21 (Anm. RÜ 2021, 439).

Wahlfeststellung unter bestimmten Voraussetzungen zulassen, lehnt eine Minderheitsauffassung[78] dies unter Hinweis auf Art. 103 II GG ab.

Überzeugender ist aber die h. M., für die das unbefriedigende Ergebnis eines Freispruchs in Fällen streitet, in denen feststeht, dass der Täter sich strafbar gemacht hat (und nur nicht, nach welcher Norm genau). Jedenfalls unter den entwickelten engen Voraussetzungen greifen die Bedenken gegen die echte Wahlfeststellung nicht durch.[79]

Voraussetzung für eine Wahlfeststellung ist die rechtsethische (gleiche Schwere der Schuldvorwürfe und eine nach dem allgemeinen Rechtsempfinden sittlich und rechtlich vergleichbare Bewertung, insbesondere dieselben oder ähnliche Rechtsgüter) und psychologische Vergleichbarkeit (vergleichbare psychische Beziehung des Täters zur Tat: Einstellung zu den Rechtsgütern und Motivationslage ähnlich) der im Raum stehenden Taten.[80]

Fraglich ist, ob dies auf Unterschlagung einerseits und Betrug andererseits zutrifft.[81] Dies ist angesichts der vergleichbaren Rechtsgüter (Eigentum und Vermögen), der im Wesentlichen vergleichbaren Strafrahmen und der vergleichbaren Motivationslagen (Bereicherung/Zueignungsvorsatz) anzunehmen.[82] Allerdings gilt dies nicht in Bezug auf den Strafrahmen des besonders schweren Falls nach § 263 III StGB; dieser ist daher außer Acht zu lassen.[83]

T hat sich wegen Betrugs oder Unterschlagung strafbar gemacht, indem er die Fahrzeuge verkaufte.

2. Abschnitt: Strafbarkeit des A

Zumindest in der Sachverhaltsvariante, nach der A gutgläubig war, ist keine Strafbarkeit des A ersichtlich. Daher ist *in dubio pro reo* dies zugrunde zu legen, ohne dass es auf eine Prüfung der Strafbarkeit in der anderen denkbaren Sachverhaltsvariante ankommt.

---

[78] Z. B. Frister, in: NK-StGB, 5. Aufl. 2017, nach § 2 Rn. 76ff.; eine die Zulässigkeit verneinende Anfrage des 2. Strafsenats des BGH (BGH B. v. 28.01.2014 – 2 StR 495/12 – NStZ 2014, 392 = NStZ-RR 2014, 307 = StV 2014, 580 (Anm. von Heintschel-Heinegg JA 2014, 710; Jahn JuS 2014, 753; Bosch JK 2014 GG Art. 103 II/6; Wagner ZJS 2014, 436; LL 2014, 740; RÜ 2014, 507; famos 9/2014; Schuhr NStZ 2014, 437; Frister StV 2014, 584; Stuckenberg ZIS 2014, 461; Bauer wistra 2014, 475; Kröpil JR 2015, 116)) führte zur bejahenden Entscheidung des Großen Senats, so dass der Verstoß erfolglos blieb, BGH B. v. 08.05.2017 – GSSt 1/17 – BGHSt 62, 164 = NJW 2017, 2842 = NStZ 2018, 41 = StV 2017, 811 (Anm. RÜ 2017, 709; famos 10/2017; Jahn NJW 2017, 2846; Stuckenberg StV 2017, 815; Zeller/Thomas jurisPR-StrafR 24/2017 Anm. 2; LL 2018, 101).

[79] A. A. vertretbar.

[80] S. nur Fischer, StGB, 70. Aufl. 2023, § 1 Rn. 33.

[81] Hierzu vgl. aus der Rspr. OLG Hamm U. v. 05.03.1974 – 5 Ss 4/74 – NJW 1974, 1957 (Anm. Hassemer JuS 1975, 57); OLG Saarbrücken U. v. 16.10.1975 – Ss 55/75 – NJW 1976, 65 (Anm. Günther JZ 1976, 665).

[82] A. A. vertretbar.

[83] A. A. vertretbar.

4. Teil: Thermarium[84]

- Strafbarkeit des T -

1. Abschnitt: Entwendung der Spindschlüssel

A. § 242 I StGB
Im Entwenden der Spindschlüssel liegt ein Diebstahl.
Insbesondere ändert der Wille, die Schlüssel so zu bearbeiten, dass sie für eine Vielzahl der Spindschlüssel passen, nichts an der Absicht rechtswidriger Zueignung (hier bzgl. einer Nutzung als Ausgangsunkt für einen Dietrich).

B. § 303 I StGB
In dem Bearbeiten der Schlüssel liegt auch eine Sachbeschädigung gem. § 303 I StGB.
Verfährt allerdings ein Dieb (s. o.) mit der Sache so, wie es ein Eigentümer könnte, so handelt es sich bei diesen Handlungen um mitbestrafte Nachtaten, so dass eine Sachbeschädigung in Gesetzeskonkurrenz zurücktritt.[85]

2. Abschnitt: Entwendung der EC-Karte und Verschaffung der PIN

A. §§ 242, 243 I 2 Nr. 2 StGB
T könnte sich wegen Diebstahls (in einem besonders schweren Fall) strafbar gemacht haben, indem er einen Spind öffnete und die EC-Karte eines Badegasts entnahm.

I. Tatbestand

1. Objektiver Tatbestand
Die EC-Karte war eine für T fremde bewegliche Sache.
   Diese müsste er weggenommen haben.
   Wegnahme ist der Bruch fremden und die Begründung neuen Gewahrsams.[86]
Ursprünglich hatte der Badegast alleinigen Gewahrsam am Spindinhalt, auch wenn dieser vorübergehend (während des Badeaufenthalts) gelockert war. Zwar hatte T aufgrund seines Schlüssels auch eine faktische Zugriffsmöglichkeit auf den Spind (und weitere), dies ändert aber nichts daran, dass die Verkehrsanschauung

---

[84] Nach BGH B. v. 30.01.2001 – 1 StR 512/00 – NJW 2001, 1508 = NStZ 2001, 316 = StV 2001, 403 (Anm. Otto JK 2001 StGB § 263a/12; Fad JA-R 2001, 110; Martin JuS 2001, 718; LL 2001, 485; RÜ 2001, 173; RA 2001, 304; famos 5/2001; Wohlers NStZ 2001, 539).
[85] Vgl. nur Fischer, StGB, 70. Aufl. 2023, § 242 Rn. 59.
[86] Bock, BT 2, 2018, S. 31; Fischer, StGB, 70. Aufl. 2023, § 242 Rn. 10; aus der Rspr. vgl. zuletzt BGH B. v. 03.03.2021 – 4 StR 338/20 – BGHSt 66, 55 = NJW 2021, 1545 = NStZ 2021, 425 = StV 2022, 15 (Anm. Kudlich JA 2021, 519; LL 2021, 682; RÜ 2021, 378; Lenk NJW 2021, 1547; El-Ghazi NStZ 2021, 427; Pschorr jurisPR-StrafR 10/2021 Anm. 5; Ruppert StV 2022, 17; Bechtel JR 2022, 39).

den Spindinhalt allein dem Badegast zuordnet (und etwa auch nicht Angehörigen des Personals, die über Generalschlüssel verfügen). Spätestens mit Verlassen des Thermariums hat T eigenen Gewahrsam begründet, und zwar ohne Einverständnis des Badegasts, also durch Bruch.

2. Subjektiver Tatbestand

T handelte vorsätzlich i. S. d. § 15 StGB.

Er müsste ferner in der Absicht rechtswidriger Zueignung gehandelt haben.

Dies erfordert zum einen Vorsatz bzgl. dauernder und endgültiger Entziehung der Sache, d. h. einer Verdrängung des Eigentümers aus seiner bisherigen Herrschaftsposition; zum anderen die Absicht bzgl. mindestens vorübergehender Einverleibung der Sache in den eigenen Güterbestand oder in den Güterbestand eines Dritten, d. h. die Anmaßung einer eigentumsähnlichen Herrschaft (*se ut dominum gerere*; vgl. § 903 BGB).[87]

Mangels angestrebter Rückgabe liegt Enteignungsvorsatz vor.

Problematisch ist, ob in dem beabsichtigten Gebrauch der EC-Karte eine hinreichende Absicht vorübergehender Aneignung der Sache zu sehen ist.

Die bloß vorübergehende Nutzung einer Codekarte wird kontrovers diskutiert.[88] Eine Aneignung der Substanz wird man in dem Einsatz am Geldautomaten nicht sehen können, so dass es darauf ankommt, inwieweit die sog. „Substanztheorie" durch Sachwertgesichtspunkte ergänzt werden kann.[89]

Nach z. T. vertretener Auffassung liegt in der beabsichtigten Nutzung der Abhebungsfunktion der EC-Karte eine hinreichend mit der Kartensubstanz verbundene Aneignung(sabsicht).[90]

Die Gegenauffassung (Teile der Rspr.[91] und die h. L.[92]) verneint dies allerdings. Hierbei kann es i.Ü. nicht darauf ankommen, ob der Täter die Karte nach missbräuchlicher Nutzung zurückgelangen lassen oder sie wegwerfen möchte; dies wäre eine Frage der Enteignung, nicht der Aneignung.

Für die h. M. spricht zwar, dass es sich bei der EC-Karte, anders als bei Sparbüchern, lediglich um eine Schlüsselfunktion handelt: Die Karte könnte daher keinen Sachwert verkörpern, sondern nur ein Zugangsinstrument zum Geldautomaten sein. Die Aneignungsabsicht wäre dann zu verneinen. Wenn aber eine EC-Karte ein Zugangswerkzeug ist, dann eignet man es sich durch den Willen, es vorübergehend

---

[87] Bock, BT 2, 2018, S. 73; Hoyer, in: SK-StGB, 9. Aufl. 2019, § 242 Rn. 67ff.; aus der Rspr. vgl. zuletzt BGH B. v. 12.01.2021 – 4 StR 501/20 – NStZ-RR 2021, 77 (Anm. LL 2021, 462).
[88] Hierzu Hoyer, in: SK-StGB, 9. Aufl. 2019, § 242 Rn. 88; aus der Rspr. vgl. zuletzt BGH U. v. 18.07.2007 – 2 StR 69/07 – NStZ 2008, 396 (Anm. RÜ 2007, 585; RA 2007, 559); OLG Hamm B. v. 12.03.2015 – 1 RVs 15/15 – NStZ-RR 2015, 213 (Anm. Jäger JA 2015, 629; RÜ 2015, 374).
[89] Hierzu Bock, BT 2, 2018, S. 93ff.; Hoyer, in: SK-StGB, 9. Aufl. 2019, § 242 Rn. 72ff.
[90] Schnabel NStZ 2005, 18 (18f.).
[91] BGH B. v. 16.12.1987 – 3 StR 209/87 – BGHSt 35, 152 = NJW 1988, 979 = StV 1988, 149 (Anm. Otto JK 1988 StGB § 246/6; Sonnen JA 1988, 461; Hassemer JuS 1988, 744; Huff NJW 1988, 981; Schmitt/Ehrlicher JZ 1988, 364; Thaeter wistra 1988, 339; Ranft JR 1989, 165); vgl. allerdings auch BGH B. v. 30.01.2001 – 1 StR 512/00 – NJW 2001, 1508.
[92] S. nur Eisele, BT II, 6. Aufl. 2021, Rn. 66.

einzusetzen, ebenso an, wie es im Falle anderer Werkzeuge (z. B. Hammer) wäre. Jedenfalls wenn dem Täter mit der Karte, wie er weiß, zugleich die PIN in die Hand fällt, liegt auch eine hinreichende Verknüpfung dieses Nutzwerts mit der Sachsubstanz vor.

T handelte in der Absicht rechtswidriger Zueignung.[93]

II. Rechtswidrigkeit, Schuld
T handelte rechtswidrig und schuldhaft.

III. Strafzumessung
T könnte das Regelbeispiel des § 243 I 2 Nr. 2 StGB verwirklicht haben.

Schutzvorrichtungen sind künstliche Einrichtungen, die geeignet und bestimmt sind, die Wegnahme einer Sache erheblich zu erschweren.[94] Behältnis ist ein zur Aufnahme von Sachen dienendes und sie umschließendes Raumgebilde, das nicht zum Betreten durch Menschen bestimmt ist.[95] Verschlossen ist es, wenn der Inhalt gegen einen unbefugten Zugriff von außen gesichert ist.[96]

Auf einen durch ein Schloss gesicherten Spind treffen die Merkmale eines verschlossenen Behältnisses zu, welches gegen Wegnahme besonders gesichert ist.

Auch insofern handelte T (quasi-)vorsätzlich.

§ 243 I 2 Nr. 1 StGB scheitert hingegen daran, dass mangels Entwidmung[97] (der Schwimmbadbetreiber hatte den Verlust wohl – und sei es *in dubio pro reo* – noch nicht bemerkt) aus: Die Spindschlüssel waren keine falschen Schlüssel.

Ein Fall des § 243 II StGB liegt nicht vor: EC-Karten haben keinen (legalen) Verkehrswert, so dass die Ausschlussklausel nicht greift.[98] Ohnehin dürfte ein gedachter Marktwert einer EC-Karte mit gültiger PIN höher als die Geringwertigkeitsgrenze von 25–50 € liegen.

IV. Ergebnis
T hat sich wegen Diebstahls (in einem besonders schweren Fall) strafbar gemacht, indem er einen Spind öffnete und die EC-Karte eines Badegasts entnahm.

---

[93] A. A. vertretbar.

[94] Bock, BT 2, 2018, S. 118; aus der Rspr. vgl. zuletzt BGH U. v. 26.06.2018 – 1 StR 79/18 – NStZ 2019, 212 (Anm. Nestler Jura 2018, 1185; Jahn JuS 2018, 1013; RÜ 2018, 715; Jäger JA 2019, 228; Heghmanns ZJS 2019, 68).

[95] Bock, BT 2, 2018, S. 122; aus der Rspr. vgl. BGH B. v. 11.05.1951 – GSSt 1/51 – BGHSt 1, 158 = NJW 1951, 669; OLG Köln U. v. 14.09.1956 – Ss 185/56 – NJW 1956, 1932; OLG Stuttgart U. v. 20.12.1963 – 2 Ss 869/63 – NJW 1964, 738.

[96] Bock, BT 2, 2018, S. 123.

[97] Hierzu Bock, BT 2, 2018, S. 114; aus der Rspr. vgl. zuletzt BGH B. v. 18.11.2020 – 4 StR 35/20 – BGHSt 65, 194 = NJW 2021, 1107 = NStZ 2021, 167 = StV 2021, 491 (Anm. Kudlich JA 2021, 255; Hecker JuS 2021, 370; LL 2021, 377; RÜ 2021, 106; famos 7/2021; Kulhanek NStZ 2021, 169; Schneider jurisPR-StrafR 5/2021 Anm. 5); BGH B. v. 12.10.2021 – 5 StR 219/21 – NStZ 2022, 408 (Anm. Hecker JuS 2022, 275).

[98] Fischer, StGB, 70. Aufl. 2023, § 243 Rn. 24; ausf. (auf einen hypothetischen Marktpreis abstellend) Hoyer, in: SK-StGB, 9. Aufl. 2019, § 243 Rn. 43f.

B. § 303a I StGB

T könnte sich durch die Entwendung der EC-Karte wegen Datenveränderung strafbar gemacht haben.

I. Tatbestand

1. Objektiver Tatbestand

a) Tatobjekt: Daten Betroffen müssen Daten i. S. d. §§ 303a I i. V. m. § 202a II StGB sein. Hierunter sind alle durch Zeichen oder kontinuierliche Funktionen dargestellten Informationen zu verstehen, die sich als Gegenstand oder Mittel der Verarbeitung durch ein Gerät codieren lassen oder das Ergebnis eines Verarbeitungsvorgangs sind.[99]

Vorliegend enthält der Magnetstreifen einer EC-Karte codiert gespeicherte Informationen, unter anderem Kontonummer und Bankleitzahl, wobei es sich mithin um Daten handelt.

b) Tathandlungen Diese Daten könnte T unterdrückt haben.

Unterdrücken bedeutet, die Daten dem Zugriff des Berechtigten zu entziehen und dadurch ihre Verwendbarkeit auszuschließen.[100] Hierbei ist problematisch, ob die Entziehung dauerhaft oder wenigstens über einen erheblichen Zeitraum hinweg stattgefunden haben muss.[101] Die wohl h. L.[102] lässt die vorübergehende Entziehung ausreichen, während die Rspr. z. T.[103] verlangt, dass die Daten auf Dauer entzogen werden.

Allerdings ist nicht ersichtlich, dass T die Karte zurückgeben wollte, so dass ein Entzug auf Dauer geplant war.

2. Subjektiver Tatbestand
T handelte vorsätzlich.

II. Rechtswidrigkeit, Schuld
T handelte rechtswidrig und schuldhaft.

---

[99] Kargl, in: NK-StGB, 5. Aufl. 2017, § 202a Rn. 4; Kindhäuser, LPK, 9. Aufl. 2022, § 303a Rn. 3.
[100] Bock, BT 2, 2018, S. 237.
[101] Bock, BT 2, 2018, S. 237f.; Fischer, StGB, 70. Aufl. 2023, § 303a Rn. 10.
[102] S. nur Wieck-Noodt, in: MK-StGB, 4. Aufl. 2022, § 303a Rn. 13; Gercke MMR 2005, 868.
[103] OLG Frankfurt B. v. 22.05.2006 – 1 Ss 319/05 – StV 2007, 244 (Anm. famos 9/2005; Jahn JuS 2006, 943; RÜ 2006, 424; RA 2006, 545; Geppert JK 2008 StGB § 240/23; Kelker GA 2009, 86; Hoffmanns ZIS 2012, 409).

III. Ergebnis
T hat sich durch die Entwendung der EC-Karte wegen Datenveränderung strafbar gemacht.

Zum Strafantragserfordernis s. § 303c StGB.

Die Datenveränderung schützt das Interesse des Berechtigten an der unversehrten Verwendbarkeit von Daten, während der Diebstahl das Eigentum am Datenträger schützt, daher könnte Tateinheit anzunehmen sein. Da aber ein Diebstahl eines (typischerweise beschriebenen) Datenträgers § 303a StGB i. d. R. mitverwirklicht, ist von Gesetzeskonkurrenz auszugehen, wenn auch nicht von Subsidiarität des § 303a StGB,[104] sondern als mitbestrafte Begleittat.[105]

C. § 274 I Nr. 1, 2 StGB
Eine Urkundenunterdrückung aufgrund der Entwendung der EC-Karte scheitert an einer Nachteilszufügungsabsicht,[106] die sich gerade darauf beziehen muss, dem Beweisführungsberechtigten eine Nutzung in einer aktuell anliegenden Situation vorzuenthalten.[107]

T hatte aber keine entsprechende Vorstellung, erst recht kam es ihm darauf nicht i. S. e. Absicht an, selbst wenn man *dolus directus* zweiten Grades ausreichen[108] ließe.

Selbst wenn man dies anders sähe, wäre, wie bei § 303a StGB (s. o.) von einer mitbestraften Begleittat auszugehen.[109]

D. § 202a I StGB
T könnte sich wegen Ausspähens von Daten strafbar gemacht haben, indem er die EC-Karte entwendete und die PIN zur Kenntnis nahm.

Es handelte sich um Daten, vgl. oben, auch bei der PIN.

Diese waren nicht für T bestimmt. Abzustellen ist auf den Willen des formell Berechtigten.[110]

Fraglich ist, ob sie i. S. d. § 202a I StGB besonders gesichert waren.

Dies ist dann der Fall, wenn Vorkehrungen vorhanden sind, die objektiv geeignet und subjektiv dazu bestimmt sind, den Zugriff mindestens erheblich zu erschweren.[111]

---

[104] So aber Zaczyk, in: NK-StGB, 5. Aufl. 2017, § 303a Rn. 20.
[105] A. A. vertretbar.
[106] A. A. vertretbar.
[107] Hoyer, in: SK-StGB, 9. Aufl. 2019, § 274 Rn. 17.
[108] Hierzu Joecks/Jäger, StGB, 13. Aufl, 2021, § 274 Rn. 22.
[109] A. A. vertretbar.
[110] Bock, BT 1, 2018, S. 293; Fischer, StGB, 70. Aufl. 2023, § 202a Rn. 7a; aus der Rspr. vgl. BGH B. v. 27.07.2017 – 1 StR 412/16 (Bitcoinschürfen) – NStZ 2018, 401 = StV 2019, 385 (Anm. Safferling NStZ 2018, 405; Greier/Hartmann jurisPR-StrafR 21/2018 Anm. 1; Brodowski StV 2019, 385).
[111] Bock, BT 1, 2018, S. 294; Eisele, BT I, 6. Aufl. 2021, Rn. 736; aus der Rspr. vgl. zuletzt BGH B. v. 13.05.2020 – 5 StR 614/19 – NJW 2020, 3610 = NStZ-RR 2020, 278 = StV-S 2021, 136 (Anm. Bosch Jura 2020, 1145; RÜ 2020, 709; Hassemer StV-S 2021, 138; Basar jurisPR-StrafR 4/2021 Anm. 4).

Bei Zahlungskarten allerdings sind weder die auf dem Magnetstreifen gespeicherte Kontonummer noch die sich ebenfalls dort befindende Bankleitzahl durch Schutzmechanismen gesichert. Zur Kenntnisnahme benötigt man nur ein handelsübliches Lesegerät und dazugehörige, ebenfalls im Handel erhältliche Software.

Die Sicherung allerdings könnte durch den abgeschlossenen Spind erfolgt sein. Der objektive Schutz ist gegeben. Zweifelhaft ist die subjektive Bestimmung: Zwar können Sicherungen auch mechanisch sein (Räume oder Behältnisse).[112] Beim Zurücklassen von Sachen in einem Spind geht es aber um eine allgemeine Sicherung aller Gegenstände, nicht um eine besondere Sicherung von Daten.[113]

T hat sich nicht wegen Ausspähens von Daten strafbar gemacht, indem er die EC-Karte entwendete und die PIN zur Kenntnis nahm.

Mangels Bezugstat scheidet damit auch § 202c StGB aus.

3. Abschnitt: Abhebung der 500 €

A. § 263a I StGB
T könnte sich wegen Computerbetrugs strafbar gemacht haben, indem er die entwendete Karte zum Geldabheben am Bankautomaten einsetzte.

I. Tatbestand

1. Objektiver Tatbestand

a) Tathandlung

aa) Verwendung unrichtiger oder unvollständiger Daten

Bei den auf dem Magnetstreifen der EC-Karte enthaltenen Informationen und der PIN handelt es sich um Daten, s. o.

Daten sind unrichtig, wenn die kodierten Informationen nicht mit der Wirklichkeit übereinstimmen, also der Lebenssachverhalt unzutreffend wiedergegeben wird.[114]

Unvollständig sind sie, wenn Informationen über wahre Tatsachen pflichtwidrig vorenthalten werden.[115]

T allerdings verwendet nur die zutreffenden Daten des Berechtigten, die also weder unrichtig noch unvollständig sind.

bb) Unbefugte Verwendung von Daten

T könnte die Daten aber unbefugt verwendet haben.

---

[112] S. nur Kindhäuser/Hilgendorf, LPK, 9. Aufl. 2022, § 202a Rn. 4.
[113] A. A. vertretbar.
[114] Bock, BT 2, 2018, S. 438.
[115] Bock, BT 2, 2018, S. 440.

Die Auslegung des Merkmals der Unbefugtheit ist strittig.[116]
Insbesondere stehen sich drei Auffassungen gegenüber.

Nach einer subjektivierenden Auslegung genügt jedes Handeln welches dem wirklichen oder mutmaßlichen Willen des Berechtigten zuwiderläuft.[117] Hiernach hätte T unbefugt gehandelt: Es entspricht sowohl dem Willen der Bank als auch dem des Bankkunden, dass nur der Berechtigte mit seiner echten Karte Geld abheben kann.

Nach einer computerspezifischen Auslegung[118] muss sich der entgegenstehende Wille im Programm niedergeschlagen haben, also muss eine Überprüfung durch Missbrauchserkennungsmodule bzw. durch eine computerimmanente Prüfinstanz erfolgen. Dies bereitet vorliegend Probleme: Zwar schützt eine PIN vor unberechtigter Abhebung von Bargeld an Automaten. Allerdings versagt der Schutz, wenn der Täter die PIN kennt.

Heute h. M.[119] ist ein betrugsspezifisches Verständnis: Ein unbefugtes Handeln liegt hiernach dann vor, wenn gegenüber einer Person eine Täuschung gegeben wäre (Täuschungsäquivalenz), also mindestens eine konkludente Behauptung der Befugnis anzunehmen ist.[120] In der Kasuistik der Bankautomaten-Fallkonstellationen[121] wird der Fall einer unberechtigten Abhebung durch einen Dritten, der eine entwendete Karte verwendet, von der ganz h. M. als täuschungsähnlich angesehen[122]: Der Täter täusche nämlich einem (gedachten) Bankangestellten seine in Wahrheit fehlende Berechtigung konkludent vor.

---

[116] Hierzu Bock, BT 2, 2018, S. 442ff.; Hoyer, in: SK-StGB, 9. Aufl. 2019, § 263a Rn. 14ff.; aus der Rspr. vgl. zuletzt OLG Hamm B. v. 07.04.2020 – 4 RVs 12/20 – NStZ 2020, 673 (Anm. Kudlich JA 2020, 710; Heghmanns ZJS 2020, 494; LL 2020, 617; RÜ 2020, 511; famos 6/2020; Christoph/Dorn-Haag NStZ 2020, 676); OLG Zweibrücken B. v. 09.02.2022 – 2 Ss 70/21 – NStZ 2022, 550; BGH B. v. 12.10.2022 – 4 StR 134/22 – NStZ-RR 2023, 14 = StV-S 2023, 23 (Anm. Nestler Jura 2023, 238).

[117] S. BGH B. v. 10.11.1994 – 1 StR 157/94 – BGHSt 40, 331 = NJW 1995, 669 = NStZ 1995, 135 = StV 1995, 470 (Anm. Hemmer-BGH-Classics Strafrecht, 2003, Nr. 79; Otto JK 1995 StGB § 263a/44; Schulz JA 1995, 538; Schmidt JuS 1995, 557; Zielinski NStZ 1995, 345; Mitsch JR 1995, 432; Arloth Jura 1996, 354; Neumann StV 1996, 375; Ranft JuS 1997, 19; Kindhäuser, in: NK-StGB, 5. Aufl. 2017, § 263a Rn. 27.

[118] S. OLG Celle U. v. 11.04.1989 – 1 Ss 287/88368 – NStZ 1989, 367 (Anm. Otto JK 1990 StGB § 263a/3; Neumann JuS 1990, 535; Lampe JR 1990, 347).

[119] S. Eisele, BT II, 6. Aufl. 2021, Rn. 677b; aus der Rspr. vgl. BGH B. v. 21.11.2001 – 2 StR 260/01 – BGHSt 47, 160 = NJW 2002, 905 = NStZ 2002, 545 = StV 2002, 135 (Anm. Otto JK 2002 StGB § 263a/13 und § 266b/5; Beckemper JA 2002, 545; Martin JuS 2002, 506; LL 2002, 386; RÜ 2002, 214; RA 2002, 246; famos 5/2002; Zielinski JR 2002, 342; Kudlich JuS 2003, 537; Mühlbauer wistra 2003, 244); BGH B. v. 31.03.2004 – 1 StR 482/03 – NStZ 2005, 213 = StV 2004, 488 (Anm. RA 2004, 517; LL 2005, 378).

[120] Vgl. Eisele, BT II, 6. Aufl. 2021, Rn. 677b; vgl. auch BGH B. v. 30.01.2001 – 1 StR 512/00 – NJW 2001, 1508.

[121] Hierzu Bock, BT 2, 2018, S. 445ff.

[122] S. nur Eisele, BT II, 6. Aufl. 2021, Rn. 676, 677b.; aus der Rspr. vgl. BGH U. v. 18.07.2007 – 2 StR 69/07 – NStZ 2008, 396 (Anm. RÜ 2007, 585; RA 2007, 559).

Problematisch ist daran freilich, dass, um von wirklicher Täuschungsäquivalenz der Datenverwendung gegenüber dem Computer sprechen zu können, auf einen Schalterangestellten abzustellen ist, der sich mit den Fragen befasst, die auch der Computer prüft.[123] Der Bankautomat prüft jedoch nicht, ob der Bediener Kontoinhaber ist oder nicht, sondern hier lediglich, ob in Verbindung mit der Bankkarte die korrekte PIN eingesetzt wurde. Die h. M. ist mithin insofern inkonsequent, als sie entweder unter der fehlerhaften Bezeichnung der Täuschungsäquivalenz eine wenig überzeugende Prämisse aufstellt (indem sie – veranlasst durch ein durchaus gegebenes Geschädigteninteresse – leichthin konkludente Täuschungen annimmt, obwohl diese mit dem Umfang der Datenverarbeitung nichts mehr zu tun haben) oder ihr Ergebnis (Erfassen dieser Konstellation) fehlerhaft subsumiert.

Die Inkonsequenzen zeigen sich auch beim Vergleich mit den weiteren Konstellationen: So prüft der Bankautomat nicht, ob die Magnetstreifeninformationen mit dazugehöriger PIN auf einer Originalkarte gespeichert sind oder auf einer nachgemachten.

Des Weiteren: Wieso täuscht ein Nicht-Kontoinhaber konkludent über seine Berechtigung, ein Kontoinhaber, der seine vertraglichen Rechte überschreitet,[124] aber nicht darüber, diese Rechte zu besitzen? Ganz allgemein sind Rechtsunsicherheiten zu befürchten. Beschränkt man sich aber bei der Täuschungsäquivalenz auf den automatisierten Maßstab, ist kaum einmal eine Vollendung denkbar, da in den weitaus meisten Fällen – wie hier – die Erfolgsverwirklichung darauf beruht, dass der Bankautomat nur PIN und Magnetstreifeninformationen abfragt.

Daher erscheint das weite, subjektivierende Verständnis zutreffend, welches auf die Interessen der Betroffenen abstellt und die vagen und inkonsequenten Abgrenzungskriterien (computerspezifisch, täuschungsäquivalent) entbehrlich werden lässt. Zwar werden dadurch auch bloße Vertragswidrigkeiten pönalisiert, insbesondere erfolgt eine Ausweitung auf Fälle der Computeruntreue; auch bleiben die Voraussetzungen erheblich hinter den Anforderungen des § 266b StGB zurück. Der Wortlaut legt eine solche Auslegung aber nahe, der Opferschutz ohnehin. Dass Vertragsverletzungen pönalisiert werden, ist auch nichts Besonderes (vgl. §§ 246 II, 266 I StGB), Friktionen mit § 266b StGB können auf Strafzumessungsebene geklärt werden.

T verwendete unbefugt Daten.[125]

b) Zwischenerfolg: Beeinflussung des Ergebnisses eines Datenverarbeitungsvorgangs T müsste das Ergebnis eines Datenverarbeitungsvorgangs beeinflusst haben.

---

[123] Vgl. BGH B. v. 21.11.2001 – 2 StR 260/01 – BGHSt 47, 160 (163); Altenhain JZ 1997, 752 (758); Kindhäuser/Hilgendorf, LPK, 9. Aufl. 2022, § 263a Rn. 30; Kindhäuser, in: NK-StGB, 5. Aufl. 2017, § 263a Rn. 26.
[124] Zur Kontroverse bzgl. des Überziehens des Kontos zsf. Hefendehl, in: MK-StGB, 4. Aufl. 2022, § 263 Rn. 957ff.
[125] A. A. vertretbar.

Dies ist dann der Fall, wenn die eingegebenen Daten in den Arbeitsvorgang des Computers Eingang finden und für das spätere Ergebnis ursächlich werden, das seinerseits eine unmittelbar vermögensmindernde Disposition auslöst.[126]

Dies liegt hier darin, dass T am Automaten eine Geldzahlung auslöst. Nicht erforderlich ist, dass T einen bereits in Gang befindlichen Ablauf beeinflusst, das Anstoßen oder Auslösen eines Vorgangs genügt.[127]

c) Dadurch Vermögensschaden T müsste dadurch eine Vermögensbeschädigung eines anderen verursacht haben.

Ein Vermögensschaden liegt – wie bei § 263 StGB – vor, wenn eine Minderung des wirtschaftlichen Gesamtwertes des Vermögens durch die Vermögensverfügung nicht durch einen entsprechenden unmittelbaren Wertzuwachs voll ausgeglichen wird.[128]

Von einer derartigen Kompensation kann bei einer Geldabhebung durch einen Nichtberechtigten keine Rede sein.

Ob der Schaden beim Bankkunden oder bei der Bank eintritt, kann dahinstehen.

2. Subjektiver Tatbestand
T handelte vorsätzlich i. S. d. § 15 StGB und in der Absicht, sich einen rechtswidrigen Vermögensvorteil zu verschaffen.

II. Rechtswidrigkeit, Schuld
Er handelte rechtswidrig und schuldhaft.

III. Ergebnis
T hat sich wegen Computerbetrugs strafbar gemacht, indem er die entwendete Karte zum Geldabheben am Bankautomaten einsetzte.

B. § 242 I StGB
T könnte sich wegen Diebstahls strafbar gemacht haben, indem er die entwendete Karte zum Geldabheben am Bankautomaten einsetzte.

---

[126] Bock, BT 2, 2018, S. 461; aus der Rspr. vgl. zuletzt BGH B. v. 30.08.2016 – 4 StR 153/16 – NJW 2017, 840 – NStZ-RR 2016, 371 (Anm. Hecker JuS 2017, 274); BGH B. v. 30.08.2016 – 4 StR 194/16 (Anm. RÜ 2017, 33); BGH B. v. 17.01.2018 – 4 StR 305/17 – NStZ-RR 2018, 214 = StV 2019, 393.

[127] Bock, BT 2, 2018, S. 462; aus der Rspr. vgl. zuletzt OLG Koblenz U. v. 02.02.2015 – 2 OLG 3 Ss 170/14 -StV 2016, 371 (Anm. Bosch Jura 2015, 1010; LL 2015, 584; RÜ 2015, 311; famos 8/2015; Ambrosy jurisPR-StrafR 15/2015 Anm. 3); BGH B. v. 12.11.2015 – 2 StR 197/15 – NStZ 2016, 338.

[128] S. nur Fischer, StGB, 70. Aufl. 2023, § 263a Rn. 22.

I. Tatbestand

1. Objektiver Tatbestand

a) Fremde bewegliche Sache Das Geld war eine bewegliche Sache.

Fraglich ist, ob die Sache fremd war. Denkbar ist, dass das Eigentum an dem Geld nach § 929 S. 1 BGB übertragen worden ist. Ob dies in den Konstellationen des „Automatenmissbrauchs" vorliegt, ist umstritten.[129]

Nach einer Auffassung erfolgt ein Eigentumsübergang, daher sei die Sache nicht fremd.[130] Hierfür könnte sprechen, dass der Automatenaufsteller sich nicht auf seinen entgegenstehenden Willen berufen können soll, wenn der Automat äußerlich ordnungsgemäß benutzt wird. Als Vergleich wird auch die Situation einem Menschen gegenüber herangezogen: dieser Mensch hätte gleichermaßen überlistet das Geld herausgegeben.

Die heute ganz herrschende Gegenauffassung[131] bejaht aber zu Recht die Fremdheit der Sache. Gestützt werden kann dies zum einen darauf, dass der Automatenaufsteller kein Übereignungsangebot zu Gunsten eines Unbefugten abgeben wollte und insofern eine Bedingtheit anzunehmen ist. Vor allem aber ist das Tatobjekt jedenfalls bis zum Gewahrsamsübergang fremd, so dass letztlich die Bedingtheit ohnehin irrelevant ist.

Eine fremde bewegliche Sache lag vor.

b) Wegnahme T müsste das Geld weggenommen haben.

Gewahrsam hatte ursprünglich der Automatenbetreiber, mit Einstecken und Verbrauch begründete T neuen Gewahrsam.

Fraglich ist, ob dies durch Bruch geschah.

Hierfür ist erforderlich, dass der Gewahrsamsübergang ohne Einverständnis des alten Gewahrsamsinhabers geschehen ist.[132]

Umstritten ist, ob in Fällen des (erfolgreichen) unbefugten Bedienens eines Automaten mit missbräuchlich erlangter Codekarte ein wirksames tatbestandliches Einverständnis vorliegt.[133]

---

[129] Hierzu Bock, BT 2, 2018, S. 20ff.; aus der Rspr. vgl. zuletzt BGH B. v. 11.08.2021 – 3 StR 63/21 – NStZ-RR 2022, 14 (Anm. Mitsch JuS 2022, 609).

[130] Z. B. Huff NJW 1988, 981; Otto JR 1987, 221.

[131] S. nur Wessels/Hillenkamp/Schuhr, BT 2, 45. Aufl. 2022, Rn. 188. m.w.N.; Hoyer, in: SK-StGB, 9. Aufl. 2019, § 242 Rn. 17ff.

[132] Bock, BT 2, 2018, S. 53.

[133] Hierzu Bock, BT 2, 2018, S. 57ff.; aus der Rspr. vgl. zuletzt BGH B. v. 21.03.2019 – 3 StR 333/18 – NStZ 2019, 726 = StV 2020, 664 (Anm. RÜ 2019, 719; Krell NStZ 2019, 728; Jäger JA 2020, 66; Piazena ZJS 2020, 279; Ruppert StV 2020, 666; Waßmer HRRS 2020, 25); BGH B. v. 11.08.2021 – 3 StR 63/21 – NStZ-RR 2022, 14 (Anm. Mitsch JuS 2022, 609).

Die ältere Rspr.[134] und Teile der Lehre[135] nehmen an, dass ein antizipiertes, generelles und bedingtes Einverständnis erteilt wird. Die Bedingungen seien insbesondere das korrekte Funktionieren des Automaten und ein ordnungsgemäßer Gebrauch, vor allem die befugte Verwendung der EC-Karte. Hiernach läge ein Bruch mangels Bedingungsverwirklichung vor. Zugunsten dieser Auffassung wird insbesondere angeführt, dass dies dem Willen des Automatenbetreibers am besten gerecht werde, dem es ja wesentlich auf eine vertragsgemäße Bedienung ankommt.

Richtig ist es demgegenüber, mit der heute herrschenden Gegenauffassung in der neueren Rspr.[136] und Literatur[137] von einem wirksamen Einverständnis auszugehen. Ausschlaggebend ist folgendes: das Einverständnis ist zwar bedingt, aber die Bedingung des Einverständnisses ist technisch insofern manifestiert (objektiviert), als es lediglich auf den Freigabemechanismus und somit die Freigabebedingungen ankommt. Zu vergleichen ist dies mit der Warenausgabe durch einen Menschen, der die Befugnis mit falschem positiven Ergebnis überprüft hat. Der Automat fungiert ja gewissermaßen nur als verlängerter Arm des Menschen. Zutreffend ist also eine Betrugsnähe des Verhaltens des T, da er den Automaten überlistet. Strafbarkeitslücken stehen der Bejahung eines Einverständnisses nicht entgegen (und wären ohnehin vom Gesetzgeber zu schließen).

Dieses Ergebnis entspricht auch dem Exklusivitätsverhältnis[138] von Diebstahl und Computerbetrug.

Eine Wegnahme liegt nicht vor.[139]

2. Zwischenergebnis
Der objektive Tatbestand ist nicht erfüllt.

II. Ergebnis
T hat sich nicht wegen Diebstahls strafbar gemacht, indem er die entwendete Karte zum Geldabheben am Bankautomaten einsetzte.

C. § 265a I StGB
§ 265a StGB ist jedenfalls formell subsidiär gegenüber § 263a StGB.

D. § 246 I StGB
Gleiches gilt für eine Unterschlagung.

---

[134] BGH B. v. 16.12.1987 – 3 StR 209/87 – BGHSt 35, 152 = NJW 1988, 979 = StV 1988, 149 (Anm. Otto JK 1988 StGB § 246/6; Sonnen JA 1988, 461; Hassemer JuS 1988, 744; Huff NJW 1988, 981; Schmitt/Ehrlicher JZ 1988, 364; Thaeter wistra 1988, 339; Ranft JR 1989, 165).
[135] Etwa Bosch, Schönke/Schröder, 30. Aufl. 2019, § 242 Rn. 36a.
[136] Vgl. BGH B. v. 30.01.2001 – 1 StR 512/00 – NJW 2001, 1508.
[137] S. nur Wessels/Hillenkamp/Schuhr, BT 2, 45. Aufl. 2022, Rn. 189 m. w. N.
[138] S. Kindhäuser/Hilgendorf, LPK, 9. Aufl. 2022, § 263a Rn. 73.
[139] A. A. vertretbar.

Auf die strittige Frage[140] einer Übereignung (vgl. o.) bzw. einer Einwilligung in die Zueignung kommt es daher nicht an.

E. § 266b I StGB

§ 266b StGB scheidet aus: Es handelt sich um ein Sonderdelikt, welches nur der an sich berechtigte Karteninhaber begehen kann.[141]

F. § 269 I StGB[142]

T könnte sich wegen Fälschung beweiserheblicher Daten strafbar gemacht haben, indem er Geld abhob.

I. Tatbestand

1. Objektiver Tatbestand

a) Daten Hierzu s. o.

b) Beweiserheblich Die Daten müssten beweiserheblich sein.

Beweiserheblich sind alle Informationen, die Gegenstand eines Datenverarbeitungsprozesses sein können und dazu bestimmt sind, im Rechtsverkehr als Beweis für rechtserhebliche Tatsachen benutzt zu werden.[143]

Dies trifft auf die Codekartendaten hinsichtlich des Bankautomatenverkehrs zu.

c) Tathandlungen T könnte die Daten so gespeichert haben, dass bei ihrer Wahrnehmung eine unechte oder verfälschte Urkunde vorliegen würde.

Ein Speichern der Daten liegt vor, wenn diese auf einem Datenträger erfasst oder aufbewahrt oder auf ihn kopiert bzw. aufgenommen werden.[144] Dies liegt hier durch Verwendung der EC-Karte samt PIN beim Bankautomaten vor (gespeichert wird, dass die durch PIN, Kontonummer und Bankleitzahl bezeichnete Person einen bestimmten Geldbetrag abgehoben hat).[145]

---

[140] Zsf. Hoyer, in: SK-StGB, 9. Aufl. 2019, § 246 Rn. 37.

[141] Bock, BT 2, 2018, S. 567.

[142] Von der Rspr. und den Urteilsbesprechungen nicht angesprochen, s. aber Eisele, BT I, 6. Aufl. 2021, Rn. 888.

[143] Bock, BT 1, 2018, S. 499; Fischer, StGB, 70. Aufl. 2023, § 269 Rn. 4; aus der Rspr. vgl. OLG Hamburg B. v. 07.08.2018 – 2 Rev 74/18 – StV 2019, 394.

[144] Bock, BT 1, 2018, S. 500; Fischer, StGB, 70. Aufl. 2023, § 269 Rn. 6.

[145] Kindhäuser/Hilgendorf, LPK, 9. Aufl. 2022, § 269 Rn. 8; Puppe/Schumann, in: NK-StGB, 5. Aufl. 2017, § 269 Rn. 29.

Durch das Speichern muss ferner ein Falsifikat entstehen, das – von der Wahrnehmbarkeit abgesehen – die Merkmale einer falschen Urkunde aufweist: Die inhaltliche Datenlüge wird nicht erfasst, eine Identitätstäuschung ist erforderlich.[146]

Fraglich ist, ob die Tatsache, dass T nicht mit dem Kontoinhaber identisch war, eine solche Identitätstäuschung darstellt.[147] Nun enthält der Datensatz keine Aussage über die Identität des Ausstellers, da technisch lediglich die PIN abgefragt wird. Insofern geht aus den Daten lediglich hervor, dass jemand, der über die erforderliche PIN und Karte verfügte, Geld abhob. Als gedachte Urkunde führt dies dazu, dass der Identitätskreis richtig abgesteckt wurde und lediglich allenfalls eine nicht erfasste schriftliche Lüge über die Befugnis zur Verwendung der Karte[148] vorliegt.[149]

2. Zwischenergebnis
Der objektive Tatbestand des § 269 I StGB ist nicht verwirklicht.

II. Ergebnis
T hat sich nicht wegen Fälschung beweiserheblicher Daten strafbar gemacht, indem er Geld abhob.

5. Teil: Überfall auf K und L[150]

1. Abschnitt: Taten zu Lasten des K[151]

1. Unterabschnitt: Strafbarkeit des X[152]

A. §§ 249 I, 22, 23(, 25 II) StGB
X könnte sich wegen (mittäterschaftlichen) versuchten Raubs strafbar gemacht haben, indem er den K überfiel.

---

[146] Bock, BT 1, 2018, S. 500; aus der Rspr. vgl. BGH B. v. 16.04.2015 – 1 StR 490/14 – NStZ 2016, 42 = StV 2015, 754 und 2016, 364 (Anm. Bosch Jura 2015, 1137; Hecker JuS 2015, 1132; LL 2015, 827; RÜ 2015, 516; Wollschläger StV 2015, 754; Erb StV 2016, 366); OLG Hamburg B. v. 07.08.2018 – 2 Rev 74/18 – StV 2019, 394.
[147] Hierzu Eisele, BT I, 6. Aufl. 2021, Rn. 888.
[148] S. Eisele, BT I, 6. Aufl. 2021, Rn. 888 Fn. 20115.
[149] A. A. vertretbar, vgl. Eisele, BT I, 6. Aufl. 2021, Rn. 888 (Haupttext).
[150] Nach BGH B. v. 08.11.2011 – 3 StR 316/11 – NStZ 2012, 389 = StV 2012, 153 (Anm. Jäger JA 2012, 307; Bohnhorst ZJS 2012, 835; LL 2012, 193; RÜ 2012, 22; RA 2012, 48).
[151] Beginn mit Taten zu Lasten des K, da diesem das Teppichmesser an den Hals gehalten wird und daher unproblematische Qualifikation. Anderer Aufbau möglich (Beginn mit L, da Wegnahme vollendet).
[152] Beginn mit X, da dieser K nötigt. Anderer Aufbau möglich (Beginn mit T, da dieser die Taschen des K durchwühlt).

I. „Vorprüfung"

Mangels tatsächlicher Wegnahme einer Sache des K ist kein vollendeter Raub zu dessen Lasten eingetreten.

Der Versuch des Raubs ist nach den §§ 12, 23 I StGB strafbar.

II. Tatbestand

1. Vorstellung von der Verwirklichung des Tatbestands (sog. Tatentschluss, subjektiver Tatbestand)

X müsste Tatentschluss hinsichtlich der Wegnahme einer fremden beweglichen Sache gehabt haben.

Nach dem Tatplan sollte T, der die Taschen des K durchwühlte, dort Wertsachen finden und an sich nehmen.

Fraglich ist ob die Gewahrsamsverschiebung durch Bruch geschehen sollte oder aufgrund eines tatbestandsausschließenden Einverständnisses bzw. einer Vermögensverfügung des K. Eröffnet ist damit die Kontroverse zur „Abgrenzung" von Raub und räuberischer Erpressung.[153] Da es angesichts der beim Raub vorliegenden Nötigungssituation *prima facie* etwas schief ist, von einem freiwilligen Einverständnis in den Gewahrsamsübergang zu sprechen, ist umstritten, ob in einer mit Rest-Freiwilligkeit erfolgten nötigungsbedingten Übergabe der Sache ein die Wegnahme und damit den Raub ausschließendes Einverständnis zu sehen ist.

Nach Auffassung der Rspr.[154] und Teilen der Lehre[155] reicht die Rest-Freiwilligkeit für echte Freiwilligkeit nicht aus. Das führt zum einen dazu, dass es ein Einverständnis in den Gewahrsamswechsel in einer Nötigungssituation nicht geben kann. Wenn das Opfer den Gewahrsamswechsel aber nicht wollen kann, verliert das Merkmal „Bruch" bei einem Verständnis wie in § 242 StGB jegliche Bedeutung. Zum anderen können §§ 253, 255 StGB nach dieser Auffassung keine Vermögensverfügung voraussetzen, weil diese Freiwilligkeit erfordern würde. Vielmehr genügt jedes durch die Gewaltanwendung (*vis compulsiva* oder *vis absoluta*) kausal hervorgerufene Opferverhalten als Nötigungserfolg. Deswegen ist der Raub auch nur Spezialfall der räuberischen Erpressung. Wenn nun aber die beiden genannten Elemente fehlen, durch die bei §§ 242, 263 StGB die Abgrenzung geleistet wird, muss sie bei §§ 249, 253, 255 StGB anders erfolgen. Deswegen wird auf das äußere Erscheinungsbild abgestellt: Wird das Tatobjekt übergeben, liegt hiernach eine räuberische Erpressung vor, nimmt der Täter es an sich, handelt es sich um einen Raub.

Im vorliegenden Fall nahm sich T das Geld selbst, so dass eine Wegnahme vorläge.

---

[153] Hierzu Bock, BT 2, 2018, S. 576ff.; Hillenkamp/Cornelius, 40 Probleme aus dem Strafrecht BT, 13. Aufl. 2020, 33. Problem; aus der Rspr. vgl. zuletzt BGH B. v. 11.08.2021 – 3 StR 63/21 – NStZ-RR 2022, 14 (Anm. Mitsch JuS 2022, 609); BGH U. v. 12.08.2021 – 3 StR 474/20 (Anm. RÜ 2021, 789).

[154] S.o.

[155] Kindhäuser/Hilgendorf, LPK, 9. Aufl. 2022, § 249 Rn. 9.

Demgegenüber kann nach der h. L.[156] die Rest-Freiwilligkeit hingegen für ein Einverständnis ausreichen. Wann hinreichende Freiwilligkeit vorliegt, wird nach der Opfervorstellung bestimmt. Wenn es sich vorstellt, der Täter gelange auch ohne sein Zutun an die Beute, ist die Übergabe unfreiwillig. Wenn es sich hingegen vorstellt, den Gewahrsamswechsel in der Hand zu haben (subjektive Notwendigkeit der Opfermitwirkung), ist ein Einverständnis gegeben (Schlüsselgewalt/Wahlmöglichkeit). Das Merkmal „Bruch" behält dadurch seine Bedeutung und die Wegnahme ist wie bei § 242 StGB auszulegen; zudem kann es nach dieser Auffassung eine Vermögensverfügung bei §§ 253, 255 StGB geben. In Kombination mit der Ähnlichkeit des Wortlauts von §§ 249, 253, 255 einerseits und §§ 242, 263 StGB andererseits liegt es deshalb nahe, die Abgrenzung in beiden Fällen auf dieselbe Weise vorzunehmen. Darum nimmt diese Auffassung ein Exklusivitätsverhältnis an und fordert bei §§ 253, 255 StGB eine Vermögensverfügung.

Im vorliegenden Fall kam es auf eine Mitwirkung des K nicht an, so dass auch nach der h. L. eine Wegnahme vorläge.

Mithin stellt sich das „Nehmen" der Sache als Wegnahme i. S. d. § 249 StGB dar.

Nicht X, sondern T sollte dem K Sachen wegnehmen. Dies wäre dem X aber dann zuzurechnen, wenn dessen Tatentschluss sich auch auf die Begründung einer Mittäterschaft nach § 25 II StGB bezog.

X müsste Vorsatz hinsichtlich der Voraussetzungen der Mittäterschaft gehabt haben. Mittäterschaft setzt eine Verabredung zur arbeitsteilig auf vergleichbarer Augenhöhe begangenen Tat mit wesentlichen Tatbeiträgen voraus.[157]

Die Anforderungen sind i. E. umstritten (Kontroverse bzgl. der objektiven oder subjektiven „Abgrenzung" von Täterschaft und Teilnahme,[158] ferner bzgl. der spezifischen „Abgrenzung" von Mittäterschaft und Beihilfe[159]). Im vorliegenden Fall allerdings war X plangemäß im Ausführungsstadium tätig. Auch war sein Beitrag – das Bedrohen des K mit dem Teppichmesser, damit sich dieser nicht gegen das Durchsuchen wehrt – ohne Weiteres wesentlich für das Gesamtvorhaben. Auch eine Tatverabredung i. S. e. geplanten gleichberechtigten Rollenverteilung und entsprechendem „Täterwillen" liegt vor: Laut Sachverhalt überlegten X, S und T, wie sie sich Bargeld verschaffen könnten und überfielen sodann wie vorher besprochen auf offener Straße die zwei Passanten. Auch die ausgeführte Arbeitsteilung wird so besprochen worden sein.

X hatte mithin Tatentschluss hinsichtlich der Wegnahme einer fremden beweglichen Sache.

---

[156] Eisele, BT II, 6. Aufl. 2019, Rn. 760, 764; Fischer, StGB, 70. Aufl. 2023, § 255 Rn. 5; Lackner/Kühl/Heger, StGB, 30. Aufl. 2023, § 253 Rn. 3.

[157] Zsf. B. Heinrich, AT, 7. Aufl. 2022, Rn. 1222ff.; Hoyer, in: SK-StGB, 9. Aufl. 2017, § 25 Rn. 107ff.

[158] Allgemein zur Abgrenzung von Täterschaft und Teilnahme B. Heinrich, AT, 7. Aufl. 2022, Rn. 1192ff.; Hillenkamp/Cornelius, 32 Probleme aus dem Strafrecht, 16. Aufl. 2023, AT 19. Problem; aus der Rspr. vgl. zuletzt BGH B. v. 08.06.2022 – 5 StR 168/22 – NStZ-RR 2022, 248; BGH B. v. 28.06.2022 – 3 StR 403/20 – NStZ-RR 2022, 343.

[159] Hierzu B. Heinrich, AT, 7. Aufl. 2022, Rn. 1226ff.

Er hatte auch Tatentschluss hinsichtlich einer Drohung mit gegenwärtiger Gefahr für Leib oder Leben (hier konkludent dadurch, dass er dem K ein Teppichmesser an den Hals hielt).

Falls man eine (Förderungs-)Kausalität zwischen Nötigungsmittel und Wegnahme verlangt,[160] so liegt auch diesbzgl. Vorsatz vor.

Die Drohung sollte auch der Ermöglichung der Wegnahme dienen, so dass der beim Raub erforderliche Finalzusammenhang[161] gegeben ist.

X hatte auch die Absicht rechtswidriger Zueignung.

2. Unmittelbares Ansetzen

X müsste zur Tat i. S. d. § 22 StGB unmittelbar angesetzt haben.

Dies ist – bei im Einzelnen problematischer Bestimmung dieses Begriffs – dann gegeben, wenn der Täter subjektiv die Schwelle zum „Jetzt geht's los" überschreitet und objektiv Handlungen vornimmt, die in ungestörtem Fortgang ohne wesentliche Zwischenakte – d. h. ohne weiteren Willensimpuls – zur Tatbestandserfüllung führen sollen, so dass sein Tun in die Erfüllung des Tatbestands übergeht, oder die in engem räumlichen und zeitlichen Zusammenhang mit ihr stehen, das geschützte Rechtsgut somit gefährden.[162]

Dies liegt hier darin, dass X im Zusammenwirken mit T und S den K bedrohte, also bereits ein Tatbestandsmerkmal objektiv verwirklicht hat.[163]

Spätestens gilt dies mit dem Beginn der Durchsuchung durch T, wobei es auf die Problematik des unmittelbaren Ansetzens bei Mittäterschaft[164] nicht ankommt, da im vorliegenden Fall nach allen Auffassungen unmittelbar angesetzt wurde.

III. Rechtswidrigkeit und Schuld

X handelte rechtswidrig und schuldhaft.

IV. Rücktritt, § 24 StGB

X könnte strafbefreiend gem. § 24 II StGB zurückgetreten sein.

Der Versuch des X war aber fehlgeschlagen, wobei es dahinstehen kann, ob bereits ein „Verhindern" i. S. d. § 24 II 1 StGB ausscheidet oder erst die Freiwilligkeit: K hatte an einem Haus eine Klingel betätigt und einen Anwohner alarmiert; X ging nicht mehr davon aus, die Tat mit den ihm zur Verfügung stehenden Mitteln in

---

[160] Hierzu Bock, BT 2, 2018, S. 591f.; Fischer, StGB, 70. Aufl. 2023, § 249 Rn. 6.

[161] Hierzu Bock, BT 2, 2018, S. 592, 600; aus der Rspr. vgl. zuletzt BGH B. v. 14.07.2021 – 6 StR 298/21 – NStZ 2022, 42 (Anm. Kudlich JA 2021, 959; RÜ 2021, 789; Nestler Jura 2022, 127); BGH B. v. 10.03.2022 – 1 StR 497/21 (Anm. RÜ 2022, 581).

[162] Fischer, StGB, 70. Aufl. 2023, § 22 Rn. 10; aus der Rspr. vgl. zuletzt BGH B. v. 04.05.2022 – 1 StR 3/21 – NJW 2022, 3165; BGH B. v. 04.05.2022 – 1 StR 138/21 (AGG-Hopper) (Anm. von Heintschel-Heinegg JA 2022, 1047).

[163] Zur Indizfunktion eines bereits objektiv verwirklichten Tatbestandsmerkmals Joecks/Jäger, StGB, 13. Aufl. 2021, § 22 Rn. 20.

[164] Hierzu B. Heinrich, AT, 7. Aufl. 2022, Rn. 739ff.; Fischer, StGB, 70. Aufl. 2023, § 22 Rn. 21ff.; aus der Rspr. vgl. zuletzt BGH U. v. 01.08.2018 – 3 StR 651/17 – NStZ 2019, 511 (Anm. Jäger JA 2019, 467; Eisele JuS 2019, 495; Heuser ZJS 2019, 529; RÜ 2019, 170; Rückert HRRS 2019, 245).

unmittelbarer räumlicher oder zeitlicher Fortsetzung des Geschehens verwirklichen zu können. Vielmehr floh er aus Angst (letztlich) vor der Polizei.

V. Ergebnis
X hat sich wegen (mittäterschaftlichen) versuchten Raubs strafbar gemacht, indem er den K überfiel.

B. §§ 249 I, 250 II Nr. 1, 22, 23(, 25 II) StGB
X könnte sich wegen (mittäterschaftlichen) besonders schweren versuchten Raubs strafbar gemacht haben, indem er den K überfiel.

X könnte Tatentschluss hinsichtlich der Verwendung eines gefährlichen Werkzeugs gem. § 250 II Nr. 1 StGB gehabt haben.

Anders als bei § 244 I Nr. 1 lit. a StGB und bei § 250 I Nr. 1 lit. a StGB muss ein solches in § 250 II Nr. 1 StGB verwendet werden. Die Kontroverse um die Auslegung des Begriffs des gefährlichen Werkzeugs bzgl. dieser Normen[165] lässt sich demnach nicht auf § 250 II Nr. 1 StGB übertragen, da sich die konkrete Verwendung in § 250 II Nr. 1 StGB (wie bei § 224 I Nr. 2 StGB, wovon der Gesetzgeber – bzgl. § 244 und 250 I StGB irrig – ausging) zur Definition und Subsumtion heranziehen lässt.[166] Gefährliches Werkzeug ist dann jeder Gegenstand, der (als Angriffs- oder Verteidigungsmittel) nach der Art seiner Verwendung im konkreten Fall geeignet ist, erhebliche Verletzungen zu verursachen.[167]

Dies liegt beim (erstrebten, hier auch tatsächlich geschehenen) Einsatz eines Teppichmessers vor. Insbesondere genügt auch der (nicht verletzende) Einsatz als – vom Opfer wahrgenommenes – Drohmittel.[168]

X hat sich wegen (mittäterschaftlichen) besonders schweren versuchten Raubs strafbar gemacht, indem er den K überfiel.

C. §§ 253, 255, 22, 23(, 25 II) sowie 242 StGB
Die §§ 253, 255, 22, 23(, 25 II) sowie 242 StGB treten nach der Konzeption der Rspr. als *leges generales* gegenüber dem spezielleren Raub zurück.[169]

---

[165] Hierzu Bock, BT 2, 2018, S. 150ff.; Hoyer, in: SK-StGB, 9. Aufl. 2019, § 244 Rn. 4ff.; aus der Rspr. vgl. zuletzt OLG Nürnberg U. v. 15.10.2018 – 1 OLG 8 Ss 183/18 (Seitenschneider) – StV 2020, 250; BGH B. v. 12.01.2021 – 1 StR 347/20 (Zimmermannshammer) – NStZ-RR 2021, 107.
[166] S. z. B. Sander, in: MK-StGB, 4. Aufl. 2021, § 250 Rn. 57, 60ff.; vgl. auch zsf. (aber krit. und mit eigenem Ansatz) Fischer, StGB, 70. Aufl. 2023, § 250 Rn. 6ff.
[167] Bock, BT 1, 2018, S. 128; Wolters, in: SK-StGB, 9. Aufl. 2017, § 224 Rn. 15; aus der Rspr. vgl. zuletzt KG B. v. 05.11.2021 – (2) 121 Ss 100/21 (24/21) – NStZ 2022, 512; KG U. v. 25.07.2022 – (3) 161 Ss 93/21 (34/22) (Anm. Kudlich JA 2023, 168).
[168] Bock, BT 2, 2018, S. 605; Fischer, StGB, 70. Aufl. 2023, § 250 Rn. 18b; aus der Rspr. vgl. zuletzt BGH B. v. 08.04.2020 – 3 StR 5/20 – NStZ 2021, 229 = StV 2020, 671 (Anm. RÜ 2020, 651; Jäger JA 2021, 77; LL 2021, 249; Rieck NStZ 2021, 230; Hirsch/Dölling ZIS 2022, 68); BGH U. v. 09.12.2021 – 4 StR 366/21 (Anm. RÜ 2022, 241).
[169] Fischer, StGB, 70. Aufl. 2023, § 249 Rn. 23.

D. §§ 239, 240 StGB
Gleiches gilt für die §§ 239 und 240 StGB.[170]

2. Unterabschnitt: Strafbarkeit des T[171]

- §§ 249 I, 250 II Nr. 1, 22, 23(, 25 II) StGB -
Es gilt das zu X Gesagte.

Der für eine mittäterschaftliche Zurechnung erforderliche hinreichende Tatbeitrag des T liegt darin, dass dieser die Taschen des K durchsuchte und Gefundenes an sich nehmen sollte.

3. Unterabschnitt: Strafbarkeit des S

- §§ 249 I, 250 II Nr. 1, 22, 23(, 25 II) StGB -
Es gilt zunächst das zu X Gesagte.

Zwar widmet sich S während des Überfallgeschehens offenbar ausschließlich der L und nicht dem K. Allerdings war er gleichberechtigt an den Gesamtplanungen beteiligt; auch die Gesamtbeute sollte wohl geteilt werden. Ferner würde es eine Aufspaltung eines zusammenhängenden Tatgeschehens darstellen, wenn man die Opfereinwirkungen getrennt betrachtete. Auch dem S ist mithin das Geschehen zu Lasten des K gem. § 25 II StGB zuzurechnen.[172]

2. Abschnitt: Taten zu Lasten der L

1. Unterabschnitt: Strafbarkeit des S[173]

A. §(§) 249 I(, 25 II) StGB[174]
S könnte sich wegen (mittäterschaftlichen) Raubs strafbar gemacht haben, indem er der Handtasche der L Wertsachen entnahm.

I. Tatbestand

1. Objektiver Tatbestand
Bei den 50 € Bargeld, Kredit- und EC-Karten und Ausweispapieren handelte es sich um fremde bewegliche Sachen.

Diese steckte S offenbar ein, ohne dass es auf eine notwendige Mitwirkung der L ankäme, so dass auch eine Wegnahme vorliegt.

---

[170] S. nur Kindhäuser, in: NK-StGB, 5. Aufl. 2017, § 249 Rn. 34. A. A vertretbar (Tateinheit zur Klarstellung, dass Nötigung vollendet).

[171] Keine gemeinsame Prüfung von T und S, da gänzlich unterschiedliche Tatbeiträge im Ausführungsstadium. Anderer Aufbau möglich, zumal die Ausführungen zu T kurz ausfallen.

[172] A. A. vertretbar.

[173] Hier Beginn mit S, da dieser gegenüber der L handelt und insofern tatnäher ist.

[174] Abschichtender Aufbau, da Qualifikationen problematisch. Anderer Aufbau möglich.

Zwar hatte L dem S die Handtasche übergeben; hinsichtlich der letztlich mitgenommenen Sachen hingegen liegt keine Übergabe vor, sondern ein Entnehmen. In der Übergabe der Tasche kann kein Einverständnis in einen Gewahrsamsübergang gesehen werden, insofern bleibt es bei einer bloßen Gewahrsamslockerung.[175]

S müsste der K mit gegenwärtiger Gefahr für Leib oder Leben gedroht haben.

Dies könnte hier konkludent dadurch geschehen sein, dass X dem K ein Teppichmesser an den Hals hielt (dem S gem. § 25 II StGB zuzurechnen, s. o.).

Drohungen gegen Dritte sind erfasst, wenn der Genötigte das angekündigte Verhalten selbst als Übel empfindet oder es doch für die Gefahrabwendung ein verständliches Motiv gibt.[176]

Erforderlich ist dabei freilich, dass die Drohung das Opfer überhaupt erreicht.[177]

L hatte das Teppichmesser nicht gesehen, so dass hierauf nicht abgestellt werden kann. Sie handelte aber aufgrund der von ihr als gefährlich und bedrohlich eingeschätzten Situation. In der Tat lag bereits in dem gesamten Auftreten der Beteiligten eine konkludente Drohung mindestens in Bezug auf die körperliche Unversehrtheit.

2. Subjektiver Tatbestand
S handelte vorsätzlich i. S. d. § 15 StGB und in der Absicht rechtswidriger Zueignung in Bezug auf die der Handtasche entnommenen Sachen.

Zwar ist unklar, was S hinsichtlich der Kredit- und EC-Karten und Ausweispapiere vorhatte; bei lebensnaher Auslegung ging es ihm aber um eine Nutzung dieser Dinge oder um ein Veräußern, was jeweils als beabsichtigte Zueignung genügt.[178]

Der Finalzusammenhang zwischen Nötigungsmittel und Wegnahme liegt vor.

II. Rechtswidrigkeit, Schuld
S handelte rechtswidrig und schuldhaft.

III. Ergebnis
S hat sich wegen (mittäterschaftlichen) Raubs strafbar gemacht, indem er der Handtasche der L Wertsachen entnahm.

B. §§ 249 I, 250 II Nr. 1(, 25 II) StGB
Der Raub des S könnte gem. § 250 II Nr. 1 StGB zu einem besonders schweren qualifiziert sein.

Das Teppichmesser ist ein gefährliches Werkzeug, s. o.

Zur mittäterschaftlichen Zurechnung s. o.

---

[175] A. A. vertretbar.
[176] I.E. problematisch, s. Kindhäuser/Hilgendorf, LPK, 9. Aufl. 2022, § 240 Rn. 30ff.; aus der Rspr. vgl. zuletzt BGH B. v. 05.06.2019 – 1 StR 34/19 – BGHSt 64, 80 = NJW 2019, 3659 = NStZ 2020, 221 = StV 2020, 240 (Anm. famos 12/2019; Schiemann NJW 2019, 3662, Bosch Jura 2020, 192; Kudlich JA 2020, 64; Eisele JuS 2020, 275; Heghmanns ZJS 2020, 164; LL 2020, 107; RÜ 2020, 95; Jäger NStZ 2020, 224; Renzikowski JR 2020, 332 und JR 2021, 129; Mitsch NZWiSt 2022, 181).
[177] Eisele, in: Schönke/Schröder, 30. Aufl. 2019, vor § 234 Rn. 32.
[178] A. A. vertretbar.

Fraglich ist, ob die Verwendung des Teppichmessers gegenüber K gleichzeitig auch eine Verwendung gegen L darstellt. Dies kann aber – als grundsätzliche Frage – offenbleiben: Jedenfalls würde dies nämlich voraussetzen, dass L das Teppichmesser überhaupt wahrgenommen hat und somit in die entsprechende qualifizierte Zwangslage versetzt wurde.[179] Da die L das Teppichmesser nicht bemerkte, wurde es bei der Tat ihr gegenüber nicht als Drohmittel verwendet.

C. §§ 249 I, 250 I Nr. 1 lit. a(, 25 II) StGB

Es könnte aber immerhin die Qualifikation nach § 250 I Nr. 1 lit. a StGB verwirklicht sein.

Hierfür genügt das Beisichführen des gefährlichen Werkzeugs.

Anders als i. F. d. § 250 II Nr. 1 StGB lässt sich das gefährliche Werkzeug nicht unter Zuhilfenahme der konkreten Verwendung bestimmen, da lediglich das Beisichführen erforderlich ist, vgl. o. In diesen Fällen – s. auch § 244 I Nr. 1 lit. a StGB – ist die Auslegung umstritten.[180]

Spätestens allerdings durch das Verwenden gegenüber K hat das Teppichmesser die Eigenschaft eines gefährlichen Werkzeugs auch i. S. d. § 250 I Nr. 1 lit. a StGB erlangt.

Angesichts der mittäterschaftlichen Zurechnung des Beisichführens durch X zu S (s. o.) liegt auch ein Beisichführen in Bezug auf den Überfall auf L vor. Ohnehin ist das Überfallgeschehen ein einheitliches und der Messereinsatz gegen K hätte ohne Weiteres binnen kurzem auf L ausgeweitet werden können; in diesen Fällen kommt es auf § 25 II StGB nicht an und es liegt ein eigenes Beisichführen[181] des S vor.

Das Beisichführen durch den Nötigenden setzt eine Kenntnisnahme des Genötigten nicht voraus.[182]

D. §§ 249 I, 250 II Nr. 1, 22, 23 StGB

S wusste nicht, dass L den Einsatz des Teppichmessers gegen K nicht bemerkt hatte. Gegeben ist also insofern ein bloß versuchter besonders schwerer Raub zu Lasten der L.

Ein solcher Versuch der Verwendung als Drohmittel tritt, sofern das gleiche Nötigungsopfer betroffen ist,[183] richtigerweise nicht hinter die Tatbestandsvollendung nach §§ 249 I, 250 I Nr. 1 lit a StGB zurück[184] (schon aufgrund der schwereren Strafandrohung bei bloß fakultativer Strafmilderung nach § 23 II StGB).

---

[179] Bock, BT 2, 2018, S. 407; Fischer, StGB, 70. Aufl. 2023, § 250 Rn. 18b; aus der Rspr. vgl. zuletzt BGH B. v. 08.04.2020 – 3 StR 5/20 – NStZ 2021, 229 = StV 2020, 671 (Anm. RÜ 2020, 651; Jäger JA 2021, 77; LL 2021, 249; Rieck NStZ 2021, 230; Hirsch/Dölling ZIS 2022, 68).
[180] S.o.
[181] Fischer, StGB, 70. Aufl. 2023, § 244 Rn. 28.
[182] Lackner/Kühl/Heger, StGB, 30. Aufl. 2023, § 250 Rn. 2.
[183] S. auch BGH B. v. 08.11.2011 – 3 StR 316/11 – NStZ 2012, 389.
[184] A. A. BGH B. v. 01.09.2004 – 2 StR 313/04 (Schraubendreher) – NJW 2004, 3437 = NStZ 2005, 41 = StV 2004, 655 (Anm. RA 2004, 783; famos 12/2004; Schlothauer StV 2004, 655; Krawczyk JA 2005, 168; Kudlich JuS 2005, 188; LL 2005, 39; Gössel JR 2005, 159).

2. Unterabschnitt: Strafbarkeit von X und T[185]
Es gilt das Gleiche wie bzgl. S, s. o.

Zur mittäterschaftlichen Zurechnung trotz anderer Tatbeiträge (gegenüber K, nicht gegenüber L) s. o.

6. Teil: Verfolgung des S durch K[186]

1. Abschnitt: Strafbarkeit des S

A. §§ (212 I,) 211, 22, 23 StGB
S könnte sich wegen versuchten Mordes strafbar gemacht haben, indem er K mit einem Messer stach.

K hat überlebt.

Der Versuch des Mordes ist gem. §§ 12 I, 23 I StGB strafbar.

Wie ausdrücklich im Sachverhalt mitgeteilt, hatte S auch den Tod des K billigend in Kauf genommen und mithin Tatentschluss.

Als Mordmerkmal kommt Verdeckungsabsicht in Betracht.

In der Tat wollte sich S laut Sachverhalt um jeden Preis aus der Umklammerung befreien und fliehen, um nicht als Täter überführt zu werden, so dass er in Verdeckungsabsicht handelte.

Aufgrund des Stichs setzte S auch unmittelbar i. S. d. § 22 StGB zur Tat an.

Er handelte rechtswidrig und schuldhaft.

Insbesondere scheitert eine Rechtfertigung nach § 32 StGB daran, dass K seinerseits gem. §§ 32 StGB und 127 I 1 StPO gerechtfertigt war, als er S in den Schwitzkasten nahm, so dass er S nicht rechtswidrig angriff.

Ein Rücktritt nach § 24 StGB ist nicht ersichtlich.

S hat sich wegen versuchten Mordes strafbar gemacht, indem er K mit einem Messer stach.

B. §§ 223 I, 224 I Nr. 2, 5 StGB
Die Stichverletzungen mit dem Messer in die Herzgegend des K stellen auch eine – vollendete und daher nicht in Gesetzeskonkurrenz durch das versuchte Tötungsdelikt verdrängte – gefährliche Körperverletzung gem. §§ 223 I, 224 I Nr. 2, 5 StGB dar.

C. §§ 252, 250 II Nr. 1 StGB
S könnte sich wegen qualifizierten räuberischen Diebstahls strafbar gemacht haben, indem er K stach.

---

[185] Hier nun gemeinsame Prüfung, da unterschiedliche Tatbeiträge aller Beteiligten (und ihr Ausreichen für § 25 II StGB) bereits oben erörtert.

[186] Nach BGH B. v. 12.11.2003 – 2 StR 294/03 – NStZ 2004, 329 (Anm. Kudlich JuS 2004, 927).

§ 252 StGB findet auch bei einem Raub (hierzu s. o.) als Vortat Anwendung.[187]

Auf frischer Tat betroffen ist der Täter jedenfalls, wenn er in Tatortnähe und alsbald nach Tatausführung als Täter wahrgenommen wird.[188]

Bei den Stichen handelte es sich um Gewalt i. S. d. § 252 StGB. Das Nötigungsopfer muss nicht das Opfer der Wegnahme sein.[189]

Der Einsatz des Messers verwirklicht § 250 II Nr. 1 StGB, auf den § 252 StGB Bezug nimmt.

S handelte vorsätzlich.

Fraglich ist, ob er handelte, „um sich im Besitz des gestohlenen Gutes zu erhalten". Im Sachverhalt ist an dieser Stelle nur der Fluchtwille mitgeteilt (vorher allerdings wird mitgeteilt, dass S mit der Beute zu entkommen versuchte).

Die Mitnahme bzw. das fehlende Wegwerfen der Beute ist ambivalent, ggf. hat der Täter nämlich nicht die Möglichkeit, sich der Beute zu entledigen ohne seine Fluchtchancen zu verschlechtern.[190]

Freilich braucht die Besitzerhaltungsabsicht nicht das einzige Ziel zu sein, solange sie nur nicht von ganz untergeordneter Bedeutung ist.[191] Vorliegend ist davon auszugehen, dass es S jedenfalls auch darauf ankam, das Erbeutete für sich zu behalten, so dass er mit Besitzerhaltungsabsicht handelte.[192]

S handelte rechtswidrig und schuldhaft.

S hat sich wegen qualifizierten räuberischen Diebstahls strafbar gemacht, indem er K stach.

D. §§ 253, 255, 250 II Nr. 1 StGB

Die Nötigung zur Besitzsicherung wird bereits von § 252 StGB erfasst, s. o., so dass eine (schwere) räuberische Erpressung (Nötigung zur – weiteren – Preisgabe der weggenommenen Sachen), jedenfalls qua Gesetzeskonkurrenz ausscheidet, wenn nicht bereits ohnehin der objektive Tatbestand mangels Vermögensnachteils[193] zu

---

[187] Bock, BT 2, 2018, S. 622; aus der Rspr. vgl. BGH U. v. 21.11.1967 – 1 StR 345/67 – BGHSt 21, 377 = NJW 1968, 260; BGH U. v. 15.05.1992 – 3 StR 535/91 – BGHSt 38, 295 = NJW 1992, 2103 = NStZ 1992, 589 = StV 1992, 464 (Anm. Puppe, AT, 5. Aufl. 2022, § 10 Rn. 38ff.; Hemmer-BGH-Classics Strafrecht, 2003, Nr. 69; Jung JuS 1992, 1066; Rengier NStZ 1992, 590; Geppert JK 1993 StGB § 251/3; Heymann JA 1993, 157; Rengier JuS 1993, 460; Schroeder JZ 1993, 52); BGH U. v. 18.04.2002 – 3 StR 52/02 – NJW 2002, 2043 = NStZ 2002, 542 = StV 2002, 332 und 423 (Anm. LL 2002, 692; RÜ 2002, 362; RA 2002, 437; famos 8/2002; Otto JK 2003 StGB § 250 I/10; Baier JA 2003, 107; Hellmann JuS 2003, 17; Degener StV 2003, 332; Schroth JR 2003, 248).
[188] Fischer, StGB, 70. Aufl. 2023, § 252 Rn. 5; aus der Rspr. vgl. zuletzt BGH U. v. 08.10.2014 – 5 StR 395/14 – NStZ 2015, 219 (Anm. RÜ 2015, 24).
[189] Bock, BT 2, 2018, S. 631; Sinn, in: SK-StGB, 9. Aufl. 2019, § 252 Rn. 13.
[190] Bock, BT 2, 2018, S. 634; aus der Rspr. vgl. zuletzt BGH B. v. 13.11.2019 – 1 StR 386/19 – NStZ-RR 2020, 175.
[191] Bock, BT 2, 2018, S. 635; Sinn, in: SK-StGB, 9. Aufl. 2019, § 252 Rn. 18; aus der Rspr. vgl. zuletzt BGH B. v. 13.11.2019 – 1 StR 386/19 – NStZ-RR 2020, 175; BGH B. v. 12.02.2020 – 1 StR 25/20 – StV 2021, 217.
[192] S. auch BGH B. v. 12.11.2003 – 2 StR 294/03 – NStZ 2004, 329; a. A. vertretbar.
[193] Zur sog. Sicherungserpressung Bock, BT 2, 2018, S. 644ff.; aus der Rspr. vgl. zuletzt BGH B. v. 23.03.2021 – 3 StR 68/21 – StV 2021, 477; BGH U. v. 09.06.2021 – 2 StR 13/20 – NStZ-RR 2021, 281 (Anm. RÜ 2021, 715; Bosch Jura 2022, 256; Eisele JuS 2022, 79).

verneinen ist – bloße Sicherungsnötigung bzw. -erpressung: Es mangelt hierbei an der Kausalität zwischen dem Nötigungserfolg und dem Nachteilseintritt, denn der Vermögensschaden ist bereits zuvor durch den Gewahrsamswechsel eingetreten, dem anschließenden (vorläufigen) Verzicht auf die Geltendmachung von (Rück-) Forderungsansprüchen kommt dabei keine eigenständige Bedeutung zu.

E. §§ 249 I, 250 II Nr. 1 StGB
In Betracht kommt ferner eine sukzessive Qualifikation des im 5. Teil begangenen Raubs zu Lasten der L.

Problematisch ist allerdings, ob auch Verwendungen, die – wie hier, s. o. – nach Vollendung der Wegnahme (aber vor Beendigung) stattfinden, den Raub nach § 250 II Nr. 1 StGB qualifizieren können.[194]

Die (neuere) Rspr.[195] nimmt dies dann an, wenn das den Qualifikationstatbestand erfüllende Handeln noch von Zueignungsabsicht (in Fällen der räuberischen Erpressung von Bereicherungsabsicht) getragen ist, was auch dann anzunehmen sein soll, wenn es auf Beutesicherung abzielt; Gleiches gelte, wenn der Täter – wie hier – im Rahmen eines noch nicht abgeschlossenen einheitlichen Tatgeschehens zur Intensivierung seiner Drohung und zugleich seines Angriffs auf die Vermögensrechte ein gegebenenfalls von ihm zuvor nur mitgeführtes gefährliches Werkzeug tatsächlich einsetze und damit den Qualifikationstatbestand vollständig erfülle. Die Handlungen des S sind vorliegend noch von Zueignungsabsicht bzgl. der Beute getragen.

Die Gegenauffassung (wohl h. L.) lehnt sukzessive Qualifikationen generell ab und verlangt folglich bzgl. § 250 II Nr. 1 StGB eine Verwendung zwischen Versuchsbeginn und Eintritt der Vollendung.[196]

Die Rspr. geht mit ihrer subjektiven Restriktion einen Schritt in die richtige Richtung, greift aber zu kurz.[197] Immerhin verengt die Rspr. den Anwendungsbereich dahingehend, dass sie anerkennt, dass ein schlichter räumlich-zeitlicher Zusammenhang zwischen einer – vollendeten – räuberischen Erpressung und einer unmittelbar nachfolgenden Verwendung für die Annahme des Tatbestandsmerkmals „bei der Tat" nicht genügt.

Dies begründet die Rspr. (zu Recht) durch die Gesetzessystematik: Da Raub und räuberische Erpressung durch die finale Verknüpfung von Nötigungshandlung und Wegnahme bzw. Nötigungserfolg geprägt sind, bezieht sich das Merkmal „bei der Tat" auf eben diese Verknüpfung. Hierfür spricht auch die Regelung des räuberischen Diebstahls gem. § 252 StGB, wonach der auf frischer Tat betroffene Dieb nur dann gleich einem Räuber – mit den entsprechenden Qualifikationen – bestraft wer-

---

[194] Zum Problem der sog. sukzessiven Qualifikation bzgl. § 250 StGB Bock, BT 2, 2018, S. 609ff.; aus der Rspr. vgl. zuletzt BGH B. v. 31.07.2019 – 5 StR 345/19 – NStZ-RR 2019, 345.
[195] S.o.
[196] Z. B. Kindhäuser/Hilgendorf, LPK, 9. Aufl. 2022, § 244 Rn. 20; ausf. und m.w.N. Habetha NJW 2010, 3133.
[197] S. auch Lackner/Kühl/Heger, StGB, 30. Aufl. 2023, § 250 Rn. 4, § 244 Rn. 2.

den kann, wenn er die Gewalt einsetzt, um sich im Besitz der Beute zu erhalten. Zwar findet § 252 StGB bereits ausweislich seines Wortlauts „bei einem Diebstahl" keine Anwendung auf eine (räuberische) Erpressung;[198] jedoch ist § 250 II StGB schon ausweislich des Wortlauts des § 255 StGB (gleich einem Räuber) auch im Fall der §§ 253, 255 StGB so auszulegen wie im Fall einer Anwendung über § 249 StGB.

Trotz dieser Erwägungen soll dennoch nach der Rspr. eine Anwendung von § 250 II Nr. 1 StGB als sukzessive Qualifikation möglich sein, sofern die Verwendung weiterhin von Zueignungs- oder Bereicherungsabsicht getragen ist. Diese Rspr. kann nicht überzeugen; zuzustimmen ist daher der h. L., und zwar in ihrer bereits generellen Ablehnung sukzessiver Qualifikationen.[199] Zu dem Obenstehenden treten insbesondere folgende Erwägungen hinzu:

Auch in den anderen Qualifikationstatbeständen spricht der Wortlaut, etwa „durch die Tat" (§ 250 I Nr. 1 lit. c, II Nr. 3 lit. b StGB) bzw. „durch den Raub" (§ 251 StGB) gegen eine zeitliche Extension in die Beendigungsphase. „Durch die Tat/den Raub" bedeutet gerade nicht (nur) „gelegentlich" der Tat. Qualifizierte Gewalt oder Drohung müssen gerade Mittel zur Wegnahme oder Herbeiführung des Nötigungserfolgs sein, d. h. nicht nur gelegentlich der Tat verübt werden. Daher ist es erforderlich, dass die Nötigung der Wegnahme bzw. dem abgenötigten Verhalten zeitlich vorausgeht und somit gerade der tatbestandsmäßigen Nötigungshandlung (durch Drohung oder Gewaltanwendung) dient. Anderenfalls kann sonst zwischen der Verwendung und der bereits zuvor vollendeten Wegnahme auch keine Finalität vorliegen. Die Rspr. vernachlässigt mithin den Finalzusammenhang.

Und auch nur dann wird durch den Täter eine den Grunddelikten immanente tatbestandsspezifische Gefahr begründet, die den Unrechtsgehalt des Grunddelikts in einer Weise erhöht, so dass die erhebliche Strafschärfung als angemessen erscheint. Denn die Strafschärfung der §§ 250, 251 StGB ist durchaus beträchtlich und spricht schon für sich genommen für eine besonders restriktive Auslegung. Im Übrigen gilt: mit dem zusätzlichen Erfordernis, die den Qualifikationstatbestand verwirklichende Handlung in der Beendigungsphase müsse (noch) von Zueignungsabsicht (§ 249 I StGB) bzw. von Bereicherungsabsicht (§ 255 StGB) getragen sein, ergänzt der BGH die Beendigungsdoktrin um das zentrale subjektive Tatbestandsmerkmal des räuberischen Diebstahls („um sich im Besitz des gestohlenen Gutes zu halten").

Der Beendigungsbegriff ist zudem inhaltlich unscharf und deshalb in der Praxis zu einer hinreichend sicheren Abgrenzung wenig geeignet. Maßgeblicher Anknüpfungspunkt der Qualifikation ist darüber hinaus das tatbestandlich vertypte Unrecht; eben dieses ist jedoch im Zeitpunkt der Vollendung des Grunddelikts be-

---

[198] Ganz h. M., hierzu Eisele, BT II, 6. Aufl. 2021, Rn. 401; aus der Rspr. vgl. BGH B. v. 24.02.2005 – 1 StR 23/05 – NStZ 2005, 387.
[199] Zum Folgenden Habetha NJW 2010, 3133 (3135f.).

reits vollständig abgeschlossen. Der Einsatz eines Nötigungsmittels zur Flucht oder nur in zeitlichem Zusammenhang mit dem Grunddelikt erscheint auch wenig tatbestandsspezifisch. Die Beendigungsphase liegt letztlich wie die Vorbereitungsphase gleichermaßen außerhalb des Grundtatbestands.

Die Verwendung des Messers auf der Flucht fällt mithin nicht unter §§ 249, 250 II Nr. 1 StGB.[200]

Auch eine sukzessive Anwendung des § 251 StGB[201] (insofern versucht) scheidet konsequenterweise aus.

F. §§ 252, 251, 22, 23 StGB

Angesichts des vollendeten räuberischen Diebstahls und des versuchten Mordes (s. o.) liegt jedoch ein (konstruktiv mittlerweile anerkannter[202]) erfolgsqualifizierter Versuch des räuberischen Diebstahls (insofern Vollendung) mit Todesfolge (insofern Versuch) vor.

Obwohl einerseits § 251 StGB grundsätzlich richtigerweise alle Begehungsformen des § 250 StGB verdrängt,[203] weil alle Varianten des § 250 StGB wegen ihrer (abstrakten) erhöhten Lebensgefährlichkeit normiert sind, und obwohl andererseits bei vorsätzlichen Tötungen § 251 StGB aus Klarstellungsgründen in Tateinheit hinzutritt,[204] ist hier Gesetzeskonkurrenz anzunehmen: Zum einen ist § 251 StGB nur versucht, während die Merkmale des § 250 II Nr. 1 StGB verwirklicht sind; zum anderen wird die versuchte Tötung bereits durch §§ 212 I, 211 StGB ausgedrückt. Mithin enthält der durch eine versuchte Todesfolge erfolgsqualifizierte räuberische Diebstahl kein noch nicht ausgedrücktes Unrecht mehr.[205]

2. Abschnitt: Strafbarkeit von T und X

Eine Zurechnung der Taten des S zu T und X gem. § 25 II StGB scheidet aus: Es ist nicht ersichtlich, dass T und X überhaupt das Vorgehen des S bemerkten und billigten, auch ist die Vorfeldplanung nicht auf das Fluchtstadium erstreckt worden.

---

[200] A. A. vertretbar.
[201] Hierzu Bock, BT 2, 2018, S. 618f.; Fischer, StGB, 70. Aufl. 2023, § 251 Rn. 4f.; aus der Rspr. vgl. zuletzt BGH B. v. 07.10.2020 – 4 StR 602/19 – NStZ-RR 2020, 372 = StV 2021, 122 (Anm. Jäger JA 2021, 258; RÜ 2021, 28; Kudlich JR 2021, 268); BGH B. v. 12.08.2021 – 3 StR 441/20 (Zschäpe/NSU) – BGHSt 66, 226 = NJW 2021, 2896 = NStZ 2021, 663 = StV 2022, 108 (Anm. famos 12/2021; Valerius NJW 2021, 2851; Fahl NStZ 2021, 667; Roxin JR 2021, 650; Kusche JuS 2022, 1013; Schlösser NStZ 2022, 335; Arnold StV 2022, 108).
[202] Eisele, BT II, 6. Aufl. 2021, Rn. 385f.; aus der Rspr. vgl. BGH U. v. 27.05.1998 – 3 StR 66/98 – NJW 1998, 3361 = NStZ 1998, 511 (Anm. Geppert JK 1999 StGB § 251/6; LL 1999, 32); BGH B. v. 29.03.2001 – 3 StR 46/01 – NJW 2001, 2187 = NStZ 2001, 371 (Anm. Kühl, Höchstrichterliche Rspr. BT, 2002, Nr. 56; Geppert JK 2001 StGB § 251/8; Baier JA 2001, 751; Martin JuS 2001, 821; LL 2001, 492; RÜ 2001, 267); BGH B. v. 13.08.2002 – 3 StR 204/02 – NJW 2003, 911 = NStZ 2003, 34 (Anm. RA 2002, 746; LL 2003, 256).
[203] So auch etwa Sander, in: MK-StGB, 4. Aufl. 2021, § 251 Rn. 16; a. A. z. B. Fischer, StGB, 70. Aufl. 2023, § 251 Rn. 12.
[204] S. nur Fischer, StGB, 70. Aufl. 2023, § 251 Rn. 12.
[205] A. A. vertretbar.

7. Teil: Flucht des S mit dem PKW[206]

- Strafbarkeit des S -

A. § 315c I Nr. 1 lit. a, III Nr. 2 StGB (vor der Kollision)

S könnte sich wegen fahrlässiger Gefährdung des Straßenverkehrs strafbar gemacht haben, indem er alkoholisiert mit seinem Auto zwei Menschen anfuhr und dann die Fahrt fortsetzte.

I. Tatbestand

S führte im Straßenverkehr ein Fahrzeug i. S. d. § 315c I StGB.

Er könnte infolge des Genusses alkoholischer Getränke nicht in der Lage gewesen sein, das Fahrzeug sicher zu führen, § 315c I Nr. 1 lit. a StGB.

Die sog. Fahruntüchtigkeit liegt bei Unfähigkeit vor, eine längere Strecke so zu steuern, dass man den Anforderungen des Straßenverkehrs, und zwar auch beim plötzlichen Auftreten schwieriger Verkehrslagen, so gewachsen ist, wie es von einem durchschnittlichen Fahrzeugführer zu erwarten ist.[207] Bei Alkoholisierung[208] wird dies bzgl. eines Führens von Kraftfahrzeugen unwiderleglich ab 1,1 Promille – im Tatzeitpunkt – angenommen (sog. absolute Fahruntüchtigkeit),[209] unterhalb dieser Grenze bedarf die Feststellung der Fahruntüchtigkeit weiterer Umstände (sog. relative Fahruntüchtigkeit),[210] insbesondere alkoholbedingter Ausfallerscheinungen.

S überschritt die Grenze zur absoluten Fahruntüchtigkeit.

Mangels näherer Angaben im Sachverhalt ist ein Verkehrsverstoß nach § 315c I Nr. 2 lit. c StGB nicht gegeben. S müsste nämlich rücksichtslos gehandelt haben.[211] Rücksichtslos handelt, wer sich aus eigensüchtigen Gründen über seine Pflichten gegenüber anderen Verkehrsteilnehmern hinwegsetzt oder aus Gleichgültigkeit von vornherein Bedenken gegen sein Verhalten nicht aufkommen lässt.[212] Für eine derartige Einstellung des S reichen die Angaben im Sachverhalt nicht.[213]

Der Gefahrerfolg ist aufgrund des Anfahrens der beiden Menschen gegeben.

Es ist (und sei es *in dubio pro reo*) davon auszugehen, dass S sich weder seiner absoluten Fahruntüchtigkeit bewusst war (zumal diese gerade eben erreicht war)

---

[206] Nach BGH U. v. 17.02.1967 – 4 StR 461/66 – BGHSt 21, 203 = NJW 1967, 942 (Anm. Roxin, Höchstrichterliche Rspr. AT, 1998, Nr. 100).

[207] Bock, BT 1, 2018, S. 563; Fischer, StGB, 70. Aufl. 2023, § 315c Rn. 4; aus der Rspr. vgl. OLG Hamburg B. v. 19.12.2016 – 1 Rev 76/16 (Anm. Kerkmann NZV 2017, 193; Ternig SVR 2017, 152).

[208] Zur alkoholbedingten Fahruntüchtigkeit Bock, BT 1, 2018, S. 564ff.

[209] S. nur Bock, BT 1, 2018, S. 564f.; aus der Rspr. vgl. zuletzt LG Oldenburg B. v. 07.11.2022 – 4 Qs 368/22 (Anm. Hecker JuS 2023, 275; Steinert SVR 2023, 37).

[210] S. nur Bock, BT 1, 2018, S. 565f.; aus der Rspr. vgl. zuletzt LG Oldenburg B. v. 24.05.2022 – 4 Qs 155/22 (Anm. Staub/Dronkovic/Danner DAR 2022, 672).

[211] An sich subjektives Tatbestandsmerkmal, hier nur aus Gründen der Darstellung vorgezogen.

[212] Bock, BT 1, 2018, S. 581; aus der Rspr. vgl. zuletzt OLG Zweibrücken B. v. 14.06.2021 – 1 OLG 2 Ss 9/21 (Anm. Koehl SVR 2022, 235).

[213] A. A. vertretbar.

noch den Gefahrerfolg vorsätzlich herbeiführte, so dass er eine rein fahrlässige Begehung nach § 315c III Nr. 2 StGB verwirklicht hat.[214]

II. Rechtswidrigkeit, Schuld
S handelte rechtswidrig und schuldhaft (inkl. subjektiver Fahrlässigkeit).

III. Ergebnis
S hat sich wegen fahrlässiger Gefährdung des Straßenverkehrs strafbar gemacht, indem er alkoholisiert mit seinem Auto zwei Menschen anfuhr.

B. § 315b I Nr. 3, V StGB
Die Norm erfasst in Abgrenzung zu § 315c StGB grundsätzlich nicht verkehrsinterne Vorgänge des fließenden und ruhenden Verkehrs; lediglich, wenn ein Verkehrsteilnehmer objektiv grob auf den Verkehr einwirkt und subjektiv mit dem Ziel handelt, das Fahrzeug verkehrsfremd (Pervertierung) für eine Schädigung zu verwenden, kommt eine Anwendung des § 315b StGB in Frage.[215]

An einem derartigen Schädigungsvorsatz fehlt es aber.

C. § 316 I, II StGB (vor der Kollision)
§ 316 StGB ist gegenüber § 315c StGB ausdrücklich (formell) subsidiär.[216]

D. § 142 I, II StGB
S könnte sich wegen unerlaubten Entfernens vom Unfallort strafbar gemacht haben, indem er zwei Menschen anfuhr und danach ohne Halt weiterfuhr

I. Tatbestand

1. Objektiver Tatbestand
Es müsste ein Unfall im Straßenverkehr vorliegen.
Dies ist jedes plötzliche Ereignis im öffentlichen Straßenverkehr, durch das ein Mensch zu Schaden kommt oder ein nicht ganz belangloser Sachschaden verursacht wird.[217]

S fuhr zwei Menschen an, so dass ein Unfall gegeben ist.
S war auch Unfallbeteiligter i. S. d. § 142 V StGB.
Er entfernte sich vom Unfallort, indem er ohne Halt weiter fuhr, so dass er § 142 I Nr. 1 und 2 StGB erfüllte.

---

[214] A. A. vertretbar.
[215] Hierzu zsf. Bock, BT 1, 2018, S. 590ff.; aus der Rspr. vgl. zuletzt LG Koblenz B. v.14.10.2020 – 4 Qs 60/20 (Anm. Fromm NZV 2021, 222); BGH B. v. 19.11.2020 – 4 StR 240/20 – NStZ-RR 2021, 140 = StV 2021, 500.
[216] Kindhäuser/Hilgendorf, LPK, 9. Aufl. 2022, § 316 Rn. 13.
[217] Joecks/Jäger, StGB, 13. Aufl. 2021, § 142 Rn. 4; aus der Rspr. vgl. zuletzt BGH B. v. 19.08.2021 – 4 StR 137/21 – StV 2022, 12.

2. Subjektiver Tatbestand
S handelte vorsätzlich.
Insbesondere hatte er die Kollision mit den Menschen bemerkt.

II. Rechtswidrigkeit, Schuld
S handelte rechtswidrig und schuldhaft.

III. Ergebnis
S hat sich wegen unerlaubten Entfernens vom Unfallort strafbar gemacht, indem er zwei Menschen anfuhr und dann die Fahrt fortsetzte.

E. § 229 StGB
S verwirklichte auch eine fahrlässige Körperverletzung, indem er alkoholisiert zwei Menschen anfuhr.

F. § 316 I, II StGB (nach der Kollision)
Im Fortsetzen der Fahrt nach dem Anfahren liegt eine Trunkenheit im Verkehr, welche nicht hinter § 315c StGB zurücktritt (ein weiterer Gefahrerfolg in diesem Stadium trat nicht ein).

G. §§ 223 I, 13 StGB
Eine Steigerung des Körperverletzungserfolgs durch ein Zurücklassen der angefahrenen Menschen ist nicht ersichtlich, so dass eine Körperverletzung durch Unterlassen ausscheidet.

H. 323c I StGB
Dafür, dass eine Hilfeleistung erforderlich war i. S. d. § 323c I StGB, fehlen im Sachverhalt die Angaben.[218]

J. § 221 StGB
Ein Gefahrerfolg nach § 221 I StGB ist nicht ersichtlich.

Konkurrenzen und Endergebnis

Im 1. Teil hat sich T wegen Nötigung gem. § 240 I, II StGB, wegen zweifacher Beleidigung gem. § 185 StGB sowie wegen Nachstellung gem. § 238 I StGB strafbar gemacht.
Fraglich ist, in welchem Konkurrenzverhältnis diese Delikte stehen.
Zur Annahme bloß einer einzigen Verwirklichung des § 238 I StGB s. o.
Zwar enthält § 238 I Nr. 4 StGB auch eine Bedrohung, so dass denkbar wäre, dass § 240 StGB aufgrund Gesetzeskonkurrenz verdrängt wird. Hiergegen spricht

---

[218] A. A. vertretbar.

aber die Einbettung der Drohung in einen Gesamttatbestand, so dass aus Klarstellungsgründen Gesetzeskonkurrenz ausscheidet.[219]

In Betracht kommt eine sog. Verklammerung[220] aller Delikte zur Tateinheit i. S. d. § 52 StGB. Dies erfordert, dass sich selbständige Delikte mit einer dritten wertgleichen Tat überschneiden; eine Verklammerung scheidet hingegen aus, wenn das verbindende Delikt leichter ist als die verbundenen Delikte.[221] Zwischen an sich selbständigen Delikten kann durch ein weiteres Delikt – auch einer anderen Handlungseinheit – Tateinheit hergestellt werden, wenn dieses weitere Delikt – bzw. die Handlungseinheit – mit den anderen Straftatbeständen jeweils ideell konkurriert und zumindest mit einem der verbundenen Delikte eine annähernde Wertgleichheit besteht oder die verklammernde Tat die schwerste ist.[222] Dies ist hier der Fall. Die Ausführungshandlungen der an sich getrennt verwirklichten Bedrohungen bzw. Beleidigungen sind zwar nicht miteinander, wohl aber mit den Ausführungshandlungen der Nachstellung (teil-)identisch; die zu einer tatbestandlichen Handlungseinheit verbundenen einzelnen Teilakte der Nachstellung bilden deshalb jeweils mit den daneben verwirklichten Tatbeständen der Bedrohung und Beleidigung eine Tat im materiell-rechtlichen Sinn. Die Nachstellung ist nach § 238 I StGB mit Freiheitsstrafe bis zu drei Jahren oder Geldstrafe und damit mit höherer Strafe als die Bedrohung und die Beleidigung bedroht, deren Strafrahmen jeweils von Geldstrafe bis zu einem Jahr Freiheitsstrafe reicht. Sie stellt daher das schwerste der verwirklichten Delikte dar.

Mithin liegt zwischen den Delikten Tateinheit vor.

Im 2. Teil hat sich T wegen Körperverletzung gem. § 223 I StGB zu Lasten der J und zu Lasten der U strafbar gemacht.

Fraglich ist das Konkurrenzverhältnis zwischen beiden Tatbestandsverwirklichungen. Zu denken wäre zunächst an eine tatbestandliche Bewertungseinheit, so dass T nur eine einzige Körperverletzung begangen hätte. Hiergegen spricht aber bereits die Personenverschiedenheit der Geschädigten; es handelt sich gerade nicht um eine sukzessive oder iterative Tatbegehung zu Lasten desselben Rechtsgutsträgers.[223]

Problematisch ist, ob trotz Personenverschiedenheit von Tateinheit nach § 52 StGB auszugehen oder eine Tatmehrheit nach § 53 StGB anzunehmen ist. In Fällen iterativer Tatbestandserfüllung zu Lasten verschiedener Rechtsgutsträger liegt (nur)

---

[219] A. A. vertretbar.
[220] Zur Verklammerung zsf. B. Heinrich, AT, 7. Aufl. 2022, Rn. 1429ff; aus der Rspr. vgl. zuletzt BGH B. v. 04.08.2022 – 4 StR 81/22 – NJW 2023, 308 = NStZ-RR 2022, 310.
[221] B. Heinrich, AT, 7. Aufl. 2022, Rn. 1432; Fischer, StGB, 70. Aufl. 2023, vor § 52 Rn. 30ff.; aus der Rspr. vgl. zuletzt BGH B. v. 20.05.2020 – 2 StR 611/19 – NStZ 2022, 480 = StV 2020, 745 (Anm. RÜ 2020, 578; Bock NStZ 2022, 482).
[222] BGH B. v. 19.11.2009 – 3 StR 244/09 – BGHSt 54, 189 (201) m. w. N.
[223] Zur mitbestraften Vortat B. Heinrich, AT, 7. Aufl. 2022, Rn. 1442; aus der Rspr. vgl. zuletzt BGH B. v. 06.10.2021 – 1 StR 297/21 – NStZ 2022, 420 (Anm. Rolletschke wistra 2022, 406; Grommes NZWiSt 2022, 18).

dann Tateinheit vor (in Form sog. natürlicher Handlungseinheit[224]), wenn eine Aufspaltung in Einzeltaten wegen eines außergewöhnlich engen zeitlichen und situativen Zusammenhangs willkürlich und gekünstelt erschiene.

Im vorliegenden Fall ist davon auszugehen, dass ein einheitlicher Anlass für die Verletzungen bestand und dass diese binnen kurzer Zeit aufeinander folgten. Mithin liegt Tateinheit vor.[225]

Im 3. Teil hat sich T wegen Betrugs gem. § 263 I StGB oder Unterschlagung gem. § 246 I StGB (Wahlfeststellung) strafbar gemacht.

Im 4. Teil hat sich T wegen Diebstahls gem. § 242 I StGB (Spindschlüssel), wegen Diebstahls in einem besonders schweren Fall gem. §§ 242 I, 243 I 2 Nr. 2 StGB (EC-Karte) sowie wegen Computerbetrugs gem. § 263a I StGB strafbar gemacht.

Der Diebstahl an dem Spindschlüssel, welcher lediglich weitere Diebstähle am Spindinhalt ermöglichen sollte, tritt jedoch als mitbestrafte Vortat in Gesetzeskonkurrenz hinter den Diebstahl an der EC-Karte zurück.[226] Hiergegen spricht nicht, dass der Eigentümer der Spindschlüssel ein anderer als der der EC-Karte ist[227]: Jedenfalls bei eher geringen Eigentumsbeeinträchtigungen (wie hier) überwiegt der Gedanke des deutlichen Unrechtsschwerpunkts beim späteren Delikt.

Fraglich ist das Konkurrenzverhältnis zwischen dem Diebstahl der EC-Karte und dem Computerbetrug durch deren Verwendung.

Es könnte sich nach einer in der Literatur verbreiteten Auffassung um Gesetzeskonkurrenz handeln, bei der der Diebstahl der Scheckkarte als mitbestrafte Vortat hinter dem anschließend damit begangenen Computerbetrug zurücktritt.[228]

Die Rspr.[229] und eine andere Auffassung in der Literatur[230] sehen dies aber anders.

Für die erste Auffassung spricht, dass der Täter sich die EC-Karte nicht als Selbstzweck verschafft hat, sondern lediglich als Mittel zur Erlangung von Bargeld.

Allerdings[231] würde der Unwertgehalt der Taten des T allein durch eine Verurteilung wegen Computerbetrugs nur unvollkommen erfasst. Durch beide Taten verwirklicht T vielmehr eigenwertiges, selbstständiges Unrecht. Der Diebstahl dient zwar nach seinem Tatplan dem Ziel, die Voraussetzungen für die Begehung

---

[224] Zur sog. natürlichen Handlungseinheit (die in Wirklichkeit ein Fall normativer Handlungseinheit ist) B. Heinrich, AT, 7. Aufl. 2022, Rn. 1413ff.; Fischer, StGB, 70. Aufl. 2023, vor § 52 Rn. 3ff., insbesondere 7f.; aus der Rspr. vgl. zuletzt BGH U. v. 27.01.2022 – 3 StR 245/21 – NJW 2022, 953 = NStZ 2022, 743 (Anm. Bosch Jura 2022, 780; Eisenberg NStZ 2022, 746; Kudlich NStZ 2022, 748; Pschorr jurisPR-StrafR 7/2022 Anm. 3); BayObLG U. v. 28.09.2022 – 206 StRR 157/22 – NJW 2022, 3522 (Anm. Brand NJW 2022, 3524); BGH B. v. 12.10.2022 – 4 StR 134/22 – NStZ-RR 2023, 14 = StV-S 2023, 23 (Anm. Nestler Jura 2023, 238).
[225] A. A. vertretbar.
[226] Vgl. B. Heinrich, AT, 7. Aufl. 2022, Rn. 1442.
[227] A. A. vertretbar.
[228] S. nur Hoyer, in: SK-StGB, 9. Aufl. 2019, § 263a Rn. 64.
[229] BGH B. v. 30.01.2001 – 1 StR 512/00 – NJW 2001, 1508.
[230] Etwa Kindhäuser/Hilgendorf, LPK, 9. Aufl. 2022, § 263a Rn. 73.
[231] Zum Folgenden BGH B. v. 30.01.2001 – 1 StR 512/00 – NJW 2001, 1508 (1508f.) m. w. N.

eines Computerbetrugs zu schaffen. Gleichwohl erweist sich der Diebstahl der Scheckkarte aber nicht nur als Durchgangsstufe zur Begehung des Computerbetrugs. Richtig ist, dass mit dem Diebstahl der Scheckkarte und der Erlangung der Kenntnis von der persönlichen Geheimzahl im Blick auf die Möglichkeit der unbefugten Nutzung bereits eine Vermögensgefährdung eintreten kann, die durch den Gebrauch der gestohlenen Scheckkarte am Geldautomaten weiter konkretisiert und zum Schadenseintritt vertieft wird. Das ändert jedoch nichts daran, dass beide Delikte sich zunächst gegen verschiedene Rechtsgüter und Rechtsgutträger richten: Mit dem Diebstahl der Scheckkarte verletzt der Täter das Eigentum ihres Inhabers, wenn es diesem im Einzelfall übertragen ist. Er bricht zugleich dessen Gewahrsam, hier zumal unter den Voraussetzungen des besonders schweren Falls des Diebstahls wegen des Überwindens von Schutzvorrichtungen. Auch der bloße Gewahrsamsinhaber ist aber Verletzter i. S. d. Diebstahlstatbestands. Mit dem Gewahrsamsbruch und der Zueignung der Scheckkarte durch den Täter tritt indes noch kein Vermögensschaden ein, weil die Scheckkarte den wirtschaftlichen Wert, auf den mit ihrer Nutzung zugegriffen werden kann, nicht selbst verkörpert; sie „verbrieft" keine Forderung. Insoweit verhält es sich anders als etwa bei einem Sparkassenbuch. Begeht der Täter mit der entwendeten Scheckkarte einen Computerbetrug, greift er hingegen unmittelbar das Vermögen des betroffenen Geldinstituts an. Das durch den Geldautomaten ausgezahlte Bargeld stammt aus dem Vermögen des Geldinstituts. Geschieht die Auszahlung durch den Geldautomaten eines so genannten fremden Geldinstituts, wird sie dem kartenausgebenden Institut zugerechnet.

Da die Taten sich nach allem gegen verschiedene Rechtsgüter unterschiedlicher Rechtsgutträger richten, würde eine Verurteilung nur unter dem einen rechtlichen Gesichtspunkt des Computerbetrugs den Unwert des Gesamtgeschehens nicht abgelten. Schließlich kann auch keine Rede davon sein, dass der Computerbetrug regelmäßig und typischerweise im Zusammenhang mit dem Scheckkartendiebstahl geschehe. Gerade das ausgeklügelte Vorgehen des T verdeutlicht, dass beiden Schritten seines Handelns in besonderer Weise unrechtprägender Charakter zukommt. Um der erschöpfenden Bestimmung seiner Schuld willen muss das auch im Schuldspruch Ausdruck finden. Die Verneinung von Gesetzeseinheit – auch beim einfachen Diebstahl – führt dazu, dass schwierige Abgrenzungen, ob das Unrecht der „Begleittat" durch die Verurteilung nach § 263a StGB als abgegolten erscheint oder nicht, vermieden werden. Der richtige Ort, das begangene Unrecht zueinander ins Verhältnis zu setzen und zu gewichten ist die Strafzumessung. In geeigneten Fällen mag auch nach den §§ 154, 154a StPO verfahren werden. Eine Gesetzeskonkurrenz liegt mithin nicht vor.[232]

Fraglich ist des Weiteren, ob es sich um Tateinheit gem. § 52 StGB oder um Tatmehrheit gem. § 53 StGB handelt. Zu berücksichtigen ist, dass sich die Ausführungshandlungen der Taten in objektiver Hinsicht nicht überschneiden. Zwischen den Tatorten des Diebstahls und dem anschließenden Computerbetrug lag

---

[232] A. A. vertretbar.

(wohl) eine beträchtliche Entfernung. Dass der Diebstahl der Scheckkarte jeweils die Voraussetzung für die Begehung des Computerbetrugs war und T schon bei dem Stehlen der Karte ein einheitliches Ziel verfolgte, ändert an der Beurteilung nichts. Ein einheitlicher Tatplan begründet für sich gesehen keine Tateinheit.[233] Es liegt daher Tatmehrheit vor.[234]

Im 5. Teil haben sich S, T und X wegen (mittäterschaftlichen) besonders schweren versuchten Raubs gem. §§ 249 I, 250 II Nr. 1, 22, 23(, 25 II) StGB (zulasten des K) sowie wegen (mittäterschaftlichen) schweren (vollendeten) Raubs gem. §§ 249 I, 250 I Nr. 1 lit. a StGB und (mittäterschaftlichen) besonders schweren versuchten Raubs gem. §§ 249 I, 250 II Nr. 1, 22, 23(, 25 II) StGB (zulasten der L) strafbar gemacht.

All dies steht in Tateinheit gem. § 52 StGB. Anders als in den Fällen, in denen sich die Tat nur gegen ein Opfer richtet,[235] tritt hier der versuchte besonders schwere Raub nicht hinter dem vollendeten schweren Raub zurück. Raub und räuberische Erpressung sind Willensbeugungsdelikte.[236] In das höchstpersönliche Rechtsgut der Willensfreiheit haben die Beteiligten zum Nachteil beider Geschädigter eingegriffen. Wer durch eine Handlung höchstpersönliche Rechtsgüter von mehreren Personen angreift, begeht dadurch die gleiche Tat mehrmals. Wenn der Täter mehrere Personen an der Ausübung von Widerstand gegen eine Wegnahme hindern will, ist der Tatbestand mehrfach erfüllt. Hieraus ergibt sich, dass auch in Fällen wie dem vorliegenden die angemessene Bewertung des Tatunrechts die Annahme von Tateinheit erfordert.[237]

Im 6. Teil hat sich S wegen versuchten Mordes gem. §(§ 212 I,) 211, 22, 23 StGB, wegen gefährlicher Körperverletzung gem. §§ 223 I, 224 I Nr. 2, 5 StGB und wegen schweren räuberischen Diebstahls gem. §§ 252, 250 II Nr. 1 StGB strafbar gemacht. Zwischen diesen Taten besteht schon aufgrund Identität der natürlichen Körperbewegung Tateinheit i. S. d. § 52 StGB.

Fraglich ist das Verhältnis der Taten im 5. und 6. Teil zueinander.

Problematisch ist zum einen das Verhältnis zwischen dem schweren (vollendeten) Raub gem. §§ 249 I, 250 I Nr. 1 lit. a StGB im 5. Teil und dem schweren räuberischen Diebstahl gem. §§ 252, 250 II Nr. 1 StGB im 6. Teil. Hierbei gilt, dass sich das (Gesetzes)Konkurrenzverhältnis nach der schwersten verwirklichten Qualifikation richtet.[238] Vorliegend verdrängt mithin §§ 252, 250 II Nr. 1 StGB die nur nach § 250 I StGB qualifizierte (und daher mitbestrafte) Vortat.[239] Um aber auszudrücken, dass bereits bei Wegnahme der Sache ein Nötigungsmittel angewendet

---

[233] BGH B. v. 30.01.2001 – 1 StR 512/00 – NJW 2001, 1508 (1509).
[234] A. A. vertretbar.
[235] S. BGH B. v. 01.09.2004 – 2 StR 313/04 – NJW 2004, 3437 = NStZ 2005, 41 = StV 2004, 655 (Anm. RA 2004, 783; famos 12/2004; Schlothauer StV 2004, 655; Krawczyk JA 2005, 168; Kudlich JuS 2005, 188; LL 2005, 39; Gössel JR 2005, 159).
[236] So (auch zum Folgenden) BGH B. v. 08.11.2011 – 3 StR 316/11 – NStZ 2012, 389.
[237] A. A. vertretbar.
[238] S. nur Sinn, in: SK-StGB, 9. Aufl. 2019, § 252 Rn. 26.
[239] Vgl. Sander, in: MK-StGB, 4. Aufl. 2021, § 252 Rn. 20.

wurde (hier sogar in Personenverschiedenheit), kommt eine Nötigung gem. § 240 StGB hinzu (welche ansonsten durch § 249 I StGB verdrängt würde, nun aber wieder auflebt).[240]

Zum anderen ist fraglich, ob zwischen den verbleibenden Taten des 5. und 6. Teils Tateinheit oder Tatmehrheit besteht. Schon angesichts der fortbestehenden Zueignungsabsicht im Beendigungsstadium (insofern sog. Teilidentität[241]) ist von Tateinheit auszugehen.[242] Handlungen, die nach der rechtlichen Vollendung einer räuberischen Erpressung, aber vor deren tatsächlicher Beendigung vorgenommen werden, begründen Tateinheit als sog. natürliche Handlungseinheit, wenn sie der Verwirklichung der tatbestandsmäßig vorausgesetzten Absicht dienen und zugleich weitere Strafgesetze verletzen. Hinzu kommt die raumzeitliche Nähe.[243]

Im 7. Teil hat sich S wegen fahrlässiger Gefährdung des Straßenverkehrs gem. § 315c I Nr. 1 lit. a, III Nr. 2 StGB, wegen unerlaubten Entfernens vom Unfallort gem. § 142 I StGB sowie wegen fahrlässiger Körperverletzung gem. § 229 StGB strafbar gemacht, ferner wegen Trunkenheit im Verkehr gem. § 316 I, II StGB.

Die Tatbestände vor bzw. bei Verwirklichung des Unfalls stehen in Tateinheit gem. § 52 StGB.

Fraglich ist, ob dies auch für den nach dem Unfall verwirklichten § 316 I, II StGB gilt (wobei auch eine Gesetzeskonkurrenz in Betracht käme), oder ob es sich um Tatmehrheit nach § 53 StGB handelt: Auch wenn S das Vergehen des § 316 StGB nach dem Unfall nur fahrlässig begangen hat, ist nicht eine rechtlich unselbständige Fortsetzung der vor dem Unfall liegenden fahrlässigen Trunkenheitsfahrt gegeben.[244] Diese Dauerstraftat war durch den Unfall zum Abschluss gekommen. Da nämlich der S, wie er wusste, durch die sich aus § 142 StGB ergebende Wartepflicht an den Unfallort gebunden war, fasste er, als er dieser gesetzlichen Verpflichtung zuwider trotzdem weiterfuhr, nun einen neuen Fahrentschluss. Die vor diesem Entschluss liegende Dauerstraftat war damit – anders als wenn jemand aus Verkehrsgründen oder freiwillig, d. h. ohne dass dies rechtlich geboten wäre, anhält – beendet. Es bestehen also zwei selbständige Taten nebeneinander.

Der äußere Umstand, dass S nicht nach dem Unfall angehalten und seinen Pkw verlassen hatte, um sich die Schäden an seinem Fahrzeug anzusehen, verändert weder die tatsächliche noch die rechtliche Ausgangslage so entscheidend, dass davon die Antwort auf die Frage nach Tateinheit oder Tatmehrheit abhängig sein kann. Ausschlaggebend für die rechtliche Einordnung der Fluchthandlung kann

---

[240] Sinn, in: SK-StGB, 9. Aufl. 2019, § 252 Rn. 26.

[241] Zur (i.E. strittigen, vgl. bzgl. des Beendigungsstadiums) Tateinheit aufgrund Teilidentität B. Heinrich, AT, 7. Aufl. 2022, Rn. 1417f.; aus der Rspr. vgl. zuletzt BGH B. v. 03.05.2022 – 6 StR 147/22 – NStZ-RR 2022, 206; BGH B. v. 24.05.2022 – 2 StR 394/21 – NStZ-RR 2022, 280; BGH B. v. 31.05.2022 – 6 StR 71/22 – StV 2022, 576; BGH B. v. 21.06.2022 – 4 StR 133/22 – NStZ 2022, 737; BGH B. v. 04.10.2022 – 2 StR 319/21 – NStZ-RR 2023, 85.

[242] So BGH B. v. 12.11.2003 – 2 StR 294/03 – NStZ 2004, 329.

[243] Kudlich JuS 2004, 927 (928).

[244] So (auch zum Folgenden m. w. N.) BGH U. v. 17.02.1967 – 4 StR 461/66 – BGHSt 21, 203 (204).

daher regelmäßig nur seine innere Willensrichtung sein. Ob der Täter anhält und aussteigt, ob er nur ganz kurz anhält und die Unfallfolgen aus dem Wagenfenster besieht oder auch, ob er, durch den Unfallablauf nicht zum Halten gezwungen, die Unfallfolgen im Fahren erkennt und in sein Bewusstsein aufnimmt, – in allen Fällen sieht sich der Täter in der Regel nunmehr sowohl im äußeren Geschehen wie in seiner geistig-seelischen Verfassung vor eine neue Lage gestellt. Zur Fortsetzung der Fahrt bedarf es daher bei ihm eines gleicherweise neuen und selbständigen, jetzt überhaupt erst möglichen Willensentschlusses, als dessen Folge demgemäß ein ebenfalls nur als selbständige Handlung rechtlich erfassbares Verhalten in Betracht kommt. In dem von völlig anderen Beweggründen getragenen zweiten Abschnitt der Fahrt kehrt sich diese, mag auch das Fahrtziel – wie hier – das gleiche bleiben, um, und zwar in eine Flucht zum Zweck der Erschwerung der Feststellungen über die Art der Unfallbeteiligung. Es handelt sich mithin um Tatmehrheit nach § 53 StGB.[245]

Um die erneute abstrakte Gefahr einer fortgesetzten Trunkenheitsfahrt auszudrücken, ist auch nicht von Gesetzeskonkurrenz in Gestalt einer mitbestraften Nachtat auszugehen.[246]

Zwischen den einzelnen Teilen besteht – abgesehen von oben Ausgeführtem – Tatmehrheit nach § 53 StGB.

---

[245] A. A. vertretbar.
[246] A. A. vertretbar.

SPRINGER NATURE

GPSR Compliance

The European Union's (EU) General Product Safety Regulation (GPSR) is a set of rules that requires consumer products to be safe and our obligations to ensure this.

If you have any concerns about our products, you can contact us on ProductSafety@springernature.com

In case Publisher is established outside the EU, the EU authorized representative is:

Springer Nature Customer Service Center GmbH
Europaplatz 3
69115 Heidelberg, Germany

The manufacturer's authorised representative in the EU is Springer Nature Customer Service Centre GmbH, Europaplatz 3, 69115 Heidelberg, Germany. If you have any concerns regarding our products, please contact ProductSafety@springernature.com

Printed and bound by CPI Group (UK) Ltd, Croydon, CR0 4YY

25/03/2026

02078185-0016